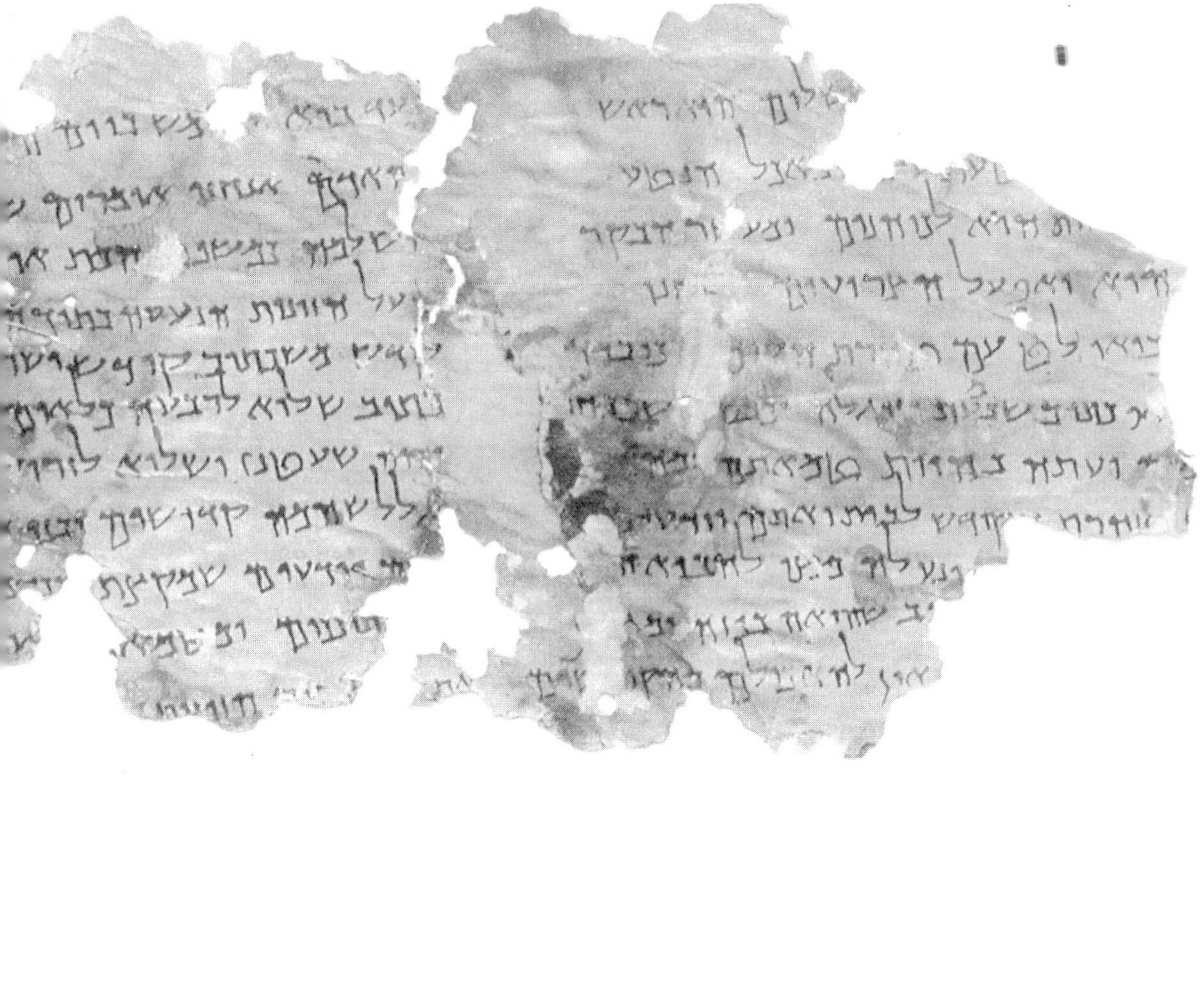

Au rabbin
Howard S. Joseph
Avec toute mon amitié
Jean Duhaime

LES MANUSCRITS DE LA MER MORTE ET LE JUDAÏSME

Lawrence H. Schiffman

Les manuscrits de la mer Morte et le judaïsme

L'apport de l'ancienne bibliothèque de Qumrân à l'histoire du judaïsme

traduit, révisé et mis à jour par Jean Duhaime

FIDES

Première de couverture
Haut : © Israel Antiquities Authority
Bas : © Carl & Ann Purcell / Corbis / Magma

Épine
© Hanan Isachar / Corbis / Magma

Quatrième de couverture
Entrée des grottes : © Eric & David Hosking / Corbis / Magma
Photo de Lawrence H. Schiffman : © Hanan Eshel
Photo de Jean Duhaime : Collection personnelle

Conception graphique : Gianni Caccia
Mise en pages : Yolande Martel

Catalogage avant publication de la Bibliothèque nationale du Canada

Schiffman, Lawrence H.

Les manuscrits de la mer Morte et le judaïsme :
l'apport de l'ancienne bibliothèque de Qumrân à l'histoire du judaïsme

Traduction de : Reclaiming the Dead Sea Scrolls.
Comprend des réf. bibliogr. et un index.

ISBN 2-7621-2412-3

1. Manuscrits de la mer Morte. 2. Communauté de Qumrân.
3. Bible. A.T. – Histoire. 4. Judaïsme – Histoire – Jusqu'à 70.
5. Christianisme – Origines. I. Titre.

BM487.S3414 2003 296.1'55 C2002-941941-7

Dépôt légal : 1er trimestre 2003
Bibliothèque nationale du Québec

Titre original : *Reclaiming the Dead Sea Scrolls*
Publié en accord avec Lawrence H. Schiffman

Les Éditions Fides remercient de leur soutien financier le ministère du Patrimoine canadien, le Conseil des Arts du Canada et la Société de développement des entreprises culturelles du Québec (SODEC).
Les Éditions Fides bénéficient du Programme de crédit d'impôt pour l'édition de livres du Gouvernement du Québec, géré par la SODEC.

IMPRIMÉ AU CANADA

au professeur Nahum M. Sarna

Sa parole est comme la parole du ciel	מאמרה כמאמר שמין
et son enseignement est selon la volonté de Dieu	ואולפנה כרעות אל.

Document araméen Lévi[d]

AVANT-PROPOS DU TRADUCTEUR

En 1947, un jeune bédouin découvrait par hasard dans une grotte de Qumrân les premiers manuscrits de la mer Morte. Les fouilles archéologiques menées par la suite allaient permettre de recueillir au total environ 800 manuscrits provenant de l'ancienne bibliothèque d'un groupe juif qui a occupé l'endroit entre la fin du IIe siècle avant notre ère et la fin du Ier de notre ère. Ce corpus constitue le plus important témoin direct que nous possédions actuellement sur cette période cruciale pour l'histoire du judaïsme ancien et des origines chrétiennes.

La publication de ces documents a été particulièrement difficile, en raison de facteurs tels que l'ampleur démesurée de la tâche pour la petite équipe initiale, la situation politique tendue du Proche-Orient, le manque de financement, etc. Les premiers éditeurs ont souvent été accusés de monopoliser les textes et on les a soupçonnés de vouloir camoufler des textes dangereux pour la foi chrétienne. Toutefois, depuis le début des années 1990, l'ensemble du corpus qumranien a été mis à la disposition des chercheurs et l'équipe d'édition a été réorganisée et élargie, de telle sorte que l'édition officielle des textes dans la collection *Discoveries in the Judaean Desert* (= *DJD*) sera bientôt complétée et comptera près de quarante gros volumes.

Profitant de l'affranchissement des manuscrits de la mer Morte, Lawrence H. Schiffman propose dans cet ouvrage une vue d'ensemble exceptionnelle sur l'apport de ces textes à notre compréhension du judaïsme ancien. L'édition américaine originale, parue en 1994, porte le titre *Reclaiming the Dead Sea Scrolls*. Ce titre veut attirer l'attention sur le fait que les textes de Qumrân sont avant tout des textes juifs et qu'ils éclairent de façon inédite l'une des périodes les plus importantes mais aussi les plus obscures du judaïsme, celle qui sépare la fin de l'élaboration des textes bibliques et la rédaction des premiers traités de la Mishnah, qui marque la mise en place du judaïsme rabbinique. Le milieu juif de cette époque est également celui dans lequel le christianisme prend naissance ; la connaissance que nous en procurent ces textes contribue de ce fait à une meilleure intelligence des origines chrétiennes. Aussi, la lecture de cet ouvrage profitera-t-elle à toute personne qui s'intéresse à cette phase cruciale de l'histoire religieuse de l'humanité.

En traduisant l'ouvrage de Schiffman, je souhaite mettre à la portée du public francophone une présentation remarquable des manuscrits de la mer Morte, compris et interprétés par un des meilleurs spécialistes juifs de sa génération. Avec l'accord de l'auteur, j'ai procédé à quelques modifications. Le texte a été révisé et légèrement modifié pour tenir compte des principales publications récentes. Les notes ont été mises à jour. La référence à chacun des manuscrits de la mer Morte est accompagnée du numéro de la grotte où il a été découvert (1Q à 11Q) et du chiffre qui lui a été assigné (par ex. 4Q521). Cela permettra au lecteur de se reporter facilement au texte original, soit dans l'édition officielle, soit dans l'édition commode publiée par F. García Martínez et E. J. C. Tigchelaar, *The Dead Sea Scrolls Study Edition*, où l'on trouve en parallèle, dans l'ordre numérique, les textes en langue d'origine et leur traduction anglaise. La bibliographie a été mise à jour pour intégrer les nouveaux titres pertinents (en particulier l'édition officielle des textes) et, le cas échéant, les traductions en français des ouvrages les plus importants cités par Schiffman ; je n'ai toutefois pas cherché à être exhaustif. La personne qui souhaiterait se documenter davantage pourrait le faire en recourant à quelques outils disponibles. Je signale en particulier deux bibliographies publiées l'une par F. García Martínez, F. et D. W. Parry (*A Bibliography of the Finds in the Desert of Judah 1970-95*) et l'autre par A. Pinnick (*The Orion Center Bibliography of the Dead Sea Scrolls*). Elles peuvent être complétées par les données de la *Revue de Qumrân*, du site du Orion Center (http://orion.mscc.hjuji.ac.il) et de l'*Encyclopedia of the Dead Sea Scrolls* éditée par Schiffman et VanderKam. Sur le judaïsme en général, on trouvera de nombreuses informations dans le *Dictionnaire encyclopédique du judaïsme* édité par G. Wigoder ; sur le judaïsme à l'époque de Qumrân, on peut se reporter à l'excellent ouvrage *Le monde où vivait Jésus*, dirigé par H. Cousin.

Le Fonds des Donateurs de la Faculté de théologie de l'Université de Montréal, le Conseil de la recherche en sciences humaines du Canada et la Fondation Thomas-Léon Tremblay ont supporté financièrement ce projet. Dominique Bulliard a assuré une première traduction des chapitres 1 à 9.

Mike Arcieri et Paule-Renée Villeneuve ont révisé le texte et la bibliographie. Je leur exprime ma plus vive reconnaissance.

Source de controverse dans le passé, les manuscrits de la mer Morte sont actuellement un lieu de rencontre et de collaboration étroite entre juifs et chrétiens. À vous qui lirez ces pages, je souhaite que ce nouveau regard sur les manuscrits de la mer Morte permette une appréciation plus juste de ce patrimoine commun et un goût de redécouvrir, aujourd'hui encore, la richesse de l'« autre ».

JEAN DUHAIME,
Faculté de théologic, Université de Montréal

PRÉFACE

Ce livre veut corriger une lecture fondamentalement inadéquate des manuscrits de la mer Morte. Pendant environ quarante-cinq ans, les spécialistes qui ont publié et interprété ces manuscrits se sont concentrés presque exclusivement sur leur signification pour notre compréhension du christianisme primitif. Voici le premier ouvrage qui explique leur signification pour l'histoire du judaïsme.

Ce livre veut présenter au public les *véritables* manuscrits de la mer Morte, la collection la plus importante de textes juifs provenant des siècles qui ont précédé l'émergence du christianisme. C'est seulement au prix de recherches scientifiques en vue de comprendre ce que ces manuscrits peuvent nous apprendre sur l'histoire du judaïsme — un projet dans lequel plusieurs d'entre nous, juifs comme chrétiens, sommes actuellement engagés — que nous pouvons effectivement apprendre ce qu'ils ont à nous enseigner concernant l'histoire du christianisme, une tradition religieuse qui est née seulement *après* que ces textes eurent été composés et copiés.

L'orientation des chercheurs dans cette direction est assez récente ; elle commence avec la découverte du *Rouleau du Temple* en 1967. Depuis que la totalité de la collection a été rendue accessible, notamment grâce à la controverse publique et à la grande attention que lui ont accordée les médias, les chercheurs ont eu tendance à considérer les manuscrits sous cet angle. En fait, la rédaction de ce livre n'aurait pas été possible sans un accès à la totalité de la collection, ce qui m'a permis d'inclure ici des textes qui n'ont jamais été commentés. Les manuscrits de la mer Morte peuvent enfin être reconnus pour ce qu'ils étaient et ce qu'ils sont : les documents de divers groupes de Juifs du Second Temple, rassemblés par une secte particulière vivant dans l'établissement de Qumrân au cours des périodes asmonéenne et hérodienne, soit environ de –135 à 68.

Bien qu'une telle description de ce corpus paraisse aller de soi, toutes ses conséquences pour notre compréhension aussi bien du judaïsme que du christianisme n'ont été reconnues que récemment. La presse populaire, toutefois, est en retard sur les chercheurs ; ces derniers, en dépit de divergences sur plusieurs questions particulières, sont parvenus à un consensus assez net sur cet aspect central. En réalité, les médias continuent de propager l'idée fausse selon laquelle les manuscrits sont à localiser avant tout dans le champ de la chrétienté, un point de vue qui ignore l'éclairage qu'ils projettent sur l'histoire du judaïsme. Presque tous les ouvrages parus à ce jour font la promotion de théories intenables au sujet de l'origine des manuscrits, et d'autres livres semblables verront certainement encore le jour. Dans une large mesure, nous reconnaissons que ces théories sont tributaires du secret dont les manuscrits ont été enveloppés pendant si longtemps.

Première en son genre et exhaustive, cette étude se base sur les recherches antérieures de même que sur mes propres travaux des vingt dernières années et ceux de nombreux collègues. J'espère vivement que cette étude permettra au lecteur de se faire une idée adéquate à propos des manuscrits de la mer Morte, peut-être la découverte archéologique la plus importante du XXe siècle.

Dans cet ouvrage, je suis les conventions utilisées dans le domaine des études sur les manuscrits de la mer Morte : des crochets indiquent que le texte est restauré là où le manuscrit est endommagé ; des parenthèses signalent des termes ajoutés dans la traduction pour plus de clarté. Le lecteur se souviendra que la plupart des restaurations sont largement fondées sur des intuitions et des conjectures, ce qui explique pourquoi la signification de quelques textes demeurera toujours incertaine.

REMERCIEMENTS

Je n'aurais jamais pu rédiger cet ouvrage sans le concours d'un grand nombre de personnes. La plus grande partie de ce travail a été réalisée lorsque j'ai été associé à l'Institut des études avancées de l'Université Hébraïque de Jérusalem en 1989-1990, à titre de membre d'un groupe de recherche dirigé par Emmanuel Tov et Moshe Weinfeld. Je leur sais gré de m'y avoir invité et j'exprime ma reconnaissance à l'Institut qui m'a alors supporté et qui a mis ses ressources à ma disposition depuis lors. Je remercie aussi Esti Eshel, l'assistant de recherche de notre groupe. Peu après, j'ai été désigné pour me joindre à un groupe semblable à l'Institut de recherche Annenberg en 1992-1993. Je suis reconnaissant envers l'Institut (devenu le Centre d'études juives de l'Université de Pennsylvanie) pour son appui. Le doyen C. Duncan Rice de l'Université de New York a contribué à rendre possible ma participation à ces activités et je le remercie pour son généreux soutien à mes travaux. Durant ces années comme chercheur, j'ai profité des échanges avec de nombreux collègues : je me dois de remercier particulièrement Joseph Baumgarten, Moshe Bernstein, George Brooke, Magen Borshi, Devorah Dimant, Hanan Eshel, Jonas Greenfield, Bilhah Nitzan, Émile Puech, Elisha Qimron, Eileen Schuller, John Strugnell, Shemaryahu Talmon, Emmanuel Tov, Eugene Ulrich et James VanderKam. Plusieurs idées qui se trouvent ici ont émergé lors de communications présentées par mes collègues au cours de nos séminaires. Je me suis efforcé de signaler leur contribution dans les notes. Je ne saurais surestimer ce que je leur dois, de même qu'aux participants des nombreux congrès et colloques académiques sur les manuscrits de la mer Morte qui m'ont tant appris.

Ce livre a commencé à germer dans mon esprit, dans une large mesure, en réaction à l'annonce de l'existence de la *Lettre halakhique* (*Miqṣat Ma'se ha-Torah*) dans une communication présentée en 1984 par Elisha Qimron et

John Strugnell. Par la suite, ils eurent l'amabilité de mettre à ma disposition la version préliminaire de leur commentaire du matériel légal de ce texte et de m'encourager à y travailler. J'ai tiré un immense profit de la possibilité de lire ce commentaire, ce qui a contribué de multiples façons à l'élaboration de mon point de vue sur ce texte.

Mes collègues à l'Université de New York, au Département Skirball d'études hébraïques et juives et au Centre Hagop Kevorkian pour les études du Proche-Orient ont été souvent incommodés par la controverse autour des manuscrits de la mer Morte, mais ils ont fait preuve de beaucoup de compréhension et m'ont grandement aidé. Je veux remercier en particulier Robert Chazan, directeur du Département Skirball, Baruch Levine et Elliot Wolfson, avec lesquels j'ai eu de nombreuses discussions et qui m'ont fait part à la fois de leur expertise et de leur encouragement. Frank Peters a apporté un soutien inestimable à mes travaux, surtout durant les années où il a dirigé le Département des langues et littératures du Proche-Orient. Erik Larson, de l'Université de New York, a travaillé avec moi à la publication des textes de Qumrân et m'a donné un solide coup de main pour la préparation des notes et de la bibliographie de ce livre. Mes étudiants de l'Université de New York ont réagi avec beaucoup d'enthousiasme à l'étude du moindre fragment et m'ont aidé dans ma quête pour me donner une vision d'ensemble du corpus des manuscrits qumraniens.

Comme toujours, mon épouse Marlene a accompagné cette recherche depuis ses tout débuts jusqu'à la correction des dernières épreuves, consacrant d'innombrables heures à l'amélioration de ce livre. Au cours des dernières étapes, le Dr Ellen Frankel, directrice de l'édition à la Jewish Publication Society, m'a aidé à donner à ce livre sa forme et son style actuels. Le rabbin Michael Monson, vice-président exécutif de la Société, a été également d'un précieux secours.

Je veux aussi remercier l'Autorité des Antiquités d'Israël, le Département des Antiquités de Jordanie, le Musée d'Israël, le Centre de recherche ouest-sémitique, le Centre des manuscrits bibliques anciens (ABMC), le Séminaire théologique juif d'Amérique, la Bibliothèque de l'Université de Cambridge et la Société d'archéologie biblique qui m'ont fourni des illustrations. Je suis particulièrement reconnaissant envers Marilyn Lundberg du Centre de recherche ouest-sémitique et de l'ABMC pour son aide. Un merci spécial à Bruce et Ken Zuckerman qui m'ont permis d'utiliser leurs photographies. Je souhaite également remercier Monsieur Clifford A.

Reiders, de l'étude Reiders, Travis, Mussina et Humphrey, qui m'a donné un avis légal sur certains textes.

Ce livre est dédié au professeur Nahum M. Sarna qui m'a initié à l'étude des manuscrits de la mer Morte alors que j'étais étudiant au premier cycle à l'Université Brandeis et qui a dirigé ma recherche doctorale sur les manuscrits. Il a dû savoir d'instinct déjà à l'époque que ces manuscrits seraient un terreau fertile pour conjuguer mes intérêts dans les domaines des études bibliques et talmudiques. C'est lui qui m'a suggéré de rédiger cet ouvrage pour la Jewish Publication Society bien avant que les manuscrits ne connaissent leur popularité actuelle. J'ai appris à ses côtés non seulement comment faire de la recherche scientifique, mais aussi comment mener une vie de chercheur. Nul n'égalera son dévouement envers les étudiants, la communauté, et la tradition d'étude et d'enseignement objectif auxquels il a consacré sa vie.

INTRODUCTION

Au cours de la première semaine d'avril 1984, près de 1200 chercheurs étaient rassemblés à Jérusalem dans le cadre du Premier Congrès international sur l'archéologie biblique. On m'avait invité à participer à un atelier sur la loi juive dans les manuscrits de la mer Morte. Déjà, dans l'avion, j'avais rencontré des collègues passionnés dont l'unique sujet de conversation était ce congrès où nous allions tous. Parvenu à Jérusalem, j'ai trouvé une ville enflammée par des questions de ruines antiques et de textes mystérieux. Avant que ne vienne mon tour, j'ai été ébloui durant plusieurs jours par des communications fascinantes. Arriva finalement le moment de partager mes recherches avec mes collègues, une occasion qui devait être le point culminant de mon voyage. Mais une surprise m'attendait.

Dans le cadre de mon atelier, deux éminents spécialistes des manuscrits, Elisha Qimron et John Strugnell, devaient présenter une communication conjointe intitulée « Une lettre halakhique inédite de Qumrân[1] ». Déjà couraient des rumeurs selon lesquelles Qimron allait dévoiler un nouveau texte de la mer Morte, provenant du matériel encore secret de la grotte 4. J'avais aussi entendu dire que, pour des raisons politiques, Strugnell n'assisterait pas à la conférence.

Très simplement, Qimron monta sur l'estrade pour faire sa présentation. Un auditoire captivé entendit alors parler pour la première fois d'une *Lettre halakhique*, une collection de règles juridiques constituant un document fondateur de la secte de la mer Morte. Qimron prétendait que ce document tenait des positions similaires à celles des sadducéens, une secte sacerdotale du temps des Maccabées. Selon Qimron et Strugnell, ce document était une lettre du Maître de Justice (le chef religieux de la secte de la mer Morte) à ses adversaires de Jérusalem.

Il est difficile de décrire le choc ressenti par l'auditoire. Nous venions de réaliser que ce texte, qui détenait la clé de plusieurs mystères des manuscrits de la mer Morte, nous avait été caché pendant quarante ans dans un recoin de la salle des manuscrits du musée Rockefeller. Tandis que Qimron poursuivait son exposé, nous notions frénétiquement les passages qu'il citait, pour ramener chez nous au moins quelques extraits de ce manuscrit et les étudier avant même la publication du texte intégral.

En quoi la révélation de Qimron était-elle si extraordinaire ?

Ce n'était certainement pas le fait que ce texte nous était demeuré caché : nous savions tous que la majorité des documents contenus dans la grotte 4 n'avaient pas encore été publiés par les éditeurs officiels. Non, ce qui nous électrisait était en fait la *portée* inattendue d'un tel manuscrit. Pendant toutes ces années de recherche, nous avions accepté à contrecœur le *statu quo* qui restreignait l'information et l'accès aux manuscrits à la seule équipe éditoriale. Les mains liées, nous nous étions contentés d'étudier ce qui était disponible du corpus des manuscrits de la mer Morte — des textes déjà passablement impressionnants publiés pour la plupart durant les premières années suivant la découverte.

La révélation de ce manuscrit extraordinaire par Qimron a mis fin à notre complaisance habituelle. Lorsque nous avons réalisé qu'un document aussi fondamental tant pour l'histoire de la secte de Qumrân que pour celle du judaïsme du Second Temple avait été caché aussi longtemps aux universitaires, nous nous sommes sentis outragés. La révélation de Qimron nous a rendus tout particulièrement conscients que la répartition des textes était injuste et qu'il existait deux classes de chercheurs parmi les qumranologues : ceux qui possédaient les textes et ceux qui en étaient privés.

Cet étonnant document fut notre principal sujet de conversation jusqu'à la fin de la conférence. Et pour ceux d'entre nous dont les manuscrits étaient le sujet de recherche principal, il nous était impossible de parler d'autre chose dans les salles de conférence et lors de la tournée des sites archéologiques. Malgré cela, nous n'avions pas encore réalisé jusqu'à quel point cette révélation allait modifier le champ des études qumraniennes.

C'est maintenant que je prends conscience du fait que la divulgation de ce petit fragment de la *Lettre halakhique* a joué un rôle considérable dans le déclenchement du processus qui a permis de rendre accessible la totalité des manuscrits aux chercheurs et au grand public. Mais sa conséquence la plus importante pour moi fut de restructurer d'une manière radicale les recherches que j'effectuais depuis des années sur les manuscrits de la mer Morte et, plus précisément, sur leur pertinence pour la compréhension de l'histoire de la loi juive. À bien des égards, le livre qui suit a été fortement marqué par ce texte. La mise en circulation récente de la totalité des manuscrits, provoquée largement par la révélation de ce texte, a rendu possible la publication de cet ouvrage. De fait, maintenant que tous les manuscrits nous sont accessibles, nous pouvons voir à quel point ces textes nous informent sur l'histoire du judaïsme ancien. Ce livre présente, pour la première fois, ce chapitre essentiel de l'histoire des manuscrits.

Découverte des manuscrits

En 1947, un jeune berger bédouin qui cherchait une chèvre égarée se glissa dans une grotte située à proximité des rives de la mer Morte et y trouva sept rouleaux presque complets, enfermés dans des jarres d'argile. Tout juste au pied des grottes s'étendent les ruines de Khirbet Qumrân, un site que les chercheurs supposèrent lié aux manuscrits. Cette première découverte déclencha une fouille plus étendue, pratiquée tant par les bédouins que par les archéologues, afin de trouver de nouveaux manuscrits.

La découverte la plus considérable survint en 1952, alors qu'on trouvait 550 manuscrits dans la grotte 4. Cette grotte était située tout près du site de Qumrân. Ce sont ces manuscrits qui ont provoqué tant de controverses, car un très grand nombre d'entre eux sont demeurés non publiés et inaccessibles à la plupart des chercheurs durant les quarante années qui ont suivi leur découverte. Parmi ces fragments de manuscrits se trouvaient certains des textes juifs de la Bible et de la période du Second Temple les plus importants jamais découverts.

J'ai commencé à m'intéresser aux manuscrits de la mer Morte il y a une trentaine d'années, alors que j'effectuais ma première incursion dans l'étude de manuscrits dans le cadre d'un essai de fin de baccalauréat à l'Université Brandeis. Lorsque j'eus terminé ce travail, j'étais absolument fasciné par les manuscrits. Après l'obtention de mon diplôme, j'ai écrit une thèse de doctorat sur la loi juive dans ces manuscrits, suivie de plusieurs livres.

Qu'est-ce qui, dans ces manuscrits, pouvait bien fasciner un jeune chercheur juif qui avait poursuivi d'aussi longues études bibliques et talmudiques ? Pourquoi les manuscrits ont-ils une telle importance pour l'étude du judaïsme de l'Antiquité tardive ? Qu'est-ce que les manuscrits nous apprennent sur les origines du consensus rabbinique qui devait poser les bases du judaïsme moderne ?

En un mot, ce qui frappa mon imagination, ce fut la possibilité de découvrir les chaînons manquants entre le judaïsme de la Bible à celui du Talmud, et d'établir les liens qui unissent le prophète et le prêtre aux rabbins talmudiques.

Dans la tradition juive, la Loi orale — la tradition révélée mais non écrite — comble ce vide énorme. Cette Loi orale fut mise par écrit au IIIe siècle ou un peu plus tard, dans un texte connu sous le nom de Mishnah ; elle préserve certes des traditions provenant d'une période ancienne, mais qui sont filtrées par la perspective de leurs recenseurs tardifs. Jusqu'à la découverte des manuscrits de la mer Morte, il n'existait aucun document provenant de la période intermédiaire.

Cette découverte nous apportait enfin des documents de cette période obscure, celle qui s'étend du IVe siècle avant notre ère au Ier siècle après notre ère, soit les années qui séparent Alexandre le Grand de Hillel. Ces fragments, tout droit sortis de l'Antiquité, nous parlent du fond des âges et nous aident à faire la lumière sur une période dont les générations précédentes ne pouvaient à peu près rien savoir.

Présentation des manuscrits

Pour que notre étude de cette ancienne bibliothèque s'appuie sur des bases solides, il est important d'abord de définir clairement ce que sont — et ce que ne sont pas — les manuscrits de la mer Morte. Il nous faut aussi expliquer les deux sens qu'on donne à cette expression. La plupart du temps, l'expression « manuscrits de la mer Morte » renvoie précisément aux manuscrits de Qumrân, cette collection de documents découverts dans les grottes de Qumrân, un site archéologique situé aux abords de la mer Morte, à environ 13 kilomètres au sud de Jéricho.

Mais ce terme désigne aussi parfois la totalité de ce qui fut découvert dans la région du désert de Judée[2]. Selon cette deuxième définition, les manuscrits de la mer Morte comprennent plusieurs groupes de documents, soit, en ordre chronologique : (1) les papyrus de Wadi el-Daliyeh, datant du IVe siècle avant notre ère ; (2) l'ensemble des documents de Qumrân, comprenant des manuscrits copiés entre le IIIe siècle avant et le Ier siècle de notre ère ; (3) les textes de Massada, tous copiés avant la destruction de Massada en 73 ; (4) les documents de Bar Kokhba, comprenant des lettres qui datent de la révolte de 132-135, ainsi que des documents juridiques antérieurs ; finalement (5) des documents grecs, chrétiens araméens et arabes, trouvés à Khirbet Mird (Horqaniah) et datant de la période byzantine.

Puisque les manuscrits de Qumrân sont l'objet à la fois de ce livre et des controverses récentes qui ont surgi dans les médias, nous utiliserons ici l'expression « manuscrits de la mer Morte » pour renvoyer uniquement à cet ensemble de textes. (De façon occasionnelle, et plus particulièrement dans l'un des derniers chapitres, nous traiterons d'autres textes qui ont un lien avec les recherches qumraniennes.)

Comment cet ensemble spécifique de documents s'est-il retrouvé dans les grottes de Qumrân ?

Les chercheurs s'entendent sur le fait que les manuscrits de la mer Morte ont été probablement rassemblés par un groupe sectaire qui occupait, à Qumrân, un ensemble de bâtiments adjacents aux grottes. La composition de ces manuscrits, qui comprennent en majeure partie des textes bibliques, des écrits apocryphes, des textes de prière et des documents sectaires, s'échelonne sur une très longue période. Les textes les plus vieux sont d'anciens livres bibliques comme la Torah — les cinq livres de Moïse. Cet ensemble comprend aussi des textes écrits à différents moments au cours de la période hellénistique, à partir du IVe siècle avant notre ère. On estime généralement que la plupart des documents araméens trouvés à Qumrân furent composés avant même l'existence de la secte et furent importés à Qumrân après l'installation de la secte à cet endroit[3]. Les chercheurs qualifient de tels textes de « préqumraniens ».

Il faut distinguer attentivement les dates de *composition* des textes de celles de leur *copie*. La composition des textes s'étend sur plusieurs siècles, soit des premières années de l'histoire israélite (avant –1000) jusqu'à la fin de la période du Second Temple (70 de notre ère). Ils ont été rassemblés en collection à Qumrân entre environ –150 et 68, la date de la fin de l'établissement de Qumrân. La date de composition est essentielle à la compréhension du contexte de nombreux textes, et nous aide à mieux identifier les allusions historiques contenues dans certains d'entre eux. D'autres textes, lorsque mis en ordre chronologique, peuvent nous aider à reconstruire une histoire de la pensée de cette secte si particulière.

Quelques-uns des textes de Qumrân ont été copiés dès le IIIe siècle avant notre ère ; mais la plupart l'ont été entre le IIe siècle avant notre ère et le Ier siècle de notre ère. En effet, cette période correspond à l'apogée de la secte et de ses bâtiments à Qumrân. La communauté a été probablement détruite par les Romains en 68, lors de la campagne militaire qui visait à contrer la Première Révolte des Juifs contre Rome (66-73).

Que contient au juste cette collection de textes ? La meilleure façon de la décrire est de dire qu'elle constituait une bibliothèque[4]. Une bonne partie des manuscrits provient de la grotte 4, une caverne creusée artificiellement et située à moins de cinq minutes de marche des bâtiments qui servaient de centre aux activités de la secte.

Les rangées régulières de trous qu'on trouve dans les murs de cette grotte nous permettent d'inférer qu'elle possédait des étagères de bois. Après l'abandon de la grotte, les étagères ont probablement pourri et se sont effondrées. Les rouleaux se sont alors retrouvés par terre, ce qui explique leur mauvaise condition et leur état fragmentaire[5]. Heureusement, d'autres rouleaux sont moins endommagés ; trouvés dans des grottes voisines, certains avaient été placés dans des jarres protectrices, probablement pour éviter leur destruction, juste avant la prise de Qumrân par les Romains.

Comme dans n'importe quelle bibliothèque, la collection comprend non seulement des livres écrits ou copiés par les collectionneurs, mais également un large éventail de textes qu'ils estimaient. Ainsi, les grottes de Qumrân ont livré différents ouvrages qui nous informent sur les textes appréciés par les sectaires. Ils nous éclairent aussi sur les positions divergentes de la secte et de ses adversaires, ainsi que sur celles de groupes apparentés mais non identiques qui évoluaient dans le paysage religieux complexe du judaïsme du Second Temple. C'est pourquoi les manuscrits nous permettent non seulement de reconstruire le point de vue de ceux qui les ont rassemblés, mais ils éclairent du même coup divers courants du judaïsme ancien.

Permettez-moi de dire quelques mots sur ce que ne sont *pas* les manuscrits[6]. Tout d'abord, ce n'est pas la bibliothèque du Temple de Jérusalem. En fait, s'il est un élément commun à cette collection, c'est bien au contraire l'opposition de ses propriétaires aux pratiques et aux procédures en vigueur au Temple, sous la gouverne des prêtres. Ces documents sont ceux des adversaires du Temple, et non pas ceux de ses chefs.

Deuxièmement, les manuscrits ne sont pas les documents d'une secte chrétienne primitive. Contrairement aux prétentions de certains auteurs sensationnalistes, les manuscrits ne mentionnent ni Jésus, ni Jean le Baptiste, ni Jacques le Juste, le « frère » de Jésus. D'ailleurs, les manuscrits ne reflètent en aucun cas les croyances chrétiennes. Des prétentions aussi insensées ne sont possibles qu'en redéfinissant le christianisme complètement pour l'aligner sur les manuscrits. De plus, les dernières analyses au carbone 14 confirment la datation déjà établie par la paléographie, cette science qui étudie la forme des caractères hébraïques et des autres écritures anciennes[7]. Puisque tous les documents ont été composés avant la naissance de l'Église primitive, il est impossible que les manuscrits de la mer Morte se rapportent à ces événements.

L'enseignement des manuscrits

Les manuscrits de la mer Morte — les premiers documents juifs en hébreu et en araméen composés après les Livres de la Bible hébraïque — sont notre principale source d'information sur l'histoire du judaïsme entre la Bible et la Mishnah[8]. Il existe très peu d'autres sources d'information contemporaines de cette période. Ces textes anciens permettent par conséquent d'apprendre beaucoup sur l'histoire des Juifs et sur le judaïsme du Second Temple, de même que sur le contexte juif du christianisme primitif.

Je crois que les manuscrits de Qumrân ont été rassemblés par une secte dont les membres ont quitté Jérusalem à la suite de la révolte des Maccabées. Vers –152, les souverains asmonéens victorieux (de la famille de Judas le Maccabée) adoptèrent les règles des pharisiens (précurseurs des rabbins talmudiques) pour administrer le Temple ; une opposition loyaliste — une bande de sadducéens pieux — se retira alors au désert et s'installa à Qumrân.

C'est ce texte capital appelé *Lettre halakhique* (*Miqṣat Maʿase ha-Torah*, ou tout simplement MMT), le texte dévoilé en 1984 par Elisha Qimron, qui constitue notre principale source d'information sur les origines sadducéennes de cette secte. Son contenu nous a fait découvrir que la tradition religieuse légale de la secte de la mer Morte était avant tout sadducéenne. Sachant cela, il nous est possible d'établir, sur la base des manuscrits, la nature du système d'interprétation biblique de ce groupe sacerdotal, ainsi que sa législation, dont nous ne savions à peu près rien auparavant. De plus, il est maintenant évident que la secte de la mer Morte a subi un processus graduel de développement et de radicalisation, avant de devenir la communauté que nous reconnaissons dans les manuscrits sectaires. Bien que la majorité des chercheurs identifient cette communauté aux esséniens, nous croyons pouvoir démontrer que le terme « esséniens » englobe un mouvement beaucoup plus large que cette simple secte.

On trouve dans la *Lettre halakhique*, ainsi que dans le texte connu sous le nom de *Rouleau du Temple*, la trace des nombreuses controverses qui opposaient la secte aux pharisiens. Nous pouvons déduire de ces polémiques un certain nombre de préceptes de la loi pharisienne, lesquels nous apprennent que plusieurs des principes juridiques enchâssés dans la Mishnah, autour de 220, étaient déjà présents durant la période asmonéenne. D'autres textes encore nous permettent de confirmer et de développer l'histoire des pharisiens telle que présentée par Flavius Josèphe et la tradition rabbinique. Et ce n'est là qu'une infime partie de l'enseignement des manuscrits de Qumrân sur les principales sectes juives de la période du Second Temple.

Les documents propres à la secte de Qumrân témoignent d'un judaïsme hautement dualiste où les individus sont partagés, par prédestination, entre le lot du bien et celui du mal. Les impies devaient être détruits à la fin des temps, dont on attendait l'irruption imminente. La secte se prépara à cette période messianique en puisant ses repères dans l'étude de la Bible et en adhérant strictement à la Loi juive telle que ses membres l'interprétaient.

La secte rassembla aussi les textes de groupes apparentés et les incorpora à sa bibliothèque, en même temps qu'environ 225 textes bibliques. Ces autres compositions, dont certaines étaient déjà connues et d'autres pas, ont été préservées dans leur langue originale, l'hébreu ou l'araméen. Plusieurs textes de prière, issus soit de la secte, soit d'autres groupes juifs, y ont aussi été préservés, tout comme le furent des tefillin et des mezuzot, qui sont d'ailleurs assez semblables à celles en usage aujourd'hui.

Ainsi, l'ensemble des manuscrits nous rend accessible un large éventail d'informations sur les années qui séparent la fin de la période de la Bible hébraïque (autour de –400) de la compilation et de la rédaction de la Mishnah (autour de 220). Les manuscrits nous donnent sur cette période un point de vue dont nous avions bien besoin, comblant ainsi les lacunes laissées par le peu d'informations fournies par Flavius Josèphe et les sources talmudiques.

Tels sont les secrets dévoilés par la récente mise en circulation des derniers manuscrits du désert de Judée. Pour moi, et pour d'autres spécialistes du judaïsme ancien, ces documents contribuent à une avancée significative dans notre reconstruction de l'histoire complexe du judaïsme de cette période. Bien que des délais excessifs dans la publication aient ralenti nos recherches, le libre accès aux manuscrits nous permet maintenant d'aller de l'avant. Chaque nouvelle parcelle d'information nous aide à nuancer nos théories et à approfondir notre compréhension.

Les études qumraniennes à un tournant

Le champ des études qumraniennes subit actuellement une transformation majeure[9]. Avec le libre accès à la totalité des manuscrits et l'intégration de nouveaux membres à l'équipe de publication, plusieurs interprétations et théories antérieures doivent être revues à la lumière des nouvelles recherches.

La première génération de spécialistes des manuscrits, qui étaient pour la plupart des chrétiens intéressés soit par la Bible hébraïque, soit par le Nouveau Testament, n'ont pas compris ce qu'étaient vraiment ces manuscrits : des documents qui nous éclairent sur le judaïsme du Second Temple. Les quelques Juifs qui ont œuvré dans ce secteur et y ont fait valoir une telle approche n'ont pas reçu l'attention qu'ils méritaient. Plusieurs d'entre eux ne publiaient qu'en hébreu — ce qui était le cas pour la plupart des chercheurs israéliens —, ce qui limitait la diffusion de leurs travaux. De plus, à cause des conflits en cours au Moyen-Orient, aucun chercheur juif n'avait accès aux matériaux qui se trouvaient en Jordanie.

Par conséquent, durant la première période des études qumraniennes, les recherches se sont surtout concentrées sur ce que ces manuscrits nous apprenaient, ou prétendaient nous apprendre, sur le contexte d'émergence du christianisme. Il en résulta donc une interprétation christianisée des manuscrits.

Plus récemment, les chercheurs, juifs comme chrétiens, ont adopté une approche différente consistant à tenter de comprendre les manuscrits à partir de leur contexte juif d'origine. Même dans le secteur des études néotestamentaires, une telle approche est maintenant considérée comme la seule manière convenable d'aborder ces textes anciens. Cette nouvelle attitude a enfin conduit les chercheurs à se pencher sur la judaïté des manuscrits. Voilà précisément le but du présent ouvrage. Pour la première fois, ces manuscrits juifs sont examinés sous l'angle spécifique de leur contribution à l'histoire du judaïsme.

Il existe un mythe dans les études qumraniennes, selon lequel la plupart des travaux prendraient appui encore aujourd'hui sur un consensus scientifique qui remonterait à la toute première équipe éditoriale[10]. Rien n'est plus loin de la vérité. Ceux qui lisent les nombreux articles sur les manuscrits de la mer Morte publiés actuellement dans les revues spécialisées ou qui assistent à des congrès académiques sur le sujet peuvent vite se rendre compte que pareil consensus n'existe qu'à propos de quelques éléments contextuels de base : la datation des manuscrits et les données archéologiques. Récemment, certains chercheurs sont allés jusqu'à mettre en doute ces fondements en prétendant que l'archéologie, la paléographie et même la datation au carbone 14 ne constituent pas des preuves scientifiques.

Ce livre ne pourra faire taire ceux qui préfèrent la controverse à la méthode scientifique. La tâche de ce livre consiste plutôt à utiliser les instruments scientifiques d'étude des textes et de l'histoire pour assembler un immense casse-tête dont les pièces sont d'infimes détails relevés sur des centaines de petits bouts de vieux cuir. Nous tenterons ensuite de situer le portrait qui s'en dégage dans un cadre historique élaboré à partir d'un consensus fondé sur de la véritable recherche.

Ce livre est-il révolutionnaire ?

Par rapport à l'effervescence actuelle que suscitent les manuscrits, et plus particulièrement quand il s'agit des prétentions exagérées concernant le christianisme, il est certainement révolutionnaire d'avancer que les manuscrits peuvent être compris seulement dans le contexte de l'histoire juive.

Il est révolutionnaire de laisser entendre qu'on ne peut amorcer la discussion d'un tel sujet qu'en lisant et en examinant un large faisceau de textes de cette collection.

Il est tout aussi révolutionnaire de suggérer que c'est non pas au moyen d'une évaluation externe et de critères théoriques, mais au contraire à partir d'un examen du contenu spécifique des manuscrits, qu'on devrait déterminer l'origine de ceux-ci.

C'est cette révolution qui a commencé pour moi il y a environ trente ans, alors que j'entreprenais mes recherches dans le domaine. Je vous invite donc maintenant à m'accompagner dans cette passionnante aventure intellectuelle. Ce sont les authentiques manuscrits de la mer Morte que vous y rencontrerez, et non pas une création fantastique échafaudée pour ébranler la Bastille du consensus chrétien ! À travers l'examen de centaines de manuscrits en lambeaux, nous reconstituerons le passé du peuple juif et sa tradition religieuse, pour aboutir à une compréhension renouvelée de cette approche originale de Dieu et de l'humanité que les Juifs ont léguée au monde.

Les manuscrits nous parlent encore aujourd'hui

Les manuscrits de la mer Morte ont plus à nous offrir qu'un simple savoir obscur sur de l'histoire ancienne ou sur quelques curiosités archéologiques.

Ils sont aujourd'hui ressuscités justement parce qu'ils traitent indirectement de questions auxquelles nous sommes confrontés à notre propre époque. Cela explique en grande partie le vif intérêt du public pour ces manuscrits et pour les chercheurs qui les étudient.

Les manuscrits nous parlent, à travers les siècles, du problème du pluralisme dans le judaïsme. À travers eux, nous jetons un regard sur une époque caractérisée par plusieurs visions antagonistes du judaïsme, chacune prétendant détenir le monopole de l'interprétation correcte de la Torah. Tous ces mouvements, à l'exception des hellénisants les plus extrémistes, exigeaient l'obéissance aux commandements de la Torah. Leurs divergences portaient uniquement sur certaines questions théologiques, ou encore sur des détails de la Loi et de son interprétation. Bien que leurs disputes soient différentes de celles qui divisent actuellement nos communautés, nous pouvons sans aucun doute tirer profit de l'étude de leurs manières d'interagir et de débattre de leurs points de vue respectifs.

Les manuscrits peuvent aussi nous aider à clarifier notre propre rapport à Israël. Comme c'est le cas pour toute découverte archéologique importante faite en Israël aujourd'hui, la découverte de ces manuscrits anciens raccroche les Juifs d'aujourd'hui à leur passé, à travers la terre. Car c'est sur cette terre qu'a eu lieu une grande partie de l'histoire des Juifs de l'Antiquité ; et c'est là aussi que se dessine actuellement l'avenir du peuple juif. À mesure que l'archéologie redécouvre le passé, elle réinvente du même coup le présent. Les questions que soulèvent les manuscrits de la mer Morte — Dieu, la Torah, le Messie, la sainteté — résonnent encore aujourd'hui à nos oreilles, alors que l'État moderne d'Israël peine à définir son identité.

Finalement, les manuscrits peuvent nous aider à forger de meilleures relations entre les communautés juives et chrétiennes. Aujourd'hui, après deux millénaires de lutte, les deux croyances, si intimement liées par des origines communes, établissent de nouvelles relations après la tragédie de l'Holocauste. Là encore, les manuscrits nous parlent : ils nous montrent précisément comment le christianisme est issu de courants du judaïsme antique beaucoup plus répandus à l'époque qu'on a pu le croire. Cette nouvelle donnée invite les chrétiens à continuer de se défaire de l'antisémitisme et à s'associer aux Juifs pour l'éliminer. En même temps elle demande aux Juifs de respecter, même s'ils ne les acceptent pas, certains traits de la religion de leurs voisins, parce que ces traits ont des racines juives anciennes plus profondes qu'on ne le pensait.

Gardons-nous cependant de pousser trop loin la comparaison avec les temps modernes. Nous avons toujours l'obligation d'étudier les manuscrits dans le contexte où ils ont été composés, copiés et rassemblés. Et il nous faut pour cela mettre en œuvre une approche scientifique rigoureuse, car la tâche du spécialiste de l'Antiquité est bien de reconstituer une réalité ancienne, et non de façonner le passé à partir du présent. La reconstitution du passé des Juifs de l'Antiquité est exactement ce qu'on se propose de faire ici.

Portée et méthode de ce livre

Depuis que les manuscrits « cachés » nous sont accessibles dans leur totalité, et à la lumière de la reconnaissance croissante de leur contenu juif, il est maintenant tout à fait approprié d'étudier les manuscrits pour ce qu'ils nous révèlent de l'histoire du judaïsme. Une telle étude doit être fondée sur une compréhension du contexte historique des textes non bibliques, l'histoire de la secte elle-même, l'archéologie qumranienne, ainsi que sur une description de l'étendue et du contenu de la bibliothèque considérée dans son ensemble. En outre, notre étude doit chercher à éviter les préjugés des générations précédentes de spécialistes de Qumrân, résister aux influences du confessionnalisme (cette tendance à émettre des jugements intellectuels en se basant sur ses propres croyances religieuses) et fournir une vision équilibrée de la teneur et de la signification des manuscrits[11].

Nous commencerons par l'histoire de la découverte et de la publication des manuscrits de la mer Morte. Nous nous tournerons ensuite vers l'archéologie du site de Qumrân et le contexte historique de la période du Second Temple. Puis, nous examinerons le contenu des manuscrits pour y étudier la secte et ses croyances. Ces textes nous fournissent la clé pour saisir ce que cette bibliothèque sectaire peut nous apprendre sur d'autres groupes juifs ou d'autres approches du judaïsme à cette époque. Voilà les véritables buts de ce livre : interpréter les matériaux de Qumrân en les situant dans le contexte général de l'histoire du judaïsme, puis les utiliser pour comprendre la situation religieuse du reste d'Israël à cette époque.

Dans cet esprit, nous analyserons ce que les manuscrits nous disent sur des questions comme l'histoire de l'interprétation juive de la Bible. Non seulement les documents de Qumrân montrent comment on interprétait la Bible au moment où ils ont été réunis, mais ils anticipent également les approches interprétatives qui ont façonné l'histoire ultérieure du judaïsme.

De plus, les manuscrits renouvellent notre compréhension du messianisme et de la loi juive antiques ; nous analyserons de façon systématique chacun de ces points. Vers la fin du livre, nous examinerons les conceptions particulières de la secte sur la nature du peuple juif et de sa Ville sainte. Nous montrerons finalement comment les documents de Massada et de Bar Kokhba permettent de clarifier le passage du sectarisme au consensus, à la suite de la destruction du Temple en 70.

Comme les textes de Qumrân reflètent principalement l'enseignement de groupes qui n'ont eu qu'une influence indirecte sur le développement du judaïsme rabbinique, il nous faut éviter tout jugement simpliste. Néanmoins, ces documents prouvent qu'il existe beaucoup plus d'interrelations entre les diverses tendances du judaïsme qu'on ne l'avait supposé jusque-là. En fait, nous pouvons apprendre beaucoup des polémiques de la secte avec ses voisins. Comme une bonne partie de cette littérature polémique oppose la secte aux pharisiens — les ancêtres intellectuels et spirituels des rabbins talmudiques —, nous pouvons maintenant mieux comprendre la préhistoire et les débuts de l'histoire des traditions rabbiniques qui s'enracinent dans le courant pharisien.

On peut donc parler d'une véritable redécouverte des manuscrits et l'enthousiasme qu'ils suscitent aujourd'hui n'est pas moindre qu'au moment de leur mise au jour, il y a plus d'un demi-siècle. Une nouvelle génération de chercheurs, tant juifs que chrétiens, s'affaire à les publier et à les interpréter. À mesure que progressent les recherches et que le reste des textes sera publié, nous comprendrons de mieux en mieux comment le judaïsme rabbinique est enraciné dans le pharisaïsme, et comment les croyances et les pratiques juives se sont transmises dans le christianisme et dans d'autres sectes.

Ces manuscrits anciens sont réellement pleins de promesses. Ils peuvent nous faire accéder à une compréhension plus profonde et plus nuancée des différents courants du judaïsme durant la période du Second Temple, et du rôle crucial qu'ils ont joué dans l'élaboration historique des traditions religieuses du monde occidental.

1

Découverte et affranchissement des manuscrits

CHAPITRE 1

Des bergers aux chercheurs : les secrets des grottes

IL NOUS FAUT D'ABORD raconter l'étrange saga des manuscrits de la mer Morte et la tentative avortée de leur publication pour faire comprendre la fascination dont ils sont l'objet. On verra ainsi facilement que la découverte et les événements étranges qui ont marqué le processus de publication de ces manuscrits sont intimement liés à la façon dont on les a lus et interprétés, de même qu'à l'identité de ceux qui y ont eu accès.

Découverte et acquisition, 1947-1956

Les manuscrits de la mer Morte n'ont pas tous été découverts d'un seul coup en 1947. Nous possédons plusieurs témoignages de l'Antiquité et du Moyen Âge qui rapportent la découverte de manuscrits dans la région de Jéricho[1]. Il se peut que les manuscrits trouvés à l'époque aient atteint les cercles qui ont influencé le karaïsme, un mouvement sectaire juif du Moyen Âge qui présente des ressemblances avec la secte de la mer Morte.

À l'époque moderne, la première découverte fut celle de deux manuscrits médiévaux partiels du *Document de Damas* (ou *Fragments sadocides*). Ils furent mis au jour par Solomon Schechter, en 1896, dans la genizah du Caire, un dépôt de livres et de documents anciens situé dans la synagogue Ben Ezra à Fustat dans le Vieux Caire. On a identifié par la suite, dans la collection de Qumrân, des manuscrits de ce même texte. Il est aujourd'hui évident que ce document constituait un texte essentiel de la secte[2].

On a souvent raconté l'histoire de la découverte du premier lot de manuscrits de la mer Morte par un berger bédouin dans la grotte 1 de Qumrân.

Manuscrit médiéval A du *Document de Damas*

La mise au jour du *Document de Damas* parmi les manuscrits de la genizah du Caire a permis de connaître la secte de la mer Morte longtemps avant la découverte des manuscrits de Qumrân. On croyait que cette page, qui parle des premières années de la secte, constituait le début de cette composition. Mais nous savons maintenant, par les manuscrits de Qumrân, qu'il y avait au moins une page avant celle-ci. *Avec la permission des Syndics de la Bibliothèque de l'Université de Cambridge (U.L.C. 10.K.6).*

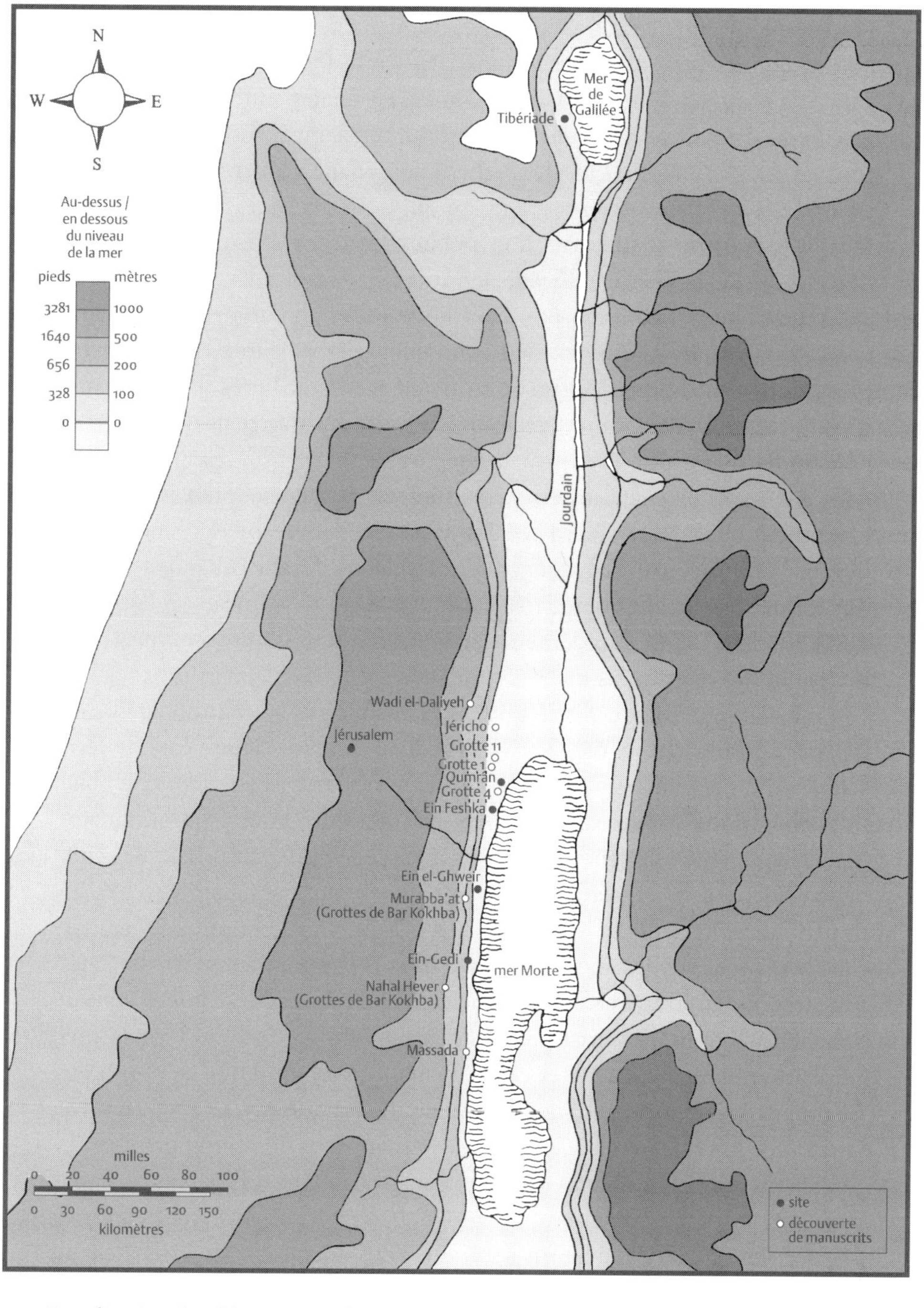

Localisation des découvertes de manuscrits dans le désert de Judée

Hormis l'importance capitale de cet événement, cette histoire ne concerne en fait que les sept premiers manuscrits. Cette première découverte fut suivie de plusieurs autres. La collection devait finalement comprendre des fragments d'environ 850 manuscrits de Qumrân, sans compter les rouleaux trouvés par des bédouins ou des archéologues dans d'autres sites du désert de Judée. La controverse spectaculaire qui devait éclater, des années plus tard, à propos de manuscrits non publiés, concernait exclusivement les découvertes de la grotte 4 dégagée en 1952[3].

Durant l'hiver 1947 (peut-être l'automne 1946), un berger bédouin de la tribu des Taʿamireh, Mohammed edh-Dhib, cherchait une chèvre égarée près des rives de la mer Morte. Se trouvant par hasard près de l'ouverture d'une grotte, il y lança une pierre qui fracassa un morceau de poterie. Il pénétra dans la grotte et y trouva sept rouleaux presque complets rangés dans des jarres protectrices en terre cuite. Le berger bédouin et ses amis comprirent qu'ils pourraient peut-être vendre ces rouleaux et les portèrent, durant l'été 1947, à un cordonnier de Bethléem, Khalil Eskander Shahin, qui faisait aussi le commerce des antiquités. Kando, comme on l'appelait familièrement, devint rapidement l'agent des bédouins qui continuèrent de récupérer des manuscrits du désert de Judée.

En juillet 1947, Kando vendit quatre des manuscrits au métropolite syrien Athanase Josué Samuel de l'église orthodoxe syrienne Saint-Marc de Jérusalem. Comme l'ancienneté des manuscrits n'avait pas encore été établie, ils furent vendus pour trois fois rien. Au même moment, un antiquaire, Feidi Salahi, proposa deux manuscrits à l'archéologue Eleazar L. Sukenik, de Jérusalem ; celui-ci, père de l'éminent archéologue israélien Yigael Yadin, avait fondé l'Institut d'archéologie de l'Université hébraïque et était le meilleur spécialiste des antiquités juives dans la communauté juive de Palestine. Il reconnut immédiatement l'ancienneté de ces textes, car leur écriture ressemblait à celle des inscriptions de la période du Second Temple qu'il connaissait. Il réussit à acheter ces deux manuscrits, ainsi que de nombreux fragments, pour le compte de l'Université hébraïque et de l'Agence juive. Le 22 décembre, Sukenik acquit un autre manuscrit du même marchand.

Sukenik avait ainsi obtenu trois des sept rouleaux trouvés par les bédouins dans la grotte 1 : un manuscrit du livre biblique d'Isaïe ; les *Hymnes d'action de grâces*, une collection d'hymnes sectaires ; et le manuscrit appelé le *Rouleau de la guerre des Fils de Lumière contre les Fils des Ténèbres*, un manuel pour le combat messianique auquel s'attendait la secte de Qumrân.

L'identification initiale des manuscrits par Sukenik eut lieu entre le vote des Nations Unies en faveur du Plan de partition de la Palestine, en novembre 1947, et la Déclaration d'indépendance de l'État d'Israël, le 14 mai 1948. Durant les mois difficiles qui ont conduit à la Déclaration d'indépendance du nouvel État, les relations entre Arabes et Juifs étaient particulièrement tendues. À ses risques et périls, Sukenik poursuivit obstinément sa quête de manuscrits.

À la fin janvier 1948, Anton Kiraz, un associé du métropolite, montra les quatre autres manuscrits à Sukenik. Cela comprenait : un autre manuscrit d'Isaïe ; la *Règle de la communauté*, un manuscrit de discipline sectaire ; le *Pesher d'Habaquq*, un commentaire biblique sectaire ; et la *Genèse apocryphe*, une paraphrase de certaines parties du livre de la Genèse. Le 6 février, Sukenik rendit les manuscrits à Kiraz en lui indiquant qu'il aimerait les acheter pour le compte du futur État d'Israël. Mais Sukenik eut du mal à organiser la transaction et les changements politiques qui survinrent entre-temps l'empêchèrent finalement de poursuivre les négociations. Ces manuscrits devaient finalement être acquis par son fils, l'archéologue Yigael Yadin, mais seulement en 1954.

Plutôt que de conclure la vente des manuscrits à Sukenik, le métropolite continuait d'explorer d'autres possibilités. À la fin février 1948, l'assistant du métropolite montra trois de ces manuscrits à l'École américaine d'archéologie orientale (ASOR) de Jérusalem-Est, afin d'obtenir un autre avis sur ceux-ci. L'École américaine, aujourd'hui connue sous le nom de Institut Albright (à la mémoire du regretté William Foxwell Albright, doyen des archéologues bibliques américains), était à l'époque, comme aujourd'hui, un des principaux centres de l'activité archéologique en Israël. En l'absence du directeur, c'est John C. Trever, un jeune diplômé, expert en photographie, qui s'occupa des manuscrits. Malgré sa connaissance limitée de l'hébreu, comme il le dit dans ses mémoires, Trever conclut que les manuscrits semblaient dater de l'Antiquité. Il réussit à obtenir du métropolite la permission de photographier trois manuscrits (tous sauf la *Genèse apocryphe*). Faisant preuve d'une parfaite maîtrise technique, il prit des clichés aussi bien en noir et blanc qu'en couleurs.

Quand les archéologues commencèrent finalement à fouiller le site d'où provenaient les manuscrits, l'État d'Israël venait d'être proclamé, le 14 mai 1948, et la Guerre d'indépendance avait commencé.

Les conséquences de ces événements furent d'une importance capitale pour le sort des manuscrits de la mer Morte. La région de Qumrân, d'où provenaient les manuscrits, faisait auparavant partie du mandat britannique en Palestine. Lorsque les voisins arabes envahirent Israël, immédiatement après la Déclaration d'indépendance, la Légion arabe jordanienne traversa le Jourdain et en occupa la rive gauche. Durant la période qui sépare cet événement du transfert de souveraineté territoriale après la guerre des Six Jours, l'acquisition des manuscrits de Qumrân ainsi que les fouilles archéologiques demeurèrent aux mains des autorités du Département des antiquités de Jordanie et de leurs délégués.

Il fut très difficile de localiser l'emplacement exact de la grotte 1 pour y mener des recherches archéologiques ; en effet, les bédouins, espérant trouver d'autres trésors à proximité, étaient réticents à parler. C'est un détachement de soldats britanniques et jordaniens qui trouva la grotte, après avoir ratissé les falaises pendant près de soixante-douze heures. En février 1949, G. Lancaster Harding, alors directeur du Département des antiquités de Jordanie, et Roland de Vaux, de l'École biblique et archéologique française de Jérusalem, amorcèrent la fouille de la grotte 1.

Au cours de l'été 1950, l'ASOR publia des photos et des transcriptions de deux des manuscrits détenus par le métropolite, soit une édition du rouleau d'Isaïe (*Isaïe A*), qui contenait la quasi totalité du Livre d'Isaïe, et le *Pesher d'Habaquq*. Un an plus tard, l'ASOR publia la *Règle de la Communauté*. Pour obtenir l'autorisation de publier ces manuscrits, l'ASOR assura le métropolite que cela augmenterait leur valeur monétaire. Cette promesse s'avéra être une chimère.

Après avoir terminé le travail à la grotte 1, on entreprit tout naturellement les fouilles de Khirbet Qumrân (*khirbeh* étant le mot arabe pour « ruine »). Du 24 novembre au 12 décembre 1951, de Vaux et Harding y dirigèrent une première campagne. Ils trouvèrent des pièces de monnaie et de la poterie : cela confirmait qu'il existait bel et bien un lien entre les grottes d'où provenaient les manuscrits et le site adjacent, tout en permettant, du même coup, de dater les manuscrits.

Pendant ce temps, ayant pris conscience de la valeur de ces fragments, les bédouins multiplièrent leurs efforts pour localiser d'autres grottes. C'est en septembre 1952 que les bédouins mirent au jour un véritable trésor, soit les grottes 4 et 6 de Qumrân. La récolte de la grotte 4 fut particulièrement abondante : au terme de leur assemblage, ses fragments représentaient environ 550 manuscrits. Ironiquement, les archéologues, qui n'avaient travaillé qu'à cinq minutes de marche de cette grotte, l'avaient complètement ratée.

En 1952, le nombre croissant de manuscrits trouvés et d'objets dégagés poussa les autorités jordaniennes à organiser l'analyse et la publication des manuscrits. Harding nomma de Vaux directeur en chef de la publication. Le travail fut alors subventionné par le Musée archéologique de Palestine (PAM), devenu aujourd'hui le musée Rockefeller. En 1954, John D. Rockefeller, qui avait accepté de subventionner le projet pour une période de six ans, fit un don substantiel pour couvrir les dépenses des chercheurs à Jérusalem, le salaire du personnel de secrétariat, la photographie et la préservation des manuscrits. De plus, une somme importante était disponible pour l'achat de matériaux par le PAM. Ces différents matériaux devaient être conservés et restaurés au PAM, puis publiés par les Presses de l'Université d'Oxford (OUP) dans la collection « Discoveries in the Judaean Desert ».

Najib Anton Albina effectua la quasi totalité des photographies, principalement entre 1954 et 1960. Photographe attitré du PAM, il se consacra presque exclusivement, au cours de cette période, à la réalisation de plaques photographiques des textes du désert de Judée. Après avoir appris à maîtriser la technique de la photographie infrarouge, il effectua trois séries de photographies de la plupart des textes, témoignant ainsi des différentes étapes du processus de classement et d'assemblage des fragments. Dans de nombreux cas, ces photographies demeurent la meilleure source de documentation que nous possédions sur ces textes, car certains d'entre eux, au cours de différentes étapes de rangement, d'étude et de préservation, ont subi depuis des détériorations ou perdu quelques lettres inscrites sur leurs bords[4].

Les conditions de travail au PAM, au cours de cette période, étaient tout au plus rudimentaires. Les chercheurs n'avaient pas d'espace de travail suffisant ni d'assistant pour travailler sur les manuscrits. Pire encore, on ne prêtait aucune attention à la conservation et à la préservation des manuscrits. Pour l'assemblage des fragments, les chercheurs utilisaient du simple papier collant ou même la face gommée de timbres-poste. Les rayons de soleil qui pénétraient dans la pièce plombaient sur ces vieux manuscrits et les détérioraient davantage. De plus, il n'était pas rare de voir dans cette pièce des tasses de café ou des cigarettes, et on peut sans difficulté imaginer le tort irréparable que cela pouvait causer à ces fragiles documents.

Les premiers efforts de publication, 1953-1967

C'est à ses collègues de l'École biblique — Pierre Benoit, Jozef T. Milik et Maurice Baillet — que de Vaux confia initialement la tâche d'effectuer la publication. Ces trois chercheurs étaient en charge des comptes rendus archéologiques, du tri de ces pièces de casse-tête que constituaient les

Solomon Schechter enseigna à l'Université de Cambridge avant de devenir président du Séminaire théologique juif de New York. À la fin du XIXe s., il découvrit dans la genizah du Caire des copies du *Document de Damas*, un texte dont des exemplaires fragmentaires ont été trouvés plus tard parmi les manuscrits de la mer Morte. *Courtoisie du Centre Ratner pour l'étude du judaïsme conservateur du Séminaire théologique juif d'Amérique.*

Eleazar L. Sukenik fut le premier à reconnaître l'antiquité des manuscrits de la mer Morte après leur découverte en 1947. Il a fondé l'Institut d'archéologie de l'Université hébraïque et a publié de nombreuses études sur les synagogues anciennes. On le voit ici en train d'étudier les *Hymnes d'action de grâces*. Sukenik fut aussi le premier à associer les manuscrits aux esséniens. *Photo Fred Csaznik. Courtoisie de l'Institut d'archéologie de l'Université hébraïque.*

Roland de Vaux, directeur de l'École Biblique et archéologique française de Jérusalem, dirigea les fouilles archéologiques à Qumrân et la première équipe d'édition des manuscrits. *Courtoisie de Guy Couturier.*

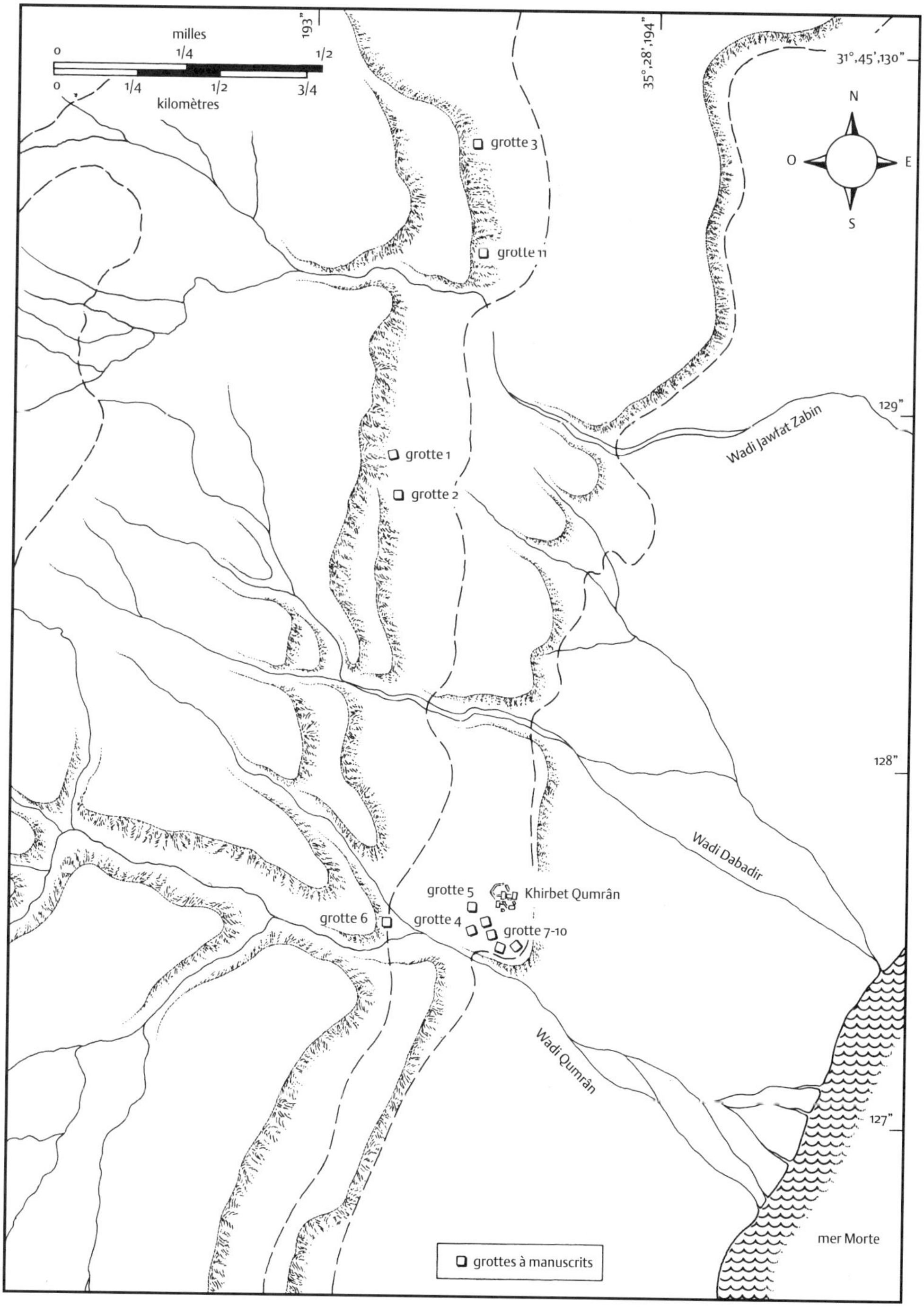

Les grottes de Qumrân

fragments de la grotte 4, de la transcription et de la publication des textes. Au printemps 1953, la quantité considérable de matériaux à traiter entraîna la création d'une équipe internationale constituée de chercheurs représentant les différentes écoles et missions archéologiques qui poursuivaient leurs activités dans la partie est de Jérusalem, sous contrôle jordanien[5]. Comme on peut le deviner, ce groupe ne comprenait pas de chercheurs juifs ou israéliens. Chacun des chercheurs était supposé trouver le support financier nécessaire et séjourner assez longuement à Jérusalem, le temps de mettre au point la publication des manuscrits.

Des chercheurs protestants et catholiques de l'ASOR, de l'École biblique et de diverses autres institutions chrétiennes de Jérusalem-Est se virent assigner des lots de manuscrits à préparer pour publication[6]. Des questions de politiques institutionnelles et interconfessionnelles ont sans aucun doute joué un rôle important dans le choix des institutions qui purent déléguer leurs représentants pour compléter l'équipe. Plusieurs ont même suggéré que ces facteurs ont aussi contribué à décider qui seraient les heureux élus. Pourtant les faits indiquent plutôt que, dans certains cas, de Vaux ne connaissait même pas les membres de l'équipe avant leur arrivée. Apparemment, on avait peu réfléchi à la planification : comment organiser ce vaste matériel, qui était le plus qualifié pour participer au projet, quels seraient les fonds nécessaires et quelles mesures devrait-on prendre en cas de retards excessifs ?

Les médias populaires ont décrit le groupe comme étant presque exclusivement catholique. En fait, la première équipe en charge de la publication des manuscrits de la grotte 4 était constituée de quatre catholiques et de quatre protestants, bien que l'un des protestants, John Allegro, fût déjà agnostique, et qu'un autre, John Strugnell, allait plus tard se convertir au catholicisme. On a relié le fait que les Israéliens et les Juifs de la Diaspora ont été exclus de ce processus à la situation politique alors en vigueur, ou encore aux sentiments antisémites de certains des chercheurs impliqués. De fait, la plupart des éditeurs prenaient encore ouvertement parti pour la cause arabe longtemps après la guerre de 1967.

Frank Moore Cross Jr., alors en voie de devenir un éminent professeur de Harvard, fut le premier chercheur à participer à la nouvelle équipe. On lui confia la publication de presque tous les manuscrits bibliques. Son analyse paléographique des manuscrits, publiée initialement en 1958, fut sa plus importante contribution aux études qumraniennes. Grâce à cette analyse, Cross parvint à dater des fragments avec une telle exactitude que lorsqu'on appliqua ensuite une méthode précise, celle de la datation au carbone 14, cette dernière ne fit que confirmer, à peu de chose près, les dates déjà établies par Cross.

À l'automne 1953, Milik et Cross commencèrent à travailler ensemble sur les matériaux de la grotte 4 qui se trouvaient dans la « scrollery », cette pièce où l'on triait les fragments. Milik était en charge d'un large lot de fragments qui était composé de tefillin (phylactères), de mezouzot (petits rouleaux de parchemin), de targoumim (traductions de la Bible en araméen), de textes pseudo-historiques, de livres de règles, de bénédictions, de matériel en rapport avec le calendrier, de textes apocryphes et pseudépigraphes, et de documents économiques. Milik publiera plus que tout autre chercheur. Mais son extraordinaire productivité ne pouvait venir à bout de la quantité excessive de textes qu'on lui avait assignés.

Dès novembre, il devint évident que le gouvernement jordanien ne possédait pas les fonds nécessaires pour empêcher cet important trésor historique de tomber aux mains de collectionneurs privés. En conséquence, les autorités proposèrent à des institutions académiques étrangères d'acquérir des fragments. Entre 1954 et 1959, des manuscrits furent achetés par l'Université McGill de Montréal, le Vatican, les Universités de Manchester et de Heidelberg, le Séminaire théologique McCormick de Chicago, l'Église All Souls de New York et l'Université d'Oxford.

Avant que l'année 1953 n'ait touché à sa fin, les chercheurs œuvrant au PAM avaient identifié près de soixante-dix manuscrits parmi la collection de la grotte 4. Au fur et à mesure que les fouilles archéologiques se poursuivaient, d'autres manuscrits leur parvenaient.

Le métropolite syrien décida alors de redoubler d'efforts pour vendre les quatre grands manuscrits en sa possession. Bien qu'il ait proposé ses manuscrits un peu partout pendant plusieurs années, il n'avait pas eu beaucoup de succès. Il les avait même exposés à la Bibliothèque du Congrès dans le but d'attirer d'éventuels acheteurs. Contrairement à ce qu'avait affirmé l'ASOR, la publication de ces textes en avait plutôt fait diminuer la valeur. Se trouvant coincé, le métropolite plaça alors une annonce dans le *Wall Street Journal* du 1er juin 1954 : il y suggérait que ces manuscrits « étaient un cadeau idéal à faire à une institution à but éducatif ou religieux ».

Cette annonce attira l'attention de Yigael Yadin, alors en tournée de conférences aux États-Unis. Avec l'aide du gouvernement israélien, il prit immédiatement les mesures nécessaires afin que l'achat des manuscrits se fasse par personne interposée. Juste avant que la vente soit conclue, Harry Orlinsky de l'Institut juif de religion du Collège hébraïque uni de New York, agissant sous un nom d'emprunt et dans le plus grand secret, examina les manuscrits et en confirma l'authenticité. Le 1er juillet 1954, ils devinrent propriété de l'État d'Israël. Peu après, Samuel Gottesman, de New York, fit don d'un montant de 250 000 $ qui permit à Yadin de rembourser l'emprunt grâce auquel il avait réalisé cet achat. Les textes furent ensuite déposés au Sanctuaire du livre du Musée d'Israël, où ils se trouvent encore aujourd'hui[7].

À peu près à la même époque, John Strugnell du collège Jésus de l'Université d'Oxford se joignit à l'équipe de la « scrollery ». En plus de Milik, Strugnell s'adonna assidûment à l'étude des manuscrits dans les années 1950. On lui avait confié un gros lot de paraphrases du Pentateuque, de textes pseudo-prophétiques, d'hymnes, de textes liturgiques et sapientiaux. Comme il s'était très peu occupé de publier ces textes lui-même, il en vint à déléguer cette tâche à ses étudiants de Harvard, où il enseigna durant plusieurs années. On finit par nommer Strugnell au poste de directeur en chef de la publication. C'est pendant son mandat que la pression pour l'affranchissement complet de l'ensemble des manuscrits atteignit son point culminant.

En 1955, paraissait l'édition posthume de trois manuscrits préparés par Sukenik : un rouleau d'Isaïe (*Isaïe B*), les *Hymnes d'action de grâces*, et le *Rouleau de la guerre*. À cette date, tous les manuscrits que les Israéliens avaient en leur possession étaient donc publiés, sauf la *Genèse apocryphe* qui, vu sa fragilité, n'a pu être déroulée avec succès qu'en 1956.

Durant l'hiver et le printemps 1955, les fouilles ont mis au jour quatre autres grottes, qui s'étaient effondrées, soit les grottes 7 à 10. Ces grottes renfermaient peu de textes. En janvier 1956, les bédouins découvrirent la grotte 11. Pour financer l'achat de ces manuscrits, le gouvernement jordanien en vendit les droits de publication à différentes institutions. Les principaux acquéreurs furent l'ASOR, qui put faire l'achat grâce à la générosité de la famille Bechtel, et l'Académie royale des Pays-Bas. Parmi les documents acquis par l'ASOR, on trouve un *Rouleau d'Ezéchiel*, qu'on n'a jamais réussi à ouvrir vu son très mauvais état de conservation, ainsi que le *Rouleau des Psaumes*, publié par James A. Sanders en 1965[8]. Quant aux Hollandais, ils avaient fait l'acquisition du *Targoum de Job* et de quelques autres manuscrits de très grande importance. Juste après la guerre des Six Jours, Yadin acheta de Kando, pour le compte de l'État d'Israël, le rouleau le plus long de la grotte 11, le *Rouleau du Temple*.

En 1956, de Vaux et ses collègues entreprirent une étude préliminaire du site de Ein Feshka, situé près de la mer Morte. (On identifia finalement ce

Yigael Yadin, soldat, homme d'État et archéologue, fut aussi le chef de file des chercheurs israéliens. Il édita la *Genèse apocryphe* avec Nahman Avigad, la *Règle de la guerre* et le *Rouleau du Temple*, qu'il examine sur cette photo. Dans ses fouilles archéologiques, Yadin a également mis au jour les manuscrits de Massada, de même que de nombreuses lettres et documents de Bar Kokhba. *Photo Zev Radovan. Courtoisie de l'Institut d'archéologie de l'Université hébraïque.*

John Strugnell, rattaché d'abord à l'Université d'Oxford, puis à Harvard, était membre de la première équipe d'éditeurs et fut désigné comme éditeur en chef en 1984. Avec Elisha Qimron, il a édité la *Lettre halakhique*, dont il a rédigé un commentaire exhaustif. L'annonce de l'existence de ce manuscrit a été l'un des déclencheurs de la campagne pour l'affranchissement des manuscrits. *Photo Lawrence H. Schiffman.*

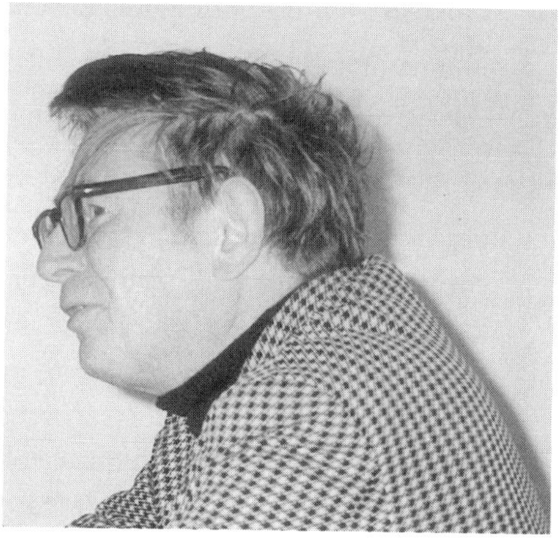

Frank M. Cross et Eugene Ulrich, photographiés lors du congrès de Madrid en 1991. Cross, rattaché à l'Université Harvard, était l'un des membres de l'équipe initiale d'édition ; il a daté les manuscrits en se basant sur la paléographie et les tests ultérieurs au carbone 14 lui ont donné raison. Ulrich, de l'Université Notre Dame, avait déjà réorganisé la publication des manuscrits bibliques, avant même le début des pressions publiques pour un libre accès aux manuscrits. *Photo Lawrence H. Schiffman.*

site comme étant une extension et une zone industrielle de Qumrân. Des fouilles y eurent lieu en 1958.) Le 1er juin de la même année, le *Rouleau de cuivre*, une liste de trésors prétendument enfouis dans le désert de Judée, fut scié, déchiffré et porté à la connaissance du public.

Cette année-là, la situation politique au Moyen-Orient ainsi que le conflit israélo-arabe perturbèrent à nouveau les recherches sur les manuscrits de la mer Morte. En réaction à la nationalisation du canal de Suez par l'Égypte et aux raids arabes sur Israël, la France, la Grande-Bretagne et Israël attaquèrent conjointement l'Égypte au cours de la campagne du Sinaï de 1956. Cette confrontation militaire entraîna la dispersion de l'équipe internationale. Par sécurité, on déménagea les manuscrits à Amman, où ils demeurèrent pendant la durée des hostilités.

À l'automne de la même année, les cinq colonnes lisibles de la *Genèse apocryphe* paraissaient dans l'édition préparée par Yigael Yadin et Nahman Avigad. Avec la publication de ce volume, les chercheurs israéliens s'étaient acquittés de l'obligation de publier l'ensemble des manuscrits de Qumrân en leur possession.

Les recherches sur les manuscrits étaient alors suffisamment avancées pour qu'il soit nécessaire de dresser une concordance (c'est-à-dire un index comprenant toutes les occurrences de chaque mot) pour aider à l'interprétation des textes. En juillet 1957, Joseph Fitzmyer commença à compiler la concordance sur des fiches. Raymond Brown et William G. Oxtoby se joignirent à lui. Leur projet fut interrompu en 1960 avec la fin du financement de Rockefeller, sauf pour quelques ajouts de Javier Teixidor. Fitzmyer et Brown devinrent tous deux d'éminents chercheurs dans le domaine, Fitzmyer s'avérant un excellent spécialiste du matériel araméen et des rapports entre les manuscrits et le Nouveau Testament. C'est cette concordance qui allait finalement mener au démantèlement de l'équipe internationale et à la fin de son monopole[9].

En juillet 1958, les autorités jordaniennes achetèrent de Kando les derniers textes de la grotte 4, mettant ainsi un terme à une étape importante dans l'histoire des recherches qumraniennes. Il fallut pourtant attendre des années avant que ces fragments ne voient le jour : ce n'est en fait que maintenant qu'ils sont publiés[10].

Durant toute cette période, les archéologues israéliens avaient suivi avec grand intérêt les fréquentes exhumations de manuscrits effectuées par les bédouins dans la partie du désert de Judée sous contrôle jordanien. En mars 1955, une première exploration archéologique eut lieu à Massada (la forteresses d'Hérode située dans le désert, plus au sud, sur les rives de la mer Morte). Participaient à ce projet l'Université hébraïque, la Société israélienne d'exploration et le Département des antiquités d'Israël. Massada avait été le dernier lieu de retranchement des rebelles lors de la révolte juive contre Rome de 66 à 73. Les archéologues allaient trouver à Massada quelques textes identiques à ceux de Qumrân[11].

Au printemps de la même année, John M. Allegro publia son édition du *Rouleau de cuivre*[12]. Il avait eu accès à ce rouleau, car il en avait supervisé le déroulement à Manchester, à titre de membre de l'Équipe internationale. Bien que Milik se soit vu confier officiellement la publication de ce rouleau, Allegro le devança en publiant une édition non autorisée. Évidemment, l'édition d'Allegro entraîna d'importantes tensions au sein de l'équipe ; les membres ne lui pardonnèrent jamais cette trahison, pas plus que ses prétentions exagérées que les manuscrits avaient des conséquences dévastatrices pour la foi chrétienne. Ce même été, Allegro dirigea une expédition pour tenter de trouver les trésors mentionnés dans ce rouleau ; mais il revint les mains vides. Cette quête se poursuit toujours aujourd'hui.

Lorsque le financement par la famille Rockefeller arriva à son terme, en juin 1960, les membres de l'Équipe internationale se dispersèrent et regagnèrent leur université respective. À cette époque, le tri de toute la collection était à peu près complété. Presque tous les textes avaient également été transcrits de façon préliminaire. Si leur publication avait suivi rapidement, les membres de l'Équipe internationale seraient devenus des héros, acclamés pour la compétence et la rapidité de leur travail. Hélas, ce ne fut pas le cas. Les nombreux délais survenus après leur départ de Jérusalem, couplés au fait que les chercheurs se voyaient refuser l'accès aux manuscrits, ont finalement provoqué une vive controverse.

Au moment de la dissolution de l'équipe internationale, de Vaux écrivit aux différentes institutions qui avaient acheté des manuscrits, les informant que le travail sur ces manuscrits était maintenant complété. Pour ces institutions, la prochaine étape consistait à demander au gouvernement jordanien des permis d'exportation des manuscrits. Le 27 juillet 1960, ce gouvernement prit la sage décision d'annuler les arrangements antérieurs. Il décida plutôt de conserver les manuscrits en Jordanie et de rembourser aux différentes institutions les sommes avancées pour les acheter.

En juin 1961, 511 manuscrits de la grotte 4 avaient été identifiés et disposés sur 620 plaques de musée ; 25 plaques de matériel demeuraient non identifiées. La série définitive de clichés photographiques était également complétée à ce moment.

En novembre 1966, le gouvernement jordanien, dans un effort pour garder le contrôle des trésors archéologiques nationaux, décida de nationaliser le Musée archéologique de Palestine. Au printemps suivant, lorsque Israël fit la conquête de Jérusalem-Est, au cours de la guerre des Six Jours, son Département des antiquités assuma le contrôle de cette importante collection de manuscrits inédits de la mer Morte.

Après la guerre, Yadin acquit de Kando le *Rouleau du Temple*. Cet achat mit fin à un drame qui avait débuté en 1960. À cette époque, un certain révérend Joe Uhrig avait offert le rouleau à Yadin, lui fournissant un petit échantillon pour lequel il avait demandé un dépôt de 10 000 $. Yadin n'entendit plus parler de Uhrig par la suite. En 1967, Yadin apprit que le rouleau était aux mains de Kando. Dès les premiers jours de la guerre, Yadin envoya un détachement de soldats à la demeure de Kando à Bethléem pour y saisir le rouleau, qui était en train de pourrir sous un plancher. Kando reçut par la suite un paiement de 108 000 $[13].

Même si, à la guerre de 1967, le gouvernement israélien ne visait pas la conquête de Jérusalem-Est, il changea d'avis lorsque la Jordanie commença à pilonner Jérusalem-Ouest. À la suite du bombardement, les Israéliens intensifièrent leur avancée pour s'emparer de Jérusalem et la réunifier. Au cours de violents combats au corps à corps, des soldats israéliens pénétrèrent dans le Musée archéologique de Palestine, où ils trouvèrent presque tous les manuscrits de la mer Morte en lieu sûr, intacts[14]. Peu après la guerre, le musée fut rouvert au public, et rebaptisé musée Rockefeller pour commémorer le support financier important octroyé par la famille Rockefeller dans le passé. Quelques manuscrits qui étaient exposés à Amman lorsque la guerre éclata s'y trouvent toujours, tout comme le *Rouleau de cuivre*.

Christianisation des manuscrits

Dès ses débuts, le processus de publication des manuscrits a été fortement conditionné par la localisation physique des manuscrits et les opinions politiques des chercheurs concernés. La conséquence la plus désastreuse, probablement, a été l'exclusion des Juifs, en tout cas des Israéliens, de l'équipe éditoriale, du début des années 1950 à la fin des années 1980.

La réduction au silence des chercheurs juifs a eu des implications négatives pour l'histoire de l'interprétation et de la publication des manuscrits.

Jusqu'au moment où des chercheurs juifs ont enfin pu prendre part au débat sur le contenu des manuscrits, il s'est créé et publié toute une série d'études christianisantes, qui avaient en commun d'interpréter le matériel qumranien comme s'il s'agissait d'une collection de textes proto-chrétiens plutôt que juifs[15]. De plus, le rythme de la publication a été passablement freiné du fait qu'on a écarté de l'entreprise de nombreux chercheurs juifs particulièrement compétents pour la lecture et l'analyse des manuscrits hébreux. Quand la controverse a finalement éclaté en 1991, environ 50 % des titres, représentant environ 25 % du matériel, étaient encore inédits.

Mais ce qui est peut-être encore plus grave est le fait que les textes considérés comme les plus spécifiquement juifs — des textes juridiques et d'autres documents du même genre — furent les derniers à être publiés parce que les chercheurs responsables de l'édition et de la publication se sentaient beaucoup plus à l'aise avec la Bible qu'avec des textes juridiques juifs.

Puisque certaines accusations ont circulé dans les médias, il est important de situer le problème dans une juste perspective. Je ne prétends pas que les membres de l'Équipe internationale aient délibérément camouflé les manuscrits parce qu'ils auraient eu peur d'un quelconque effet dévastateur pour le christianisme. Je ne prétends pas non plus que ces chercheurs aient tenté de mettre ces textes à distance du christianisme, chronologiquement ou théologiquement. Au contraire, je soutiens qu'ils se sont beaucoup trop efforcés de les décrire en termes chrétiens, sans jamais véritablement tenir compte de la judaïté de l'ensemble.

Alors pourquoi les manuscrits sont-ils demeurés secrets aussi longtemps ?

En fait, les réponses à cette question sont bien prosaïques. Ceux qui avaient la responsabilité de les publier ont failli à la tâche pour diverses raisons. Leur travail n'a pas bénéficié de tout le financement nécessaire. Certains ont perdu tout intérêt en cours de route. D'autres ont sombré dans l'alcoolisme ou sont morts. Certains ne possédaient pas les compétences linguistiques requises pour réaliser le travail dans un délai raisonnable. Ils continuaient égoïstement à croire qu'eux seuls pouvaient le faire correctement, et qu'eux seuls, ainsi que les étudiants de leur choix, possédaient des droits perpétuels sur les manuscrits.

Une autre conséquence de l'approche christianisante fut la ténacité avec laquelle s'est maintenue la théorie essénienne. Peu après l'exhumation des manuscrits de Qumrân, prévalait déjà l'idée que la secte décrite dans les manuscrits n'était autre que ce groupe sectaire insaisissable connu sous le nom d'esséniens. On avait d'ailleurs déjà avancé cette hypothèse en se basant sur les données des manuscrits du *Document de Damas* provenant de la genizah. D'abord suggérée par Sukenik, cette théorie a été développée en détails dans une série d'essais, dont le plus important fut rédigé par Cross. Elle prend sa source dans les descriptions des esséniens que nous ont léguées Philon le Juif, Flavius Josèphe et Pline l'Ancien. De nombreux parallèles entre ces descriptions et les manuscrits de la mer Morte suggèrent cette identification. Mais il y a des différences importantes qu'on a ignorées. Les chercheurs ont utilisé les textes de Philon, Josèphe et Pline pour interpréter les manuscrits, et vice versa, ce qui les enfermait dans un raisonnement circulaire. Cet amalgame de textes a été ensuite utilisé pour chercher les origines du christianisme qui, selon cette théorie, pourraient être découvertes dans la bibliothèque des esséniens[16].

Il est difficile de croire qu'une telle approche ait pu prévaloir aussi longtemps. N'importe quel lecteur des manuscrits peut voir qu'il s'agit incontestablement de textes juifs. Pourtant, cette évidence n'a pas empêché un certain nombre de chercheurs d'élaborer toute une littérature qui décrit et analyse ces textes comme s'ils étaient des précurseurs du christianisme. Ces études écartent une grande partie des documents juridiques, pour mettre plutôt l'accent sur des thèmes comme l'eschatologie (la doctrine de la fin des temps). Même s'il est vrai que ces manuscrits apportent un éclairage important sur les origines du christianisme, ils n'en constituent pas pour autant des documents proto-chrétiens. Malgré cela, pourtant, des confessionnalistes dépeignent souvent la secte avec des termes tirés du Nouveau Testament, interprétant ce dernier à la lumière des manuscrits. En utilisant des termes empruntés à l'Église primitive pour décrire les gens de Qumrân, plusieurs chercheurs ont ainsi créé l'illusion que la secte et le christianisme primitif étaient beaucoup plus proches qu'ils ne l'étaient réellement.

Pour montrer à quel point la terminologie peut être importante, permettez-moi de vous présenter un portrait composite de la secte tel que le dressent ces analyses christianisantes.

Les moines de Qumrân étaient des ascètes qui pratiquaient un rite de baptême et qui étaient dirigés par un Maître de Justice. Ils se rassemblaient dans un réfectoire après avoir fait leurs ablutions, et ils y partageaient une eucharistie faite de pain et de vin. Après la mort du maître, ils furent dirigés par un *episkopos* (évêque). Ils pratiquaient la communauté des biens, et se consacraient à guérir les malades et à vêtir les pauvres. Ils composaient des hymnes dans lesquels ils louaient Dieu, et attendaient impatiemment la venue d'un sauveur qui combinait à la fois des traits sacerdotaux et davidiques. Les moines copièrent des manuscrits dans le scriptorium, nous léguant ainsi les manuscrits de la mer Morte.

Parallèlement, nous pouvons dépeindre cette communauté en termes juifs. Les habitants de Qumrân étaient des Juifs observants ; ils pratiquaient un rituel de purification et étaient dirigés par leur rabbin, le Maître de Justice. Ils prenaient des repas communautaires dans leur salle à manger, après s'être immergés dans le *mikveh* (bain rituel). Avant le repas, ils récitaient un *ha-motzi* en prenant le pain, et prononçaient une *berakhah* (bénédiction) spéciale sur le vin. Après la mort du maître, ils furent dirigés par un autre rabbin. Ils prêtaient volontiers aux autres ce qu'ils possédaient, et se consacraient à la *mitzvah* (commandement) de guérir les malades et de faire des dons charitables pour vêtir les pauvres. Ils composaient des prières dans lesquelles ils louaient Dieu, et attendaient impatiemment la venue d'un messie qui combinait à la fois des traits sacerdotaux et davidiques. Les scribes de la secte copièrent pour leur bibliothèque les textes les plus importants, nous léguant ainsi les manuscrits de la mer Morte.

Les deux descriptions que je viens de fabriquer prouvent combien le langage et la terminologie influencent facilement la perception que nous avons des manuscrits.

La christianisation n'est pas, comme je l'ai mentionné plus tôt, la seule façon dont les chrétiens ont interprété les manuscrits. En fait, il s'est produit entre eux une sorte de débat sur le sens des manuscrits. Les chrétiens conservateurs, voulant souligner l'unicité de Jésus et sa contribution à l'essor de l'Église chrétienne, ont mis l'accent sur la judaïté de Qumrân, et même sur sa nature halakhique.

Quant aux chrétiens plus libéraux, ils ont eu plutôt tendance à considérer que les origines du christianisme sont plus proches du judaïsme, et que les douleurs de son enfantement sont antérieures à Jésus. Même s'ils ne le diraient pas aussi clairement, Jésus, selon eux, a été suscité par les circonstances qui ont généré le mouvement messianique qu'il représentait. Pour ces chercheurs, Qumrân s'apparente, par son esprit et sa pratique, au christianisme primitif. C'est pourquoi ils négligent les éléments plus spécifiquement juifs, comme la loi, la pureté, ainsi que d'autres pratiques.

Durant les vingt premières années de recherches qumraniennes, les chrétiens ont poursuivi leurs débats internes en faisant comme si les éléments juifs des manuscrits n'avaient aucune importance. Leur seule préoccupation était de savoir jusqu'à quel point les manuscrits étaient chrétiens.

C'est cette question qui a largement dominé les discussions publiques. Des chercheurs juifs qui, comme le talmudiste Saul Lieberman, ont contribué à l'étude des manuscrits, ont été marginalisés et ont dû se contenter de demeurer à la frange des études qumraniennes. Même le travail de pionnier de Sukenik a perdu sa signification quand de nouvelles éditions sont parues. Les superbes commentaires en hébreu de Jacob Licht sur les *Hymnes d'action de grâces* et sur le *Rouleau des Règles* n'ont pas été lus ; on a salué l'œuvre magistrale de Yadin sur le *Rouleau de la guerre* sans véritablement l'approfondir. Bien que l'édition du *Document de Damas* de Chaim Rabin soit devenue une référence, son commentaire et ses études complémentaires n'ont eu que très peu d'impact. On a accentué à peu près tous les aspects, sauf l'aspect juif, celui qui pouvait éclairer les développements ultérieurs du judaïsme[17].

Une bonne partie de la confusion interprétative aurait été évitée si les textes avaient été publiés dans un ordre différent. Mais comme on a gardé pour la fin les textes les plus typiquement juifs, c'est l'interprétation chrétienne des manuscrits qui a dominé jusqu'à présent. Lorsque l'ensemble des manuscrits sera publié, les chercheurs reconnaîtront sans aucun doute que cette approche est indéfendable ; mais d'ici là, ce point de vue pourrait être passé dans la littérature populaire et l'avoir imprégné de manière irréversible. C'est ainsi que nous créons et entretenons des mythes.

La guerre des Six Jours de 1967 a marqué un point tournant dans les études qumraniennes. Le retour des manuscrits au peuple juif n'a pas été qu'une simple affaire administrative ; il a profondément marqué l'interprétation de ces textes et la question de leur accessibilité. C'est ce sujet que nous allons maintenant aborder.

CHAPITRE 2

Un scandale pour des manuscrits

La conquête de Jérusalem-Est par Israël a déclenché toute une série d'événements qui ont finalement conduit à la mise en circulation de l'ensemble des manuscrits de la mer Morte, nous permettant ainsi de comprendre de façon plus complète les secrets de l'ancienne bibliothèque de Qumrân. Mais il a fallu encore vingt-cinq ans après la prise de contrôle des manuscrits par Israël en 1967 pour parvenir à cette compréhension. Ce n'est pas avant les année 1990 que le projet de publication a pu être réorganisé et que les documents de Qumrân ont été mis à la disposition de l'ensemble des chercheurs. Et même après l'affranchissement de la totalité des manuscrits, il faudra encore du temps aux milieux savants et populaires pour parvenir à une juste appréciation de leur judaïté.

Le débat autour de l'affranchissement des manuscrits, 1967-1991

Immédiatement après la guerre des Six Jours, les autorités israéliennes ont accepté de laisser les spécialistes chrétiens des manuscrits continuer leur travail, en espérant que celui-ci serait complété rapidement. Après coup, cette décision paraît vraiment naïve. Les chercheurs ne pouvaient venir à bout de leur tâche, car la somme de textes qui leur avait été allouée était tout simplement trop considérable pour que la publication puisse être effectuée dans un délai raisonnable. Certains s'étaient même vu assigner plus de manuscrits qu'il n'est humainement possible d'en traiter durant toute une vie. D'autres sont morts après avoir confié leurs textes à leurs étudiants qui n'ont pas réussi à les publier non plus. Pourtant, les membres de l'équipe éditoriale s'entêtaient à interdire à quiconque l'accès aux documents inédits. Comme d'autres le font avec des billets de banque, ils dissimulaient jalousement les manuscrits pour mousser leur carrière et celle de leurs étudiants.

Avec l'acquisition du *Rouleau du Temple*, en 1967, les recherches prirent un tournant majeur. Lorsque Yigael Yadin fit connaître le *Rouleau du Temple*, d'abord au cours d'une série de conférences publiques, puis dans une édition publiée en 1977, il relançait une approche déjà mise en œuvre antérieurement, celle de l'interprétation des documents qumraniens dans un contexte juif. Le *Rouleau du Temple*, un texte de même dimension que le Livre d'Isaïe, et qui ne porte que sur la loi juive, se retrouvait maintenant

Le *Rouleau du Temple* après le déroulement de la partie extérieure
Le *Rouleau du Temple* est demeuré en possession de Kando, le vendeur d'antiquités, jusqu'en 1967. À cause des mauvaises conditions dans lesquelles il avait été entreposé, il s'est grandement détérioré. Il a fallu un travail minutieux pour le dérouler et une bonne partie de l'écriture n'était conservée qu'au dos des colonnes. *Courtoisie du Sanctuaire du livre du Musée d'Israël.*

entre les mains des lecteurs. Le programme avait changé. Tous les regards se tournèrent vers le nouveau manuscrit qui fit naître chez certains le faux espoir de résoudre presque tous les problèmes des études qumraniennes. Yadin fit appel à son sens du drame et de la publicité pour attirer l'attention sur ce texte. En fait, on sent que Yadin comprenait parfaitement le rôle qu'on lui attribue ici.

On réalise rétrospectivement que la recherche allait déjà dans cette direction depuis un certain temps. Joseph M. Baumgarten, un spécialiste des textes rabbiniques de l'Université hébraïque de Baltimore, avait publié des études dans ce sens depuis le début[1]. Mes propres recherches commençaient aussi à porter fruit au même moment[2]. La nouvelle découverte de Yadin contribua à stimuler cette recherche et à rejudaïser les manuscrits. On reconnaissait enfin clairement l'importance de ces textes pour l'étude de la loi juive — la halakhah. Parce que Yadin avait identifié hors de tout doute les auteurs du *Rouleau du Temple* avec la secte de Qumrân, la publication de son nouveau manuscrit a amené même les chercheurs chrétiens à reconnaître le caractère intégralement halakhique de ce groupe, c'est-à-dire leur enracinement dans la loi juive.

Du coup, les experts du Nouveau Testament se sont mis à attendre des spécialistes de la loi juive qu'ils interprètent ces manuscrits. L'autorité des chercheurs juifs s'est même trouvée renforcée par les ironies de l'histoire du Moyen-Orient. Après la guerre de Kippour (1973), Yadin fut nommé à la commission Agranat pour enquêter sur la performance militaire d'Israël pendant la guerre. La nouvelle responsabilité de Yadin entraîna conséquemment un délai dans la publication de la version anglaise du *Rouleau du Temple*.

Pendant plus de six ans (1977-1983), le *Rouleau du Temple* demeura inaccessible à ceux qui ne lisaient pas l'hébreu moderne. Bien qu'on ait publié des traductions allemande, française et espagnole avant la traduction anglaise, ces traductions ne comportaient à peu près pas de commentaires. L'introduction et les notes très élaborées de Yadin faisaient de l'édition en hébreu une mine précieuse de renseignements, connue seulement des chercheurs juifs et de quelques privilégiés parmi les chrétiens. Ainsi, pour la première fois, le vent tournait : un manuscrit était accessible aux juifs et non aux chrétiens. Le fait de reconnaître que seuls les chercheurs possédant une compétence dans le domaine de la littérature du Second Temple et des textes rabbiniques pouvaient traiter adéquatement ce nouveau manuscrit d'une importance capitale changea complètement la perspective

Hershel Shanks fit campagne sans relâche, à titre de rédacteur en chef de la *Biblical Archeology Review* (*BAR*), pour que les manuscrits soient accessibles à tous les chercheurs qualifiés. Il a contribué plus que tout autre à attirer l'attention du public sur ce problème. Shanks a été poursuivi par Elisha Qimron devant un tribunal israélien pour avoir publié, sans sa permission, son édition et sa reconstruction de la *Lettre halakhique. Photo Beverly Rezneck.*

Shemaryahu Talmon, de l'Université hébraïque, a consacré de nombreuses années de sa vie à l'étude des manuscrits de la mer Morte et à la formation de jeunes chercheurs israéliens dans le domaine. Ses propres travaux ont porté principalement sur le messianisme, les textes bibliques et le calendrier de Qumrân. Après la mort de Yadin, il a été chargé de la publication des manuscrits de Massada. Il a été nommé membre du comité israélien de supervision mis sur pied à la suite des plaintes des chercheurs à propos des retards énormes accumulés par l'équipe d'édition. *Photo Lawrence H. Schiffman.*

Jonas C. Greenfield, de l'Université hébraïque, a aussi été nommé au comité de supervision israélien ; on lui a confié la publication des manuscrits araméens des grottes Bar Kokhba et quelques textes araméens de Qumrân. Greenfield a apporté une contribution importante à l'étude de l'araméen de cette période, principalement en ce qui concerne les formulations légales et leurs rapports avec la loi juive. *Photo Lawrence H. Schiffman.*

Robert Eisenman, de l'Université d'État de la Californie à Long Beach, a été le premier chercheur à dénoncer John Strugnell, l'éditeur en chef d'alors, pour lui avoir refusé l'accès à des manuscrits inédits. Il a défendu l'hypothèse que les manuscrits sont étroitement associés au christianisme primitif, mais son point de vue n'a convaincu à peu près personne. *Photo Lawrence H. Schiffman.*

Ben Zion Wacholder, du Collège hébraïque uni, n'appréciait pas du tout de ne pas avoir accès à la totalité des textes des manuscrits. Son étudiant Martin G. Abegg et lui ont reconstruit les textes de la grotte 4, en se basant sur la concordance élaborée par l'équipe éditoriale. La publication de Wacholder et Abegg brisa dans les faits le monopole, et précipita l'affranchissement des manuscrits au profit de l'ensemble de la communauté scientifique. *Photo Thomas Kristich. Courtoisie de Nina Wacholder.*

Elisha Qimron, de l'Université Ben Gourion au Néguev. Il s'est joint à l'équipe éditoriale à l'invitation de Strugnell, alors directeur, et travailla avec celui-ci à l'édition officielle de la *Lettre halakhique*. Il poursuivit Hershel Shanks quand *BAR* publia son édition de ce texte à son insu. Un tribunal de première instance lui donna gain de cause et la Cour suprême maintint ce verdict. *Photo Lawrence H. Schiffman*

sur les découvertes de Qumrân en général, et même sur les origines du christianisme primitif.

En septembre 1971, Pierre Benoit succéda à de Vaux comme chef de l'Équipe internationale et de la collection « Discoveries in the Judaean Desert ». Quelques volumes furent publiés sous son mandat, mais en fait la plus grande partie du travail, principalement sur les textes de la grotte 4, n'avançait du tout[3].

Ces problèmes étaient déjà évidents en septembre 1984, lorsque Benoit prit sa retraite et que le Département des antiquités d'Israël confirma la nomination de John Strugnell, de Harvard, comme chef du projet de publication des manuscrits. Plusieurs personnes de divers milieux s'objectèrent à ce que ce poste soit confié à Strugnell, alléguant à la fois le retard considérable de ses propres publications et les sentiments antisémites qu'on lui prêtait. Pour assurer sa confirmation, Strugnell proposa d'élargir l'équipe. Le groupe atteignit alors vingt membres, parmi lesquels un certain nombre d'Israéliens — Devorah Dimant, Elisha Qimron et Emanuel Tov — dont Strugnell sollicita la collaboration. Quelle ironie que Strugnell, qui devait accorder plus tard à un journal israélien bien connu une entrevue considérée comme antisémite, ait contribué à inviter des juifs à participer à la publication des manuscrits ! Il avait aussi fourni au Département des antiquités d'Israël (qui était devenu entre-temps l'Autorité des antiquités d'Israël) un calendrier des travaux, mais les délais qu'il avait prévus ne s'accompagnaient d'aucune mesure coercitive et ne furent pas respectés[4]. Cet échec a préparé le terrain pour la bataille à propos de l'accès aux manuscrits, bataille qui devait éclater quelques années plus tard.

La confirmation de la nomination de Strugnell ne put contenir la vague grandissante d'oppositions au *statu quo* sur la recherche et la publication des manuscrits. Les quelques lignes de la *Lettre halakhique* révélées par Qimron lors du Congrès international d'archéologie biblique de 1984 ont grandement stimulé la curiosité[5] : on s'est alors demandé combien d'autres textes explosifs pouvaient encore se cacher parmi les textes inédits de Qumrân. Un an plus tard à peine, dans le cadre du Colloque sur les manuscrits de la mer Morte tenu à l'Université de New York en mémoire de Yigael Yadin[6], le regretté Morton Smith prononça un réquisitoire passionné pour réclamer la publication immédiate des photographies de tout le corpus. Ben Zion Wacholder, un chercheur alors âgé de 67 ans, ajouta que s'il devait patienter encore longtemps, il ne lirait jamais les textes de son vivant. Hershel Shanks, le rédacteur en chef de la *Biblical Archaeology Review*

(BAR), poursuivit la lutte dans son magazine populaire. Il fit de nombreux éditoriaux sur cette question et se mit en campagne pour affranchir les manuscrits.

L'appel pour la diffusion et la publication de l'ensemble des manuscrits devint presque assourdissant tant il avait de retentissement dans les congrès scientifiques et dans la presse. Un tel intérêt poussa l'Autorité des antiquités d'Israël à revoir ses politiques. Pendant l'année académique 1989-1990, j'étais associé à l'Institut d'études supérieures de l'Université hébraïque, où je participais à un groupe de recherche sur les manuscrits de la mer Morte ; j'ai rencontré des membres du Comité israélien de supervision ainsi que Amir Drori, le directeur de l'Autorité des antiquités d'Israël. Nous avons discuté différentes façons d'accélérer le processus de publication. Pourtant, les changements tardaient à venir. Mais tout cela n'avait pas beaucoup d'importance, car le monopole allait être bientôt brisé grâce aux efforts des chercheurs eux-mêmes.

La clameur pour obtenir le libre accès aux manuscrits s'intensifia lorsque Robert Eisenman et Philip Davies, qui avaient formellement demandé à consulter des fragments inédits du *Document de Damas*, conservés au musée Rockefeller, se virent rabrouer par Strugnell. Shanks publia leur échange de correspondance dans *BAR*.

Puis, en 1990, Stephen A. Reed, du Centre de manuscrits bibliques anciens de Claremont, se rendit à Jérusalem pour préparer le premier catalogue complet des manuscrits et des négatifs. Il utilisa un catalogue déjà établi par Qimron et qui avait circulé en privé. Le catalogue de Reed confirma l'ampleur du matériel inédit. Mais le plus important est qu'il suscita une réorganisation de ce matériel et attira l'attention sur l'importance de le conserver et de le restaurer adéquatement.

L'équipe éditoriale officielle — considérablement élargie vers 1990 et comptant maintenant quelque trente chercheurs, juifs et non juifs, de toutes nationalités — possédait toujours un accès exclusif aux textes dont l'édition était beaucoup trop lente pour répondre aux besoins des autres chercheurs. Quelques-uns de ces derniers proposèrent alors d'accorder l'accès aux manuscrits à tous et chacun en fonction de ses recherches ou de son rattachement universitaire. Shanks souleva la question dans sa revue et auprès de l'Autorité des antiquités d'Israël, proposant qu'à la place de transcriptions, traductions et notes élaborées, si longues à préparer, l'Autorité devrait plutôt mettre en circulation des photographies, dont la production est beaucoup plus rapide.

En novembre 1990, l'état de santé de Strugnell se détériora sérieusement. Dans un entretien publié par la suite dans le journal israélien *Haaretz*, Strugnell fit des remarques désobligeantes à propos du judaïsme. Après une période d'intenses négociations, ses collègues de l'équipe éditoriale décidèrent de le relever de ses fonctions de directeur en chef, en alléguant son mauvais état de santé. L'Autorité des antiquités d'Israël intervint pour nommer Emmanuel Tov, de l'Université hébraïque, nouveau directeur en chef de l'Équipe internationale, de même qu'à la tête de la collection « Discoveries in the Judaean Desert » (DJD). Les membres de l'équipe désignèrent Émile Puech, de l'École biblique, Eugene Ulrich, de l'Université de Notre-Dame, et Tov, comme directeurs généraux. Ceux-ci élargirent l'équipe internationale à cinquante-cinq membres, espérant que le travail irait rondement et que le corpus serait bientôt publié dans sa totalité. Depuis ce moment, le rythme de publication des nouveaux volumes de la collection DJD s'est accéléré, et le volume tant attendu sur la *Lettre halakhique* est paru en 1994. Il est évident que la nouvelle équipe parviendra à publier d'excellentes éditions des manuscrits de la mer Morte, et ce dans un délai raisonnable[7].

Cette nouvelle équipe s'était à peine mise au travail, quand elle fut devancée par des événements imprévus. En septembre 1991, à peine quelques jours après le retour de Tov d'un séjour en Hollande, des journaux d'un peu partout à travers le monde rapportèrent que Ben-Zion Wacholder et Martin G. Abegg du Collège hébraïque uni de Cincinnati venaient de reconstituer, grâce à l'informatique, des textes toujours inédits. L'édition de Wacholder et Abegg a été réalisée à partir de la concordance dressée par la première équipe éditoriale et dont une trentaine d'exemplaires avaient été distribués en privé ; elle était publiée par la Société d'archéologie biblique et accompagnée d'une préface de Shanks, l'éditeur de *BAR*[8]. La sortie de cette édition reconstituée avait été planifiée pour précéder la télédiffusion d'un documentaire *Nova*, produit par PBS, qui était en préparation depuis plus d'un an.

Quelques semaines plus tard, le 22 septembre, la bibliothèque Huntington de San Marino en Californie annonçait qu'elle allait diffuser une série complète de négatifs photographiques des manuscrits. La bibliothèque avait d'abord eu l'intention de faire cette annonce à peu près au moment de la télédiffusion du documentaire, le 15 octobre, mais devancée par la sortie de l'édition Wacholder-Abegg, elle décida de l'anticiper.

Un photographe de la bibliothèque Huntington avait originellement réalisé ces photos dans le cadre d'un projet visant à sauvegarder les manuscrits en cas de guerre au Moyen-Orient. Après que des copies officielles eurent été distribuées avec la permission de l'Autorité des antiquités d'Israël, une série supplémentaire de négatifs aboutit dans un coffre-fort de la bibliothèque. Israël réagit d'abord vigoureusement à l'annonce de la bibliothèque, allant même jusqu'à la menacer de poursuites devant les tribunaux ; mais les autorités israéliennes adoptèrent vite une attitude plus conciliante et cherchèrent les moyens de donner accès à la collection.

Le 15 octobre 1991, le documentaire *Nova* intitulé « Les secrets des manuscrits de la mer Morte » était présenté à la télévision à travers les États-Unis. Touchant 13 millions de téléspectateurs, il exposait en détails les circonstances de la découverte des manuscrits et les controverses à propos des retards dans leur publication. En sensibilisant les spectateurs à la controverse, et en provoquant une couverture de presse additionnelle, l'émission *Nova* confirma le rôle complémentaire des médias dans l'affranchissement des manuscrits.

Les mesures prises par la bibliothèque Huntington, jumelées à l'édition de Wacholder et Abegg, ont effectivement mis fin au statut privilégié de l'équipe éditoriale. Dans un monde toujours plus démocratique, le droit à l'information doit inévitablement prévaloir sur toute autre considération, même sur des préoccupations scientifiques légitimes. Même si, mené avec vigueur et diligence, le programme officiel de publication aurait pu fournir une base plus solide aux recherches ultérieures, il devenait maintenant impossible de retarder davantage la publication. Malgré la ferme intention de Tov et de ses associés d'accélérer le rythme de la publication et de résoudre le problème de l'accès aux manuscrits, le monde — attendant nerveusement les bombes qui ébranleraient les fondements du judaïsme et du christianisme — ne pouvait patienter plus longtemps.

J'accueillis avec joie la mise en circulation de la totalité des manuscrits, car cela me permettait de vérifier mes théories en étudiant l'ensemble des textes. Après plus de vingt ans de recherche, les conclusions auxquelles j'étais parvenu et que j'avais ensuite publiées dans des livres et des articles peuvent maintenant être complétées. Mes étudiants peuvent maintenant travailler avec l'ensemble de la collection des manuscrits, rédiger leur thèse de doctorat sans craindre d'être réfutés par un quelconque texte inédit détenu par un étudiant d'un membre de l'équipe officielle. Nous ne dépendons plus d'une information qui nous serait fournie par d'autres — qui sont souvent moins compétents que nous pour étudier ce matériel.

Emmanuel Tov, de l'Université hébraïque, a succédé à Strugnell en 1991 comme chef de l'équipe éditoriale, et agit à titre d'éditeur des *Discoveries in the Judaean Desert*. Il a réorganisé l'ensemble du processus et assigné les textes à un plus grand nombre de spécialistes. Ses propres travaux ont renouvelé complètement notre vision de l'histoire du texte biblique. **Lawrence H. Schiffman**, de l'Université de New York, s'est surtout concentré sur l'étude de la loi juive dans les manuscrits de Qumrân. Il a été coresponsable de l'édition de l'*Encyclopedia of the Dead Sea Scrolls*, publiée aux Presses de l'Université d'Oxford, et il est l'un des éditeurs de la revue *Dead Sea Discoveries*. *Photo tirée de la collection personnelle de Lawrence H. Schiffman.*

James C. VanderKam, de l'Université Notre Dame, est un spécialiste des livres éthiopiens des *Jubilés* et d'*Hénoch*. Avec J. T. Milik, il a publié les manuscrits des Jubilés provenant de Qumrân. Il est l'un des éditeurs de la revue *Dead Sea Discoveries* et a été coresponsable de l'édition de l'*Encyclopedia of the Dead Sea Scrolls*. *Photo Lawrence H. Schiffman.*

Joseph Baumgarten s'est consacré à l'édition des manuscrits qumraniens du *Document de Damas*, après sa retraite comme professeur de l'Université hébraïque de Baltimore. Il a publié de nombreuses études sur les textes de Qumrân concernant la loi juive, démontrant l'importance de sources talmudiques pour leur interprétation. *Photo Lawrence H. Schiffman.*

George Brooke, de l'Université de Manchester, est un ancien étudiant de William H. Brownlee, un expert sur les *pesharim* ; Brooke poursuit des travaux sur l'interprétation biblique à Qumrân. Il fait partie de la nouvelle équipe éditoriale et est l'un des éditeurs de *Dead Sea Discoveries*. Il a mis sur pied plusieurs colloques sur les manuscrits de la mer Morte et en a publié les actes. *Photo Lawrence H. Schiffman.*

Devorah Dimant, de l'Université d'Haïfa, a commencé sa carrière en faisant des recherches sur le *Livre d'Hénoch*. Nommée sur l'équipe éditoriale par Strugnell, elle s'est chargée de l'édition de textes pseudo-prophétiques assez difficiles. Elle a publié un article remarquable sur la nature et la signification de la bibliothèque de Qumrân considérée dans son ensemble. *Photo Lawrence H. Schiffman.*

Esti Eshel, photographiée ici alors qu'elle était étudiante au doctorat à l'Université hébraïque ; elle fait partie de la nouvelle génération des spécialistes de Qumrân. Elle a publié plusieurs articles sur de nouvelles découvertes parmi les textes du désert de Judée, incluant la *Prière pour le roi Jonathan*. On la voit en train de déchiffrer et de préparer un autre texte pour publication, à partir de photograhies. *Photo Lawrence H. Schiffman.*

Depuis 1990, des progrès technologiques et de nouveaux outils de recherche, en plus de permettre à l'ensemble des chercheurs d'avoir accès aux manuscrits, en facilitent également une meilleure lecture. Au cours de cette année, un examen au carbone 14 d'une sélection de manuscrits choisis a confirmé, à quelques nuances près, la datation établie antérieurement par la paléographie et l'archéologie. On a mis en circulation plusieurs séries de photographies, d'utilité variable. Malheureusement, les microfilms de la bibliothèque Huntington — bien qu'ayant contribué à l'affranchissement des manuscrits — n'étaient accessibles que par prêt interuniversitaire, et se révélèrent finalement de trop piètre qualité pour servir de base à une recherche sérieuse.

À peu près au même moment, des copies des photographies des fragments inédits, provenant d'une source non divulguée, parvenaient à Robert Eisenman, le directeur du Département d'études religieuses de l'Université de l'État de Californie à Long Beach. Il était normal que ces photographies soient acheminées à Eisenman, car celui-ci avait réclamé haut et fort l'affranchissement des manuscrits. Avec l'aide de James Robinson, du Centre d'études sur l'Antiquité et le christianisme de Claremont, il prépara la publication de ces photographies en deux volumes ; un avant-propos d'Hershel Shanks rapportait la controverse sur la publication et le rôle qu'il y avait joué[9].

Ces publications forcèrent l'Autorité des antiquités d'Israël à revoir sa politique d'accès aux photographies des manuscrits. Depuis octobre 1991, l'Autorité permet l'accès à toutes les photos, tout en demandant aux chercheurs de s'abstenir d'éditer des textes dont la publication à été assignée à d'autres personnes. Le libre accès à toutes les photographies disponibles à Jérusalem, Claremont et Oxford constitue aujourd'hui la norme.

En même temps que les photographies, Shanks publia une transcription de la *Lettre halakhique*, dont Qimron et Strugnell préparaient la publication[10]. Qimron traîna Shanks devant un tribunaul israélien pour violation de droit d'auteur, et gagna. Shanks en appela à la Cour suprême qui maintint la décision du tribunal inférieur[11].

Avec la mise en circulation des microfilms de Huntington et des fac-similés du trio Eisenman-Robinson-Shanks, il devint évident qu'il fallait publier des photographies de haute qualité, soigneusement classées, de l'ensemble du corpus du désert de Judée. La maison d'édition hollandaise E. J. Brill publia en 1993, avec la coopération de l'Autorité des antiquités d'Israël, un ensemble de microfiches en positif[12]. Il s'agit là d'une réalisation de très haute qualité qui, à la projection, offre des images plus claires que ce que l'on voyait sur les photographies de Eisenman-Robinson-Shanks. À ce jour, c'est la série de photos la plus complète à avoir été publiée. Aujourd'hui, toute personne qui sait lire dans le texte l'hébreu ou l'araméen du Second Temple peut étudier tout le corpus. Cette part essentielle du patrimoine de l'humanité est enfin accessible à tous[13].

Maintenant que l'affranchissement complet des documents est devenu une réalité, il nous faut mettre de côté les intrigues qui ont perturbé le champ des études qumraniennes pendant si longtemps. Nous, qui avons attendu des décennies avant d'avoir accès à ces textes, pouvons maintenant retourner à ce qui constitue notre vrai travail : utiliser les manuscrits pour reconstruire l'histoire du judaïsme de la période du Second Temple, afin d'acquérir une meilleure compréhension du judaïsme rabbinique et du contexte d'émergence du christianisme. Dans la poursuite de ce travail, nous devons maintenant démontrer que nous sommes capables de faire les pas de géants rendus possibles par l'ouverture de ce trésor.

Contenu de la bibliothèque

C'est seulement aujourd'hui, alors que la totalité du corpus est finalement accessible aux chercheurs, qu'il est possible d'avoir une vision exacte de la nature et de l'importance de cette collection[14]. En fait, le présent ouvrage n'aurait pas pu voir le jour avant l'affranchissement des manuscrits.

La collection des documents récupérés dans les grottes de Qumrân est à la fois vaste et variée. Quelques-unes des questions les plus difficiles auxquelles les spécialistes ont dû répondre portent sur la datation de ces textes : quand ont-ils été écrits ? copiés ? rassemblés dans une bibliothèque ?

Des examens archéologiques et paléographiques, ainsi que des analyses au carbone 14, ont établi qu'un petit nombre de manuscrits ont été *copiés* au IIIe siècle avant notre ère ; la grande majorité l'ont été aux IIe et Ier siècles

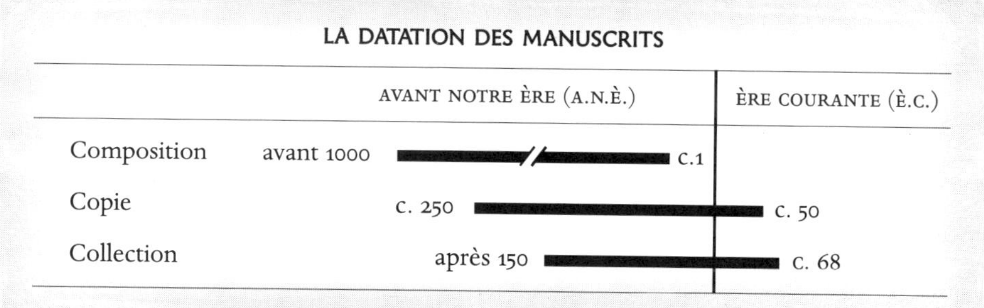

avant notre ère ; enfin, quelques-uns l'ont été au Ier siècle de notre ère. Les manuscrits ont été *composés* durant la période qui va de la composition de la Torah — dès l'époque la plus ancienne de l'histoire d'Israël — au début de notre ère environ, alors qu'étaient composés les derniers textes de Qumrân. Les manuscrits ont été *rassemblés* à Qumrân — pour la plupart dans la grotte 4 — quelque temps entre –134, lorsque la secte choisit d'établir un centre à Qumrân, et 68, lorsque la région de Qumrân fut détruite par les Romains durant la Première Révolte (66 à 73).

La plupart des textes sont en hébreu, environ vingt pour cent sont en araméen et quelques-uns en grec. Ce portrait nous montre déjà que la communauté qui a rassemblé et utilisé les manuscrits était très peu marquée par l'hellénisme. Pour la plupart, les textes comportaient à la fois de l'hébreu et de l'araméen, les langues les plus courantes des Juifs vivant en Israël à cette époque[15].

DATATION DES MANUSCRITS DE LA MER MORTE AU CARBONE 14

	Nombre d'échantillons	Description du manuscrit	Datation(s) calibrée(s)	Datation paléographique ou connue
1.	3	Wadi el-Daliyeh	–405 à –354 –306 à –238	–352 ou –351
2.	4	Testament de Qahat	–388 à –353	–100 à –75
3.	3	Pentateuque réécrit	–339 à –324 –209 à –117	–125 à –100
4.	4	Livre d'Isaïe	–335 à –327 –202 à –107	–125 à –100
5.	5	Testament de Lévi	–191 à –155 –146 à –120	Fin du IIe s. a.n.è. début du Ier s. a.n.è
6.	2	Livre de Samuel	–192 à –63	–100 à –75
7.	4	Massada-Josué	–169 à –93	–30 à –1
8.	2	Massada-texte sectaire	–33 à 74	–30 à –1
9.	5	Rouleau du Temple	–97 à –1	Fin du Ier s. a.n.è. début du Ier s. è.c.
10.	4	Genèse apocryphe	–73 à –14	Fin du Ier s. a.n.è. début du Ier s. è.c.
11.	5	Hymnes d'action de grâces	–21 à 61	–50 à 70
12.	3	Wadi Seyal	28 à 112	130-131
13.	3	Wadi Murabba'at	69 à 136	134
14.	2	Khirbet Mird	675 à 765	744

Adapté de Bonani *et al.*, *'Atiqot* 20 (1991), 30.

COMPARAISON DE LA DATATION AU CARBONE 14 ET DE LA DATATION PALÉOGRAPHIQUE

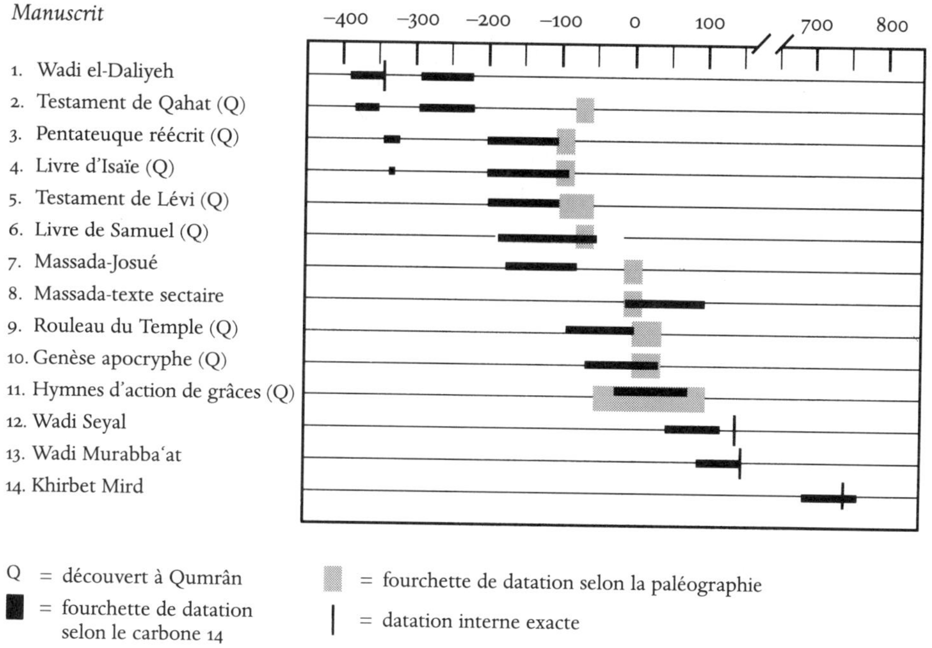

Adapté de *BAR* 17 (nov.-déc. 1991), 72.

Nous distinguerons continuellement, au cours de notre étude, entre les textes qui ont été apportés dans la communauté et ceux qui ont été composés par ses membres. La collection inclut essentiellement trois catégories de textes. Chacune de ces catégories constitue à peu près le tiers de la collection, si l'on exclut le matériel non identifié.

Il y a d'abord les textes bibliques, qui comprennent des parties de tous les livres bibliques, sauf celui d'Esther, dont l'absence est probablement due au hasard. Plusieurs d'entre eux ont certainement été copiés en dehors des lieux où vivait la secte. Viennent en second lieu les documents apocryphes et d'autres textes qui faisaient partie du patrimoine littéraire des fondateurs de la secte ou qui ont été composés par des groupes apparentés. Ils ont été produits à l'extérieur du centre d'activités de la secte, où ils ont été ensuite apportés et éventuellement recopiés. Le troisième groupe est celui des textes sectaires. Ils décrivent les enseignements et le mode de vie d'un groupe spécifique de Juifs, dont certains ont apparemment vécu dans le centre sectaire dégagé lors des fouilles de Qumrân. Ces textes nous donnent un aperçu des croyances de la secte, de ses règles d'admission, ses codes juridiques et ses compositions liturgiques. Nous ne pouvons pas être certains que tous, ni même la plupart, ont été copiés à Qumrân.

Cette tripartition des matériaux avait déjà été reconnue plus tôt. Mais tant qu'on n'avait pas accès à l'ensemble des textes, il n'était pas évident que la collection comportait une si grande proportion d'écrits juifs de cette période qui n'étaient pas nécessairement exclusifs à la secte de la mer Morte. Cette prise de conscience a grandement contribué à préciser la signification de ces documents pour la compréhension de l'histoire générale du judaïsme.

Les manuscrits bibliques comprennent, comme nous l'avons déjà mentionné, des portions de chacun des livres des Écritures, à l'exception du livre d'Esther. Les textes bibliques de Qumrân représentent divers types de textes. Un grand nombre de manuscrits ressemblent au texte massorétique (le texte reçu), assez tardif, utilisé par la communauté juive à travers les âges. Plusieurs ont des textes bibliques écrits dans un dialecte hébreu particulier, en usage dans la secte de Qumrân ; ce sont probablement ceux qu'on employait dans la communauté. Un petit groupe représente le type de texte hébreu à partir duquel on a réalisé la traduction grecque de la Bible (la Septante) ; enfin, quelques autres sont des précurseurs du texte samaritain de la Bible.

Les documents propres à la communauté de Qumrân forment une partie substantielle de la collection : environ 249 manuscrits, ou encore 115 textes (certains textes étant conservés en de multiples exemplaires). Ces textes ont des caractéristiques communes : ils reflètent en général l'organisation et les pratiques de la communauté de Qumrân, son histoire et l'image qu'elle avait d'elle-même, ses positions théologiques et ses interprétations bibliques propres. Bien que beaucoup de ces idées aient leurs parallèles à l'extérieur de la communauté, ces documents sont uniques parce qu'on y trouve la combinaison de ces diverses caractéristiques avec les traits linguistiques propres aux compositions de la secte de Qumrân. Ce sont ces particularités qui les identifient nettement comme des documents spécifiques à la secte de la mer Morte.

Par ailleurs, plusieurs des textes de Qumrân sont un reflet de la littérature générale de l'époque. Leur contenu s'apparente à celui des textes trouvés lors des fouilles de Massada, qu'on ne peut certainement pas identifier à la secte de Qumrân. Il faut plutôt penser que les communautés qui occupaient

DISTRIBUTION DES MANUSCRITS DE QUMRÂN

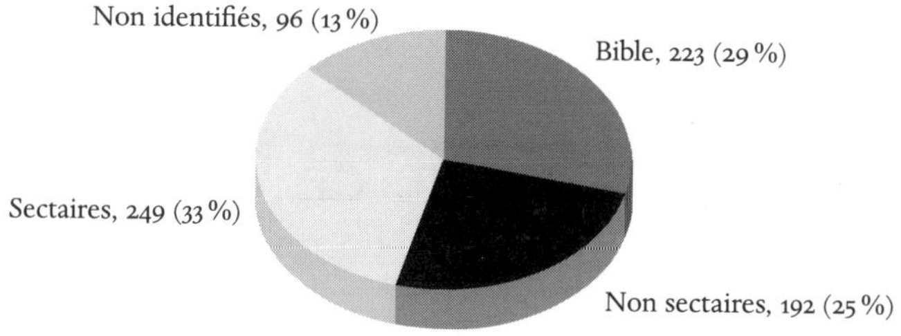

les sites de Qumrân et de Massada partagent une littérature commune à la plupart des Juifs de la période du Second Temple : des apocryphes et pseudépigraphes, dont certains étaient connus dans d'autres langues avant la découverte de ces manuscrits, mais qu'on peut maintenant lire dans l'original hébreu ou araméen. Cette catégorie de textes a une grande importance pour nous parce qu'elle peut nous renseigner non seulement sur la secte de Qumrân mais aussi sur différents groupes juifs de cette période. Les textes communs à tous les groupes juifs de la période du Second Temple constituent un outil important pour notre travail.

Maintenant que nous avons une idée de cette bibliothèque de l'Antiquité et de son contenu, nous nous tournons, comme les chercheurs qui ont travaillé les premiers sur ces manuscrits, vers les problèmes d'ordre historique, ceux qui concernent les origines. Mais les origines ne peuvent être comprises que dans le contexte archéologique. C'est pourquoi notre prochaine tâche consiste à esquisser une vue d'ensemble de l'archéologie de Qumrân.

CHAPITRE 3

L'archéologie de Qumrân

Pour reconstruire l'histoire de la secte de Qumrân et son mode de vie, nous devons utiliser les abondantes données archéologiques qui proviennent de l'établissement de Qumrân, à quelques pas des grottes où les manuscrits ont été découverts. Pratiquement toutes les recherches sur les manuscrits confirment la conclusion à laquelle sont parvenus les premiers fouilleurs : le site et l'ensemble des bâtiments de Qumrân, situés juste au pied de la falaise, sont étroitement associés aussi bien aux grottes qu'aux manuscrits qu'on y a trouvés.

Cette relation peut être établie sans difficulté en comparant la datation des ruines avec celle des manuscrits telle que fournie par la paléographie et, plus récemment, par les tests au carbone 14. On peut également accumuler les indices en comparant ce que les ruines nous disent sur le mode de vie de la communauté de Qumrân avec ce que nous apprennent les textes.

L'histoire de la publication des rapports de fouille ressemble tout à fait à celle des manuscrits eux-mêmes[1]. Mais il y a une différence majeure : alors que des photographies de toute la collection des textes sont maintenant accessibles à n'importe quel chercheur, les résultats des fouilles menées par de Vaux et son équipe n'étaient disponibles, encore récemment, que sous forme de comptes rendus préliminaires et d'un ouvrage sommaire. C'est seulement dans les années 1990, soit plus de vingt-cinq ans après la mort de de Vaux, qu'on a relancé la publication détaillée des données et plans[2]. Jean-Baptiste Humbert, de l'École biblique de Jérusalem (l'institution où de Vaux travaillait), a commencé à publier, avec Alain Chambon, les données et les plans architecturaux[3]. Robert Donceel et Pauline Donceel-Voute, un couple belge qui fait équipe, ont entrepris de publier une analyse de la poterie.

S'écartant du consensus qui prévaut parmi les chercheurs, les Donceel tentent de présenter une nouvelle reconstitution du site : ils dépeignent Qumrân comme une résidence aristocratique plutôt qu'un centre sectaire. Poussant l'idée plus loin, Humbert a suggéré que les bâtiments de Qumrân constituaient à l'origine un avant-poste des Maccabées, converti ensuite en un établissement et un centre cultuel esséniens. Des fouilles effectuées par Itzhak Magen et Amir Drori supportent en partie cette théorie. Même si certains doutent de la validité de leurs conclusions, nous ne pouvons prouver qu'elles sont fausses tant et aussi longtemps que ces archéologues seront les seuls à avoir accès aux données. En fait, tout ce que nous pouvons dire ici demeure sujet à changement, du moins en partie, jusqu'à la publication complète des rapports des premières fouilles aussi bien que des enquêtes subséquentes menées par d'autres chercheurs[4].

Les ruines de Khirbet Qumrân

Le long de la rive ouest de la mer Morte, dans la plaine qui sépare la mer de quelques-unes des grottes où l'on a découvert les manuscrits, se trouvent des ruines qui datent de l'Antiquité et qu'on appelle Khirbet Qumrân ; elles dominent un wadi (le lit d'un torrent) qui va de la falaise jusqu'à la mer Morte. Lorsque le Département des antiquités de Jordanie et les archéologues de Jérusalem-Est apprirent l'emplacement de la grotte 1, d'où proviennent les sept premiers rouleaux, ils comprirent que ces ruines, situées si près des grottes, méritaient une attention particulière.

Ce site avait déjà été exploré en 1940 et en 1946, mais on avait alors conclu, à tort, qu'il datait de la période byzantine ou même arabe. Après la découverte des manuscrits dans la grotte 1 avoisinante, on effectua des fouilles archéologiques systématiques du site entre 1951 et 1956. Bien que ces fouilles n'aient pas encore été publiées intégralement selon les normes scientifiques courantes, de Vaux a exposé, dans un ouvrage sommaire, les grandes lignes de la chronologie et des caractéristiques du site.

De la première phase d'occupation de Qumrân, à l'époque de la monarchie israélite divisée (entre les VIIIe et VIIe siècles avant notre ère), il reste une grande citerne ronde, clairement visible encore aujourd'hui, et une partie des murs. À cette époque, le site aurait servi d'avant-poste à l'armée du royaume de Juda.

Le wadi Qumrân et les ruines
De la falaise, en direction est, point de vue sur Qumrân et la mer Morte. Le wadi (le lit asséché du torrent) s'étend en contrebas. Lorsque les pluies torrentielles d'hiver remplissaient le wadi, une canalisation déviait le flot de la falaise vers le système d'eau de Qumrân. Les grottes 10, 4 et 5 sont visibles sur la gauche. *Photo Lawrence H. Schiffman.*

LES PÉRIODES ARCHÉOLOGIQUES À QUMRÂN

Israélite		VIIIe-VIIe s. avant notre ère
Hellénistique	Ia	avant c. −134
	Ib	c. −134 à −31
Romaine (hérodienne)	II	c. −31 à 68
Romaine	III	après 68 à c. 73
Révolte de Bar Kokhba		c. 132 à 135

Lorsque le secteur fut habité de nouveau, à l'époque hellénistique, les vestiges de l'âge de fer ont probablement servi de base à la construction des bâtiments utilisés durant la période dite Ia. Les nouveaux occupants apportèrent deux modifications majeures : ils améliorèrent l'approvisionnement en eau par la construction d'un canal entre le torrent et le site et ils ajoutèrent quelques pièces supplémentaires à la structure qui datait de la période israélite. Ils installèrent également des fours à poteries. Bien qu'il soit difficile de dater la première phase d'occupation du site, nous savons qu'elle s'est terminée avec la période Ib, qui a débuté sous le règne d'Alexandre Jannée (−103 à −76), ou peut-être celui de son prédécesseur Jean Hyrcan (−135 à −104). Globalement, cette première occupation date donc de la période hellénistique, autour de la révolte des Maccabées (−168 à −164), ou assez tôt durant la période asmonéenne (l'époque de la dynastie des Maccabées).

La phase de construction la plus importante à Khirbet Qumrân date de la période Ib, alors que les occupants bâtissaient la structure principale qu'on aperçoit encore aujourd'hui. L'entrée principale, toujours visible, se trouve au nord d'une construction à deux étages appelée communément la « tour ». Un sentier venant du nord conduisait autrefois jusqu'au portail. Il y avait d'autres entrées au nord-ouest et à l'est. Pour répondre aux besoins des habitants, au cours de cette période, les constructions comprenaient un ensemble de pièces et de cours, incluant des espaces de rangement, des ateliers, la « tour », une cuisine ainsi qu'une fabrique de poterie. Il y avait peut-être même une étable pour des animaux. Des fouilles récentes effectuées à Qumrân dans le cadre de l'« Opération manuscrits » — une fouille systématique des grottes du désert de Judée entreprise par l'Autorité des antiquités d'Israël — ont révélé qu'une installation qu'on croyait être un pressoir servait en fait à la fabrication de miel de datte. On a aussi trouvé, sous le plateau où sont les bâtiments de Qumrân, des espaces servant au

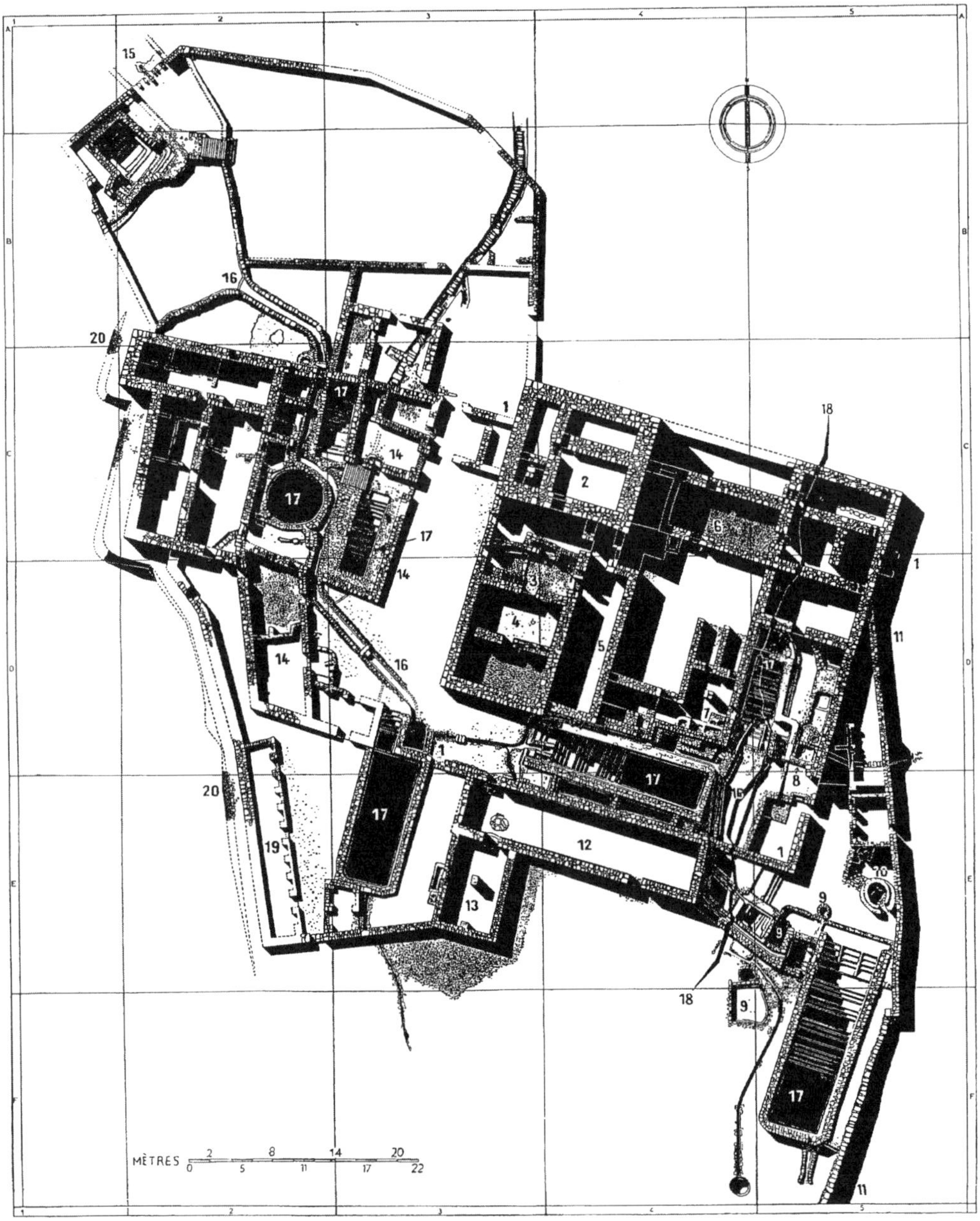
MÈTRES
2
8
14
20
0
5
11
17
22
1
2
3
4
5
A
B
C
D
E
F
1
2
3
4
5
6
7
8
9
10
11
12
13
14
15
16
17
18
19
20

Plan de l'installation à Khirbet Qumrân à l'époque du tremblement de terre (–31)

(1) angles du bâtiment de l'enceinte du VIIIe au VIe s. avant notre ère
(2) tour
(3) escaliers conduisant à la pièce de l'étage supérieur identifiée par les fouilleurs comme le *scriptorium*
(4) pièce avec des banquettes basses le long des murs
(5) pièce identifiée par les fouilleurs comme le *scriptorium*
(6) cuisine
(7) atelier du teinturier
(8) buanderie
(9) tour du potier
(10) four à poterie
(11-11) mur de séparation entre les bâtiments et le cimetière
(12) salle de réunion
(13) garde-manger
(14) ateliers
(15) jonction de la canalisation et du système d'eau des bâtiments
(16) canal principal
(17) grandes citernes
(18) faille causée par le tremblement de terre
(19) étables
(20-20) mur de soutien longeant la face ouest du plateau

Tiré de J. T. Milik, *Ten Years of Discoveries in the Wilderness of Judaea*. Londres : SCM Press, 1963, face à la p. 48.

stockage du grain. Ces découvertes confirment l'existence d'une économie développée au sein de la communauté qui habitait le site.

Un aqueduc captait l'eau au sommet du wadi Qumrân et l'acheminait jusqu'au site, dans des tunnels, pour alimenter un système d'approvisionnement élaboré[5]. Ce système intégrait plusieurs citernes, dont celle de la période israélite, qui recueillaient les pluies d'hiver. Il alimentait aussi quelques bains rituels (*mikva'ot*) qui correspondent tout à fait au modèle des *mikva'ot* retrouvés sur d'autres sites. Le système avait été conçu pour que, depuis son point d'entrée à l'angle nord-ouest, l'eau circule à travers tout le site. Ainsi, du point de vue de la loi juive, tous les bassins auraient pu être considérés comme des bains rituels. Les citernes pouvaient contenir suffisamment d'eau pour demeurer en usage durant les mois chauds et secs d'été. Des bassins de décantation situés à différents points du réseau permettaient de débarrasser l'eau des dépôts et des saletés à mesure qu'elle parcourait le système. Les surplus étaient évacués du côté sud, là où le système se terminait.

Malgré l'étendue du système d'eau, ainsi que la présence d'une grande cuisine et d'une salle à manger suffisamment spacieuse pour recevoir un grand groupe, il existe très peu d'espaces qui auraient pu, dans des conditions normales, servir de lieux de résidence. Nous ne savons toujours pas, aujourd'hui, où se trouvaient ces lieux de résidence. On a suggéré trois endroits possibles : les grottes avoisinantes, des tentes, ou encore l'étage supérieur des bâtiments.

Mikveh
Plusieurs *mikva'ot* (bains rituels) avaient été aménagés ici et là au travers des bâtiments de Qumrân. Alimentés en eau courante et recouverts d'un enduit, ces bains étaient considérés comme adéquats pour les diverses purifications rituelles prescrites par la Torah. *Photo Lawrence H. Schiffman.*

L'hypothèse selon laquelle les habitants auraient vécu dans les grottes autour de Qumrân est impossible, car ces grottes sont trop petites et trop humides. (Cela reste vrai même si l'on a trouvé des traces d'occupation dans plusieurs grottes de la région, parce qu'elles étaient probablement utilisées comme refuge en temps de guerre.) L'hypothèse des tentes est évidemment possible, bien que rien ne permette de la confirmer ou de l'infirmer. Il se peut aussi que les gens aient habité l'étage supérieur des bâtiments, mais cela est également indémontrable, car les seuls vestiges préservés sont ceux de l'étage inférieur.

Certaines pièces semblent avoir servi pour des assemblées de petits groupes. Une salle paraît particulièrement appropriée pour cet usage : elle mesure 22 mètres de long sur 4,5 mètres de large. À l'une de ses extrémités, se trouve ce que certains ont identifié comme étant une sorte de podium présidentiel circulaire. Apparemment, les usagers nettoyaient la pièce en y introduisant de l'eau par un tuyau et en la faisant s'écouler sur le plancher

Canalisation d'eau
Les bâtiments de Qumrân étaient équipés d'un système d'eau sophistiqué, comprenant des barrages pour capter l'eau sur les hauteurs de la falaise surplombant le site, des citernes et des *mikva'ot*. Le système alimentait diverses installations industrielles, particulièrement pour la fabrication de poterie. On aperçoit des restes de la canalisation ; autrefois, elle était recouverte de dalles de pierre et se trouvait par conséquent sous le niveau du sol. *Photo Lawrence H. Schiffman.*

de la pièce, délibérément incliné, jusqu'à l'autre extrémité. À cause de ce système de nettoyage (qui ressemble au système utilisé à Jérusalem pour nettoyer le plancher du Second Temple), la plupart des chercheurs ont conclu que cette pièce servait de réfectoire. Une chambre attenante comprenait plus de mille pièces de vaisselle, soit des pots, cruches, bols et assiettes, tous empilés avec soin[6]. On a trouvé jusqu'à 708 bols, soigneusement disposés par douzaines. Cette collection de poteries représente la vaisselle requise pour servir un repas à un groupe selon les usages courants en Palestine durant la période hellénistique. La vaisselle ainsi entreposée nous donne une idée du nombre de personnes qui devaient manger dans cette pièce.

Ces découvertes nous fournissent aussi les indices nécessaires pour rejeter la théorie des Donceel qui font de Qumrân un établissement aristocratique. On ne peut imaginer une famille aristocratique aussi nombreuse. Cependant, ceux qui soutiennent la thèse de la « villa » ont présenté une deuxième pièce à conviction pour appuyer leur théorie : des objets de fine verrerie découverts sur le site par les premiers fouilleurs. Ces théoriciens de la « villa » décrivent les ascètes esséniens comme des hommes maigres comme des clous ; ce faisant, ils confirment leur hypothèse : que feraient d'une pareille verrerie fine des hommes qui ont fait vœu de pauvreté ?

Or cette théorie repose sur de fausses suppositions : le groupe de Qumrân pouvait être sectaire sans être essénien pour autant. Mais même s'il l'était, aucun texte ne permet d'associer à de la pauvreté le style de vie communautaire et le partage des esséniens. Les esséniens ont très bien pu utiliser de la verrerie de luxe. Il est également possible qu'une villa déjà construite ait été transformée pour servir à une secte. Ce fut par exemple le cas à Massada, lorsque les sicaires, un groupe de rebelles juifs dont le nom vient des petits poignards (*sica* en latin) que les membres portaient sur eux, occupèrent les palais royaux d'Hérode durant les dernières années de la Grande Révolte contre Rome.

Une autre preuve de l'occupation du site par un groupe nombreux est la grande quantité d'ossements d'animaux comestibles trouvés dans des récipients en poterie enfouis entre les bâtiments (une pratique inconnue de la tradition juive). Il est important de souligner que ces ossements ne peuvent en aucun cas être les restes de sacrifices, car les textes indiquent très clairement que toute idée de sacrifice rituel à Qumrân aurait été inacceptable pour les sectaires. En outre, on n'a retrouvé aucun autel ou autre installation sacrificielle à Qumrân.

Il y avait également des ateliers à Qumrân durant la période Ib. L'un d'entre eux, notamment, servait à la fabrication des poteries. Il comprenait une cuve peu profonde pour laver l'argile, un tour de potier et des fours. Il est probable que la plupart des pièces de poterie retrouvées à Qumrân, qui constituent une collection originale, homogène et unique de styles, aient été fabriquées dans cet atelier. La poterie, de même que les lampes et les pièces de monnaie, permettent de rattacher la période Ib à la fin de la période hellénistique.

Des données numismatiques, dont la signification a toutefois fait l'objet de nombreux débats, nous permettent de préciser un peu plus la date de cet établissement[7]. Sur la base de ces données, on peut établir que le site était occupé durant la période asmonéenne — plus précisément sous le règne d'Alexandre Jannée (–103 à –76). Il est probable, comme semblent le démontrer aussi les données littéraires et historiques, que les bâtiments aient servi plus tôt, sous le règne de Jean Hyrcan (–134 à –104). Les monnaies

Scriptorium
Les responsables des fouilles de Qumrân, supposant (à tort) que tous les manuscrits de la mer Morte avaient été copiés à Qumrân, ont identifié l'une des pièces comme un scriptorium — l'atelier des scribes. Cette hypothèse s'appuie sur la découverte d'encriers et d'étranges tables sur le sol de cette pièce. Il semble, en fait, que les tables se trouvaient à l'étage supérieur et qu'elles soient tombées dans cette pièce au moment où le bâtiment a été détruit. *Photo Lawrence H. Schiffman.*

séleucides, par contre, sont trop rares pour qu'on puisse avancer une date antérieure à l'époque de Jean Hyrcan.

Les fouilleurs ont soutenu qu'un tremblement de terre et un incendie, survenus en –31, ont mis fin à l'occupation du site. Les marches brisées d'une citerne, de même que d'autres ruines, nous fournissent des preuves de ces événements dramatiques. Les couches de cendre qu'on a retrouvées dans plusieurs bâtiments et qui seraient les vestiges des toits faits de poutres en bois et de roseaux, prouvent qu'un incendie y est bel et bien survenu. Tandis que la plupart des chercheurs croient que le tremblement de terre et l'incendie ont été simultanés, certains avancent que le tremblement de terre aurait achevé la destruction des bâtiments, déjà endommagés par l'incendie. L'incendie pourrait avoir eu lieu lors de l'invasion des Parthes en −40/−39, ou aurait été allumé par Antigone, l'allié asmonéen des Parthes, qui régna de −40 à −37. Il y a eu sans doute une courte période d'abandon avant que les habitants ne réintègrent le site, au début de la période II.

À la période II, le site n'a subi que de légères modifications, probablement parce qu'il a été utilisé par la même communauté. Ceux qui sont retournés sur le site ont ramassé les débris et les ont jetés principalement autour des bâtiments ou dans le ravin situé au nord des ruines. Il fallut renforcer ou réparer certains bâtiments, alors que d'autres, trop abîmés, étaient condamnés et abandonnés. On ajouta quelques pièces supplémentaires, peut-être pour remplacer celles qui ne pouvaient plus servir. On a continué à utiliser la grande salle à manger, même si son système de nettoyage ne fonctionnait plus. Les assiettes trouvées sur le sol démontrent que des repas ont eu lieu dans cette salle au cours de cette période. D'autres dépôts d'ossements d'animaux datent aussi de cette période. Le système d'alimentation en eau fut nettoyé et légèrement modifié, mais certaines sections ne servirent plus. On mit en place aussi de nouvelles installations industrielles, dont un moulin à grains.

Le très controversé scriptorium date aussi de cette période. Un scriptorium est une salle où l'on copie des manuscrits ; il est généralement aménagé pour la production de multiples exemplaires. On a conclu qu'une grande pièce des ruines de Qumrân était un endroit de ce genre, parce que les archéologues y ont trouvé des meubles qu'on a supposé être des tables utilisées par des scribes, ainsi que deux encriers enfouis dans les décombres[8]. Ces objets sont probablement tombés de l'étage supérieur, où se serait trouvé le scriptorium.

La question de la forme des tables fut au centre des discussions concernant cette salle. En effet, la plus longue de celles-ci mesure 5 mètres de long sur 40 centimètres de large, et ne fait que 50 centimètres de haut. Quelques chercheurs ont fait remarquer que les anciens scribes n'écrivaient généralement pas sur des tables. Bien qu'on ait avancé quelques parallèles concernant l'usage de tables, aucun d'entre eux ne résoud le problème de leur faible hauteur. Pourtant, les manuscrits qui expriment à la fois les idées sectaires caractéristiques du groupe de Qumrân et les particularités de leur orthographe et de leur structure linguistique ont bien dû être copiés

Tables
Les fouilleurs ont supposé que ces étranges tables sont celles sur lesquelles les rouleaux ont été copiés. Mais, d'après ce que nous savons, les scribes d'autrefois s'assoyaient les jambes croisées et posaient les manuscrits sur leurs genoux. Aucune explication satisfaisante n'a encore été proposée à ce jour concernant la manière dont ces tables auraient été utilisées. C'est pour cette raison, entre autres, qu'on a mis en doute l'identification de la pièce dans laquelle elles ont été trouvées à un scriptorium.
Courtoisie de l'Autorité des antiquités d'Israël.

quelque part. Je ne vois aucune objection à maintenir la possibilité que cette salle, ou une autre pièce de l'établissement, ait été meublée et équipée pour cette activité d'écriture.

Les poteries de la période II qui ont été exhumées à Qumrân, et qui sont apparemment de fabrication locale, sont très semblables à celles qu'on trouvait dans la Jérusalem romaine, au premier siècle de notre ère. Ce sont toutefois les données numismatiques qui permettent une datation précise de cette phase d'occupation. Ainsi, il semble que la réoccupation du site date de l'époque du gouvernement d'Hérode Archélaos, le fils d'Hérode le Grand, qui a régné de –4 à 6. Il est possible, mais peu probable, qu'elle ait eu lieu plus tôt.

Cette période se termina brusquement avec la destruction de la communauté par les Romains. Le preuves archéologiques sont ici irréfutables : d'épais débris provenant des toits et des étages supérieurs encombrent plusieurs bâtiments. Une couche de carbone indique que les toits ont brûlé lors de la destruction du site. Les archéologues ont aussi trouvé, à ce niveau, des pointes de flèches en fer. Comme les dernières pièces de monnaie datent de la Grande Révolte contre Rome, il faut croire que les constructions de Qumrân ont été détruites durant cette guerre. Certaines pièces de monnaie qu'on a trouvées sur le site suggèrent que la destruction aurait eu lieu autour de 68 ou 69. D'autres sources nous apprennent que Vespasien était à Jéricho durant l'été 68. Il est probable qu'il ait attaqué et pillé Qumrân pendant cette période. C'est ainsi que cette communauté sectaire a pris fin, avec sa culture unique. À partir de ce moment, les pièces de monnaie témoignent du commencement d'une nouvelle période : la période III.

On croit généralement que lorsque les Romains ont détruit Qumrân, ils ont pénétré dans les grottes 4 et 5 et y ont déchiré les rouleaux dans une sorte de rage antisémite. Des études récentes ont montré que cela ne fut pas le cas. L'état fragmentaire des manuscrits de la grotte 4, qui constituent de loin la plus grande partie du matériel, est attribuable uniquement à des conditions naturelles. C'est ce qu'indiquent les types de destructions qu'on observe sur les fragments préservés. Les Romains n'ont jamais détruit ces manuscrits ; ce sont les vicissitudes du temps et du climat qui ont fait des ravages.

On prétend souvent que des survivants de Qumrân se seraient réfugiés à Massada, le dernier point de résistance des rebelles juifs contre Rome. Ceux qui soutiennent cette thèse avancent le fait que les *Chants pour l'holocauste du sabbat*, une des compositions dont on a retrouvé des manuscrits à Qumrân, ont aussi été trouvés à Massada. Aujourd'hui, avec la publication d'un plus grand nombre de manuscrits de Massada et de Qumrân, il faut reconnaître que ces textes faisaient partie de la littérature générale de l'époque et qu'ils étaient partagés par plusieurs communautés. De tels documents n'avaient donc pas seulement Qumrân comme lieu d'origine.

Au cours de la période III, des garnisons romaines occupèrent brièvement le site jusqu'à la fin de la révolte. Pendant les années du siège de Massada par les Romains, Qumrân servit d'avant-poste et de poste d'observation. On renforça la tour de deux étages, et on l'adapta à ce nouvel usage. Quoique les Romains aient effectué aussi quelques modifications additionnelles, ils laissèrent la plus grande partie du site en ruines. Ils ont considérablement simplifié le système d'eau. De même, il n'y avait à cette époque ni installation pour des assemblées, ni production industrielle, ni préparation de grandes quantités de nourriture. Nous ne pouvons savoir de façon précise la date d'abandon du site, mais il semblerait que cela se soit fait peu de temps après la chute de Massada en 73. Les quelques pièces de monnaie retrouvées à la surface indiquent que Khirbet Qumrân a brièvement servi de refuge aux disciples de Bar Kokhba lors de la révolte avortée de 132 à 135.

Interprétation du site

Les données que nous avons présentées jusqu'ici, et qui sont principalement basées sur les fouilles effectuées par de Vaux, montrent clairement que, pour la plus grande partie de son histoire active, le site était occupé par un groupe qui pratiquait certaines activités communautaires et des rites religieux. Il est clair également qu'il existe un lien étroit entre les manuscrits, les grottes et les bâtiments. Cette interprétation demeure, malgré toute prétention contraire, celle qui est la plus plausible au vu des indices archéologiques et historiques. Ceux qui rejettent cette position ne constituent en fait que des voix isolées, dont les théories ne trouvent aucun adhérent sinon eux-mêmes.

Ainsi les données archéologiques contredisent-elles nettement la théorie selon laquelle Qumrân aurait été un avant-poste militaire sans lien aucun avec les manuscrits — une théorie mise de l'avant pour démontrer que les manuscrits proviendraient de Jérusalem. En fait, aucun archéologue compétent ne souscrit à l'idée que Qumrân ait été une forteresse. Les données permettent aussi de réfuter la thèse d'une origine chrétienne des manuscrits, car une telle théorie exige une datation postérieure à celle imposée par les données scientifiques. D'autres théories alternatives sont également intenables, telle l'hypothèse zélote selon laquelle la communauté remonterait à l'époque de la révolte juive contre Rome, de 66 à 73. L'hypothèse récente d'une occupation du site par des aristocrates a aussi été écartée.

Par conséquent, nous souscrivons aux conclusions de la majorité de la communauté scientifique pour qui les rouleaux, les grottes et la communauté sectaire qui habitait les bâtiments étaient étroitement liés. Notre tâche consiste donc maintenant à imaginer comment ce site a pu servir la communauté dont la vie est décrite par les textes sectaires.

Le survol des ruines de Qumrân nous a fourni à la fois le cadre chronologique de l'occupation du site par la secte et des témoignages sur le mode de vie de celle-ci. Nous pouvons même, à ce stade-ci, esquisser un aperçu de certains aspects de l'histoire de ce groupe.

La secte est née un peu après –152, puis a connu une période de formation et de consolidation. Sous le règne de Jean Hyrcan, les membres de la secte étaient déjà bien installés sur un site qui avait déjà été habité. Ils ont apparemment adapté le site à leurs propres usages, et l'ont agrandi. Leur style de vie comportait des repas communautaires dans une grande salle dotée des installations nécessaires à la préparation de repas pour une collectivité assez nombreuse. Les rituels de purification tenaient une place considérable dans la vie des membres de la secte. Ces derniers fabriquaient de la poterie, dont on a trouvé des échantillons à Qumrân, et ils possédaient peut-être un endroit où préparer des manuscrits, un scriptorium.

La secte, en tant que groupe organisé, a probablement pris fin lors de la Grande Révolte, avec la destruction de Qumrân en 68. Quelques chercheurs ont tenté d'associer les phases d'occupation de Qumrân à l'histoire interne de la secte, en supposant que les différentes phases représentaient des étapes de l'histoire et de l'idéologie de la secte. Pour étayer cette théorie, ils ont misé beaucoup sur la conclusion, avancée par les fouilleurs, que l'occupation du site aurait été interrompue à la suite du tremblement de terre de –31.

À mon avis, il est impossible de vérifier un scénario aussi précis. Tout d'abord, nous ne pouvons être certains ni de l'existence d'une interruption, ni de sa durée. Deuxièmement, il n'a pas été prouvé hors de tout doute que la rupture entre les périodes Ib et II ait été causée par le tremblement de terre. Finalement, bien que la reconstruction du site au début de la période IIb ait pu impliquer certains changements, nous ne pouvons pas démontrer que ces changements indiquent une modification dans la nature ou la constitution de la communauté. Par conséquent, bien que les fouilles aient mis au jour des installations idéales pour le type de groupe décrit dans les manuscrits sectaires, elles ne peuvent fonder une reconstruction aussi détaillée.

Une théorie récente propose une explication différente des ruines de Qumrân. Admettant que les rouleaux et les grottes sont reliés aux bâtiments, Jean-Baptiste Humbert a suggéré que Qumrân était à l'origine une forteresse asmonéenne. Cet établissement aurait été abandonné aux esséniens peu après l'avènement d'Hérode autour de –37. Sous les esséniens, il serait alors devenu un centre cultuel complet, avec temple et sacrifices, jusqu'à ce que les esséniens y abandonnent tout sacrifice, devant l'imminence de la destruction de la Judée par les Romains.

Quoique nous n'ayons pas d'objection à l'idée que le bâtiment originel de Qumrân ait pu servir à autre chose qu'à un centre sectaire, nous ne pouvons toutefois accepter une pareille position. Premièrement, elle fait appel à une hypothèse que nous considérons toujours non résolue, celle de l'identification de la secte aux esséniens. Deuxièmement, la présence d'un si grand nombre de bains rituels dans les ruines de la période asmonéenne signifie qu'un groupe religieux utilisait déjà ces installations durant cette période. Finalement, nous rejetons catégoriquement la prétention qu'on pratiquait des sacrifices à Qumrân et nous ne pouvons accepter l'analyse des données archéologiques sur laquelle elle s'appuie.

Les cimetières

Les cimetières ont une importance capitale pour notre compréhension des données archéologiques ; on les a d'ailleurs considérés comme un élément déterminant pour confirmer ou infirmer la thèse du célibat éventuel des membres de la secte[9]. En me basant sur les témoignages littéraires, je soutiens que les membres de la secte n'étaient pas célibataires. Mais suivons les règles, et débutons par un examen détaillé de ce que les fouilles des cimetières nous révèlent de la secte.

Dans un cimetière situé à 50 mètres à l'est des bâtiments, et qui s'étend vers la mer Morte, on a trouvé 1100 tombes disposées en rangées régulières. Chaque tombe est signalée par un tas de cailloux et est orientée nord/sud. On a fouillé vingt-six de ces tombes à l'époque où Qumrân était sous occupation jordanienne. Tous les corps avaient été inhumés dans la même position, dans des tombes individuelles. Il n'y avait rien d'autre dans les tombes, à part quelques bibelots.

Les fouilles effectuées jusqu'à présent dans le cimetière principal n'ont permis de dégager que des tombes d'hommes ; mais on a trouvé des femmes et des enfants dans des tombes situées à l'extérieur de ce cimetière. On a également trouvé deux cimetières secondaires, apparemment utilisés par les membres de la communauté de Qumrân. L'un, situé au nord de Khirbet Qumrân, comptait douze tombes, dont deux ont été exhumées : elles contenaient un homme et une femme. Un autre, situé au sud du wadi Qumrân, comptait trente tombes : l'une contenait une femme et trois autres des enfants.

Cimetière
À l'est des ruines de Qumrân, s'étendant vers la mer Morte, se trouvent les restes d'un cimetière comptant environ 1100 tombes. Toutes ces tombes sont bien alignées et orientées en direction nord-sud. Seulement quelques-unes de ces tombes ont été fouillées, mais la proportion de tombes de femmes et d'enfants est suffisante pour semer un doute sérieux sur l'idée généralement admise que les sectaires de Qumrân étaient des célibataires esséniens. *Photo Lawrence H. Schiffman.*

Il n'est pas possible de dater les tombes à partir d'un examen du type d'inhumation pratiquée dans ces cimetières. Toutefois, les archéologues ont trouvé suffisamment de tessons dans la terre de remplissage des tombes pour conclure à l'utilisation du cimetière par ceux qui habitaient les ruines ; ils ont également conclu que les bâtiments et le cimetière ont servi simultanément durant les périodes Ib et II, soit essentiellement durant la période habituellement considérée comme celle de l'occupation de Qumrân par une secte.

Les données provenant du cimetière confirment que le site a été utilisé durant une période de temps considérable, assez longue en tous cas pour que 1100 personnes puissent y être enterrées, probablement plus que le nombre qui pouvait occuper l'endroit en même temps. De plus, il est clair qu'il y avait des femmes et des enfants à Qumrân. Ces indications contredisent la thèse du célibat des habitants de Qumrân, quoiqu'elles ne soient pas totalement convaincantes sans le support des données textuelles tirées des manuscrits.

Si la communauté de Qumrân ne pratiquait pas le célibat, alors pourquoi ses cimetières contiennent-ils un nombre disproportionné d'hommes ? L'explication la plus plausible est que Qumrân servait de centre d'étude aux membres de la secte, et que les hommes quittaient leur famille un certain temps pour venir y étudier. Seuls les occupants qui vivaient sur place en permanence avaient leur famille ; et ce sont eux qui expliqueraient la présence de femmes et d'enfants dans les cimetières de Qumrân.

Les grottes

La grotte 1, découverte par un jeune berger errant à la recherche d'une brebis égarée, est située assez haut dans la falaise rocheuse[10]. Cette grotte naturelle presque invisible, où furent trouvés les premiers manuscrits, est située à environ un kilomètre de Qumrân, et surplombe le wadi. Elle mesure 8 mètres de long sur 4 mètres de haut ; sa largeur varie entre 0,75 et 2 mètres. Les bédouins en ont retiré sept rouleaux presque complets, soit : deux copies d'Isaïe, la *Règle de la communauté*, les *Hymnes d'action de grâces*, le *Pesher d'Habaquq*, la *Genèse apocryphe*, et le *Rouleau de la guerre*. On retrouve déjà, dans ce petit échantillon, les principales catégories de manuscrits de Qumrân : des textes bibliques, des écrits préqumraniens de la période du Second Temple, et des compositions sectaires. Lors de fouilles ultérieures, on a trouvé dans la grotte 1 des fragments de soixante-sept autres textes, dont des morceaux des manuscrits que les bédouins avaient mis en vente ; cela confirmait que ces manuscrits provenaient bel et bien de cette grotte.

Les membres de la secte avaient enveloppé ces sept premiers textes dans du tissu et les avaient rangés dans des jarres en terre cuite, ce qui explique pourquoi on les a retrouvés presque intacts. Une telle méthode d'entreposage était toutefois plutôt exceptionnelle dans les grottes de Qumrân. Malheureusement, il n'existait pas de telles jarres dans la grotte 4, là où fut trouvé le plus grand nombre de textes.

Apparemment, la grotte 1 ne servait pas de bibliothèque. Les quelques manuscrits qu'on y a trouvés ont plutôt été placés là par souci de conservation, probablement vers la fin de l'occupation du site par la secte, soit donc après le début de la Grande Révolte de 66, et avant la destruction de Qumrân en 68.

Après en avoir retiré les manuscrits, on fouilla à nouveau la grotte 1, d'où l'on tira cette fois des bouts de tissu, des morceaux de bois, des noyaux d'olives et de dattes, des boîtes de phylactères, ainsi que des tessons. La poterie recueillie comprenait des morceaux de jarres et de couvercles semblables à ceux ayant servi au rangement des manuscrits, de la poterie domestique de la période hellénistique et des lampes des périodes hellénistique et romaine. Comme cette poterie correspond exactement à celle répertoriée dans les bâtiments de Qumrân, les fouilleurs ont rapidement conclu que la grotte avait été utilisée par le groupe qui occupait l'établissement adjacent.

Les bédouins découvrirent la grotte 2 et y trouvèrent trente-trois manuscrits qu'ils vendirent par la suite. Cette deuxième découverte fit réaliser aux chercheurs que d'autres trouvailles pouvaient être à venir. La grotte 2 est une petite grotte naturelle, de forme inégale, avec des chambres sur deux niveaux. Les archéologues, venus après les bédouins, y trouvèrent à peu près six jarres, un couvercle et trois bols. Encore là, cette poterie correspond au matériel trouvé sur le site de Qumrân. Comme les jarres trouvées dans ces grottes ressemblent à celles qui contenaient les rouleaux de la grotte 1, il semblerait que la grotte 2 ait, elle aussi, servi de cachette pour les textes, et non pas de bibliothèque où l'on pouvait se procurer des rouleaux.

Dans la grotte 3, située un peu au nord de la grotte 1, les archéologues ont trouvé plusieurs fragments de peau et de papyrus portant des inscriptions. Mais la découverte la plus importante fut le *Rouleau de cuivre*, un document écrit sur des feuilles de cuivre rivetées sous forme de rouleau. Le *Rouleau de cuivre*, qu'on a trouvé en deux pièces enroulées sur elles-mêmes, est écrit dans un dialecte hébreu plus proche de l'hébreu de la Mishnah que les autres manuscrits, bien qu'il ait beaucoup d'affinité avec l'hébreu de Qumrân. Ce rouleau dresse une liste de trésors enfouis, que certains chercheurs croient être le trésor du Temple. Un passage mentionne aussi la cachette d'un texte. On a également trouvé dans la grotte 3 une bonne quantité de poteries : jarres, couvercles, cruches, ainsi qu'une lampe.

En outre, les fouilles ont permis de trouver un bon nombre de grottes qui ont pu servir temporairement d'habitation, et dont plusieurs contenaient de la poterie semblable à celle trouvée à Qumrân. On a aussi découvert d'autres grottes à manuscrits. La grotte 6 abritait les fragments de trente et un manuscrits, une jarre et un bol semblables à ceux des bâtiments. La grotte 11, située un peu au sud de la grotte 3, recelait plusieurs textes importants, bien préservés, tels le *Rouleau des psaumes* et le *Rouleau du Temple*.

Au bout d'un certain temps, les bédouins se sont intéressés à la terrasse marneuse située immédiatement à l'ouest du site. C'est par hasard qu'ils y trouvèrent la plus importante de toutes les grottes, la grotte 4. Cette grotte a livré les fragments d'environ 550 manuscrits dont l'ensemble forme la grande majorité des textes inédits qu'on a récemment mis en circulation. La grotte 4, artificiellement creusée dans le calcaire, est située tout près de l'emplacement de Qumrân, à l'oucst, de l'autre côté du ravin. C'est la grotte la plus facile d'accès et vraisemblablement la seule qui servait de bibliothèque. La grotte est formée d'une chambre ovale débouchant sur deux chambres plus petites.

Comme toujours, les archéologues, qui suivaient les bédouins à la trace, sont arrivés en retard. Ils découvrirent d'autres fragments de manuscrits, mais très peu de poterie : les morceaux de quelques jarres et couvercles, des bols, deux cruches, un pot, une cruchette et une lampe. Les bédouins avaient déjà enlevé la majorité du matériel écrit, mais les archéologues trouvèrent tout de même les fragments de près du quart des manuscrits, établissant ainsi hors de tout doute que le trésor mis en vente par Kando provenait effectivement de cette grotte.

De toutes les grottes, c'est la grotte 4 qui a fourni les découvertes les plus précieuses, celles qui nous ont donné les clés pour décoder toute la bibliothèque. On y a trouvé les fragments de 223 manuscrits bibliques ; de nombreuses compositions apocryphes, dont plusieurs inconnues jusque-là ; plusieurs types d'écrits sectaires encore jamais vus ; et quelques documents à caractère économique. À cause de leur état fragmentaire, ces matériaux ont constitué un formidable défi pour les chercheurs. En fait, l'essentiel du travail sur les manuscrits, au cours de la présente génération, consistera à conserver, assembler, éditer, analyser et traduire ces documents.

Il faut souligner certaines caractéristiques de cette grotte. Tout d'abord, ses chambres intérieures ont été taillées dans le roc. Un projet aussi ambitieux ne pouvait être entrepris que pour répondre aux besoins du site adjacent. Deuxièmement, sa construction a certainement exigé de la planification et pris un temps considérable. Il est donc impossible de prétendre, comme certains l'on fait, que cette grotte n'a servi qu'à « planquer » la bibliothèque du Temple, au moment où les Romains se rapprochaient de Jérusalem. De plus, comme une grande partie du matériel trouvé dans la grotte s'oppose directement aux pratiques en usage dans le Temple à cette époque, il est invraisemblable que ceux qui étaient responsables de la précieuse bibliothèque du Temple aient choisi cette grotte pour la mettre à l'abri. Il semble plutôt que toute cette grotte ait été construite pour servir de bibliothèque aux habitants des bâtiments voisins.

La grotte 4 nous fournit un autre indice pour étayer cette théorie. Sur les côtés de la chambre principale de la grotte — à des intervalles précis et à une hauteur uniforme — il y a des trous clairement destinés à soutenir des supports de bois pour ranger les rouleaux. Après l'abandon de la grotte et de ses précieux manuscrits, les planches de bois se sont mises à pourrir, déversant toute la collection sur le sol. Les conditions naturelles de la grotte — humidité, crottes d'animaux et conditions climatiques — ont ensuite fait leur œuvre destructrice. En se détériorant, les rouleaux se séparèrent en 80 000 à 100 000 fragments, dont certains n'ont pas plus d'un centimètre carré, créant ainsi le plus gros casse-tête que l'histoire ait jamais connu. Comme la grotte 4 était une bibliothèque active, les rouleaux n'ont malheureusement pas été entreposés dans des jarres — d'où le grand nombre de fragments qu'on y a trouvés.

Tout près de la grotte 4, un peu plus au nord, se trouve la grotte 5, où l'on a découvert des fragments de manuscrits, mais aucune poterie. À la même époque, les archéologues qui fouillaient les grottes 7, 8 et 9 trouvèrent quelques fragments de manuscrits, des morceaux d'une boîte de tefillin (phylactère), des noyaux de dattes, des cordes, un morceau de cuir et quelques morceaux de poterie. Curieusement, la grotte 7 ne renfermait que des manuscrits en grec, un phénomène qui demeure toujours inexpliqué. Dans la grotte 10, tout près de la grotte 4, les fouilleurs ont trouvé un tapis, un ostracon hébraïque (une pièce de poterie portant une inscription), des noyaux de dattes et des dattes desséchées, un bout de lampe et des tessons typiques de Qumrân.

Que nous apprennent les données en provenance des grottes ? Premièrement, qu'il existe en fait deux types de grottes : la majorité d'entre elles ont servi de cachettes aux manuscrits dont l'existence était menacée par l'avancée des forces romaines qui allaient finalement détruire Qumrân. La grotte 4, par contre, avait une fonction particulière, car elle était la bibliothèque de la secte ; elle abritait une collection complète de textes bibliques, apocryphes, sectaires et économiques. Le présent livre traite essentiellement de la bibliothèque de la grotte 4 et de ce qu'elle peut nous apprendre sur les différentes approches de la pensée et de la pratique juives durant la période du Second Temple.

Les données nous permettent aussi de conclure que les grottes et les documents qu'on y a trouvés étaient intimement liés au site de Qumrân.

Grotte 4
La plus grande partie des textes a été trouvée dans la grotte 4 qui a livré des fragments d'environ 550 manuscrits. Cette grotte a été creusée artificiellement dans le calcaire et était équipée de tablettes de bois fixées dans les trous qu'on peut voir tout autour de la grotte. Elle est située tout près du site de Qumrân et devait être accessible autrefois par un escalier de bois ; elle faisait fonction de bibliothèque pour ceux qui occupaient les bâtiments de Qumrân. *Photo Lawrence H. Schiffman.*

Une analyse scientifique de la poterie trouvée dans les grottes et dans les bâtiments établit sans conteste leur ressemblance étroite. Les jarres cylindriques appartiennent à un type qui n'existe nulle part ailleurs. (On n'en a trouvé qu'une seule en dehors de Qumrân.) De plus, Qumrân se trouve physiquement au centre de la ligne le long de laquelle sont situées les grottes.

Les fouilles écartent également la théorie selon laquelle la collection de rouleaux de la grotte 4 serait une genizah, un dépôt de textes endommagés empilés dans l'ordre dans lequel ils avaient été retirés de la circulation. Au contraire, les données démontrent que les documents de Qumrân étaient rangés sur des tablettes ou soigneusement emballés dans des jarres, ce qui indique soit leur usage courant, soit leur entreposage pour une utilisation ultérieure. Nous sommes donc en présence de ce que Frank Moore Cross a appelé à juste titre l'« ancienne bibliothèque de Qumrân ».

En réfléchissant aux découvertes de Qumrân, on se demande toujours : y a-t-il d'autres surprises qui nous attendent ? Trouverons-nous encore de nouvelles grottes ou d'autres manuscrits dans le futur ?

De telles découvertes sont peu probables, quoique pas impossibles. Depuis maintenant une cinquantaine d'années, des autochtones jouant aux marchands d'antiquités et des archéologues ont minutieusement fouillé les grottes et les ont passées au crible. L'« Opération manuscrits », cette recherche détaillée menée par l'Autorité des antiquités d'Israël, n'a abouti à la découverte d'aucun autre rouleau dans la région de Qumrân. Bien qu'il soit possible que des manuscrits ou des antiquités, ayant été retirés des grottes avant que les archéologues n'aient exploré Qumrân, ne soient pas encore apparus sur le marché, il est fort probable que les découvertes les plus importantes de Qumrân ont été mises au jour.

Ein Feshka et Ein El-Ghuweir

Il nous reste à parler de deux autres sites, qui ont peut-être été des installations satellites de la communauté-mère de Qumrân[11]. Les documents de la secte, notamment le *Document de Damas*, nous apprennent que de telles communautés existaient. En fait, il est généralement admis que des petits groupes de membres de la secte étaient disséminés partout en Israël. D'après ce que nous savons, il existait deux satellites de ce type dans le voisinage immédiat de Qumrân.

Le premier, Ein Feshka, est situé à 3 kilomètres au sud de Qumrân. On trouve aujourd'hui sur son emplacement une plage au bord de la mer

Morte ; les visiteurs traversent les ruines lorsqu'ils se rendent au terrain de stationnement. Tout comme il semble qu'on ait choisi le site de Qumrân parce que le wadi situé à proximité, une fois harnaché, pouvait fournir un important approvisionnement en eau, Ein Feshka (littéralement « source de Feshka ») fut choisi pour son apport naturel en eau douce. Les ruines de Ein Feshka se résument en gros à un grand bâtiment, avec une enceinte et une remise, dans la partie sud, et une cour équipée de bassins dans la partie nord.

Le bâtiment principal forme un rectangle de 24 mètres sur 18. Deux portes, qui conduisaient à des sections différentes du site, ont pu servir à séparer les humains des animaux gardés dans la cour. Aux coins de la cour, il y avait des bâtiments plus petits : l'un servait apparemment de réserve, l'autre contenait une sorte de système pour drainer l'eau de la cour. On a trouvé deux pièces principales avec de beaux porches : l'une avait un plancher pavé et deux placards encastrés, l'autre un plancher partiellement dallé et un placard du même genre. On a aussi dégagé une autre pièce de rangement et deux pièces pavées. Un escalier conduisait à un étage supérieur qui comportait une terrasse ou une véranda. Les données archéologiques ont clairement établi l'existence d'un deuxième étage.

La conclusion la plus logique en ce qui concerne l'ensemble de ce complexe est qu'il se divisait en espaces d'habitation et de rangement. Le bâtiment principal, tel que nous le connaissons aujourd'hui, reflète la dernière phase de construction ; il s'érigeait sur les restes d'une installation antérieure qui avait été abandonnée auparavant. Cette structure reconstruite, datant de la période II, a été détruite par le feu. Le bâtiment semble avoir été partiellement réoccupé après cette destruction.

Les différentes phases de construction du bâtiment semblent correspondre à celles des bâtiments de Qumrân. La période II de Ein Feshka coïncide avec la période II de Qumrân. La petite poterie des deux sites se correspond, mais on n'a trouvé à Ein Feshka aucun équivalent aux grandes jarres de Qumrân. Les indices numismatiques confirment cette datation. Un objet particulièrement intéressant est un vase de calcaire presque complet, typique de la période hérodienne de Qumrân et de Jérusalem, mesurant 70 centimètres de haut et qui porte une inscription de deux lignes débutant par les mots « durant la première année ». Malheureusement, on ne parvient pas à restaurer ou à déchiffrer la deuxième ligne.

On ne peut pas en dire autant de la première phase d'occupation, durant la période I. On a trouvé seulement un peu de poterie et quelques pièces de monnaie. Les monnaies nous permettent de conclure que la période I de Ein Feshka correspond à la période Ib de Qumrân, qui remonte à l'époque asmonéenne.

La période III date apparemment de l'époque qui sépare les deux révoltes juives contre Rome ; il s'agit, comme c'était le cas à Qumrân, d'une réutilisation partielle des bâtiments. Contrairement à Qumrân, il ne semble pas que des troupes romaines aient été stationnées à Ein Feshka immédiatement après la conquête de la région en 68.

La conclusion des fouilleurs est nette : ces deux sites — Qumrân et Ein Feshka — sont reliés d'une manière ou d'une autre, et ont été occupés par des habitants semblables. Bien que le site de Ein Feshka n'ait pas été en usage durant la première phase de Qumrân — la période Ia —, il était occupé durant les périodes Ib et II de Qumrân.

Le désaccord à propos de la fin de la période Ib de Qumrân s'est étendu à Ein Feshka. Si c'est effectivement un tremblement de terre qui a détruit Qumrân, il faut croire que, pour une raison ou une autre, Ein Feshka a évité un pareil sort, car il n'y existe aucun indice de destruction par un séisme. Si, au contraire, Qumrân a été abandonné à la suite d'une attaque ennemie, la rupture entre les périodes I et II de Ein Feshka devient alors compréhensible. La publication intégrale des rapports des fouilles permettra peut-être d'éclairer cette question.

Au sud-ouest du bâtiment de Ein Feshka se trouve un enclos d'environ 40 mètres carrés qui, lors de la période II, était équipé d'un petit hangar servant peut-être à sécher des dattes ou à entreposer des roseaux. Dans cette région désertique, la seule culture intensive possible est celle de la datte de palmier. On mentionne souvent la culture des dattes à propos de Ein Gedi, ainsi que dans les textes des grottes de Bar Kokhba. Même si le bois et les feuilles de palmier étaient utilisés pour la construction des toits à Qumrân, et même si on y a aussi trouvé des noyaux de dattes, on ne peut déterminer de façon concluante à quoi servait le hangar de Ein Feshka. Quant à l'enclos, il servait probablement pour le bétail.

Durant la période II, on a bâti un second enclos de 23 mètres sur 40 au coin nord-ouest du bâtiment. Dans la moitié est, on trouvait une série de bassins plâtrés et de petits canaux desservis par un système d'adduction d'eau. On avait aussi construit à cet endroit un réseau d'égouts servant à l'évacuation des eaux usées. Cet espace servait probablement au traitement des peaux. Il est vrai qu'on n'a découvert, dans les installations d'Ein

Feshka, aucune trace des produits chimiques nécessaires à cette industrie, mais ils n'étaient pas employés pour préparer les peaux destinées à l'écriture de manuscrits. On a suggéré que les bassins découverts à cet endroit servaient de viviers à poissons ; mais ces installations sont beaucoup trop petites pour qu'on puisse y élever une quantité significative de poissons. Quoi qu'il en soit, l'endroit a manifestement servi à une fin industrielle quelconque. La préparation des peaux demeure l'explication la plus plausible. On ne réutilisera pas cette installation durant la période III.

Pourquoi ce site est-il si important ? Comme il est situé à proximité de Qumrân, et qu'il était occupé durant les principales périodes d'occupation de Qumrân, il nous permet d'en apprendre plus sur les activités de la secte. Il paraît vraisemblable que les gens qui vivaient dans le secteur faisaient l'élevage du bétail et possédaient d'importantes réserves. Il se peut aussi que l'endroit ait abrité la tannerie de la secte, où l'on préparait les peaux qui ont servi pour un certain nombre de manuscrits. Il serait normal que la secte ait localisé ses activités industrielles à distance, puisque ces activités exigeaient une alimentation en eau fraîche et que les procédés de tannage généraient des odeurs nauséabondes. De toute façon, il semble que cet avant-poste faisait partie de la communauté de Qumrân. Ce devait être l'un des « camps » mentionnés par le *Document de Damas*.

Un autre site de la région, celui de Ein el-Ghuweir, est à considérer également. Il est situé près d'une source, comme son nom l'indique, et se trouve à 15 kilomètres au sud de Qumrân. On y a exhumé un bâtiment rectangulaire mesurant 19,5 mètres sur 43. L'occupation du site comporte deux strates différentes, séparées par une couche de matériaux brûlés. Les pièces de monnaie retrouvées indiquent que le lieu a été en usage durant la période II des deux autres endroits.

Environ à 800 mètres au nord de cette construction, il y avait un petit cimetière. On en a dégagé environ vingt tombes, qui contenaient douze hommes, sept femmes et un garçon. On y pratiquait la même forme d'inhu mation qu'à Qumrân. La poterie trouvée dans la terre de remplissage prouve que les tombes étaient contemporaines du bâtiment. Une des tombes contenait une jarre sur laquelle était inscrit le nom Yehoḥanan.

Même s'il est possible que ce bâtiment et ce cimetière soient associés au groupe de Qumrân, les indices numismatiques suggèrent que l'occupation de ce site pourrait avoir commencé avant et s'être terminée après celle du site de Qumrân. Puisque Ein el-Ghuweir se situe à une bonne distance de

Qumrân, il ne faut pas conclure trop vite que ce site était une ramification de celui de Qumrân. Comme à Ein Feshka, on n'a trouvé aucun manuscrit ou document dans ce secteur. Malgré tout, il est certain que des Juifs ont habité cette région durant la période du Second Temple, et il est possible que leur établissement soit relié à Qumrân.

Il est utile de dire ici quelques mots sur l'habitabilité de Qumrân et de la région avoisinante[12]. Quelqu'un qui visite cette région aujourd'hui la trouve particulièrement inhospitalière et hostile à toute occupation humaine. Comment alors cette ancienne communauté pouvait-elle survivre ?

Tout d'abord, les habitants possédaient sûrement une connaissance très poussée des techniques d'irrigation. Ils excellaient dans l'art de capter et de retenir, durant la saison des pluies, la quantité d'eau nécessaire à leurs besoins. Pour ce faire, ils utilisaient de grandes citernes souterraines, qui existent toujours. De plus, il y a toujours eu des troupeaux de chèvres et de moutons dans la région ; et dans l'oasis de Ein Feshka, on pouvait faire pousser des palmiers avec un équipement d'irrigation rudimentaire. Il y a de l'orge qui pousse sur la colline au-dessus de Qumrân, et on a trouvé des meules dans les ruines de l'endroit. Les roseaux, qui poussent naturellement dans la région, pouvaient être utilisés pour fabriquer des paniers et des tapis et pour couvrir les toits. Il était possible d'extraire du sel et du bitume de la mer Morte. On a aussi trouvé de l'asphalte lors des fouilles à Qumrân et à Ein Feshka. Apparemment, on pratiquait, à Ein Feshka, d'autres activités rattachées à l'agriculture ou à l'élevage de moutons. La poterie constituait aussi une industrie prospère, comme le montrent les fours et l'atelier de potier trouvés à Qumrân. On pouvait ramasser dans la région des brindilles qui servaient de combustible, particulièrement pour la cuisson. Nous savons que la région était occupée aussi aux époques israélite et byzantine ; l'économie de base devait être similaire au cours de toutes ces périodes.

Le portrait qui se dégage de ce panorama de l'archéologie de Qumrân est celui d'une communauté bien organisée et ingénieuse. Ceux qui ont caché les rouleaux dans les grottes ont occupé les bâtiments de Qumrân depuis un peu après –152, jusqu'à la destruction de Qumrân par les Romains. Ils ont regroupé la majeure partie de leurs manuscrits dans la grotte 4, une bibliothèque qui, à cause de sa proximité des bâtiments, permettait au groupe d'avoir facilement accès à ses textes. Apparemment, la secte utilisait Ein Feshka pour élever des troupeaux et pratiquer des activités industrielles ; ce site a peut-être aussi servi à pourvoir aux besoins d'autres « camps » dans la région du désert. Les membres de la secte y ont développé une économie qui supportait leur mode de vie. Pour bien saisir ce mode de vie et la façon dont il a pu émerger, nous devons d'abord mieux comprendre certains aspects de l'histoire juive et du judaïsme de la période hellénistique.

2

La communauté de Qumrân

CHAPITRE 4

Judaïsme, hellénisme et sectarisme

Le corpus qumranien a son origine dans l'expérience historique particulière d'un groupe sectaire qui a émergé dans le judaïsme du Second Temple et qui s'est retiré à Qumrân où il a constitué une bibliothèque. On peut dire que la secte a commencé à exister dès que le groupe a formé un mouvement identifiable, avec sa propre conscience de soi et son autodéfinition. À partir de ce moment, les positions idéologiques caractéristiques du groupe le différenciaient nettement des autres.

Même si l'idéologie primitive de la secte procède directement de la culture religieuse du judaïsme du Second Temple, le groupe qui nous légua finalement les manuscrits de Qumrân n'en demeurait pas moins unique à bien des égards. Nous chercherons donc à établir historiquement quand et comment le groupe a vu le jour, et quels sont les conflits qui ont marqué son histoire et son idéologie.

La secte de Qumrân est l'héritière de plusieurs textes et traditions qui ont contribué globalement à la formulation de ses enseignements ; grâce aux textes mis en circulation récemment, nous sommes maintenant en mesure d'établir précisément quelles ont été ces principales influences. Un nouveau texte, en particulier, la *Lettre halakhique*, nous fournit des renseignements essentiels, non seulement sur les idéologies circulant à l'époque, mais également sur la situation politique du moment. Examinons donc le contexte politique et religieux de la Judée : nous comprendrons alors mieux comment la *Lettre halakhique* s'insère dans l'histoire de la secte.

L'ensemble des manuscrits qui feront l'objet de notre étude éclairent essentiellement la période qui va de la conquête de la Palestine par Alexandre le Grand en –332 à la Grande Révolte des Juifs contre Rome en 66-73 de notre ère. Au cours de ces années cruciales, le peuple juif est entré en conflit avec l'hellénisme, il a jeté les bases du Second Commonwealth, et a rétabli son existence nationale, pour la voir bientôt anéantie par le conquérant romain. C'est de ce fond historique et culturel que les manuscrits de Qumrân sont issus. Plus précisément, les informations fournies par les manuscrits concernent les années qui séparent la révolte des Maccabées, de –168 à –164, et le tournant de l'ère.

En –538, immédiatement après sa conquête de Babylone, Cyrus II, dit le Grand, roi de Perse et de Médie, décréta que le Temple des Juifs de Jérusalem devait être rebâti, et que tous les exilés qui le désiraient pouvaient rentrer chez eux. Ce décret inaugure la période du Second Temple, aussi connue sous le nom de Second Commonwealth.

La période perse a été la matrice du Second Commonwealth juif[1]. Durant cette période, Jérusalem fut reconstruite, et le culte sacrificiel rétabli dans le Second Temple. Autre fait important, le haut clergé se vit octroyer le pouvoir temporel en plus de l'autorité religieuse. Ce système de gouvernement a survécu durant la période asmonéenne après la révolte des Maccabées, devenant un objet de protestation dans les manuscrits de la mer Morte et d'autres textes de cette période.

La période hellénistique débute officiellement avec la conquête de la Palestine par Alexandre. Cependant, cette conquête ne marque pas le début de l'influence hellénistique dans la région. Déjà, au XIVe siècle avant notre ère, tout le Proche-(Moyen-)Orient et la Palestine, particulièrement ses résidants juifs, subissaient l'influence grandissante de la mer Égée.

À cause du développement des relations commerciales, cette influence devait s'étendre encore plus durant la période perse, alors que la monnaie grecque devint la norme en Israël. Le phénomène culturel que nous appelons hellénisme a exercé un tel pouvoir dans l'ancienne Judée qu'il a laissé une marque profonde dans le judaïsme et le peuple juif. En fait, le phénomène de sectarisme à l'intérieur du judaïsme, dont les manuscrits sont notre meilleur témoin, est en grande partie le résultat de forces mises en branle par l'influence de l'hellénisme.

Sous le règne des Ptolémées et des Séleucides

Après la mort d'Alexandre le Grand en –323, ses généraux, connus sous le nom de *diadoques* (les successeurs), furent incapables de maintenir l'unité de l'empire. Des généraux se disputaient le contrôle individuel de différen-

LA PÉRIODE HELLÉNISTIQUE

−332	Conquête de la Palestine par Alexandre le Grand
−323	Mort d'Alexandre et partage de son empire
−301	Les Ptolémées établissent leur domination sur la Palestine
−201 à −198	Conquête de la Palestine par les Séleucides
−175 à −164	Antiochos IV Épiphane
−175 à −171	Jason est grand-prêtre
vers −175	Réforme hellénistique
−171 à −167	Ménélas est grand-prêtre
−168 à −164	Révolte des Maccabées
−167 à −166	Antiochos décrète une persécution
−166 à −160	Judas Maccabée mène la rébellion
−164	Prise de Jérusalem par Judas et dédicace du Temple
−160	Défaite et mort de Judas
−157	Jonathan entre à Jérusalem
−152	Jonathan fait l'indépendance et est nommé grand-prêtre
−143	Assassinat de Jonathan
−142	Simon assume le pouvoir
−140	Une assemblée publique confirme Simon comme grand-prêtre et gouverneur
−134	Assassinat de Simon
−134 à −104	Jean Hyrcan
−104 à −103	Aristobule I
−103 à −76	Alexandre Jannée
−76 à −67	Salomé Alexandra
−67 à −63	Guerre entre Hyrcan II et Aristobule II
−63	Conquête romaine de la Palestine par Pompée

tes régions. La Palestine se trouva alors coincée dans l'affrontement entre Ptolémée, gouverneur d'Égypte, et Séleucos, gouverneur de Syrie, jusqu'en −301, moment où Ptolémée consolida sa domination sur la Palestine[2]. Dans l'ombre de cette instabilité politique, l'autonomie juive locale et le rôle déjà important du grand prêtre s'affermirent. Cette instabilité continuelle retarda aussi l'avancée de l'hellénisme.

Au cours du IIIe siècle, les armées ptolémaïques et séleucides se livrèrent cinq batailles importantes en Palestine ; mais les Ptolémées gardèrent le contrôle du territoire. Comme la région était sans cesse en proie aux attaques des Séleucides et aux incursions des bédouins, les Ptolémées avaient posté des unités militaires un peu partout à travers la Palestine. Plusieurs cités grecques furent établies comme colonies militaires, et de nombreux soldats qui y étaient stationnés épousèrent des femmes du pays. Il existait, de plus, en Palestine une bureaucratie ptolémaïque complexe, qui gérait à la fois les affaires gouvernementales, la taxation et l'économie. La présence ptolémaïque a permis à l'hellénisme de s'assurer une emprise plus durable en Palestine, alors que la Judée continuait à être gouvernée par le grand prêtre et l'aristocratie sacerdotale.

En –201, le roi séleucide Antiochos III envahit la Palestine et la conquit rapidement. Bien qu'Antiochos ait réaffirmé le droit des Juifs de vivre selon leurs lois ancestrales, l'hellénisme était déjà fermement ancré en Palestine.

L'hellénisme comme phénomène culturel

L'hellénisme est une synthèse de la culture grecque et des cultures autochtones du Proche-Orient[3]. Dans un processus dynamique, la culture hellénistique, un mélange grec et autochtone constamment en évolution, devint le matériau de base pour construire d'autres synthèses avec des cultures autochtones qui n'avaient pas encore subi son influence. En fait, ce ne sont pas les Grecs eux-mêmes qui sont responsables de la propagation de leur propre culture en Orient ; ce sont plutôt les Macédoniens, dont la civilisation dérive de celle des véritables Hellènes, qui ont grandement contribué au processus menant à la diffusion de l'hellénisme vers l'Orient. À mesure qu'il pénétrait dans le Proche-Orient, l'hellénisme se mêlait aux cultures autochtones. Sur une période de plusieurs siècles, la culture hellénistique a ainsi pris, au Proche-Orient, différentes formes. La conquête d'Alexandre a achevé le processus de mise en contact et d'union entre l'Orient et l'Occident.

La cité-État grecque, connue sous le nom de *polis*, était le véhicule de l'assimilation et de l'hellénisation des autochtones. Ces cités-États, principalement peuplées d'autochtones proche-orientaux, constituaient les creusets culturels de l'Orient, et étaient le siège d'institutions (écoles, théâtres et gymnases) qui promouvaient le mode de vie grec. La culture grecque s'y exprimait aussi à travers des concours athlétiques, la langue et la littérature grecques, l'architecture et la philosophie. Les autochtones du Proche-Orient se frottaient constamment aux arts et aux sciences du monde hellénique et finirent par dominer des champs comme ceux de la littérature et de la philosophie. L'importance qu'accordaient les Grecs à la culture physique et à la beauté s'est aussi étendue au Proche-Orient. La religion des Grecs a peu à peu fusionné avec les religions autochtones, prenant la forme de différents cultes locaux. Le culte officiel de la polis encourageait une symbiose constante des éléments grecs et proche-orientaux.

En réaction à l'influence écrasante de l'hellénisme, les autochtones redéfinissaient et réinterprétaient souvent leur culture traditionnelle à la lumière de ce qu'ils concevaient comme leur civilisation moderne. Ce processus de réinterprétation a donné naissance à diverses formes de judaïsme hellénistique — ainsi qu'à une âpre lutte entre les différents groupes juifs à propos du degré d'adaptation à l'hellénisme qu'on pouvait tolérer.

Les courants hellénistiques dans le judaïsme palestinien

Pendant les deux siècles qui ont précédé la révolte des Maccabées (–168 à –164), le mélange nouveau des cultures hellénique et autochtone a sérieusement mis en danger le mode de vie traditionnel des Juifs. Cependant, cette confrontation a eu des effets différents dans la société juive palestinienne et dans le reste du pays[4].

Les paysans, qui allaient en ville principalement pour y écouler leurs produits ou pour effectuer des pèlerinages religieux à Jérusalem, furent le groupe juif le moins affecté par le processus d'hellénisation. Dans les villes, les paysans entraient évidemment en contact avec des Juifs plus hellénisés ou avec des non-Juifs. Pourtant, leur langue et leur culture demeuraient hébraïques, et l'influence hellénistique se limitait essentiellement dans leur cas à l'usage de mots grecs pour désigner les nouveaux produits découverts en ville. En gros, ces gens du peuple n'avaient aucunement l'intention d'abandonner leur mode de vie ancestral au profit de la nouvelle symbiose culturelle.

La situation des populations urbaines était fort différente. Même si les artisans et les commerçants vivaient dans des cités principalement juives, leurs contacts avec le monde grec étaient beaucoup plus importants que ceux des habitants des zones rurales. Un livre comme celui de Ben Sira (l'*Ecclésiastique*), dont on a retrouvé des extraits à Qumrân et à Massada, témoigne de l'influence modérée de la culture hellénistique sur les Juifs traditionnels et pieux du début du IIe siècle avant notre ère.

La population urbaine était obligée d'utiliser la langue grecque si elle voulait tout simplement être comprise. Au cours des IIe et IIIe siècles avant notre ère, l'hellénisme a exercé une influence de plus en plus grande sur l'architecture et sur la vie culturelle, même parmi les Juifs traditionnellement pieux. Certaines familles aristocratiques, étroitement associées au clergé, étaient plus hellénisées que la plupart des autres Juifs de ces cités, peut-être à cause de leurs contacts plus grands avec le monde hellénistique, ou pour des raisons politiques et économiques.

Ces Juifs, qui souhaitaient une forme d'hellénisation encore plus poussée, gravitaient autour des cités grecques ; ils vivaient principalement au bord de la mer et dans ce qu'on appellera à l'époque romaine la Décapole, une région située dans la partie nord de la vallée du Jourdain et de la Transjordanie. Dans ces régions, la langue de tous les jours était le grec et la culture hellénistique dominait. Ces Juifs s'accommodaient des cultes païens, principalement en interprétant les liturgies de la cité comme des prolongements de leur judaïsme monothéiste. Ils réinterprétèrent radicalement les Écritures juives, en fait, pour les rendre compatibles avec ces cultes païens. Pour faciliter le passage de l'ancienne vie proche-orientale du Juif palestinien à la nouvelle vie cosmopolite du Juif hellénistique, ces Juifs ont transformé le judaïsme en sous-culture de l'univers grec.

Ces courants ont cohabité un certain temps dans la société judéenne, jusqu'au moment où ils se sont affrontés ouvertement. À partir de la fin du IIe siècle avant notre ère, des extrémistes hellénisants, qu'on ne retrouvait auparavant que dans les cités grecques, prirent le contrôle du sacerdoce de Jérusalem et tentèrent de transformer cette ville en une autre polis hellénistique. Cet événement prépara la révolte des Maccabées.

La révolte des Maccabées

L'accession de Antiochos IV Épiphane au trône des Séleucides (–175 à –164) ne fit qu'aggraver l'instabilité politique de la Palestine, occasionnée par la lutte constante entre Ptolémées et Séleucides[5]. Dans un geste de provocation délibérée envers la population juive, Antiochos vendit la fonction de grand prêtre, traditionnellement héréditaire, à Jason, le candidat le plus offrant. Jason acheta aussi le droit d'établir à Jérusalem un gymnase et un *ephebion* (une école hellénistique), espérant, grâce à ces institutions éducatives et culturelles centralisées, transformer la cité en une polis hellénistique. On retirait ainsi aux Juifs le droit, qu'Antiochos III leur avait accordé, de vivre selon la Torah. On les obligeait maintenant à vivre selon les lois de la cité grecque. Les Juifs devenaient tout à coup des citoyens de deuxième classe à l'intérieur d'une oligarchie. À l'opposé, l'aristocratie hellénisante tirait de nombreux avantages de ces nouvelles réformes : citoyenneté dans une cité grecque, commerce avec d'autres cités du même genre, frappe de la monnaie et autres avantages qui ne pouvaient que séduire les riches et les puissants.

Malgré ces changements politiques et commerciaux, le Temple et ses rituels continuaient à fonctionner selon des traditions antiques. Pourtant, aux yeux de certains, le type d'hellénisation pratiqué par Jason n'était pas encore suffisant. À la suite de violents affrontements opposant des hellénisants modérés et extrémistes, et d'intrigues politiques impliquant des partisans des Ptolémées et des Séleucides, on introduisit dans le Temple des divinités étrangères, ce qui entraîna de nouvelles frictions. Pour les Juifs hellénisants extrémistes, le Dieu ancestral d'Israël n'était qu'une autre manifestation de la divinité suprême qu'on connaissait en Syrie sous le nom de Baal Shamin (le Maître du ciel) et en Grèce sous le nom de Zeus Olympien.

Les Hassidim, un groupe de Juifs pieux qui trouvaient tout à fait inacceptables les compromis religieux imposés par l'hellénisation de Jérusalem, sont probablement à l'origine des premières tentatives de rébellion organisée. Alors que la rébellion grandissait, Antiochos tenta de la contenir.

C'est ainsi qu'il ordonna les persécutions si tristement célèbres. Sachant très bien que la seule façon de vaincre les rebelles était de saper les forces mêmes qui les inspiraient — la Torah, les commandements et la culture du peuple juif —, Antiochos s'attaqua au cœur des coutumes juives. Mais ses actions eurent précisément l'effet inverse de celui qui était escompté. Les Juifs, exaspérés par des années de lutte et d'insurrection, et épuisés par les tentatives des Juifs hellénisants pour imposer leur mode de vie à l'ensemble de la nation d'Israël, décidèrent de riposter.

Les persécutions d'Antiochos remontent à l'hiver –167/–166. En décembre –167, on introduisit au Temple la dévotion aux idoles étrangères et la prostitution sacrée. Un peu partout à travers la Palestine, le Sabbat et les Fêtes devaient être violés. On construisait des hauts lieux pour y sacrifier des animaux impurs. La circoncision fut déclarée illégale. Les lois relatives à la nourriture casher ne devaient plus être observées. Et quiconque violait ces ordonnances était passible de mort.

Dans tout le pays, les Juifs devaient faire face à des fonctionnaires assoiffés de vengeance, qui cherchaient à tout prix à faire respecter les nouvelles mesures, brûlant les rouleaux de la Torah et exécutant ceux qui les cachaient. Tout cela ne pouvait que conduire à l'affrontement de deux forces opposées : le peuple juif et les Séleucides. L'arrivée de la famille asmonéenne (les Maccabées) allait mettre le feu aux poudres et déclencher une révolte généralisée.

Plusieurs milliers de rebelles se rassemblèrent autour de la famille asmonéenne, à la tête de laquelle se trouvaient Judas Maccabée et ses frères Jean, Simon, Éléazar et Jonathan. L'armée ainsi constituée commença par prendre le contrôle des villages à travers la campagne. Avant –166/–165, elle s'était emparée de toute la Judée.

Sous Judas Maccabée (« martel »), les armées juives vainquirent successivement plusieurs généraux Séleucides qui tentaient d'écraser le soulèvement. En décembre –164, Judas et ses hommes prirent Jérusalem ; le 25 du mois hébraïque de Kislev, Judas purifia le Temple et réorganisa le culte sacrificiel pour le conformer à la tradition juive. On commémore cet événement lors de la fête juive du Hanoukkah (dédicace). Les objectifs principaux de la révolte — l'élimination des persécutions et la restauration du judaïsme à travers le pays — avaient été atteints.

Par la suite, Judas mena des guerres partout en Israël pour extirper le paganisme du pays et éliminer les rivaux hellénisants. Judas fut tué au cours d'une bataille contre les Séleucides en –160. Les Asmonéens se regroupèrent alors autour de son frère Jonathan. Les Juifs hellénisants cherchèrent à nouveau à s'emparer du pouvoir, mais les Asmonéens les assaillirent de tous côtés. Pendant plusieurs années, tandis que la guerre faisait rage, le poste de grand prêtre demeura vacant. Finalement, répondant aux offres des deux partis rivalisant pour la succession au trône de Syrie, Jonathan, avec l'appui du prétendant syrien Alexandre Balas, apparut habillé en grand prêtre lors de la fête de Sukkot (Tabernacles) de l'an –152. Une dynastie venait ainsi de voir le jour, et elle allait gouverner le peuple juif jusqu'à l'arrivée des Romains en –63.

Les Asmonéens s'emparent du Temple

Tout de suite après la révolte, une crise survint au sein du sacerdoce juif ; elle allait contribuer directement à la création de la secte de Qumrân et à son établissement dans le désert de Judée.

Les prêtres sadocides, qui se réclamaient de Sadoq, grand prêtre au temps du roi Salomon, avaient occupé la fonction de grand prêtre pratiquement sans interruption jusqu'à la révolte des Maccabées. Pourtant, des membres de ce groupe, connus sous le nom de sadducéens, étaient aussi du nombre des hellénistes extrémistes qui avaient introduit les réformes

LA DYNASTIE ASMONÉENNE

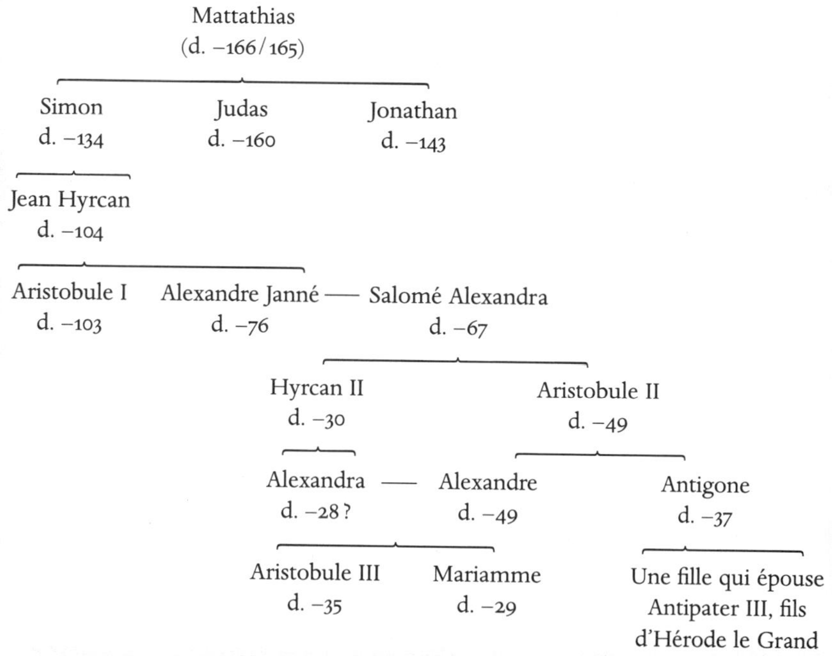

hellénistiques et ouvert la Judée aux ingérences des Séleucides, aux persécutions d'Antiochos et aux guerres des Maccabées. Néanmoins, au cours de cette période, plusieurs prêtres sadducéens étaient demeurés pieux et avaient maintenu les anciennes traditions du Temple de Jérusalem.

Avec la révolte, les Sadocides perdirent le contrôle de la fonction de grand prêtre qui passa aux Asmonéens, c'est-à-dire à la famille des Maccabées[6]. Après que la poussière fut retombée, Jonathan l'Asmonéen, qui n'était pas de la lignée des Sadocides, avait été proclamé grand prêtre. La prise de contrôle de la fonction de grand prêtre par les Asmonéens ne devint définitive que plus tard, lors d'une assemblée officielle, au temps de Simon, où il fut décidé qu'il en serait ainsi « pour toujours, jusqu'à ce que paraisse un prophète accrédité » (1 Maccabées 14,41).

Ces changements ont sans doute plu à bien des membres de la population juive. Après tout, la corruption des Sadocides durant les années précédant la révolte avait détourné la population du droit chemin. C'est pourquoi l'on vit les Asmonéens comme des réformateurs prêts à maintenir, dans le Temple et à Jérusalem, la pureté et la sainteté pour lesquelles ils s'étaient si vaillamment battus. Ces espoirs allaient êtres anéantis plus tard, lorsque les dirigeants asmonéens devinrent eux-mêmes de plus en plus hellénisés. Mais dans l'ivresse de la victoire, les Juifs de Palestine avaient salué l'accession des Asmonéens à la fonction de grand prêtre comme un signe du retour à la pureté des pratiques cultuelles israélites.

Il est cependant peu probable que ce nouveau régime ait plu à toute la population. Les vieux Sadocides, particulièrement les prêtres pieux, ont sûrement vécu avec amertume la prise de contrôle par les Asmonéens de la fonction de grand prêtre. Mais plus inacceptables encore étaient, à leurs yeux, les changements apportés aux pratiques du Temple par les Asmonéens, sous l'influence des pharisiens. Nous savons, par Flavius Josèphe et par des sources talmudiques, que les pharisiens détenaient à cette époque à la fois le pouvoir politique et l'autorité religieuse et que leurs conceptions ont probablement joué un rôle important dans la conduite du gouvernement et du sacerdoce (même s'ils souhaitaient y jouer un rôle encore plus grand). Comme nous allons le voir, les manuscrits de la mer Morte nous fournissent des preuves additionnelles de cette hégémonie des pharisiens.

Les sectes juives après la révolte des Maccabées

C'est dans ce cadre historique que nous rencontrons, dans les écrits de Josèphe, les trois sectes principales de cette période — les pharisiens, les sadducéens et les esséniens[7]. Le groupe qui a rassemblé les manuscrits de la mer Morte remonte aussi à cette époque, et constitue donc une autre réponse à ces événements. L'information directe sur la plupart de ces sectes est plutôt maigre ; mais la bibliothèque des membres de la secte de la mer Morte nous permet aujourd'hui de restructurer notre compréhension de l'ensemble des groupes du judaïsme de la période du Second Temple.

Pour les fins de notre travail, nous pouvons définir une secte comme une idéologie religieuse qui deviendra éventuellement un parti politique pour maintenir son mode de vie. La façon dont on utilise généralement ce terme dans les études sur le judaïsme ancien diffère de l'usage qu'on en fait habituellement en sciences religieuses, où le mot « secte » renvoie communément à l'idée d'un groupe qui s'est détaché de quelque façon d'un courant dominant. Pour la période du Second Temple, nous appelons donc sectes tous les groupes juifs, quelles que soient leur taille ou leur importance.

Les sectes rivalisaient entre elles pour recruter de nouveaux adhérents dans la population. Bien que toutes juives et considérant toutes la Torah comme la source ultime de la loi juive, elles avaient chacune une approche ou une interprétation différente de la Loi, et considéraient illégitimes celles des autres groupes. Leurs positions divergeaient aussi sur des questions théologiques, telles que la nature de la révélation divine, le libre arbitre des êtres humains et l'idée de la rétribution. Elles avaient également des vues différentes sur le degré d'acculturation ou d'assimilation à l'hellénisme qu'elle étaient prêtes à tolérer.

Le Temple, le symbole fondamental de la vie juive, était la plus grande source de conflit. Lorsqu'un groupe estimait illégitimes les sacrifices accomplis par la caste sacerdotale qui en avait la charge, ou encore accusait celle-ci de célébrer les cérémonies de manière irrégulière, de violents conflits entre sectes éclataient. Les pharisiens et les sadducéens se disputaient les pouvoirs temporels qui donnaient à une secte ou l'autre le droit de déterminer la manière dont les prêtres devaient exercer leur ministère à l'intérieur du Temple.

Pharisiens et sadducéens étaient les principaux acteurs dans les affaires religieuses et politiques juives de la Palestine gréco-romaine. En fait, le transfert graduel d'influences et de pouvoir des prêtres sadducéens vers les pharisiens instruits correspond au passage du Temple à la Torah qui caractérise cette période.

À la même époque, un certain nombre de sectes à tendances apocalyptiques ou ascétiques ont aussi contribué à tisser le judaïsme palestinien. Certaines de ces sectes ont joué un rôle majeur dans l'élaboration de la toile de fond sur laquelle le christianisme allait se dessiner. D'autres ont stimulé les visions messianiques qui ont conduit par deux fois les Juifs à une révolte contre Rome. D'autres encore ont été le foyer de développement d'idées mystiques qui finiront par pénétrer le judaïsme rabbinique. Ce qui caractérise chacun de ces groupes, c'est l'engagement total de ses membres envers l'interprétation de la Torah et les enseignements connexes qui leur étaient proposés.

Les sadducéens

Les sadducéens ont constitué un groupe distinct à partir d'environ –150[8]. Principalement d'origine aristocratique, la plupart étaient des prêtres, ou s'étaient mariés avec des membres des familles du haut sacerdoce. Ils étaient de tendance hellénisante modérée : leur principe premier demeurait la loyauté à la religion d'Israël, mais leur culture était très influencée par le monde grec dans lequel ils évoluaient.

Les sadducéens tirent leur nom de celui de Sadoq, le grand prêtre du Temple de Jérusalem au temps de Salomon. La famille des grands prêtres sadocides a été à la tête du clergé durant toute la période du Premier Temple — sauf au moment où l'on importa des cultes étrangers dans le Temple — puis durant celle du Second Temple, jusqu'au moment où les Asmonéens leur arrachèrent le contrôle de la fonction de grand prêtre. Ézéchiel avait attribué les tâches sacerdotales exclusivement à ce clan (44,9-16).

Les sadducéens rejetaient les « traditions des pères » que les pharisiens considéraient comme des lois. C'est pourquoi les sources rabbiniques postérieures les décrivent comme rejetant la Loi orale. Toutefois, la thèse, avancée par certains pères de l'Église, selon laquelle les sadducéens n'auraient accepté que l'autorité de la Torah, rejetant les Prophètes et l'ensemble naissant des Écrits, n'est corroborée par aucune source antérieure.

Il est difficile de dire à quand remontent les nombreuses divergences que les premiers textes rabbiniques attribuent aux pharisiens et sadducéens, surtout parce qu'une partie de cette information ne se retrouve que dans des sources post-talmudiques très tardives. Les informations de la Mishnah, plus anciennes, sont particulièrement intéressantes. Ces sources nous apprennent que les sadducéens exigeaient d'une personne qu'elle verse une indemnité pour toute blessure causée par un de ses serviteurs, alors que les pharisiens, en vertu de l'interprétation qu'ils faisaient des règles de la Torah (Ex 21,32.35-36), exigeaient une indemnité uniquement dans le cas de blessures causées par un de ses animaux. Les sadducéens n'exigeaient l'exécution d'un faux témoin que si l'accusé avait déjà été mis à mort à la suite de son témoignage (Dt 19,19-21) ; les pharisiens n'imposaient cette peine, au contraire, que si l'accusé n'avait pas été exécuté. Les sadducéens critiquaient les incohérences de l'interprétation pharisienne des lois de pureté, tandis que les pharisiens estimaient que les femmes sadducéennes suivaient une interprétation incorrecte des lois de pureté concernant les menstruations, ce qui les rendait impures. Les sadducéens soutenaient en général que les lois sur la pureté ne s'appliquaient qu'au Temple et aux prêtres ; ils refusaient donc d'en étendre le champ d'application à la vie quotidienne des Juifs. Cette extension de la Loi à la vie quotidienne constituait un élément central de l'approche pharisienne.

Pourquoi les sadducéens étaient-ils à ce point en désaccord avec la tradition pharisaïque ? Comment expliquer les divergences entre ces deux mouvements sur un si grand nombre de points de la loi juive ?

Une tradition juive postérieure a prétendu que toutes ces différences provenaient du rejet de la Loi orale par les sadducéens. Se fondant sur cette supposition, des chercheurs modernes ont avancé que les sadducéens étaient des littéralistes et qu'ils s'en tenaient au sens obvie des mots de la Torah. Mais une telle approche ne rend pas compte de la plupart des positions juridiques des sadducéens.

Les sadducéens étaient aussi en désaccord avec les pharisiens sur des questions théologiques. Ils niaient les idées de récompense et de punition après la mort, et celle d'immortalité de l'âme, qu'admettaient les pharisiens. Ils ne croyaient pas non plus aux anges, au sens surnaturel du terme ; par contre, ils reconnaissaient sûrement l'existence des « messagers divins » mentionnés dans la Bible. Selon eux, Dieu n'exerce pas de contrôle sur les affaires humaines, parce que les être humains possèdent un libre arbitre absolu.

Il est difficile de déterminer précisément les débuts du parti des sadducéens. L'aristocratie sacerdotale, dont les racines remontent à la période du Premier Temple, a grandement accru son pouvoir durant les périodes perse et hellénistique, parce qu'elle contrôlait à la fois les affaires temporelles et spirituelles de la nation. Bien que certains prêtres aient contribué au processus d'hellénisation extrême qui allait finalement conduire à la Révolte des Maccabées, la plupart des sadducéens du bas clergé étaient demeurés fidèles à la Torah et au mode de vie ancestral.

Il est probable qu'à la suite de la révolte, un petit groupe de prêtres sadducéens fervents aient constitué la faction qui allait plus tard devenir la secte de la mer Morte. Ne tolérant pas qu'un asmonéen vienne prendre la place du grand prêtre sadocide, ce qui se produisit en –152, ils étaient en désaccord avec les prêtres de Jérusalem sur de nombreux points de la loi juive. Des recherches récentes démontrent, comme nous le verrons, que le groupe s'est retiré à Qumrân peu après la prise de contrôle de la fonction de grand prêtre par les Asmonéens.

D'autres sadducéens, qui étaient plutôt des hellénisants modérés, sont demeurés à Jérusalem. Ce sont eux qui sont appelés sadducéens, au sens strict du terme, aussi bien par Josèphe dans ses descriptions de la période asmonéenne, que par les traditions rabbiniques postérieures. Ils ont continué à jouer un rôle clé au sein de l'aristocratie asmonéenne, supportant les rois-prêtres et se joignant aux pharisiens pour former le conseil dirigeant. Après avoir dominé cette institution pendant la majeure partie des règnes de Jean Hyrcan et d'Alexandre Jannée, ils essuyèrent un important revers politique lorsque Salomé Alexandra se tourna de façon exclusive vers les pharisiens. Durant l'ère hérodienne, les sadducéens regagnèrent le pouvoir en faisant cause commune avec la dynastie hérodienne. Ce fut finalement un groupe de sadducéens du bas clergé qui, par sa décision de mettre fin au sacrifice quotidien pour l'empereur romain, déclencha la révolte générale contre Rome en 66.

Les boéthusiens étaient de proches alliés des sadducéens et auraient tenu des positions similaires. La plupart des chercheurs font remonter l'origine des boéthusiens à Simon Ben Boethus qu'Hérode nomma grand prêtre en –24 ; en conférant à celui-ci un statut suffisamment élevé, Hérode aurait voulu se donner le moyen d'épouser la fille de Boethus, Mariamme (II). Toutefois, cette hypothèse n'a absolument pas été prouvée. En fait, la comparaison entre les décisions légales des boéthusiens et le matériel des manuscrits de la mer Morte suggère une origine beaucoup plus ancienne. Même s'il existait certainement des différences entre les sadducéens et les boéthusiens, ces derniers ont sans doute constitué un sous-groupe ou une ramification du groupe sadducéen.

Comme le rapporte la littérature rabbinique, le calendrier fut le premier objet de dispute entre sadducéens et pharisiens. Les sadducéens soutenaient que la première offrande du Omer (une gerbe d'orge ; Lv 23,9-14) devait survenir non pas, comme le prétendaient les pharisiens, au deuxième jour de Pessah, mais bien le premier dimanche après Pessah, « le lendemain du sabbat » selon les termes de Lévitique 23,11. Afin que cette fête soit toujours observée au bon jour de la semaine, les sadducéens adoptèrent un calendrier qui, comme celui de la secte de la mer Morte et du *Livre des Jubilés*, était basé à la fois sur des mois et des années solaires. En vertu de ce calendrier, la fête de Shavouot tombait toujours un dimanche.

Même si cette approche semble en accord avec l'interprétation littérale de l'expression « le lendemain du sabbat », les pharisiens ne pouvaient accepter ni ce calendrier solaire innovateur (le calendrier biblique étant basé sur les mois lunaires), ni l'interprétation sur laquelle il s'appuyait. Selon eux, le mot « sabbat » signifiait ici fête.

L'approche sadducéenne a eu une influence considérable sur les développements politique et religieux du judaïsme de la période du Second Temple. Les ramifications de ce mouvement ont joué un rôle de premier plan dans la formation de la secte de la mer Morte. Il existe même des indices que certaines traditions sadducéennes se sont maintenues assez longtemps pour influencer la secte des karaïtes, une secte qui n'a commencé à se faire connaître qu'au VIIIe siècle de notre ère. Pourtant, malgré le rôle important qu'ils ont joué dans ces divers phénomènes, les sadducéens ont cessé de faire partie de l'histoire juive avec la destruction du Temple en 70. Le système sacrificiel, dans lequel ils exerçaient une fonction déterminante, n'était plus en vigueur. La base de leur pouvoir, le Temple de Jérusalem, avait disparu ; et la sévérité de leurs décisions juridiques était incapable de permettre au judaïsme de s'adapter aux circonstances et au cadre nouveau des années à venir.

Les pharisiens

Les pharisiens tirent leur nom de l'hébreu *perushim* qui signifie « séparé »[9]. Cette appellation réfère probablement au fait qu'ils se sont volontairement « séparés » de la nourriture rituellement impure et de la table des gens du peuple, nommés plus tard *'am ha-'aretz* (le peuple du pays) dans les sources talmudiques, parce que ces derniers ne respectaient pas scrupuleusement les lois de pureté des Lévites ni celles relatives à la dîme. À l'origine, ce nom a peut-être été un terme péjoratif utilisé par leurs adversaires.

Des sources talmudiques qualifient ceux qui respectent les lois de pureté de *ḥaverim* (associés), et les groupes qui rassemblent de telles personnes de *ḥavurot* (associations). Les *ḥaverim* sont opposés aux *'am ha-'aretz*. Bien que la plupart des historiens supposent que ces *ḥavurot* étaient pharisiens, les sources n'associent jamais les termes « pharisiens » et *ḥaver*.

Les sources rabbiniques identifient parfois les pharisiens aux « sages ». Cet anachronisme découle du fait que les rabbins se considéraient comme les héritiers de la tradition pharisaïque. Bien que l'influence des pharisiens s'accrût jusqu'au moment où ils dominèrent finalement la vie religieuse du peuple juif, les chercheurs estiment qu'ils n'étaient pas plus de 6000 à l'époque hérodienne.

Qui étaient donc ces pharisiens et d'où venaient-ils ? Comme les pharisiens apparaissent pour la première fois dans des sources qui datent du règne de Jonathan, le frère de Judas Maccabée (autour de –150), plusieurs chercheurs ont voulu identifier les pharisiens aux Hassidim, qui étaient les alliés de Judas au cours de la révolte des Maccabées. On ne peut toutefois prouver cette théorie, car nos renseignements sur les Hassidim sont trop minces. Il est probable que ces derniers ne constituaient pas une secte ou un parti, mais plutôt une association libre de piétistes, comme le dénote l'usage de ce terme dans la littérature talmudique plus récente. Nous n'avons pas de preuves non plus que les Hassidim prémaccabéens auraient donné naissance aux esséniens.

Des sources rabbiniques font remonter les origines des pharisiens encore plus haut — au cours de la période perse et au début de la période hellénistique, à l'époque où les hommes de la Grande Assemblée auraient assumé l'autorité religieuse en Israël. Certains spécialistes modernes ont associé les hommes de la Grande Assemblée aux *soferim* (scribes), faisant ainsi d'eux les précurseurs du mouvement pharisien.

Malheureusement, les données historiques ne nous permettent de tirer aucune conclusion précise. Tout ce dont nous sommes certains est que les pharisiens, en tant que groupe distinct, sont apparus tout d'un coup durant la période asmonéenne, et que la théologie et l'organisation pharisaïques ont dû, elles, se développer un peu plus tôt. Combien de temps auparavant et sous quelle forme, cela nous ne pouvons le dire.

À l'époque asmonéenne, les pharisiens formaient le conseil dirigeant, en coalition avec les sadducéens, aux côtés desquels ils s'efforçaient de promouvoir leur vision de la manière dont le peuple juif devrait vivre et se gouverner. Sous le règne des dirigeants asmonéens Jean Hyrcan (−138 à −104) et Alexandre Jannée (−103 à −76), les pharisiens occupèrent de plus en plus le devant de la scène politique. À mesure que les Asmonéens s'hellénisaient, les pharisiens manifestaient davantage d'opposition envers eux. Sous le règne de Jean Hyrcan, les Asmonéens se tournèrent résolument vers les sadducéens. À l'époque d'Alexandre Jannée, les pharisiens étaient en guerre ouverte contre lui, ce qui eut pour conséquence la défaite d'Alexandre Jannée aux mains du roi séleucide en −88. Cette défaite conduisit à une réconciliation entre Alexandre Jannée et les pharisiens. Comme nous le verrons, les manuscrits de la mer Morte racontent cette histoire en détail. Durant le règne de Salomé Alexandra, les pharisiens, au contrôle des affaires de la nation, constituèrent l'élément politique dominant, même si l'étendue de leur influence a été exagérée par certains chercheurs.

Les pharisiens ne s'entendaient pas entre eux sur l'attitude à avoir face aux hellénisants au pouvoir. Certains prônaient une politique d'accommodement vis-à-vis du gouvernement, tant et aussi longtemps que cela leur permettait de pratiquer le judaïsme tel qu'ils le concevaient. D'autres, considérant qu'aucun gouvernement n'était acceptable à moins qu'il ne soit contrôlé par des pharisiens, préconisaient la rébellion. Cette dispute, qui est un véritable leitmotiv à travers l'histoire du pharisaïsme et qui a perduré jusque dans le judaïsme rabbinique, fut au centre des deux révoltes juives contre Rome.

On peut, en gros, identifier trois caractéristiques principales des pharisiens. D'abord, ils étaient, à l'origine, des représentants des classes moyenne et ouvrière. Deuxièmement, et peut-être à cause de ce statut social peu élevé, ils ne se sont pas du tout hellénisés, et semblent plutôt être demeurés essentiellement de culture proche-orientale. Ils ont certainement adopté des mots ou des conceptions intellectuelles grecques, mais ils n'accordaient d'autorité qu'à ce qu'ils considéraient être les traditions ancestrales d'Israël. Troisièmement, ils admettaient ce qu'ils appelaient les « traditions des pères », c'est-à-dire les lois et coutumes non bibliques présumément transmises de génération en génération. Ces enseignements complétaient le texte écrit de la Torah et faisaient partie de ce que les rabbins allaient plus tard appeler la Loi orale. On dit des pharisiens qu'ils observaient scrupuleusement la Torah, et qu'ils étaient experts dans l'art de l'interpréter.

La tradition rabbinique a incorporé les positions des pharisiens sur plusieurs points de doctrine importants. Parmi celles-ci, on retrouve principalement les croyances aux anges et en l'immortalité de l'âme, aux idées de récompense et de punition après la mort, ainsi que de providence divine. Les sadducéens rejetaient toutes ces idées. Contrairement aux sadducéens, qui niaient complètement l'idée d'une ingérence divine dans les affaires humaines, les pharisiens croyaient que Dieu pouvait y jouer un rôle. Pour les sadducéens, le libre arbitre était complet et inviolable ; pour les pharisiens, il était limité. Les esséniens, par contre, maintenaient une croyance en la prédestination, tout comme la secte de la mer Morte.

Flavius Josèphe, notre seule source d'information sur les disputes théologiques entre ces deux groupes, dépeint les différents points de vue sectaires en leur appliquant un vernis philosophique grec ; mais il est évident que ces disputes résultent avant tout d'interprétations divergentes de la tradition biblique. Par conséquent, les traits essentiels de cette controverse peuvent être considérés comme authentiques.

Faut-il prendre au sérieux les traditions rabbiniques ultérieures qui prétendent que les pharisiens contrôlaient les rituels au Temple de Jérusalem ? Cette question a suscité bien des controverses. Des chercheurs ont récemment eu tendance à considérer ces affirmations comme un remodelage tardif de l'histoire, à la lumière de la situation postérieure à la destruction. Nous verrons cependant que la *Lettre halakhique* trouvée à Qumrân prouve que les pratiques attribuées aux pharisiens dans de nombreuses disputes mishniques sont exactement celles qui étaient en vigueur au Temple de Jérusalem. On ne peut toutefois établir avec certitude si la prédominance des conceptions pharisaïques était due à leur pouvoir politique, ou si ces conceptions n'étaient pas déjà largement répandues durant la période asmonéenne.

Josèphe souligne à plusieurs reprises la popularité des pharisiens auprès du peuple. Vu la connaissance de premier plan qu'a Josèphe des dernières années de la période du Second Temple, nous pouvons croire cette affirmation, quoiqu'il faille aussi reconnaître que Josèphe avait des préjugés nettement favorables aux pharisiens. La popularité des pharisiens, jumelée à leur approche originale de la loi juive, est à la base de leur ascendance sur la vie politique et religieuse des Juifs. Le concept de Loi orale, qui s'est développé à partir des « traditions des pères » pharisaïques, a permis au judaïsme de s'adapter aux circonstances nouvelles et variées qu'il devait affronter, à l'époque talmudique et même plus tard. Avec le temps, le pharisaïsme allait devenir le judaïsme rabbinique — la base de toute vie et de toute civilisation juive ultérieures.

Les esséniens

Les esséniens, une secte réputée pour sa piété et sa théologie particulière, étaient connus en grec sous le nom d'*Essenoi* ou *Essaioi*[10]. Bien qu'on ait avancé plusieurs hypothèses sur l'étymologie de ce nom, aucune ne fait l'unanimité parmi les spécialistes. Selon la théorie la plus récente, qui est aussi la plus probable, ce nom aurait été emprunté à un groupe d'adeptes du culte d'Artémis en Asie mineure dont le comportement et les vêtements ressemblaient un peu à ceux du groupe de Judée.

Depuis la découverte des manuscrits de la mer Morte, la plupart des chercheurs ont identifié la secte de Qumrân aux esséniens. En fait, la seule information dont nous disposons sur ce groupe est glanée dans des sources grecques, soit principalement chez Philon, Josèphe et Pline l'Ancien. Le terme « esséniens » n'apparaît dans aucun des manuscrits de Qumrân.

D'après les témoignages de Philon et de Josèphe, il y avait environ 4000 esséniens, dispersés en communautés un peu partout à travers la Palestine, quoiqu'il y a des indices qu'ils évitaient les grandes villes. L'auteur romain Pline signale un établissement essénien entre Jéricho et Ein Gedi sur la rive ouest de la mer Morte. Aux yeux des chercheurs qui identifient les esséniens de Philon et de Josèphe à la secte de la mer Morte, cet emplacement — à proximité de Qumrân — constitue une preuve décisive à l'appui de leur thèse. Comme nous allons le voir, l'identification de la secte est un problème beaucoup plus complexe.

Les pratiques esséniennes — Les enfants des esséniens étaient éduqués selon le style de vie de la communauté, mais seuls les hommes adultes pouvaient être admis au sein de la secte. La communauté était organisée autour de dirigeants auxquels on devait obéissance. Un tribunal de cent personnes pouvait expulser de la communauté tout individu qui en transgressait les règles.

Ceux qui aspiraient à devenir membres de la secte recevaient trois objets — une hachette, un pagne et un vêtement blanc — et devaient passer à travers un processus d'initiation complexe qui comprenait une période de probation d'un an. Ils pouvaient alors se livrer aux ablutions rituelles. Après cette première étape, survenait une autre période probatoire de deux ans, au terme de laquelle les candidats devaient prêter serment — le seul serment autorisé par les esséniens. Lors des derniers stades de leur initiation, les candidats s'engageaient par serment à être pieux envers Dieu, justes envers les hommes, honnêtes avec les membres de la secte, et à transmettre correctement les enseignements ; ils promettaient de garder secrets les noms des anges. Les initiés pouvaient alors participer aux repas communautaires de la secte et étaient considérés comme des membres à part entière.

Les esséniens vivaient en communauté de biens. Au moment de l'admission, les nouveaux membres remettaient leurs biens au groupe ; des officiers élus les administraient au profit de tous. Ainsi, les richesses étaient partagées également entre les membres, sans distinction entre riches et pauvres.

L'exercice de différentes occupations, comme l'agriculture et l'artisanat, permettait aux membres de rapporter des revenus au groupe. Les esséniens évitaient le commerce et ne fabriquaient pas d'armes. On confiait tous les revenus aux officiers. Ceux-ci distribuaient les fonds nécessaires à l'achat des produits de première nécessité et au soin des membres âgés ou malades. Non seulement les esséniens fournissaient-ils de l'aide à leurs propres membres, mais ils faisaient également la charité à travers le pays. Dans chaque ville, des officiers étaient spécialement mandatés pour prendre en charge les membres itinérants.

La modération et l'abstention du luxe étaient aussi caractéristiques des esséniens. Ils considéraient l'argent uniquement comme un moyen de se procurer les nécessités vitales, et cette approche guidait autant leurs habitudes alimentaires que vestimentaires. Cela explique aussi pourquoi ils n'enduisaient pas leur corps d'huile. En fait, ils estimaient que l'huile communique l'impureté rituelle. La forme la plus poussée d'ascétisme essénien était celle des célibataires. Il semble cependant que, dans bien des cas, le célibat n'était pas absolu, mais était pratiqué assez tard dans la vie, alors que l'individu avait déjà eu des enfants.

L'attitude des esséniens par rapport au Temple de Jérusalem était ambivalente. Ils acceptaient l'idée d'un lieu de culte central situé à Jérusalem, mais n'étaient pas d'accord avec la façon dont les autorités du Temple concevaient la pureté et les sacrifices. C'est pourquoi ils envoyaient des offrandes volontaires au Temple, mais ne participaient pas aux cultes sacrificiels qui s'y déroulaient.

Les esséniens débutaient leur journée par la prière, après laquelle ils vaquaient à leurs occupations. Plus tard, ils se rassemblaient pour effectuer leurs rites de purification et partager un repas communautaire que des prêtres avaient préparé et pour lequel on portait des vêtements spéciaux. Après que les membres avaient pris leur place en silence, le boulanger et le cuisinier distribuaient la nourriture en suivant l'ordre de préséance des convives. La communauté retournait ensuite au travail, avant de se retrouver à nouveau le soir pour un autre repas. Au coucher du soleil, ils récitaient à nouveau des prières. Même si certaines de ces pratiques étaient communes à d'autres Juifs de l'époque, les esséniens s'y livraient d'une manière originale qui les distinguait de leurs coreligionnaires juifs.

Les esséniens insistaient beaucoup sur la pureté rituelle. On devait faire des ablutions non seulement avant les repas communautaires, mais aussi après s'être soulagé ou après être entré en contact avec un non-membre ou un novice. Les membres prenaient garde d'accomplir décemment les fonctions naturelles. Ils s'immergeaient souvent afin de maintenir l'état de pureté rituelle, et s'abstenaient d'expectorer. Ils portaient habituellement des vêtements blancs, accordant beaucoup d'importance à la modestie de leur tenue. Ils observaient le Sabbat avec une rigueur exemplaire.

Les enseignements esséniens étaient consignés dans des livres que les membres se devaient de transmettre avec grand soin. Les esséniens étaient réputés pour leur connaissance experte des racines médicinales et des propriétés des pierres, dont ils prétendaient avoir appris les pouvoirs de guérison dans des écrits anciens.

Selon des sources grecques, les esséniens avaient plusieurs convictions de base. Ils croyaient à une destinée inaltérable et en l'immortalité de l'âme. Selon Josèphe, ils maintenaient que seule l'âme survivait après la mort. Josèphe ajoute que, sur ce point, leur croyance se rapprochait beaucoup de celle des pharisiens.

Josèphe mentionne pour la première fois l'existence des esséniens lorsqu'il fait la description des différents courants religieux à l'époque de Jonathan l'Asmonéen (–152 à –143). Il dit que les esséniens ont participé à la guerre contre Rome de 66 à 73, et que certains ont été torturés par les Romains lors de la révolte. Les esséniens disparurent après la destruction du pays à la suite de ce soulèvement infructueux.

Depuis la découverte de la grotte 1 de Qumrân, en 1947, les spécialistes ont tenté d'identifier la secte de Qumrân à l'un des groupes dont l'existence est attestée pendant la période du Second Temple. Ceux qui cherchent à identifier la secte aux esséniens ont tendance à glisser rapidement sur les points de désaccord, et à insister uniquement sur les éléments de ressemblance entre les deux groupes. Il existe pourtant d'importantes différences entre les descriptions des esséniens dont nous disposons et les enseignements sectaires de Qumrân, notamment en ce qui a trait à certains détails du processus d'initiation et de la loi juive.

Les principales sectes de la période du Second Temple ont participé, tout au long de leur existence, à l'effervescence religieuse et politique de l'époque. Les conséquences de cette effervescence allaient déterminer l'avenir du judaïsme. L'échec de la Grande Révolte et la destruction du Temple en 70 ont réglé une fois pour toutes certains des problèmes les plus explosifs. Les sadducéens perdirent leur base politique ; les esséniens et la secte de la mer Morte furent physiquement décimés ; les doctrines apocalyptiques extrémistes ont été discréditées. L'approche pharisienne demeura seule pour s'adapter à la domination romaine et aux pratiques cultuelles de l'après-Temple ; elle devint, avec le temps, le judaïsme tel que nous le connaissons aujourd'hui. Toutefois, l'héritage des autres sectes a survécu dans leurs écrits dont nous faisons la redécouverte, dans les enseignements sectaires qui ont influencé les karaïtes médiévaux, et même dans certains aspects de la nouvelle théologie du christianisme.

La secte de la mer Morte est l'une de ces sectes disparues. Aujourd'hui, après quelque deux mille ans de silence, ses écrits sont redécouverts. Comment cette secte s'insère-t-elle dans le tableau des conflits sectaires du Second Commonwealth ? Et qu'est-ce que sa bibliothèque peut bien nous apprendre sur ce qui est survenu il y a aussi longtemps ?

Un examen des origines et des débuts de l'histoire de la secte nous aidera à mieux comprendre les forces à l'œuvre après la révolte des Maccabées, et la manière dont certains groupes juifs ont réagi à ces forces. Alors que certaines sectes s'adaptaient à leur manière à l'ordre nouveau, le groupe de la mer Morte décida de quitter complètement Jérusalem pour préserver son style de vie unique.

CHAPITRE 5

Origines et débuts de la communauté

Pour comprendre le schisme dont est issue la secte de la mer Morte, il faut le situer dans le contexte de l'histoire juive et du sectarisme de la période hellénistique. Mais nous disposons maintenant d'informations encore plus précises sur les conflits spécifiques, principalement à propos des sacrifices et de la pureté rituelle, qui ont conduit les sectaires à se séparer et à former un groupe distinct. Nous verrons en effet que les origines de la secte remontent au tumulte provoqué dans le milieu sacerdotal par la réforme hellénistique, la révolte des Maccabées et l'accession de la dynastie asmonéenne à la fonction de grand prêtre.

Les données de la *Lettre halakhique*

Un texte de Qumrân, aujourd'hui connu sous le nom de *Lettre halakhique* (4Q 394-399), démontre très clairement que le schisme sectaire s'enracine dans une série de désaccords sur les règles sacrificielles et la pureté rituelle[1]. Le nom complet de ce document est *Miqṣat Ma'aśe ha-Torah* (quelques décisions légales sur la Torah). Les auteurs de ce texte y font la liste de plus de vingt points de loi qui montrent comment leurs pratiques différaient des usages du Temple et de son culte sacrificiel. Mais il y a plus : ce document surpasse en précision ce dont nous disposions jusqu'à présent à propos des origines de la secte.

D'entrée de jeu, les auteurs de la *Lettre halakhique* exposent leurs intentions[2] : « Voici quelques-unes de nos décisions (légales) [concernant la Torah de Di]eu qui sont [quelques-unes des] décisions sur [les] lois que n[ous observons, et tou]tes ont trait [aux sacrifices] et à la pureté de… » (4Q *Lettre halakhique* B1-3) La première phrase annonce que ce qui va suivre, ce sont quelques-unes de « nos décisions (légales) » que « nous observons ». Tout au long de la lettre, les auteurs réfèrent à eux-mêmes en utilisant le pluriel. Suit alors une liste de vingt-deux points halakhiques sur lesquels les membres de la secte sont en désaccord avec le destinataire de la lettre. Pour la plupart de ces points, le texte comporte à la fois le point de vue des auteurs et celui de leurs adversaires. Des expressions comme « mais vous savez » ou « mais nous maintenons » montrent bien la nature polémique du texte. Nous examinerons plus loin l'une des lois spécifiques de ce document qui démontre indéniablement que ce groupe adhérait au courant sadducéen en matière de loi juive.

La deuxième partie de la lettre revient à des considérations d'ordre général, et présente le point de vue global des auteurs sur le schisme qui était alors en cours. Les auteurs écrivent : « [Vous savez que] nous nous sommes dissociés du courant dominant du peu[ple et de toutes leurs impuretés et nous avons cessé] d'être mêlés à ces affaires et d'être associés à [eux] concernant ces choses. Mais vous s[avez qu'on ne peut] trouver en nous ni malhonnêteté, ni mensonge, ni méchanceté. » (4Q *Lettre halakhique* C7-9)

Les auteurs indiquent ici qu'en acceptant les décisions précédemment mentionnées, ils ont dû cesser de participer aux rituels pratiqués par la majorité du peuple. Leur but est d'appeler à la réconciliation leurs anciens collègues restés à Jérusalem ainsi que le dirigeant asmonéen, ce qui leur permettrait de retrouver leur rôle au Temple. Inutile de préciser que la réconciliation implique qu'on acceptera les positions avancées dans le document. D'où l'affirmation générale, faite par les auteurs de la lettre, que les destinataires savent que les membres de ce groupe dissident sont dignes de confiance et honnêtes, signifiant par là qu'ils observaient de façon stricte l'ensemble des points de loi présentés dans la lettre.

À ce point, la lettre expose clairement son but : « [En effet] nous t'avons [écrit] afin que tu étudies le Livre de Moïse [et] les livre[s des P]prophètes et de Davi[d…, les actes] de chacune des générations. » (4Q *Lettre halakhique* C9-11) Les membres de la secte ont écrit au destinataire (qui est mentionné pour la première fois au singulier) afin que « tu » examines les paroles de la Torah, des Prophètes et de David (sans doute les comptes rendus bibliques de la monarchie de David), ainsi que l'histoire des générations.

Le texte explique maintenant ce qui se trouve dans ces documents spécifiques, c'est-à-dire dans les Écritures que les sectaires demandent à leur

La *Lettre halakhique*
L'annonce de l'existence d'un document de fondation de la secte de Qumrân, maintenant connu sous le sigle MMT par les chercheurs, a contribué à déclencher une campagne en faveur de l'affranchissement des manuscrits. Ce document, dont on aperçoit ici l'un des six manuscrits (E), se présente comme une lettre envoyée aux autorités du Temple de Jérusalem par les fondateurs de la secte. Ses prises de position sur diverses questions concernant l'application de la loi juive démontrent que les fondateurs de la secte étaient d'origine sadducéenne. *Courtoisie de l'Autorité des antiquités d'Israël.*

adversaire de scruter. On dit au destinataire (à nouveau au singulier) qu'il a été prédit qu'il allait se détourner de la voie de la justice et, en conséquence, subir un malheur. Le texte de la *Lettre halakhique* prédit ensuite qu'à la fin des temps, le dirigeant reviendra à Dieu. Tout cela est en accord avec ce qui est écrit dans la Torah et dans les Prophètes. Cette fois, les auteurs ne mentionnent pas les Écrits, probablement parce que les bénédictions et malédictions en question ne s'y trouvent pas.

Le texte en vient alors à la question des rois : il rappelle les bénédictions dont a été gratifiée l'époque de Salomon, fils de David, et les malédictions infligées à Israël depuis l'époque de Jéroboam, fils de Nebat (autour de –922 à –901), jusqu'à celle de Sédécias (–597 à –586, dernier roi de Juda).

Les auteurs indiquent ensuite que, selon eux, certaines bénédictions et malédictions sont déjà survenues : « Et nous reconnaissons que certaines des bénédictions et des malédictions qui sont inscrites dans le L[ivre de Mo]ïse sont déjà survenues, et que c'est la fin des temps, lorsqu'ils se repentiront en Isra[ël] pour tou[jours…] et qu'ils ne récidi[veront] pas. » (4Q *Lettre halakhique* C20-22) Les auteurs dévoilent ici leur croyance en l'idée qu'ils vivent présentement à l'aube de la fin des temps, une idée qui deviendra normative plus tard dans la pensée messianique qumranienne. Il est clair également qu'ils considéraient l'époque dans laquelle ils vivaient comme celle prévue par la Bible pour le repentir final d'Israël.

À la lumière de ces croyances, les auteurs exhortent le destinataire (au singulier) à se rappeler les événements entourant les règnes des rois d'Israël, d'examiner les actes de ceux-ci, et de remarquer que les rois qui ont observé les lois de la Torah ont échappé au malheur et que leurs fautes ont été pardonnées. Tel fut le cas de David, dont on demande au destinataire de se souvenir. Les auteurs résument ensuite les raisons de l'envoi de ce texte au destinataire :

> Et en effet, nous t'avons écrit quelques décisions se rapportant à la Torah que nous avons estimées bonnes pour toi et ton peuple, car [nous avons vu] que tu possèdes sagesse et connaissance de la Torah. Comprends toutes ces (choses) et demande-Lui qu'Il corrige ton conseil et éloigne de toi les pensées mauvaises et le conseil de Bélial, afin que tu te réjouisses à la fin, quand tu trouveras que certaines de nos paroles sont exactes. Et que cela soit considéré juste pour toi, et te conduise à accomplir le droit et le bien, et que cela soit pour ton bénéfice, et pour celui d'Israël. (4Q *Lettre halakhique* C26-32)

L'expression *Miqṣat Ma'aśe ha-Torah* (quelques décisions se rapportant à la Torah) apparaît ici. Les auteurs spécifient que la lettre a été écrite dans l'intérêt du destinataire et de la nation. On considère que le destinataire est sage et on lui attribue une connaissance suffisante de la Torah pour comprendre les points d'ordre halakhique présentés dans cette lettre. Les auteurs lui demandent de s'amender et de renoncer à toutes ses positions incorrectes en ce qui concerne la loi juive. S'il fait cela, il se réjouira à la fin de cette période (la fin des temps), car il réalisera que les auteurs de la lettre ont effectivement raison. On jugera son repentir comme une œuvre de justice, bénéfique à la fois pour lui et pour tout Israël.

Une caractéristique intéressante de la *Lettre halakhique* est la manière dont le nombre grammatical des destinataires varie. Dans la phrase introductive, la lettre est adressée à un individu, mais lorsqu'il s'agit de la liste des lois, les auteurs engagent un débat avec un groupe (et utilisent le « vous » pluriel). Lorsque le texte revient à son argumentation principale — à la fin de la liste de lois — il utilise à nouveau le singulier. Nous verrons que les parties au pluriel sont adressées aux prêtres du Temple de Jérusalem, et celles au singulier au dirigeant asmonéen.

Pour bien saisir la nature de ce texte, examinons en guise d'exemple l'une de ces controverses halakhiques — celle concernant les liquides[3] :

> [Et même] en ce qui concerne les flux des liquides (qu'on verse), nous dis[ons] qu'ils n'ont pas de [pu]reté. Et même le flux des liquides ne sépare pas l'impur [du] pur. Car l'humidité du flux des liquides et (du vase) qui les reçoit sont toutes deux considérées comme une seule et même humidité. (4Q *Lettre halakhique* B56-58)

Cette règle énigmatique traite des questions de pureté rituelle relatives aux liquides qui sont versés d'un vase à un autre. Dans le cas où le vase du haut est pur et celui du bas ne l'est pas, la question est de savoir si le vase supérieur, source du flux, peut devenir impur lorsque le flux relie les deux vases. Le texte de la *Lettre halakhique* affirme que l'entité au complet constitue « une seule humidité », c'est-à-dire que l'impureté remonte le flux, dans le sens inverse du courant, ce qui rend le vase supérieur impur.

Cette règle a un équivalent dans la Mishnah. Alors qu'elle relate un certain nombre de disputes survenues entre pharisiens et sadducéens, la Mishnah énonce : « Les sadducéens disent : "Nous protestons contre vous, pharisiens. Car vous déclarez pur le flux d'un liquide (qui est versé)." » (*M. Yadayim* 4,7) Par contraste avec notre texte et avec la position des sadducéens supposée par la Mishnah, les pharisiens déclaraient qu'en de pareils cas le flux ne transmettait pas l'impureté au vase pur à partir duquel le liquide était versé. Selon eux, l'impureté du vase inférieur ne pouvait pas remonter, à contre-courant du flux, et rendre le vase supérieur impur. Sur ce point et sur bien d'autres, les sadducéens partagent les mêmes positions que celles qui sont consignées dans la *Lettre halakhique* ; nous pouvons donc montrer de façon concluante, en utilisant d'autres textes qumraniens comme celui-ci, que la secte de Qumrân avaient un substrat de positions halakhiques sadducéennes.

Il semble que cette lettre ait été adressée au grand prêtre, chef de la classe dominante de Jérusalem. La comparaison avec les rois de Juda et d'Israël devait être tout à fait appropriée pour quelqu'un qui se considérait pratiquement comme une personnalité royale. Dans la lettre, on exhorte le dirigeant à se garder de suivre la voie des rois de la période du Premier Temple. Un tel avertissement ne pouvait être adressé qu'à une personnalité qui pouvait s'identifier, de par sa propre position dans la société, avec les anciens rois de l'Israël biblique.

La *Lettre halakhique* ne mentionne ni le Maître de Justice, ni aucun autre dirigeant ou officier connus grâce aux documents sectaires. Selon l'histoire officielle de la secte, présentée dans le *Document de Damas*, la séparation initiale d'avec le corps principal d'Israël a eu lieu environ vingt ans avant l'arrivée du maître ; nous pouvons donc conclure que la *Lettre halakhique* a été écrite par le groupe qui dirigeait collectivement la secte durant ces premières années. Cela explique pourquoi le maître n'apparaît pas dans ce texte[4].

Les implications historiques

La *Lettre halakhique* a de grandes implications pour notre compréhension de l'histoire juive de la période asmonéenne. Les positions qui, dans la lettre, sont attribuées aux opposants de la nouvelle secte sont les mêmes que celles qu'on attribue généralement, dans la littérature rabbinique, aux pharisiens ou aux premiers rabbins. Quand l'examen des textes mishniques rapporte des conflits entre pharisiens et sadducéens sur des sujets identiques à ceux discutés dans la *Lettre halakhique*, les positions des auteurs de la lettre correspondent à celles des sadducéens.

Il n'y a qu'une explication possible à ce phénomène : les premiers membres de la secte devaient être des sadducéens qui n'étaient pas prêts à accepter le *statu quo* établi à la fin de la révolte des Maccabées. Les Maccabées, en prenant la place des sadocides au poste de grand prêtre, ont confiné ceux-ci à un rôle secondaire pendant toute la durée de la domination asmonéenne. Même après avoir quitté Jérusalem, la secte de la mer Morte continue d'utiliser l'appellation « Fils de Sadoq » pour se désigner ou référer à ses chefs. Notre texte indique clairement que la dénomination « Fils de Sadoq » doit être prise à la lettre. Ce sont effectivement des sadducéens qui ont dénoncé l'imposition de pratiques pharisaïques au Temple, alors dirigé par des prêtres asmonéens.

Cette interprétation explique pourquoi les auteurs de la *Lette halakhique* affirment constamment que les destinataires savent que les positions des auteurs sont correctes. Les fondateurs de la secte visaient par leur controverse halakhique (dirigée contre un adversaire pluriel) les frères sadducéens qui avaient continué à servir au Temple et accepté la nouvelle réalité. Ce sont ces sadducéens restés à Jérusalem qui suivaient désormais les positions connues aujourd'hui à travers des sources rabbiniques pharisaïques et qui, aux yeux des auteurs de cette lettre, savaient très bien que les anciennes pratiques sadducéennes étaient différentes de celles qu'ils observaient maintenant.

Bien qu'il puisse être difficile, pour nous modernes, de concevoir qu'un schisme d'une telle ampleur ait été causé par ce qui semble être des aspects mineurs de la loi rituelle, il ne faut pas oublier que pour les différentes factions du sacerdoce de Jérusalem et du peuple juif de l'Antiquité, la bonne conduite du culte sacrificiel était le premier garant du bien-être collectif. Ils considéraient en effet le système sacrificiel comme le lien principal entre le peuple d'Israël et Dieu, la source de la bénédiction pour le pays et ses habitants. Plusieurs Juifs ne venaient-ils pas de prendre les armes, lors de la révolte des Maccabées, précisément pour garantir la pureté de ce culte contre l'influence étrangère et païenne ? C'est pourquoi, à la suite de cette rébellion, personne n'était disposé à accepter facilement que ce culte soit accompli d'une manière incompatible avec ses propres conceptions.

Par conséquent, lorsqu'on confia le culte du Temple à un usurpateur — le grand prêtre asmonéen aligné sur des positions pharisaïques déjà définies —, de pieux sadducéens formèrent une secte et cessèrent de participer aux rites du Temple de Jérusalem. La secte chercha d'abord une réconciliation. Lorsque celle-ci échoua, les membres de la secte ressentirent déception et confusion.

Les prêtres sadocides dissidents se considérèrent de plus en plus comme un groupe sectaire. On peut faire remonter le véritable début de la secte à l'échec de la réforme tentée par les sadocides modérés de Qumrân, convaincus désormais que les asmonéens étaient installés à demeure.

Certains ont contesté cette théorie des origines sadducéennes de la secte, alléguant qu'elle n'explique pas les tendances plus sectaires ou plus radicales du groupe, et particulièrement la vive attitude polémique et la xénophobie si souvent attestées dans les textes ultérieurs de la secte. Mais ce que révèlent en fait ces textes plus tardifs, ce sont plutôt les conséquences de ce schisme originel. Après avoir échoué dans cette première tentative, illustrée par la *Lettre halakhique*, de parvenir à une réconciliation et de gagner les Asmonéens et les sadducéens demeurés à Jérusalem à leur propre système de pratiques au Temple, les sadocides de Qumrân adoptèrent graduellement une mentalité sectaire d'exclus méprisés, rejetés et abandonnés. En conséquence, ils commencèrent à se considérer comme étant le véritable Israël, condamnant et méprisant tous ceux qui n'étaient pas des leurs.

Une autre objection à cette théorie est que certaines des croyances de la secte, à son apogée, sont incompatibles avec les enseignements que Josèphe attribue aux sadducéens. Toutefois, les prêtres sadducéens n'étaient pas tous hellénisés au même point et ne partageaient pas tous les mêmes croyances. Les descriptions de Josèphe ne concernent que les sadducéens plutôt hellénisés de la période romaine. De plus, je ne prétends pas que la secte de la mer Morte, telle que nous la connaissons aujourd'hui, soit sadducéenne, mais seulement que ses origines et les racines de sa tradition halakhique sont issues de la prêtrise sadocide des sadducéens[5].

La *Lettre halakhique* est un document sectaire qui date de la toute première phase de développement de la secte, alors que ses membres espéraient encore pouvoir participer à nouveau aux pratiques religieuses du Temple. Il n'est même pas certain que la lettre ait été rédigée après le début de l'exil que s'est imposé la secte. Ce document nous apprend quels ont été les désaccords à propos de la loi juive qui ont conduit à la formation de la secte. C'est seulement plus tard que le Maître de Justice et d'autres chefs, probablement des prêtres, développèrent le groupe qui allait finalement produire l'ensemble des textes sectaires. Un autre texte de Qumrân — le *Rouleau du Temple*, essentiellement une réécriture de la Torah dans laquelle l'auteur a intégré ses propres conceptions de la loi juive — est composé de sources provenant de la tradition sadducéenne. Les découvertes de Qumrân nous offrent donc aujourd'hui des perspectives sur cette tradition qui étaient inaccessibles auparavant.

Les révélations contenues dans la *Lettre halakhique* nous obligent à réévaluer d'anciennes théories qui assimilaient la secte de Qumrân à des groupes connus de la période du Second Temple. Il faut d'abord abandonner les théories qui cherchent à associer la secte et ses origines aux Hassidim. Ne sont également plus tenables les théories qui rattachent l'émergence de la secte à quelque sous-groupe des pharisiens. L'hypothèse dominante, celle des esséniens, si elle doit être le moindrement maintenue, nécessite une réorientation radicale. Ceux qui soutiennent cette théorie doivent aujourd'hui montrer que le terme « essénien » en est venu à désigner des sectaires d'origine sadducéenne, qui sont passés par un processus de radicalisation avant de devenir une secte distincte. Sinon, il leur faut élargir la signification qu'ils donnent à ce terme pour y inclure une grande variété de groupes semblables, l'un d'eux étant la secte de la mer Morte.

On doit aussi rejeter l'idée que la collection des manuscrits de Qumrân ne serait pas représentative d'une secte, mais qu'elle constituerait plutôt une collection neutre de textes juifs à caractère général. Il existe aujourd'hui de trop nombreuses preuves que la communauté qui a colligé ces textes est issue d'un conflit sectaire, et que ce conflit l'a soutenue tout au long de son existence. La *Lettre halakhique* décrit ce conflit comme un désaccord des auteurs, sur des points de la loi juive, avec ceux qui contrôlaient le Temple de la Jérusalem asmonéenne. En outre, même si elle contient plusieurs textes qui ne sont pas explicitement sectaires et qui auraient pu sembler acceptables à tous les Juifs de la période du Second Temple, cette collection, de par sa nature, est bien celle d'un sous-groupe qui s'opposait formellement aux autorités politiques et religieuses de son époque.

L'exode vers Qumrân

Lorsque le groupe qui a rédigé la *Lettre halakhique* a décidé de déménager à Qumrân, ses membres ont franchi une étape décisive de leur évolution. À partir de ce moment-là, ils se considérèrent comme un groupe dissident, en lutte avec une majorité hostile à leur cause. Cette rupture n'est pas arrivée brusquement. Il semble plutôt que le centre de Qumrân ne fut établi qu'après une période de tâtonnements qui a duré environ une génération. Ce n'est qu'à ce moment que la secte s'est retirée à Qumrân. Le Maître de Justice, qui aurait pris la tête de la secte quelque temps après la composition de la lettre, a probablement influencé cette décision.

Comment pouvons-nous déterminer la nature et la date de l'exode vers Qumrân ? Nos conclusions doivent se baser sur les découvertes archéologiques faites à Khirbet Qumrân et sur les données littéraires tirées des écrits de la secte. Un texte essentiel pour comprendre cet événement est celui que nous appelons le *Document de Damas*, le premier document découvert par Solomon Schechter parmi les manuscrits de la genizah du Caire. Nous connaissons aujourd'hui au moins neuf autres exemplaires de ce texte, tous découverts à Qumrân[6]. Des similitudes de langue et de pensée nous laissent croire que ce document appartenait aux sectaires de Qumrân. De plus, on en a retrouvé des citations dans d'autres textes de la secte, ce qui confirme bel et bien qu'il s'agissait là d'un document central dans la pensée du groupe. Le *Document de Damas* (qu'on appelle aussi les *Fragments sadocides*) est désigné ainsi par les chercheurs modernes parce qu'il réfère symboliquement à Damas comme terre d'exil de la secte.

Le texte se divise en deux parties : l'Admonition et les Lois. (Nous discuterons d'abord de l'Admonition ; nous reviendrons aux Lois lorsque nous traiterons de la question de la loi juive dans les manuscrits de la mer Morte.) Les manuscrits qumraniens de ce texte indiquent qu'il y avait du matériel supplémentaire au début du *Document de Damas*, mais ils n'ont préservé que très peu d'éléments significatifs de cette section qui a dû, à une certaine époque, faire partie d'un passage beaucoup plus long. Le texte

Manuscrit qumranien du *Document de Damas*
Avec la découverte des manuscrits de la mer Morte, il est devenu clair que le *Document de Damas*, qu'on connaissait déjà grâce à deux manuscrits du Moyen Âge, était étroitement apparenté aux nouveaux documents. Par la suite, des fragments de neuf manuscrits de cette composition ont été trouvés à Qumrân; ils ont contribué à augmenter considérablement l'étendue du texte préservé. On voit ici une partie d'un manuscrit de la fin du Ier s. avant notre ère. À gauche de la feuille la plus complète, on aperçoit encore les traces de la couture qui l'attachait à la suivante. *Courtoisie de l'Autorité des antiquités d'Israël.*

du *Document de Damas*, tel que préservé dans les manuscrits médiévaux, commence par déclarer qu'Israël s'est égaré autrefois. En conséquence, Dieu « a caché Son visage » et permis la destruction du Premier Temple (que les spécialistes datent de –586 selon la chronologie moderne). Pourtant un reste a survécu à la défaite du peuple, et c'est ce reste qui, finalement, a constitué la secte. Dans ce récit, les membres de la secte considèrent leur mode de vie et leurs croyances comme un prolongement direct de la tradition biblique, dont ils se prétendent les véritables héritiers.

Le texte exprime comme suit la manière dont la secte conçoit sa formation: « Et au temps de la colère, trois cent quatre-vingt-dix ans après qu'Il l'eut remis (le Temple) à Nabuchodonosor, roi de Babylone, Il se souvint d'eux (Israël) et fit pousser d'Israël et d'Aaron la racine d'un plant (c.-à-d. la secte). » (*Document de Damas*[a] I,5-7) Cette chronologie officielle, avancée par les sectaires eux-mêmes, pose certains problèmes aux spécialistes[7]. Si nous calculons la fondation de la secte à partir de la date que la recherche moderne établit pour la destruction du Premier Temple, nous arrivons à –196. Or cette date ne correspond pas aux données archéologiques. De plus, selon les données de la *Lettre halakhique*, la séparation officielle de la secte doit être postérieure à la révolte des Maccabées de –168/–164.

Un certain nombre d'indices suggèrent cependant que, s'agissant de la destruction du Premier Temple, la chronologie des Juifs de l'Antiquité ne correspondait pas à la nôtre. À cause d'importantes lacunes dans la chronologie de la période perse, il est peu probable que ces Juifs de l'Antiquité aient pu faire un calcul exact. Par conséquent, on peut seulement supposer que l'information qui nous provient de cette période est approximative. Il faut donc nous contenter de dater la fondation de la secte au cours du IIe siècle avant notre ère, sans préciser davantage.

Le texte du *Document de Damas* parle ensuite d'une période de confusion, suivie par l'avènement du chef de la secte, le Maître de Justice :

> Alors ils comprirent leur faute et surent qu'ils étaient coupables. Ils étaient pareils à des aveugles, avançant à tâtons sur la route pendant vingt ans. Alors Dieu considéra leurs œuvres, car ils Le cherchaient de tout cœur, et Il suscita pour eux un Maître de Justice pour les conduire dans la voie de son cœur (celui du maître). (*Document de Damas*[a] I,8-11 = 4Q266 *D*[a] 2 I,12-15)

Il semblerait que durant une première période — de peut-être vingt ans — la secte n'avait pas de chef ; elle n'avait peut-être pas eu non plus de forme précise avant que le Maître de Justice n'en prenne la tête. C'est seulement avec l'émergence du maître et son accès à la direction que des enseignements sectaires et un mode de vie particulier ont commencé à prendre forme.

D'après ce que nous savons déjà par la *Lettre halakhique*, nous pouvons considérer comme valable le compte rendu que le *Document de Damas* dresse de cette première période entre le schisme et l'arrivée du maître à la tête du groupe. C'est fort probablement durant cette période que la *Lettre halakhique* a été envoyée et qu'on a cherché une réconciliation. N'ayant pas réussi à supplanter les sadducéens de Jérusalem et le grand prêtre asmonéen, la secte est devenue une entité permanente qui ne s'attendait plus à rallier l'élite de Jérusalem.

Le Maître de Justice prit la direction de la secte et y introduisit ses enseignements ; à ce moment ou peu après, la secte déménagea à Qumrân, son site dans le désert. La datation archéologique du site et les indications littéraires sur Damas confirment ce fait.

Le *Document de Damas* contient une section qui est aujourd'hui connue sous le nom de « Midrash du puits » (VI,3-11)[8], où l'imagerie de Damas joue un rôle important. Il s'agit d'un très bon exemple du type de commentaire appelé *pesher*, une forme d'interprétation de l'Écriture qui lit les versets bibliques comme une préfiguration d'événements contemporains. On interprète ici un verset des *Nombres* : « Le Puits qu'ont creusé des princes, qu'ont foré les chefs du peuple [...] » (Nb 21,18). Le *Document de Damas* l'explique comme suit : « Le puits c'est la Torah et ceux qui le creusent sont les convertis (ou pénitents) d'Israël qui quittent le pays de Judée et qui vivent au pays de Damas » (*Document de Damas*[a] VI,4-5). À première vue, ce texte semble faire référence à un exode des membres de la secte, de la Judée vers Damas, où ils se seraient établis, du moins pour un certains temps. Un peu plus bas sur la même page, les membres de la secte sont décrits comme : « ceux qui entrent dans la nouvelle alliance au pays de Damas » (*Document de Damas*[a] VI,19). Ce texte réfère lui aussi à un exode à Damas.

Avant d'aller plus loin, j'aimerais faire quelques commentaires sur l'expression « nouvelle alliance ». Dans plusieurs textes, les membres de la secte se décrivent comme « ceux qui sont entrés dans l'alliance », référant ainsi à la nouvelle alliance dans laquelle ils entraient en constituant la secte ou en s'y joignant. Cette idée provient de Jérémie 31,31-32, où il est question d'un renouvellement de l'alliance de Dieu avec Israël à la fin des temps. L'utilisation que le *Document de Damas* fait de cette expression doit être nettement distinguée de l'idée chrétienne d'une nouvelle alliance, c'est-à-dire d'un Nouveau Testament, qui viendrait remplacer l'ancienne alliance (le soi-disant Ancien Testament) par de nouvelles Écritures.

Dans une autre exégèse de type *pesher*, le texte interprète Amos 5,26-27 : « Vous emporterez [...] l'étoile de votre Dieu, [...], ces images que vous vous êtes fabriquées, et je vous déporterai par-delà Damas. » On y lit : « Et l'"étoile" (Amos 5,26), c'est l'interprète de la loi (le dirigeant sectaire, divinement inspiré, qui interprète la Torah pour les membres) qui vient à Damas. » (*Document de Damas*[a] VII,18-19) Une lecture littérale de ce passage suggérerait que l'interprète de la loi a quitté la Judée et a rejoint ses compagnons de la secte à Damas. Plus loin, décrivant des membres qui ont cessé de vivre à la manière de la secte, le *Document de Damas* parle de : « ceux qui étaient entrés dans l'alliance nouvelle au pays de Damas, puis se sont retournés, rebellés, et écartés du puits d'eaux vives » (*Document de Damas*[b] XIX,33-34). Le « puits d'eaux vives» est la Torah de Dieu, interprétée correctement par les sectaires. Le thème de Damas revient plus loin lorsque le texte décrit ceux: «[…] qui ont méprisé l'alliance et l'engagement qu'ils avaient pris au pays de Damas, qui est la nouvelle alliance» (*Document de Damas*[b] XX,11-12).

Écrivant avant que la *Lettre halakhique* ne soit connue, plusieurs spécialistes ont déduit de ces passages que, à la suite du schisme initial, il y eut réellement un exode à Damas. Cette théorie soutient également que la secte a pris forme à Damas et qu'elle y a jeté les bases de ses enseignements. De là, le groupe se serait déplacé vers l'installation sectaire de Qumrân. Certains ont tenté d'identifier un événement qui aurait pu conduire à cet exode. D'autres ont suggéré de procéder à une fouille de la Damas contemporaine pour essayer d'y trouver les restes de ce groupe.

Mais qu'est-ce donc au juste que Damas[9]? Est-ce un lieu réel ou un terme métaphorique? Nous savons que les membres de la secte utilisaient souvent des mots codés, particulièrement dans le *Document de Damas*. Nous trouvons en effet dans ce texte toutes sortes de pseudonymes pour des personnages réels, mais presque jamais un nom propre qui permettrait une identification précise. Les sectes juives de l'époque ne sont jamais appelées par leur nom; les textes sectaires les désignent plutôt à de nombreuses reprises au moyen de mots codés. Pourquoi faudrait-il alors tomber dans le piège de prendre les noms de lieux à la lettre? Il est plus vraisemblable que «Damas» soit une appellation codée de Qumrân.

Cette idée est encore renforcée par l'utilisation de Damas comme symbole dans d'autres textes de la même période. Le Nouveau Testament représente Paul recevant une vision de Jésus sur la route de Damas (Ac 9,3-6). Il est probable que la signification symbolique de Damas comme halte eschatologique ait conduit à l'usage qui en est fait ici. En fait, même dans Amos 5,27, il est relié à la destruction des Israélites syncrétistes — ceux qui avaient mêlé le culte du Dieu d'Israël à des rites païens — à la fin des temps.

Il faut aussi mentionner l'hypothèse selon laquelle Damas aurait été, à une certaine époque, le nom de la toparchie (district administratif) dans laquelle aurait été située Qumrân. Cette hypothèse implique que Qumrân, bien que située sur la rive ouest de la mer Morte, aurait fait partie, à l'époque, de la même unité administrative que Damas, et aurait pu, par conséquent, porter son nom.

De toute façon, l'ensemble de ces possibilités nous permet de considérer Damas comme un symbole. C'est pourquoi nous n'avons pas à chercher un quelconque exode vers Damas. Nous devons plutôt supposer que l'établissement de Qumrân dans le désert était la Damas à laquelle référaient les membres de la secte, et que c'est à cet endroit que la secte y a aménagé, à peu près au moment où le Maître de Justice (peut-être identique au premier interprète de la loi) en prit la tête.

Il est évidemment étonnant que les textes sectaires de Qumrân ne contiennent aucune mention du nom du site ; Khirbet Qumrân est son nom arabe. Certains chercheurs ont émis l'hypothèse qu'il s'agirait du lieu biblique nommé Sekaka (Jos 15,61), bien que ce dernier soit probablement un site de l'âge de fer, situé à 7 kilomètres au sud-ouest de Qumrân[10]. De toute façon, c'est à Qumrân, et non à Damas, que la secte a émigré.

Un autre texte, la *Règle de la communauté*, doit être considéré ici, car il fait le lien entre le séparatisme de la secte et le désert. La *Règle de la communauté*, aussi connue sous le nom de *Manuel de discipline* (une appellation monastique chrétienne qu'on a plaquée sur ce texte), est l'un des sept premiers rouleaux découverts dans la grotte 1. Ce document presque intact expose la théologie de base de la secte, ses règles d'admission et d'initiation, et son code pénal. Dans un passage, le rouleau mentionne la rupture entre les sectaires de Qumrân et l'ensemble des Israélites :

> Quand ceux-ci formeront une communauté en Israël, c'est selon ces règles qu'ils seront séparés du milieu d'habitation du peuple d'iniquité pour aller au désert, afin d'y frayer le chemin du Seigneur, comme il est écrit, « Dans le désert, frayez le chemin du Seigneur ; dans la steppe, aplanissez une route pour notre Dieu » (Is 40,3). C'est l'interprétation de la Torah [dont] Il a ordonné l'observance par l'intermédiaire de Moïse, selon tout ce qui est révélé d'époque en époque, tel que les prophètes l'ont révélé par Son esprit saint. (1Q *Règle de la communauté* VIII,12-16)

Ce passage semble faire directement référence à l'exode au désert. Mais il faut, en fait, comprendre symboliquement ce séparatisme comme l'exécution du commandement d'Isaïe 40,3 : préparer un chemin à travers la steppe fait partie des préparatifs pour la fin des temps[11]. Le passage poursuit en nous disant comment interpréter cette préparation. Préparer le chemin dans le désert signifie interpréter la Torah ou, plus précisément, l'expliquer selon les interprétations sectaires.

Malgré la mention de la steppe, le texte ne fait aucun lien direct entre la secte et la région du désert. Pourtant, c'est seulement dans le contexte de l'établissement de la secte à Qumrân que cette image du désert a du sens. En effet, le motif du désert est particulièrement important à l'intérieur de la littérature sectaire. Les membres de la secte le voyaient comme un retour au style de vie originel qui avait été celui des Israélites durant la période d'errance au désert. De même, ils considéraient qu'ils étaient allés au désert pour y recevoir la Torah, tout comme l'avait fait Israël au moment de l'exode. On peut s'attendre à tout cela de la part d'un groupe qui a quitté les régions plus peuplées de la Judée pour s'installer dans la steppe et y maintenir son niveau de sainteté et de pureté.

La secte a donc vu le jour après que les Asmonéens aient pris le contrôle de la fonction de grand prêtre autour de –152. Comme nous pouvons le voir dans la *Lettre halakhique*, ses membres ont tenté, par la suite, une réconciliation avec leurs frères sadocides-sadducéens qui continuaient leur service au Temple de Jérusalem, ainsi qu'avec les dirigeants asmonéens. Lorsque cette tentative avorta, ils étaient encore sans chef, jusqu'au moment où le Maître de Justice se leva pour les diriger. C'est lui qui donna à la secte sa forme et son orientation. C'est probablement lui aussi qui a amené le groupe, depuis ses origines sadducéennes, à la mentalité sectaire hautement apocalyptique et aux nombreuses croyances qui l'ont différencié des sadducéens. Probablement durant les premières années de la carrière du maître — environ une génération après la fondation de la secte —, les membres du groupe établirent à Qumrân le centre sectaire et la bibliothèque. Nous examinerons dans le prochain chapitre quelle forme de communauté s'est finalement développée à cet endroit.

CHAPITRE 6

Les traits caractéristiques de la communauté

Nous avons déjà établi que la secte de Qumrân a vu le jour durant la période qui a suivi immédiatement la révolte des Maccabées, et nous avons donné un aperçu de ses origines et du début de son histoire. Nous examinerons dans ce chapitre l'organisation et le mode de vie de la secte.

Tous les aspects de la vie sectaire ne visaient qu'un seul objectif: la réalisation d'une vie de pureté et de sainteté dans le présent en préparation pour la fin des temps. On a suggéré que certaines caractéristiques de la secte s'inspiraient du milieu hellénistique dans lequel elle évoluait ; mais il est plus probable que son mode d'organisation résulte avant tout des besoins d'une secte qui aspirait à accomplir les commandements de la Torah comme ses membres les comprenaient. Après tout, c'est bien pour cette raison que la secte s'est constituée. Afin d'assurer la continuité et l'intégrité de son mode de vie, la secte a développé des rites spécifiques d'initiation, une rigoureuse discipline de pureté rituelle et des règles strictes concernant le comportement et la propriété.

Mode d'organisation

Rites d'initiation

L'un des aspects les plus typiques de la vie sectaire, parmi les différents groupes juifs de la période du Second Temple, était l'initiation des nouveaux membres[1]. Plusieurs sources nous donnent en effet des indications précises sur ce genre de pratique. Ainsi, les manuscrits de Qumrân, particulièrement la *Règle de la communauté* et le *Document de Damas*, décrivent un tel

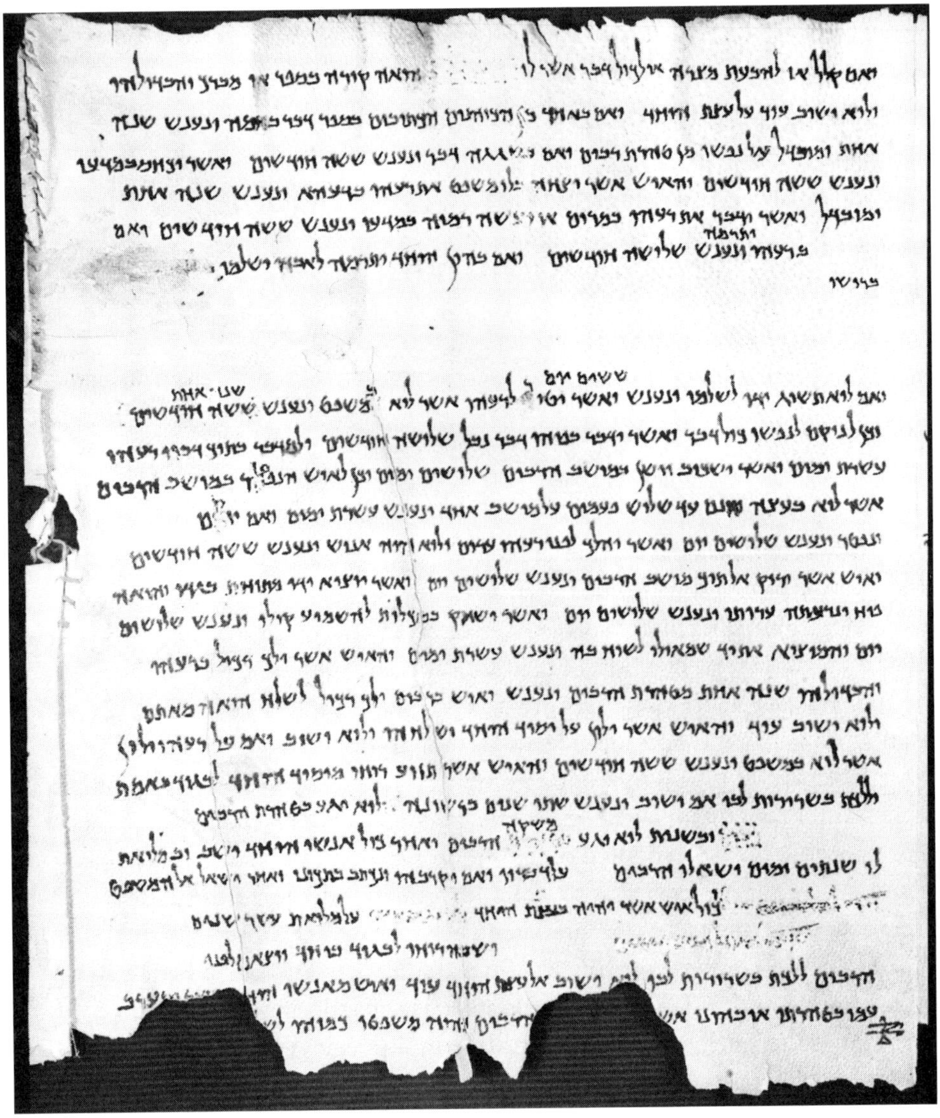

Règle de la communauté

La vie des sectaires de Qumrân était régie par un texte intitulé *Règle de la communauté*, qui précise les critères d'acceptation des nouveaux membres, leurs obligations, les modalités de gestions des affaires de la secte, ses croyances théologiques fondamentales et son code pénal. Cet écrit est l'un des sept premiers rouleaux découverts en 1947 et il constitue l'un des textes majeurs pour l'étude de la communauté sectaire qui a réuni la collection des manuscrits de la mer Morte. *Photo John C. Trever. Courtoisie de l'École de théologie de Claremont.*

processus ; Josèphe et Philon mentionnent également l'existence d'un tel rite chez les esséniens ; on sait aussi que ces pratiques étaient en usage dans l'association (*ḥavurah*) que décrivent les sources rabbiniques.

Les rites d'initiation tracent essentiellement une ligne de démarcation entre ceux qui sont à l'intérieur et ceux qui sont à l'extérieur d'un groupe. L'étude des rites d'initiation fournit aussi beaucoup d'informations sur la structure et sur les objectifs d'un groupe. Ainsi, la hiérarchie de la secte de Qumrân, la place des individus à l'intérieur de la secte, les privilèges qu'un individu se voyait accordés ou retirés, et les rites d'initiation proprement dits sont tous intimement liés aux principes fondateurs de la secte et à ses aspirations.

Plusieurs de ces règles initiatiques se trouvent dans la *Règle de la communauté* et le *Document de Damas*. Nous pourrons aussi comparer ces règles avec celles qu'on trouve dans les comptes rendus concernant les esséniens et dans les sources rabbiniques traitant de la *ḥavurah*. Après l'examen de ces données, nous tirerons quelques conclusions sur le déroulement du processus d'initiation et sur son rôle dans la vie sectaire à Qumrân.

Les données de la Règle de la communauté — La *Règle de la communauté* présente l'exposé le plus complet des prescriptions à suivre pour l'entrée dans la secte de Qumrân[2]. Cette entrée consiste en un processus complexe qui se déroule en plusieurs étapes. La première étape comporte un examen effectué par un dirigeant de la secte, puis l'enseignement des règles du groupe :

> Quiconque en Israël sera volontaire pour joindre le conseil de la communauté, l'homme qui est désigné à la tête de l'assemblée (littéralement, des « nombreux ») l'examinera en ce qui a trait à son entendement et à ses actes. S'il est apte à recevoir l'instruction, il (le dirigeant) l'introduira dans l'alliance pour qu'il revienne à la vérité et se détourne de toute iniquité. Alors il l'instruira de toutes les règles de la communauté. (1Q *Règle de la communauté* VI,13-15)

Après cette phase d'examen et d'instruction, d'une durée indéterminée, le candidat passe à la prochaine étape ; il est alors amené devant l'ensemble de la communauté ou son assemblée :

> Quand il viendra se présenter devant l'assemblée, tous seront consultés sur son cas. Puis, selon la décision que prendra le conseil de la communauté, il s'approchera ou sera écarté. S'il s'approche du conseil de la communauté, il n'entrera pas (encore) en contact avec la nourriture pure de la communauté avant qu'ils l'aient examiné en ce qui a trait à son esprit et à ses actes, jusqu'à ce qu'il ait

complété une année entière. De même, il ne mêlera pas (ses biens) aux biens de la communauté. (1Q *Règle de la communauté* VI,15-17)

Il est clair, d'après ce texte, que durant la période initiale d'un an, le candidat est admis sous condition. Il ne peut pas encore toucher la nourriture pure, pas même la nourriture pure solide, qui est moins sujette à l'impureté rituelle que la nourriture liquide[3]. De plus, ses biens ne peuvent servir à des fins communautaires, un privilège qui n'est réservé qu'aux membres à part entière.

L'étape suivante de l'initiation a lieu après un an et comprend un examen effectué par l'assemblée, apparemment dirigée par les prêtres et leurs associés :

> Et lorsqu'il aura complété une année dans la communauté, l'assemblée sera consultée à son sujet, en ce qui concerne sa compréhension et son observance de la Torah. Et si, d'après l'avis des prêtres et des hommes de leur alliance, la décision est favorable à ce qu'il s'approche du conseil de la communauté, ils remettront à la fois ses biens et le fruit de son travail aux mains de l'homme qui est l'examinateur des biens de la communauté. Alors il (l'examinateur) les inscrira (les biens) dans la comptabilité, de sa propre main (celle de l'examinateur), mais il (l'examinateur) ne les dépensera pas (encore) au profit de la communauté. (1Q *Règle de la communauté* VI,18-20)

Durant cette période, l'admission du nouveau membre demeure donc conditionnelle. Il est intégré davantage à la secte, mais n'en est pas un membre à part entière tant et aussi longtemps qu'une deuxième année ne s'est pas écoulée ; celle-ci se termine par un autre examen devant l'assemblée :

> Il n'entrera pas en contact avec la nourriture liquide de la communauté avant d'avoir complété une deuxième année parmi les hommes de la communauté. Puis, si la décision est favorable à ce qu'il s'approche de la communauté, alors il (l'examinateur) l'inscrira (littéralement, « écrira ») sur la liste, au rang qui lui convient parmi ses frères, pour la Torah, le jugement, et la pureté, et pour la mise en commun de ses biens. Alors il pourra donner son conseil à la communauté, ainsi que son jugement. (1Q *Règle de la communauté* VI,20-24)

Lorsque le nouveau membre est finalement accepté à part entière dans la secte, il peut toucher même les liquides purs de la communauté, davantage sujets à l'impureté que les solides. Il peut aussi désormais prendre part à la propriété commune et au travail du groupe ; c'est pourquoi ses biens sont mis en commun. Il a maintenant le droit de participer aux assemblées sectaires et de donner son avis à la communauté. Après l'acceptation finale par l'ensemble de l'assemblée, on inscrit son nom sur le registre, utilisé entre autres pour mobiliser les personnes aptes et constituer les formations de combat.

Les données du Document de Damas — Le *Document de Damas* formule une deuxième série de règles concernant l'entrée dans la secte[4] :

> Et telle est la directive à suivre, durant toute la période d'impiété, pour quiconque se détourne de sa voie corrompue : le jour où il s'entretiendra avec l'examinateur responsable de la communauté, ils l'enrôleront par le serment de l'alliance que Moïse a conclue avec Israël, par sa promesse de re[venir] à la Torah de Moïse de tout (son) cœur et[de] t[oute] son âme, à tout ce qui a été trouvé à faire durant t[oute] la période de son initiation. Mais que personne ne lui divulgue les règles (de la secte) avant qu'il ne se soit présenté devant l'examinateur, au cas où il s'avérerait être un simple d'esprit lorsque celui-ci l'examinera. Et lorsqu'il se sera lui-même engagé à (ou : « aura juré de ») revenir à la Torah de Moïse de tout (son) cœur et de toute (son) âme, ils (les membres de la secte) ne seront pas responsables de lui s'il commet une faute. (*Document de Damas*[a] XV,6-13 = 4Q266 *D*[a] 17 I,1-4 ; 4Q270 *D*[e] 10 II,6)

Ce texte décrit en fait un noviciat en deux étapes : selon cette version, la recrue est enrôlée et prête serment après s'être présentée devant l'examinateur. À partir de ce moment-là, elle devient un membre conditionnel, et c'est pourquoi on ne peut pas l'instruire des véritables enseignements du groupe — la loi de la secte — avant qu'elle n'ait complété un deuxième examen. C'est seulement après ce deuxième examen qu'elle a accès à cet enseignement. On peut présumer, même si cela n'est écrit nul part, que l'examinateur peut, s'il le veut, rejeter la nouvelle recrue qui lui est présentée. Après une période durant laquelle elle possède un statut inférieur, la recrue est à nouveau évaluée par l'examinateur. Elle devient sans doute à partir de ce moment-là un membre permanent.

Il semble y avoir une différence fondamentale entre ce texte et les indications de la *Règle de la communauté*. Bien que les deux textes exigent la prestation d'un serment au moment de l'entrée, seule la *Règle de la communauté* requiert explicitement qu'il y ait à cette étape un examen effectué par un officier. De plus, d'après la *Règle de la communauté*, c'est devant l'assemblée que le deuxième examen se déroule, après une période initiale d'instruction ; dans le *Document de Damas*, par contre, il se déroule à nouveau devant l'examinateur. Dans le *Document de Damas*, il est strictement interdit d'enseigner à la nouvelle recrue les règles et traditions secrètes de la secte avant qu'elle n'ait été initiée plus avant ; la *Règle de la communauté* (IX,17) ne fait que brièvement allusion à une telle idée. Contrairement à la *Règle de la communauté*, le *Document de Damas* ne mentionne pas d'étape ultérieure d'intégration de la recrue au sein de la communauté, ni son accès graduel à la nourriture pure solide, après un an, et à la nourriture liquide, seulement après une deuxième année.

Théoriquement, ces différences peuvent s'expliquer de plusieurs façons. Il se peut par exemple que la rédaction de la *Règle de la communauté* soit plus tardive : cela justifierait que le système d'initiation y soit plus complexe ou tout simplement modifié. Mais il est plutôt probable que la *Règle de la communauté* légifère pour le centre sectaire de Qumrân en particulier, alors que le *Document de Damas* s'adresserait à des groupes dispersés dans des camps un peu partout en Israël. Cela expliquerait pourquoi le *Document de Damas* traite uniquement des deux premières étapes du noviciat : les membres faisant partie des communautés régionales ne pouvaient atteindre que ce statut minimal. C'est seulement en vertu des normes rigoureuses en vigueur uniquement à Qumrân, d'après ce que nous savons, qu'une recrue pouvait espérer devenir un membre à part entière, avec droit de toucher les nourritures pures solides et liquides. De plus, l'admission complète était réservée à ceux qui s'étaient voués à des études beaucoup plus complexes et poussées que ce qu'il était possible de faire dans les communautés sectaires dispersées. Ce n'est qu'à Qumrân qu'il y avait une assemblée, ce qui explique que dans le cas du *Document de Damas* l'examinateur doive se substituer à l'assemblée.

Si cela est exact, nous sommes parvenus à une conclusion très importante sur la nature de la secte : ses membres étaient dispersés à travers toute la Palestine, et non seulement rassemblés en un seul endroit ; les centres régionaux envoyaient leurs membres étudier à l'établissement principal, à Qumrân apparemment. Ceux-ci allaient à Qumrân pour des séjours d'études leur permettant d'atteindre les niveaux de pureté les plus élevés de la secte et de compléter leur initiation dans le groupe.

La pureté rituelle

Tout le processus d'admission de la secte est directement rattaché aux questions de pureté et d'impureté rituelles. Une recrue, même après avoir été examinée par un officier, instruite de certains enseignements sectaires et réexaminée par la communauté, était toujours considérée rituellement impure et n'était autorisée à entrer en contact avec aucune des victuailles de la secte. Après un deuxième examen public, qui ne pouvait d'ailleurs avoir lieu qu'au centre sectaire, on lui permettait d'accéder durant un an à la nourriture pure solide de la communauté. Il semblerait que même après qu'on lui ait octroyé cette permission, la recrue n'était pas considérée comme entièrement à l'abri du danger d'impureté rituelle, tant qu'elle n'avait pas subi le dernier examen devant l'assemblée sectaire. Après cet examen final, un an plus tard, on lui permettait de toucher également les nourritures liquides de la communauté. C'est seulement à ce moment-là qu'elle devenait un membre à part entière du groupe et était considérée rituellement pure.

Le concept de pureté sur lequel se base l'approche de la secte ressemble à celui qu'on trouve dans la halakhah rabbinique. Le terme *mashqeh*, qui signifie « liquide » dans notre texte, désigne, dans la terminologie mishnique, un liquide propre à la consommation humaine qui peut devenir rituellement impur. Selon la législation rabbinique, les règles de pureté concernant de tels liquides sont plus sévères, en un sens, que celles concernant la nourriture solide. Ainsi, la plus infime quantité de liquide devenue impure peut, à son tour, rendre impurs les vêtements, la nourriture ou les boissons, ou encore les vases. En comparaison, de la nourriture solide ne peut rendre d'autres substances impures que si elle occupe un volume au moins équivalent à celui d'un œuf.

Il existe une autre règle tout aussi sévère en ce qui concerne les liquides : alors que le degré d'impureté de la nourriture solide décroît à mesure que l'impureté passe d'un objet à un autre, l'impureté des liquides ne décroît pas, quel que soit le nombre de fois où l'impureté a été transmise d'un liquide à un autre.

Il est probable que les sectaires de Qumrân aient fondé leur processus d'initiation sur un ensemble de règles semblables à celles des premiers rabbins, décrites ci-haut. Les rabbins étaient eux aussi plus sévères pour les contacts avec la nourriture liquide qu'avec la nourriture solide. Pour saisir le raisonnement qui sous-tend ce système, il faut se rappeler que quiconque mange ou boit de la nourriture impure devient, selon ces règles, aussi impur que la nourriture qu'il a consommée. Cet effort d'étendre les règles de pureté à la vie quotidienne des membres faisait partie de la tendance plus générale du judaïsme du Second Temple à transposer la sainteté du Temple à l'intérieur des maisons et des familles.

Sur la base de ces observations, il nous est maintenant possible de comprendre les rituels d'initiation. Un non-membre est impur au plus haut niveau possible d'impureté ; seul un cadavre est plus impur que lui. Durant sa première année, un candidat est impur au premier degré. Durant sa deuxième année, il est impur dans la mesure où on lui interdit de toucher la nourriture liquide de la secte. C'est seulement lorsqu'il est devenu un membre à part entière du groupe qu'on présume qu'il est totalement pur, et qu'on lui permet de toucher à la fois les nourritures liquides et solides de la communauté.

Ce qui ressort de l'étude du matériel sectaire, c'est le lien étroit entre les idées de repentir, d'initiation dans la secte et de purification rituelle. Aux yeux des membres, la purification rituelle n'était rien de moins qu'un signe de la purification spirituelle. La secte considérait en effet qu'aucune lustration ou ablution ne pouvait rendre pur quiconque demeurait un transgresseur non repentant :

> Il ne sera pas purifié par les rituels d'expiation,
> il ne deviendra pas pur par les eaux lustrales.
> Il ne sera pas sanctifié par les mers et les fleuves,
> ni purifié par toutes les eaux d'ablution.
> Impur, impur il restera aussi longtemps qu'il méprisera les règles divines,
> pour ne pas subir la discipline du conseil de Sa communauté.
>
> (1Q *Règle de la communauté* III,4-6)

La pureté et l'impureté rituelles constituaient donc, pour la secte, des manifestations symboliques de l'état moral et religieux de l'individu.

Bien que les règles de pureté rituelle suivies par la secte ne fussent pas nécessairement identiques à celles qu'on retrouve dans les sources rabbiniques, les aspects traités ici étaient semblables de part et d'autre. Ces observations nous donnent un indice sur les observances des ancêtres pharisiens des rabbins, et nous permettent d'inférer que les pharisiens observaient plusieurs des lois de pureté mentionnées dans des sources plus tardives. Voilà encore un cas où les manuscrits nous renseignent à la fois sur le judaïsme pharisaïque et sur la secte de Qumrân — non pas d'un point de vue polémique, mais plutôt par la démonstration de pratiques communes concernant la pureté rituelle.

Comparaison avec les esséniens

Maintenant que nous avons étudié deux versions des règles initiatiques de la secte, nous pouvons les comparer à deux autres ensembles de données : les procédures d'entrée dans la secte essénienne[5] et celles en usage dans la *ḥavurah*.

Josèphe décrit l'initiation dans la secte essénienne. Les esséniens exigeaient du candidat qu'il étudie d'abord les enseignements de la secte pendant une période d'un an. Il recevait, durant cette période, l'équipement propre à tout essénien : une hachette, un pagne et une tunique blanche. La hachette servait à creuser les trous à excréments ; le pagne et la tunique étaient le costume habituel des membres de la communauté essénienne. Si le candidat s'avérait apte durant cette période, on lui permettait alors de passer à l'étape suivante.

Pendant deux années additionnelles, on continuait d'éprouver le caractère de la recrue ; mais on lui prodiguait aussi de nouveaux enseignements et on lui donnait accès à la « sorte d'eau sainte la plus pure ». On ne lui permettait toutefois pas encore de toucher la nourriture commune ni d'assister aux réunions communautaires. Après cette période de deux ans, on l'évaluait à nouveau, et si on le considérait apte, il devait prêter une série de serments par lesquels il se soumettait aux principes du groupe. Il devenait alors un membre à part entière.

Il est difficile d'interpréter l'expression admission à l'« eau sainte ». La plupart des spécialistes l'interprètent comme une référence à l'admission aux bains rituels, car ils présument qu'avant d'avoir atteint un certain degré d'appartenance au groupe, les candidats n'avaient pas accès aux installations de purification de la secte essénienne. Il est également possible que l'expression « eau sainte » fasse référence à la nourriture liquide de la secte ; dans ce cas, il faudrait supposer qu'il y a une certaine confusion chez Josèphe. Selon toute probabilité, les esséniens auraient d'abord permis aux membres l'accès à la nourriture solide, et plus tard à la nourriture liquide, la première étant moins sensible à l'impureté.

Même si ce processus essénien est assez semblable à celui décrit dans les textes de Qumrân, il y a des différences importantes. Dans les documents de Qumrân, le novice doit prêter serment au début du processus ; dans la description de Josèphe, il le fait à la fin. Dans les textes de Qumrân, il est admis plus tôt aux repas communautaires que les esséniens de Josèphe, qui ne peuvent manger avec les membres qu'à la toute fin du processus.

Une des questions centrales des études qumraniennes est évidemment celle du rapport entre cette secte et les esséniens décrits par Philon et Josèphe. Les divergences mineures dans les processus d'admission des deux groupes ne suffisent pas à prouver que les esséniens sont différents de la secte de Qumrân. Même si Josèphe prétend avoir lui-même été initié chez les esséniens, il se peut que la situation soit en fait beaucoup plus complexe, soit à cause de changements historiques ou de la coexistence de différents groupes répondant à la dénomination générale d'« esséniens ».

La *ḥavurah*

Les premières sources rabbiniques mentionnent l'existence d'une *ḥavurah* (une « association ») qui aurait été formée afin de permettre à ses membres (les *ḥaverim* ; au singulier, *ḥaver*) d'observer correctement les lois sur les dîmes et sur la pureté des Lévites[6]. Selon ces sources, les *ḥaverim* faisaient partie de la communauté des sages mishniques. La littérature spécialisée désigne habituellement ce groupe sous le nom de « *ḥavurah* pharisaïque », bien que les textes ne fassent aucune référence directe aux pharisiens. En fait, les rabbins qui correspondent aux descriptions anonymes de la *ḥavurah* dans les sources ont tous vécu au début du IIe siècle de notre ère, ce qui fait douter que la *ḥavurah* puisse remonter à l'époque du Second Temple. Pourtant, ces règles indiquent que ces groupes existaient dans des cercles rabbiniques durant les premiers siècles de notre ère. Il est possible qu'il y ait eu de tels groupes chez les pharisiens des périodes asmonéenne et hérodienne, mais on ne saurait l'attester. Pour éviter toute conclusion hâtive, nous y référons donc simplement sous le nom de *ḥavurot*, au sens où l'entendent les sources rabbiniques.

À partir de certains passages de la Mishnah, de la Tosefta et des Talmuds palestinien et babylonien, il est possible de reconstituer le processus d'admission dans la *ḥavurah*. La procédure semble avoir été la suivante : le novice s'engageait par un premier serment, ou une déclaration, à accepter les règles de pureté rituelle du groupe et à ne manger que la nourriture dont il était assuré que la dîme avait été correctement prélevée. Ce processus conférait à l'initié la statut de « personne digne de confiance ».

Après une période d'une durée non précisée, on devenait un *ḥaver* par un autre serment initiatique ou une déclaration. Suivait alors une période de douze mois durant laquelle la nouvelle recrue devait observer quelques-unes des règle et recevait un enseignement. À la fin de cette période, le *ḥaver* subissait un examen, et s'il était accepté, il avait alors le droit de partager la nourriture solide commune. C'est seulement après une autre période de douze mois (ou d'un mois seulement, selon une autre opinion) que le nouvel *ḥaver* avait accès aux nourritures liquides. Le candidat devenait alors un membre à part entière de l'association.

Il y a plusieurs correspondances entre ces règles d'admission et celles de la secte de Qumrân, notamment en ce qui a trait au serment initial, à la division du processus en trois étapes, à l'enseignement comme partie intégrante de celui-ci, et à la séquence d'admission à la nourriture solide puis liquide. Mais il existe aussi quelques différences. Par exemple, dans le cas de la *ḥavurah*, le serment initial se faisait déjà en public ; à Qumrân, on le prêtait devant l'examinateur seul. De même, il y avait deux serments dans le cas de la *ḥavurah*, mais un seul à Qumrân.

La comparaison des rites d'initiation de la secte de Qumrân avec ceux de la *ḥavurah* rappelle de semblables comparaisons entre la secte de Qumrân et les esséniens décrits par Josèphe. Des différences entre les données provenant des manuscrits et celles fournies par les documents rabbiniques concernant la *ḥavurot* laissent croire que, malgré leur ressemblance, les deux groupes ne pratiquaient pas les mêmes rites initiatiques et, par conséquent, n'étaient pas identiques. Il existait en effet de nombreux groupes de ce genre durant cette période constitutive du judaïsme, et ces documents ne sont que trois exemples de la manière dont de tels groupes s'adjoignaient de nouveaux membres. Mais malgré plusieurs différences, tous les groupes juifs de cette période avaient beaucoup plus en commun que ce que l'on croit généralement.

On a voulu aussi établir des parallèles entre le processus d'initiation qumranien et des données concernant les confréries hellénistiques[7]. Bien que de tels parallèles existent sans doute, leurs analogies avec le système sectaire ne sont que partielles. De plus les procédures hellénistiques d'initiation ne comportaient pas de système d'admission progressive aux degrés croissants de pureté. À l'inverse, la secte de Qumrân, les esséniens, la *ḥavurah* et tous les autres groupes juifs semblables comportaient tous un tel système, car tous leurs rituels étaient conçus pour les aider à accomplir la loi juive. Les processus d'initiation de la secte de Qumrân et d'autres groupes juifs ne sont en aucun cas analogues à ceux des confréries hellénistiques, même s'ils ont quelques détails en commun. Il est intéressant de noter qu'il n'existait pas de tels rites d'initiation pour entrer dans les premières communautés chrétiennes. C'est seulement plus tard que ces rituels prendront de l'importance dans des ordres monastiques chrétiens.

L'utilisation communautaire des biens

L'une des idées les plus répandues au sujet de la communauté de Qumrân est qu'on y pratiquait une forme de communisme de la propriété, c'est-à-dire que tous les biens y étaient propriété commune. Ceux qui souscrivent à cette idée, comme à celle selon laquelle les membres de la secte étaient célibataires (un sujet dont nous discuterons dans un chapitre ultérieur), présument que la secte préfigure l'Église primitive qui allait émerger dans la deuxième moitié du Ier siècle de notre ère. Pour mettre cette théorie à l'épreuve, examinons les passages des textes sectaires qui traitent de la propriété[8].

Comme sur tant d'autres sujets, le *Document de Damas* traite de la propriété d'un point de vue différent de celui de la *Règle de la communauté*. Tandis que la *Règle de la communauté* donne des règles qui ne s'appliquent qu'au centre sectaire, le *Document de Damas* concerne les plus petites communautés situées dans tout le pays.

Le *Document de Damas* atteste sans l'ombre d'un doute qu'il envisage une société fondée sur la propriété et l'entreprise privées. En effet, cet ouvrage ne fait pas la moindre allusion à quelque aspect de l'idée de propriété collective.

Plusieurs éléments du *Document de Damas* confirment que la propriété privée était en vigueur dans la secte. Un passage réfère explicitement au système d'offrandes volontaires au Temple (*Document de Damas*[a] XVI,14-15), une pratique qui suppose l'existence de la propriété privée. Un autre passage (*Document de Damas*[a] XVI,16) mentionne explicitement le don d'un champ privé au Temple.

Une série de lois concernant le commerce avec des non-Juifs (dont il sera question en détail dans un chapitre ultérieur) est très éclairante pour notre discussion, car elle suggère que la propriété privée était largement répandue parmi les membres de la secte (*Document de Damas*[a] XII,8-11). Dans ce passage, la vente d'animaux est interdite, de peur qu'ils ne servent à des sacrifices païens. On y interdit aussi la vente à un non-Juif d'un produit dont la dîme n'a pas été prélevée, de crainte que, s'il était revendu à un Juif, celui-ci ignore qu'il doit en acquitter la dîme. Finalement, on y interdit de vendre les esclaves engagés dans un processus de conversion au judaïsme (leur statut correspond à ce que les rabbins appellent les « esclaves cananéens »).

La structure économique décrite ici est l'économie rurale typique de la Palestine à l'époque asmonéenne. Les récoltes de grains et les esclaves étaient la propriété privée des individus. On sait, à partir des documents juridiques trouvés dans les grottes de Bar Kokhba, qu'il existait une activité économique de ce genre dans le désert de Judée. Toutefois, l'aire de battage et le pressoir mentionnés dans ce texte n'appartenaient pas nécessairement aux sectaires. En effet, dans la plupart des régions de Palestine, les individus utilisaient des installations communautaires, comme les aires à battre et les pressoirs à vin ou à olives, pour traiter leurs propres produits. L'ensemble de ces données du *Document de Damas* confirme que des produits étaient possédés privément par des membres de la secte.

Il est clair que les membres de ce groupe participaient à des échanges commerciaux plus larges, y compris avec des non-Juifs. Autrement, les lois pour réglementer ces activités auraient été tout à fait inutiles. S'agissant du commerce avec des Juifs qui ne sont pas membres de la secte, le texte déclare :

> Que personne de ceux qui sont entrés dans l'alliance ne fasse de commerce avec les hommes de la fosse, si ce n'est de main à main (c.-à-d. en argent comptant). Et que personne ne conclue une affaire quelconque sans en avoir avisé l'examinateur, et avoir agi selon (son) conseil, de peur de se tromper. (*Document de Damas*[a] XIII,14-16 = 4Q266 *D*[a] 18 II,1-4)

Ce texte énonce plusieurs règles. Il y a d'abord l'exigence que toute affaire conclue avec des non-membres, c'est-à-dire avec d'autres Juifs, ne soit traitée qu'en argent comptant. La Torah défend de charger des intérêts à un frère juif (Ex 22,25 ; Lv 25,36-37 ; Dt 23,19-20) ; c'est vraisemblablement pour empêcher la violation de cet interdit qu'un telle règle existe. Apparemment, la secte considérait que ces lois étaient violées lorsque les affaires se traitaient à crédit, comme c'était le cas couramment en Palestine. Cette impression est confirmée par des indices tirés de sources rabbiniques ultérieures et des contrats complexes trouvés dans les grottes de Bar Kokhba.

La deuxième règle prescrit qu'un membre obtienne l'accord de l'examinateur avant de s'engager dans une affaire. Cette mesure était conçue comme une protection contre l'erreur et contre une éventuelle violation de certaines lois commerciales de la Torah ou de la secte. Comme on peut le voir, ce texte suppose, lui aussi, une libre économie, qui permettait d'acheter ou de vendre (mais pas à crédit) à des étrangers.

Le groupe que décrit le *Document de Damas* prélevait régulièrement une taxe sur le salaire de ses membres pour remplir ses obligations sociales :

> Et voici la règle de la communauté pour subvenir à tous leurs besoins : le salaire de deux jours par mois au mi[ni]mum. Et ils (le) verseront à l'examinateur et aux juges. Ils en affecteront une partie à leurs épreuves, l'utilisant pour soutenir le pauvre et l'indigent, le vieillard qui est tout courbé, l'homme qui est accablé, celui qui devient captif d'une nation étrangère, la jeune femme qui n'a pas de proche parent, et le jeune homme dont personne ne s'occupe. (*Document de Damas*[a] XIV,12-16 = 4Q266 *D*[a] 18 II,5-9)

Les sectaires avaient à payer une taxe équivalant à huit pour cent de leur revenu personnel, qui devait être distribuée par l'examinateur et les juges à celui qui était dans le besoin. Nous ne savons pas si le pauvre et le nécessiteux mentionnés ici étaient nécessairement des membres de la secte. Ces pratiques charitables de la secte rappellent nettement la loi juive traditionnelle qui exige d'une communauté qu'elle pourvoie aux besoins des moins fortunés en ses rangs.

Plusieurs détails du code du Sabbat de la secte de Qumrân supposent aussi que les membres possédaient des biens individuels et des maisons privées ; ces passages ne sont pas compatibles avec le contexte d'un établissement communautaire. En fait, comme nous avons pu le voir, la société décrite dans le *Document de Damas* est clairement basée sur la propriété et l'entreprise privées. Il n'y est nulle part fait mention de propriété ou d'utilisation collective.

Pourtant, l'étude de la *Règle de la communauté* nous apprend que différents types d'organisation ont peut-être coexisté au centre sectaire de Qumrân et ailleurs. Pour la communauté de Qumrân, nos données de base proviennent du processus d'admission dans la secte. Comme nous l'avons déjà étudié en détail, il nous suffira de revoir les éléments qui concernent la propriété.

Une recrue qui avait réussi le deuxième examen, devant l'assemblée, ne pouvait toujours pas mêler ses biens à ceux de la secte, tout comme il lui était encore interdit de toucher la nourriture pure. Un an plus tard, si elle était encore une fois agréée par la même assemblée, ses biens et le fruit de son travail (ou salaire) étaient enregistrés par l'examinateur, qui ne pouvait cependant pas dépenser ces fonds. Après une deuxième période d'un an et un autre examen (le troisième effectué par l'assemblée), la recrue devenait un membre à part entière et ses biens étaient mêlés à ceux de la communauté.

Nous pouvons faire immédiatement deux remarques au sujet de la propriété. Premièrement, à mesure que le nouveau membre gravissait les échelons de la pureté rituelle, ses biens étaient progressivement mêlés à ceux de la communauté. Il y a donc un lien entre ces deux aspects. Par ailleurs, la communauté exigeait que les biens du membre soient enregistrés. Durant la période intermédiaire, les biens étaient placés en consigne, jusqu'au moment où l'on déterminait si la recrue allait devenir un membre à part entière. Il est donc évident qu'il existait à Qumrân, pour ceux qui avaient atteint le plein statut de membre, une certaine forme de mise en commun des biens.

La première disposition du code pénal de la secte concerne la propriété : « *S'il se trouve parmi eux (les membres) un homme qui ment au sujet de ses biens, ils lui interdiront la nourriture pure de la communauté pendant un an et il sera pénalisé d'un quart de sa portion de nourriture.* » (1Q *Règle de la communauté* VI,24-25)

Le problème des biens soustraits à l'usage collectif semble avoir été suffisamment grave pour nécessiter une réglementation. Une difficulté semblable a existé aussi dans l'église chrétienne primitive, qui exigeait également l'abandon des biens au groupe (Ac 5,1-11).

Interrompons un instant notre propos pour expliquer que la *Règle de la communauté* et le *Document de Damas* comportent tous deux un code pénal[9]. Les manuscrits de la *Règle de la communauté* confirment l'existence d'au moins deux versions de ce code. Alors que les manuscrits médiévaux du *Document de Damas* n'ont préservé qu'un code abrégé, les fragments qumraniens de ce texte en donnent une version plus longue. Ces différentes versions montrent qu'un tel code a été en vigueur durant toute l'histoire de la secte, à la fois au centre sectaire et dans ce qu'on appelle les camps. Le texte a évolué à mesure qu'on modifiait le code au fil des ans.

Cette première disposition du code pénal révèle aussi un autre aspect de la question. Le code pénal contient une série de règles prévoyant que la ration de nourriture d'un malfaiteur soit coupée du quart, pour une période déterminée. Pour pouvoir retenir ou réduire la ration d'un individu, la communauté devait bien permettre aux individus de posséder leur propre nourriture. Il ne faut certes pas confondre l'allocation de nourriture et un concept élaboré de propriété privée ; mais cette disposition indique tout de même que la secte de Qumrân souscrivait à une certaine idée de possession individuelle, car sans une telle idée, l'allocation de nourriture et l'imposition d'amende n'auraient aucun sens.

Ce système de peines équivalait en fait à un processus de rétrogradation. Quiconque transgressait la loi était considéré comme rituellement impur et se voyait, par conséquent, refuser l'accès à la nourriture pure. Une telle interdiction plaçait le transgresseur au même niveau qu'une recrue qui n'aurait pas complété le processus d'initiation. En fait, la diminution de la ration de nourriture du transgresseur constituait presque un renversement du principe de mise en commun des biens, qui avait marqué son intégration dans la secte.

Certains spécialistes ont interprété ces sanctions comme la preuve que la communauté décrite dans la *Règle de la communauté* avait le même système

OFFENSES ET PUNITIONS CHEZ LES SECTAIRES

OFFENSE	PUNITION
Faire un mauvais usage du nom divin	Expulsion permanente
Transmettre des informations nuisibles à la secte	Expulsion
Se plaindre des enseignements de la secte	—
Se révolter contre les enseignements de la secte	Interdiction de partager la nourriture pure solide pendant un an et réduction du quart de la ration de nourriture pendant deux ans
	Interdiction de partager la nourriture pure liquide pendant deux ans
Parler avec colère contre les prêtres	Interdiction de partager la nourriture pure et réduction du quart de la ration de nourriture pendant un an
Insulter intentionnellement son prochain	—
Mentir sciemment à propos de questions monétaires	—
Répandre des rumeurs contre son prochain	—
Répondre avec entêtement à un supérieur	Réduction du quart de la ration de nourriture pendant un an
Parler accidentellement avec colère contre les prêtres	Réduction du quart de la ration de nourriture pendant six mois
Parler de façon trompeuse à son prochain	—
En vouloir à son prochain	—
Se promener sans être vêtu convenablement	—
Se plaindre de son prochain sans raison valable	—
Tenir des propos obscènes	Réduction du quart de la ration de nourriture pendant trois mois
Agir de façon trompeuse avec des biens qui appartiennent à la secte	Restitution avec une pénalité ou réduction du quart de la ration de nourriture pendant 60 jours
S'endormir durant une réunion	Réduction du quart de la ration de nourriture pendant 30 jours
S'absenter lors d'un vote	—
Cracher en pleine assemblée	—
Laisser voir ses organes génitaux	—
Rire fort et sottement	—
Couper la parole à son prochain	Réduction du quart de la ration de nourriture pendant 10 jours
S'absenter sans raison de l'assemblée	—
pendant trois jours durant une session	—
Gesticuler de la main gauche durant une conversation	—

de propriété privée que celle dépeinte dans le *Document de Damas*. Tel n'est pourtant pas le cas. Ce que décrit la *Règle de la communauté*, c'est plutôt un système conçu pour rendre les avoirs privés disponibles pour un usage commun. Mais même si la communauté pouvait utiliser ces avoirs, les individus n'en possédaient pas moins différents biens qui leur étaient attribués, et dont la quantité pouvait être modifiée par l'imposition de sanctions. Pour que ces sanctions soient effectivement applicables, il fallait avoir enregistré les biens personnels des membres. Tout cela témoigne du fait qu'au sein de la communauté de Qumrân, le principe de la propriété privée était maintenu.

Ainsi, au moment d'entrer dans la secte, les membres mettaient leurs avoirs à la disposition de la communauté, mais n'en abandonnaient pas entièrement la possession, ce qui aurait d'ailleurs été contraire au principe de propriété privée enchâssé dans la Bible. Ce système économique à deux niveaux explique pourquoi le même texte parle à la fois de propriété privée et de communauté de biens. En résumé, l'utilisation des biens était communautaire, mais la possession en était privée.

Rapports avec les personnes de l'extérieur

Parmi les différents serments qui lient les membres, lors de leur entrée dans le groupe, la *Règle de la communauté* mentionne celui-ci :

> [...] qu'il ne s'associe pas à lui (à l'étranger) pour son travail et son argent, de peur qu'il ne le rende (le membre) coupable d'une faute, ainsi qu'il est écrit, « Tu te tiendras loin d'une cause mensongère » (Ex 23,7)... Qu'il ne mange ni ne boive rien de ce qui leur appartient, qu'il n'achète d'eux rien qui ne soit payé avec de l'argent, comme il est écrit, « Tenez-vous à l'écart de l'homme, qui n'a qu'un souffle dans les narines ! À combien l'estimer ? » (Is 2,22). Car tous ceux qui ne sont pas comptés dans Son alliance, on doit les tenir loin, comme tout ce qui leur appartient. (1Q *Règle de la communauté* V,14-18)

Même si les biens étaient utilisés communautairement par les membres de la secte, ces derniers devaient renoncer à toute relation de commerce ou de travail — à un partenariat, en quelque sorte — avec ceux qui étaient extérieurs au groupe. Le texte cité plus haut en donne la raison : il faut éviter toute opération mensongère. Le *Document de Damas*[a] (XX,7-8) énonce une règle tout à fait semblable. Les transactions avec des gens qui n'adhèrent pas à l'interprétation sectaire de la loi juive sur les affaires et le commerce conduiraient les membres de la secte à violer ces règles. Dans la deuxième partie de ce texte, on dit qu'on ne doit rien prendre des étrangers à moins de l'avoir payé. Les membres doivent se séparer complètement des personnes de l'extérieur.

L'abstention de nourriture ou de boisson provenant de l'extérieur était prescrite probablement parce que la secte suivait des règles de pureté et d'impureté rituelles différentes de celles des autres Juifs. Par ailleurs, l'interdiction de toute transaction autre qu'en argent comptant avec un non-membre constituait, comme on l'a vu, une protection particulière contre la violation éventuelle de la loi sectaire, ce qui était susceptible de se produire si les membres adoptaient les pratiques de crédit et de prêt, courantes en Palestine à l'époque.

Ces textes nous donnent une bonne idée de la structure économique de la société à laquelle s'applique la *Règle de la communauté*. Il est clair que les membres pouvaient effectuer des transactions ou entrer en partenariat avec des gens de l'extérieur. Comment résoudre, alors, la contradiction apparente entre ces lois et le principe de mise en commun des biens décrit dans le processus d'initiation ? La seule réponse possible est que la mise en commun renvoie à l'usage communautaire des biens et non à leur possession. Les membres de la secte étaient donc toujours propriétaires de leurs biens, et exerçaient sur ceux-ci les compétences et les pouvoirs habituels d'un propriétaire.

Un autre passage réitère l'interdiction, pour tout membre de la secte, de conclure avec des étrangers des affaires qui impliqueraient le mélange de biens : « Quant aux biens des hommes de sainteté qui vivent (littéralement, qui "marchent") dans la perfection, qu'ils ne mélangent pas leurs biens avec les biens des hommes de mensonge qui n'ont pas purifié leur conduite pour se séparer de l'iniquité et pour aller dans la voie de la perfection. » (1Q *Règle de la communauté* IX,8-9) « Hommes de mensonge » renvoie ici aux Juifs qui n'étaient pas membres du groupe.

Ainsi, le *Document de Damas* suppose un usage et une possession absolument privés des biens, alors que la *Règle de la communauté* décrit une société basée sur le principe de l'utilisation collective, mais de la possession privée des biens. Cette explication correspond tout à fait à la spécificité des deux documents et au contexte social que nous postulons pour chacun. De même qu'il ne permettait aux initiés d'atteindre que le deuxième degré de pureté, le *Document de Damas* ne contient aucune provision pour rendre les biens disponibles à l'usage commun. Il est évident, par conséquent, que les membres des contingents sectaires dispersés dans les villes de Palestine ne devenaient jamais membres à part entière de la secte.

D'un autre côté, la *Règle de la communauté* présente le processus d'initiation le plus élaboré, conduisant à un plein statut de membre de la secte. Les biens d'un nouveau membre à part entière étaient mêlés à ceux des autres, et étaient alors à la disposition de tout autre membre de même statut. Les membres conservaient toutefois le droit de propriété sur leurs biens et pouvaient utiliser ceux-ci à des fins commerciales. On s'attendait, bien sûr, à ce que les membres conduisent leurs affaires en gardant à l'esprit les différentes restrictions contenues dans les lois de la secte.

La vie de la secte comportait un système complexe de procédures initiatiques, semblables aux procédures en usage chez les esséniens et dans la *ḥavurah*. Ces procédures étaient intimement liées à l'atteinte de niveaux plus élevés de pureté rituelle. Derrière ces procédures se profile l'idée que la pureté rituelle constituait un symbole de la pureté spirituelle d'un membre et de sa proximité de Dieu. À mesure qu'il gravissait les échelons de la pureté rituelle, le membre progressait spirituellement. Au centre sectaire principal, un membre pouvait espérer atteindre le plus haut niveau, celui de membre à part entière, alors que dans les communautés sectaires situées ailleurs, seuls les deux premiers degrés lui étaient accessibles. Cela explique pourquoi c'est seulement à Qumrân, et non pas dans les autres camps, qu'on mettait en commun les biens pour en faire un usage collectif. Mais certains aspects de la notion biblique de propriété privée persistaient même à l'intérieur du centre principal, comme le montrent les lois commerciales de la secte.

Le groupe de Qumrân a pris naissance sous la direction de prêtres sadocides. Ce groupe s'est par la suite développé sous la gouverne du Maître de Justice et de différents autres dirigeants et officiers. Nous consacrerons notre prochain chapitre à ces dirigeants et au rôle qu'ils ont joué dans l'histoire du système de gouvernement civil et religieux juif.

CHAPITRE 7

La direction de la secte

Les sectaires de Qumrân mentionnent différents postes de dirigeants. Ces diverses formes de direction n'ont pas forcément existé au même moment ; il est donc possible que l'usage de termes différents renvoie à des périodes historiques distinctes dans la vie de la secte. L'étude de la structure du pouvoir des élites dans les groupes religieux en général, et ceux des Juifs en particulier, est essentielle pour comprendre la nature et les enseignements de ces groupes. Ainsi, l'examen des principales formes de direction décrites dans les documents sectaires et de la place de chacune dans la vie de la secte devrait nous en apprendre beaucoup sur la communauté de Qumrân. Il nous faut toutefois garder à l'esprit, à mesure que nous avançons dans l'étude de ces dirigeants et de ces fonctions, que la secte suivait la tendance générale du judaïsme du Second Temple à remplacer le pouvoir sacerdotal par un pouvoir laïque — un transfert d'autorité parfaitement illustré par la transformation des sages pharisaïques en rabbins talmudiques.

Les prêtres sadocides

Les prêtres sadocides ont joué un rôle de premier plan au tout début de l'histoire de la secte[1]. Bien que nous disposions de nombreuses données documentaires sur leur proéminence dans la secte, il est possible que leur rôle ait été surtout cérémoniel, voire anachronique. En tant que fondateurs de la secte, les prêtres sadocides sont probablement passés d'un pouvoir réel à un pouvoir cérémoniel à mesure que la secte attirait des disciples israélites laïques. Quoi qu'il en soit, il n'y a nul doute que les sadocides ont été les premiers dirigeants de la secte, jusqu'à l'arrivée du Maître de Justice. Si nous admettons, comme le prétend le *Document de Damas* (1,9-11), que la période antérieure au Maître de Justice n'a duré que vingt ans, ce chapitre de l'histoire de la secte n'aurait duré qu'une génération, à peu près. Il semble que les prêtres sadocides ont continué à exercer un certain pouvoir par la suite, mais nous ne pouvons en déterminer ni l'étendue ni la durée.

Ces prêtres sont nettement au cœur de l'idéologie primitive de la secte. Le *Document de Damas* décrit la création de la secte en employant la métaphore du « reste », une manière d'affirmer qu'elle regroupe les seuls Israélites qui continuaient vraiment à suivre les commandements de Dieu, alors que les autres membres de la communauté juive s'égaraient (*Document de Damas*[a] III,12-20). Le texte mentionne ensuite la promesse de Dieu rapportée par Ézéchiel :

> Ceci est en accord avec ce que Dieu leur a promis par le prophète Ézéchiel, en disant : « Quant aux prêtres, aux Lévites et aux fils de Sadoq, qui ont assuré le service de Mon Temple quand tout Israël s'égarait loin de moi, ils M'offriront la graisse et le sang. » (d'après Ez 44,15) « Les prêtres », ce sont les pénitents d'Israël qui ont quitté la terre de Judée et ceux qui se sont joints à eux ; les « fils de Sadoq », ce sont les élus d'Israël, les hommes de renom, ceux qui se lèveront à la fin des temps. (*Document de Damas*[a] III,20-IV,4)

Ce texte constitue une interprétation d'un passage d'Ézéchiel, choisi à cause de sa référence aux prêtres sadocides. L'expression « les prêtres… les Lévites… les fils de Sadoq » est décomposée et comprise comme l'énumération de trois groupes distincts. Il y a d'abord les prêtres (qui sont certainement sadocides), qu'on identifie à ceux qui, se repentant, ont abandonné la terre de Judée, probablement Jérusalem. Le terme « lévites », un adjectif qualifiant originellement les « prêtres » chez Ézéchiel, désigne ici ceux qui se sont joints à eux. Finalement, les « fils de Sadoq » sont assimilés aux élus de Dieu, ceux qui auront part à la fin des temps.

Qu'on puisse avancer des idées aussi anachroniques dans un commentaire biblique mérite sûrement quelque explication. Tel qu'indiqué précédemment, les *pesharim* ne sont pas des commentaires tels que nous les connaissons aujourd'hui ; il s'agit d'actualisations d'éléments spécifiques du texte biblique. Les auteurs sectaires y interprètent les visions des prophètes de la Bible hébraïque comme des références à des événements de leur propre époque. Ils y cherchent — et y trouvent, quoique parfois sous une forme très voilée — des allusions à des événements et des personnages rattachés aux circonstances contemporaines.

Grâce à une interprétation complexe de type *pesher* (dont d'autres exemples seront présentés dans un prochain chapitre), l'auteur de ce passage déduit que la secte a d'abord été formée par des sadocides, auxquels d'autres membres se sont joints par la suite. Autrement dit, les prêtres sadocides qui avaient quitté Jérusalem furent les premiers dirigeants de la secte.

La *Règle de la communauté* témoigne aussi de la primauté de ce groupe de prêtres :

> Voici la règle pour les hommes de la communauté qui sont volontaires pour se détourner de tout mal et s'attacher profondément à tout ce qu'Il a prescrit selon Sa volonté : se séparer de la congrégation des hommes d'iniquité pour devenir une communauté dans la Torah et les biens. Et ils agiront d'après les fils de Sadoq, les prêtres qui observent l'alliance, et d'après la majorité des hommes de la communauté qui sont profondément attachés à l'alliance. Les décisions sur toute affaire de Torah, de biens ou de jugement se prendront sur leur avis. (1Q *Règle de la communauté* V,1-3)

Vient alors une série de devoirs qui incombent aux membres. Puis le texte décrit le serment que doivent prêter les nouveaux membres au moment de leur admission, un sujet dont nous avons traité plus haut. Nous n'examinerons ici qu'une section de ce texte :

> Qu'il s'engage par un serment qui le lie à revenir à la Torah de Moïse de tout son cœur et de toute son âme, selon tout ce qu'Il a prescrit, suivant tout ce qui en est révélé (c.-à-d. de la Torah) aux fils de Sadoq, les prêtres qui maintiennent l'alliance et recherchent (ou étudient) Sa volonté, et suivant la majorité des hommes de leur alliance qui sont volontaires en commun pour Sa vérité et pour se comporter selon Sa volonté. (1Q *Règle de la communauté* V,8-10)

Les fils de Sadoq apparaissent clairement ici comme des dirigeants de la secte, sans être pour autant les seuls dépositaires du pouvoir. Ils sont associés à la majorité des hommes de la communauté, avec lesquels ils ont à rendre, pour les membres de la secte, les décisions concernant les affaires financières ou la Torah (ainsi que nous l'apprennent d'autres textes).

La proéminence de ce groupe de prêtres, qui était basée sur le rôle des sadocides-sadducéens pendant les années de fondation de la secte, se justifiait aussi par les données de la tradition biblique sur ce clan sacerdotal. Sadoq fut l'un des deux grands prêtres sous Salomon. La Bible lui accorde la priorité sur son collègue Ébyatar qui allait être banni (*1 R* 2,26-27). Il était donc tout naturel qu'une secte si intimement liée à la tradition biblique et inspirée par elle accorde pouvoir et autorité aux prêtres sadocides. Pour la secte, la fin du livre d'Ézéchiel venait encore valider la légitimité des sadocides : dans la vision du futur Temple et du système sacrificiel, le texte fournit un code complet pour le service sacerdotal, tout en limitant la prêtrise aux fils de Sadoq (Ez 44,9-31).

L'introduction de la *Règle de la congrégation*, un texte messianique de la grotte 1 (à ne pas confondre avec la *Règle de la communauté*), mentionne qu'à la fin des temps, les prêtres sadocides conserveront au moins leur rôle cérémoniel : « Et voici la règle pour toute la congrégation d'Israël à la fin des temps : lorsqu'ils s'assem[bleront en une communauté pour vi]vre selon les règles des fils de Sadoq, les prêtres, et des hommes de leur alliance qui se sont [refusés à vivre dans la voie du peuple]... » (1Q28a *Règle de la congrégation* I,1-3) Les prêtres sadocides et leurs disciples présideront donc le déroulement de l'Assemblée de la fin des jours. Quoique, selon ce texte, le rôle attribué aux fils de Sadoq puisse n'être que nominal et cérémoniel, il s'agit tout de même d'une confirmation de leur fonction initiale de fondateurs et de dirigeants de la secte. Et même si d'autres officiers se joindront certainement aux fils de Sadoq pour diriger la communauté à la fin des temps (1Q28a *Règle de la congrégation* I,23-25), ce sont les prêtres sadocides qui dirigeront les réunions de l'Assemblée (1Q28a *Règle de la congrégation* II,1-3).

La *Règle des bénédictions*, qui à mon avis faisait partie du rituel de l'appel des membres à la fin des temps, contient une bénédiction en l'honneur des prêtres sadocides : « [...] eux que Dieu a choisis pour affermir Son alliance à [jamais et pour scr]uter toutes Ses lois au milieu de Son peuple et pour les instruire selon ce qu'Il a prescrit, et qui ont établi [Son alliance de vé]rité, et prescrit avec justice toutes Ses lois et vécu t[el] qu'Il l'a décidé » (1Q28b *Règle des bénédictions* III,22-25). Dans ce passage, les prêtres sadocides accomplissent leur rôle d'instructeurs de la loi et de son interprétation adéquate, c'est-à-dire sectaire. La secte croyait que les sadocides avaient été choisis parmi le peuple de Dieu pour remplir ce rôle. En outre, ce passage confirme hors de tout doute que l'expression « fils de Sadoq » référait non pas à la secte en général, mais plutôt à la portion du groupe chargée d'enseigner et d'interpréter la loi aux autres. On y voit aussi que les membres s'attendaient à ce que ce rôle de direction se poursuive à la fin des temps.

Cette attribution d'un rôle messianique aux prêtres sadocides semble contredire l'hypothèse selon laquelle leur pouvoir aurait été réduit à des tâches uniquement symboliques ou anachroniques. En fait, tout le texte de la *Règle de la congrégation* constituait une anticipation des événements qui devaient survenir à la fin des temps. Cela signifie que la secte considérait que son comportement et ses procédures actuels contribuaient à la réalisation de ses rêves et de ses aspirations pour le futur. En conséquence, le texte suggère que les sadocides jouaient, du moins au moment de sa rédaction, un rôle important dans la conduite des affaires de la secte.

Une telle structure de direction de la secte est tout à fait conforme à l'image de substitut du Temple que la secte avait d'elle-même. Puisque les sadocides considéraient comme illégitimes les autorités dirigeant les sacrifices au Temple, il est normal qu'ils aient inclus des prêtres parmi leurs principaux dirigeants ; ces prêtres passaient ainsi de leur ancien rôle dans le culte sacrificiel à celui de dirigeants de la secte. En fait, pour la secte, toute sa vie religieuse et son organisation communautaire constituaient un substitut des pratiques religieuses du Temple auxquelles ils ne participaient plus.

D'autres prêtres ont peut-être joué un rôle de direction significatif dans la vie de la secte. On trouve ainsi plusieurs références à des prêtres aaronides. Ainsi la *Règle de la communauté* spécifie que : « Seuls les fils d'Aaron contrôleront la loi et les biens ; et c'est sur leur avis que se prendra toute décision pour toute norme concernant les hommes de la communauté. » (1Q *Règle de la communauté* IX,7) C'est fort probablement de prêtres sadocides qu'il est question ici, car selon d'autres passages que nous avons déjà cités, les membres de la secte semblent n'avoir accordé aucune légitimité aux autres prêtres.

Pourtant, nous ne pouvons pas être tout à fait certains que d'autres prêtres n'ont pas joué un rôle au sein de la secte, surtout quand on considère les nombreuses traditions bibliques sur le sujet. Ainsi, par exemple, Deutéronome 17,8-13 prescrit que dans le cas d'une affaire difficile, exigeant une enquête plus approfondie, les plaideurs iront au lieu choisi pour que « les prêtres lévites et les juges » y décident de l'affaire. Deutéronome 21,5, qui est peut-être un commandement idéalisé, exige que tout procès soit jugé par des prêtres. Le prêtre devait aussi enseigner la Torah, tel que le prescrit Deutéronome 33,10, et rendre les décisions en matière d'impureté et de maladie. Nous ne pouvons donc pas être sûrs que les prêtres qui ont dirigé la secte étaient tous sadocides. Certains passages d'ordre juridique ne mentionnent d'ailleurs que les fils d'Aaron.

Le Maître de Justice

Le Maître de Justice est la figure qumranienne dont on parle le plus souvent[2]. Quoique l'on puisse aussi traduire son titre par les mots « maître juste », la dénomination courante « Maître de Justice » est devenue pratiquement un terme technique, difficile à remplacer, dans le champ des études qumraniennes. On a fait du « maître » un personnage si important qu'on a cru, à tort, qu'il était l'auteur de textes avec lesquels il n'avait en fait aucun lien véritable. Prenant comme base les références directes à ce personnage, les seules dont on soit assuré qu'elles le concernent, je tenterai ici de reconstruire tout ce qu'on est en droit d'affirmer à son sujet. Il est également possible que ce terme ait désigné non pas un seul, mais bien une série de personnages qui auraient occupé le rôle de dirigeant de la secte pendant un certain temps.

On trouve quelques références au Maître de Justice dans le *Document de Damas*. Comme nous l'avons vu au moment d'étudier les origines de la secte, on croyait, selon ce texte (*Document de Damas*[a] I,11), que le maître avait été envoyé par Dieu pour diriger la secte après sa rupture avec les autorités de Jérusalem.

Un long passage du *Document de Damas* fait allusion au rôle de législateur exercé par le maître. En référant au sort des membres qui sont demeurés fidèles à l'enseignement de la secte, le texte énonce que : « Tous ceux qui sont demeurés fidèles à ces règlements, [a]llant et venant selon la Torah, devront écouter la voix du maître (ou : et qui ont écouté la voix du maître)… » (*Document de Damas*[b] XX,27-28) Un peu plus loin sur la même page, on assimile directement ce maître au Maître de Justice. Le texte fait référence à : « [...] ceux qui ont été instruits des premiers règlements d'après lesquels les hommes de la communauté étaient gouvernés, et qui ont écouté la voix du Maître de Justice… » (*Document de Damas*[b] XX,31-32) Le contexte indique que ce passage parle de l'époque de la tribulation, celle que les rabbins allaient plus tard appeler « les douleurs de l'enfantement du messie ». La secte espérait bientôt passer de cette époque de tribulation à la future ère de perfection messianique.

Ces deux passages nous apprennent qu'on attendait du maître qu'il enseigne à ses disciples comment mettre la Torah en pratique, et que tous devaient se soumettre à ses sages directives. La secte croyait que la loi juive était composée de deux parties complémentaires : la Torah révélée, écrite (*nigleh*), et celle qui était cachée ou secrète (*nistar*) et qui n'était connue que de la secte. Le maître devait les doter de cette deuxième partie de la loi. Son enseignement avait donc la même valeur que la Torah elle-même.

Au moins une partie du *Document de Damas* a été composée après la mort du maître ; cela ressort clairement d'un passage qui évoque cette période :

« Depuis le jour où le maître de la communauté a été réuni (à ses pères, c.-à-d. est mort) jusqu'à l'avènement d'un messie d'Aaron et d'Israël. » (*Document de Damas*[b] XIX,35-XX,1) Ce texte nous apprend que même si le maître était décédé, la secte espérait toujours la venue prochaine du messie. Contrairement à ce qu'affirment plusieurs spécialistes, le maître lui-même n'était pas considéré comme un personnage messianique, même s'il est arrivé dans la secte à la veille de la fin des temps (*Document de Damas*[a] VI,11).

Bien qu'il soit difficile d'être précis sur le sujet, il semble que la secte ait subi une crise au moment de la mort de son premier dirigeant éminent. Elle espérait que l'ère messianique surviendrait sous peu, et que le Maître de Justice n'aurait pas besoin de successeur. La secte surmonta néanmoins cette crise, et réussit à remplacer son dirigeant par différents officiers qui assurèrent sa gouverne.

Le *Pesher d'Habaquq*, le commentaire sectaire du livre biblique d'Habaquq, contient de nombreux renseignements sur le maître, sur sa carrière et sur ses épreuves. Le maître avait pour opposant l'Homme de mensonge (1Q *Pesher d'Habaquq* II,2). À propos d'Habaquq 1,5, suivant la leçon textuelle « Regardez, vous les traîtres… » (voir le verset 13), le manuscrit écrit : « [L'interprétation de ceci concerne] les traîtres, ainsi que l'Homme de mensonge. Car ils n'ont pas [écouté les paroles] du Maître de Justice (issues) de la bouche de Dieu. » (1Q *Pesher d'Habaquq* II,1-3) On dépeint ici le maître comme un dirigeant de la secte et un messager de Dieu, auquel se sont opposés ceux qui rejetaient ses enseignements. Nous verrons que ses adversaires étaient probablement les pharisiens, soit les prédécesseurs des rabbins talmudiques.

On retrouve ce thème en Habaquq 2,2, où il est question d'inscrire une vision sur des tablettes « pour que le lecteur puisse la lire [littéralement, « (par)-courir »] rapidement ». Le *Pesher d'Habaquq* écrit : « Son interprétation concerne le Maître de Justice, à qui Dieu a révélé tous les mystères des paroles de Ses serviteurs les prophètes. » (1Q *Pesher d'Habaquq* VII,3-5)

Selon ce passage, Dieu a accordé au maître la faculté de comprendre le vrai sens des mots, c'est-à-dire l'interprétation sectaire des paroles des prophètes canoniques. Le maître pouvait donc saisir le sens du processus historique qui se déroulait à l'époque, aussi bien que la véritable interprétation des questions juridiques juives et de la Torah, au sujet desquelles il existait tant de désaccords entre la secte et ses opposants.

La secte a toujours cru qu'elle serait récompensée de son adhésion résolue à l'autorité du maître. Le texte commente ainsi Habaquq 2,4 (« mais le juste vivra par sa foi») : «Son interprétation concerne tous ceux qui observent (littéralement "font") la Torah dans la Maison de Juda (la secte), et que Dieu sauvera du châtiment à cause de leurs actions et de leur fidélité au Maître de Justice.» (1Q *Pesher d'Habaquq* VIII,1-3)

Le maître est encore mentionné dans une interprétation d'Habaquq 1,13 («Pourquoi regardez-vous, hommes perfides, [et] gardez silence quand un méchant engloutit un plus juste que lui?») : «Son interprétation concerne la Maison d'Absalom et les hommes de leur conseil qui se sont tus au moment de l'accusation du Maître de Justice et qui ne l'ont pas aidé contre l'Homme de mensonge.» (1Q *Pesher d'Habaquq* V,9-12) Ce passage décrit un épisode où le maître fut injurié par l'Homme de mensonge. Un groupe, appelé ici «Maison d'Absalom», préféra demeurer à l'écart plutôt que de venir en aide au maître. Le nom de ce groupe semble dérivé du récit biblique de la rébellion d'Absalom contre son père David (2 S 15-18). Nous apprenons ici qu'il y avait une dispute entre le maître et le dirigeant d'un groupe adverse.

Le maître a également été persécuté par le Prêtre impie, certainement une manière de désigner un des premiers dirigeants asmonéens. Au sujet d'*Habaquq* 2,8 («Pour les crimes contre les hommes et les torts causés aux pays, aux villes et à tous leurs habitants»), le *Pesher d'Habaquq* écrit : «Son interprétation concerne le Prêtre [im]pie ; à cause de (son) outrage envers le Maître de Justice et les hommes de son conseil, Dieu l'a livré aux main[s] de ses ennemis pour l'accabler...» (1Q *Pesher d'Habaquq* IX, 9-10) La secte considéra les épreuves qui accablèrent le Prêtre impie comme une conséquence directe de son acharnement à persécuter le maître.

L'interprétation d'*Habaquq* 2,15 («Ô toi qui fais boire les autres jusqu'à l'ivresse à mesure que tu déverses ta colère, pour aller voir leur nudité») nous fournit une explication plus précise de ce qu'a pu être l'outrage commis par le Prêtre impie. Dans ce texte, la dernière phrase est lue comme si elle signifiait «pour aller voir leurs fêtes» :

> Son interprétation concerne le Prêtre impie, qui a persécuté le Maître de Justice, pour l'engloutir dans l'irritation de sa colère au lieu de son exil. Et au moment du repos du jour des Expiations, il (le Prêtre impie) se présenta devant eux, afin de les engloutir et les faire trébucher au jour du jeûne où ils s'étaient abstenus de travailler. (1Q *Pesher d'Habaquq* XI,4-8)

Le maître dirigeait les siens en un «lieu d'exil», c'est-à-dire lorsqu'ils étaient déjà au centre sectaire. Même si l'on ne peut démontrer que ce texte fait directement référence à Qumrân, c'est probablement l'endroit où ces événements sont survenus. Le Prêtre impie a poursuivi et attaqué la secte « dans l'irritation de sa colère » alors que celle-ci célébrait le jour le plus saint du calendrier juif, celui des Expiations — une des fêtes fixes —, et troubla leur jeûne et leurs prières.

Le fait que l'attaque contre le maître et ses disciples soit survenue au jour des Expiations ne fait qu'accentuer la gravité du geste. Il est important de noter qu'il s'agissait du jour des Expiations pour cette secte seulement, et non celui de tout le peuple juif. Ce détail particulièrement significatif nous révèle que la secte suivait son propre calendrier, ce dont nous reparlerons.

Le *Pesher des Psaumes* nous donne un dernier trait du maître. Dans l'interprétation du Psaume 37,23 (« Le Seigneur mène les pas de l'homme »), on peut lire : « Son interprétation fait référence au prêtre, le Maître de [Justice, dont] Dieu a [pr]omis l'arrivée, ca[r] Il (Dieu) a préparé (c.-à-d. prédestiné) celui-ci (le maître) pour qu'il établisse pour Lui une congrégation… » (4Q171 *Pesher des Psaumes*[a] 1 III,15-16) Ce texte concorde parfaitement avec l'idée du *Pesher d'Habaquq* selon laquelle Dieu a fait don au maître d'un message quasi prophétique. Le *Pesher des Psaumes* nous apprend que le maître était un prêtre. Ce détail, s'il est vrai, s'insère bien dans le cadre historique que nous avons tracé précédemment. Il est tout à fait probable qu'un des prêtres dirigeant le sacerdoce sadocide ait pris le contrôle de la secte et lui ait donné forme. La concurrence entre le maître et le Prêtre impie prend alors tout son sens. Il est étrange, cependant, que ce soit le seul texte mentionnant que le maître était un prêtre.

On voit donc que les documents de Qumrân nous fournissent assez peu d'indications sur le maître. Cela n'a pas empêché quelques chercheurs d'en faire l'auteur de divers textes, et d'en amplifier le rôle au-delà de ce qu'autorisent les textes que nous avons étudiés. Ils le considèrent, par exemple, comme l'auteur de la *Règle de la congrégation* et des *Hymnes d'action de grâces*. Au début des études qumraniennes, certains ont eu tendance à le voir comme une sorte de proto-Jésus. Une opinion semblable a été endossée par ceux qui prétendent que les manuscrits réfèrent directement aux débuts du christianisme. Comme je l'ai soutenu précédemment, une telle position est absolument inacceptable, compte tenu de la chronologie des événements. En fait, les sources ne nous permettent guère d'affirmer plus que ceci : le maître a dirigé la secte durant l'étape de formation qui a suivi le schisme initial et une certaine période d'hésitation ; c'était probablement un prêtre ; il a été confronté à l'Homme de mensonge ; il a été persécuté par le Prêtre impie. Mais, ce qui est encore plus important, la secte croyait que son autorité était fondée sur un don de Dieu, sa faculté d'interpréter les paroles des prophètes et d'énoncer les croyances et les normes halakhiques de la secte.

Malgré le décès du maître durant la vie de la secte, celle-ci a continué d'adhérer à ses principes, attendant la fin des temps et la venue du messie. Longtemps après sa mort, les enseignements de cet éminent dirigeant faisaient toujours autorité et déterminaient encore les modèles de comportement de la secte.

Le *mevaqqer*

Les divers rôles de direction de la secte n'ont probablement pas coexisté ; ils témoignent plutôt de différentes étapes dans l'histoire de l'organisation de la communauté sectaire. Le *mevaqqer* (l'examinateur), auquel nous nous intéressons maintenant, pourrait avoir succédé au Maître de Justice et assumé son rôle[3].

Le *Document de Damas* et la *Règle de la communauté* mentionnent tous deux ce personnage important dans l'organisation sectaire. On a traduit le terme *mevaqqer* de différentes façons : « examinateur », « superviseur », ou encore d'une manière plutôt anachronique et confessionnelle, « évêque ». Au lieu de chercher une traduction littérale du terme, concentrons-nous plutôt sur la fonction elle-même, pour mieux comprendre son apport à la vie de la secte.

Presque toutes les informations dont nous disposons sur cet officier proviennent du *Document de Damas*. Mais le fait que la *Règle de la communauté* réfère également à cette fonction suggère que celle-ci existait tant à Qumrân qu'ailleurs en Israël.

L'examinateur était suffisamment important pour que le *Document de Damas* y consacre toute une section halakhique :

> Voici la règle concernant l'examinateur du camp. Il instruira (les membres de) la communauté des œuvres de Dieu et leur enseignera Ses hauts faits merveilleux. Et il racontera devant eux, en détail, les événements d'autrefois. Et il aura pitié d'eux, comme un père de ses enfants, et guérira leurs maladies. Comme un berger pour son troupeau, il déliera toutes les chaînes qui les emprisonnent, afin qu'il n'y ait pas d'oppressé ou d'opprimé dans sa congrégation. Et quiconque se joindra à la communauté, il l'examinera à propos de ses actions, sa sagesse et sa force, sa puissance et ses biens. Et il (l'examinateur) l'inscrira à sa place selon son héritage dans le lot de la vérité. Aucun des membres du camp ne décidera d'introduire quelqu'un dans la congrégation sans la permission de l'examinateur

> qui est (en charge) du camp… Et que personne ne fasse un achat ou une vente quelconque, sans (en) avoir informé l'examinateur qui est (en charge) du camp et avoir agi selon son conseil, de peur de trom[per. Et de même] pour qui[con]que veut épou[s]er une fe[mme], ce[la] (doit être) [selon] (son) conseil. Et de même (aussi) pour celui qui veut divorcer (de sa femme). Et il (l'examinateur) [instruira leurs fils et leurs filles dans un esprit] d'humilité et avec une affection bienveillante. Il ne gardera pas de [rancune] contre eux. [Il leur pardonnera] leurs fautes. (*Document de Damas*[a] XIII,7-19)

Ce long passage du *Document de Damas* accorde sans conteste à l'examinateur une place centrale dans la vie de la secte. Tout porte à croire qu'il est en fait l'héritier des fonctions du Maître de Justice, et peut-être même de ses pouvoirs, quoiqu'on ne puisse prouver une telle affirmation.

Quelles étaient donc exactement les responsabilités de l'examinateur ?

L'examinateur était d'abord et avant tout un maître et un guide pour ses disciples, responsable de leur bien-être à la fois spirituel et physique. Il évaluait les nouveaux candidats et devait autoriser leur entrée dans la communauté. Il avait la supervision de toutes les transactions commerciales conclues par les membres, un pouvoir qui découle probablement des droits d'usage collectif que la secte exerçait sur les biens individuels. C'est lui qui approuvait les mariages et les divorces (ce qui montre que les membres de la secte n'étaient pas des célibataires, un point sur lequel nous reviendrons) ; et il devait traiter les membres avec affection et bienveillance.

Il semble que plusieurs individus exerçaient cette fonction au sein de petits groupes de membres, et qu'un autre était en charge de la secte entière. Le texte indique clairement quels sont l'âge et les qualifications de l'examinateur :

> L'examinateur qui est en charge de tous les camps aura de trente [à] cinquante ans. (Il doit) maîtriser les secrets (connus) des hommes et toutes les langues… (C'est) selon sa volonté (qu') entreront les hommes de la congrégation, chacun à leur tour. Et pour toute chose que quiconque aura à dire, il en parlera à l'examinateur, à propos de tout conflit et de tout jugement. (*Document de Damas*[a] XIV, 8-12)

L'examinateur, avec toute sa sagesse, sa compréhension et sa maîtrise des langues, devait procéder au classement des membres selon leur rang. Le système de classement servait à la fois pour la cérémonie de l'appel lors du renouvellement annuel de l'alliance, et à la détermination de l'ordre dans lequel les membres prenaient la parole lors des assemblées ; la règle voulait en effet que les membres les plus haut placés aient la priorité. (Des sources rabbiniques indiquent que le sanhédrin suivait une règle semblable, sauf que les juges de rang inférieur votaient en premier sur les questions capitales.)

Comme nous venons de le voir, l'examinateur était très impliqué dans le processus d'admission des nouveaux membres, et jouait également un rôle important dans le système juridique sectaire. Il semble donc que l'examinateur occupait un poste conçu en grande partie pour servir de substitut au Maître de Justice, après la mort de celui-ci. Toutefois, puisque d'autres officiers remplissaient également certaines fonctions du maître, l'examinateur ne détenait pas un pouvoir exclusif.

Le *paqid*

La *Règle de la communauté* place un officiel connu sous le nom de *paqid* (celui qui est désigné) à la tête de la communauté[4]. Ce *paqid* avait pour tâche de procéder au premier examen de ceux qui voulaient se joindre à la secte : « Et quiconque d'Israël sera volontaire pour joindre le conseil de la communauté, l'homme qui est désigné (comme *paqid*) à la tête de la communauté l'examinera en ce qui a trait à son entendement et à ses actes… » (1Q *Règle de la communauté* VI,14)

Un passage du *Document de Damas*, qui peut maintenant être restauré correctement et définitivement grâce aux fragments de la grotte 4, mentionne le même officier, qu'il appelle le « prêtre qui fait l'appel à la tête de la communauté » : « Et le prêtre qui fera l'appel à la tête de la communauté aura de trente à soixante ans ; il sera instruit dans le Livre d'Hagu/i et dans tous les règlements de la Torah pour les juger selon leur règlement. » (*Document de Damas*[a] XIV, 6-8 = 4Q267 *D*[b] 9 V,10-13) Le Livre d'Hagu désigne probablement la Torah, et les règlements, les lois sectaires qui découlent de l'interprétation que la secte fait de la Torah. Ce prêtre, quelles qu'aient été ses fonctions — nous ne le savons pas très bien —, devait avoir entre trente et soixante ans. Comme la limite d'âge supérieure n'est pas la même que pour l'examinateur, il est difficile d'imaginer que le *paqid* et l'examinateur soient la même personne. Il serait également difficile d'en dire plus sur le rôle de ce prêtre, car nous disposons de trop peu d'information sur le sujet.

Le *maskil*

Il est aussi difficile de définir précisément le rôle du *maskil*, un autre type de dirigeant[5]. Le mot lui-même dérive d'un verbe qui signifie « éveiller », et on peut le traduire littéralement par « éveilleur », c'est-à-dire « instructeur ». L'utilisation de ce terme a été certainement influencée directement par Daniel 12 — un chapitre dont on sait qu'il a marqué des textes sectaires de Qumrân — où le terme apparaît à deux reprises (versets 3 et 10). Par souci de commodité, et à cause de l'usage ambigu de ce terme, qui désigne à la fois la nature éclairée du *maskil* et son rôle d'éveilleur auprès des autres, nous avons décidé de l'utiliser tel quel plutôt que de le traduire.

La *Règle de la communauté* donne une description très générale du rôle de ce dirigeant : « Il revient au *maskil* d'expliquer et d'enseigner à tous les Fils de Lumière la nature de tous les humains : toutes les formes de leurs esprits, leurs signes, selon leurs actions dans leurs générations, et la visite qui les frappera, ainsi que leurs périodes de paix. » (1Q *Règle de la communauté* III,13-15) Selon les enseignements sectaires, l'humanité a été prédestinée pour être séparée entre les Fils de Lumière, membres de la secte, et les Fils des Ténèbres, qu'on identifiait aux autres Juifs et au reste du monde. Le *maskil* avait pour tâche d'instruire les membres sur la nature des esprits de lumière et des ténèbres, ainsi que les voies par lesquelles ces deux types d'esprit se manifestent dans l'histoire humaine. Il devait aussi expliquer comment l'interaction entre ces deux types d'esprit pouvait conduire au malheur dans le monde, mais aussi à la paix. Le *maskil* avait donc la responsabilité de transmettre l'idéologie et la théologie de la communauté de Qumrân aux autres membres du groupe.

Un autre passage insiste sur le fait que le *maskil* possédait une connaissance de la loi :

> Voici les préceptes pour le *maskil* en vertu desquels il doit se conduire avec tout être vivant, selon la durée de chaque étape et la valeur de chaque personne, afin d'accomplir la volonté de Dieu selon tout ce qui a été révélé pour chaque temps, et d'apprendre toute connaissance qui a été trouvée suivant les temps, et la loi du temps. (1Q *Règle de la communauté* IX,12-14)

Le *maskil* devait être un expert de la tradition juridique sectaire, selon son application aux différentes divisions du temps. Il était censé appliquer correctement ces règles dans ses relations avec les autres, selon le statut et le niveau de chacun dans la secte. Chaque membre possédait un statut particulier qui dépendait de l'ordre dans lequel les membres avaient été appelés.

Un passage fort similaire du *Document de Damas*, qui sert de conclusion à une série de préceptes, mentionne également cette sagesse « légale » que détenait le *maskil* : « Voici les préceptes pour le *maskil* selon lesquels il doit se conduire avec tout être vivant, selon les règles qui s'appliquent à chaque temps. Et (c'est) selon ces règles (que) se conduiront les descendants d'Israël pour ne pas être maudits. » (*Document de Damas*[a] XII,20-22) Aucun de ces deux passages ne fait mention d'une quelconque fonction d'enseignement ou de direction qu'aurait exercée le *maskil*. Il est par conséquent possible qu'une catégorie de spécialistes soit devenue une catégorie de dirigeants à un moment donné ; mais cela est indémontrable. Un fait particulièrement intéressant à propos du *maskil* est que ce dirigeant instruit n'était pas nécessairement un sadocide, ni même un prêtre. Il semble plutôt avoir été un membre laïque de la secte — bien informé de sa loi, mais né sans ce statut.

Il faut citer un autre passage du même texte, qu'on peut maintenant reconstituer en entier, grâce aux nouveaux manuscrits qumraniens du *Document de Damas*. Ce passage conclut également une série de lois :

> Et voici les préceptes pour le *maskil* selon lesquels il doit se conduire [lorsque Dieu effectuera sa visite (punition) sur la] terre, lorsque [la] chose aura [lieu] à propos de ce qu'Il (Dieu) a dit, « Il viendra [sur vous des jours tels qu'] il n'en est pas venu [depuis] le jour où É[ph]raïm s'est détourné de [Juda » (d'après Isaïe 7,17). Et pour tous ceux qui se con]duisent selon ces (préceptes), l'alliance de Dieu est une garantie [pour eux qu'Il les sauvera des pi]èges de la [f]osse, « car les n[iai]s ont enfreint (ces préceptes) et ont été punis… » (Proverbes 27,12). (4Q267 *Document de Damas*[b] 9 V,1-4 = *Document de Damas*[a] XIII,22-XIV,2)

Ici encore, le *maskil* est associé avec un savoir sur la manière de vivre conformément à la Torah. Ceux qui connaissaient ces préceptes seraient sauvés de la prochaine visite, qui serait la plus grande catastrophe depuis la division du royaume après la mort de Salomon. Mais les autres — les « niais » qui ont enfreint la Torah — souffriraient beaucoup.

Le *maskil* était le premier à réciter les bénédictions mentionnées dans la *Règle des bénédictions*. Je soutiens que ces bénédictions devaient être récitées lors de la cérémonie de l'appel eschatologique. La première bénédiction s'adresse à ceux qui craignent le Seigneur (1Q28b *Règle des bénédictions* I,1). On trouve plus loin des bénédictions s'adressant aux prêtres sadocides (III,22-28) et au Prince de la congrégation (V 20-29).

Le *maskil*, en tant qu'expert de la loi, devait partager ce savoir avec ses compagnons de la secte, et donner l'exemple par sa manière de vivre. Il n'est toutefois nulle part fait mention de fonctions administratives particulières attribuées à cette personne ou catégorie.

Les dirigeants sectaires et le pouvoir religieux

Les différents types de dirigeants sectaires et les rôles qu'ils jouaient nous en apprennent beaucoup à propos des changements survenus dans le judaïsme de l'époque. Au départ, la secte était dirigée par les prêtres sadocides qui ont mis sur pied le groupe dissident pour protester contre l'usurpation de la fonction de grand prêtre par les asmonéens autour de –152. Leur pouvoir s'est rapidement accru avec le Maître de Justice, puis par la suite avec l'examinateur et le prêtre dirigeant connu sous le nom de *paqid*. Ces personnages officiels occupaient un rôle administratif dans la secte, qui laissait l'exercice des fonctions législatives et judiciaires aux mains de la communauté tout entière, appelée « les prêtres, les fils de Sadoq et les hommes de leur alliance ». Ce dernier groupe était composé des Lévites et Israélites qui formaient la majorité de la secte. Ainsi, tout comme le conseil des anciens à Jérusalem, qui servait de conseil d'État aux asmonéens, comptait à la fois des prêtres et des laïcs, les dirigeants laïques de Qumrân partageaient le pouvoir avec les prêtres de la secte.

Le *maskil* nous donne un aperçu de la manière dont des officiels laïques et d'autres Israélites pouvaient exercer des rôles de décideurs ; de plus, il ressemble étroitement aux sages laïques pharisiens qui allaient devenir les maîtres de la Mishnah[6]. En effet, les *maskilim*, comme les premiers sages laïques pharisiens, étaient des experts de la loi et de son interprétation, et, dans certains cas, ils se sont impliqués dans sa diffusion. L'influence laïque dans les décisions communautaires et juridiques était donc déjà nettement perceptible à l'époque du Second Temple, non seulement parmi les pharisiens mais aussi dans d'autres groupes, et même à l'intérieur d'un groupe comme la secte de Qumrân, où les prêtres étaient si importants.

Avec la destruction du Temple en 70, les Juifs de Palestine se retrouvaient privés d'une autorité commune. Le pouvoir rabbinique non sacerdotal qui émergera alors pour combler ce vide, comme tant d'autres éléments de l'époque, avait des antécédents non seulement parmi les pharisiens, mais aussi dans la communauté plus large des Juifs d'Israël.

Les textes dont nous avons traité jusqu'à présent pourraient laisser croire que les femmes étaient complètement exclues de la vie de la secte et que les documents rassemblés à Qumrân les ignoraient. Nous verrons au prochain chapitre qu'il n'en est rien.

CHAPITRE 8

Les femmes dans les textes de Qumrân

Dès les premières années des recherches qumraniennes, la plupart des chercheurs ont présumé que la secte de la mer Morte était constituée uniquement d'hommes célibataires qui avaient renoncé au mariage et aux relations sexuelles[1]. Ce point de vue était conditionné par quelques témoignages anciens sur les esséniens, un groupe à identifier, croyait-on, à la secte de la mer Morte. De plus, d'autres chercheurs intéressés au christianisme primitif ont transposé le modèle monastique sur les découvertes qumraniennes.

Plusieurs raisons nous poussent à étudier de nouveau cette question. Premièrement, des fouilles, même partielles, des cimetières de Qumrân ont permis de dégager des tombes de femmes et d'enfants. Deuxièmement, bien que le point de vue majoritaire sur la communauté de Qumrân ait pu concorder avec les informations de la *Règle de la communauté*, il est nettement contredit par plusieurs textes, tels le *Document de Damas* et la *Règle de la Congrégation*. Finalement, nous verrons qu'un regard neuf sur la note de Flavius Josèphe permet de douter de la nature du célibat essénien lui-même.

Le célibat des esséniens

L'idée que la secte de la mer Morte était réservée aux célibataires et interdite aux femmes est en grande partie tributaire des descriptions des esséniens laissées par les auteurs classiques[2]. C'est sur la base de cette tradition que la plupart des chercheurs contemporains ont identifié la secte de la mer Morte aux esséniens. Relisons ces témoignages anciens sur le célibat des esséniens pour replacer cette hypothèse dans son contexte d'émergence.

Nous commencerons par les récits qui dépeignent clairement les esséniens en célibataires. Pline l'Ancien (23-79), qui a écrit peu après la destruction du Temple et la défaite des Juifs aux mains des Romains, dresse le portrait des esséniens alors qu'il décrit la région de la mer Morte. Il y parle de la « tribu des esséniens » dont il dit qu'« elle est sans femme et a renoncé à tout désir sexuel » (*Histoire naturelle* V, 73). Plusieurs passages de la littérature gréco-juive nous fournissent des renseignements supplémentaires. Ainsi Philon, le philosophe juif d'Alexandrie, écrit :

> D'autre part, ils ont banni le mariage, à la fois parce qu'ils le voyaient simplement comme le seul obstacle, ou du moins le principal, au maintien de la vie communautaire, et parce qu'ils pratiquaient une parfaite continence. Nul essénien ne prend femme, parce qu'une femme est égoïste, excessivement jalouse, habile à piéger la moralité de son époux et à le séduire par des supercheries continuelles. (*Hypothetica* 11, 14)

Cet exposé suppose diverses motivations derrière le célibat essénien. Tout d'abord, Philon affirme que les esséniens considéraient le mariage comme un danger pour la structure même de la communauté. Les esséniens auraient donc délibérément écarté le commandement biblique « soyez féconds et multipliez-vous » (Gn 1,28) afin que la secte puisse mener ses affaires dans le bon ordre, ce que la compagnie des femmes aurait rendu impossible. Deuxièmement, Philon dit que les esséniens s'abstenaient de relations sexuelles. Finalement, il présente une vision négative des femmes, semblable à celle qu'on trouve assez souvent dans des sources hellénistiques, mais inhabituelle dans le judaïsme palestinien. Nous ne savons pas exactement d'où Philon tire ses idées sur le célibat des esséniens, mais il est clair que le milieu hellénistique où il vivait l'a influencé dans une certaine mesure.

C'est Flavius Josèphe qui nous fournit les renseignements les plus précieux sur le sujet, car il possédait une connaissance de première main des sectes juives, du moins de celles de la dernière partie de la période du Second Temple. Il écrit à propos des esséniens :

> Ils répudient les plaisirs comme un vice, et voient la continence et le contrôle des désirs comme une vertu spéciale. Ils dédaignent le mariage [...]. Ce n'est pas qu'ils rejettent le principe du mariage et de la propagation de l'espèce qui en est la conséquence, mais ils prennent garde aux mœurs légères des femmes, car ils sont convaincus qu'aucune d'entre elles ne demeure fidèle à un seul homme. (*Guerre des Juifs*, II, 120-121)

Flavius Josèphe mentionne tout d'abord que les esséniens étaient abstinents afin de contrôler leurs passions. Le texte fournit encore une autre raison : les esséniens craignaient qu'une femme mariée n'ait des relations illicites avec d'autres hommes. L'homme qui aurait eu ensuite des rapports sexuels avec son épouse infidèle aurait été indirectement souillé. Il se peut que ce témoignage ne repose pas sur une connaissance directe du groupe, car il rappelle celui de Philon, qui pourrait avoir influencé Josèphe ici. Le même Josèphe écrit ailleurs que les esséniens n'« amènent pas d'épouses dans la communauté », car cela « ouvre la porte à la discorde » (*Antiquités juives* XVIII, 21).

À propos d'un « autre ordre essénien », Josèphe écrit :

> Ils pensent que ceux qui refusent le mariage nient le but principal de la vie — la propagation de la race humaine — d'autant plus que si tout le monde adoptait la même attitude, la race (humaine) tout entière s'éteindrait très rapidement. Toutefois, ils soumettent leurs femmes à une période de probation de trois ans, et les épousent seulement après qu'elles aient eu trois périodes de purification prouvant leur fertilité. Ils n'ont pas de rapports sexuels avec elles pendant la grossesse, montrant ainsi qu'ils cherchent par le mariage, non pas le plaisir mais l'assurance d'une postérité. (*Guerre des Juifs,* II, 160-161)

On a donné diverses interprétations assez curieuses de ce passage, allant même jusqu'à suggérer que les esséniens cohabitaient avec leur future femme avant le mariage.

L'interprétation la plus plausible est que ce texte décrit une période de fiançailles, d'une durée de trois ans, dont le but était de s'assurer que la future épouse était convenable, suivie d'un examen de trois mois visant à confirmer que la femme était capable d'enfanter, du moins en apparence. Selon le texte, le groupe avait adopté ces pratiques parce qu'il croyait que les relations sexuelles étaient interdites si elles ne visaient pas la procréation. Des sources rabbiniques attestent l'existence d'une idée semblable parmi les piétistes juifs anciens (*B. Niddah* 38a).

Il n'y a rien dans les documents de la secte de Qumrân qui puisse faire écho aux visions négatives à l'égard des femmes qui sont attribuées au groupe d'esséniens opposés au mariage, même si l'on trouve des références à la malignité des femmes dans d'autres textes de la période du Second Temple conservés à Qumrân. L'affirmation que la procréation est l'unique but du mariage en est également absente. De plus, il n'est pas certain que les esséniens tels que décrits par Flavius Josèphe ou même Philon partageaient des vues aussi négatives sur les femmes, car de telles idées étaient des lieux communs dans le monde hellénistique et pourraient refléter simplement le désir de ces écrivains grecs de traduire des pratiques sectaires juives dans des termes compréhensibles pour des lecteurs non juifs.

La seule chose dont nous pouvons êtres sûrs est que certains Juifs, particulièrement scrupuleux concernant la fidélité dans le mariage, différaient d'opinion avec la majorité même à propos des relations sexuelles dans le mariage, ce qui ne les empêchait pas de se marier et d'avoir des enfants. Il est possible que les « esséniens qui se marient » dont nous parle Josèphe équivalent en fait à notre secte.

En effet, Josèphe montre dans ce passage que le terme « essénien » pourrait être un terme générique englobant plusieurs groupes. Il est donc possible que notre secte, qui présente à l'évidence des parallèles significatifs avec les esséniens décrits par Philon, Josèphe et Pline l'Ancien, tomberait sous cette dénomination plus large.

Les données du *Document de Damas*

Considérons maintenant les données internes provenant des textes sectaires de Qumrân. S'agissant de l'identification de la secte à un groupe particulier, nous avons déjà mentionné que ces textes n'utilisent ni le terme « essénien » ni aucun autre terme du même genre pour parler de la secte. Ils ne font pas mention non plus d'une quelconque règle contraignant les membres au célibat.

Au contraire, le *Document de Damas* offre le portrait d'une société dans laquelle le mariage et la famille étaient la norme. Ce document constitue un bon point de départ pour notre enquête sur le rôle des femmes dans la secte, bien qu'il soit généralement admis que ce texte concerne les membres dispersés sur le territoire d'Israël plutôt que ceux de Qumrân. (Nous nous occuperons plus loin de la communauté de Qumrân.) Ainsi, les passages discutés ici valent seulement pour ce groupe, parmi la secte plus large de la mer Morte (ou peut-être des esséniens), qui pratiquait le mariage et la vie de famille.

Le *Document de Damas* s'en prend violemment à la polygamie et à d'autres pratiques que la secte considérait comme une violation des lois juives sur le mariage ; mais jamais il ne critique, ni à plus forte raison ne rejette, l'institution même du mariage[3]. Ainsi le texte attaque les ennemis de la secte parce qu'ils pratiquent la polygamie :

> Ils sont enfermés… dans la luxure en prenant deux femmes au cours de leur vie. Or le principe de la création est : « mâle et femelle Il les créa » (Gn 1,27) et ceux qui entrèrent dans l'arche, « un couple de chacun [un mâle et une femelle] entra dans l'arche [de Noé] » (Gn 7,9). Et au sujet du roi, il est écrit : « Qu'il ne multiplie pas le nombre de ses femmes » (Dt 17,17). (*Document de Damas*[a] IV,20-V,2)

Ce passage a donné lieu à plusieurs interprétations. Le problème principal est l'expression « au cours de leur vie » : de qui parle-t-on au juste ici — d'hommes ou de femmes ? Personnellement, je vois dans ce passage une interdiction catégorique de la polygamie, ainsi qu'une défense faite à l'homme de prendre une autre femme du vivant de son épouse. En faisant du mariage un engagement à vie, l'auteur de ce texte interprète clairement le droit biblique au divorce comme permettant la séparation mais non le remariage. L'homme ou la femme devait donc attendre le décès de son ex-conjoint avant de se remarier. Le passage cite également la loi deutéronomique sur le roi, pour montrer que le roi constitue un exemple pour ses sujets. L'interdiction d'avoir plus d'une femme vaut pour les sujets comme pour le roi. Le *Rouleau du Temple* défend aussi catégoriquement au roi de prendre plus d'une épouse.

Le passage qui suit démontre de manière indéniable que la polygamie est prohibée, mais pas le mariage. Mais il ne prouve pas pour autant que le mariage était la norme dans la communauté sectaire. Le texte interdit d'épouser sa nièce — un sujet de discorde entre les pharisiens et les autres groupes juifs de la période du Second Temple —, et se plaint à propos de règles de pureté que n'observent pas les Juifs en désaccord avec l'auteur : « De plus ils souillent le Temple, car ils ne font pas les séparations comme la Torah le prescrit, et ils ont des relations sexuelles au moment où une personne a son flux de sang. Et ils épousent chacun la fille de leur frère et la fille de leur sœur. » (*Document de Damas*[a] V,7-8)

Le passage poursuit en expliquant que le mariage entre une femme et son neveu étant interdit par la Torah (Lv 18,13), celui d'un homme avec sa nièce doit logiquement être prohibé. Même si le texte proteste ici contre la violation des lois de pureté et de consanguinité, il ne fait, par contre, aucune allusion à l'idée que le mariage serait indésirable ou proscrit.

Un peu plus loin, on commande à l'homme « de ne pas pécher contre sa femme et de s'abstenir de la luxure » (*Document de Damas*[a] VII,1). On lui ordonne aussi : « Que personne ne couche avec une femme dans la cité du sanctuaire, de peur de rendre impure la cité du sanctuaire par leur souillure. »

(*Document de Damas*[a] XII,1-2) Il est certain que cette prohibition vise les relations qui ont lieu dans l'enceinte du Temple, même si certains chercheurs ont suggéré qu'elle s'appliquait à l'ensemble de la ville de Jérusalem. Quoi qu'il en soit, le texte n'implique pas une interdiction totale des relations sexuelles, mais seulement des restrictions pour une zone bien précise, celle du Temple et de son entourage. Notons, entre parenthèses, que même après avoir abandonné les pratiques religieuses du Temple, qu'elle jugeait impures, la secte continuait à légiférer pour la société parfaite dans laquelle elle conduirait les rites du Temple à sa manière.

Un autre passage, qui ne se trouve que parmi les fragments de Qumrân, reprend spécifiquement les lois de pureté rituelle en les appliquant aux femmes : « [Et si un homme a des relations sexuelles avec elle (une femme impure parce que menstruée), la pei]ne (c.-à-d. l'impureté) d'impureté menstruelle pèsera sur lui. » (4Q 266 *Document de Damas*[a] 6 II,1-2)

Le texte explique ensuite la manière dont les femmes peuvent se purifier : elles doivent attendre sept jours et s'immerger dans un bain rituel. Au huitième jour, elles peuvent pénétrer dans le Temple. Encore là, les règles concernant les relations avec les femmes confirment la légitimité de l'union sexuelle. Un autre passage aborde directement la question de la vie familiale : « S'ils habitent dans des camps, selon la coutume du pays, et s'ils prennent femme et engendrent des enfants, alors qu'ils vivent selon la Torah… » (*Document de Damas*[a] VII,6-7) Le passage traite ensuite des serments et vœux, et du droit du père et du mari d'annuler ceux de leur fille ou de leur femme[4] : « [Au su]jet du serment d'une femme (mariée) : Quant à ce qu'Il (Dieu) a dit, que son mari peut annuler son serment, un mari ne peut annuler un serment sans savoir s'il doit être accompli ou annulé. » (*Document de Damas*[a] XVI,10-11 = 4Q271 *D*[f] 4 II,10-11)

Les règles des serments et vœux du *Document de Damas* amplifient celle du livre des Nombres 30,14-15, où il est écrit qu'un mari peut annuler un serment pris par sa femme, ou encore le maintenir, s'il ne s'y objecte pas. En ce qui nous concerne, ce passage confirme que les femmes mariées étaient partie prenante de la société décrite dans le texte. Un texte semblable du *Rouleau du Temple* réitère cette règle, mais ajoute : « En ce qui concerne tout vœu (prononcé) par une veuve ou une divorcée, tout ce qu'elle a pu s'imposer continuera à la lier, selon tout ce qui sort de sa bouche. » (11Q19 *Rouleau du Temple* LIV,4-5) Nous avons ici la preuve non seulement de l'existence du mariage mais aussi de celle du divorce. La veuve ou la divorcée possède le plein contrôle sur ses actes juridiques ; ni son mari ni son père ne peuvent intervenir en son nom, et tout serment ou vœux continue à la lier.

Nous avons déjà mentionné que l'une des tâches de l'examinateur consistait à approuver le mariage ou le divorce des membres. On s'attendait apparemment à ce que l'examinateur serve de conseiller et de guide en ce domaine.

Un passage encore plus intéressant, peut-être, souligne la nécessité de s'assurer que la future épouse est convenable. Pour ce faire, toute personne a l'obligation de dévoiler tout défaut ou imperfection de cette dernière, s'il y a lieu, à un prétendant non averti :

> [...] toutes ses imperfections, il devra les lui rapporter. Pourquoi faire venir sur lui le châtiment de la malédiction qu'Il [Dieu] a ainsi énoncée, « [Maudit soit] celui qui égare un aveugle en chemin » (Dt 27,18) ? De même, il ne devra pas la donner à quelqu'un qui ne lui convient pas, car il s'agit là d'un mélange défendu, [comme (labourer avec) « un bo]euf et un âne » (Dt 22,10) et porter des vêtements « tissés de laine et de lin ensemble » (Dt 22,11). (4Q271 *Document de Damas*^{f} 1 I,8-10 = 4Q270 D^e 5,14-16 = 4Q269 D^d 9,1-3)

En outre, ce passage interdit à un père de marier sa fille à un homme qui ne lui conviendrait pas, afin de ne pas contrevenir à la règle des mélanges proscrits.

Après une section difficile à interpréter parce que incomplète, la suite du texte limite le droit des membres de la secte d'épouser une femme de moralité douteuse :

> Et toute femme qui a eu des [rapports] sexuels (littéralement, « qui sut faire l'acte ») [dans la maison de] son père, ou une veuve qui a eu des rapports sexuels au cours de son veuvage, ou toute (femme) [qui] a eu un mauvais nom (c.-à-d. qu'on a soupçonnée de n'être plus vierge) pendant sa (période de) virginité dans la maison de son père, qu'aucun homme ne l'épouse. Sauf sous la supervision de femmes dignes de confiance, et avec des preuves bien précises selon les directives de l'examinateur qui est à la tête [de l'assemblée des nombreux, il ne] l'épousera pas. (4Q 271 *Document de Damas*^{f} 1 I,11-15 = 4Q270 D^e 5,18 21 = 4Q269 D^d 9,4-7)

Il est évident que les règles de ce texte s'appliquent à une société qui acceptait le mariage, et qu'elles veulent éviter aux hommes de la secte un mariage avec une femme qui aurait eu des relations illicites, c'est-à-dire des relations en dehors des liens du mariage. De plus, on estimait que les femmes étaient dignes de confiance quand il s'agissait de garantir la virginité de l'épouse potentielle.

Ces textes, et d'autres aussi que nous pourrions citer ici, démontrent donc de façon convaincante que la société décrite dans le *Document de Damas* était bel et bien basée sur le mariage et la famille. Si cet écrit était notre unique source d'information sur la secte de Qumrân, personne n'aurait jamais avancé que les femmes ne faisaient pas partie de la communauté. Mais, comme nous allons le voir à l'instant, ce n'est justement pas la seule.

La *Règle de la congrégation*

On reconnaît généralement que la *Règle de la communauté*, l'un des sept premiers rouleaux quasi complets découverts dans la grotte 1, est le document qui fournit la description la plus élaborée de la structure et de l'organisation de la communauté de Qumrân. Or le rouleau lui-même ne fait aucunement mention de femmes ou d'enfants.

Mais on a plus tard retrouvé dans la même grotte, parmi d'autres textes, deux documents dont on sait maintenant qu'ils ont certainement été copiés sur le même rouleau que la *Règle de la communauté*. Le premier de ces deux documents annexes, écrit immédiatement après la *Règle de la communauté*, est appelé *Règle de la congrégation*, ou parfois *Règle messianique*. Cette deuxième règle décrit la communauté messianique qui incarnera la sainteté parfaite à la fin des temps. Ce même texte, qui constitue une sorte de miroir eschatologique de la *Règle de la communauté*, prévoit que la vie des sectaires, à la fin des temps, comportera enfants et famille, et également, tel qu'indiqué explicitement, des relations sexuelles.

En introduction, le texte mentionne qu'à la fin des temps, « ils rassembleront tout ceux qui se sont joints (à la secte), femmes et enfants [...] » (1Q28a *Règle de la congrégation* I,4). Cette description du seul et véritable Israël de la fin des temps, la communauté sectaire parfaite, comporte des femmes et des enfants ; selon le texte, ils seront parmi les participants lorsqu'on répétera la cérémonie de renouvellement d'alliance, conformément à l'exigence du Deutéronome, dont cette description tire son langage (Dt 29,10). D'autres textes qumraniens nous apprennent que cette même cérémonie de renouvellement de l'alliance se répétait annuellement dans la secte prémessianique de Qumrân (1Q *Règle de la communauté* I,1-III,12). De l'avis de nombreux chercheurs, elle se déroulait au moment de la fête de Shavouot qui, dans la tradition rabbinique pharisaïque, rappelle le don de la Torah sur le Sinaï.

STADES DE LA VIE POUR LES HOMMES DANS LA COMMUNAUTÉ SECTAIRE

ÂGE (ANNÉES)	ACTIVITÉS ET OBLIGATIONS
De l'enfance jusqu'à 10 ans	Étudie le Livre de Hagu/i
	Étudie les lois de l'alliance
20	Participe à une cérémonie de mobilisation
	Paie (une seule fois) un demi-shekel
	Éligible au mariage et aux relations sexuelles
	Peut servir de témoin
25	Âge minimum pour le service militaire
	Âge minimum pour occuper des fonctions juridiques
30	Éligible à la fonction d'officier
	Éligible aux fonctions de *paqid* ou *mevaqqer*
	Âge minimum pour servir dans l'infanterie légère
40	Âge minimum pour servir dans l'infanterie lourde
45	Âge maximum pour servir dans l'infanterie légère
50	Âge minimum pour être nommé préfet de camp
	Âge maximum pour occuper la fonction de *mevaqqer*
	Âge maximum pour servir dans l'infanterie lourde
60	Âge maximum pour occuper des fonctions juridiques
	Âge maximum pour occuper la fonction de *paqid*
	Âge maximum pour occuper la fonction de préfet de camp

Un peu plus loin, le même texte énumère les différentes étapes de la vie d'un membre de la communauté messianique. Nous y apprenons que le mariage et les relations sexuelles y constituent la norme :

> Et à [l'âge de] vingt an[s, il passera parmi les ap]pelés, pour jouir d'un plein statut, avec sa fam[il]le, pour se joindre à la sainte congré[gation]. Il ne [s'ap-prochera] pas d'une femme pour avoir des rapports sexuels avec elle avant d'avoir atteint l'âge de vi[ngt] ans, âge auquel il connaît [le bien] et le mal. (1Q28a *Règle de la congrégation* I,8-11)

À cette époque, tant dans la secte que dans les cercles plus larges du judaïsme palestinien, on considérait que l'âge de la maturité physique et légale était de vingt ans[5]. C'était aussi l'âge de la maturité sexuelle, comme le dénotent les termes « il connaît le bien et le mal ». C'est peut-être d'ailleurs le sens véritable de l'expression dans le récit du jardin d'Éden, où Adam et Ève s'éveillent à la sexualité après avoir mangé du fruit de l'arbre (Gn 3,5.8). Quoi qu'il en soit, ce texte montre clairement que les femmes seraient non seulement présentes dans la communauté messianique idéale de la secte, mais qu'elles seraient épouses et partenaires d'une vie sexuelle et familiale.

Un passage ambigu de ce texte a parfois été compris comme une preuve que les pratiques halakhiques de Qumrân admettaient le témoignage des femmes, ce qu'interdisait généralement le système rabbinique des pharisiens[6]. Une traduction littérale de ce texte paraît en effet appuyer cette interprétation : « Et à ce moment on acceptera qu'elle témoigne de lui (à propos du) jugement de la loi et qu'(elle) participe à la proclamation des ordonnances. » (1Q28a *Règle de la congrégation* I,11) Nous pourrions être tentés d'affirmer que le système juridique de la secte accordait aux femmes le droit de témoigner, ce qui irait dans le sens de notre argumentation. Mais si c'était effectivement le cas, le texte ci-haut n'autoriserait le témoignage des femmes que sur une seule chose, la conduite de leur mari. Imaginez un peu le genre de mariages que cela aurait donné ! Il est évident qu'une erreur de copiste a altéré le texte, et qu'il faut le modifier (en substituant *yqbl* à *tqbl* et *'lpy* à *'lyw*) pour lire : « Et alors on acceptera qu'il témoigne conformément aux lois de la Torah et qu'(il) participe à l'écoute des jugements. » Quiconque connaît la place extrêmement limitée de la femme dans le système juridique juif ancien, et ceux de l'époque en général, devrait comprendre pourquoi ces modifications s'avèrent nécessaires.

S'ils anticipaient pour la fin des temps une société basée sur le mariage et la famille, et si cette société représentait à leurs yeux une sorte de forme parfaite de leur propre monde et de leur propre communauté, il est difficile d'échapper à la conclusion que les sectaires de Qumrân vivaient dans une société normale comportant mariage et famille. Si cela est exact, il nous reste néanmoins à expliquer pourquoi si peu de femmes et d'enfants furent ensevelis dans les tombes dégagées à Qumrân.

On sait que l'établissement et les bâtiments de Qumrân étaient le chef-lieu d'un groupe plus large dispersé dans tout Israël. Dans les centres régionaux, seuls les deux premiers stades du noviciat étaient accessibles ; c'est seulement en allant à Qumrân et en y complétant les études requises qu'on pouvait devenir un membre à part entière de la secte. Comme il s'agissait d'un stage intensif, il est probable que les membres quittaient femme et enfants le temps de compléter leur formation. Leur noviciat terminé, ils étaient libres de rentrer chez eux. C'est pourquoi seuls les résidants permanents de Qumrân, en nombre assez restreint sans doute, devaient avoir leur famille avec eux — d'où le peu de femmes et d'enfants enterrés à Qumrân.

Un rituel de mariage

On a retrouvé dans la grotte 4 un document auquel on a attribué le titre douteux de *Rituel du mariage* (4Q502)[7]. En fait, il est improbable qu'il s'agisse d'un tel rituel, car la formulation du texte a peu à voir avec le mariage. Selon une hypothèse alternative, tout aussi invraisemblable, on aurait ici un rituel des personnes âgées servant à honorer les anciens de la secte. En vérité, nous ne savons pas à quel usage ce texte était destiné.

Les portions préservées sont extrêmement fragmentaires, soit environ cent cinquante fragments dont la plupart comportent à peine plus que quelques lettres illisibles. Mais on trouve tout de même quelques expressions qui font sens : « et sa femme » ; « engendrer une progéniture » ; « fille de vérité… sa femme » (fragments 1-3). Dieu est loué à plusieurs reprises pour la joie qu'il donne à la secte, ou pour « la joie ensemble » (fragments 7-9). On y mentionne aussi des « fils et fil[les] » (fragment 14) ; « progéniture de la bénédiction, hommes et [femmes] âgés [… jeunes hommes] et vierges, garçons et fi[lles]… " (fragment 19) ; et « pour le fruit des en[trailles] » (fragment 20).

Quels que soient le contenu global et la nature de ce texte, il suppose des familles se réjouissant ensemble. Bien loin de décrire une communauté de célibataires, ces fragments traduisent plutôt la joie véritable des générations célébrant ensemble la continuité de la famille juive.

Les femmes dans le *Rouleau du Temple*

Le *Rouleau du Temple* esquisse un modèle de sainteté pour l'époque prémessianique actuelle. Ce texte n'a sans doute pas été composé entièrement dans la secte de Qumrân, car il est fortement tributaire de sources provenant de milieux sadducéens, et diffère à bien des égards du corpus qumranien. Il reflète néanmoins une manière de voir proche de celle des sectaires, qui l'ont conservé et fort probablement édité. Il est clair, en tous cas, que ce texte considère que le mariage, les relations sexuelles et l'accouchement font partie de sa société idéale. Comme les femmes peuvent être cause soit de sanctification soit de profanation, elles sont l'objet d'une bonne partie de la législation énoncée dans ce rouleau[8]. Les quelques règles qui suivent démontrent à nouveau à quel point l'institution du mariage constitue la base du tissu social dans un document cher à la secte.

Plusieurs règles concernent les types de mariages qui sont permis ou défendus. S'agissant du mariage d'un homme avec sa nièce, le *Rouleau du*

Temple est encore plus strict que la norme de la Torah : « Un homme ne peut épouser la fille de son frère ou de sa sœur, car cela constituerait une abomination. » (11Q19 *Rouleau du Temple* LXVI,15-17) Lévitique 18,12-13 interdit le mariage d'un homme avec sa tante ; puisqu'une femme ne peut épouser son neveu, le *Rouleau du Temple* en déduit qu'un homme ne peut épouser sa nièce. Comme nous l'avons déjà mentionné, cette même règle apparaît également dans le *Document de Damas* (V,7-11). Pourtant, les rabbins accordaient à un homme la permission d'épouser sa nièce, et allaient même jusqu'à encourager cette union. L'interdiction de tels mariages dans le *Rouleau du Temple* rejoint par contre la position des sectaires de Qumrân, des samaritains, des premiers chrétiens et des karaïtes.

Ce rouleau traite aussi des différentes règles de pureté rituelle et de la manière dont elles s'appliquent aux femmes. Il insiste sur la nécessité absolue de séparer les femmes menstruées, et donc impures, de la communauté en général : « Dans toutes vos villes, vous réserverez des lieux pour [...] les femmes qui sont dans leur période d'impureté ou qui viennent d'accoucher, afin qu'elles ne les souillent pas durant leur période d'impureté. » (11Q19 *Rouleau du Temple* XLVIII,14-17) On interdisait à une femme « en période d'impureté » d'entrer dans une ville. Avant de pénétrer dans la ville du Temple, elle devait d'abord effectuer des rituels de purification.

Josèphe et les textes de la Mishnah nous apprennent qu'à l'époque du Second Temple, celui-ci était entouré de deux cours et que les femmes avaient accès seulement à la plus excentrique. Le Temple idéal décrit dans ce rouleau serait entouré de trois cours plutôt que deux ; les femmes rituellement pures seraient admises uniquement dans la plus excentrique des trois. Ainsi, au moment où le Second Temple existait réellement et dans la halakhah rabbinique postérieure, les femmes pouvaient se trouver physiquement plus près de l'espace sacré où les prêtres procédaient aux rites que dans le sanctuaire idéal décrit dans le *Rouleau du Temple*. Les hommes étaient eux aussi repoussés d'une cour vers l'extérieur, ne pouvant pénétrer que dans la cour intermédiaire, plutôt que dans la cour intérieure comme c'était le cas dans le Second Temple réel.

Un autre passage illustre également tout l'intérêt porté à la question de la pureté des femmes : il s'agit de la question des prisonnières de guerre. Comme dans Deutéronome 21,1-9, le *Rouleau du Temple* autorise un soldat à ramener chez lui une femme capturée à l'ennemi et à l'épouser, mais à condition qu'il lui coupe les cheveux et les ongles, lui offre de nouveaux vêtements et lui permette de faire le deuil de ses parents. Le *Rouleau du*

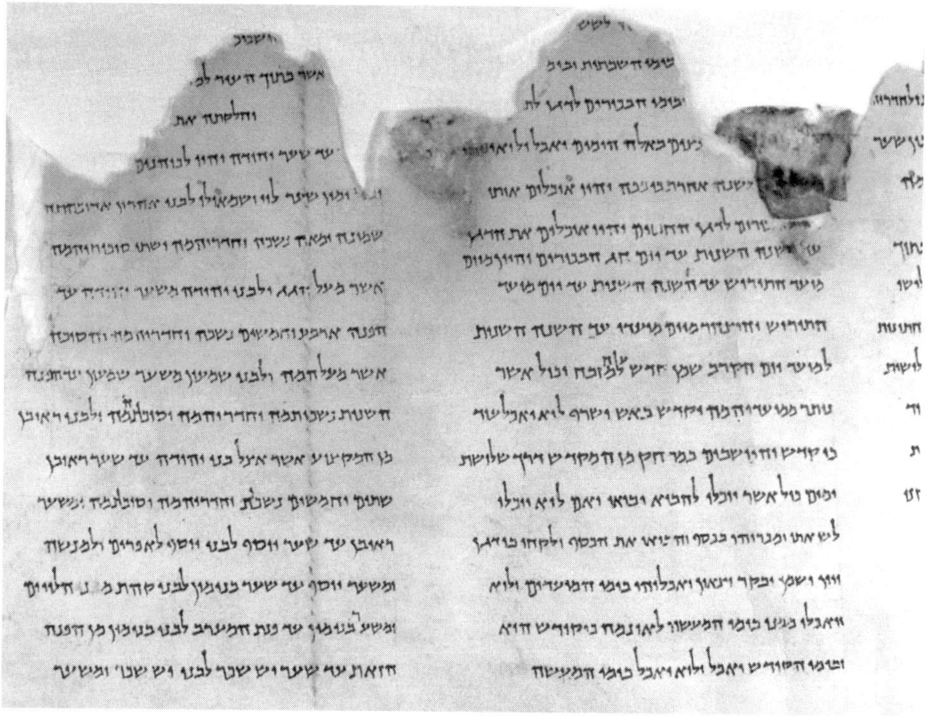

Rouleau du Temple
Ce manuscrit a été récupéré par Yigael Yadin après la guerre des Six Jours en 1967 et est conservé presque entièrement sur une longueur de près de 9 mètres. Le texte est une réécriture des lois de la Torah qui justifie la manière dont l'auteur aborde les questions du Temple et de son rituel, du gouvernement, de l'armée et du système légal du peuple juif. Le document, dans son ensemble, plaide en faveur d'une réforme en profondeur du système religieux et politique de l'époque asmonéenne. *Photo Bruce et Kenneth Zuckerman, Section des recherches ouest-sémitiques. Courtoisie du Sanctuaire du Livre du Musée d'Israël.*

Temple ajoute : « Après, tu pourras avoir des relations sexuelles avec elle, et elle sera ta femme. Mais elle ne touchera pas ta nourriture pure durant sept ans. De même, elle ne mangera pas une offrande totalc avant que sept années ne se soient écoulées ; après ce délai, elle pourra (en) manger. » (11Q19 *Rouleau du Temple* LXIII,10-15)

Comme le *Document de Damas* et la *Règle de la communauté*, le *Rouleau du Temple* interdit à toute personne jugée impure d'entrer en contact avec la nourriture rituellement pure. Dans le cas d'une épouse non juive, l'accès à la nourriture pure est interdit pour une période de sept ans. Même si ces périodes de temps diffèrent de celles applicables au novice souhaitant entrer dans la secte, le principe demeure le même dans les deux cas. Seuls les membres à part entière avaient accès à la nourriture rituellement pure. Soulignons toutefois qu'on ne distingue pas ici entre les nourritures liquide et solide, contrairement à ce que fait le système d'initiation de la secte.

La section particulière du *Rouleau du Temple* connue sous le nom de « Loi du roi » maintient des règles matrimoniales strictes pour le souverain. Il ne peut épouser plus d'une femme, celle-ci devant être une femme juive de son propre clan. Il ne peut divorcer et se remarier du vivant de celle-ci ; il peut toutefois se remarier si elle meurt.

Ce manuscrit, certainement le texte halakhique le plus long du corpus qumranien, tient donc les institutions du mariage et de la famille pour acquises, et légifère sur cette base. Lorsqu'il dresse le portrait d'une société future idéale, mais non messianique, il suppose que les femmes et la famille continueront d'y occuper leur place normale. Que ce document ait été édité dans la communauté sectaire ou importé d'un groupe apparenté mais différent, il est évident que ses lecteurs ne se sentaient nullement gênés par la société qu'il décrit ; c'est qu'elle représentait, comme le dit le *Document de Damas*, « la coutume du pays » (*Document de Damas*[a] VII,6).

L'image de la femme dans la poésie qumranienne

Quelques-uns des textes poétiques trouvés à Qumrân présentent des femmes dans un contexte érotique. Rien n'indique que les membres de la secte soient les auteurs de ces textes ; il est même certain, dans quelques cas, qu'ils ne le sont pas. Ces textes demeurent néanmoins importants pour nous, car leur présence dans la collection de Qumrân suggère que le groupe y trouvait un intérêt quelconque et les considérait comme une partie de son héritage littéraire et religieux. Ils nous aident ainsi à mieux situer les textes analysés précédemment et ils nous donnent une idée de la manière dont on décrivait et comprenait alors les femmes. Nous y rencontrons plusieurs archétypes de base : la femme séductrice, qui induit les hommes en erreur ; la femme-symbole de sagesse, dont on décrit l'acquisition en termes érotiques ; la femme-mère qui enfante le messie et l'ère messianique ; et la femme comme admirable partenaire érotique. Toutes ces images, en fait, proviennent directement de la Bible, mais elles sont ici considérablement développées et enrichies.

Un document qumranien de genre sapiential traite de la femme perfide qui égare les hommes[9]. Certains interprètes ont voulu voir dans cette sévère condamnation la preuve que la secte avait une vision négative des femmes. Ce poème ne fait en réalité que reprendre un motif traditionnel de la sagesse biblique qui mettait en garde contre les pièges de la femme dévergondée, capable de séduire même le meilleur des hommes.

Ce texte, préservé dans un manuscrit du Ier siècle avant notre ère, n'a pas nécessairement été rédigé au sein de la communauté, car on n'y retrouve aucune des caractéristiques propres à la secte. Certains spécialistes y ont vu une allégorie dépeignant des dangers comme ceux de la fausse doctrine. Je préfère plutôt y voir une exhortation de sagesse — à la manière du chapitre 7 des Proverbes et d'autres passages bibliques — qui expose des vérités éternelles : certaines femmes usent de leur charme de manière irresponsable et les hommes doivent se garder de leur propension à tomber dans les pièges qui leur sont ainsi tendus.

Le poème connu sous le nom de *Ruses de la femme perfide* est trop long pour qu'on le cite ici en entier ; voici plutôt quelques extraits représentatifs de l'ensemble :

[De] sa [bouche] jaillit la vanité,
et sur [sa langue ne s'exprime ri]en.
L'aberration toujours demeurera [sur ses lèvres],
elle adoucira [ses] mots grâce au ridicule et à la flatterie…

Ses mains ont aggripé la Fosse,
ses jambes sont descendues pour commettre le mal,
et pour aller dans (la voie des) délits [coupables],
[et pour explorer] les assises des ténèbres…

Car elle est le commencement de tous les chemins d'iniquité,
peine (et) malheur sur quiconque la possède…

Car ses chemins sont les chemins de la mort,
et ses voies les voies du péché…

Ses [p]ortes sont des por[tes] de mort,
à l'entrée de sa demeure elle avance [dans] le Shéo[l].
[Ceux qui y pénètrent n'en] ressortiront pas,
et toux ceux qui la possèdent descendront dans la Fosse…

[Ses pieds] sont [toujours] à la course,
ses yeux scrutent çà et là.
Pour voi[r] un homme juste afin de le prendre au piège,
et un homme de [perfection] pour le faire trébucher.

Les droits, pour (les) détourner de la voie,
et les élus de la justice, de l'observance des commandements…,
afin qu'ils ne [mar]chent plus dans les voies de la droiture.
Pour égarer les hommes et les conduire sur le chemin de la Fosse,
et séduire par des mensonges les fils de l'homme.

(4Q184 *Ruses de la femme perfide* 1 1-17)

On trouve un poème semblable à celui-ci dans le *Livre de Ben Sira* (vers –180) et le matériel non canonique ajouté dans le premier rouleau des Psaumes de la grotte 11 (11Q5). La présence de ce poème dans 11Q *Psaumes*[a] implique qu'il avait acquis un certain statut parmi les sectaires de Qumrân.

Le poème qui suit est à l'opposé de celui que nous venons d'étudier : ici, les images érotiques évoquent sous forme dramatique la quête de la sagesse. L'homme n'est pas séduit par les vices d'une femme débauchée auprès de laquelle il s'égare ; au contraire, il est attiré, de manière profonde et érotique, par les secrets de la sagesse, représentée sous les traits d'une femme belle et sensuelle. L'acte sexuel n'est plus, comme dans le premier poème, une transgression et une chute, mais plutôt le symbole du plus haut niveau de réalisation personnelle. Voici la partie de ce poème qui a été conservée, selon le texte établi par James A. Sanders[10] :

J'étais un jeune homme auparavant, je m'étais égaré, quand je la recherchai.
Lorsqu'enfin j'entrepris sa quête, elle vint à moi dans toute sa beauté.
Tout (comme) la fleur tombe quand les raisins mûrissent, réjouissant le cœur,
(Ainsi) mon pied foula la droiture ; car depuis le début de l'âge adulte, je la connais.
Je tendis à peine l'oreille et en tirai une grande conviction.
Elle devint alors pour moi pareille à une gouvernante ; à ma maîtresse, j'accorde toute mon ardeur.
Je me proposai de m'amuser : mon envie de plaisir n'avait pas de cesse.
J'attisai mon désir pour elle sans jamais m'en détourner.
J'activai mon désir pour elle, et sur ses hauteurs je ne faiblis point.
J'étendis mes main(s)… et devinai ses régions secrètes.
Je lavai mes main(s)…

(11Q5 *Psaumes*[a] XXI,11-17)

Pour bien saisir le sens de ce poème, il faut être familier avec le langage érotique de l'ancien Israël. Le « pied » et la « main » sont souvent des métaphores pour désigner les organes sexuels mâles. Le verbe « connaître » évoque la plupart du temps l'idée de relations sexuelles, et « s'amuser » signifie « faire l'amour ». Dans ce poème, le processus d'apprentissage est décrit entièrement en termes érotiques. La sagesse, la plus grande chose que l'on puisse acquérir, y apparaît sous les traits d'une femme. Curieusement, le traducteur grec de ce poème, tel qu'il apparaît dans la Septante, était si pieux qu'aucune trace d'érotisme ne paraît dans sa version ; il ne parle que de l'acquisition de la sagesse.

L'image positive des femmes et de la sexualité, utilisée ici pour décrire la sagesse, n'est possible que dans la mesure où l'on a une attitude favorable autant envers les rapports homme-femme qu'envers les relations sexuelles. La même attitude positive sous-tend le portrait d'une femme donnant naissance au messie, une image qui se trouve dans une magnifique pièce d'un recueil poétique nettement sectaire.

Les *Hymnes d'action de grâces* décrivent une femme en travail qui va donner naissance à son premier enfant. Cette naissance difficile symbolise les douleurs de l'enfantement de l'ère messianique :

> Ils [me] rendirent pareil à un bateau sur les profondeurs de la [mer],
> Et à une ville fortifiée entourée par l'[ennemi].
> [Et] je souffrais telle une femme en travail pour son premier enfant,
> sur qui se sont abattues des transes et des souffrances atroces dans ses spasmes,
> (la) faisant tordre de douleur en son sein.
> Car les enfants viennent dans les spasmes de la mort,
> et le travail de celle qui accouche d'un homme se fait dans la douleur
> Car au milieu des spasmes de la mort elle mettra au monde un mâle,
> Et au milieu des douleurs de l'enfer surgira de son ventre
> Un Merveilleux Conseiller dans toute sa puissance ;
> Et ainsi un homme sera délivré à travers ses spasmes.
>
> (1Q *Hymnes d'action de grâces*[a] XI,6-10)

Ce que ce poème dépeint de façon particulièrement vivante, c'est la naissance du messie. Cette naissance n'a rien d'artificiel ; suivant certaines traditions bibliques, elle sera précédée de grandes souffrances, et c'est pourquoi on la décrit ici comme une naissance difficile mettant en danger la vie même de l'enfant. Mais l'ère messianique verra finalement le jour, et le Merveilleux Conseiller dirigera alors son peuple.

Ce qui retient notre attention dans ce poème, c'est, à nouveau, l'image positive de la femme qui en ressort. C'est la femme qui donne naissance à la fin des temps. Ce n'est pas un monde sans femmes qu'on nous montre ici, mais plutôt un monde qui reconnaît combien est difficile, et même douloureux, le rôle des femmes dans le processus eschatologique. Ces images, bien qu'elles soient poétiques, sont basées sur l'idée que l'accouchement est un processus positif et créatif.

Il faut cependant noter, dans ce contexte, que certains passages des *Hymnes d'action de grâces* présentent sous un angle négatif les organes sexuels et reproducteurs de la femme. Ces passages soulignent que l'homme mortel vient au monde par une voie répugnante et semblent se rapprocher de l'idée courante dans le christianisme primitif d'une sexualité intrinsèquement liée au péché. Malgré l'existence d'une telle imagerie, qui se trouve aussi à l'occasion dans la tradition rabbinique, nous considérons toutefois que la grande majorité des textes sectaires qumraniens examinés ici traduisent une conception positive de la femme.

La *Genèse apocryphe* nous offre une description idéalisée de la beauté féminine. Dans une section qui paraphrase le récit d'Abram et Saraï en Égypte (un passage dont nous reparlerons quand nous étudierons les textes apocryphes), le roi, apprenant la beauté sans égale de Saraï, l'envoie chercher et désire l'épouser. Le texte élabore longuement la description de la beauté de Saraï, évoquée brièvement en Genèse 12,14-15 : « De fait, quand Abraham arriva en Égypte, les Égyptiens virent que la femme était très belle. Les officiers de Pharaon la virent et la vantèrent à Pharaon ; et la femme fut emmenée au palais de Pharaon. »

La version araméenne de la *Genèse apocryphe* prend alors une tournure poétique, empruntant les images du Cantique des Cantiques. Voici le portrait de Saraï, vue par les officiers du Pharaon[11] :

> Et comme… sont fins les cheveux de sa tête !
> Que ses yeux sont délicieux !
> Et séduisants son nez et tout l'éclat de son visage…
> Comme est ravissante sa poitrine et belle toute sa blancheur !
> Ses bras, comme ils sont beaux, et ses mains, comme elles sont parfaites,
> Et comme est [charmant] tout l'aspect de ses mains !
> Combien sont jolies ses paumes et longs et fins ses doigts !
> Ses pieds, comme ils sont beaux, et ses cuisses, comme elles sont parfaites !
> Aucune vierge ni aucune fiancée qui pénètre dans la chambre nuptiale n'est plus belle qu'elle ;
> car elle est plus ravissante que toutes.
> En vérité, sa beauté l'emporte sur celle de toutes les femmes.
> Et elle possède, en plus de toutes ces grâces, une immense sagesse ;
> ainsi tout ce qu'elle accomplit est parfait.
>
> (1Q *Genèse apocryphe* XX,2-8)

On considère ici, comme dans le midrash rabbinique, que Saraï est la plus belle d'entre les femmes. Dans ce portrait idéalisé de la beauté féminine, l'auteur du poème ne se contente pas de décrire la beauté du visage de Saraï et la finesse de ses doigts, mais il fait également l'éloge des parties généralement couvertes du corps d'une femme, telles sa poitrine et ses cuisses, puis il imagine qu'on la conduit à la chambre nuptiale. Ainsi, on peut faire l'éloge d'une femme pour sa beauté et sa sensualité, à condition qu'elle soit suffisamment sage. Saraï, l'archétype de la femme juive, est effectivement dotée de toutes ces qualités. La beauté de la matriarche se décline alors en termes à la fois féminins et érotiques.

Il n'y a pas de doute que ce texte est antérieur à la création de la secte de Qumrân. C'est d'ailleurs le cas de tous les textes araméens conservés à Qumrân. Un membre de la secte aura délicatement rangé ce texte dans une jarre, après l'avoir enveloppé dans un tissu pour le protéger. Et la secte devait de toute évidence chérir le contenu de ce rouleau.

Les femmes prennent donc différents visages dans les manuscrits de Qumrân — épouses, mères, séductrices ou belles captives — et elles sont décrites en termes de pureté ou d'impureté, de sagesse ou de ruse. Les textes les dépeignent tour à tour comme la sexualité incarnée, la fiancée désirable ou la femme en couches. Ils prescrivent des lois régissant la pureté rituelle des femmes. Dans tous ces cas, on constate que les femmes faisaient vraiment partie de la vie de la majorité des hommes de la période du Second Temple, qui se mariaient et fondaient une famille. De la même façon, je soutiendrais que les femmes étaient parties intégrantes de la vie de la secte de la mer Morte. Il n'y a absolument aucune indication que les membres de la secte étaient célibataires.

Maintenant que nous connaissons la structure de la secte, son cadre social et la façon dont elle était dirigée, consacrons-nous plus spécifiquement à sa théologie. Nous verrons que les sectaires de Qumrân avaient des idées particulières sur la nature de Dieu ainsi que sur sa relation au monde et au peuple juif.

CHAPITRE 9

Les croyances d'une communauté de foi

Jusqu'au moyen âge, la plupart des Juifs évitaient de discuter de façon directe et systématique les questions théologiques. Les textes juifs regorgent de descriptions de Dieu et de ses actions, mais elles n'étaient généralement pas colligées ou systématisées. C'est seulement sous l'influence des courants philosophiques médiévaux que les Juifs se sont mis à débattre systématiquement de théologie.

Néanmoins, dans les textes bibliques et postbibliques de l'Antiquité et de l'Antiquité tardive, certaines croyances de base sont considérées comme allant de soi : Dieu était un — le créateur de l'Univers et son maître éternel. Par conséquent, les humains avaient l'obligation de servir Dieu et d'obéir à ses décrets. Toutefois, au-delà de ces croyances communes, il existait des points de vue diversifiés.

Les sectaires de Qumrân avaient des idées tout à fait particulières sur ces sujets. En fait, bien que les questions théologiques n'aient pas été la cause immédiate du schisme qui a produit cette secte, elles ont dû le stimuler grandement. La partie peut-être la plus intéressante de notre analyse consistera précisément à évaluer jusqu'à quel point la communauté de Qumrân était engagée dans des débats théologiques et en faisait état dans sa littérature. Ses membres n'étaient pas seulement des automates religieux s'appliquant à suivre mécaniquement les observances juives. Ils étaient au contraire profondément préoccupés par la question de la nature de Dieu et de l'humanité, et ils cherchaient à utiliser la loi juive et son observance pour enseigner et exprimer leurs convictions théologiques[1]. Il s'agissait d'une communauté profondément croyante.

Une bonne partie des données sur ce sujet nous est fournie par les *Hymnes d'action de grâces*, l'un des premiers rouleaux découverts dans la grotte 1[2]. Bien que les *Hymnes d'action de grâces* soient considérés par certains comme un document liturgique, leur usage liturgique n'est pas démontré. Il s'agit plutôt, vraisemblablement, d'une série de poèmes formant un corpus poétique d'introspection dévotionnelle. C'est par conséquent un texte extrêmement important pour déterminer les idées théologiques des sectaires. Quelques chercheurs ont identifié le Maître de Justice comme étant l'auteur de ce rouleau. Il n'y a évidemment aucun moyen de prouver une telle chose. Des nombreux extraits cités ici, il ressort clairement que l'auteur a fait une expérience religieuse et spirituelle tout à fait personnelle et qu'il désire transmettre ses idées à travers la poésie.

Les *Hymnes d'action de grâces* ont également des liens avec d'autres compositions sectaires, principalement la *Règle de la communauté*. Notre esquisse de l'essentiel de la théologie de la secte se base d'abord sur ces deux documents. En outre, nous pouvons affiner notre perception théologique en comparant les idées de la secte, s'il y a lieu, avec les traits rapportés par Flavius Josèphe dans ses descriptions des sectes juives anciennes.

La nature de Dieu

Dans leur apparence externe, déjà, les manuscrits sectaires témoignent d'un immense respect pour Dieu. Les sectaires évitaient habituellement d'utiliser le tétragramme — les quatre lettres du nom divin YHWH — que les Juifs prononcent traditionnellement « Adonaï » et qu'on rend par « Seigneur » dans la plupart des traductions bibliques[3]. Ils substituent souvent d'autres noms divins à YHWH dans les manuscrits non bibliques, principalement « El », qu'on traduit par « Dieu ». Dans certains manuscrits, les noms divins sont écrits en caractères paléo-hébraïques, l'écriture ancienne de l'époque du Premier Temple, pour souligner davantage son importance et, peut-être, sa sainteté. Il y a, en dessous de ces conventions graphiques et littéraires, le désir de reconnaître la sainteté unique de Dieu et du nom qui, selon la mentalité hébraïque ancienne, en symbolise l'essence même.

La grande vénération des sectaires pour le nom divin va de pair avec l'accent que leurs textes mettent sur la majesté et la gloire de Dieu. Cet aspect est particulièrement mis en évidence par les *Hymnes d'action de grâces*. Dans l'extrait qui suit, on exprime la toute-puissance de Dieu :

En effet, c'est Toi le prince des anges et le roi des vénérables,
Le seigneur de tout esprit et le maître de toute créature.
Sans Toi rien ne se fait, et rien ne peut être connu sans Ta volonté.
Il n'y a (rien) excepté Toi, et personne ne partage le pouvoir avec Toi.
Rien ne se compare à Ta gloire, et Ta puissance est sans prix.
(1Q *Hymnes d'action de grâces*[a] XVIII,8-11)

Dans ce poème, l'auteur déclare que personne ne peut se comparer à Dieu et que rien ne peut être connu en dehors de la volonté de Dieu. Le noyau de la volonté, la connaissance, et le pouvoir divin sont des thèmes qui reviennent constamment dans le corpus sectaire de Qumrân. Les êtres humains apparaissent pratiquement impuissants dans un tel système ; ils ne peuvent rien faire sans que Dieu ne le sache et ne donne son approbation.

La notion de majesté de Dieu entraîne celle d'un entourage divin — les anges[4]. Les anges apparaissent sous diverses formes — parfois comme maîtres de l'armée céleste et parfois comme des êtres qui habitent au milieu des sectaires de Qumrân, dans leur communauté messianique. L'évocation des anges est fréquente dans bien des textes de la période du Second Temple ; les sectaires n'étaient pas originaux à cet égard.

Le groupe de Qumrân croyait aussi que Dieu avait créé le monde pour sa propre gloire. Le partage de la race humaine entre des justes et des impies — le principe dualiste de base de la pensée sectaire de Qumrân — reposait sur le même motif[5] : « [...] Pour que Tu sois glorifié dans le jugement des impies, et que Tu montres ta puissance en moi devant les enfants des hommes. » (1Q *Hymnes d'action de grâces*[a] II,24)

Dieu manifeste sa gloire à l'humanité en punissant les impies et en récompensant les justes. Évidemment, Dieu est sans conteste le créateur de toutes choses : « Béni sois-tu Seigneur... Toi qui as fait toutes choses. » (1Q *Hymnes d'action de grâces*[a] VIII,16) De fait, comme créateur, Dieu a prédéterminé le futur de toutes ses créatures : « Et avant qu'ils aient été établis, Il connut leurs œuvres... et Il connut les années de leur existence et le temps déterminés et les périodes exactes de tout ce qui a existé et de tout ce qui existera à jamais — ce qui arrivera durant leurs périodes — pour toutes les années éternellement. » (*Document de Damas*[a] II,7-10)

Dieu sait tout à l'avance ; une telle doctrine est, en fait, typique de la théologie juive ancienne et elle se trouve tant dans la Bible que dans la littérature rabbinique postérieure. Ce qui est nouveau à Qumrân est l'idée que tout a été prédestiné et que les êtres humains ne peuvent aucunement choisir la manière dont se passent leurs affaires, pas plus au plan individuel qu'au plan national ou cosmique : « Du Dieu de connaissance vient tout ce qui est et sera, et avant qu'ils ne viennent à l'existence, il a préétabli toutes leurs pensées. Et quand viendra le moment qu'il leur a fixé d'après son plan glorieux, ils rempliront leur rôle sans rien y changer. » (1Q *Règle de la communauté* III,15-16) Tout a été préétabli selon un plan divin ; la prédestination est absolue. Encore une fois, cette formulation dépasse de loin la notion d'un plan divin telle que se la représente le reste de la littérature du Second Temple. Dieu a aussi imposé un ordre à l'Univers et à la nature. Ce rôle divin est décrit dans un magnifique poème des *Hymnes d'action de grâces* qui loue Dieu comme créateur :

> Tu as déployé les cieux pour Ta gloire,
> [et] tout [ce qu'ils contiennent tu l'as pré]établi selon Ta volonté…,
> Les luminaires selon leurs mystères,
> les étoiles selon [leurs] orbites,
> [Et tous les vents de tempête] pour leur tâche,
> les météores et les éclairs pour leur service.
>
> (1Q *Hymnes d'action de grâces*[a] IX,9-12)

La mise en place par Dieu des corps célestes et de leur orbite respective était extrêmement importante pour les sectaires, car ces éléments constituaient la base du calendrier qui leur était propre. Le calendrier est conçu comme un autre ensemble d'indicateurs que tout a été préétabli et prédestiné par Dieu. Le plan divin qui régit l'univers est connu de Dieu seul, et non de l'humanité. C'est pourquoi on dit qu'il s'agit d'un mystère. On fait souvent référence aux orbites des corps célestes comme à des secrets ; comme l'est également le cours de l'histoire.

La Bible hébraïque affirme déjà clairement que Dieu est le maître de l'histoire. Cette idée se retrouve fréquemment dans les manuscrits. Par exemple, Dieu contrôle le destin national d'Israël et c'est lui qui a provoqué la destruction du Premier Temple : « Car à cause de leur transgression, lorsqu'ils L'abandonnèrent, Il détourna Sa face d'Israël et de Son sanctuaire, et Il les livra à l'épée. » (*Document de Damas*[a] I,3-4) Il est également responsable des succès militaires d'Israël, et il va octroyer la victoire aux sectaires dans la grande bataille eschatologique, une notion qu'on retrouve fréquemment dans la *Règle de la guerre* (1QM XI,1-3.9-10).

Dieu incarne également la justice ; c'est lui qui jugera et punira les impies : « Car Tu es juste et tous tes élus sont fidèles, et toute perversion [et im]piété, Tu la détruiras à jamais. » (1Q *Hymnes d'action de grâces*[a] VI,15-16) Mais si quelqu'un se repent, Dieu accepte son repentir et lui épargne la punition : « [Je] me suis reposé sur Tes faveurs et sur l'abondance de Tes miséricordes, car Tu pardonneras la faute et l'être humain est puri[fié] de la culpabilité par Ta justice. » (1Q *Hymnes d'action de grâces*[a] XII,36-37) Le problème est évidemment de concilier cette notion de repentir avec l'idée d'une prédestination absolue ; nous y reviendrons plus loin.

La justice immuable de Dieu est la garantie que les sectaires seront traités avec miséricorde. Cette idée est soulignée dans la *Règle de la communauté*, dans un poème qui clôt le document et qui s'apparente étroitement aux *Hymnes d'action de grâces* :

> Par Sa miséricorde, Il m'a fait approcher,
> Et par Ses faveurs, Il introduira mon droit
> Par Sa justice véritable, Il m'a jugé,
> Et par Sa grande bonté, il pardonnera toutes mes fautes.
> Et par sa justice, Il me purifiera de toute impureté humaine
> Et [du] péché de l'humanité,
> Pour que (je) rende grâce à Dieu de Sa justice
> Et au Très-Haut de Sa splendeur.
>
> (1Q *Règle de la communauté* XI,13-15)

La bonté, la justice et la clémence de Dieu sont ici étroitement associées l'une à l'autre. Ces qualités seront manifestes à la fin des temps, lorsque les sectaires, comme individus et comme collectivité, seront victorieux, grâce à l'aide de Dieu. Toute l'humanité verra alors la justice divine.

Tout système qui postule l'existence d'un Dieu à la fois absolu et bon se doit de résoudre la difficulté posée par l'existence du mal. Les sectaires ont solutionné ce problème en acceptant l'idée d'un type extrême de dualisme éthique. En prenant appui sur la description de Dieu chez Isaïe (45,7), « [...] je forme la lumière et je crée la ténèbre, je fais le bonheur et je crée le malheur », la secte croyait que Dieu était effectivement l'auteur du bien comme du mal. Mais les qualités bonnes ou mauvaises ne pouvaient provenir directement de Dieu. Aussi, les sectaires, ou ceux dont ils se sont inspirés, ont élaboré l'idée de deux esprits, un bon et un mauvais, qui agissaient comme agents de Dieu dans la gouverne du monde :

> Il a créé l'humanité pour qu'elle domine le monde ; Il lui a mis deux esprits en qui elle marche jusqu'au moment de Sa visite. Ce sont les esprits de vérité et de perversion. D'une source de lumière (émane) la nature de la vérité, et d'une

fontaine de ténèbres (émerge) la nature de la perversion. En la main du Prince de Lumière (est) la domination de tous les fils de justice : ils marchent dans les voies de lumière. Mais en la main de l'Ange des Ténèbres (est) la domination des fils de perversion : ils marchent dans les voies de ténèbres. (1Q *Règle de la communauté* III,17-21)

Le texte se poursuit en expliquant les enseignements de base de ce système complexe : Dieu a créé les deux esprits au moment de la création, et les affaires du monde sont entre leurs mains. Le bon esprit, que Dieu aime, est associé à la lumière, à la vérité et à la justice. L'esprit mauvais, souvent appelé Bélial (littéralement « le vaurien »), est associé aux ténèbres, au péché et au mal. Bélial apparaît comme un prince des esprits mauvais dans les *Testaments des douze Patriarches*, dans quelques passages tardifs de la littérature mystique juive et dans le Nouveau Testament (2 Co 6,15). Dieu le déteste, mais n'en est pas moins le créateur.

Chacun de ces esprits possède son « lot », c'est-à-dire son groupe de fidèles parmi les êtres humains et angéliques. Les comportements de l'individu sont totalement déterminés pas son appartenance à l'un de ces deux groupes. L'esprit mauvais, assisté par les anges démoniaques, provoque toutes les transgressions. Ces esprits sont prédestinés pour dominer le monde au cours de périodes différentes, de manière telle qu'on peut s'attendre au triomphe de l'esprit du bien. Puisque Dieu a créé ces deux puissances, le dualisme qu'on décrit ici n'est pas aussi absolu que celui qu'on trouve dans certaines religions orientales ou dans le zoroastrisme. Il est plutôt atténué par la puissance de Dieu qui demeure le créateur ultime et unique.

Le dualisme éthique et religieux de ces textes est étroitement apparenté à l'idée rabbinique des penchants, bons et mauvais. La différence principale est que dans le système rabbinique, ces penchants sont des impulsions psychiques internes qui se font concurrence dans la personne elle-même. Dans la doctrine sectaire, au contraire, il s'agit de puissances externes qui sont en compétition pour la domination du cosmos tout entier. D'autres textes de la secte de la mer Morte, toutefois, suggèrent que ce concept se rapporte effectivement à un combat qui se déroule à l'intérieur de la personne.

Le combat messianique aboutira vraisemblablement à la victoire de l'esprit du bien. Mais d'ici là, le combat se poursuit sans relâche : « Car Dieu les a mis en parts égales, jusqu'au temps final, et Il a posé une haine éternelle entre leurs catégories. » (1Q *Règle de la communauté* IV,16-17) Le *Rouleau de la guerre* décrit l'affrontement qui dénouera finalement ce conflit. Dans ces batailles ultimes, les armées humaines et angéliques des Fils de Lumière et des Fils des Ténèbres se feront la lutte pendant environ quarante ans ; la secte — les Fils de Lumière — en sortira victorieuse.

Une des composantes du plan de prédestination est que Dieu détermine à quel groupe une personne appartient. À propos des deux esprits, la *Règle de la communauté* déclare : « Il connaissait les effets de leurs œuvres pour toutes les périodes de leur [agir ?], et Il les a partagés aux fils d'homme pour qu'ils connaissent le bien [et le mal et pour] décider les lots pour tout vivant, selon Son esprit en [Sa division jusqu'au temps de] la visite. » (1Q *Règle de la communauté* IV,25-26) Dieu a donc décidé, en fait prédestiné, la répartition de l'humanité en lots distincts.

Plusieurs chercheurs ont formulé l'hypothèse que la doctrine dualiste des sectaires de Qumrân est influencée par le zoroastrisme ou par d'autres enseignements iraniens. Mais, à ce jour, on n'a pas réussi à faire la preuve d'une telle influence, surtout parce que les sources dans lesquelles ces religions sont attestées sont beaucoup plus tardives que les textes de Qumrân. Par ailleurs, il est indéniable que ces traditions religieuses se sont développées à partir d'un terreau commun qui peut avoir contribué au développement des idées sectaires.

En quête de Dieu

Un des thèmes qui revient avec le plus d'insistance dans les documents sectaires est celui de la petitesse et de la dépravation de l'humanité[6]. Même s'il est vrai que cette conception se retrouve plus tard, dans la littérature du *Mousar* (« éthique ») du judaïsme d'Europe orientale, une telle image de l'être humain est par ailleurs exceptionnelle dans la tradition juive ; elle a probablement eu une influence plus large sur la chrétienté primitive.

Selon les sectaires, l'être humain est une créature fragile, faite d'argile (ou de poussière) et modelée avec de l'eau. Cette idée est exprimée de manière particulièrement explicite dans les *Hymnes d'action de grâces* ; elle peut refléter pour une bonne part l'expérience personnelle de leur auteur qui, d'après certains chercheurs, pourrait être le Maître de Justice lui-même. Un seul exemple suffira à illustrer ces motifs :

> Mais moi, j'ai été pr[is] de la poussière [et] form[é d'argile],
> en une fontaine d'impureté et de nudité honteuse
> un monceau de poussière et une pétrissu[re d'eau,
> un lieu de culpabili]té et une demeure de ténèbres.
> Et un retour à la poussière, (telle) est (la destinée) d'une créature d'argile,

au moment qui est [prévu pour elle,
et] sa [fin] est dans la poussière,
à l'endroit d'où elle a été tirée.

(1Q *Hymnes d'action de grâces*[a] XX,24-26)

L'auteur répète inlassablement ce sentiment de ne pas être à la hauteur lorsqu'il se situe par rapport à Dieu. Mais il va encore plus loin : les termes traduits par « fontaine » et « nudité » sont des euphémismes pour parler des organes féminins de reproduction. Le langage de ce passage, comme celui de plusieurs autres passages, fait clairement ressortir que l'auteur des *Hymnes d'action de grâces* considère ces organes comme constamment impurs, même pendant la naissance. En cela, il diffère du point de vue juif traditionnel selon lequel la sexualité est quelque chose de positif; au contraire, il soutient l'idée, qu'on retrouve plus tard dans le christianisme primitif, selon laquelle la sexualité est fondamentalement impure et qu'elle est un aspect indésirable de l'existence humaine. Une pareille notion contraste avec la vision de la femme présentée plus haut, laquelle est généralement positive.

La « chair » est associée à l'humilité de la condition humaine dans plusieurs passages, par exemple celui-ci : « Qu'est-ce que la chair pour comprendre [Tes] mystères, la poussière pour être capable de guider ses pas ? » (1Q *Hymnes d'action de grâces*[a] VII,24) Bien qu'on ne lui accorde pas une importance majeure dans la littérature juive prémédiévale, la notion que la chair est fragile par nature était certainement présente dans la pensée juive ancienne. Elle a eu une influence considérable sur certaines conceptions chrétiennes anciennes de la sexualité et de la dimension physique de l'être humain. On doit cependant noter que ces textes de Qumrân n'opposent pas le corps et l'âme de manière dualiste, mais condamnent plutôt la chair lorsqu'elle n'est pas dotée de l'esprit divin qui peut l'élever à la sainteté. Pour l'auteur des *Hymnes d'action de grâces*, les humains sont essentiellement pécheurs :

Et lui (l'humain), il est dans la faute depuis le sein (maternel)
et jusqu'à la vieillesse il est dans la culpabilité de l'infidélité.
Et moi je sais que l'être humain ne peut devenir juste,
et qu'un enfant d'homme ne peut (atteindre) la perfection de conduite.

(1Q *Hymnes d'action de grâces*[a] XII,29-30)

D'après ce texte, les humains ont une inclination innée au mal et sont incapables de se libérer de la faute. Mais cette inclination n'est jamais mise en rapport avec le péché originel (la transgression d'Adam et Ève qui ont mangé du fruit de l'arbre de la connaissance dans le jardin d'Éden). La propension au péché est plutôt attribuable à l'influence des deux esprits, comme on l'a vu précédemment. Dieu seul peut être totalement juste. Malgré tout, la situation n'est pas sans espoir, car il est possible d'être pardonné :

> Car c'est par l'esprit de conseil de la vérité de Dieu
> que les voies de l'homme… sont pardonnées…
> C'est par l'esprit de sainteté de sa communauté de vérité
> qu'il sera purifié de toutes ses fautes.
> C'est par un esprit droit et humble que son péché peut être pardonné.
> C'est par l'humilité de sa personne à l'égard de tous les décrets divins
> que sa chair sera purifiée.
>
> (1Q *Règle de la communauté* III,6-9)

Néanmoins, tout pardon dépend de la doctrine sectaire de la prédestination. Le repentir n'est possible que pour la personne qui a été prédestinée à être du nombre de ceux qui se détournent de l'iniquité et qui se joignent à la communauté. Par contre, s'il a été prédéterminé qu'une personne appartient au lot de Bélial, alors celle-ci ne se repentira pas de ses fautes. En fait, le destin final de chacun a déjà été prédéterminé :

> Toi seul as [cr]éé le juste et depuis le sein (maternel) Tu l'as préétabli pour le moment de Ton choix… Et Tu as créé les impies pour [les périodes de] Ta [co]lère et depuis le sein Tu les as mis à part pour le jour du massacre, parce qu'ils ont marché dans la voie qui n'est la pas bonne, et ils ont méprisé T[on] alliance. (1Q *Hymnes d'action de grâces*[a] VII,17-21)

Les élus[7], ceux qui ont été prédestinés à faire partie du bon lot, ont été gratifiés de la connaissance de Dieu : « Et moi, grâce à ma compréhension, je T'ai connu, mon Dieu, par l'esprit que Tu as placé en moi… Dans Ton esprit saint, Tu as [ou]vert pour moi la connaissance du mystère de Ta compréhension. » (1Q *Hymnes d'action de grâces*[a] XX,11-13) Dieu a octroyé aux élus la connaissance des mystères divins[8]. Grâce à cette connaissance, les membres de la communauté — les élus ou « les choisis » de Dieu — peuvent discerner la bonne voie et accomplir la volonté de Dieu. (Certains ont tenté d'expliquer cette insistance sur la connaissance comme une influence du gnosticisme, cet ensemble de mouvements religieux qui s'est opposé au christianisme orthodoxe au cours des premiers siècles de notre ère. Cependant, s'il y a eu influence mutuelle, ce sont plutôt les sectaires de Qumrân ou des groupes semblables qui ont influencé les gnostiques, car le gnosticisme, apparemment, est plus tardif que l'idéologie de Qumrân.)

Après avoir a été sélectionnée pour le lot des Fils de Lumière et avoir franchi les étapes pour devenir membre de la secte, la personne doit satisfaire à de nombreuses exigences de comportement qui englobent des normes juives rituelles aussi bien qu'éthiques cohérentes avec les enseignements de la secte. Les Fils de Lumière poursuivent les buts suivants :

> Pour illuminer le cœur de l'homme et pour aplanir devant lui toutes les voies de vraie justice ; et pour faire redouter à son cœur les jugements de Dieu ; et un esprit d'humilité et de longanimité, de grande miséricorde et de bonté constante, et d'intelligence, d'instruction et de puissante sagesse solidement fondée sur la foi en toutes les œuvres de Dieu, prenant appui sur sa grâce abondante ; et un esprit de connaissance du plan de toute créature, un zèle pour les justes préceptes, une intention sainte avec une personnalité stable ; et une grande affection pour tous les fils de vérité ; et une pureté glorieuse, détestant toutes les idoles souillées, et se conduisant modestement avec discernement à tout propos, dissimulant la vérité des mystères de connaissance. (1Q *Règle de la communauté* IV,2-6)

Le texte poursuit en attribuant aux Fils des Ténèbres les traits de caractère et les comportements opposés.

L'idéal sectaire vise le développement de toute la personnalité aussi bien que l'observance des exigences éthiques et religieuses de la Torah. Une telle personnalité fait preuve de sérénité et de stabilité, comme le décrit le texte. On apprend également ici que les sectaires doivent cacher aux étrangers les enseignements du groupe. Apparemment, cette exigence s'appliquait tant à la théologie qu'à l'interprétation de la loi juive.

Même si la secte espérait être rétribuée pour sa piété à la fin des temps, elle s'attendait également à être récompensée dès l'ère présente pour pratiquer une telle piété et pour marcher dans la voie des Fils de Lumière :

> Et la visite de tous ceux qui marchent en lui (sera) : la guérison, et un grand bien-être dans une longue vie, une postérité florissante ainsi que toutes les bénédictions durables, et une joie éternelle dans la vie perpétuelle, et une couronne de gloire ainsi qu'un vêtement d'honneur dans la lumière éternelle. (1Q *Règle de la communauté* IV,6-8)

Cette rétribution semble inclure la vie éternelle[9]. Certains estiment que, puisque les sectaires s'attendent à voir la fin des temps se produire de leur vivant, la croyance en la résurrection des morts ne ferait pas partie de leur théologie. Mais quelques textes qui font partie de la bibliothèque des sectaires — mais n'ont probablement pas été rédigés par eux — parlent de résurrection, une notion qu'on trouve dans le livre biblique de Daniel aussi bien que dans plusieurs textes de la période du Second Temple.

Flavius Josèphe et la théologie du Second Temple

On a utilisé les descriptions des sectes juives de l'époque du Second Temple par Flavius Josèphe pour tenter de cerner l'identité de la secte de la mer Morte. Compte tenu de cela, il est utile d'analyser les descriptions de Josèphe pour voir comment les croyances qui caractérisent les doctrines sectaires se comparent à ce que Josèphe dit des autres groupes de cette période, particulièrement des esséniens, auxquels de nombreux chercheurs ont identifié la secte. On se rendra compte qu'il est impossible de faire des rapprochements simplistes. En fait, la question est beaucoup plus complexe.

Voici le sommaire que Josèphe donne des principales différences entre ces groupes :

> Concernant les pharisiens, ils disent que certains événements dépendent du destin, mais pas tous. À propos des autres événements, cela dépend de nous qu'ils surviennent ou non. Mais le point de vue des esséniens est que le destin est maître de tout, et que rien n'arrive aux humains sans une décision de sa part. Au contraire, les sadducéens ignorent le destin, ne croyant pas qu'une telle chose existe, ni que les actions humaines ne soient déterminées par une décision de sa part, mais plutôt que tout est en notre pouvoir, de telle sorte que nous sommes responsables de notre propre bien-être et que les malheurs dont nous souffrons sont le résultat de notre propre folie. (*Antiquités juives* 13,171-173)

Ainsi, d'après Josèphe, les groupes ont trois points de vue différents sur la manière dont « le destin » intervient dans la vie humaine. Pour les pharisiens, la providence — ce que Josèphe veut dire quand il parle de « destin » — contrôle la destinée humaine seulement jusqu'à un certain point, en partenariat avec notre propre volonté libre. Pour les sadducéens, il n'y a pas de providence ; nous sommes entièrement maîtres de nos vies. Pour les esséniens, au contraire, la prédestination est totale.

Plus loin, dans les *Antiquités*, Josèphe décrit à nouveau les sectes juives. À propos des pharisiens, il déclare :

> Bien qu'ils affirment que tout survient grâce au destin, ils n'enlèvent pas à la volonté humaine ce qui est en son pouvoir, car Dieu a voulu que les deux soient combinés et que la volonté humaine, avec sa vertu et son vice, puisse prendre part aux délibérations du destin. Ils croient que les âmes peuvent survivre à la mort et qu'il y a sous la terre des récompenses et punitions pour ceux qui ont mené une vie de vertu ou de vice. (*Antiquités juives* 18,13-14)

Ici Josèphe paraît avoir une compréhension légèrement différente des pharisiens, supposant qu'ils seraient d'accord sur le principe que Dieu a le plein contrôle, mais qu'ils comprennent que ce contrôle est atténué par la volonté libre de l'humain. L'intention de Josèphe semble être d'attribuer aux pharisiens la conviction que même si Dieu a la capacité de tout contrôler, il choisit de ne pas l'exercer pleinement. Jusque-là, cette affirmation répète la description précédente de la position des pharisiens.

Toutefois, Josèphe ajoute ensuite un nouvel élément : les pharisiens croiraient à l'immortalité de l'âme et à une récompense ou une punition après la mort. À propos des sadducéens, mentionnés dans le même passage, Josèphe déclare : « Les sadducéens croient que l'âme périt en même temps que le corps. » (*Antiquités juives* 18,16) Contrairement aux pharisiens, les sadducéens ne croient pas en l'immortalité de l'âme. En conséquence, ils ne peuvent concevoir une rétribution après la mort. Les châtiments divins doivent frapper l'humanité en ce monde. En ce qui concerne la théologie des esséniens, Josèphe dit ceci : « L'enseignement des esséniens incline à laisser tout entre les mains de Dieu. Il considèrent que l'âme est immortelle et croient qu'il faut lutter pour se rapprocher de la justicc. » (*Antiquités juives* 18,18)

Ainsi les esséniens adoptent le point de vue selon lequel tout est entre les mains de la providence divine. Ce point de vue est opposé à celui qui est attribué aux sadducéens, mais il s'accorde avec celui des pharisiens sur le fait que Dieu peut contrôler toutes les affaires des humains (même si ces derniers reconnaissent un rôle à la volonté humaine libre). Et comme les pharisiens, les esséniens croient en l'immortalité de l'âme. Étant donné que les esséniens juxtaposent le désir de lutter pour la justice avec la mention de l'immortalité de l'âme, il est raisonnable de supposer qu'ils croyaient également en une récompense ou une punition après la mort. Mais le passage ne le précise pas explicitement.

Josèphe entre davantage dans les détails dans sa notice de la *Guerre*. Il écrit ici à propos des esséniens : « C'est une de leurs fermes croyances que le corps est corruptible et que la matière dont il est constitué ne dure qu'un temps, mais que l'âmc cst immortelle et impérissable. » (*Guerre des Juifs* II,154) Il répète ici que, pour les esséniens, l'âme survit après la mort. Puis il présente une description des esséniens selon des notions hellénistiques impliquant que le corps et l'âme dont il parle recoupent le point de vue des « fils de la Grèce ». Il donne aussi une version hellénisée des récompenses et punitions dans l'au-delà qui ressemble aux croyances courantes dans la pensée grecque. Dans cette section, Josèphe est visiblement en train de chercher à convaincre ses lecteurs grecs que leurs idées religieuses sont partagées par au moins quelques Juifs. Dans le cadre de notre étude, nous pouvons écarter cette prétention exagérée de Josèphe.

Voici ce qu'il dit au sujet des pharisiens :

> [Ils] attribuent tout au destin et à Dieu. Ils croient qu'il dépend certes des humains, pour une bonne part, d'agir correctement ou non, mais que le destin joue aussi un rôle en toute action. Toute âme, soutiennent-ils, est impérissable, mais il n'y a que l'âme d'une bonne personne qui passe dans un autre corps, tandis que les âmes des impies endurent une punition éternelle. (*Guerre des Juifs* II,162-163)

Josèphe n'apporte pas grand-chose de neuf ici. Les pharisiens considèrent que les affaires humaines se décident en partenariat avec la divine providence. Après la mort, l'âme passe dans une autre vie. La notion de transmigration des âmes semble hors contexte ici et pourrait refléter, encore une fois, le désir de Josèphe de conformer sa description aux idées grecques.

Sur les sadducéens, il dit ceci :

> [Ils] nient totalement le destin et ils dissocient le mal de Dieu, qui ne peut ni le produire ni même le voir. Ils soutiennent que l'être humain a un libre choix entre le bien et le mal et qu'il appartient à la volonté de chacun de décider s'il fera l'un ou l'autre. Quant à la survie de l'âme après la mort, aux châtiments dans le monde souterrain ou aux récompenses, ils ne croient en rien de cela. (*Guerre des Juifs* II,164-165)

Les sadducéens sont encore présentés comme des gens qui croient en une volonté totalement libre, mais, cette fois-ci, la portée de ce point de vue est explicitée : en aucun cas, Dieu ne peut être associé ou blâmé pour l'existence du mal. Seuls ceux qui le commettent sont responsables du mal. De plus, parce qu'ils ne croient pas à l'immortalité de l'âme, les sadducéens ne peuvent concevoir une récompense ou une punition après la mort.

Comment de telles idées se comparent-elles à celles que les manuscrits attribuent à la secte de Qumrân ? Les notes de Josèphe peuvent-elles nous aider à identifier la secte ?

D'après leurs propres documents, les sectaires croyaient en une prédestination absolue, comme le faisaient les esséniens. Ici ou là, comme les pharisiens, ils semblent considérer que le repentir personnel contribue à assurer le bien-être futur des individus, même si on a nettement l'impression que cette capacité de se repentir est elle-même conditionnée par la volonté divine. Les chercheurs sont partagés en ce qui concerne la croyance de la secte de Qumrân en l'immortalité de l'âme, que soutenaient les pharisiens et les esséniens. Quelques textes des manuscrits supposent nettement qu'ils y croyaient. Il est probable qu'à partir du moment où les sectaires ont réalisé qu'ils ne vivraient pas eux-mêmes jusqu'à l'avènement de l'ère messianique, ils ont adopté de telles convictions.

Les données des manuscrits indiquent que la secte croyait en des récompenses et punitions après la mort, comme les esséniens et les pharisiens. Mais il faut comprendre que, malgré l'insistance que Josèphe met à parler de l'immortalité de l'âme et de sa rétribution lorsqu'il décrit les esséniens, ces notions paraissent être des préoccupations secondaires chez les sectaires.

Ce qui ressort de l'analyse de ces deux ensembles documentaires est que les conceptions des sectaires étaient semblables mais non identiques à celles que Josèphe attribue aux esséniens. Ceux qui continuent de soutenir qu'il s'agit d'une secte essénienne expliquent ces différences par la préoccupation de Josèphe d'accentuer davantage les aspects susceptibles d'impressionner ses lecteurs grecs. Toutefois, ces divergences rendent difficile l'identification pure et simple avec les esséniens.

Les descriptions que Josèphe nous donne des différences théologiques entre les sectes juives posent une difficulté encore plus grande, car elles semblent contester les origines sadducéennes de la secte, ce qui est l'un des fondements du présent ouvrage. Comment la secte de Qumrân peut-elle être issue des sadducéens si la théologie sectaire a tellement en commun avec les esséniens de Josèphe et diverge si profondément des croyances fondamentales des sadducéens ?

Cette objection n'est pas insurmontable. D'abord, il faut se rappeler que Josèphe voulait présenter ces sectes dans le cadre des philosophies hellénistiques. Deuxièmement, les sadducéens eux-mêmes ont connu un développement historique complexe. À l'époque de Josèphe, ils étaient considérablement hellénisés. La description que Josèphe fait de la théologie sadducéenne correspond à celle des Épicuriens, qui n'attribuaient à Dieu aucun rôle dans le monde. Mais il est impossible de considérer cela comme une vision typiquement sadducéenne, car les sadducéens étaient enracinés profondément dans la tradition biblique qui contredit une telle conception. À mon avis, les sadducéens qui ont pris part aux événements aboutissant au schisme et à la création de la secte devaient croire que Dieu jouait un rôle dans le monde.

Les deux groupes de sadducéens — ceux qui ont quitté le Temple pour devenir les sectaires, et qui sont peut-être inclus dans le terme « esséniens », et ceux qui sont demeurés à Jérusalem — sont passés par des transformations profondes par la suite. Le premier devint la secte de la mer Morte décrite dans les écrits sectaires. Le second s'hellénisa graduellement et, aux côtés des Asmonéens, puis des Hérodiens, conduisit le peuple dans une direction complètement différente. C'est seulement avec la rupture des relations entre Juifs et Romains et avec l'avènement de l'hégémonie rabbinique pharisienne que cette tendance fut renversée.

La secte de la mer Morte adhérait à un ensemble de conceptions théologiques particulier. Elle croyait que le monde était divisé en deux camps, celui du bien et celui du mal, et que tout était prédestiné par Dieu. Elle estimait que l'humanité était essentiellement pécheresse et faible, et que cette faiblesse ne pouvait être surmontée que grâce à la miséricorde de Dieu et à une ascèse rigoureuse. Elle se voyait comme le seul groupe qui pouvait espérer un avenir meilleur — dans l'ère messianique. Les sectaires croyaient qu'on était récompensé ou puni en ce monde, même si l'on était prédestiné par Dieu à commettre le mal en étant placé dans le mauvais lot. De plus, ils acceptaient probablement aussi les notions d'immortalité de l'âme et de rétributions dans le monde à venir.

Maintenant que nous avons étudié la structure et les croyances de base de la secte, nous allons examiner les textes bibliques préservés dans la bibliothèque sectaire et tenter de comprendre comment ces textes étaient interprétés. Dans le prochain chapitre, nous verrons que les manuscrits nous donnent des informations non seulement sur la secte de Qumrân, mais aussi sur le rapport que la communauté juive dans son ensemble entretenait avec la Bible et sur le rôle central de la Bible dans le judaïsme.

3

Les textes bibliques : canonicité et interprétation

CHAPITRE 10

Le canon et le texte de la Bible

POUR COMPRENDRE le développement du judaïsme au cours de la période du Second Temple, il est essentiel d'étudier l'histoire du canon et du texte de la Bible. Par « canon », nous entendons la collection des textes bibliques qui constituaient le noyau de la littérature juive pour tous les Juifs, quelle que soit leur appartenance « sectaire ». Parce que le canon était considéré comme le registre officiel de la révélation divine, directe ou indirecte, pour l'humanité, la délimitation de son contenu équivaut à rien de moins qu'à identifier la Parole de Dieu.

À partir du moment où l'on a défini un corpus de livres divinement inspirés — le canon biblique —, on doit convenir d'un texte qui soit uniforme et fasse autorité. Un aspect de cette tâche consiste à déterminer le mot à mot du texte et ses caractéristiques linguistiques ; cette question n'était pas tout à fait résolue, pour bon nombre de Juifs, au cours de la période hellénistique. Cela pose donc des questions telles que la copie du texte, l'écriture, les matériaux servant à cette fin, les habitudes et caractéristiques propres à chaque scribe, les méthodes utilisées pour corriger les erreurs, et plusieurs autres problèmes, en particulier d'ordre halakhique (concernant la loi juive). L'expression « histoire du texte biblique » couvre l'ensemble de cette problématique.

S'agissant du canon et du texte de la Bible, on a tenu des propos nettement exagérés au sujet du corpus qumranien : d'abord que la secte de Qumrân aurait eu un canon ouvert — un point de vue dont nous verrons qu'il est très discutable ; également que les manuscrits démontreraient que le texte hébreu des éditions bibliques actuelles — le texte massorétique (c'est-à-dire reçu) — n'était qu'un des trois types de textes d'importance équivalente durant la période du Second Temple. En réalité, il y avait un canon précis de textes sacrés, et le texte massorétique était le type de texte dominant. Dans ce chapitre, nous examinerons le matériel biblique lui-même et nous critiquerons ces hypothèses ; ce faisant, nous montrerons à quel point les manuscrits de Qumrân contribuent de façon exceptionnelle à notre compréhension du rôle de la Bible dans le judaïsme du Second Temple.

Parce que la collection de Qumrân a été copiée à l'époque gréco-romaine, elle reflète évidemment l'état du texte biblique et ses caractéristique durant cette période. Par conséquent, les manuscrits ne nous disent rien de l'histoire du texte biblique au cours de la période du Premier Temple, ni au commencement de la période du Second Temple (la période perse), si ce n'est le fait que les textes copiés plus tard, au cours des périodes asmonéennes et hérodiennes, reflètent la Bible transmise par les générations précédentes. Nous ne pouvons pas non plus utiliser les manuscrits de la mer Morte pour découvrir, par extrapolation, une sorte de Bible originelle, imaginaire — ce que les spécialistes appellent un *Urtext* — parce que les textes datent d'une période beaucoup plus tardive que celle de la composition de presque tous les livres de la Bible. Enfin, les manuscrits de la mer Morte ne peuvent évidemment pas faire la preuve de la vérité ou de la fausseté des croyances traditionnelles au sujet de l'inspiration divine des livres de la Bible ou des récits historiques ou historiographiques qu'on trouve dans la Bible hébraïque.

Le canon de la Bible

Le terme « canon » a été utilisé surtout au IVe siècle pour débattre du contenu de la collection qu'on appelle le Nouveau Testament, le corpus officiel des textes chrétiens. Ce terme provient d'un mot grec, lui-même emprunté au sumérien, dont la signification est « roseau », « canne », donc un bâton à mesurer ou une règle. Par la suite, il en vint à désigner une règle, une norme, ou une limite. Finalement, il devint le terme courant pour décrire une liste officielle de livres considérés comme écritures sacrées. Bien que cette appellation soit commode pour nous, elle reflète néanmoins une conception de l'autorité de l'Écriture qui diffère de celle qu'on trouve dans les sources juives[1].

Les seules discussions explicites sur la canonicité de certains livres (c'est-à-dire sur la reconnaissance de leur normativité) apparaissent dans les textes rabbiniques. À l'époque de la Mishnah, les rabbins ont discuté du statut de plusieurs livres. Le contexte de ces débats était celui d'une loi étrange qu'on ne parvient toujours pas à expliquer de manière satisfaisante. Les rabbins soutenaient que si un livre était sacré du fait de son appartenance au canon biblique, les mains de la personne qui le touchait devenaient impures ; celle-ci devait donc se purifier après avoir touché le livre. Par contre, un livre non canonique ou un livre canonique dont la facture n'était pas conforme aux exigences régissant la pratique des scribes ne rendait pas les mains impures. Dans le cas du Cantique des Cantiques, le débat sur la canonicité s'étendait aussi à la sainteté du contenu du livre, ce qui montre que la sainteté théologique, l'impureté rituelle et la question de la canonicité étaient étroitement associées.

On affirme habituellement que, peu après la destruction du Temple, les rabbins auraient tenu une importante réunion sur le canon à l'académie rabbinique de Yavné (Jamnia), un endroit situé sur la côte, un peu au sud de l'actuelle Tel-Aviv ; mais aucune donnée textuelle ne supporte cette opinion. En fait, la liste définitive de la collection biblique était déjà établie, sauf pour quelques livres de la troisième partie de la Bible, les Écrits, dont on discutait à cause de leur date tardive. Les rabbins n'ont donc débattu que de quelques livres, soit le Cantique des Cantiques, l'Ecclésiaste et peut-être le livre d'Esther. Le judaïsme mishnique était déjà l'héritier d'une tradition, antérieure à la période de Yavné, qui avait déterminé les livres faisant partie du canon biblique ; les rabbins de Yavné ont eu à prendre des décisions seulement dans quelques cas pour compléter ce corpus. Et même pour cette tâche limitée, il n'y a aucune preuve qu'une telle réunion ait eu lieu à Yavné.

Les manuscrits de Qumrân peuvent-ils nous fournir des informations concernant le statut du canon biblique pour la secte de Qumrân elle-même ou pour d'autres groupes juifs du Second Temple ? Bien sûr ! Et on peut apprendre beaucoup sur la manière dont la Bible nous est parvenue sous sa forme actuelle en comparant ces informations avec ce que nous connaissons du matériel rabbinique postérieur.

Pour commencer par la base, dressons d'abord le compte, pour chacun des livres bibliques, des copies manuscrites provenant de Qumrân[2]. Même si la plupart sont fragmentaires, on peut supposer qu'ils proviennent de manuscrits complets dont une partie seulement a été préservée.

Le tableau qui suit donne la liste du nombre de manuscrits trouvés à Qumrân pour chaque livre biblique ; par commodité, ils sont placés dans l'ordre où les livres apparaissent dans les Bibles juives médiévales et modernes.

MANUSCRITS DES LIVRES DE LA BIBLE À QUMRÂN

SECTION DU CANON	LIVRE	NOMBRE DE MANUSCRITS À QUMRÂN
Torah	Genèse	18 + 3?
	Exode	18
	Lévitique	17
	Nombres	12
	Deutéronome	31 + 3?
Prophètes antérieurs	Josué	2
	Juges	3
	1-2 Samuel	4
	1-2 Rois	3
Prophètes postérieurs	Isaïe	22
	Jérémie	6
	Ézéchiel	7
	Les Douze (petits) prophètes	10 + 1?
Les Écrits	Psaumes	39 + 2?
	Proverbes	2
	Job	4
	Cantique des Cantiques	4
	Ruth	4
	Lamentations	2
	Ecclésiaste	2
	Esther	0
	Daniel	8 + 1?
	Esdras-Néhémie	1
	1-2 Chroniques	1

Ce tableau montre que tous les livres de la Bible sont représentés à Qumrân sous une forme ou sous une autre, sauf le livre d'Esther. Il y a plusieurs façons d'expliquer l'absence du livre d'Esther, mais la plus probable est qu'il s'agit d'un hasard. Le fait de ne pas avoir de copies n'est ni surprenant ni absolument significatif, puisque plusieurs autres livres de la section des Écrits ne sont représentés que par un ou deux exemplaires. Il est également possible que les membres de la secte n'aient pas considéré ce livre, ou la fête de Purim, comme une partie normative de leur vie juive particulière et de leur observance. En dépit de l'absence de ce livre, nous avons cependant des raisons de croire que les sectaires connaissaient et lisaient le livre d'Esther. Quelques expressions qui en proviennent apparaissent ici et là dans les compositions du corpus sectaire de Qumrân. Un ouvrage apocryphe araméen qu'on a appelé *Proto-Esther* (4Q550) s'y rapporte clairement.

Nous ne pouvons pas tenir pour acquis que les livres considérés comme canoniques par la tradition rabbinique postérieure étaient déjà normatifs pour les membres de la secte de Qumrân simplement parce que ces livres étaient présents dans les grottes de Qumrân. Après tout, bien d'autres livres, en dehors de la collection de documents proprement sectaires, se trouvaient également à Qumrân. Mais pour être en mesure de déterminer l'autorité canonique de ces textes de Qumrân, il nous faut d'abord préciser en termes opératoires la définition de « canon ». On peut d'abord se demander s'il y avait à Qumrân une chose telle que le canon, et même si un tel concept existait. On peut également penser que la situation prévalant à Qumrân n'est pas nécessairement représentative de ce qui se passait en Israël à l'époque.

Plusieurs indices montrent que certains Juifs avaient déjà une idée de la division tripartite du canon des Saintes Écritures durant la période du Second Temple. Une telle division, courante à partir de la période rabbinique, comprend (1) La Torah (les cinq livres de Moïse), (2) les Prophètes (*Nevi'im*) et (3) les Écrits (*Ketuvim*). Les trois constituent ensemble ce que nous appelons actuellement la Bible hébraïque ; on y réfère par l'acronyme TANAK.

Vers –180, le livre apocryphe de Ben Sira parle de « la loi du Très-Haut », de « la sagesse de tous les anciens », et de « prophéties ». Le petit-fils de Ben Sira, qui a traduit le livre en grec à partir d'un original hébreu vers –132, mentionne dans son prologue « la loi et les prophètes et les autres livres de nos pères ». Le deuxième livre des Maccabées (2,2-3 et 13) évoque une telle division en parlant de « la loi », « les rois et les prophètes » et « les écrits de David ». L'évangile de Luc y fait également référence lorsqu'il mentionne « la loi de Moïse, les prophètes et les Psaumes » (Lc 24,32.44-45).

Apparemment, donc, durant la période du Second Temple, bon nombre de Juifs acceptaient l'idée d'un groupe fixe de textes sacrés. Mais nous voyons aussi, dans les textes mentionnés à l'instant, que le contenu définitif des Écrits n'était pas tout à fait délimité, car cette collection, qui comprend les livres les plus récents, est désignée sous plusieurs appellations différentes. Cette observation recoupe très bien les textes rabbiniques anciens attestant de controverses concernant le statut canonique de quelques-uns des livres de la section des Écrits.

Le corpus de Qumrân contient quelques indices d'une division semblable, même s'ils ne sont pas aussi clairs qu'on le souhaiterait. Dans plusieurs passages, la Torah et les Prophètes sont juxtaposés. Un texte de la *Règle de la communauté* renvoie assez nettement à ces deux divisions : « C'est l'interprétation de la Torah [qu']Il (Dieu) a commandé d'observer, par Moïse, selon tout ce qui est révélé pour chaque temps, et selon ce que les prophètes ont révélé grâce à son esprit saint. » (1Q *Règle de la communauté* VIII,15-16) Le texte nous dit aussi que les Prophètes étaient considérés comme une source de la loi juive, un point de vue qui contraste avec celui de la tradition rabbinique.

La même notion d'autorité de la Torah et des Prophètes apparaît au tout début de la *Règle de la communauté*, qui exige de la part du membre de la secte « de faire ce qui est bon et droit à Ses (Dieu) yeux, tel qu'Il l'a commandé par Moïse et par ses serviteurs les prophètes » (1Q *Règle de la communauté* I,2-3). Ici, l'autorité ou la canonicité de ces livres est clairement tenue pour acquise puisque, du point de vue de la secte, ils déterminent le comportement correct consistant à accomplir la volonté de Dieu.

On trouve la même distinction dans un passage difficile du *Document de Damas* VII,15-16, qui juxtapose de la même manière « les livres de la Torah » avec « les livres des Prophètes ». Les sectaires de Qumrân reconnaissaient donc certainement la canonicité de la Torah et des Prophètes. Mais qu'en est-il des Écrits ?

On a beaucoup discuté à propos du premier *Rouleau des Psaumes* de la grotte 11 (11Q5), qui contient un mélange de psaumes canoniques et d'autres textes poétiques. À mon sens, ce rouleau était un texte liturgique et non une collection littéraire telle que le livre canonique des Psaumes. Parmi les éléments non bibliques de ce rouleau, il y a un passage décrivant les compositions de David : « Dieu lui a donné un esprit sage et éclairé, et il composa des psaumes… [suit alors une description de ses 4500 compositions]. Tout cela, il le fit grâce (au don) de prophétie qu'il avait reçu de la part du Très-Haut. » (11Q5 *Rouleau des Psaumes*[a] XXVII,3-11) On constate ici que les sectaires considéraient les Psaumes, y compris un bon nombre de prières apocryphes, comme des prophéties divinement inspirées. L'expression « esprit sage et éclairé » équivaut à la notion d'inspiration divine des Écrits telle qu'elle était comprise plus tard par les rabbins. Ce passage suggère donc que la secte considérait les Écrits comme canoniques, comme les Prophètes. Mais ce passage ne nous parle que des Psaumes et ne nous dit rien sur les autres composantes des Écrits.

La *Lettre halakhique*, rendue publique récemment, nous fournit également des indices significatifs sur le développement du canon biblique, puisqu'elle reflète les idées qui circulaient durant les premières années de

Compositions attribuées à David dans le *Rouleau des Psaumes*
Ce rouleau provenant de la grotte 11 est l'un des manuscrits les mieux préservés. En plus de psaumes bibliques, il comporte du matériel extrabiblique. On voit ici un passage qui se trouve vers la fin du rouleau et qui attribue à David, divinement inspiré, la composition d'un total de 4050 hymnes et cantiques. *Courtoisie de l'Autorité des antiquités d'Israël.*

l'histoire de la secte. En appelant au destinataire, les auteurs sectaires expliquent[3] : « Nous t'avons [écrit] afin que tu étudies le Livre de Moïse [et] les livre[s des P]prophètes et de Davi[d…, les actes] de chacune des générations. » (4Q (4Q *Lettre halakhique* C9-11) Nous avons probablement ici une allusion au canon tripartite. Les « livres de David » sont probablement les Psaumes, et les « actes » réfèrent probablement aux Livres des Chroniques et peut-être également à Esdras-Néhémie. Ici encore, nous avons affaire aux Écrits, bien qu'ils ne soient pas désignés par un nom fixe. Nous ne pouvons pas non plus avoir la certitude que cette troisième partie du canon avait atteint sa forme définitive.

Nous avons établi jusqu'à présent que les fondateurs de la secte possédaient un canon tripartite, même si les documents sectaires plus récents, particulièrement la *Règle de la communauté* et le *Document de Damas,* ne mentionnent comme normatifs que la Torah et les Prophètes. Ben Sira, les Maccabées et le Nouveau Testament attestent d'une telle division tripartite du canon. Il est donc tout à fait vraisemblable qu'une telle division fût adoptée par la plupart des Juifs de l'époque, quelle que soit leur appartenance sectaire.

Certains chercheurs soutiennent que les sadducéens ne considéraient comme canonique que la Torah. Ce point de vue est plutôt le reflet de l'opinion plus tardive d'un Père de l'Église. Considérant la mention d'une division tripartite du canon dans la *Lettre halakhique*, il me semble que cela est faux. L'erreur provient peut-être du fait qu'on a confondu les sadducéens et les samaritains, ces Israélites, qui avaient survécu à la destruction du Royaume du Nord, avaient pris leurs conjoints parmi les nations déportées en Judée par les Assyriens et vivaient un judaïsme fondé exclusivement sur la Torah. Mais si les fondateurs de la secte étaient en fait d'origine sadducéenne, ils acceptaient certainement la Torah, les Prophètes et les Écrits comme faisant partie de leur Bible.

Il est vrai que les samaritains soutenaient que seule la Torah est canonique, même s'ils ont préservé une version arabe d'époque médiévale des récits de Josué, qui rapportent les traditions historiques de cette période. Étant donné que le schisme samaritain est survenu très tôt — d'après moi à l'époque d'Esdras et de Néhémie, au ve siècle avant notre ère —, cette secte ne considérait pas les Prophètes et les Écrits comme canoniques. Les samaritains se sont séparés du peuple juif avant la canonisation individuelle des livres de ces deux collections et avant que ces dernières aient acquis leur forme finale.

Je soutiens donc que la secte de la mer Morte, comme la plupart des Juifs de cette période, acceptait l'idée d'un canon. La clôture du corpus prophétique était chose faite, et la notion d'une collection d'Écrits était fermement établie, même si l'on ne peut avoir la certitude que cette section des Écritures était déjà fermée.

Il y quelques indices que deux autres livres — le *Testament de Lévi* (ou *Document araméen de Lévi*) et les *Jubilés* — pourraient aussi avoir été considérés comme canoniques par la secte de Qumrân. Ces livres sont cités explicitement à cinq reprises, et ces citations sont précédées de la même formule d'introduction — habituellement : « ainsi qu'Il a dit (ou qu'il est dit) » — qu'on utilise avant de citer un texte de la Bible hébraïque. De nombreux spécialistes estiment que cet usage sectaire de formules de citation identiques pourrait signifier que ces livres étaient considérés comme canoniques.

Même si les sources rabbiniques citent le livre de Ben Sira avec la même formule que celle utilisée pour les livres bibliques, les rabbins en ont interdit explicitement la lecture publique. Cet élément constitue une objection sérieuse au fait que les formules introduisant les citations soient un indicateur fiable du statut canonique d'un livre. Mais par contre, la nécessité d'interdire la lecture publique du livre de Ben Sira prouve que ce livre avait déjà acquis un statut quasi canonique pour un certain nombre de Juifs.

On peut aussi examiner la question de la canonicité par un autre biais. La plus grande partie de la littérature juive ancienne et médiévale a été composée en réemployant du matériel qui se trouve dans les écrits canoniques. Le meilleur exemple de ce processus est celui de la poésie liturgique de la synagogue, qui est souvent un amalgame de passages bibliques, souvent reformulés pour refléter des idées qu'on rencontre dans la littérature midrashique postérieure. La secte de Qumrân et de nombreux autres groupes juifs de la période du Second Temple composaient leurs textes de la même manière. Une telle réutilisation de ces passages se fonde sur la présomption qu'ils sont divinement inspirés et qu'ils sont normatifs au plan religieux. Seuls des textes ayant un tel statut canonique servaient de matière première pour de nouvelles compositions sacrées. En identifiant les textes d'où elles sont dérivées, on peut savoir quels sont les livres que leurs auteurs considéraient comme normatifs.

À Qumrân, tous les livres bibliques, c'est-à-dire ceux qui font partie de notre canon de la Bible hébraïque, sont utilisés de cette façon, à l'exclusion de tout autre livre. Il est donc fortement probable que le canon biblique de Qumrân ait été identique à celui du rabbinisme postérieur. Cela signifierait que les pharisiens auraient eu ce canon en commun avec les éléments sadducéens qui constituaient la secte. Autrement dit, le seul groupe palestinien qui contestait le canon était celui des samaritains. Cette question n'était pas un objet de discussion entre les pharisiens et les sadducéens ; la secte de Qumrân n'avait pas non plus de position divergente à ce propos.

Nous avons parlé jusqu'ici de la canonicité des livres bibliques ; mais qu'en est-il de leur contenu ? Dans quelle mesure les livres individuels trouvés dans les grottes de Qumrân sont-ils semblables au texte traditionnel de la Bible hébraïque ? Nous allons découvrir que certains livres bibliques préservés à Qumrân soulèvent des problèmes fascinants au sujet de leur forme dans l'Antiquité.

Il y a des données intéressantes concernant plusieurs livres de la Bible grecque, qu'on appelle habituellement la « Septante ». Cette version comporte des additions à certains livres canoniques, en particulier aux livres d'Esther, de Daniel et de Jérémie. Le texte grec de Jérémie comporte une lettre, intitulée la Lettre de Jérémie, qui serait présumément la lettre envoyée par Jérémie aux exilés déportés à Babylone en –597 (Jr 29,1). Dans le livre d'Esther, on trouve des prières, supposément récitées par Mardochée et Esther, qui brillent par leur absence dans le texte hébreu. Le texte grec de Daniel intègre la prière d'Azarias et le Cantique des trois jeunes gens, de même que les histoires de Suzanne et de Bel et le dragon. Trouve-t-on de telles divergences à Qumrân ?

Le livre de Daniel découvert à Qumrân est souvent mentionné comme l'un de ces livres canoniques comportant du matériel additionnel[4]. On prétend que des matériaux pseudo-daniéliques faisaient partie d'une collection assez flottante de littérature daniélique rassemblée à Qumrân, et dont certains éléments auraient été finalement exclus du livre canonique. Ces passages peudo-daniéliques sont des textes apocalyptiques prédisant la succession des empires mondiaux jusqu'à l'avènement de l'ère messianique[5]. (L'une de ces compositions est connue sous le titre de « Texte sur le Fils de Dieu ».)

Certains chercheurs citent ces données pour appuyer l'hypothèse selon laquelle le canon de Qumrân était toujours ouvert. Ils rappellent également que, selon la plupart des spécialistes contemporains, ce livre aurait été complété à l'époque maccabéenne. Mais aucun des manuscrits bibliques du livre de Daniel préservés à Qumrân ne comporte ces soi-disant additions. De plus, les manuscrits des textes pseudo-daniéliques ne contiennent rien du texte canonique de Daniel. En réalité, une partie de ce matériel n'offre aucune indication nette d'un lien quelconque avec Daniel ou avec le livre de Daniel. Par conséquent, la présence de matériel extra-canonique ne prouve pas l'existence d'un livre encore fluide ou « ouvert ».

L'autre cas qu'on mentionne habituellement comme exemple est celui du livre des Psaumes, dont la forme ne serait pas encore définie. Le premier rouleau des *Psaumes* de la grotte 11 (11Q5) comporte plusieurs textes qu'on ne trouve pas dans le livre canonique des Psaumes ; de plus, la section intitulée « Compositions davidiques » fait référence à des compositions psalmiques additionnelles. À partir de ces données, certains chercheurs estiment que le canon était toujours ouvert à Qumrân[6]. Ils soutiennent que la secte n'avait pas homologué un corpus fermé de livres sacrés, tel que notre Bible hébraïque, mais qu'ils considéraient plutôt les Saintes Écritures comme une collection en évolution, à laquelle on pouvait faire des ajouts de temps à autre. Ainsi, concluent-ils, puisque le livre des Psaumes n'était pas encore fermé, on a inséré du matériel supplémentaire dans les manuscrits de Qumrân. Ce point de vue repose sur la prémisse que 11Q5 *Psaumes*[a] et d'autres textes comportant du matériel additionnel sont réellement des manuscrits des Psaumes bibliques.

Une manière plus satisfaisante de rendre compte de ces variations dans les textes est de reconnaître que le 11Q5 *Psaumes*[a] est un texte liturgique, une sorte de livre de prières. Ses compilateurs et copistes ont choisi d'y inclure certains psaumes canoniques, déjà acceptés comme partie de la section des Écrits, aux côtés de psaumes apocryphes. Si tel est le cas, ce manuscrit ne saurait être utilisé pour trancher la question de la canonicité du livre des Psaumes durant la période du Second Temple.

Ainsi, en dépit de certaines différences dans les livres bibliques, ce dont nous allons parler plus loin, il n'y a rien dans le corpus qumranien qui suggère que le contenu des livres bibliques canoniques n'aurait pas encore été fixé. Il semble plutôt que les livres constituant la Bible avaient acquis leur stabilité et étaient complets. La Torah et les Prophètes et la plupart des Écrits étaient nettement canoniques. Seul le statut de quelques livres de la section des Écrits était encore discuté, et la question a été clarifiée tôt au cours de la période mishnique, peu après la destruction du Temple en 70.

Types et familles de texte

Bien que le corpus de Qumrân ne donne pas d'indices de fluidité à propos des contenus essentiels des livres bibliques, il présente une certaine fluidité concernant la nature des textes qui y sont préservés. Pour saisir le phénomène, il nous faut quelques informations sur ce que les spécialistes appellent les « témoins » du texte biblique connus avant la découverte du matériel de Qumrân. Par « témoins », nous entendons les sources qui fournissent des indications directes ou indirectes sur l'état du texte dans l'Antiquité tardive[7].

Avant la découverte des manuscrits de la mer Morte, la seule forme du texte biblique connue dans sa langue d'origine, l'hébreu, était le texte massorétique. « Massorétique » est un adjectif qui vient du terme hébreu *mesorah*, « tradition » ; cela désigne le texte traditionnel, reçu. Le texte hébreu tel que nous le lisons maintenant comporte une vocalisation pointée et des accents qui ont été ajoutés au début du Moyen Âge. Toutefois, le texte consonantique était déjà établi comme normatif dans l'Antiquité. À part quelques variantes qu'on trouve dans les textes médiévaux et même dans les bibles hébraïques imprimées d'époque moderne, ce texte était stabilisé, pour l'essentiel, au IIe siècle.

La Septante, la traduction grecque de la Bible, constitue une recension (version textuelle) un peu différente. Techniquement, le terme « Septante » ne s'applique qu'à la traduction de la Torah, les cinq livres de Moïse. Dans l'Antiquité, il circulait une légende selon laquelle la Torah aurait été traduite par soixante-douze anciens de la communauté juive (le terme latin *septuaginga* signifie « soixante-dix »). Mais, en réalité, ces livre ont été traduits durant une période assez longue, qui s'étale du IIIe au IIe siècle avant notre ère. Pour plusieurs de ces livres, la recherche a démontré que la version grecque a été faite à partir d'un texte hébreu différent du texte hébreu massorétique, soit dans son organisation générale, soit en ce qui concerne la lecture de termes ou d'expressions particulières. Beaucoup de ces divergences sont simplement d'ordre exégétique ou sont la résultante d'erreurs de traductions ou de fautes de scribes dans le texte d'origine, qu'on appelle la *Vorlage* ; mais un bon nombre ont de véritables différences textuelles.

Le troisième témoin important du texte biblique dans l'Antiquité est la Torah samaritaine. La secte samaritaine était un vestige de la population de l'Israël du Nord qui était restée sur place après la déportation de –722 et avait contracté des mariages avec les étrangers amenés dans le pays par les conquérants assyriens. Ils ne considéraient que la Torah comme canonique.

La Torah samaritaine diffère du texte massorétique sur deux plans. Un premier groupe de variantes est d'importance négligeable pour notre propos, car il s'agit de variantes introduites délibérément dans la Torah par les samaritains pour établir le mont Garizim, situé en Samarie, comme le lieu saint par excellence dans le pays d'Israël. L'autre couche de variantes témoigne d'un état antérieur dans l'histoire du texte samaritain. Certaines sont d'authentiques variantes par rapport au texte massorétique, soit dans l'épellation des termes, soit dans le mot à mot des phrases. Les autres différences sont ce qu'on appelle des variantes harmonisantes, qui proviennent de la tendance des scribes à niveler les différences entre des textes bibliques parallèles ou apparentés.

Au début des recherches sur les textes de Qumrân, des chercheurs ont suggéré que le matériel trouvé dans les grottes de la mer Morte témoignait de ces trois versions du texte biblique : le texte massorétique, la Septante et le texte samaritain. Dans le cas de la Septante, on a conclu que certains manuscrits de Qumrân nous fournissaient la *Vorlage*, le texte hébreu qui aurait servi de base à la traduction grecque.

Cette théorie a généré ensuite l'idée d'une division géographique du matériel biblique[8]. On supposait qu'un soi-disant texte « palestinien » aurait servi de base à la version samaritaine, ce texte auquel des variantes sectaires ont été ajoutées intentionnellement. Présumant que le texte proto-massorétique proviendrait de Babylonie, les chercheurs le désignaient comme le texte « babylonien ». Enfin, on attribua l'étiquette de texte « alexandrin » à la présumée *Vorlage* de la Septante, puisqu'on croyait que ce texte était celui qui circulait à Alexandrie, en Égypte, au moment où la Septante a été traduite à partir de l'hébreu.

Même si cette théorie éclaire une partie du problème, elle soulève plusieurs difficultés qui nécessitent qu'elle soit reformulée. D'abord, il n'y a aucune preuve de la répartition géographique supposée ici. Selon les récits de la *Lettre d'Aristée* (un texte juif hellénistique composé en grec) et du Talmud — qui décrivent comment la Septante a été traduite — le soi-disant texte alexandrin aurait été emporté de Palestine. Par ailleurs, l'idée d'une origine babylonienne pour le texte massorétique est dénuée de tout fondement. Ces deux types de texte existaient déjà en Palestine dans l'Antiquité tardive ; c'est pourquoi ils apparaissent dans la collection rassemblée et déposée à Qumrân. Dans cette bibliothèque ancienne, on trouve pour la première fois un ensemble complémentaire de textes bibliques qui révèlent l'état du texte de la Bible hébraïque à l'époque du Second Temple.

En plus des trois familles de textes déjà connues, il existe à Qumrân des manuscrits dont le type est propre à cette collection. Beaucoup de manuscrits de Qumrân sont écrits selon une orthographe (le système d'épellation) et une morphologie (la forme grammaticale) caractéristiques de la secte de Qumrân[9]. Cette façon d'écrire est utilisée à peu près dans tous les documents qui peuvent être attribués directement à la secte et qui contiennent ses enseignements. Les textes composés ailleurs, mais préservés à Qumrân, ne comportent pas les caractéristiques de langage typiquement qumraniennes.

Il paraît évident que les textes bibliques où l'on trouve le style d'écriture propre à Qumrân ont été copiés par les sectaires, peut-être à Qumrân, bien

MANUSCRITS BIBLIQUES TROUVÉS À QUMRÂN

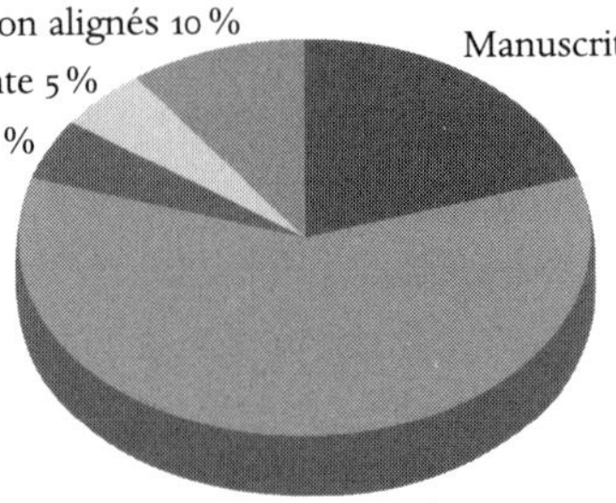

que le lieu géographique ne puisse être établi avec certitude ; cette question n'a d'ailleurs pas beaucoup d'importance. La théorie des trois familles textuelles de base ne rend pas compte adéquatement de ce matériel biblique sectaire et des éléments de leur structure linguistique qu'ils ont en commun avec d'autres documents sectaires. Et pourtant ces manuscrits bibliques sectaires comptent pour environ un cinquième de la collection biblique.

Les spécialistes des manuscrits ont réalisé depuis longtemps que ces textes bibliques de type sectaire remettaient en question la théorie des trois familles textuelles. Les quelques chercheurs qui se sont penchés sur ce type de texte, en particulier sur le rouleau de 1Q *Isaïe*[a], ont conclu que de nombreuses variantes témoignaient d'un effort de créer un texte vulgarisé pour le grand public — un texte plus simple qu'on pourrait comprendre plus facilement. Même si cette explication est insuffisante, elle reconnaît au moins l'importance de ces textes de type sectaire et qu'on doit pouvoir en fournir une explication. Elle met aussi en évidence l'indépendance de ce groupe de manuscrits.

Une autre constatation qui discrédite la théorie des trois familles textuelles est celle de la distribution inégale des types de manuscrits dans la collection de la mer Morte. Parmi les textes qui se prêtent à l'analyse, environ 60 pour cent sont de type proto-massorétique, c'est-à-dire étroitement apparentés au texte massorétique ; un autre 20 pour cent reflète le système d'écriture et la grammaire propres aux sectaires de Qumrân et ont clairement été copiés par eux. Parmi les autres textes, seulement un petit nombre peuvent être considérés comme d'un type proto-samaritain ou apparentés à la Septante. Un petit nombre ne sont alignés sur aucun des trois types.

L'examen du type de texte propre à Qumrân révèle qu'il est basé essentiellement sur des textes proto-massorétiques. On peut en dire autant des textes de type proto-samaritain qui sont fondés sur des textes proto-massorétiques de haute époque. Une pareille distribution montre qu'au moment où les manuscrits trouvés à Qumrân ont été copiés, le type de texte proto-massorétique prévalait en dehors de la secte. Les sectaires ont écrit des textes pour leur propre usage, en employant leur type de texte propre. Mais même leurs manuscrits témoignent d'une prépondérance massorétique, malgré de nombreuses divergences de détail. Lorsqu'on examine les variantes apparentées aux types de textes de la Septante ou de la Torah samaritaine, on se rend compte que même si le processus d'uniformisation de prédominance du type proto-massorétique était déjà passablement avancé durant la période asmonéenne, les autres types de textes bibliques en hébreu connaissaient encore une certaine diffusion. Il faudra encore environ un siècle pour qu'ils disparaissent des communautés juives, excepté celle des samaritains.

On peut voir la suite de ce développement dans les manuscrits trouvés à Massada et dans les grottes de Bar Kokhba. Les manuscrits bibliques de Massada, la dernière forteresse à tomber aux mains des Romains durant la révolte juive (elle a été détruite en 73), sont tous des textes de facture proto-massorétique, ce qui témoigne d'un degré d'uniformisation plus avancé que celui dont fait état la collection de Qumrân[10].

Les documents provenant des grottes de Bar Kokhba sont d'une période un peu plus tardive ; ils y ont été déposés au cours de la seconde révolte juive de 132 à 135. Ces textes sont parfaitement alignés sur la forme consonantique du texte massorétique[11]. À cette époque, des efforts étaient déployés pour harmoniser tous les textes de la Bible avec le texte hébreu massorétique, même les textes grecs utilisés par des Juifs. Le rouleau grec des Douze Prophètes (8XevXIIgr), qui date de la deuxième moitié du Ier siècle avant notre ère, reflète cette tendance. On y trouve une traduction grecque qui s'inspire de la Septante, mais qui a été remaniée pour s'accorder avec le texte hébreu utilisé en Palestine — soit essentiellement le texte massorétique consonantique. Ces indices confirment largement ce qu'on savait déjà, par les données rabbiniques, sur l'état du texte biblique à l'époque du Second Temple et à celle de la Mishnah, et sur les efforts des rabbins d'éliminer tous les textes autres que celui qu'ils considéraient comme le plus fiable et le plus normatif — le texte massorétique consonantique.

Le point de vue que je propose ici diffère un peu de celui que présentent habituellement les scientifiques. La plupart des chercheurs ont tendance à expliquer les données de Qumrân par la théorie des trois types de textes ; ils utilisent ensuite le matériel de Massada et de Bar Kokhba comme preuve d'un processus d'uniformisation plus tardif. Selon eux, cette opération aurait eu lieu au cours des deux premiers siècles de notre ère. Mais les manuscrits de Qumrân démontrent que, dès l'époque asmonéenne, ce processus était déjà beaucoup plus avancé qu'on ne l'avait réalisé auparavant. Vers le IIe siècle avant notre ère, les textes de type proto-massorétique prévalaient en dehors de la secte — et même à l'intérieur de celle-ci, jusqu'à un certain point.

Manuscrits à variantes importantes

Quelques manuscrits méritent qu'on s'y arrête, car ils comportent des variantes significatives par rapport au texte massorétique. J'en ai sélectionné quelques-uns, moins parce qu'ils sont représentatifs que parce qu'ils sont particulièrement intéressants.

Les textes d'Isaïe

Les premiers manuscrits bibliques découverts dans les grottes de Qumrân par les bergers bédouins étaient deux *Rouleaux d'Isaïe* de la grotte 1 (1Q *Isaïe*[a] et *Isaïe*[b])[12]. Ces rouleaux sont devenus la propriété de l'État d'Israël, qui en a acquis un dans chacun de ses deux lots de la grotte 1. 1Q *Isaïe*[a], pratiquement complet, a été publié en 1950 par l'École américaine d'archéologie orientale. 1Q *Isaïe*[b] a été publié avec diligence par le chercheur israélien Eleazar L. Sukenik. On y trouve des portions des chapitres 10 à 66 d'Isaïe, mais il manque plusieurs chapitres et ceux qui sont préservés sont souvent dans un état fragmentaire.

Lorsqu'on examine ces deux textes, on réalise immédiatement qu'ils reflètent des versions différentes. 1Q *Isaïe*[b] est de type proto-massorétique et ne comporte que des variantes mineures par rapport au texte hébreu traditionnel tel que nous le connaissons. Par ailleurs, 1Q *Isaïe*[a] est de type sectaire, car il utilise les formes linguistiques de Qumrân ; il a donc probablement été copié par des membres du groupe.

En plus de ses formes linguistiques particulières, ce texte comporte également plusieurs cas de « modernisation » linguistique — c'est-à-dire des formes et des mots courants au moment où il a été copié (plutôt que celles de l'époque de sa composition) — et des cas de simplification. Quelques spécialistes ont conclu, par conséquent, que le 1Q *Isaïe*[a] était utilisé pour l'étude et non pour le culte et qu'il témoigne d'un genre de texte courant, qu'on appelle souvent « vulgaire ». On a identifié des fragments de dix-huit manuscrits d'Isaïe dans la collection de la grotte 4, ce qui montre la grande popularité de cet ouvrage.

On trouve de nombreuses variantes textuelles mineures dans les textes d'Isaïe de Qumrân, et chacune pourrait contribuer à notre discussion ; mais un cas particulier mérite de retenir notre attention, car il laisse entrevoir que certaines variantes peuvent refléter quelque chose de l'histoire littéraire de la Bible.

Dans la Bible hébraïque telle qu'elle nous est parvenue, 2 Rois 20 et Isaïe 38 présentent des récits parallèles de la guérison du roi Ézéchias par Isaïe. Dans les Rois, le verset 7 du chapitre semble mal placé, parce qu'il suppose que le roi a été guéri, alors que dans le verset 8, ce dernier espère toujours sa guérison. Le problématique verset 7 n'apparaît pas dans le récit parallèle d'Isaïe 38, qui le lit seulement à la fin du chapitre, aux versets 21-22.

Dans 1Q *Isaïe*[a], le verset 7 qui fait problème a d'abord été omis par le scribe, puis ajouté au bout de la ligne, à la fin du verset 20, en débordant sur la marge. Il est cependant impossible de déterminer si le premier scribe avait sous les yeux un texte d'Isaïe qui ne comportait pas le verset problématique, ou s'il a simplement commis une erreur qu'un second scribe s'est chargé de corriger. Par ailleurs, il est clair que le copiste connaissait le texte de 2 Rois, car le v. 6 comporte un ajout qu'on trouve en 2 Rois 20,6. Mais on ne peut déterminer si ce scribe connaissait l'existence de la localisation différente des versets dont témoigne 2 Rois 20. Le moins que l'on puisse dire, sur la base d'un pareil exemple, est que la découverte des manuscrits de Qumrân a changé radicalement la manière d'étudier le texte d'Isaïe.

Samuel

L'un des manuscrits qumraniens de Samuel, 4Q52 *Samuel*[b], a été identifié comme l'un des plus anciens manuscrits de la collection, tout comme 4Q70 *Jérémie*[a], dont nous allons parler plus loin. 4Q *Samuel*[b] a été daté approximativement du dernier quart du IIIe siècle avant notre ère, soit avant la fondation de la communauté de Qumrân[13]. Ce rouleau a donc dû être apporté à Qumrân. Ce texte correspond pour l'essentiel au type proto-massorétique.

Le 4Q53 *Samuel*[c] diffère considérablement du texte massorétique. Ce manuscrit ne contient que quelques fragments de 1 Samuel 25 et de 2 Samuel 14-15. D'après sa calligraphie, il date du Ier siècle avant notre ère.

Parmi ces textes, celui de 4Q51 *Samuel*[a] (vers –50 à –25) est nettement le plus intéressant. Dans plusieurs de ses variantes par rapport au texte massorétique, ce manuscrit semble s'accorder avec la Septante, ce qui nous donne des indices sur le genre de texte hébreu qui est sous-jacent à cette version. Toutefois, le texte de ce manuscrit a un caractère mixte, car il comporte également des éléments qui sont clairement proto-massorétiques. Même si ce manuscrit démontre à l'évidence qu'il y a un texte hébreu original derrière plusieurs variantes de la Septante, il indique également que le livre de Samuel a été interprété pour que certains détails du récit historique qu'il rapporte soient harmonisés avec les exigences légales de la Torah.

Ce manuscrit est devenu presque légendaire, car on prétend qu'il comporte du matériel qui manque dans le texte hébreu massorétique et qui aurait fait partie du livre primitif de Samuel. De plus, des spécialistes ont soutenu que ce manuscrit préserve le texte originel, alors que la version massorétique aurait un texte écourté. Par exemple, le 4Q *Samuel*[a] ajoute un prologue au début du chapitre 11[14] :

> [Et Na]hash, le roi des fils d'Ammon, opprima douloureusement les fils de Gad et les fils de Ruben ; et il leur creva à to[us] l'œil droit et il sema la ter[reur et l'épouvante] en Israël. Il ne restait personne parmi les fils d'Israël au-de[là du Jourdain do]nt l'œil droit n'avait pa[s été cre]vé par Naha[sh, roi] des fils d'Ammon, sauf sept mille hommes (qui avaient) [fui les] fils d'Ammon pour aller à [Y]abesh de Galaad. Environ un mois plus tard…

La suite correspond au texte de 1 Samuel 11. Dans le verset 2, Nahash pose comme condition pour conclure un traité avec les gens de Yabesh de leur crever l'œil droit, sans doute parce qu'ils ont échappé à cette mesure. Une telle condition n'a pas de sens en dehors du contexte que fournit l'addition de 4Q *Samuel*[a] au début du chapitre. Puisque ce passage est tellement lié à ces événements historiques et ne paraît pas emprunté à une autre partie de la Bible, il semble original. De plus, Josèphe connaissait cette addition. On doit en conclure, à tout le moins, qu'elle faisait partie du texte de Samuel tel que le lisaient certains Juifs de l'époque du Second Temple et qu'elle faisait peut-être partie du texte original de Samuel.

Cet exemple est passablement convaincant, mais c'est le seul cas dans tout le corpus biblique de Qumrân où l'on peut parler d'un morceau provenant de la composition originelle, plutôt que d'une addition explicative. Dans les autres cas où les textes de Qumrân comportent des additions, elles ne peuvent habituellement pas avoir fait partie du texte originel, mais s'expliquent plus naturellement comme des interprétations du texte biblique.

Jérémie

Le livre de Jérémie n'est préservé que dans de petits fragments de six manuscrits de la grotte 4, *Jérémie*[a-e] (4Q70-72a) et dans le rouleau de *Jérémie* de la grotte 2 (2Q13)[15]. Parmi ces manuscrits, 4Q *Jérémie*[b] et *Jérémie*[d] sont particulièrement significatifs, car leur texte est de type Septante. Ces deux manuscrits sont datés de la première moitié du IIe siècle avant notre ère, donc de la période asmonéenne. Tandis que le langage du texte de Jérémie de la grotte 2 reflète le style sectaire tout en étant généralement conforme au texte massorétique, 4Q *Jérémie*[b] et 4Q *Jérémie*[d] semblent représenter le genre de texte qui est sous-jacent à la traduction grecque de la Septante. De fait, parmi tous les manuscrits découverts à Qumrân, ces deux manuscrits de Jérémie sont les plus proches de la version de la Septante.

Bien avant la découverte des manuscrits de Qumrân, on savait que le texte grec de Jérémie était différent de l'hébreu sur deux points particuliers. Le texte grec est plus court d'environ un sixième. Il y a aussi des différences importantes dans la séquence, particulièrement au sujet de l'emplacement des oracles contre les nations. Dans le texte massorétique, comme dans les autres anciennes versions bibliques, ces chapitres se trouvent à la fin du livre, dans les chapitres 46-51, avant la section historique qui débute au chapitre 52. Dans la Bible grecque, ils apparaissent au milieu du livre de Jérémie, après Jérémie 25,13.

4Q *Jérémie*[b] et 4Q *Jérémie*[d] possèdent ces deux caractéristiques — un texte plus court et une séquence différente. Par ailleurs, 4Q *Jérémie*[a] et 4Q *Jérémie*[c] sont nettement proto-massorétiques. Ils suivent la séquence et le texte tel que nous le connaissons dans la Bible hébraïque. Le texte de 4Q *Jérémie*[a] date de –275 à –175 et celui de 4Q *Jérémie*[c] n'est pas plus récent que la fin du Ier siècle avant notre ère.

La découverte des textes de 4Q *Jérémie*[b] et 4Q *Jérémie*[d] à Qumrân permet de confirmer une théorie scientifique assez ancienne : depuis longtemps, des spécialistes ont émis l'opinion que les variantes du texte grec ne résultent pas d'une révision grecque interne, mais qu'elles se basent plutôt sur un texte hébreu différent du texte massorétique. Nous avons ici la preuve formelle que c'est bien le cas pour le livre de Jérémie. Nous ne pouvons savoir exactement comment cela s'est produit, mais il est clair qu'à l'époque biblique, il y avait deux versions des prophéties de Jérémie en circulation. Les deux ont survécu, en leur langue hébraïque d'origine, dans des fragments qumraniens.

Le *Paléo-Exode*

L'une des questions les plus intéressantes que le corpus de Qumrân soulève est la suivante : jusqu'à quel point la Torah samaritaine est-elle le reflet de traditions textuelles anciennes ? Cette question s'est posée surtout à propos des manuscrits de Qumrân copiés en écriture paléo-hébraïque. Cette calligraphie était utilisée dans l'Israël ancien jusqu'au retour de l'exil (VIe au Ve siècle avant notre ère), moment où l'on adopta l'écriture araméenne, que les rabbins appellent assyrienne. Les samaritains ont continué d'utiliser l'ancienne écriture, soit parce qu'ils se sont séparés du reste de la communauté juive avant que l'écriture change, soit parce qu'ils voulaient délibérément donner un caractère archaïque à leur texte pour soutenir leur prétention d'être les véritables continuateurs de la tradition biblique.

L'étude des manuscrits de Qumrân écrits en caractères paléo-hébraïques démontre qu'ils n'ont pas d'autres traits particuliers. Le fait d'utiliser l'écriture ancienne ne signifie pas que l'on était plus près du texte proto-samaritain de la Torah. Cette découverte est nettement illustrée par le rouleau du *Paléo-Lévitique* de la grotte 11 (11Q1), qui est pratiquement identique au texte hébreu massorétique, même s'il est copié en écriture hébraïque ancienne. De fait, les textes de Qumrân qui présentent des liens avec la Torah samaritaine sont copiés autant en écriture ancienne qu'en écriture récente ; l'écriture ancienne a même servi à copier des textes de type proto-massorétique.

L'un de ces textes, 4Q22 *Paléo-Exode*, présente un intérêt particulier : il s'agit d'un manuscrit de type proto-samaritain qui est aussi écrit en caractères hébreux anciens[16]. Le texte, bien préservé, comporte des fragments de quarante-trois ou quarante-cinq colonnes consécutives, qui correspondent aux chapitres 6 à 37 de l'Exode. À l'origine, le manuscrit comportait cinquante-sept colonnes. Il a été copié entre –100 et –25.

Tout comme celui de la Torah samaritaine tardive, le texte de ce rouleau comporte plusieurs amplifications, qui sont généralement élaborées à partir d'autres parties de la Torah et qui tentent d'harmoniser le passage en question avec ces autres versets. Par exemple, en Exode 32,10, Dieu dit à Moïse d'arrêter de l'implorer, pour qu'Il puisse détruire le peuple d'Israël qui a

Paléo-Exode

Le manuscrit *Paléo-Exode M* de la grotte 4 est un exemple du type de texte biblique qui est sous-jacent à la Torah samaritaine. Quelques-uns de ces textes ont été découverts à Qumrân ; ils sont caractérisés par des amplifications basées sur d'autres passages bibliques. Bien préservé, ce manuscrit démontre que certains scribes continuaient d'utiliser l'écriture paléo-hébraïque (hébreu ancien) même après que les caractères en hébreu « carré » soient devenus la norme. *Photo Bruce et Kenneth Zuckerman, Section des recherches ouest-sémitiques, en collaboration avec le Séminaire théologique de Princeton. Courtoisie du Département des antiquités de Jordanie.*

commis la faute du veau d'or. 4Q *Paléo-Exode* ajoute à cet endroit : « [De plus, Le Sei]gneur [était en colère contre Aaron,] suffisamment pour le détruire ; aussi Moïse intercéda-t-il pour A[aron]. »

Cette addition provient de Dt 9,20, un passage qui reprend la description de l'incident du veau d'or et dans lequel Moïse dit : « De plus, le Seigneur était suffisamment en colère contre Aaron pour le détruire ; alors j'ai intercédé pour Aaron. » De telles additions sont typiques de ce texte et d'autres qui ont les mêmes tendances harmonisantes.

Ce rouleau présente trois caractéristiques typiques de la Torah samaritaine : une écriture archaïque, un texte de tradition proto-samaritaine, et un abondant usage de lettres correspondant à des voyelles. Le dixième commandement des samaritains, qui requiert l'érection d'un autel sur le mont Garézim, ne s'y trouve toutefois pas. Ce manuscrit prouve que des textes hébreux anciens ont servi de base textuelle aux modifications samaritaines. De tels textes existaient durant la période asmonéenne et se sont frayés un chemin jusque dans la collection de Qumrân.

Les Psaumes

Une bonne partie du débat autour de la question du canon à Qumrân a gravité autour de la question du contenu du premier rouleau des Psaumes de la grotte 11 (11Q5)[17]. Ce rouleau contient des extraits de la dernière partie du Livre des Psaumes, entrecoupés de matériaux non canoniques, dans la séquence suivante : Psaumes 101-103, 109, 105, 146, 148, 121-132, 119, 135-136, 118, 145, Psaume apocryphe II, Supplication de délivrance, Psaumes 139, 137-138, Ben Sira 51, Apostrophe à Sion, Psaumes 93, 141, 133, 144, Psaume apocryphe III, Psaumes 142-143, 149-150, Hymne au créateur, 2 Samuel 23,7, Compositions davidiques, Psaumes 140, 134, et Psaumes apocryphes 151 A et B. En s'appuyant sur ce texte, des chercheurs ont prétendu que le contenu du Livre des Psaumes était encore fluide durant la période asmonéenne.

J'ai reproduit ci-haut la liste complète des textes contenus dans 11Q *Psaumes*[a] pour montrer que ce texte n'est pas simplement un rouleau des Psaumes comportant quelques additions. Il y a ici des traits liturgiques évidents. D'abord, les psaumes qu'on a inclus dans ce rouleau sont pour la plupart des textes dont on sait qu'ils étaient importants dans la liturgie du Temple de Jérusalem ou dans la liturgie ancienne de la synagogue juive. Deuxièmement, dans le cas du Psaume 145, qui est récité régulièrement dans le service de la synagogue, des refrains liturgiques qui ne font pas partie du texte biblique ont été ajoutés, ce qui correspond au témoignage des textes rabbiniques sur l'utilisation de refrains dans le rituel du Second Temple. Après chaque verset du psaume, on trouve l'additions suivante : « Béni soit le Seigneur et béni soit Son nom à jamais. » (11Q5 *Psaumes*[a] XVI,7-XVII,17)

Troisièmement, l'ordre des chapitres a été modifié, évidemment pour répondre aux besoins liturgiques d'une communauté donnée. Finalement, les textes ajoutés sont pour la plupart des poèmes liturgiques. Par exemple, l'Hymne au créateur présente des liens étroits avec la poésie liturgique qu'on utilisera plus tard lors des services à la synagogue. C'est pourquoi je considère que ce rouleau, dans son entier, est une composition liturgique ; plusieurs chercheurs israéliens ont exprimé un point de vue semblable depuis la publication de ce texte.

Cette opinion s'appuie encore sur un passage qu'on trouve à la fin du rouleau et que les chercheurs contemporains appellent les Compositions davidiques. Ce texte parle du rôle des Psaumes dans la liturgie, mais il inclut plusieurs poèmes apocryphes réels ou fictifs :

> Et David le fils de Jessé [...] composa 3600 psaumes ; et des cantiques à chanter devant l'autel des holocaustes quotidiens ; pour tous les jours de l'année, 364 ; et pour les sacrifices du sabbat, 52 cantiques ; et pour les sacrifices des nouvelles lunes et pour tous les jours de fêtes et pour le Jour du pardon, 30 cantiques. En tout, il fit 446 cantiques, et des cantiques à exécuter sur ceux qui sont frappés (d'un mal), 4. Au total, 4050. Tout cela, il le fit grâce au (don de) prophétie qu'il avait reçu de la part du Très-Haut. (11Q5 *Psaumes*[a] XXVII,2-11)

Dans ce texte, les Psaumes sont considérés comme appartenant au genre liturgique. Sa présence à la fin de 11Q *Psaumes*[a] supporte l'idée que ce rouleau est une sorte de livre de prières.

Ce point de vue est également confirmé par l'existence du rouleau 4Q88 *Psaumes*[f], dans lequel trois compositions apocryphes suivent immédiatement le Psaume 109[18]. La première est l'Apostrophe à Sion, qui est placée à un endroit différent par rapport 11Q *Psaumes*[a]. Vient ensuite un poème non identifié, puis ce qu'on a appelé une Apostrophe à Juda, c'est-à-dire au territoire de la Judée. Ce manuscrit est une composition liturgique, tout comme 11Q *Psaumes*[a]. Il semble avoir existé à Qumrân une certaine variété de textes semblables, différents des Psautiers canoniques ; une telle situation pouvait être assez généralisée dans le judaïsme du Deuxième Temple.

Le fait qu'il s'agisse de collections liturgiques ressort encore plus quand on prend en compte l'existence d'autres manuscrits des Psaumes à Qumrân qui, précisément, correspondent au Psautier biblique. 4Q84 *Psaumes*[b] est un texte de cette nature[19]. Ce manuscrit d'époque asmonéenne préserve des parties des Psaumes 91-94, 96, 98-100, 102-103, 112-113, 115-116 et 118. Les Psaumes 104-111 et 114 étaient apparemment absents de ce manuscrit, même s'ils sont préservés dans d'autres manuscrits qumraniens des Psaumes. Dans ce manuscrit, le texte est disposé en colonnes, suivant la poésie des Psaumes, et il est très près du texte massorétique.

4Q83 *Psaumes*[a] n'est pas disposé en lignes poétiques ; il préserve, dans un ordre différent de celui du Psautier canonique, des vestiges des Psaumes 5-6, 25, 31, 33-36, 37, 38, 71, 47, 53-54, 56, 62-63, 66-67 et 69. Le Psaume 32 a été clairement omis. Les Psaumes 38 et 71 apparaissent ici comme un seul psaume. Ce texte est tout simplement une copie des Psaumes qui, comme tous les anciens manuscrits de la Bible, témoignent de la période au cours de laquelle il y avait encore une certaine fluidité textuelle et séquentielle. Mais ce type de texte biblique peut être nettement différencié d'un rouleau à caractère liturgique. D'autres manuscrits de Qumrân reflètent le livre canonique des Psaumes. 4Q85 *Psaumes*[c] utilise le système d'écriture et de grammaire de Qumrân et, par conséquent, a été préparé pour un emploi communautaire. Les manuscrits qui ont un texte de type proto-massorétique ont probablement été apportés de l'extérieur de la communauté.

Ce survol montre qu'il n'y avait pas de canon ouvert, à Qumrân, pour le livre des Psaumes. Il y a plutôt deux types de textes des Psaumes dans le corpus de Qumrân : des rouleaux des Psaumes canoniques et des collections liturgiques[20]. À cette époque, les Psaumes jouaient un rôle majeur dans le culte juif, au Temple aussi bien qu'en dehors, et d'autres poèmes commençaient également à faire partie de la liturgie de divers groupes.

On peut réaliser par cet aperçu un peu rapide que les manuscrits bibliques de Qumrân ne supportent pas l'opinion assez répandue qui nie l'existence d'un canon biblique chez les sectaires de Qumrân. Les données montrent au contraire qu'il y avait effectivement un canon d'écrits spécifiques, à caractère normatif, servant de base pour d'autres compositions. Le texte de type proto-massorétique prévalait, même si l'on trouvait aussi à ses côtés des textes de type sectaire, aussi bien que quelques textes de type proto-samaritain ou de type Septante. Ces données, complétées par celles de Massada et celles des grottes de Bar Kokhba, révèlent qu'un processus de standardisation est à l'œuvre, comme l'atteste la littérature rabbinique. Ce processus était complété au moment où des manuscrits bibliques ont été déposés dans les grottes de Bar Kokhba, environ soixante-cinq ans après l'abandon de la collection de Qumrân.

La Bible, à son tour, a généré de nombreux textes apocryphes dans l'Antiquité tardive ; ces textes visaient à développer ou à interpréter les écrits canoniques. Ces compositions étaient parfois difficiles à distinguer des écrits bibliques antérieurs. Dans d'autres cas, la tendance de ces ouvrages à réécrire les textes bibliques devait sauter aux yeux des lecteurs d'autrefois. C'est à ce corpus d'écrits, dont la plupart étaient le patrimoine commun des Juifs du Second Temple, que nous nous intéressons maintenant.

CHAPITRE 11

La littérature apocryphe

PLUSIEURS DES OUVRAGES trouvés à Qumrân, principalement ceux qui ont été composés en araméen, sont plus anciens que la communauté de Qumrân elle-même. On a découvert du matériel semblable à Massada. Étant donné que les défenseurs de Massada étaient des Juifs qui semblent avoir pratiqué une approche pharisienne de la loi juive, plutôt que l'approche sectaire d'origine sadducéenne en vigueur à Qumrân, la présence des mêmes textes aux deux endroits suggère qu'ils circulaient parmi des segments diversifiés de la population juive. Ces documents faisaient apparemment partie d'un assez vaste corpus de littérature juive de la période du Second Temple.

Le genre littéraire des ouvrages apocryphes se rattache directement à la Bible canonique. On peut y voir une sorte de « Bible réécrite » : il s'agit essentiellement de raconter la Bible d'une manière différente ou de la compléter. Ces textes ne sont toutefois pas de simples commentaires ou des suppléments, mais des ouvrages indépendants[1].

Le matériel apocryphe est important pour plusieurs raisons. D'abord, cela nous éclaire à propos de la période qui aboutit à la réforme hellénistique et la révolte des Maccabées. Deuxièmement, ces textes étaient vraisemblablement tenus en haute estime par la secte de Qumrân et ils ont eu une influence sur la pensée sectaire en plusieurs domaines. Troisièmement, une partie de cette littérature a influencé le développement du mysticisme, de l'apocalypticisme[2] et du messianisme juifs, et elle nous aide à comprendre les formes postérieures de ces courants majeurs. Finalement, la comparaison des vestiges de ces ouvrages avec les diverses traductions de l'Antiquité et du Moyen Âge confirme habituellement la fiabilité de ces traductions, ce qui a étonné bien des spécialistes au moment où le contenu des manuscrits de la mer Morte a commencé à être connu.

Dans ce chapitre, nous nous concentrons sur quelques exemples de ce type d'écrits du corpus qumranien. Les chapitres suivants en présentent d'autres. En plus des textes de Qumrân, nous connaissons d'autres écrits apocryphes dans des versions transmises en traductions ou préservées autrement par diverses Églises d'Orient. L'ensemble de ces ouvrages démontre l'importance de l'apocalyptique et des tendances sectaires dans le judaïsme du Second Temple.

Hénoch

Les traditions sur Hénoch sont préservées dans des fragments araméens trouvés à Qumrân, des fragments grecs découverts en Égypte, et dans la version éthiopienne plus complète du premier livre d'Hénoch qui fut introduite en Europe au XVIIIe siècle[3]. Ces traditions semblent remonter aussi loin qu'au IIIe siècle avant notre ère. Trois thèmes de base se retrouvent à travers tout ce matériel : la chute des veilleurs (anges) et les actions violentes de leurs fils, les géants ; la révélation de secrets célestes à la race humaine par les veilleurs ; et l'ascension d'Hénoch au ciel, où il devient un prophète et un scribe.

Apparemment, la figure d'Hénoch a suscité bien des spéculations. Hénoch est ce descendant d'Adam qui, selon Genèse 5,24, « est disparu, car Dieu l'avait pris ». Cette affirmation biblique énigmatique a conduit à la croyance qu'Hénoch avait été emporté vivant au ciel, où il a eu des visions apocalyptiques. Cette spéculation a généré la littérature hénochique qui s'est développée dans l'Antiquité. Nous savons maintenant, grâce aux fragments découverts à Qumrân, que la langue d'origine de ce matériel était l'araméen. Pratiquement sans exception, tous les textes araméens trouvés à Qumrân ont été composés avant l'avènement de la secte. De tels ouvrages ont été intégrés à la collection de Qumrân parce qu'ils constituent une part de l'héritage de la littérature juive avec laquelle la secte était familière. Toutes les compositions sectaires, par ailleurs, ont été écrites en hébreu.

Le matériel araméen trouvé à Qumrân correspond en grande partie au premier livre d'Hénoch. Habituellement, on estime que le premier livre d'Hénoch comporte cinq parties. La première, le Livre des veilleurs, décrit la fin de temps et le jugement dernier, et raconte la chute des anges et diverses visions d'Hénoch. La seconde, les Paraboles (ou Similitudes), parle du jugement à venir, du Fils de l'homme (considéré par plusieurs comme un agent de salut eschatologique), du paradis, de la résurrection et du châtiment des anges déchus. La troisième, le Traité astronomique, présente un calcul du temps à l'aide d'un calendrier solaire de 364 jours, un calendrier à peu près identique à celui de la communauté de Qumrân. La quatrième, le Livre des songes, rapporte des visions (selon le point de vue d'Hénoch) de l'avenir du monde, d'Israël et du déluge, jusqu'à l'avènement du messie. La cinquième partie, l'Épitre d'Hénoch, est un testament qui traite surtout des bénédictions promises aux justes et du châtiment des pécheurs ; cette section comporte aussi l'Apocalypse des semaines, qui schématise l'histoire du monde en dix « semaines » consécutives, qui vont de l'époque d'Hénoch jusqu'au jugement dernier. Autrefois, divers livres de Noé — de petits traités fournissant les détails de sa vie ou du déluge — étaient aussi en circulation. L'un de ces textes, en tout ou en partie, est ajouté à la fin de *1 Hénoch*.

La découverte des fragments de Qumrân a changé complètement notre compréhension de l'histoire du Livre d'Hénoch. Il est maintenant tenu pour acquis que les parties de ce livre étaient à l'origine des collections indépendantes. Cela explique pourquoi on a trouvé à Qumrân seulement quatre parties correspondant à *1 Hénoch* tel qu'il est préservé dans la version éthiopienne. La section connue sous le nom de Paraboles en est absente, et on la considère maintenant en général comme une composition tardive. En plus de vestiges araméens des quatre autres sections, les fragments de Qumrân ont préservé, également en araméen, des restes d'un Livre des géants, qu'on connaissait auparavant en d'autres langues, selon une version manichéenne (le manichéisme est une religion dualiste orientale).

Chaque soi-disant livre est lui-même un ouvrage composite, ayant sa propre histoire littéraire. Les fragments araméens montrent qu'à l'époque asmonéenne, Hénoch n'avait pas encore la forme finale que nous lui connaissons maintenant. De plus, nous avons récupéré à Qumrân l'ancien Livre des géants, dont on ne possédait que des citations dans le texte manichéen. Il est aussi important de noter que le *Livre des Jubilés*, un livre extrêmement populaire à Qumrân, est basé en partie sur *1 Hénoch*. Notons aussi au passage que *2 Hénoch*, préservé seulement en langue slave, dépend aussi de *1 Hénoch* et d'autres traditions ; il n'est cependant pas pertinent autrement pour l'étude des manuscrits de Qumrân. Ce qu'on appelle *3 Hénoch* est un texte mystique du début du Moyen Âge.

Quelques exemples illustreront les rapports entre le matériel sur Hénoch et la tradition biblique. *1 Hénoch* 6-11 reflète deux traditions sur l'origine du péché et la façon dont Dieu y réagit. La première reprend Genèse 6,1-9 et présente Shemêhaza comme le chef des anges rebelles. Cette section est préservée en araméen dans *Hénoch A* et *Hénoch B* :

> Et voici les [noms de leurs chefs] : Shemêhaza qui [était leur chef]... Ceux-là, ainsi que leurs chefs [prirent tous pour eux-mêmes] des femmes, ils en choisirent parmi toutes ; et ils [commencèrent à avoir des rapports sexuels avec elles, et à se souiller avec elles] et à leur enseigner la sorcellerie... Et elles devinrent enceintes d'eux et enfantèrent [des géants]. (4Q201 *Hénoch*[a] *ar* III,5-16 = *1 Hénoch* 6,7-7,2)

Dans cette version, le mal ne provient pas de l'humanité, mais d'une révolte des anges qui est suivie de leur accouplement avec les filles des hommes. Leur union engendre les géants qui introduisent le mal dans le monde. En réaction à cela, Dieu envoie l'ange Sariel pour expliquer à Noé comment échapper au déluge qui vient. Michel est envoyé pour détruire les anges déchus et les géants qui sont la cause du mal sur terre. Derrière ce récit, se reflète le point de vue de l'auteur qui imagine la destruction imminente du mal, suivie d'un nouveau commencement eschatologique pour l'humanité. Nous sommes donc ici en présence d'une réinterprétation apocalyptique de l'histoire de la Genèse.

Un deuxième niveau de tradition, imbriqué dans le même passage d'Hénoch, attribue la révolte à un autre chef des anges, Azaël : « Azaël enseigna [aux hommes à] fabriquer des épées de fer et des cuirasses de cuivre, [et il leur montra] (les métaux) qui sont extraits (du sol), [et comment] il pouvaient travailler l'or pour le modeler... et, pour ce qui est de l'argent,... [à en faire des ornements] pour [les femmes]. » (4Q202 *Hénoch*[b] II,26-27 = *1 Hénoch* 8,1) Cette version prend sa source dans Genèse 4,22. Ici, la révolte implique la révélation aux humains des secrets de la métallurgie et de l'extraction des minéraux, ce qui rend possible la fabrication du matériel de guerre ; cela rappelle le mythe de Prométhée. Dans les deux traditions, le remaniement du matériel de la Genèse a pour objectif non seulement de le réinterpréter dans son contexte originel, mais aussi de l'appliquer au contexte historique de l'auteur, à son époque.

L'adaptation du récit de la naissance de Noé, qu'on trouve en appendice au Livre d'Hénoch (*1 Hénoch* 106-107), présente un cas similaire. Ici, l'histoire de Noé commence par une naissance miraculeuse — une condition *sine qua non* pour être un authentique héros biblique —, mais qui, dans le cas de Noé, ne se trouvait pas dans le livre canonique de la Genèse. Une partie de cette section est préservée dans un manuscrit araméen très fragmentaire de Qumrân : « [Et quand l'enfant naquit, sa chair était plus blanche que neige et] plus rouge [qu'une rose, et toute sa chevelure était aussi blanche que la laine pure, épaisse et resplendissante. Et quand il ouvrit les yeux, il éclaira] toute [la maison comme un soleil et toute la maison resplendit]. » (4Q204 *Hénoch*^{c} 5 I,28-20 = *1 Hénoch* 106,2) L'apparition et les actions miraculeuses de l'enfant conduisent son père, Lamek, à chercher une explication auprès de son propre père, Mathusalem, qui demande à son tour à Hénoch qui est déjà aux cieux. Il en résulte un oracle qui explique le déluge qui s'en vient (voir *1 Hénoch* 6-7) et le rôle de Noé qui sauvera le monde de la destruction. En conséquence, on lui dit d'appeler son fils « Noé » (reste), « car il sera ce qui vous restera [...] de la corruption de la terre ». Hénoch prédit aussi le déclin qui se produira à nouveau après le déluge.

On trouve également une semblable réécriture de l'histoire de Noé dans *2 Hénoch* (l'Hénoch slave) et dans la *Genèse Apocryphe*, une réinterprétation de la Genèse qui figurait parmi les sept premiers rouleaux découverts à Qumrân. De plus, il y a à Qumrân un texte qu'on appelle le Livre de Noé[4]. Dans ce récit, Noé est élevé au rang de véritable homme juste, un rôle auquel il est destiné depuis sa naissance. Il pourrait fournir un paradigme du rédempteur messianique qui sauvera le monde des maux qui sévissent à l'époque de l'auteur.

Il est aussi possible qu'un ouvrage araméen appelé *Texte messianique araméen* ou *Élu de Dieu* soit une partie de la littérature sur Noé. Bien que certains l'aient considéré comme une description de la naissance miraculeuse du messie, il est sans doute plus exact d'y voir la naissance de Noé. En effet, selon de nombreuses traditions de cette période, la naissance toute spéciale de Noé anticipe déjà son rôle futur. Après avoir interprété certains traits physiques comme la preuve d'une naissance inhabituelle, le texte suggère que Noé a été doté d'une sagesse spéciale : « Conseil et prudence seront avec lui, [et] il connaîtra les secrets de l'humain. Et sa sagesse atteindra tous les peuples et il connaîtra les secrets de tous les vivants. [Et to]us leurs plans contre lui n'aboutiront à rien, même si l'opposition de tous les vivants sera forte..., parce qu'il est l'élu de Dieu. » (4Q534 *Élu de Dieu* I,7-10) Malgré sa sagesse, Noé est tourné en ridicule et rencontre l'opposition de ses voisins tandis qu'il peine à construire l'arche. Toutefois, son succès est assuré du fait qu'il est l'élu de Dieu, comme cela ressort déjà de sa naissance miraculeuse.

Le Livre des géants est étroitement associé à la littérature hénochique et aux récits dont on vient de parler. Ce livre parle des géants, fils des anges rebelles Shemêhaza et Baraqiel[5]. Le texte, qui cherche à fournir des détails au sujet des géants mentionnés dans la Genèse, évoque toute une mythologie. Les géants reçoivent une vision du jugement à venir et de la destruction du mal et demandent à Hénoch de l'interpréter. Dans un passage très fragmentaire, Hénoch prédit la destruction future et exhorte les géants à prier : « Sachez que [...] et vos actions et celles de vos femmes [...] elles [et leurs] enfants et les femmes de [leurs enfants...] par votre prostitution sur la terre. [... Et la terre se plaint] et porte des accusations contre vous et contre les actions de vos enfants... [de] la corruption dont vous l'avez corrompue... » (4Q203 *HénGéants*[a] 8,6-11) Le texte décrit ensuite la destruction des géants et conclut : « Et maintenant, relâchez les chaînes qui [vous] lient et priez. » (4Q203 *HénGéants*[a] 8,14-15) Apparemment, l'auteur considère la prière comme la seule manière d'éviter la catastrophe annoncée.

La nature précise du rapport entre cet ouvrage et *1 Hénoch* n'est pas certaine. Il peut avoir constitué à l'origine une partie d'un cycle dans les livres d'Hénoch, ou il peut dépendre de *1 Hénoch*, comme le livre plus tardif de *2 Hénoch*. Quoi qu'il en soit, le fait d'avoir récupéré le texte araméen originel de portions significatives de *1 Hénoch* et du Livre des géants, qu'on avait perdu depuis longtemps, enrichit grandement notre connaissance de la littérature de la période du Second Temple.

Les *Jubilés*

Le livre des *Jubilés* est une réécriture encore plus étendue du livre de la Genèse et du début de l'Exode (jusqu'au chapitre 14)[6]. On le date habituellement du IIe siècle avant notre ère. On a identifié à Qumrân douze manuscrits de ce texte. Le livre des *Jubilés* est cité dans le *Document de Damas* (daté entre –100 et –75) ; les copies trouvées à Qumrân datent du Ier siècle avant notre ère. Le livre fait probablement référence à la réforme hellénistique et pourrait avoir été composé peu après ces événements ; il aurait été achevé vers –168.

Même s'il y a des parallèles entre les *Jubilés* et une partie du matériel de Qumrân, il est certain, pour des motifs historiques aussi bien que philologiques, que cet ouvrage n'a pas été composé à Qumrân. De fait, il paraît être légèrement antérieur à la secte de Qumrân. Il est rédigé dans un hébreu qui n'est pas le dialecte que nous connaissons par les divers textes composés par les membres de la secte. Néanmoins, cet ouvrage a eu une influence sur la vie de la secte de Qumrân et il est possible que ses membres l'aient considéré comme un texte canonique.

Le livre des *Jubilés* prétend avoir été dicté au Sinaï par un ange : « Et Moïse monta sur la montagne du Seigneur… Et le Seigneur lui révéla aussi bien ce qui (était) au commencement que ce qui arriverait (dans l'avenir)… Et Il (Dieu) dit : "Applique ton esprit à tout ce que je te dis sur la montagne et écris-le dans un livre…" » (*Jubilés* 1,2-5 = 4Q216 *Jub*[a] I,7-13) La même révélation apparaît plus loin sous forme de tablettes célestes, copiées pour Moïse par un ange de la présence (c.-à-d. un ange qui se tient en présence de Dieu dans le sanctuaire céleste ; *Jubilés* 1,27-29 ; voir 4Q216 *Jub*[a] IV,1-17). Le livre prétend ainsi être une « sorte d'alternative » à la Torah canonique et offrir une image plus adéquate de la vraie révélation divine. L'obéissance à cette Torah accélérera la venue de la fin des temps. L'auteur suit la Torah de très près : il la répète parfois mot à mot, mais il en omet aussi des parties et, en général, la réécrit de manière substantielle. Il impose au récit biblique une chronologie basée sur ces cycles sabbatiques et jubilaires de sept et de cinquante ans respectivement. La séquence historique culmine avec l'entrée des Israélites dans le pays d'Israël la première année du cinquantième jubilé (2451 ans après la création).

L'un des thèmes récurrents des additions de ce livre est celui de la loi juive. L'auteur essaie de montrer que les patriarches et autres héros de Genèse observaient les lois qui allaient être données au Sinaï plus tard, particulièrement le calendrier rituel des fêtes. Il insère de nombreux points de la loi juive dans les récits sur les patriarches, alors qu'ils ne figurent pas dans la Torah canonique. Par exemple, il dit qu'Abraham observait la fête des Semaines (Shavouot) : « La cinquième année de la quatrième semaine (c.-à-d. du cycle sabbatique) de ce Jubilé, le troisième mois, au milieu du mois, Abram fit une fête des prémices de la récolte du grain. Et il offrit un nouveau sacrifice sur l'autel… » (*Jubilés* 15,1-2) D'après le texte parallèle de la Torah (Lv 23,15-16), il est clair qu'il s'agit de la fête des Semaines. Mais il faut noter que la fête est située au milieu du troisième mois (Sivan, dans le langage rabbinique), ce qui correspond au calendrier sectaire et non à celui des pharisiens.

Du point de vue de l'auteur des *Jubilés*, les fêtes sont déterminées suivant un calendrier de 364 jours, constitué de mois et d'années solaires. C'est ce que la secte de Qumrân appelait le « livre des divisions des temps selon leurs Jubilés et leurs semaines » (*Document de Damas*[a] xvi 2-4). Plusieurs groupes sectaires de la période du Second Temple étaient partisans de l'usage d'un tel calendrier.

L'auteur met certains de ses enseignements dans la bouche des patriarches, par exemple l'interdiction des mariages mixtes : « S'il y a quelqu'un en Israël qui veut donner sa fille ou sa sœur à un homme qui est de la semence des Gentils, qu'il soit mis à mort… Et la femme aussi, qu'on la brûle au feu, parce qu'elle a souillé le nom de la maison de son père… » (*Jubilés* 30,7) L'opposition ferme de l'auteur aux mariages mixtes doit être comprise dans le contexte de l'hellénisation très poussée qui se produisait à son époque. Néanmoins, l'auteur se fait l'écho de l'interdiction juive traditionnelle des mariages mixtes, à laquelle il ajoute des sanctions extrêmement sévères, comme il le fait souvent ailleurs.

L'auteur fait aussi des additions à des fins didactiques, de la même manière que dans la Aggadah rabbinique : il explique par exemple que le déluge a eu lieu parce que les anges se sont unis aux filles des hommes, ce qui a produit le monde démoniaque. Il ajoute aussi des éléments messianiques apocalyptiques. Il insiste sur la révélation du Sinaï, le repentir et la conviction que les impies seront bientôt détruits. Le texte attribue aussi aux patriarches divers enseignements éthiques. Abraham est présenté comme un modèle de vertu, de sagesse et d'intuition. L'auteur harmonise fréquemment le portrait d'un patriarche en prenant des traits qui lui sont attribués à un endroit dans le récit biblique et en les appliquant à sa conduite dans d'autres passages. Cette forme d'exégèse analogique se retrouve à peu près partout. De fait, la source de plusieurs additions à la Bible est le matériel biblique lui-même.

La plupart des modifications au livre canonique ont un but halakhique. Plusieurs des lois dans ce texte ont leur parallèle dans d'autres lois sectaires du groupe de la mer Morte ou du *Rouleau du Temple* ; mais il y a aussi des différences. Il n'est pas possible d'identifier la tradition légale de l'auteur à celle des sadducéens, même s'il y a certains points de contact. Certaines lois semblent viser, de façon polémique, des pratiques en vigueur à l'époque même de l'auteur.

Le livre des *Jubilés* a été composé en hébreu et des portions importantes du texte ont été préservées à Qumrân dans sa langue d'origine. Avant la découverte des fragments qumraniens, on le connaissait grâce à une version éthiopienne apportée en Europe au XVIIIe siècle, à des citations en grec et à une traduction partielle en latin. On en a également trouvé des fragments à Massada, ce qui confirme la popularité de ce texte.

Le livre des *Jubilés* a été traduit en grec à partir de l'hébreu, mais la version grecque n'a survécu que sous forme de citations et de résumés. Le texte éthiopien, traduit du grec, est cependant conservé dans sa totalité. Une traduction latine, faite aussi sur le grec, est souvent utile pour interpréter certains passages difficiles de la version éthiopienne. L'étude des fragments de Qumrân a globalement confirmé la fiabilité de la traduction grecque, de même que de la version éthiopienne qui en dérive.

L'auteur est probablement un Juif palestinien de famille sacerdotale. À cause de ses vues piétistes, certains ont pensé qu'il était membre d'un groupe essénien ou hassidique. La chose est sans doute plus complexe, mais il est clair, à en juger par la grande estime que la secte de Qumrân avait pour cet ouvrage, qu'il doit remonter à des cercles que la secte considérait comme ses devanciers spirituels. Il faut cependant noter qu'à certains égards, la théologie des *Jubilés* et sa halakhah sont différentes de celles que nous retrouvons dans les écrits sectaires de Qumrân.

Il y a également à Qumrân trois manuscrits semblables aux *Jubilés*, qu'on nomme *Pseudo-Jubilés A-C* (4Q225-227). Le texte suit de très près la manière des *Jubilés* et s'y apparente étroitement. *Pseudo-Jubilés A*, par exemple, raconte l'histoire de la ligature d'Isaac. Tout comme dans les *Jubilés* (17,16), c'est ici l'ange Mastéma, le prince du mal correspondant au Bélial de plusieurs textes de Qumrân, qui incite Dieu à mettre Abraham à l'épreuve en lui demandant de sacrifier Isaac son fils unique : « Et ap[rès] cela, un fils naquit [à Abraha]m, et [il] l'appela Isaac, et le Prince Ma[s]téma alla [auprès de Di]eu et accusa Abraham à propos d'Isaac ; et [D]ieu dit [à Abra]ham] : "Prends ton fils, Isaac, [ton] unique…" » (4Q225 *Pseudo-Jubilés*[a] 2 I,8-11 ; voir Gn 22,2) Comme dans les *Jubilés*, l'ange Mastéma se couvre de honte lorsqu'Abraham réussit l'épreuve de sa foi.

Quel que soit le rapport exact que ce texte et d'autres semblables ont avec le livre des *Jubilés*, ils démontrent qu'il existait dans l'Antiquité une tradition vivante de réécritures semblables, comportant toutes sortes de détails tels que ceux qu'on a mentionnés ici. Ce matériel annonce la Aggadah rabbinique postérieure, qui amplifiera également le texte biblique pour en tirer des leçons éthiques, morales et religieuses.

La *Genèse apocryphe*

Un des écrits inédits découverts parmi les premiers rouleaux de la grotte 1 est la *Genèse apocryphe*[7]. On en a également trouvé plus tard quelques fragments dans la grotte 4. Le rouleau reprend les récits sur les patriarches, du moins dans les parties préservées, depuis la période de Lamek à celle

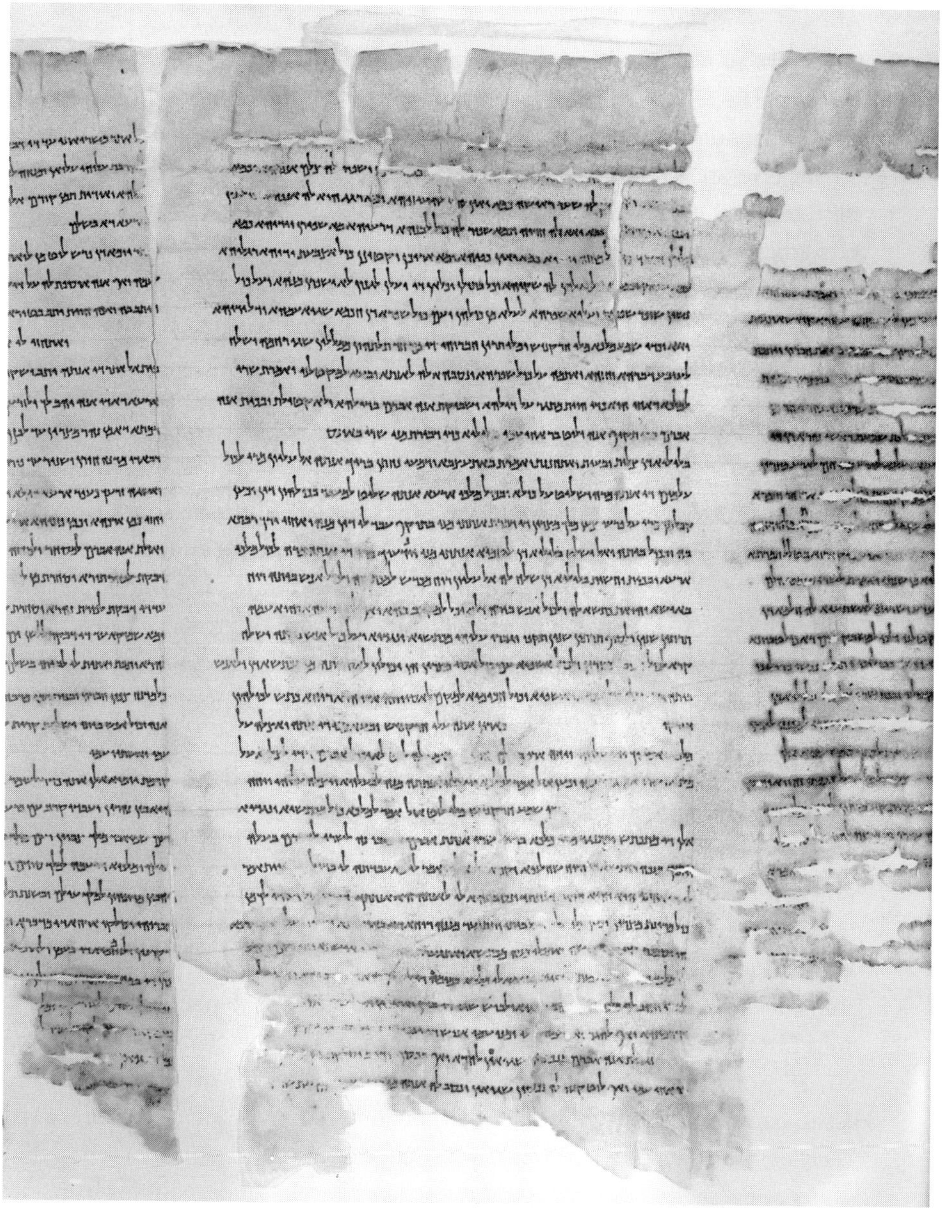

Genèse apocryphe
Parmi les sept premiers manuscrits découverts en 1947 dans la grotte 1, la *Genèse apocryphe* est écrite en araméen et a été composée avant que la secte de Qumrân ne soit fondée. Il s'agit d'une réécriture amplifiée de certains récits bibliques, dans un style semblable à celui du livre des *Jubilés*. Le manuscrit étant très détérioré, une bonne partie du texte est illisible. *Courtoisie du Sanctuaire du Livre du Musée d'Israël.*

d'Abraham. C'est l'un des quatre rouleaux relativement complets achetés par Yadin au Métropolite syrien Athanase Samuel. Il n'est préservé et publié qu'en partie, et les sections non publiées se sont détériorées à un point tel qu'on ne peut presque plus rien y lire. De nouvelles technique scientifiques d'imagerie spectrale ont permis de déchiffrer quelques mots auparavant illisibles, et il est possible que cette méthode donne encore quelques résultats additionnels.

Le texte est rédigé en araméen et est assez souvent à la première personne du singulier. Il ne présente pas de parallèles ni aux croyances ni aux enseignements de la secte de Qumrân et il n'y a aucun indice particulier qui inciterait à associer sa composition à ce groupe. On n'y trouve pas non plus d'enseignements apocalyptiques, du moins dans les portions préservées du rouleau. On doit se rappeler encore une fois le principe de base que les textes composés en araméen qui ont été trouvés à Qumrân sont une partie de l'héritage de la littérature du Second Temple qui y a été apportée.

L'auteur nous offre un récit continu qui suit celui de la Genèse. Parfois, l'ouvrage répète la Bible, et parfois il la paraphrase. Il présente souvent des additions majeures, dont certaines sont semblables à ce qu'on trouve dans d'autres compositions telles que le *Livre des Jubilés*, qui pourrait être une de ses sources contemporaines. La *Genèse apocryphe* contient aussi des parallèles à des textes plus tardifs tels que les Targoumim (les traductions araméennes de la Bible) et les Midrashim.

Comme dans *1 Hénoch*, il y a dans ce livre un récit de la naissance miraculeuse de Noé, sauf que le protagoniste est Lamek plutôt qu'Hénoch (colonnes 2-5). Les colonnes 6-17 racontent l'histoire du déluge et ses suites, et présentent de nombreux parallèles avec les *Jubilés*. Noé y observe également les lois de la Torah. Ici, par exemple, Noé est le narrateur : « Moi et mes fils, nous avons commencé à cultiver la terre et je plantai une vigne… sur le mont Lubar. La quatrième année, elle produisit du vin pour moi… Et je commençai à le boire le premier jour de la cinquième année. » (1Q *Genèse Apocryphe* XII,13-15) Les *Jubilés* (7,2) ont une tradition très semblable. Dans ce passage, Noé observe la règle de la Torah concernant les fruits des nouveaux arbres ou des nouvelles vignes (Lv 19,23-25). Conformément à cette prescription, il ne boit pas du produit de la quatrième année avant le début de la cinquième. Même si cette interprétation diffère de la tradition rabbinique postérieure, qui requiert que le produit de la quatrième année soit offert en sacrifice, il est clair que ce texte reflète une façon alternative d'observer cette prescription. Le texte complet, dans sa forme originelle, comportait sans doute encore de nombreux autres détails halakhiques comme celui-ci.

À partir de la col. 19, le rouleau raconte l'histoire d'Abraham. Il y a ici aussi des parallèles avec les *Jubilés*. Abraham voit en rêve des gens qui essaient de couper un cèdre et un palmier — qui le symbolisent ainsi que sa femme Sara. Le danger qu'il pressent dans son rêve sert, dans le récit, à justifier le mensonge qu'il fait lorsqu'il prétend que Sara est sa sœur. La description poétique de la beauté de Sara est influencée ici par le Cantique des Cantiques, selon la méthode d'exégèse analogique utilisée pour compléter les détails des récits bibliques. (Nous reviendrons sur ces deux passages dans des chapitres ultérieurs). Abraham est présenté comme un voyant, un interprète des rêves et un guérisseur. Son portrait a nettement été inspiré par les récits bibliques sur Joseph et Daniel.

Le *Livre de Tobit*

On connaissait le *Livre de Tobit* en grec et en diverses traductions secondaires ; on en a découvert à Qumrân quatre manuscrits fragmentaires (4Q196-199) correspondant apparemment à l'original araméen, et une adaptation en hébreu (4Q200)[8]. Étant donné que ce livre faisait partie des Apocryphes, il a été préservé dans les Bibles grecques des Septante. *Tobit* doit probablement dater du IIIe siècle avant notre ère, puisque l'auteur semble avoir écrit avant la révolte des Maccabées et la construction du Temple d'Hérode. Certains croient que le livre a été composé dans la diaspora.

Tobit est un conte fantaisiste dont l'action se déroule au cours de la période assyrienne, même si l'on peut soutenir que son message véritable et sa date de composition sont à situer durant la période hellénistique. Comme la plupart des autres écrits araméens apocryphes faisant partie de la collection qumranienne, cet ouvrage faisait partie de la littérature juive de la période du Second Temple qui a été rassemblée à Qumrân.

Le personnage principal est Tobit, fils de Tobiel de la tribu de Nephtali, qui a été amené en captivité à Ninive, en Assyrie, où il vit avec sa femme Anna et son fils Tobias, suivant les lois la Torah. Ces noms sont tous basés sur le terme hébreu *tob* « bon », et évoquent la bonté de la famille. Tobit est un homme charitable qui se soucie d'enterrer ses compatriotes juifs laissés sans sépulture. Alors qu'il dort dans la cour après avoir procédé à un tel enterrement, il reçoit de la fiente d'oiseau dans les yeux et devient aveugle.

L'autre personnage est une juive, Sara, qui vit loin de là, à Ectabane en Médie ; elle s'est mariée sept fois et chacun de ses maris a été tué par le démon Asmodée durant la nuit de noces. Tobit, qui a déposé de l'argent à Ectabane, y envoie Tobias pour le récupérer. Guidé par l'ange Raphaël, l'ange guérisseur, Tobias arrive à Ectabane où il épouse Sara, déjà sept fois veuve. Instruit par Raphaël et grâce à une potion magique, il réussit à se débarrasser du démon au cours de sa nuit de noce. Tobias retourne chez ses parents avec son épouse et guérit la cécité de son père, encore une fois avec l'aide de l'ange Raphaël. Tobit et Tobias vivront l'un et l'autre jusqu'à un âge très avancé.

Le message du livre est que l'adhésion à la loi est récompensée, même si les apparences suggèrent parfois le contraire. Au plus fort de ses tribulations, Tobit prie : « Tu es juste, Seigneur, et toutes Tes œuvres sont justes. Tous Tes chemins sont fidélité et vérité, c'est Toi qui juges le monde. Alors, Seigneur, souviens-toi de moi, regarde et ne me punis pas pour mes péchés, ni pour mes manquements, ni pour ceux que mes pères ont commis devant toi. » (*Tobit* 2,2-3)

La piété de Tobit et de sa famille, même dans la diaspora, est récompensée ; ils triomphent de l'adversité et, guéris, sont capables de guérir les autres. De plus, le livre traite de la souffrance du juste et de la manière dont Dieu orchestre les affaires humaines et celles du peuple d'Israël, qui devrait ultimement être restauré dans une Jérusalem reconstruite.

Les Testaments

On connaît assez bien un genre littéraire assez courant durant la période du Second Temple et qu'on appelle habituellement un testament. Il s'agit essentiellement des dernières paroles d'un grand personnage, exprimées sous forme de discours prononcés sur son lit de mort. Les exemples classiques commencent par un récit-cadre qui annonce que ce qui suit est le testament du personnage en question. Souvent ces textes, comme les dernières paroles de Joseph (Gn 50,15-26) ou de Moïse (Dt 32-33) dans la Torah, comportent des révélations sur l'avenir du peuple juif ou encore des appels au repentir. La collection la plus connue de ce genre de textes est celle des *Testaments des douze patriarches* ; de ceux-ci, seuls les testaments de Lévi (1Q21 ar ; 4Q213 ar ; 213a ar ; 213b ar ; 214 ar ; 214a ; 540 ar -541 ar) et de Nephtali (4Q215 ; voir 4Q215a) se retrouvent à Qumrân.

Les *Testaments de Lévi* et de *Nephtali*

Les *Testaments de Lévi* et de *Nephtali* sont généralement situés dans le contexte des *Testament des douze patriarches*, une collection de douze textes préservée en grec. Le texte grec n'est certainement pas la composition originale, car il est truffé d'additions chrétiennes. Le fait qu'au moins quelques-uns de ces douze testaments aient une origine juive, plutôt que chrétienne, est démontré par la découverte à Qumrân d'une version araméenne du testament de Lévi et d'un texte hébreu du testament de Nephtali. Une partie du matériel messianique de ces textes, qu'on croyait auparavant d'inspiration chrétienne, est maintenant perçu comme étant juif et reflétant diverses doctrines messianiques qui apparaissent dans les textes de Qumrân, sectaires ou non. De plus, il semble que, dans toute la collection des testaments, les interpolations chrétiennes sont en fait des additions secondaires à un noyau juif. Les testaments datent probablement de la période asmonéenne, même si certains livres sont plus anciens et proviennent peut-être de cercles qui ont précédé la secte de Qumrân. Un trait remarquable est la présence, dans le texte grec des *Testaments des douze patriarches*, de l'idée de deux messies — un qui descend d'Aaron et l'autre d'Israël —, une idée qui se retrouve également chez les sectaires de Qumrân.

Des fragments araméens du *Testament de Lévi* ont été découverts dans les grottes 1 et 4[9]. Ces textes de Qumrân sont suffisamment différents du *Testament de Lévi* connu antérieurement pour qu'on leur donne l'appellation *Document araméen sur Lévi*. Ces textes sont par ailleurs associés à des versions postérieures de ce testament qui circulèrent parmi des Juifs au Moyen Âge, et dont on a également retrouvé plusieurs exemplaires dans la genizah du Caire.

Parmi les passages les plus spectaculaires, préservés aussi bien à Qumrân que dans une copie de la genizah, on trouve cette description d'un sage :

> Celui qui enseigne la sagesse, tous ses jours seront prolongés et grande sera [sa ré]putation. Dans tout endroit ou toute ville où il entre, il a un ami, [et il n']y [sera pas comme] un étranger, ni comme un inconnu, ni comme [un vilain. C]ar tous l'honoreront, car tous désirent apprendre de sa sagesse. Ses amis sont nombreux et les grands cherchent son bien-être. Et ils le font asseoir sur un trône de gloire, pour écouter ses paroles de sagesse. La sagesse est un grand trésor d'honneur pour ceux qui la connaissent, et il y a en elle un trésor pour tous ceux qui l'acquièrent. (4Q213 *Lévi*[a] *ar* 1 I,13-20 = MS Cambridge)

L'idée qu'on nous présente ici, celle du respect qui est dû aux sages et à leur sagesse, se retrouve également dans d'autres sources de l'époque du Second Temple. Le *Livre de Ben Sira* véhicule également des idées semblables.

Une partie du texte hébreu du *Testament de Naphtali* de la grotte 4 conserve un parallèle au texte grec du *Testament de Naphtali* 1,6-12[10]. Un texte hébreu du *Testament de Nephtali* existait aussi en deux versions. Mais il ne paraît pas s'agir du même texte que celui qu'on a trouvé à Qumrân. Néanmoins, il démontre que la tradition préservée dans ce texte a continué à circuler parmi les Juifs. Le fait que les deux testaments qui ont circulé dans des versions juives médiévales soient les mêmes que ceux qu'on a trouvés à Qumrân constitue une étonnante coïncidence. Ces deux testaments, au moins, ont dû émerger d'un milieu sémitique et survivre indépendamment, dans leurs langues de composition originelle, par-delà l'incorporation de leur version grecque dans la collection connue comme les *Testaments des douze patriarches.*

La version qumranienne du *Testament de Nephtali* comportait une section qui évoque des idée typiques de la secte et de sa littérature :

> Car le temps de l'impiété s'achève et toute perversité va dis[paraît]re. Le temps de la justice est venu et la terre est remplie de connaissance et la louange de Dieu est en elle… pour que [chacun] puisse comprendre les voies de Dieu et Ses actions puissantes… et chacun se prosternera devant lui… Car Il [a prédestiné] leurs actions avant de les créer et le service de la justice… Car la domination [de la justice] du bien est venue. (4Q215a *Temps de la justice* 1 II,3-9 ; ce texte suit un passage du *Testament de Nephtali* 4Q215 et en faisait peut-être partie.)

À l'exception de la notion de prédestination, ce texte exprime des idées messianiques typiques des Juifs de la période du Second Temple et qu'on retrouve également à diverses époques dans le judaïsme. Mais, avec l'addition de la prédestination, il trahit la pensée des cercles sectaires de Qumrân qui doivent être à l'origine de ce document sur Nephtali. Il est possible que ce texte mentionne un peu plus loin le « trône du [messie] », ce qui ne serait pas surprenant dans un tel écrit.

Les documents sur Lévi et sur Nephtali, tout comme d'autres testaments, font référence au *Livre d'Hénoch*. Mais ces passages ne peuvent être identifiés dans les livres d'Hénoch tels qu'ils existent maintenant. Il y a aussi des liens avec les *Jubilés*. Le *Document de Damas* (IV,14-18) pourrait aussi avoir comporté une citation du *Testament de Lévi*.

Le *Testament de Qahat*

Un texte araméen provenant de la grotte 4 est probablement un *Testament de Qahat*, fils de Lévi et père d'Amram[11]. Ce manuscrit fait partie d'un groupe qui a été soumis à un test au carbone 14. Dans la plupart des cas, ce test corroborait la date assignée sur la base de la paléographie (c'est-à-dire sur l'évolution de l'écriture) ; mais le *Testament de Qahat* s'est avéré plus ancien que prévu. Tandis que les spécialistes estimaient qu'il devait avoir été copié vers la fin du IIe siècle avant notre ère, les tests ont montré que la peau qui a servi à retranscrire le texte devait dater du IVe ou du IIIe siècle avant notre ère. Si tel est le cas, ce texte aurait été rédigé au début de la période hellénistique. Il semble dépendre du *Testament de Lévi*, même si sa datation scientifique pourrait remettre cette conclusion en question.

Qahat, qui est apparemment le narrateur, présente son propre testament. Il commence par exhorter ses enfants à maintenir la tradition que leur ont léguée leurs pères : « Et maintenant, mes fils, montrez-vous prudents avec l'héritage qui vous a été transmis et que vos pères vous ont donné. Et ne donnez pas votre héritage à des étrangers, ni votre patrimoine à des destructeurs, de peur d'être humiliés et de tomber en disgrâce à leurs yeux. » (4Q542 *Testament de Qahat ar* 1 I,4-6)

S'ils agissent ainsi, dit Qahat à ses enfants, leur conduite réjouira Abraham, Isaac et Jacob (vraisemblablement dans le monde à venir) et empêchera leur héritage — la fonction de grand prêtre — de tomber aux mains des étrangers. Le livre parle ensuite de l'imminence du jugement des impies et de leur destruction totale, un motif qu'on retrouve dans une bonne partie de cette littérature.

À la fin de ce fragment, qui est bien préservé, Qahat remet à son fils Amram tous les livres reçus de son père Lévi, qui les tenait lui-même des ancêtres. Une idée semblable — Lévi qui reçoit les livres de Jacob — se retrouve en *Jubilés* 45,16. Si, comme certains le croient, ce *Testament de Qahat* est la source de l'idée qu'on trouve en *Jubilés*, alors le *Testament de Qahat* serait antérieur aux *Jubilés*. Mais un tel argument est insuffisant pour établir une telle datation, car il est aussi possible que cette idée ait fait partie de la tradition aggadique de l'époque. Néanmoins, parce que les compositions araméennes trouvées à Qumrân datent généralement du IIIe siècle avant notre ère, cette théorie pourrait s'avérer exacte.

Le *Testament de Qahat*, comme certaines parties du *Testament de Lévi*, cherche donc à asseoir la légitimité et l'autorité du sacerdoce lévitique. Ce texte reflète l'opposition dualiste de la lumière et des ténèbres qu'on retrouve dans le *Testament de Lévi*, les *Visions d'Amram* (un texte qui rapporte les conseils d'Amram à ses fils sur son lit de mort)[12] et dans les documents sectaires de Qumrân. Quelle que soit la date de cet ouvrage, il a été conçu pour supporter la prétention du sacerdoce lévitique contre des personnes que ces prêtres considéraient comme des usurpateurs.

On a encore identifié un certain nombre d'autres testaments dans le corpus qumranien, même si ces identifications sont très hypothétiques. Il a été avancé qu'il s'y trouverait des fragments araméens et hébreux d'un *Testament de Juda* et des fragments araméens d'un *Testament de Joseph*. Ces textes ne contiennent que de maigres parallèles avec la version grecque des *Testaments des douze patriarches*. La datation et l'histoire de cet ouvrage grec vont certainement être réévaluées de façon radicale après la publication complète et l'analyse de tous les documents de Qumrân.

Dans ce chapitre, on s'est limité au matériel correspondant à cette partie de la littérature qui existait déjà avant l'avènement de la secte de Qumrân, que les sectaires ont colligé et placé dans leur bibliothèque. Ces textes étaient aussi lus ailleurs en Palestine et ils ont influencé également d'autres mouvements juifs ; certains de ces écrits ont même survécu jusqu'au Moyen Âge, soit dans leur langue d'origine, soit en traduction. Ils ont vraisemblablement influencé la tradition aggadique des rabbins. Plusieurs des idées et des motifs qu'on y rencontre ont été par la suite insérés dans diverses compositions midrashiques. Le corpus de Qumrân nous a donc fourni, dans leur langue d'origine, les textes d'une bonne partie de cette littérature, de même que de nouvelles compositions du même genre. Grâce aux recherches qumraniennes, nous avons maintenant une vision beaucoup plus nette de la littérature religieuse que lisaient les Juifs de la période du Second Temple, et de la manière dont ces textes ont influencé l'histoire subséquente du judaïsme.

En même temps que les écrits apocryphes s'élaboraient à partir des traditions bibliques, un autre genre de littérature attesté dans la bibliothèque de Qumrân poursuivait et amplifiait l'héritage sapientiel de la Bible hébraïque. Nous abordons maintenant l'étude de la littérature de sagesse qu'on trouve dans la collection de Qumrân, ce qui constitue un autre pont entre la Bible et la secte de la mer Morte.

CHAPITRE 12

Sagesse et mystères de la création

La tradition de sagesse et sa littérature constituent l'une des contributions majeures de la culture du Proche-Orient ancien à l'histoire du judaïsme. Pratiquement toutes les civilisations du Proche-Orient partageaient une tradition commune basée sur ce que les scientifiques d'aujourd'hui appellent des écoles de sagesse, dont l'objectif principal était apparemment la formation des scribes. Ces écoles mettaient l'accent sur une sagesse pratique, n'ayant souvent que des liens très minces, sinon inexistants, avec les traditions religieuses propres à la région ou à la culture où elles se trouvaient[1].

En Israël, cette tradition a pris place dans la Bible par le biais de livres comme les Proverbes et l'Ecclésiaste et de quelques Psaumes. Selon certains spécialistes, Job s'inscrirait aussi dans ce courant. Même si une grande partie du matériel de sagesse, dans sa version hébraïque, conserve un aspect interconfessionnel et transculturel, cette sagesse possède aussi un ton typiquement juif. Il paraît clair que la tradition biblique a orienté la sagesse israélite en fonction de la spécificité de la conscience religieuse juive.

Un tel développement s'est poursuivi à l'époque du Second Temple. Nous savons déjà comment le *Document araméen sur Lévi* fait l'éloge du sage, une figure qui prend de plus en plus d'importance en Israël. La représentation du sage dans cette tradition pourrait bien avoir été une étape majeure dans l'élaboration du rôle du sage d'époque pharisaïque-rabbinique — le chef religieux par excellence du peuple juif —, un rôle qui prendra toute son ampleur après la destruction du Temple. Bon nombre de textes de sagesse de l'époque du Second Temple ont été largement influencés par ceux de la sagesse biblique et cherchent à les imiter.

De plus, la tradition vivante de la sagesse a continué à se développer au cours de cette période. Par exemple, le *Livre de Ben Sira* a été produit dans une authentique école de sagesse au IIe siècle avant notre ère. Un groupe de manuscrits de la mer Morte, publiés récemment, nous ont aussi révélé un corpus complet de littérature de sagesse, les *Ouvrages sapientiaux*, inconnus jusqu'à ce jour. Ajoutés aux textes sur les *Mystères* provenant aussi de la bibliothèque de Qumrân, ces textes fascinants nous montrent comment ce courant a évolué à l'époque. La recherche sur les textes rendus publics récemment pourrait éventuellement nous amener à repenser complètement notre compréhension de ce genre littéraire, en nous montrant comment la tradition de sagesse de la période du Second Temple a influencé aussi bien le Nouveau Testament que les écrits rabbiniques.

Le *Livre de Ben Sira*

Parmi les textes de sagesse de la période du Second Temple connus avant les découvertes de Qumrân, le *Livre de Ben Sira* est certainement l'un des plus importants[2]. Cet ouvrage a été préservé en grec et fait partie des Apocryphes de la Septante — la Bible grecque. On connaît aussi le *Livre de Ben Sira* sous le nom d'*Ecclésiastique*, à ne pas confondre avec l'Ecclésiaste ou le livre de Qohélet selon l'appellation hébraïque. Quand les manuscrits de la genizah du Caire ont commencé à atteindre l'Europe à la fin du XIXe siècle et au début du XXe siècle, on a identifié dans le lot des fragments d'une version de *Ben Sira* en hébreu. Ces textes ont soulevé une vive polémique. Tandis que plusieurs chercheurs soutenaient qu'ils s'agissait de copies du texte hébreu original de *Ben Sira*, d'autres les considéraient comme une simple traduction d'époque médiévale faite à partir du grec ou d'une traduction latine basée sur le grec.

Ce débat a été tranché définitivement par la découverte de fragments de *Ben Sira* dans la grotte 2 de Qumrân, une citation partielle du livre dans le *Rouleau des Psaumes*, et un manuscrit indépendant de *Ben Sira*, trouvé à Massada, qui préserve des portions substantielles de la dernière partie du livre (chapitres 38-44). Ces manuscrits démontraient hors de tout doute que les textes médiévaux provenaient quasi directement de l'original hébreu, même s'ils laissaient paraître quelques traces de révision et de variantes textuelles. À l'heure actuelle, en combinant les fragments anciens et ceux du Moyen Âge, nous arrivons à reconstituer, avec une certitude assez forte, une grande partie du texte hébreu original de ce livre.

Les traditions rabbiniques anciennes interdisaient la lecture du *Livre de Ben Sira*, probablement dans le cadre de rituels publics. De fait, l'enseignement rabbinique proscrit la lecture de tout livre apocryphe non canonique. Ce bannissement découle des efforts des rabbins pour faire reconnaître un caractère sacré et canonique exclusivement aux livres bibliques. Toutefois, quelques versets de *Ben Sira* sont cités en hébreu ou en araméen dans la littérature rabbinique, ce qui montre que ce livre a influencé les rabbins et qu'il était connu d'eux, au moins en partie.

La fascination exercée par ce livre au Moyen Âge a provoqué la composition de divers textes pseudépigraphiques de *Ben Sira*, tels que l'*Alphabet de Ben Sira*, qui sont essentiellement des écrits aggadiques. Ces textes n'ont aucun lien direct avec le livre original, mais ont été composés par des auteurs qui connaissaient ce sage et sa réputation et qui cherchaient à combler le vide causé par la disparition à peu près complète du livre dans la communauté juive.

Le prologue de la traduction grecque du livre déclare explicitement que l'auteur, nommé Josué (ou, selon certains manuscrits, Siméon) Ben Sira, a composé ce livre en hébreu au pays d'Israël vers –180 et que son petit-fils l'a ensuite traduit en grec vers –130. Ces dates sont généralement considérées comme fiables par les spécialistes. D'après le livre, nous pouvons déduire que l'auteur était un maître de sagesse de la période prémaccabéenne à Jérusalem et qu'il tenait une école fréquentée par de jeunes élèves. Une bonne partie des textes a été sans doute composée pour ou basée sur des leçons dispensées à ces élèves.

Ben Sira est essentiellement une anthologie de sagesse, composée en grande partie dans le style du livre biblique des Proverbes. Il prodigue des conseils pratiques sur les relations interpersonnelles, surtout à propos de la famille, de l'éducation des enfants, de la conduite des affaires et comporte divers enseignements éthiques. Le passage suivant, provenant du *Rouleau de Ben Sira* de Massada, est assez représentatif :

> [Ma]is n'aie aucune honte des choses suivantes
> et ne te laisse pas influencer par les personnes au point de pécher :
> Quand il s'agit de la Torah du Très-Haut et la loi
> et quand il s'agit d'une sentence qui condamne l'impie.
> Quand il s'agit de tenir des comptes avec un partenaire ou un compagnon de voyage,
> et quand il s'agit de partager un héritage et des biens.
> Quand il s'agit de la poussière des balances ou des pesons,

et quand il s'agit du nettoyage des mesures et des poids.
Quand il s'agit d'un achat, gros ou petit,
[et quand il s'agit] du prix d'une transaction avec un marchand.
(*Ben Sira Massada* 42,1-5)

Ce texte invite l'individu à tenir à ses principes, à s'assurer que la loi de Dieu est observée et que ses rapports avec autrui sont réglés avec honnêteté et intégrité. En même temps, le texte donne aux lecteurs la consigne de ne pas se laisser malmener quand ils traitent des affaires commerciales.

On a beaucoup écrit à propos de l'attitude de Ben Sira à l'égard des femmes. À mon avis, le livre reflète l'expérience des hommes de la Palestine ancienne et leur prudence à l'égard des femmes dans une société patriarcale ; on ne doit pas le juger avec une rigueur excessive. S'agissant de l'expérience de l'éducation d'une fille, un autre passage préservé dans le *Rouleau de Ben Sira* de Massada fait la mise en garde suivante :

[Une fille] est un trésor tromp[eur] pour un père
[et le souci qu'elle donne empê]che de dormir
Lorsqu'elle est jeune, de peur qu'elle ne soit dédaignée
et quand elle devient plus vieille, de peur qu'elle ne soit [ou]bliée.
Lorsqu'elle est vierge, de peur qu'elle ne soit souillée,
et quand elle est épouse, [de peur] qu'elle ne soit accusée d'adultère.
Lorsqu'elle est dans la maison de son père, de peur qu'elle ne devienne enceinte,
et quand [elle] est mariée, [de peur qu'elle ne soit sté]r[ile.]
[Mon fils,] prend garde à une fille,
[de pe]ur qu'elle [ne te fasse une mauvaise réputation].
(*Ben Sira Massada* 42,9-11)

Ce conseil révèle aussi beaucoup de choses sur la situation contemporaine des Juifs vivant en milieu urbain, où les valeurs juives traditionnelles étaient sérieusement menacées par le processus d'hellénisation qui faisait des ravages.

La sagesse que ce livre propose est présentée comme venant de Dieu, qui a tout créé et qui règne sur le cosmos : « Toutes les choses sont les œuvres de Dieu car elles sont très bonnes, et peu importe ce qu'Il commande, cela se réalisera en Son temps. » (*Ben Sira* ms B 39,16) Pour Ben Sira, Dieu est tout-puissant et toutes ses actions sont en vue du bien. Ailleurs dans le livre, on nous dit que Dieu récompense le juste et punit le méchant.

Comme c'est le cas dans une grande partie de la tradition de sagesse du judaïsme, la sagesse est identifiée ici à la Torah. Dans le passage suivant, c'est la sagesse personnifiée qui parle :

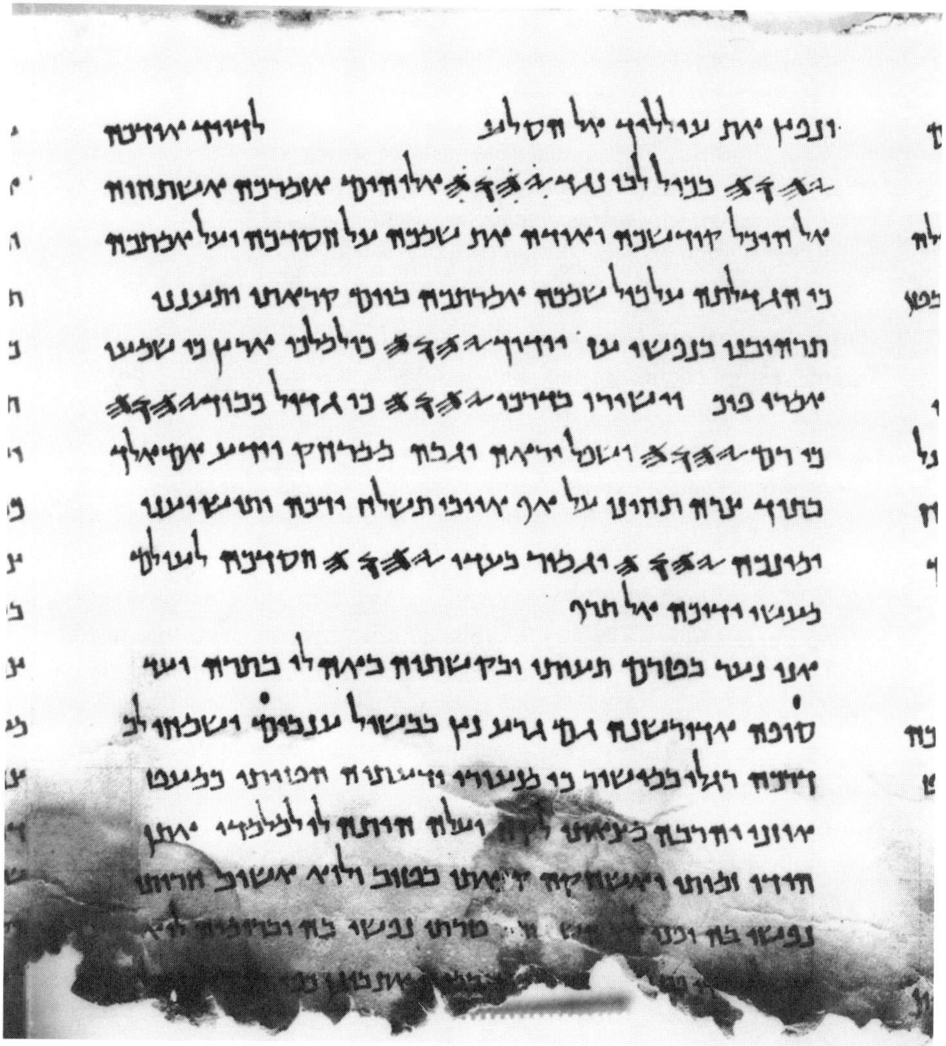

Texte de Ben Sira du *Rouleau des Psaumes*
Le *Rouleau des Psaumes* de la grotte 11 de Qumrân comporte quelques passages non bibliques dont le texte de *Ben Sira* 51,13-30. Le livre de Ben Sira était bien connu à l'époque du Second Temple, ce qui aide à comprendre pourquoi il est cité dans la littérature rabbinique. Le texte hébreu préservé dans ce rouleau est étroitement parallèle à celui qu'on trouve dans un manuscrit découvert dans la genizah du Caire. Dans le texte hébreu original, on peut reconnaître l'imagerie érotique qui sous-tend ce passage et qui a été occultée dans la traduction grecque des Septantes. *Courtoisie de l'Autorité des antiquités d'Israël.*

Alors le Créateur de toutes choses m'a donné un ordre,
Celui qui m'a créée a désigné une place pour ma tente.
Et Il m'a dit : « Établis ta demeure en Jacob,
et en Israël, reçois ton héritage. »
Avant les siècles, au commencement, Il m'a créée,
et pour les siècles je ne cesserai pas d'exister…
Je me suis enracinée dans un peuple illustre,
dans la portion du Seigneur qui est leur héritage…

(*Ben Sira* Gr I 24, 8-12)

On apprend ici que la sagesse, la Torah, créée par Dieu avant le monde lui-même, est éternelle. En fait, Ben Sira est le premier auteur à identifier la sagesse à la Torah, une notion qui s'imposera par la suite et qu'on retrouve constamment dans la littérature rabbinique. Ce concept fait de la Torah, révélée par Dieu, l'expression de la sagesse divine antérieure même à la création.

Ben Sira insiste sur la nécessité d'observer les commandements de Dieu et de résister aux influences étrangères de plus en plus fortes, auxquelles il s'oppose. Les Juifs de Palestine subissaient la pression croissante de l'Hellénisme. Ben Sira favorise l'observance des obligations cultuelles, mais s'objecte aux sacrifices vides de signification parce qu'ils ne sont pas assortis d'une conduite éthique et morale authentique. Dans le poème liturgique qu'on trouve vers la fin du livre, il se fait le défenseur de la maison des prêtres descendants de Sadoq et de son droit exclusif à occuper la fonction de grand-prêtre.

L'auteur trace aussi un portrait élogieux de tous les héros bibliques d'Israël, qu'il termine par celui du grand-prêtre Simon II, en fonction à son époque (chapitres 44-50). Il décrit Simon dans un style qui évoque la description que la Mishnah (*Yoma* 7,4) fait du grand-prêtre au Jour du pardon, de même qu'un poème rituel juif du IVe ou Ve siècle incorporé dans la liturgie de la Grande Fête. Cette section montre comment l'auteur concevait le canon biblique, car il fait référence à tous les livres de la Bible hébraïque à l'exception de Daniel et Esther. Il est possible que le statut canonique de ces livres ait été encore débattu en son temps. Il est probable d'ailleurs que le livre de Daniel n'existait alors que sous une forme partielle.

Étant donné qu'on a trouvé certains de ces manuscrits dans la collection de Qumrân, il est assez étonnant que Ben Sira a eu assez peu d'influence sur les textes sectaires de Qumrân, ou, à ce propos, sur l'idéologie sectaire. On aurait pu s'attendre à ce qu'il soit cité ou qu'on y fasse allusion, mais il n'est pas même mentionné.

Le *Rouleau de Ben Sira de Massada*
Le livre apocryphe de Ben Sira, composé vers –180, était connu seulement dans sa version grecque jusqu'à ce qu'on l'identifie dans des manuscrits du Moyen Âge de la genizah du Caire. On a ensuite trouvé à Massada ce manuscrit comportant les chapitres 39 à 44 en hébreu. Sur la photo, on aperçoit le texte de Ben Sira 42,15 à 43,8 (colonne centrale), de même qu'une partie des colonnes précédente et suivante. À gauche, on voit encore la couture servant à joindre deux feuilles. *Courtoisie du Sanctuaire du Livre du Musée d'Israël.*

Les textes sapientiaux

Nous nous penchons maintenant sur un groupe de textes de sagesse qui ont eu une histoire un peu différente. Connus seulement par la collection de Qumrân, ils s'apparentent assez étroitement aux textes sectaires et semblent avoir eu une certaine influence sur leur vocabulaire et leurs idées.

Dans le lot de textes qui ont été rendus accessibles il y a quelques années seulement, au moment de l'affranchissement de tous les manuscrits, la plus grande surprise, peut-être, fut de découvrir un ensemble de textes auparavant inconnus, appelés dans les listes *Ouvrages sapientiaux*[3]. Sur la base d'une étude de ces textes qui est à peine amorcée et de publications encore préliminaires, on pouvait déjà entrevoir des perspectives tout à fait neuves sur le développement de la littérature et de la pensée sapientiale. Même si ce qu'on peut en écrire demeure sujet à une vérification ultérieure, ces textes sont trop importants pour qu'on les ignore en attendant les résultats d'études à venir.

Près d'une trentaine de manuscrits ont reçu à un moment ou l'autre l'appellation *Ouvrage sapientiel* (1Q 26 ; 4Q 185 ; 294 ; 307-308 ; 408 ; 410-413 ; 415-426 ; 472-476 ; 486-487 ; 498). Ces écrits touchent un grand nombre de sujets ; nous en mentionnerons seulement quelques-uns ici.

Il est parfois difficile de suivre le fil de l'exposé, parce que les textes sont fragmentaires. Le lecteur est d'abord invité à comprendre, à « discerner » le sens des choses, tout comme dans les écrits sur les *Mystères* dont il sera question plus loin dans ce chapitre :

> [...] et je vais vous enseigner la sagesse. Et discernez les voies de l'humain et les œuvres des fils d'hom[me... Car lorsque] Dieu [fit l'homme], Il lui donna un grand héritage dans Sa vraie connaissance. Mais dans la mesure où il le méprise, tout mauvais (homme) [qui suit ce que] ses oreilles entendent et ce que ses yeux voient, il ne vivra pas. Et maintenant... et discernez les années de cha[que] génération, tel que Dieu l'a révélé. (4Q413 *Composition sur la divine Providence* 1,1-4)

Ce texte exprime la nécessité de scruter le passé pour comprendre les actions humaines et leurs conséquences. Cette capacité de comprendre de telles choses fait partie du don de la connaissance que Dieu nous a fait, une notion qu'on trouve également dans les *Hymnes d'action de grâces*, qui ont plusieurs points en commun avec cette littérature de sagesse. Ceux qui détestent le mal, dit le texte, l'éviteront tant qu'ils le peuvent. Pour soutenir ses efforts dans ce sens, on doit développer une forte antipathie à l'égard des actions mauvaises grâce à l'acquisition de la sagesse.

Les secrets dont parle le texte sont gravés sur des tablettes célestes ; on peut y reconnaître une expression des volontés de Dieu :

> Alors tu connaîtras la gloire [éternelle av]ec Ses secrets merveilleux et Ses actions puissantes. Et tu comprendras le commencement de tes actions dans le mémorial du te[mps, car] c'est en lui que le décret est gravé et que tout ordre est inscrit. Car il est gravé (et) inscrit pour Dieu... et le livre du mémorial est écrit devant lui, pour ceux qui gardent Sa parole. (4Q417 *Instruction*[c] 2 I,13-16)

Cette sagesse est donc inscrite dans l'ordre même de la création et elle est gravée sur des tablettes célestes. Le « livre du mémorial » fait allusion à Malachie 3,16, qui parle d'un « livre du mémorial pour ceux qui craignent le Seigneur et qui révèrent son nom ». Selon notre texte, on peut comprendre ses actions passées lorsqu'on y jette un regard rétrospectif, celui du « mémorial du temps ».

L'auteur nous dit que Dieu est le maître de l'Univers, qu'il contrôle la nature et qu'il est le juge de l'humanité : « [... et Il] les [jugera] tous dans la vérité et il punira pères et fils des [nation]s avec tous leurs compatriotes... visitant les saisons de l'été et récoltant leurs récol[tes au bon moment...] » (4Q423 *Instruction*[g] 5,4-6). Les saisons et les temps des récoltes sont entre les mains de Dieu. Dieu est le seul juge des nations.

Ces textes affirment que tous, riches comme pauvres, devraient rechercher la sagesse cachée : « [...] Si tu es pauvre, ne dis pas : Je suis pauvre, et donc je ne recherche[rai] pas la connaissance. Prends (sur) ton épaule toute instruction, et purifie ton cœur à toute [leçon] ; alors tes pensées seront pleines d'intelligence. » (4Q416 *Instruction*[b] 2 III,12-14)

Grâce à cette sagesse, on est amené à se séparer du mal, puisque ceux à qui Dieu a fait le don de sa connaissance percevront le caractère maléfique du péché :

> Il t'a séparé de tout esprit charnel ; sépare-toi donc de tout ce qu'Il déteste et abstiens-toi de toute abomination de l'âme (ou l'être). Car Il a fait toute chose, et Il a attribué à chacun son héritage, et c'est Lui, ta part et ton héritage au milieu des fils d'homme [et] Il t'a confié la gouverne [de] son [hé]ritage. Et toi, honore-Le en cela : en te consacrant à Lui, puisqu'Il t'a placé comme un saint des saints... (4Q418 *Instruction*[d] 81 1-4)

Ceux qui sont devenus des adeptes de la sagesse ont une obligation de réciprocité pour les largesses dont Dieu les a gratifiés. Parce que Dieu les a choisis et les a placés dans le lot de la sagesse — on retrouve ici la notion sectaire de prédestination —, ils doivent en retour s'abstenir du mal et se sanctifier. Le texte fait ensuite référence à l'héritage particulier de la tribu de Lévi, à laquelle Dieu n'a pas donné de territoire dans le pays d'Israël parce que « Je suis votre portion et votre part au milieu des Israélites » (Nb 18,20). La sainteté propre à la tribu de Lévi est sa portion. Les sages ont également une sainteté spéciale : ils sont le saint des saints.

Comme les Proverbes et *Ben Sira*, une bonne partie des conseils des rouleaux sapientiaux correspond simplement au bon sens acquis par l'étude de la sagesse :

> Scrute le mystère de ce qui vient, et étudie toutes les voies de vérité et observe attentivement toutes les racines de la perversion. Alors tu sauras ce qui est amer pour l'homme et ce qui est doux pour une personne. Honore ton père dans ta pauvreté, et ta mère dans ta misère. Car, pour l'homme, son père est comme un maître, et, pour la personne, sa mère est comme une éducatrice. Puisqu'ils sont le creuset de ta naissance… et qu'Il a ouvert ton oreille au mystère de ce qui vient, honore-les pour ton propre honneur… pour ta propre vie et pour la longueur de tes jours. (4Q416 *Instruction*^{b} 2 III,12-14)

Ici, le respect des parents est plus qu'un bon conseil : cela fait partie du « mystère des choses à venir ». Ce mystère n'est jamais explicité clairement dans aucun des textes de sagesse ou textes sur les *Mystères*, mais il porte sur la sagesse cachée octroyée par Dieu. La promesse d'une longue vie, qui récompense quiconque honore ses parents, se fonde sur le cinquième commandement (Ex 20,12 ; Dt 5,16). Ces textes supposent une société basée sur le mariage et la vie familiale, comme on le voit clairement dans ce passage. Ils peuvent ne pas être issus d'une communauté de célibataires.

Les énoncés concis abondent dans ces textes : « [Quelqu'un qui est] dur d'oreille, ne l'envoie pas enquêter sur un cas, car il ne (saura) pas régler une dispute entre des personnes. Comme (le grain) vanné au vent qui ne se sépare pas, ainsi en est-il de celui qui parle dans une oreille qui n'entend pas, ou qui raconte à quelqu'un qui s'assoupit profondément sous l'effet de la somnolence. » (4Q424 *Texte sapientiel* 3 4-5) Des chaînes d'aphorismes comme celle-ci renvoient à l'ancienne tradition de sagesse. Dans les anciennes écoles de sagesse, un tel style épigrammatique était de rigueur.

Le texte suggère aussi de s'abstenir de vœux comme le font également le Nouveau Testament et la littérature rabbinique. « N'ajoute pas de vœu ou d'offran[de volontaire]… Et tout serment qui oblige à accomplir un vœu, annule-le au moment où il te vient à la bouche, et selon ta volonté, révoque[-le]. » (4Q416 *Instruction*^{b} 2 IV,7-9) L'auteur aurait sans doute conseillé à l'homme d'agir de même lorsqu'il s'agit d'annuler le vœu de son épouse ou de sa fille. Parce que l'incapacité de tenir ses vœux correctement constitue une transgression importante vis-à-vis de Dieu, les vœux devraient toujours être annulés pour éviter le risque de ne pas les tenir.

Un autre passage halakhique rappelle aux lecteurs leur obligation, rappelée à deux reprises dans la Torah (Lv 19,19 ; Dt 22,9-10), de maintenir la séparation entre les divers types de semence, d'éviter de porter un mélange de lin et de laine, et de ne pas labourer avec des animaux non appareillés (4Q418 *Instruction*^{d} 103 II,7-9). Ces textes insistent sur le fait que l'observance des exigences rituelles du judaïsme est un préalable à l'acquisition de la sagesse.

Pour une bonne part, cette littérature renvoie à des idées qu'on trouve dans les textes sectaires. Elle enseigne que toute connaissance vient de Dieu et elle présente la sagesse sous un jour profondément religieux comme une révélation de Dieu à l'humanité. Le *Livre des Mystères*, qu'on va maintenant examiner, va plus loin. Il utilise une terminologie sectaire pour décrire les idées religieuses propres au groupe. Plusieurs de ces termes et des idées qu'ils évoquent ont des affinités étroites avec les *Hymnes d'action de grâces*, qui ont aussi beaucoup de points communs avec les *Ouvrages sapientiaux*.

Le *Livre des Mystères*

Un autre groupe de manuscrits, assez semblable aux *Ouvrages sapientiaux*, a été nommé *Livre des Mystères*[4]. Ces documents, où l'on retrouve plusieurs idées et un langage semblable à celui des écrits de sagesse, contiennent encore plus de terminologie sectaire. Lorsqu'on le rapproche des *Hymnes d'action de grâces*, le *Livre des Mystères* semble faire partie du corpus sectaire de Qumrân plus encore que les autres textes sapientiaux.

Le *Livre des Mystères* est représenté par quatre manuscrits (1Q 27 ; 4Q299-301). Les trois premiers se recoupent (1Q27 ; 4Q299-300), tandis que le quatrième (4Q301) est différent et présente des parallèles avec la poésie de la littérature mystique juive ancienne. Étant donné qu'on trouve de tels parallèles seulement dans le dernier, il faut sans doute éviter de l'identifier sans hésiter aux trois autres. Nous parlerons donc du *Livre des Mystères* tel qu'il se présente dans les trois premiers manuscrits. Il s'agit d'un ouvrage poétique à caractère méditatif (c'est-à-dire non liturgique), qui appartient à un type de poésie réflexive assez caractéristique de nombreuses compositions dans la bibliothèque de Qumrân.

Le *Livre des Mystères* a beaucoup en commun avec les *Ouvrages sapientiaux*, particulièrement avec 4Q417 *Instruction*[c]. Ces écrits appartiennent à un genre semblable et ils ont un contenu et une terminologie semblables. Toutefois, le fait que leurs textes ne se recoupent pas, malgré la grande quantité de fragments des deux documents qui sont préservés, exclut à toutes fins utiles la possibilité qu'il s'agisse de parties d'un même texte.

Le livre tire son nom du terme *raz* — « mystère » — un mot d'origine perse qu'on trouve dans le livre de Daniel tout comme dans ces textes. De nombreuses études ont comparé l'usage du terme *raz* dans la littérature de Qumrân et celui du terme « mystère » dans le Nouveau Testament[5]. Ces ressemblances indiquent que les chrétiens ont puisé l'idée dans des sources juives plutôt que dans les religions à mystère gréco-romaines.

Dans le *Livre des Mystères* et dans les *Ouvrages sapientiaux*, le terme *raz* renvoie aux mystères de la création, c'est-à-dire à l'ordre naturel des choses, et aux mystères du rôle de Dieu dans les processus historiques. La source de ces mystères est la sagesse divine. Dès lors, tous les phénomènes naturels et tous les événements historiques sont une partie de la sagesse divine.

L'unité textuelle la plus grande de ce groupe de manuscrits est un long poème reconstruit à partir de fragments provenant de trois d'entre eux. Voici une traduction de ce texte composite qui donne une idée de l'allure de cette composition. Le texte commence par expliquer pourquoi la sagesse a été donnée à l'humanité : « [...] pour qu'il connaissent (la différence) entre le bien et le mal, (qu'ils comprennent les) mystères de la transgression (avec) toute leur sagesse. » (*Livre des Mystères* 1 I,3 = 4Q300 *Mystères*[b] 3,2-3) La sagesse aurait dû conduire les humains à un comportement juste, mais ils ont ignoré ses leçons : « Mais ils n'ont pas connu le mystère de ce qui allait venir, les choses du passé, ils ne les ont pas comprises, et ce qui devait leur arriver, ils ne l'ont pas connu. Ils n'ont donc pas sauvé leur vie du mystère à venir. » (*Livre des Mystères* 1 I,3-4)

Malgré les indices clairs que de grands changements cosmiques se préparaient, les humains n'ont rien fait pour s'y préparer. Même s'ils auraient dû réaliser que le plan de Dieu pour la fin des temps, le mystère, était sur le point de se réaliser, ils en ont ignoré les signes :

> Et tel sera le signe pour vous que cela arrive : Quand ceux qui sont nés de la perversion seront livrés, et que l'impiété disparaîtra devant la justice, comme la ténèbre disparaît devant la lumière. (Alors), comme une fumée qui se dissipe et qui n'est plus, ainsi l'impiété se dissipera à jamais, et la justice se révélera comme le soleil (jusqu'aux) confins de l'Univers. Et tous ceux qui adhèrent aux

> mystères de [Bélial] ne seront plus, mais la connaissance remplira la terre, et la folie n'existera plus ja[mais]. (*Livre des Mystères* 1 I,5-7)

Ces mystères décrivent clairement la venue prochaine de la fin des temps, un moment au cours duquel les impies seront détruits. Des signes ont déjà rendu évidente son arrivée imminente :

> La chose se réalisera certainement et l'oracle est vrai. Et voici à quoi vous reconnaîtrez qu'elle est irrévocable : tous les peuples ne détestent-ils pas la perversion ? Pourtant elle est pratiquée par eux tous. La louange de la vérité ne (sort)-elle pas de la bouche de toutes les nations ? Mais y a-t-il une bouche ou une langue qui y persévère ? Quel peuple désire qu'un plus fort vienne l'opprimer, et qui serait satisfait d'être dépouillé injustement de sa fortune ? (Pourtant) où y a-t-il un peuple qui n'ait pas opprimé son voisin ? Où y a-t-il un peuple qui n'en ait pas dépouillé [un autre] de sa fortu[ne] ? (*Livre des Mystères* 1 I,8-12 = 4Q299 *Mystères*[a] 1-4)

C'est précisément la malhonnêteté totale de l'humanité et les luttes des nations les unes contre les autres qui témoigne de la venue imminente de la fin des temps.

Même si Dieu a doté les humains de sagesse pour distinguer le bien et le mal, la vérité et le mensonge, les humains n'en ont pas tenu compte. Ils n'ont pas réalisé ce qui allait leur arriver dans l'avenir, parce qu'ils n'ont pas su comprendre les leçons du passé. Par conséquent Dieu leur annonce maintenant que la fin des temps est imminente et qu'en ce temps-là les impies et le mal lui-même seront éliminés et cesseront à jamais, tandis que la connaissance de Dieu remplira la terre. Comment quelqu'un saurait-il que la fin des temps était réellement à portée de main ? Dieu lui en donnerait des signes qu'on ne pourrait pas manquer : l'hypocrisie de toutes les nations — consistant en ce que toutes les nations dénoncent le mal tout en le pratiquant contre leurs voisins. Cette dernière notion évoque les enseignements rabbiniques sur les prémices de l'ère messianique : « l'insolence sera abondante » (*M. Sotah* 9,15).

Même si l'humanité n'a pas compris ce message fatidique, Dieu a rendu ces mystères manifestes en les inscrivant dans l'ordre de sa création : « Il fait exister toute [chose]. I[l est av]ant les siècles ; le Seigneur (?), c'est Son nom, et pour to[ujours… le pl]an du moment de la naissance, Il l'ouvre de[vant eux…]… car Il éprouve notre cœur et Il nous fera hériter […] tout mystère et les tribulations (qui vont survenir) à toute créature. » (4Q299 *Mystères*[a] 3 ii 11-15) Ce texte met l'accent sur l'omniscience de Dieu, qui détermine la destinée de toute l'humanité. Et Dieu a donné aux humains les moyens de comprendre ces secrets. Dans ce passage, nous retrouvons la notion sectaire bien connue de prédestination : Dieu est la cause de tout, il dirige la vie d'une personne selon un plan divin à partir du moment de sa naissance.

Pour une bonne part, la sagesse divine est scellée, de telle sorte que les êtres humains ne peuvent la découvrir, sauf lorsque Dieu gratifie certaines personnes de compréhension, en guise de rétribution pour leur juste conduite. Lorsqu'on les contemple correctement, ces signes divins peuvent apparemment être compris, en autant qu'on puisse en juger par ce passage extrêmement difficile et très fragmentaire :

> [...] les devins (?), qui sont habiles à la transgression, énoncent la parabole et rapportent l'énigme avant qu'elle ne soit discutée. Et alors, vous saurez si vous avez considéré [...] et les signes des cieu[x...] votre sottise. Car le [sc]eau de la vision est scellé pour vous, et vous n'avez pas considéré les mystères éternels, et vous n'avez pas compris le savoir. Alor[s] vous direz [...] car vous n'avez pas considéré la racine de la sagesse, et si vous (voulez) ouvrir la vision, elle sera fer[mée pour vous...] toute [vo]tre sagesse, car c'est à vous qu'est [...] Son nom, car [qu'est-]ce que la sagesse (qui est) cachée [... enco]re là, il n'y aura pas [...] la [vis]ion... (4Q300 *Mystères*[b] 1 II,1-6)

On fait venir les magiciens pour expliquer le sens caché de la parabole ou de l'énigme, pour voir s'ils ont bien compris les signes. Mais ce texte dit clairement qu'ils ne le peuvent pas, puisque la vraie sagesse, peut-être celle de la prophétie, leur est cachée et qu'ils ne peuvent pas comprendre les mystères de Dieu. Le texte semble s'attendre à ce qu'ils reconnaissent leur manque de compréhension. Mais même s'ils parvenaient à retrouver la vision, poursuit le texte, ils ne la comprendraient quand même pas, parce que leur sagesse est sans valeur. On les enjoint donc d'écouter ce qu'est la vraie sagesse cachée.

Comme dans les *Ouvrages sapientiaux*, cette sagesse cachée, octroyée seulement aux justes, prend la forme de conseils moraux assez élaborés, par exemple celui-ci : « [...] et qui est exalté plus qu'un just[e...], et il n'y a rien de plus empoisonnant devant Lui que celui qui se venge en gardant rancune sans [...] Son jugement, comme le n[om] de Celui qui est juste en tout[es ses voies... qu'y a-t-il de plus] mauvais que de haïr... » (4Q300 *Mystères*[b] 7,1-4) Le mal est la pire ligne de conduite ; la justice, la meilleure. Entretenir de la rancune empoisonne la vie morale d'une personne. Il n'y a rien de pire que de haïr son prochain. Dieu est droit et juste. L'utilisation de questions rhétoriques, comme ici, est un artifice courant dans cette littérature, tout comme dans la littérature de sagesse en général.

Tel qu'on l'a indiqué précédemment, il n'est pas certain que le troisième manuscrit de la grotte 4 (4Q301) fasse partie du même document. Il comporte un texte poétique qui évoque fortement quelques hymnes mystiques juifs d'époque postérieure. Ce poème est caractérisé par l'utilisation d'une série d'adjectifs décrivant la majesté et la grandeur de Dieu, tels que « Il est grand, Il est exalté ».

Le texte utilise aussi des termes sectaires tels que « les élus » et « la période de l'impiété ». Ce type de terminologie réitère le scénario sectaire bien connu : l'ère présente est une période d'impiété, qui sera suivie par la victoire des sectaires, les Fils de Lumière, sur les Fils des Ténèbres. Voici la portion préservée de ce poème :

> [...] et Il est glorifié pour Sa le[n]teur à la colère, [et] Il [est gran]d dans l'ampleur de Sa colère.
> Et I[l] est exalté dans la multitude de Ses miséricordes, et Il est redoutable dans le plan de Sa colère.
> Il est glorifié [pour]... et en ce qui, sur terre, est (sous) Sa gouverne. [Et] Dieu est [ho]noré par Son peuple saint, et I[l] est exalté [pour] ceux qu'Il a choisis, et [Il] est exalté [dans les hauteurs de] sa [sainte]té.
> Il est grand dans les bénédictions [...] leur honneur et [...] quand la période de l'impiété sera complè[te]...
>
> (4Q301 *Mystères*[c] 3,4-8)

Ce texte poétique commence par louer Dieu avec une série d'oppositions : Dieu est lent à la colère, mais il peut aussi se montrer d'une grande colère ; il est extrêmement miséricordieux, mais prêt à déverser sa colère. Il est à la fois un Dieu exalté, transcendant, et un Dieu immanent, qui se fait proche de son peuple. Sa vraie grandeur doit être révélée à la fin des temps, quand le mal sera complètement détruit.

D'autres passages des textes des *Mystères* nous parlent de la connaissance de ce qui était avant et de ce qui viendra après le monde tel que nous le connaissons. Comme dans la tradition rabbinique ésotérique, une partie de cette sagesse cachée concerne ce qui s'est passé avant la création, de même que ce qui se produira à la fin des temps. Ce texte, ainsi que ceux des *Ouvrages sapientiaux* apparentés, invite le lecteur à explorer ces mystères, contrairement à Ben Sira et aux rabbins, qui décourageaient de telles spéculations.

Le *Livre des Mystères* et les *Ouvrages sapientiaux* nous font connaître un nouveau genre de littérature de sagesse. Dans cette littérature, les secrets cachés, dévoilés grâce à une compréhension adéquate du passé, annoncent le futur ; mais ces secrets ne sont accessibles qu'à un groupe de personnes choisies, dotées de la capacité d'interpréter ces signes. Contrairement à la sagesse biblique, dont la caractéristique essentielle est d'être une sagesse de sens commun, ces textes proposent une sagesse dont le caractère religieux est très profond. Il s'agit en fait d'un mélange de sagesse et de prophétie — non seulement un nouveau genre littéraire, mais un témoin additionnel de la créativité religieuse du judaïsme du Second Temple.

Tout comme les textes apocryphes, la littérature de sagesse découverte à Qumrân peut, d'une certaine manière, être considérée comme la continuation de la tradition biblique. Nous allons maintenant nous attarder à la manière dont la Bible elle-même était interprétée dans les textes de Qumrân, en examinant les méthodes ingénieuses que les Juifs du Second Temple ont développées pour adapter à leur propre époque et à leur contexte particulier ce qu'ils estimaient être la parole éternelle de Dieu.

CHAPITRE 13

L'interprétation de la Bible

DANS PRESQUE toutes ses manifestations anciennes, la tradition juive était enracinée de manière significative dans l'interprétation d'un ensemble d'écrits que nous connaissons aujourd'hui comme étant la Bible. Déjà dans le corpus biblique lui-même, particulièrement dans la littérature du Second Temple, nous trouvons des indices d'une utilisation de l'exégèse comme moyen de déduire des prescriptions et de réinterpréter des récits bibliques antérieurs dans un but didactique. Cette tendance, qui a continué sans interruption durant toute la période du Second Temple, a atteint son apogée dans les grands ouvrages midrashiques qui ont préservé les interprétations halakhiques et aggadiques des rabbins de l'époque du Talmud.

Les textes du corpus de Qumrân témoignent de plusieurs types d'interprétation qui étaient en usage dans la secte de Qumrân aussi bien que dans d'autres groupes juifs de l'époque[1]. Dans cette collection de rouleaux, nous trouvons les premiers exemples de traduction de la Bible, y compris des fragments de la Septante grecque et du Targoum araméen. Ces traductions ont en commun certains éléments formels et certaines techniques littéraires. Les manuscrits nous font aussi voir d'anciens essais d'explication du sens littéral de l'Écriture (appelé *peshat* par les rabbins postérieurs). On y trouve également des livres tels que la *Genèse apocryphe* et les *Jubilés*, qui racontent — ou plutôt réinterprètent — les récits bibliques et qui sont un reflet de l'herméneutique (ou de la méthode exégétique) propre à chacun des auteurs.

La secte a hérité d'une méthode d'interprétation légale qu'on voit mise en œuvre dans le *Rouleau du Temple* et qui sert à renforcer un certain nombre de prescriptions dans la *Lettre halakhique*. On peut aussi voir des aspects de cette approche interprétative dans les tendances harmonisantes qu'on trouve dans les rouleaux de la Torah amplifiée connue sous le nom de *Pentateuque réécrit*. Une telle technique d'interprétation était probablement basée sur celle des sadducéens. De plus, la secte avait sa propre méthode d'exégèse halakhique qui a permis de produire une bonne partie de ses enseignements juridiques. En marge de ces diverses méthodes, il y avait aussi une forme d'actualisation de la Bible appelée *pesher*, qui consistait à interpréter les textes prophétiques en les mettant en rapport avec les événements actuels et avec l'histoire de la secte elle-même.

Bien que l'interprétation de la Bible soit évoquée tout au long de ce livre, je veux proposer ici une vue d'ensemble de l'exégèse qu'on trouve dans ces manuscrits, pour mieux mettre en évidence les différents genres qui y sont employés. On pourra ainsi constater à quel point ce corpus documente de manière exhaustive le rôle majeur de l'interprétation biblique dans le développement du judaïsme déjà à cette époque ancienne. La sélection d'exemples présentés ici se concentre surtout sur les méthodes interprétatives et sur les formes littéraires utilisées dans ces textes exégétiques. À cause de son rôle central dans la pensée de la secte de Qumrân, je réserve au *pesher* le chapitre suivant.

Les premières traductions

La Septante

La meilleure façon d'aborder la question est sans doute de commencer par des textes qui sont une traduction à peu près littérale de textes bibliques. La plus ancienne traduction connue de ce genre est la Septante, la traduction grecque[2]. La Septante (en abrégé LXX, pour « soixante-dix ») est la version juive hellénistique de la Bible. Son nom provient d'une légende, préservée à la fois dans la *Lettre d'Aristée* (un écrit grec datant probablement de la fin du IIe siècle avant notre ère) et dans les sources talmudiques, qui attribue cette traduction à soixante-douze anciens amenés de Jérusalem à Alexandrie, en Égypte, par Ptolémée II Philadelphe (–285 à –246). Après l'abandon de cette traduction par les Juifs, elle fut reprise par l'Église. Le canon de la Septante était plus étendu que celui de la Bible hébraïque et incluait un certain nombre d'écrits apocryphes dont quelques-uns ont déjà été présentés plus haut.

Fragments de la Septante de la grotte 4
Parmi les documents trouvés dans la grotte 4, il y avait des fragments de la Septante — la traduction grecque de la Torah — du Lévitique, de Nombres et du Deutéronome. On aperçoit ici le texte de la *Septante du Lévitique A*, chapitre 26, versets 2 à 16. Les marges du haut et du bas sont encore visibles, tout comme les traces de couture dans la partie gauche, ce qui confirme que même les manuscrits bibliques en grec étaient copiés sur des rouleaux. *Courtoisie de l'Autorité des antiquités d'Israël.*

La traduction de la Septante, qui a commencé à prendre forme au IIIe siècle avant notre ère, a été réalisée pour répondre aux besoins de la communauté juive d'Égypte installée à Alexandrie. Son but initial était de fournir une version de la Torah pour le culte et pour l'étude. Au IIe siècle avant notre ère, les livres des prophètes postérieurs, puis des prophètes antérieurs, ont été également traduits. Même si une partie des Écrits a été également traduite au cours de la même période, d'autres livres de cette section de la Bible ne furent traduits en grec qu'au Ier siècle.

La Septante n'était pas une simple traduction littérale. Dans plusieurs passages, les traducteurs ont utilisé des termes de la langue grecque d'époque hellénistique qui rendaient le texte plus clair pour les lecteurs, mais qui en changeaient aussi subtilement le sens. Ailleurs, les traducteurs ont introduit des concepts hellénistiques dans le texte. Parfois, ils ont traduit en se basant sur des textes hébreux différents de ceux qu'on utilisait couramment en Palestine, comme cela apparaît maintenant clairement grâce aux manuscrits bibliques de Qumrân. En d'autres endroits, la Septante atteste une connaissance des traditions interprétatives palestiniennes dont on trouve des traces dans la littérature rabbinique.

La grotte 7 de Qumrân, où l'on a trouvé une collection particulière de textes exclusivement en grec, comprenait deux fragments de la Septante écrits sur papyrus — un de l'Exode (7Q1) et un de la *Lettre de Jérémie* (7Q2) : cette dernière est une composition apocryphe qui consiste en une lettre du prophète aux exilés de Babylone (Jr 29,1) ; ce texte n'apparaît pas dans la Bible hébraïque. La grotte 4 comportait aussi des manuscrits fragmentaires de la Septante — deux du Lévitique (4Q119-120), un des Nombres (4Q121) et un du Deutéronome (4Q122). Ces manuscrits, qui datent des deux premiers siècles avant notre ère, ont habituellement un texte assez proche de celui de la tradition textuelle postérieure de la Septante. Mais ils comportent aussi quelques leçons qui indiquent que les textes postérieurs représentent une modification de l'original, qu'on appelle généralement le Vieux grec. Dans le cas des manuscrits des Nombres, le texte d'une version grecque antérieure a été révisé considérablement pour l'aligner sur une version du texte hébreu très semblable au texte massorétique.

La Septante semble n'avoir joué aucun rôle dans la communauté de Qumrân. Jusqu'à ce jour, personne n'a proposé une explication satisfaisante de l'existence d'une collection de textes grecs dans la grotte 7. De toute façon, la Septante a perdu de son importance pour les Juifs à partir du moment où elle a été adoptée par le christianisme. Elle a vraisemblablement été remplacée par d'autres traductions grecques alignées davantage sur le Texte massorétique.

Le Targoum

Les plus anciennes traductions composées en Palestine sont les textes des targoums qui sont importants parce que, plus tard, de telles traductions, en particulier celle d'Onqelos, étaient utilisées dans les synagogues pour traduire les lectures de la Torah pour les Juifs qui utilisaient l'araméen comme première langue parlée[3]. Des targoums plus tardifs, tel que le Targoum palestinien et celui du Pseudo-Jonathan, comportent davantage d'exégèse midrashique de la Bible, incluant certaines traditions aggadiques dont on trouve des parallèles dans les midrashim. La forme la plus ancienne de telles traductions — le targoum littéral — est celle qu'on trouve dans les manuscrits qumraniens de Job et du Lévitique.

Le *Targoum du Lévitique* n'est préservé que dans un tout petit fragment de la grotte 4 (4Q156), provenant d'un manuscrit du IIe ou, moins vraisemblablement du Ier siècle[4] avant notre ère. Même si ces vestiges appartenaient certainement à un rouleau complet, tout ce qui nous reste est Lévitique 16,12-15 et 18-21.

Le passage préservé dans ce fragment se rapporte au sacrifice pour le Jour du pardon. Sauf de rares exceptions, le targoum suit le texte biblique littéralement. La traduction du terme *kaporet* est très importante : les traductions chrétiennes le traduisent souvent par « propitiatoire » et supposent qu'il s'agit d'une partie de l'arche. Dans ce targoum de Qumrân, on le traduit par « couvercle », ce qui correspond à des traditions juives postérieures. Au verset 20, qui évoque le moment où le prêtre a terminé « le rite d'absolution pour le sanctuaire », le terme pour sanctuaire signifie littéralement « sainteté ». Le texte de Qumrân ajoute « la maison de » pour rendre explicite le fait que le rite a pour but la purification du Temple lui-même. On retrouve également cette interprétation dans l'exégèse rabbinique postérieure.

L'impression globale que laisse ce targoum est que sa traduction correspond à diverses interprétations juives, dont quelques-unes feront partie de la tradition rabbinique postérieure. Dans ce texte, on ne trouve aucune trace d'une interprétation sectaire, comme celles qu'on trouve exactement pour les mêmes passages du Lévitique dans le *Rouleau du Temple* (XXV,10-XXVII,10).

L'autre targoum de Qumrân, beaucoup mieux préservé celui-là, est celui du livre de Job[5]. Découvert dans la grotte 11, le *Targoum de Job* (11Q10) est habituellement daté de la fin de la période hérodienne, c'est-à-dire du début de notre ère. Les vingt-huit colonnes préservées correspondent aux chapitres 17-37 et à une partie des chapitres 37-42 du Livre de Job.

Ce targoum est aussi plutôt littéral. Le traducteur utilise un texte de Job assez semblable au futur texte massorétique et il aboutit à une traduction qui est très proche de ce texte. Comme on peut s'y attendre, le targoum témoigne aussi de quelques variantes textuelles. Parfois ces divergences mineures proviennent de vocalisations différentes du texte biblique, qui n'a été vocalisé qu'au Moyen Âge. Si l'on fait abstraction de ces divergences mineures, on constate que le traducteur rend de façon assez littérale le texte qu'il a sous les yeux, que les spécialistes appellent sa *Vorlage*.

Ce texte comporte toutefois quelques bribes d'exégèse. Par exemple, pour le verset « Pourquoi les méchants restent-ils en vie, vieillissent-ils et accroissent-ils leur *puissance*?» (Jb 21,7), le traducteur rend la dernière partie par «accroissent-ils (leurs) *richesses*?». Il s'agit d'un cas de traduction interprétative, car le traducteur a choisi de donner au terme hébreu *ḥyl* un sens qui le rapporte à la richesse plutôt qu'à la force ou au pouvoir, ce qu'il pourrait aussi évoquer.

À certains moments, le traducteur a cherché à éviter des difficultés dans la structure grammaticale de l'original, ajoutant même occasionnellement des mots pour rendre le texte plus clair ou pour en donner sa propre interprétation. Par exemple, pour le verset «Qui a enfermé la mer à deux battants, quand elle sortit du sein, bondissante?» (Jb 38,8), il a rendu «quand elle sortit du sein» par «quand elle sortit du sein *de l'abysse*», précisant ainsi que le «sein» dont elle a jailli était le fond de la mer elle-même, de telle sorte que personne ne puisse penser que ce verset fait allusion à la naissance mythique du dieu de la mer, Yamm, l'un des principaux personnages de la mythologie du Proche-Orient ancien.

Souvent le texte ajoute des suffixes pronominaux pour rendre le texte plus clair. En traduisant Job 21,5 — qu'on rendrait littéralement par «Tournez-vous vers moi et soyez stupéfaits, et mettez (la) main sur (la) bouche», le traducteur a rendu la deuxième moitié du verset par «et mettez vos mains [sur votre bouche]». Inutile de préciser que sur le plan lexical, la traduction de tous les termes hébreux reflète l'interprétation de l'auteur. Il est difficile de dire si le fait que le texte est parfois raccourci par la combinaison de lignes poétiques parallèles répond à un objectif exégétique ou littéraire, ou s'il est le résultat d'une variante textuelle.

Les traditions rabbiniques disent que le *Targoum de Job* a été caché par Rabban Gamaliel à l'époque du Temple[6]. Il est difficile de dire s'il s'agit du même targoum. Comme le *Targoum du Lévitique* trouvé à Qumrân, rien n'indique qu'il s'agirait d'un texte sectaire. Ces deux targoums montrent que la méthode targoumique et que des textes targoumiques spécifiques étaient connus par les sectaires et qu'ils existaient au moment même où les rouleaux ont été rassemblés à Qumrân. En général, les textes araméens trouvés à Qumrân sont préqumraniens, c'est-à-dire qu'ils existaient avant l'émergence de la secte. Même si nous ne pouvons pas être certains que cela est également vrai des traductions araméennes, cela est probable. Le targoum était déjà une forme d'exégèse dans la littérature juive au cours de la période asmonéenne, et il n'y a pas à s'étonner que, à mesure que l'emploi de l'hébreu oral devenait plus rare, le targoum soit devenu l'un des principaux endroits où se retrouve la littérature interprétative juive de langue araméenne.

Le commentaire littéral

Un des textes de Qumrân, le *Commentaire de la Genèse*[a-c] (4Q252-254), qu'on appelle aussi *Pesher sur la Genèse* ou *Florilège sur la Genèse*, témoigne d'une forme d'interprétation qui s'apparente beaucoup au commentaire littéral de l'Écriture, un genre qui se situe entre la simple traduction de la plus grande partie du matériel targoumique et l'interprétation développée dans les réécritures de la Bible[7]. Parmi les documents rendus publics récemment, ce texte a beaucoup attiré l'attention et suscité de nombreuses publications. Il s'agit pour une bonne part d'une manière de réécrire le récit du Déluge en alignant sa chronologie sur le calendrier solaire promu par la secte. Le document comporte également des enseignements messianiques qui se rapprochent de ceux des sectaires.

Deux des amplifications les plus intéressantes concernent cependant d'autres parties de la Genèse. Après que Noé est sorti de l'arche, il devient bientôt ivre, et son fils Cham voit sa nudité. Ses deux autres fils le couvrent et lui laissent cuver son vin dans sa tente. La Bible raconte ensuite qu'à son réveil, Noé maudit Canaan, fils de Cham (Gn 9,25-26). On se demande évidemment pourquoi Noé maudit Canaan, qui n'y est pour rien, et non son père Cham, qui s'est comporté de façon irrespectueuse envers son père. Le texte explique : « Il ne maudit pas Cham, mais seulement Canaan, car Dieu avait béni les fils de Noé. » (4Q252 *Commentaire de la Genèse*[a] II,6-7) Cette interprétation renvoie à la bénédiction de Noé et de ses fils par Dieu, plus tôt dans le récit de la Genèse (9,1-2). Elle nous donne un exemple d'une interprétation simple et directe du motif pour lequel Cham n'est pas maudit : parce que Cham a déjà été béni par Dieu, Dieu ne peut pas changer sa bénédiction. La simplicité et le caractère direct de la réponse et le fait qu'aucune autre explication n'est proposée a fait dire à un expert que nous avons ici le premier commentaire biblique qui s'efforce de donner le sens littéral d'un texte biblique.

Le texte poursuit en adaptant un autre passage biblique « Que Dieu élargisse Japhet et le fasse habiter dans les tentes de Shem » (Gn 9,27) : « Et il habitera dans les tentes de Shem, (c.-à-d.) *le pays que Dieu a donné à Abraham son bien-aimé.* » (4Q252 *Commentaire de la Genèse*[a] II,5-8) Ici encore, le texte fournit une simple explication pour identifier les « tentes de Shem ». Il s'agit du pays d'Israël.

Voici un dernier exemple dans la section qu'on intitule « Les bénédictions de Jacob. Ici, le texte commente le passage difficile « Quand tu es monté sur le lit de ton père, tu y as apporté la disgrâce — il est monté sur ma couche » (Gn 49,4) en disant : « Son interprétation (est) qu'il (Jacob) a réprimandé celui-ci (Ruben) parce qu'il avait eu des rapports sexuels avec Bilha, sa concubine à lui (Jacob). » (4Q252 *Commentaire de la Genèse*[a] IV,3-6) Les exégètes modernes considèrent que cette explication correspond au sens littéral de ce verset. Il fait allusion au fait que Ruben, plus tôt dans la Genèse, « alla coucher avec Bilha, la concubine de son père, et Israël (c.-à-d. Jacob) l'apprit » (Gn 35,22). Ici encore, le *Commentaire de la Genèse* fournit une explication simple et directe du texte biblique.

Même si ce texte reprend les récits bibliques, on ne peut le considérer comme un précurseur de l'interprétation de type aggadique, comme c'est le cas pour la *Genèse apocryphe*. Il est plutôt à ranger dans le genre des interprétations littérales qu'on trouve souvent dans les midrashim anciens, parsemés de aggadot. Cette sorte d'interprétation est plus complexe au plan conceptuel que celle de type targoumique, car elle porte sur des questions plus complexes que la simple interprétation des mots telle qu'on la rencontre généralement dans les textes targoumiques de Qumrân.

La Bible racontée

Dans le chapitre précédent, on a passé en revue certains textes apocryphes qui impliquent une réécriture de la Bible. Nous examinons maintenant une partie de ce matériel du point de vue de l'exégèse biblique, car lorsqu'un épisode ou un récit biblique est repris, cela suppose une forme quelconque d'interprétation[8]. À l'époque du Second Temple, de telles réécritures étaient assez fréquentes ; plusieurs nous sont parvenues aussi bien en hébreu qu'en araméen. Certains des textes qui témoignent de cette pratique sont présectaires ; mais d'autres expriment des idées tout à fait accordées à celles de la secte et pourraient bien avoir été produits par des membres du groupe.

Nous examinons d'abord la *Genèse apocryphe*, une réécriture du livre de la *Genèse* qui, comme d'autres textes araméens dans le corpus de Qumrân, est probablement antérieure à la secte elle-même et pourrait avoir été composée au cours de la période prémaccabéenne[9]. Parmi les sections les mieux conservées du rouleau se trouvent celles qui concernent Abraham et Sara.

En Genèse 12,10-13, il est dit de manière très factuelle qu'Abram (dont le nom sera changé en Abraham par Dieu en signe de l'alliance) doit descendre en Égypte à cause d'une famine au pays de Canaan. Comme Abram et son épouse approchent de la frontière, il lui demande de dire qu'ils sont frère et sœur, parce qu'il risque d'être tué à cause de la beauté de Saraï (le nom de Sara n'était pas encore changé). Le texte semble supposer que les Égyptiens voudraient tuer Abram pour prendre sa femme. Les commentateurs se sont interrogés sur ce texte depuis longtemps, incapables de comprendre de quel droit Abram pouvait demander à Saraï de mentir, elle qui serait exposée à être abusée par les Égyptiens de toute façon.

La *Genèse apocryphe* cherche à résoudre cette énigme en insérant dans sa version du récit un incident qui ne se trouve pas dans le texte biblique :

> Et moi, Abram, j'eus un songe durant la nuit où nous étions entrés au pays d'Égypte, et je vis dans mon songe : [et voi]ci, un cèdre et un palmier ; et des gens vinrent, et ils cherchèrent à couper et à déraciner le cèdre et à laisser seulement le palmier en vie… Et je m'éveillai de mon sommeil durant la nuit, et je dis à Saraï, ma femme : « J'ai eu un songe [et je] suis effrayé [à cause de] ce songe. »… [Et je] l[ui fis connaître l'interprétation] du songe. [Je] di[s :] « Voilà ceux qui vont chercher à me faire mourir et à t'épargner. [Tel]le est la faveur [que tu dois me faire :] partout [où nous nous trouverons, dis :] "C'est mon frère." Alors j'aurai la vie sauve à cause de toi. » (1Q *Genèse apocryphe* XIX,14-20)

Pour expliquer pourquoi Abraham demande soudainement à sa femme de mentir à propos de leur relation, le texte explique qu'il a fait cela pour sauver sa vie. Mais ce faisant, l'auteur ajoute des détails à l'histoire. Cette manière de réécrire le texte biblique est aussi caractéristique du livre hébreu des *Jubilés* ; on la retrouve dans la littérature rabbinique de la Aggadah qui, apparemment, n'est qu'une collection de légendes à propos de la Bible. Lorsqu'on y regarde de plus près, toutefois, on se rend compte qu'il s'agit d'une tentative pour combler les interstices du texte, les lacunes des récits bibliques qui requièrent une interprétation. Ce type de réécriture narrative de la Bible, attesté dans des documents présectaires du corpus qumranien, démontre qu'une telle approche a connu un développement assez intense dès l'époque prémaccabéenne.

L'interprétation harmonisante

L'interprétation harmonisante est un autre type d'interprétation qu'on retrouve aussi bien dans les écrits présectaires que dans les compositions sectaires de Qumrân[10]. Dans ce type d'interprétation, un texte est interprété à partir d'un passage similaire, de telle sorte que les deux sont harmonisés pour dire essentiellement la même chose. Cette approche suppose qu'on tienne pour acquise la notion d'un corpus fixe de textes sacrés, constituant un canon, qui rend possible l'interprétation d'un texte par un autre. Nous avons déjà vu comment ce procédé était utilisé pour créer des variantes dans certains textes bibliques, en particulier dans ceux du type protosamaritain. Le texte samaritain postérieur regorge d'interprétations de ce genre, ce qui aboutit à un texte de la Torah passablement amplifié.

Parfois, de telles harmonisations sont utilisées dans des textes concernant la loi juive et permettent d'éliminer certaines ambiguïtés. Par exemple, dans le *Rouleau du Temple*, on trouve le commandement suivant dans une des dernières sections, adaptée du Deutéronome : « Tu ne me sacrifieras pas un bœuf ou un mouton ayant une tare sérieuse quelconque, car c'est une abomination pour moi. » (11Q19 *Rouleau du Temple* LII,3-5)

Ce texte est une simple adaptation de Deutéronome 17,1. Toutefois, le verset original du Deutéronome comporte une formulation problématique, qui se lirait littéralement « ayant *une tare*, une chose *sérieuse quelconque* ». En reformulant ces paroles, l'auteur a été influencé par une expression parallèle provenant de Deutéronome 15,21 : « une tare sérieuse quelconque ». De cette manière, le texte du *Rouleau du Temple* harmonise son texte de base, Deutéronome 17,1, avec celui de Deutéronome 15,21, d'où il résulte un nouveau texte, un texte « harmonisé », qui est plus coulant et moins ambigu.

Dans un pareil cas, c'est l'intention délibérée de l'auteur de faire disparaître l'ambiguïté. Il s'agit donc d'une révision interprétative, par opposition à l'harmonisation purement textuelle dont nous avons parlé en rapport avec les textes bibliques de Qumrân. Dans ce dernier cas, l'harmonisation est le résultat d'un processus de transmission textuelle, car les scribes ont tendance, inconsciemment, à atténuer les variantes et à harmoniser les textes.

L'harmonisation, particulièrement dans le *Rouleau du Temple*, peut également s'appliquer à une série de commandements bibliques, l'un étant compris à partir de l'autre. Un excellent exemple est celui de la fête du Nouvel An, discutée dans une section du rouleau qu'on appelle le Calendrier des fêtes, parce qu'il donne la liste de toutes les fêtes et de sacrifices qui y sont offerts. D'une manière générale, cette section comprend, grâce à diverses techniques d'harmonisation et d'interprétation biblique, un certain nombre de fêtes qui ne sont pas mentionnées dans la Bible. On y trouve, par exemple, une fête printanière du Nouvel An qui ne figure pas dans la séquence biblique des fêtes :

> Et le premier (jour) du [premier] mois, [(ce) sera le commencement des mois. Ce sera pour vous le premier des mois] de l'année. [Tu ne feras aucun] tra[vail] servile. [Et tu prépareras un bouc comme sacrifice d'expiation]. Il sera offert à part, pour faire l'expi[ation pour vous. Vous offrirez aussi en holocauste : un taurillon], un bélier, [sept] agneaux d'u[n an, sans défaut,... en pl]us de l'holocauste du nouveau mois. (11Q19 *Rouleau du Temple* XIV,9-13)

Grâce à une technique interprétative, le rouleau produit un texte pseudo-biblique. Même si la Bible nous dit que le premier jour du premier mois (le 1er jour de Nisân) est le « commencement des mois... le premier des mois de l'année » (Ex 12,1), elle n'indique nulle part le rituel à effectuer pour ce « Nouvel An ». C'est pourquoi l'auteur du rouleau (ou l'un de ses prédécesseurs, puisqu'on trouve aussi une telle fête dans le livre des *Jubilés*) a interprété ce texte comme s'il était analogue à la description de la fête du Nouvel An d'automne (Rosh Hashanah), dont le rituel est décrit en détail dans la Torah (Nb 29,1-6). Notre auteur a donc harmonisé ces deux passages bibliques, en empruntant au Nouvel An d'automne tous ses rites sacrificiels aussi bien que l'interdiction de « ne faire aucun travail servile » en ce jour (Nb 29,1). De cette manière, l'auteur a harmonisé la fête du Nouvel An d'automne et celle du Nouvel An du printemps qui lui paraissait être mentionnée dans l'Exode. Il existe de très nombreux exemples de cette technique dans les diverses compositions du corpus qumranien qui concernent la loi juive ; cette méthode s'apparente à celle de l'analogie qui sera utilisée par l'exégèse rabbinique postérieure et par la secte médiévale des karaïtes.

Le midrash halakhique

La halakhah, la loi juive, a toujours eu recours à une technique d'interprétation midrashique qu'on retrouve en abondance dans les manuscrits de Qumrân[11]. Pour notre propos, retenons une définition restrictive du midrash comme l'interprétation d'un passage biblique à la lumière d'un autre. Dans les livres d'Esdras et de Néhémie, de telles techniques sont employées pour harmoniser des variantes de passages bibliques portant sur le même thème. Le problème de textes bibliques qui paraissent contradictoires semble avoir préoccupé les Juifs du début de la période du Second Temple, parce que la Torah circulait alors en tant que texte unifié. Dans les textes halakhiques de la secte, cette technique est passablement développée.

On trouve assez rarement dans ces manuscrits une technique du midrash halakhique qui consiste à citer le texte biblique explicitement. Un exemple assez complexe, qui met plusieurs passages bibliques à contribution, en est fourni par le texte suivant qui montre comment les sectaires comprenaient la nécessité de réprouver ceux qui transgressent la loi :

> Et quant à ce qu'Il (Dieu) a dit : « Tu ne te vengeras pas et tu ne garderas pas rancune aux enfants de ton peuple » (Lv 19,18), quiconque parmi ceux qui sont entrés dans l'alliance (c.-à-d. la secte) porte une accusation contre son prochain qui n'est pas une « réprimande » devant témoin… se venge et garde rancune. N'est-il pas écrit que seul « Lui (Dieu) se venge de Ses adversaires et garde rancune à Ses ennemis » (Na 1,2) ? Mais s'il se tait à son sujet d'un jour à l'autre, puis porte une accusation contre lui… sa faute (celle de l'accusé) sera sur lui (l'accusateur), car il n'a pas observé le commandement de Dieu, Qui lui a dit : « Tu dois réprimander ton prochain, et ainsi tu ne porteras pas de culpabilité à cause de lui (Lv 19,17). » (CD-A *Document de Damas*[a] IX,2-8)

Dans ce texte, nous avons affaire à un enchaînement de versets bibliques qui sont tous interprétés de manière à aboutir à une interprétation légale sectaire unifiée.

L'interdiction biblique de garder rancune (Lv 19,18) est comprise ici comme visant celui qui n'observe pas correctement la prescription de « réprimander », ce qui est le sujet traité au verset 17 dans le Lévitique. Nous savons par d'autres passages que les sectaires comprenaient la réprimande comme un geste formel à poser en présence de témoins. À moins qu'on l'ait réprimandé pour offense, et que cette réprimande ait été dûment enregistrée, on ne peut punir le contrevenant par la suite. Cette procédure avait pour but de s'assurer qu'il sache bien que certaines actions offensantes étaient interdites et que, par conséquent, cet individu commettait délibérément une transgression. Pour appuyer sa prétention qu'il est défendu de garder de la rancune, le texte cite un passage prophétique de Nahum et l'interprète comme signifiant que c'est Dieu seul, et non l'être humain, qui peut se venger. La fin de Lévitique 19,17, « tu ne porteras pas de culpabilité… », est interprétée dans le sens que si une personne accuse son prochain d'un crime sans l'avoir d'abord réprimandé, elle est sujette au même châtiment que celui que se serait mérité le transgresseur.

Ces conclusions découlent toutes de l'interprétation de deux versets du Lévitique qui sont compris l'un par l'autre et en utilisant un verset de Nahum pour supporter l'exigence que la secte faisait de la réprimande. Cette interprétation repose aussi implicitement sur un verset non cité, celui de Nombres 30,15 : « s'il a gardé le silence à son sujet d'un jour à l'autre ». Ce verset concerne les vœux faits par une femme, qui sont considérés comme valides si son mari ne s'y objecte pas la journée même où ils sont prononcés. Le texte sectaire a emprunté ce langage pour créer la règle « Mais s'il se tait à son sujet d'un jour à l'autre ». C'est ce verset non cité des Nombres qui a fourni aux sectaires l'idée que la réprimande était comme l'annulation du vœu de son épouse et qu'elle devait être faite le jour même. Un texte un peu différent provenant des fragments du *Document de Damas* de la grotte 4 (7Q267 D^b 9 I,1-3) se lit « [Mais s'il se tait à son sujet] d'un mois à l'autre ». Si cette version est correcte, il faudrait conclure que le passage des Nombres n'a eu qu'une influence partielle et qu'on lui a seulement emprunté quelques expressions.

Mon interprétation de ce passage a été contestée lorsque je l'ai proposée pour la première fois ; certains spécialistes estimaient que la réprimande n'était qu'un geste éthique et non pas une procédure légale formelle. Cependant, un des documents qui sont devenus accessibles au public récemment démontre que mon interprétation était exacte. L'un des textes, probablement un document préparé par l'inspecteur en conformité avec les procédures de la secte, fait état d'une authentique procédure de réprimande dans la communauté de Qumrân[12]. Même si leur état est assez fragmentaire, les vestiges de ce texte appuient ma conclusion : « … leur âme, et pour réprimander… le [c]amp des nombreux… Johanan fils de… parce qu'il était prompt à la colère… Et (quant à) Hananiah, fils de Notos, il lui reprocha… [de cor]rompre l'esprit de la communauté. » (4Q477 *Reproches* 2 I,2-3 ; II,3-6) Nous avons affaire ici à un registre de cour faisant état de réprimandes pour des offenses contre le style de vie de la secte. Avec un tel document en main, personne ne peut désormais contester que la réprimande, à Qumrân, était bel et bien une procédure légale.

Dans d'autres interprétations légales des manuscrits sectaires, la source biblique de la loi n'est pas mentionnée, mais elle est tissée à même le langage du texte de telle sorte qu'on ne peut l'en extirper que par une analyse textuelle serrée. Dans de tels cas, les textes bibliques sujets à interprétation ne sont pas cités. Voici un exemple de ce type d'exégèse, à propos des lois du sabbat : « Que personne ne se promène au champ pour faire le travail de ses affaires le (jour du) sabbat. » (CD-A *Document de Damas*[a] X,20-21) Cette phrase semble n'être qu'une simple prescription légale — ce que les spécialistes de la Bible appellent une loi apodictique. Elle interdit de se promener dans son champ le jour du sabbat dans le but de déterminer quel travail on devra faire au cours de la semaine suivante. À plusieurs reprises, les prophètes protestent contre ceux qui travaillent le jour du sabbat. Un passage qu'on trouve en Isaïe (58,13-14) se traduit littéralement : « Si tu détournes du sabbat tes pieds, pour faire tes affaires durant mon jour saint… » Notre texte sectaire est une interprétation de ce passage d'Isaïe : « détourner tes pieds » signifie « ne pas se promener » ; « du sabbat » signifie « le (jour du) sabbat) » ; et « affaires » signifie le travail en rapport avec les affaires, qui est interdit le jour du sabbat. Mais la clé de cette loi sectaire est l'interprétation du passage d'Isaïe comme se rapportant à la planification, durant le sabbat, des choses à faire ensuite. Cette interprétation est fondamentale dans le texte légal sectaire. Dans ce cas, la loi qui en résulte correspond exactement à la halakhah talmudique postérieure, mais la voie interprétative empruntée pour y parvenir est différente.

Un des aspects de cette méthode interprétative paraîtra étrange à ceux qui connaissent les sources talmudiques. Alors que les rabbins évitent de puiser des textes chez les Prophètes ou dans les Écrits, pour se limiter presque exclusivement à la Torah les passages dont ils déduisent la loi juive, les sectaires de Qumrân n'ont aucune réticence à utiliser à cette fin des textes ne provenant pas de la Torah. Il est probable que les rabbins ont évité de se servir de matériel provenant des Prophètes et des Écrits parce que les chrétiens les employaient pour justifier leurs prétentions concernant le messie. En réaction, les rabbins ont graduellement cessé d'y recourir comme autorités à partir desquelles on pouvait déduire des lois. Parce que le corpus sectaire et, sur ce point, les autres documents découverts à Qumrân également sont totalement préchrétiens, une telle réticence en est absente.

Les interprétations qu'on a présentées ici sont plutôt complexes ; elles ne sont qu'un petit échantillon de semblables interprétations qu'on trouve dans le corpus légal des sectaires. Je suis d'avis que cette forme d'interprétation, de même que l'interprétation harmonisante, est caractéristique de ce que les sources rabbiniques suggèrent comme la manière sadducéenne de traiter ces questions. Quoi qu'il en soit, des exemples comme ceux-ci démontrent qu'une forme complexe d'interprétation légale de la Bible était déjà passablement développée, bien avant la destruction du Temple et la création des grands classiques littéraires du judaïsme talmudique.

Les manuscrits découverts à Qumrân, qui sont pour une part l'héritage littéraire préservé par les sectaires et pour une part des créations qu'on leur doit, nous présentent une variété de formes d'interprétation biblique. Certains cherchent à établir le sens littéral du texte biblique, certains à le prolonger. Certains réécrivent la Bible, s'affairant à combler les lacunes entre les mots — à remplir, pour ainsi dire, les espaces vides entre les lettres. Les textes les plus élaborés et les plus interprétatifs nous livrent divers types d'interprétations harmonisantes ou midrashiques et de l'exégèse légale détaillée. Lorsqu'on l'évalue dans son ensemble, ce corpus nous fournit des précurseurs et des parallèles à tous les types d'interprétation qu'on trouve dans la tradition juive postérieure, telle que nous l'ont transmise les sources rabbiniques : le Targoum, la traduction araméenne de la Bible ; l'interprétation du sens littéral de l'Écriture ; l'amplification aggadique ; le midrash halakhique. Toutes ces techniques étaient disponibles lorsque les pharisiens faisaient concurrence aux divers groupes sectaires pour dominer la scène religieuse dans la Palestine asmonéenne. Nous n'avons aucune raison de mettre en doute les affirmations des rabbins à propos du rôle primordial que ces types d'interprétation ont joué au cours de la période où le judaïsme pharisien a évolué vers la forme qu'il léguera au judaïsme de la Mishnah, du Midrash et du Talmud. Mais il nous reste encore à explorer un type d'interprétation. Il s'agit du *pesher*, l'interprétation historicisante et actualisante développée par la secte et grâce à laquelle elle se voyait et comprenait les événements de son époque comme l'accomplissement de la prophétie de Dieu pour Israël.

CHAPITRE 14

Les Prophètes livrés à leurs interprètes

Le *pesher* est un système d'interprétation complètement différent de ce que nous avons vu jusqu'à maintenant : il s'agit d'une méthode propre à la secte de Qumrân elle-même, bien qu'elle présente quelques ressemblances avec l'exégèse de la Bible hébraïque dans le Nouveau Testament et avec le midrash aggadique[1]. Quelques interprétations d'énoncés isolés se retrouvent dans le *Document de Damas* et dans d'autres compositions sectaires. Les chaînes d'interprétations de type *pesher*, qu'on appelle souvent *pesharim*, suivent habituellement la séquence d'un livre biblique. Des commentaires continus de textes bibliques, principalement des prophètes postérieurs, ont également été préservés. Ils se lisent comme des commentaires, mais ils sont construits à partir de ce type particulier d'interprétation qu'est le *pesher*.

Le terme *pesher* vient de la racine hébraïque *p-sh-r* qui signifie expliquer, exposer. Le terme hébreu, et également son homologue araméen *p-t-r*, se rapporte à l'interprétation des rêves. Dans le Proche-Orient ancien, et notamment dans les récits bibliques sur Joseph (Gn 37,5-11 ; 40,1-41,57) et Daniel (Dn 7), l'impact pratique des rêves dépendait étroitement de leur interprétation. Pour qu'un rêve devienne vrai, il doit d'abord être correctement interprété. La méthode du *pesher* considère les prophéties bibliques de la même façon. L'efficacité de la prophétie dépend de son interprétation adéquate. Les *peshers* fournissent de telles interprétations.

Une caractéristique additionnelle de ce genre d'exégèse est qu'elle actualise, c'est-à-dire qu'elle interprète les prophéties d'autrefois comme si elles se rapportaient directement à l'époque et à la situation de l'interprète. Même si la tradition juive, dans pratiquement toutes ses phases et toute sa diversité, a généralement considéré que le message des prophètes s'appliquait à chaque génération, elle n'en situait pas moins le contexte historique véritable de ces prophéties bibliques à leur époque d'origine.

Dans l'interprétation de type *pesher*, d'une part le contexte d'origine n'existe plus. Habaquq ou les Psaumes sont compris comme si leur sens originel s'appliquait à l'époque de la secte et prédisait son histoire. De fait, dans ce sens, le *pesher* a des affinités avec une grande partie des citations et des interprétations de la Bible hébraïque par les auteurs du Nouveau Testament. Les premiers chrétiens considéraient également que les ouvrages des prophètes du passé portaient sur les événements de leur propre époque.

Ce trait particulier de l'exégèse de type *pesher* en fait une précieuse source d'information historique. Puisqu'elle cherche souvent à établir un lien entre les paroles de l'Écriture et les événements d'époque « moderne » (c.-à-d. contemporaine), elle fait allusion directement aux vrais personnages qui ont vécu au cours de la période asmonéenne. Ajoutés à d'autres documents trouvés à Qumrân tels que des listes de noms et quelques documents d'affaires, ce sont les seuls textes dans lesquels on trouve des allusions historiques directes.

On peut affirmer sans risque de se tromper que les *pesharim* sont de provenance sectaire parce qu'ils expriment les croyances et la théologie propres à la secte, emploient sa terminologie caractéristique et sont écrits dans l'hébreu spécifique de la secte. Le *pesher* jette un éclairage sur de nombreux aspects importants de la pensée de la secte de Qumrân ; il sera donc utile de l'aborder selon divers points de vue, d'abord sur le plan de la méthode d'exégèse elle-même, puis selon les différents textes et leur portée historique.

Le genre littéraire

Les *pesharim* sont habituellement reconnaissables à leur forme et à leur style particuliers. Un passage biblique est d'abord cité, puis on en donne l'interprétation, souvent introduite par l'expression *pesher ha-davar* « l'interprétation de la chose est », ou encore *pishro*, « son interprétation est ».

On peut diviser les *pesharim*, globalement, en trois catégories. (1) Pour certains livres prophétiques, tout comme pour le Psaume 37, il y a le « *pesher* continu », c'est-à-dire, essentiellement, une interprétation suivie, verset par verset, du matériel biblique, dans un style qui évoque celui du commentaire. (2) Un deuxième type, qu'on appelle habituellement le « *pesher* thématique », dans lequel des versets portant sur un même thème majeur, tel que la fin des temps, sont interprétés dans le cadre d'un texte particulier. (3) Finalement, il y a le « *pesher* isolé », qui consiste à insérer une interprétation de type *pesher* dans un texte plus vaste sur un sujet différent. Certains pensent que ces interprétations de type *pesher* qu'on trouve dans d'autres sortes de textes proviendraient de *pesharim* disparus. L'interprétation de type *pesher* n'est attestée que pour les écrits des Prophètes et aux Psaumes et l'on ne sait pas si elle était limitée à ces seuls ouvrages.

Certaines des techniques exégétiques — c'est-à-dire des règles herméneutiques qui déterminent le système d'interprétation — utilisées dans les *pesharim* sont également employées dans le midrash rabbinique. Néanmoins, la caractéristique principale du *pesher*, qui consiste à lire dans les paroles des prophéties bibliques les événements historiques contemporains et à donner une interprétation eschatologique des événements actuels, est absente du midrash rabbinique, sauf quelques exceptions. Bien qu'on puisse trouver quelques parallèles à cette technique interprétative, la distinction de base entre le *pesher* de Qumrân et le midrash rabbinique demeure donc entière. Par contre, même si l'on ne peut considérer les interprétations du Nouveau Testament comme appartenant au genre littéraire du *pesher*, le recours à l'exégèse actualisante est plus fréquent dans les écrits du christianisme primitif que dans le midrash rabbinique.

La base théologique

Les auteurs sectaires ont expliqué en détail le lien qu'ils voyaient entre la prophétie et le *pesher*. Le *Pesher d'Habaquq* propose une interprétation d'Habaquq 1,5 « Regardez parmi les nations » pour laquelle il semble se baser sur un texte qui se lit plutôt « Regardez parmi les traîtres ». Parmi les trois définitions qu'il donne des « traîtres », on trouve celle-ci : « [...] les traîtres qui... n'ont [pas cru] aux paroles du Maître de Justice, de la bouche de Dieu [...]. » (1Q *pHabaquq* II,1-3) On voit ici que le maître a reçu ses enseignements de la bouche de Dieu. C'est contre ces enseignements que les traîtres se sont révoltés. Le texte affirme clairement l'inspiration divine des interprétations du maître. Plus loin dans le même passage, on apprend encore plus nettement la signification de ce concept :

> Ils n'ont pas cru quand ils ont entendu tout ce qui allait surve[nir à] la dernière génération, de la bouche du prêtre dans le [cœur] duquel Dieu a placé la [connais]sance pour interpréter (*p-sh-r*) toutes les paroles de Ses serviteurs les

> *prophètes*, par les[quels] Dieu a annoncé tout ce qui allait survenir à Son peuple et [aux nations ?]. (1Q *pHabaquq* II,6-10)

La référence au « prêtre », ici, vise le Maître de Justice, qui était effectivement un membre d'un clan sacerdotal. Il a reçu le don d'interpréter correctement les paroles des prophètes, qui ont annoncé l'avenir du peuple d'Israël et celui des nations. En d'autres termes, la secte considérait la prophétie comme un processus en deux temps. Le premier temps est celui du don de prophéties aux prophètes qui n'en comprenaient pas le sens eux-mêmes. Seul l'interprète contemporain peut expliquer leur vraie signification, grâce à des interprétations inspirées, celles des *pesharim*. De plus, ce sont ces interprétations correctes qui garantissent la validité des prophéties. Cette approche est similaire à celle que la secte adoptait pour son système halakhique. Là aussi, l'autorité des interprétations s'appuie sur le fait qu'elles sont considérées comme divinement inspirées.

Un autre passage va tout à fait dans le même sens. En interprétant Habaquq 2,2, dans lequel le prophète reçoit l'ordre « Écris la prophétie, grave-la sur des tablettes, de telle sorte qu'on puisse la lire facilement », le texte affirme :

> Dieu dit à Habaquq d'écrire ce qui allait survenir à la dernière génération. Mais Il ne lui fit pas connaître l'accomplissement de la période. Et quant à ce qu'Il a dit : « Afin qu'on puisse la lire facilement » (Ha 2,2), Son interprétation concerne le Maître de Justice, à qui Dieu a révélé tous les mystères des paroles de Ses serviteurs les prophètes. (1Q *pHabaquq* VII,1-5)

Ici encore, on voit que le maître s'est vu confier la véritable interprétation, les secrets, qui se cachent sous les paroles des prophètes. On nous dit clairement que Dieu n'a pas révélé aux prophètes « l'accomplissement de la période ». Il l'a fait connaître seulement au maître sectaire. La révélation, pour les auteurs des *pesharim*, est nettement un processus en deux étapes, le chef de la secte complétant le processus amorcé par le prophète biblique.

Cette notion implique également l'une des croyances fondamentales de la secte de Qumrân, celle qui dit que toute l'histoire a été programmée par Dieu. Au contraire, la tradition rabbinique pharisienne rejetait cette notion, affirmant au contraire la liberté de l'être humain. De plus, cette manière de concevoir les choses accorde une autorité supérieure au maître de la secte, seul à avoir le contrôle de la révélation divine. Le sens de la révélation ne devient clair que parce que le maître participe au processus interprétatif. Même si une telle notion peut paraître unique, on doit remarquer que la tradition rabbinique pharisienne reconnaissait aux rabbins le même statut de gardiens de la loi biblique, puisqu'elle fondait l'autorité de celle-ci sur l'interprétation correcte qu'en transmettaient les rabbins. Pour cette raison, dans la halakah rabbinique, la Bible a une valeur normative seulement selon les interprétations des rabbins consignées dans la Mishnah et dans le Talmud.

Les textes principaux et leurs thèmes

Un rapide survol des principaux textes de *pesher* et de leurs thèmes essentiels sera utile comme première étape pour comprendre la méthode du *pesher* et sa contribution à la pensée et à l'exégèse de Qumrân. Je traiterai à part l'analyse de la portée historique de ces textes.

Pesher d'Habaquq

Parmi les premiers rouleaux découverts dans la grotte 1 par les bédouins se trouvait le *Pesher d'Habaquq* (1Q *pHabaquq*)[2]. C'est pour cette raison, et également à cause de son excellent état de conservation, que ce texte a influencé profondément, probablement de façon exagérée, les tentatives de reconstruire l'histoire et les enseignements de la secte. Le manuscrit a été copié par deux scribes entre –30 et –1. La composition du texte peut être située, sur la base de données contextuelles, autour des années qui précèdent immédiatement la conquête romaine de la Palestine, soit vers –84 à –63.

Le thème principal de ce texte est celui de l'histoire de la secte à ses origines. On y décrit la lutte entre le Maître de Justice et ses opposants — l'Homme de Mensonges (appelé aussi le Vaticineur ou le Prédicateur de Mensonges) et le Prêtre impie. Le Vaticineur est décrit comme un chef de la communauté. La dispute entre le maître et le Vaticineur semble avoir porté sur des questions concernant l'interprétation religieuse et la loi.

Du Prêtre impie, on dit qu'il a commencé son mandat dans la vérité mais qu'il a ensuite abandonné cette voie. Il a alors persécuté le maître, s'en prenant à lui durant la journée la plus sacrée de l'année, le Jour du pardon. Le texte prévoit qu'un peuple guerrier appelé les Kittim mènera une attaque à partir des îles de la mer et viendra punir les prêtres de Jérusalem. Il est évident que les Kittim, un nom qui désignait Chypre à l'origine, est devenu une désignation ou un nom de code signifiant « Romains » dans les textes sectaires comme dans d'autres sources contemporaines. Il a été utilisé parce que les Romains étaient censés venir de l'ouest, ce qui est la direction de Chypre.

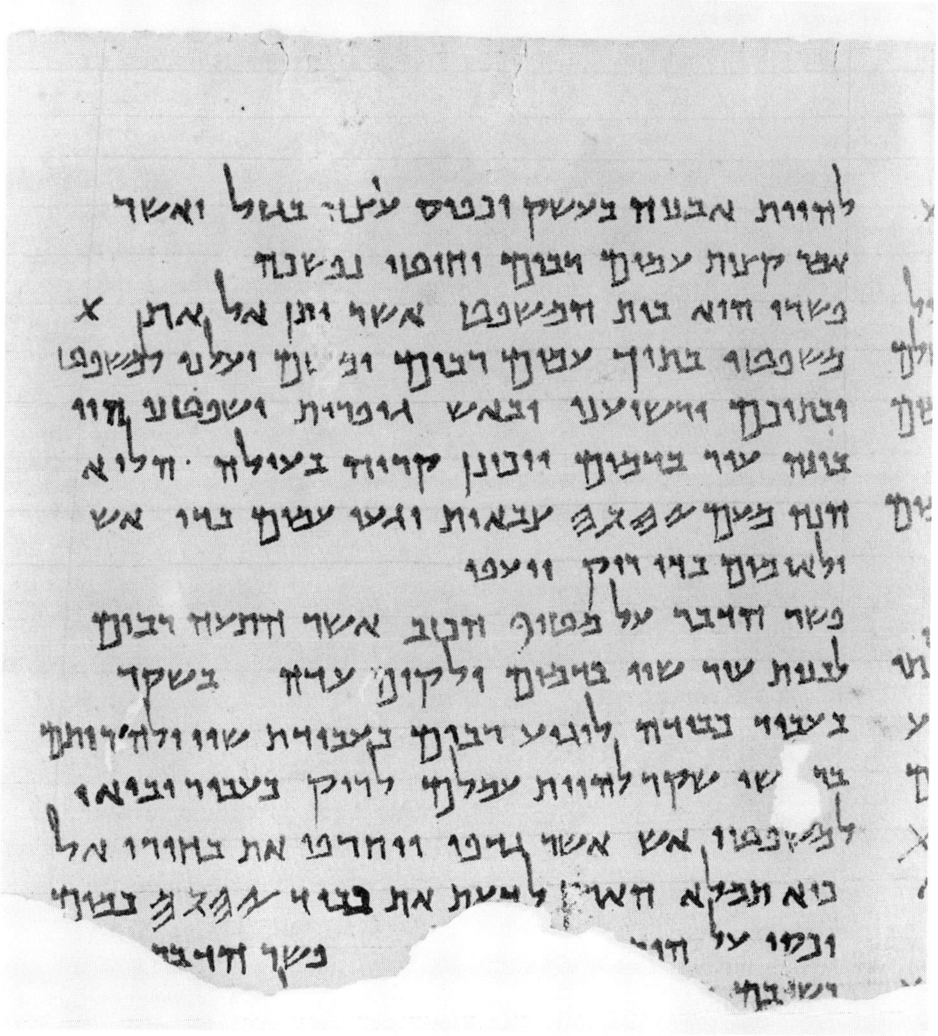

Pesher d'Habaquq
Cet ancien commentaire d'Habaquq faisait partie des rouleaux quasi complets découverts dans la grotte 1. Dans ce texte, les paroles du prophète biblique sont mises en relation avec des événements spécifiques vécus par la secte et par ses chefs. On aperçoit encore le tracé des lignes auxquelles les lettres étaient suspendues, de même que les repères des marges latérales. Le tétragramme (les quatre lettres du nom divin) est écrit en paléo-hébreu dans ce manuscrit, comme dans plusieurs autres documents sectaires. *Photo John C. Trever. Courtoisie de l'École de théologie de Claremont.*

Pesher de Nahum

Le *Pesher de Nahum* (4Q169) n'est préservé que partiellement dans un manuscrit de la fin de la période asmonéenne ou du début de la période hérodienne[3]. Le texte est incomplet, mais puisque chacun des trois chapitres du livre est attesté, le document original devait le couvrir en entier. Parce qu'il y fait allusion, l'écrit a sans doute été composé après la conquête romaine de –63. Le texte mentionne deux personnages historiques précis — un Antiochos et un Démétrios — et des événements qui ont eu lieu au cours du Ier siècle avant notre ère. Nous reviendrons plus tard sur l'interprétation de ces événements.

Démétrios est décrit comme allié aux « chercheurs d'allègements », une expression qu'on peut traduire plus exactement comme « ceux qui interprètent (l'Écriture) faussement », un sobriquet utilisé pour parler des pharisiens. Le Lion furieux est aussi allié à Démétrios. Parce que le texte parle de groupes sectaires différents, qu'il appelle Éphraïm, Manassé et Israël ou Juda, ce document est très important pour la compréhension de l'histoire des mouvements juifs de la période asmonéenne.

Pesher des Psaumes

Le *Pesher des Psaumes* est conservé par trois manuscrits[4]. Il n'est pas assuré qu'il s'agisse du même texte, puisque les trois manuscrits ne se recoupent pas, mais cela est vraisemblable. Le *Pesher des Psaumes* de la grotte 1 (1Q16 *pPsaumes*) comporte quelques versets des Psaumes 57 et 68. Ceux de la grotte 4 comportent respectivement des portions des Psaumes 37, 35, 60 (4Q169 *pPsaumes*[a]) et des Psaumes 118, 127 et 129 (4Q171 *pPsaumes*[b]). Le texte ne couvrait pas tout le livre des Psaumes, comme le fait de passer du Psaume 37 au Psaume 45 le démontre. Les manuscrits du *Pesher des Psaumes* peuvent être datés de la période romaine.

Le *pesher* le plus intéressant est le premier de la grotte 4 (4Q169) ; on y interprète le Psaume 37, où sont évoqués le destin du juste et de l'impie, comme une anticipation de la controverse des sectaires et de leurs opposants. Ce texte mentionne aussi les acteurs qui nous sont maintenant connus : le Maître de Justice, appelé « le prêtre », le Prêtre impie et l'Homme de Mensonges. Le Prêtre impie a persécuté le maître et cherché à le faire mourir. L'Homme de Mensonges a égaré le peuple. Les groupes nommés Éphraïm et Manassé se sont opposés à la secte.

Ce texte décrit également la destruction des impies à la fin des temps et la paix dont jouiront les justes durant l'ère finale qui est sur le point de s'ouvrir. Il faut également attirer l'attention sur la mention des mêmes « filets de Bélial » — les tentations de transgresser — dont parle le *Document de Damas* (IV,15), ce qui confirme le caractère sectaire commun aux deux compositions.

Pesher d'Isaïe

Six manuscrits différents préservent des fragments d'un *pesher* d'Isaïe (3Q4, 4Q161-165)[5]. Il est impossible de préciser si ces manuscrits proviennent d'un même texte, s'il y avait plus d'une composition concernant ce livre, qui était une grande source d'inspiration pour la secte et son idéologie. Une indication de l'importance particulière de ce livre pour la secte est que l'on en a trouvé vingt-deux copies parmi les documents de la mer Morte. Par ailleurs, le fait qu'ait survécu un exemplaire complet de ce livre et un autre manuscrit en contenant de larges sections peut être une pure coïncidence. Voici les plus significatifs.

Le *Pesher d'Isaïe*[a] de la grotte 4 (4Q161) porte sur des sections d'*Isaïe* 10 et 11 et interprète l'avancée des Assyriens comme une référence à des événements contemporains, vraisemblablement l'invasion de la Judée par les Séleucides de Syrie durant le règne d'Alexandre Jannée (–104 à –76). Ce texte a pris beaucoup d'importance, récemment, parce qu'il contient un parallèle au texte du soi-disant messie transpercé (4Q285), lequel n'a en fait rien à voir avec un messie mis à mort ou crucifié. Il mentionne toutefois le chef de la secte, appelé le Prince de la Congrégation, qui devrait diriger la secte à la fin des temps et la mener à la victoire contre les Kittim, les ennemis de la secte. Ce texte est important pour l'étude des idées messianiques dans les manuscrits de Qumrân. Il est à noter que ce texte ne parle que d'un seul messie, « un rameau de la branche de David », et ne partage pas l'attente de deux messies, un prêtre et un laïc, qu'on trouve dans d'autres documents de Qumrân et de la période du Second Temple.

Les fragments du *Pesher d'Isaïe*[b] de la grotte 4 (4Q162), copiés probablement juste avant le début de la période hérodienne, ne comportent que quelques vestiges du chapitre 5 d'Isaïe. Ceux qui s'opposent à la secte sont appelés les « arrogants de Jérusalem » ; il s'agit peut-être de ceux qui ont suivi le Prêtre impie.

Le troisième *pesher* de cette grotte (4Q163 *pIsaïe*[c]) est à dater, sur le plan paléographique, du début du Ier siècle avant notre ère ; il s'agit peut-être de la plus ancienne copie d'un texte de type *pesher*. Tel qu'il se présente actuellement, il contient des portions d'Isaïe 8, 10, 14, 19, et 26-32 ; on y trouve aussi des citations d'autres prophètes, en particulier Zacharie et Osée. Sur ce point, il se distingue des autres *pesharim* continus. De fait, il est possible qu'il ait commenté seulement quelques passages d'Isaïe. Le texte fait référence aux ennemis de la secte, les « chercheurs d'allègements », qu'on comprend habituellement comme une façon de désigner les pharisiens, avec lesquels la secte était en désaccord sur des questions d'interprétation de la loi et de la Bible, de même que sur des sujets politiques.

Un autre *pesher* d'Isaïe de la grotte 4 (4Q164 *pIsaïe*[d]), qui a été composé vers le début de la période asmonéenne, est conservé dans une copie d'époque hérodienne. Il n'en reste qu'un commentaire d'Isaïe 54,11-12. La vision de la Nouvelle Jérusalem est appliquée à la secte, dont divers groupes constituent les pierres précieuses mentionnées dans Isaïe. Le texte fait aussi référence à un groupe de douze, soit des prêtres, soit des Israélites, qui dirigent la secte ou la communauté eschatologique. Certains ont tenté de les rapprocher des douze apôtres du début du christianisme.

Autres *pesharims* continus

Quelques fragments de deux manuscrits de la grotte 4 (4Q166 *pOsée*[a] et Q167 *pOsée*[b]) préservent des commentaires de type *pesher* de quelques passages d'Osée[6]. Les deux manuscrits datent de la période hérodienne. Le texte s'en prend aux Juifs impies qui ont méprisé les commandements en célébrant des fêtes païennes. Ils ont, en conséquence, été punis par Dieu. Le *pesher* fait référence à un « lionceau furieux » et à un « dernier prêtre » qui vont attaquer Éphraïm — une désignation symbolique des pharisiens.

Quelques fragments d'un *Pesher de Michée* (1Q14) ont également survécu. Ils identifient Samarie au Vaticineur de Mensonges, tandis que Juda et Jérusalem désignent le Maître de Justice et le conseil de la communauté sectaire.

Peshers thématiques

Plusieurs ouvrages ont été appelés *pesharim* thématiques parce qu'ils comportent une séquence d'interprétations de type *pesher* sur un thème commun, toutes tirées de divers passages bibliques. J'en présente ici deux exemples.

Un texte connu sous le nom de *Florilège* provient de la grotte 4 (4Q174)[7]. Son nom correspond à la forme latine d'un terme grec signifiant « anthologie » ; il s'agit effectivement d'une anthologie de passages bibliques ayant une portée messianique, du moins selon l'interprétation qui en est proposée ici. Le manuscrit date de la fin du Ier siècle avant notre ère. Il est organisé autour d'une série de versets bibliques sélectionnés dans plusieurs livres : 2 Samuel (ou 1 Chroniques), Exode, Amos, les Psaumes, Isaïe, Ézéchiel et à nouveau les Psaumes. Il se peut que ce document soit tiré de textes de *pesharim* plus anciens dont on aurait fait une compilation.

Le *Florilège* parle de trois temples : le temple eschatologique, qui sera construit par Dieu, le Temple actuel qui est décrit comme souillé, et le « temple d'homme » — une référence à la secte qui, pour ses membres, remplace présentement le Temple. Le texte poursuit en parlant du messie davidique, dont on attend la venue avec l'interprète eschatologique de la loi, probablement à concevoir comme une sorte de Maître de Justice eschatologique.

Le texte *Melkisedeq* est préservé dans un manuscrit du début de la période hérodienne trouvé dans la grotte 11 (11Q13)[8]. L'auteur présente une série d'interprétations de type *pesher* de divers textes tirés du Lévitique, du Deutéronome, d'Isaïe, des Psaumes et de Daniel, dans cette séquence. La libération qui survient au moment du Jubilé biblique est comprise comme le symbole de la rédemption de la fin des temps. Apparemment, l'auteur concevait le temps comme divisé en dix Jubilés ; la fin des temps surviendrait au cours du dernier. Le personnage biblique de Melkisédeq, « prêtre de Salem,… prêtre du Dieu Très-Haut » (Gn 14,18 ; voir Ps 110,4), est l'acteur principal du drame eschatologique. Il détruit les forces du mal, il libère les Fils de Lumière (les membres de la secte) et fait l'expiation pour eux.

Quelques-uns de ces textes seront discutés à nouveau lorsque nous aborderons les aspects messianiques de la littérature de Qumrân. Notons seulement pour l'instant que ces textes utilisent divers passages bibliques qui ont des thèmes messianiques et qu'ils les interprètent d'une façon qui s'apparente étroitement à celle des *pesharim*. Mais, à la différence des *pesharim*, ils ne comportent pas d'allusion historique à la vie de la secte et à son histoire présente.

Apport historique des *peshers*

Les textes que nous venons de voir, de même que quelques documents apparentés, tels que l'Exhortation — la première partie du *Document de Damas* —, constituent notre principale source d'informations au sujet de l'histoire interne de la secte, de ses rapports avec les groupes juifs auxquels ils s'opposent et de ses attitudes vis-à-vis d'eux[9]. Mais, comme je l'ai dit, ces textes s'expriment par mode d'allusions obscures : c'est à travers l'interprétation de textes bibliques et en recourant à un ensemble particulier de termes et de symboles que la secte dit comment elle se perçoit et se représente ses opposants.

Il faut en outre compter avec la possibilité que nous n'ayons pas affaire à une réalité historique objective, mais plutôt à la conception que la secte se fait de sa propre histoire et du monde externe, juif et non juif. Ce portrait peut être complètement irréaliste. Si tel est le cas, nous n'apprenons à travers ces textes que l'autoreprésentation de la secte et l'historiographie qui sous-tend son approche du judaïsme et sa structure communautaire.

Du fait que pratiquement aucun nom n'est mentionné, bon nombre des interprétations dans les paragraphes qui suivent font l'objet de débats entre les spécialistes. Je propose ce qui me semble être l'interprétation la plus vraisemblable de ces données difficiles, tout en prenant le temps, à l'occasion, de signaler des points de vue divergents.

Le matériel des *pesharim* couvre trois périodes historiques principales : les premières années de la secte ; les années qui précèdent immédiatement et éventuellement celles qui suivent la conquête romaine de –63 ; les étapes ultimes de la fin des temps. Cette dernière période est abordée surtout dans les *pesharim* thématiques.

Tandis que le *Document de Damas* commence avec le récit de l'histoire de la secte au cours de la période qui précède l'apparition du Maître de Justice et son accession à la tête de la secte, les *pesharim* nous parlent de la secte au moment où elle est sous la gouverne de ce personnage que Dieu a envoyé pour la diriger. Le *Pesher des Psaumes*[a] interprète l'expression « …car [YHVH] soutient sa main (*Ps* 37,24) » comme suit : « Cela s'interprète du prêtre, le Maître de [Justice, que] Dieu a [ch]oisi pour se lever, c[ar] Il l'a suscité (ou prédestiné) pour qu'il Lui érige en congrégation [Ses élus dans la vérité]. » (4Q171 *pPsaumes*[a] 1+3+4 III,15-16) Le Maître a été prévu spécifiquement — et peut-être même prédestiné — pour jouer son rôle dans l'édification de la communauté. De plus, c'est lui qui a révélé aux membres de la communauté le sens des paroles des prophètes.

Mais, probablement comme conséquence de son enseignement, il s'est trouvé en conflit avec l'Homme de Mensonges. Un groupe appelé la Maison d'Absalom n'a pas appuyé le Maître dans son affrontement à l'Homme de Mensonges. Le *pesher* explique ainsi Habaquq 1,13, que le texte massorétique lit « Pourquoi regardes-tu les gens perfides, gardes-tu le silence quand l'impie frappe un plus juste que lui ? » : « Son interprétation concerne la Maison d'Absalom et les hommes de leur conseil qui se sont tus au moment de l'accusation du Maître de Justice et qui ne l'ont pas aidé contre l'Homme de Mensonges qui rejetait la Torah au milieu de toute leur con[géga]tion. » (1Q *pHabaquq* V,8-12) Il est évident que ce verset a été compris comme une allusion à un épisode de l'histoire de la secte au cours duquel le maître a été réprimandé publiquement par l'Homme de Mensonge. La maison d'Absalom serait un groupe sur lequel le maître aurait normalement pu compter pour le défendre. On a supposé que ce groupe pourrait être les pharisiens ; d'autres pensent qu'il s'agit d'un groupe à l'intérieur de la secte. Du point de vue de la communauté, cet événement a montré que l'Homme de Mensonges avait effectivement rejeté la Torah et ses lois.

Dans son commentaire d'Habaquq 1,5 « Regardez parmi les peuples (*bgwym*) et voyez », le *pesher* lit « Regardez, traîtres (*bgwgdym*) et voyez… » et commente : « [Ceci s'interprète au sujet] de ceux qui trahissent avec l'Homme de Mensonges, car [ils] n'ont pas [cru aux paroles du] Maître de Justice, de la bouche de Dieu. » (1Q *pHabaquq* II,1-3) Les traîtres, dirigés apparemment par l'Homme de Mensonges, sont probablement des membres qui ont fait défection ou des membres d'un groupe rival. De toute façon, ce passage montre que l'opposition au maître venait non seulement du Grand-Prêtre en titre, mais aussi d'autres personnes.

Le principal opposant au maître était le Prêtre impie. C'est lui qui a confronté le maître et l'a défié en présence des membres du groupe. La confrontation est décrite dans une interprétation d'Habaquq 2,5-6, « La richesse corrompra l'homme prétentieux : il ne subsistera pas, celui qui élargit son gosier comme le Shéol et est insatiable comme la mort. Toutes les nations ont été rassemblées vers lui et tous les peuples ont été amassés vers lui… » :

> Son interprétation concerne le Prêtre impie qui s'est appelé du nom de vérité au début de son avènement. Mais quand il gouverna sur Israël, son cœur devint orgueilleux et il abandonna Dieu, et il se rebella contre ses décrets par amour de la richesse. Et il pilla et amassa la richesse des hommes de violence qui s'étaient révoltés contre Dieu. Et il prit la richesse des peuples pour ajouter cela à la culpabilité de la transgression. Et il se conduisit selon des voies abom[in]ables, en toute souillure d'impureté. (1Q *pHabaquq* VIII,8-13)

Au début de sa carrière, le Prêtre impie avait l'appui des sectaires ; mais il l'a rapidement perdu à cause de transgressions qu'il a commises pour accroître sa richesse. Les sectaires considéraient ce pillage comme du vol.

Le Prêtre impie a fait la guerre à d'autres nations et a été en conflit avec des hommes de violence, probablement des pharisiens.

Il a en outre violé les règles de pureté rituelle et souillé le sanctuaire, comme on l'explique à propos du passage obscur d'Habaquq 2,17, dont la fin se lit « à cause des crimes contre les hommes et de la violence (envers) le pays, la cité et tous ses habitants ». Le texte est commenté comme suit: « Ceci s'interprète (ainsi) : "la cité", c'est Jérusalem, dans laquelle le Prêtre impie a pratiqué des œuvres abominables et a souillé le Temple de Dieu... » (1Q *pHabaquq* XII,7-9) Cette interprétation doit faire référence aux prescriptions légales et aux procédures rituelles observées dans le culte au Temple, que les sectaires considéraient comme des transgressions de la Torah. Un thème semblable est développé dans le *Document de Damas*, la *Lettre halakhique* et ailleurs dans le corpus sectaire.

Le Prêtre impie est allé jusqu'à tendre un piège au Maître de Justice. Dans son interprétation du Psaume 37,32 « L'impie guette le juste et cherche à [le faire mourir] » le texte affirme : « Son interprétation concerne [le Prê]tre impie qui a gu[et]té [le Maît]re de Justi[ce et a cherché à] le faire mourir. » (4Q171 *pPsaumes*[a] 3 II + 5-10 IV,8) Le Prêtre impie a tenté d'assassiner le Maître de Justice, mais n'a pas réussi.

Certains ont vu dans ce texte la figure de Jésus, qui aurait été mis à mort par le Prêtre impie. Si tel était le cas, le texte ne poursuivrait pas en expliquant comment Dieu s'est vengé du Prêtre impie en le livrant aux « brutes des nations » (lignes 9-10). De plus, selon ce texte, le Maître a certainement survécu au piège. De fait, tout le passage est une interprétation du Psaume 37 qui poursuit « Le Seigneur ne l'abandonnera (le juste) entre ses mains (celles de l'impie) ; Il ne le (le juste) laissera pas être condamné en jugement (par l'impie). » (Ps 37,33)

Ce passage du *Pesher des Psaumes*[a] fait probablement référence à l'attaque sournoise contre la communauté de Qumrân dont on a l'écho dans le *Pesher d'Habaquq* où il est dit à propos du Prêtre impie qu'il « a persécuté le Maître de Justice, pour l'engloutir dans l'irritation de sa colère au lieu de son exil. Et au moment du repos du jour des Expiations, il (le Prêtre impie) se présenta devant eux, afin de les engloutir et les faire trébucher au jour de jeûne du sabbat où ils s'étaient abstenus de travailler. » (1Q *pHabaquq* XI,5-8) Ce récit a également été compris comme une description de la mort du maître, mais il décrit tout simplement un affrontement pénible. Le « jeûne du sabbat où ils s'étaient abstenus de travailler » est le Jour du pardon, que la Bible appelle un « sabbat », mais aussi un jeûne. Le Prêtre impie a attaqué les sectaires au moment où ils célébraient cette fête sacrée, mais ce n'était évidemment pas pour lui le Jour du pardon. Ce passage met en évidence le fait que la secte utilisait un calendrier différent de celui de la majorité des Juifs, un calendrier solaire. Ainsi, les fêtes juives tombaient à des journées autres que celles du calendrier suivi par le Prêtre impie.

Mais le Prêtre impie est finalement puni : « [...] à cause de sa transgression contre le Maître de Justice et les membres de son conseil, Dieu l'a livré a(ux) main(s) de ses ennemis pour l'affliger d'un fléau pour le détruire et d'une souffrance mortelle parce qu'il avait agi de manière impie contre Ses élus » (1Q *pHabaquq* IX,8-12). Les ennemis du Prêtre impie l'ont torturé, ce qui constituait un châtiment divin pour ses attaques contre le Maître de Justice. Les souffrances du Prêtre impie sont décrites encore plus explicitement dans un autre passage : « [Et tous ses ennemis se sont levés et l'ont mal]traité de façon [à ce que] ses souffrances soient un châtiment (adéquat) pour sa méchanceté. Et Ils lui affligèrent de terribles maux et des actes de vengeance dans la chair de son corps. » (1Q *pHabaquq* VII,17-IX,2) C'est le Prêtre impie qui a souffert, et non le Maître de Justice. Les ennemis du Prêtre impie, les nations contre lesquelles il avait fait la guerre, l'auraient torturé, de telle sorte que sa vie s'est terminée par une maladie mortelle et dans l'affliction.

On a émis plusieurs hypothèses pour identifier le Prêtre impie et pour situer ces événements dans le cadre de ce que nous connaissons de l'histoire de la période du Second Temple. Dans bien des cas, ces théories ne sont pas suffisamment fondées sur la paléographie, l'archéologie, ou sur les sources historiques en général. Mais si l'on tient compte de ces données, il devient indiscutablement évident que ces événements doivent se situer au début de la période asmonéenne, au cours des années qui ont suivi la révolte des Maccabées.

Lorsque nous avons étudié la *Lettre halakhique*, nous avons établi que la secte a été fondée durant cette période. Nous avons vu aussi que le Maître de Justice doit être apparu comme dirigeant de la secte quelques années après la rupture initiale qui s'est produite peu après –152. La carrière du Prêtre impie doit se situer à la même époque. La plupart des spécialistes sont d'avis que le Prêtre impie est soit Jonathan (–160 à –143), soit Simon (–142 à –134), frères de Judas Maccabée, et qui furent les deux premiers dirigeants de la dynastie sacerdotale asmonéenne.

Deux textes parallèles de la grotte 4 fournissent quelques détails additionnels : 4Q175 *Témoignages*, qui n'est pas un *pesher* au sens technique, mais une anthologie de versets bibliques et un autre écrit apocryphe, 4Q379 *apocr*

Josué[b], préservent le même passage[10]. Voici ce texte, tel qu'il apparaît dans l'*Apocryphe de Josué*[b] ; les lacunes sont comblées à l'aide des *Témoignages* :

> Quand Josué eut finit de prier et de rendre grâce par ses psaumes, il dit : « Maudit soit l'homme qui rebâtira cette ville. (C'est) sur son premier-né qu'il posera ses fondations, et sur son plus jeune qu'il érigera ses portes. » (voir *Jos* 6,26) Et voici, un homme maudit, de Bélial, qui se lève pour être un filet d'oiseleur pour son peuple et une cause de destruction pour tous ses voisins. Et [...] se lev[èrent et gouvernèrent(?)], de telle sorte que les deux furent des instruments de violence. Et ils rebâtirent cette [ville] et ils érigèrent pour elle un mur et des tours pour en faire une forteresse impie en Israël et une horreur en Éphraïm et en Juda... un grande impiété au milieu des fils de Jacob, et ils ré[pandirent le sang et com]mirent une abomination dans le pays, un grand blasphème. (Ils répandirent le sang) comme de l'eau sur le rempart de la fille de Sion et dans l'enceinte de Jérusalem. (4Q379 *apocrJosué*[b] 22 II,7-15 = 4Q175 *Témoignages* 21-30)

Les spécialistes ont tenté d'identifier les événements historiques auxquels fait référence cette adaptation de Josué 6,26. Selon ce texte, quelqu'un a tenté de reconstruire Jéricho, malgré la malédiction de Josué 6,26. Ce faisant, il a perdu ses deux fils qui, du point de vue de l'auteur, étaient devenus des instruments de violence. Lui-même a égaré son peuple et est mort ; un autre dirigeant lui a succédé et a eu le même comportement. Les deux sont coupables d'avoir versé le sang de Juifs à Jérusalem.

Deux hypothèses ont été émises à ce propos[11]. Pour la première, ce texte décrit l'asmonéen Simon (frère de Judas Maccabée). Simon et deux de ses fils (probablement son aîné et son cadet) effectuaient une tournée du royaume et ont participé à un banquet dans la forteresse nouvellement construite à Jéricho en –134. Ils y furent assassinés par le commandant local, dans une tentative de coup d'État. Un autre fils de Simon, Jean Hyrcan, avait été prévenu et réussit à fuir le danger. Il reprit le contrôle de la situation et dirigea le pays de –134 à –104.

La deuxième hypothèse situe cet événement après la mort de deux descendants asmonéens, Antigone et Aristobule I, en –103. À cette époque, il y avait de grands travaux d'aménagement des palais et des fortifications de Jéricho, comme le montrent les fouilles archéologiques récentes. L'auteur de ce texte croyait que la malédiction de Josué avait frappé Jean Hyrcan qui a perdu ses deux fils au moment où il rebâtissait Jéricho. Son fils Antigone a assassiné son propre frère Aristobule I et est mort peu après. Jean Hyrcan serait la personne que le texte maudit, car il a égaré le peuple et payé de ses deux fils le prix de ses transgressions.

Faute de données historiques précises, il est impossible de savoir lequel des deux dirigeants asmonéens — Simon ou son fils Jean Hyrcan — est visé par ce texte préservé dans deux écrits. Le texte nous montre que même après la disparition du Prêtre impie, les sectaires de Qumrân ont continué d'être anti-asmonéens parce qu'ils estimaient que les descendants des Maccabées étaient des transgresseurs qui égaraient leur peuple. Il s'agit d'un point de vue assez général dans la communauté de Qumrân et on en trouve la trace dans un grand nombre de textes sectaires.

D'autres *pesharim* fournissent également des informations à caractère historique. C'est le cas du *Pesher de Nahum* (4Q169) qui décrit des événements postérieurs à ceux qu'on vient d'évoquer. Il s'agit d'un texte assez unique, car il mentionne des personnes bien connues des sources historiques. À l'époque dont il est question, le dirigeant est le « Lion furieux », ce qui désigne sans doute un autre prêtre asmonéen ayant pris des allures de monarque. On y parle aussi des « interprètes de fausses lois » (littéralement « chercheurs d'allègements ») qui ont fait alliance avec « [Démé]trios, roi de Grèce, qui chercha à entrer à Jérusalem sur le conseil des interprètes de fausses lois (litt. "d'allègements"). [Mais Dieu ne livra pas Jérusalem] à la main du roi de Grèce, d'Antiochos à l'avènement des dirigeants des Kittim. » (4Q169 *pNahum* 3-4 I, 2-3) Ce Démétrios, un chef de l'empire « grec », aurait tenté sans succès de pénétrer à Jérusalem, avec la complicité des interprètes de fausses lois. De fait, de l'époque d'Antiochos jusqu'à celle des Kittim (Romains), personne n'a réussi à conquérir Jérusalem.

Le texte rapporte que l'attaque a échoué : « [… Démétrios qui guer]roya contre le Lion furieux, lequel frappa ses grands et les hommes de son conseil. » (4Q169 *pNahum* 3-4 I,5-6) Après sa victoire contre l'assaillant, le Lion furieux se vengea : « […] contre les interprètes de fausses lois en ce qu'il pendit des hommes vivants [ce qui ne s'était jamais fait] en Israël auparavant » (4Q169 *pNahum* 3-4 I,7-8). Pour la plupart des spécialistes, ce passage signifie que le Lion furieux a puni ses ennemis en les crucifiant, un châtiment auquel le peuple juif n'avait jamais eu recours auparavant.

Les événements dont il est question dans ce *pesher* peuvent être décodés grâce aux indications que Flavius Josèphe, l'historien juif de l'Antiquité, nous fournit sur la fin de la période asmonéenne. Nous sommes en mesure d'identifier les acteurs mentionnés dans le texte. Les Kittim sont les Romains, une équivalence fréquente dans les manuscrits de Qumrân. Démétrios est Démétrios III Eukéros (–95 à –88). Sa désignation comme « roi de Grèce » fait référence à l'empire séleucide, que la littérature juive appelle souvent la

Grèce. L'Antiochos à l'époque duquel Jérusalem a résisté aux tentatives de conquête est sans doute Antiochos III le Grand (-223 à –187), accueilli en –198 comme un libérateur par les habitants de Jérusalem qui cherchaient à s'affranchir des Ptolémées. Les interprètes de fausses lois sont les pharisiens dont nous apprendrons davantage, à partir de ce texte, dans un prochain chapitre. Le Lion furieux, maître de la Judée, est le roi asmonéen Alexandre Jannée (–104 à –76), petit-fils de Judas Maccabée[12].

Les événements mentionnés ici sont rapportés en détail par Flavius Josèphe (*Antiquités juives*, 13, 372-383). L'histoire commence par une protestation publique contre les procédures sacrificielles suivies par Alexandre Jannée. Même si Josèphe ne donne pas de détails précis, un parallèle dans la Mishnah (*Sukkah* 4,9) indique qu'il suivait la pratique sadducéenne, faisant fi de la libation d'eau exigée par les pharisiens. Il en a résulté une rixe et des objections ont été soulevées à l'égard de la légitimité de son sacerdoce, comme de celle de toute la dynastie asmonéenne. Josèphe dit qu'en représailles, il a mis à mort six mille personnes. Après un échec militaire, ses sujets l'auraient vivement critiqué, ce qui l'a poussé à les combattre. Josèphe nous donne le chiffre, probablement exagéré, de cinquante mille Juifs tués au cours de ce conflit avec leur propre souverain. Alors qu'il tentait de convaincre ses sujets de faire la paix, ces derniers lui faisaient savoir qu'ils voulaient sa mort. En désespoir de cause, pour secouer le joug de ce cruel dirigeant, ils firent appel à Démétrios III Eukéros pour les secourir. Il envahit le pays. Des Juifs et des païens hellénisés combattaient dans les deux camps, s'invitant mutuellement à déserter. Dans la bataille qui s'ensuivit, Alexandre Jannée fut forcé de s'enfuir. Un certain nombre de Juifs l'aidèrent, persuadant Démétrios de se retirer, apparemment convaincu que le peuple juif était divisé au sujet d'Alexandre Jannée. Le combat s'est poursuivi jusqu'à ce qu'Alexandre ait repris la ville et ait réaffirmé son autorité. Après avoir repris la situation en main, Alexandre festoya avec ses concubines et fit crucifier 800 pharisiens et exécuter leurs femmes et enfants sous leurs yeux. Ses opposants, au nombre de 8000, durent s'exiler.

Telle est précisément l'histoire que raconte le *Pesher de Nahum*. Mais dans le *pesher* nous apprenons que les ennemis de Jannée étaient les pharisiens, ce qui concorde avec le récit de la Mishnah, qui affirme que l'agitation a été provoquée par le fait qu'il suivait les pratiques légales des sadducéens. « Ses grands » étaient les dirigeants sadducéens avec lesquels Jannée (le Lion furieux) collaborait étroitement. Les allusions historiques du *Pesher de Nahum* renvoient à cette horrible guerre civile.

Certains spécialistes voient dans ce texte des allusions explicites à la fin de la dynastie asmonéenne, plus précisément à l'époque de Salomé Alexandra (–76 à –67) et à ses fils, les frères asmonéens Hyrcan II et Aristobule II (–67 à –63), mais ces personnages ne peuvent pas être identifiés sans équivoque dans ce texte. On y trouve toutefois une référence nette à la conquête romaine de la Judée en –63.

Avant de quitter l'histoire rapportée dans le *Pesher de Nahum*, il peut s'avérer utile de dire quelques mots d'un texte qui n'est pas un *pesher*, mais qui apporte un complément aux données historiques qu'on peut tirer des textes de type *pesher*. Un texte de la grotte 4 s'est avéré particulièrement difficile à déchiffrer à cause de son écriture semi-cursive ; il a été récemment identifié comme une prière pour le roi Jonathan (4Q448)[13]. Il n'est certes pas impossible que ce Jonathan soit le frère de Judas Maccabée ; mais il paraît beaucoup plus vraisemblable qu'il s'agisse d'Alexandre Jannée, dont le nom « Jannée » est une forme grecque de l'hébreu Jonathan (« Yannaï » serait une forme courte de « Yonathan »). Si tel est le cas, il y aurait donc dans la bibliothèque de Qumrân une prière pour le bien-être de ce roi.

Ce texte contient en outre du matériel liturgique de forme poétique, qu'on trouve également dans le *Rouleau des Psaumes* (11Q5), de même que la prière suivante : « (Dieu) Saint, veille sur le (ou : Lève toi, Saint, en faveur du) roi Jonathan et sur toute la congrégation de Ton peuple Israël qui est aux quatre coins des cieux. Puisse la paix être sur eux (tous) et sur Ton Royaume. Que Ton nom soit loué ! » (4Q448 *Psaume et prière apocryphe* B 1-9) Cette magnifique prière demande le bien-être du roi Jonathan. Comment peut-on expliquer sa présence dans le corpus qumranien ? On sait par le *pesher de Nahum* que les sectaires s'opposaient à ce Jonathan. Il y a deux solutions possibles : soit que les sectaires lui étaient favorables au départ et qu'il ont changé d'avis plus tard, quand il s'est mis à adopter des politiques qu'eux désapprouvaient ; soit que ce texte témoigne du caractère hétérogène de la collection de Qumrân. Il pourrait se faire qu'un texte présentant un point de vue opposé à celui de la secte s'y soit retrouvé — il s'agirait évidemment de quelque chose d'exceptionnel, mais qui n'est pas totalement inconcevable.

Signalons enfin que quelques autres personnages historiques sont mentionnés dans les manuscrits. Ces noms apparaissent dans les textes *Mishmarot*, des documents ayant trait au calendrier qui ne donnent aucune information précise sur ces personnes ou leur contexte historique. Le nom « Shelomzion », qui est le nom hébraïque de la reine Salomé Alexandra (–76 à –67), la

dernière véritable dirigeante asmonéenne, apparaît dans 4Q322 *Document de calendrier* C^a 2 4 et 4Q324b *Document de calendrier* C^e 1 ii 7. « Hyrcan le roi », qui apparaît dans 4Q322 *Document de calendrier* C^a 2 6 aux côtés de Shelomzion, peut être soit Jean Hyrcan (–134 à –104) ou le fils de Salomé, Hyrcan II, qui a occupé la fonction de grand-prêtre de –76 à –40. Bien qu'il ait tenté de s'imposer comme souverain asmonéen en –67, après la mort de sa mère, il fut défait par son frère Aristobule II, qui gouverna jusqu'à la conquête romaine de –63. Un texte nous dit que « Æmilius tua » (4Q324a *Document de calendrier* C^d 2 4). Il s'agit probablement d'Æmilius Scaurus, le premier gouverneur romain de Syrie (–65 –62). Nous avons peut-être ici une allusion à un massacre que Scaurus aurait fait. La mention de Scaurus dans les textes *Mishmarot* est très intéressante, car il appuyait les prétentions d'Aristobule II contre celles de son frère et rival Hyrcan II, ce qui suggère que le « Hyrcan » de notre texte est effectivement Hyrcan II. Toutefois, le titre de « roi » est plus approprié pour Jean Hyrcan, qui a effectivement régné sur l'État asmonéen. Notons toutefois que ces textes sont d'abord des textes de calendrier ou d'astronomie. Il se peut donc que ces noms désignent des corps célestes plutôt que des personnes réelles.

Pratiquement toutes ces allusions historiques se trouvent dans le contexte d'interprétations de type *pesher*, une technique exclusive à la secte de Qumrân. Même s'il existe une technique semblable dans la tradition chrétienne postérieure, et même si la littérature rabbinique et les écrits juifs médiévaux comportent occasionnellement aussi des interprétations actualisantes, cela n'était certainement pas courant dans le judaïsme de l'époque. En gommant le contexte historique initial des paroles des prophètes, le *pesher* rompt radicalement avec l'interprétation biblique normative dans le judaïsme.

Pour la secte de Qumrân, le *pesher* était un puissant outil d'élaboration de l'identité qu'elle commençait à se donner. À ce titre, il nous révèle beaucoup sur l'histoire ancienne de la secte, nous permettant de retracer l'interaction entre certains personnages obscurs mais néanmoins très importants

Prière pour le roi Jonathan
Ce manuscrit, dont il ne reste rien d'autre que ce que l'on voit ci-contre, comprend à la fois un extrait d'un des psaumes apocryphes contenus dans le *Rouleau des Psaumes* de la grotte 11 et une prière pour le bien-être d'un roi Jonathan. La plupart des chercheurs identifient ce Jonathan à Alexandre Jannée, le souverain asmonéen (–104 à –76). La pièce sur la droite servait à l'origine à ancrer une languette qu'on utilisait pour tenir le manuscrit fermé lorsqu'il n'était pas utilisé. *Courtoisie de l'Autorité des antiquités d'Israël.*

dans l'histoire du peuple juif. Il nous montre que la secte était essentiellement anti-asmonéenne, un point de vue que confirment d'autres documents sectaires. Loin d'être une communauté monastique isolée, la secte de Qumrân était engagée activement dans les débats de son époque. Finalement, la littérature de type *pesher* nous fournit un exemple de plus de la manière dont la parole de Dieu peut être moulée par les mains des hommes pour fournir une histoire sainte à un groupe religieux en émergence.

Comment l'interprétation a-t-elle façonné la loi juive, autant à l'intérieur de la secte qu'en dehors d'elle ? Pour répondre à cette question, nous devons d'abord comprendre les principes théologiques qui sous-tendaient les diverses approches de la loi juive à l'époque du Second Temple.

4

Vivre à la manière juive

CHAPITRE 15

Théologie de la loi juive

DEPUIS LA PREMIÈRE DÉCOUVERTE du *Document de Damas* dans la genizah du Caire, que nous savons maintenant être un texte de Qumrân, il est apparu clairement que ce nouveau matériel serait d'une importance capitale pour comprendre l'histoire et le développement de la loi juive. Quand la bibliothèque de Qumrân elle-même a été mise au jour, la présence de multiples copies de cet ouvrage, ainsi que d'autres documents halakhiques, a confirmé à l'évidence que ces nouveaux textes pourraient nous apprendre beaucoup en ce domaine.

La séquence dans laquelle ces textes ont été publiés a toutefois minimisé sérieusement les progrès sur ce front. Le travail sur les manuscrits du *Document de Damas* de la grotte 4, ainsi que sur d'autres textes intitulés *Halakhah* (loi) et *Toharot* (rites de purifications) a été retardé[1]. Ces textes posaient apparemment de gros problèmes à l'équipe d'édition, qui n'avait qu'une connaissance limitée de la loi juive postbiblique. Et parce que, à l'époque, les Juifs avaient été exclus du processus de publication, on ne pouvait pas recruter de spécialistes compétents pour cette tâche. De plus, intentionnellement ou non, l'équipe éditoriale a donné la priorité aux matériaux qui paraissaient appuyer la description de la secte comme groupe protochrétien. De tels facteurs ont certainement contribué à retarder la publication de la *Lettre halakhique*, des fragments du *Rouleau du Temple*, et de compositions apparentées. La publication du *Rouleau du Temple* et la révélation subséquente de la *Lettre halakhique* nous ont permis de progresser grandement dans ce domaine.

L'étude de la loi qumranienne

Au départ, les spécialistes se sont attardés à l'étude de la loi de la secte de Qumrân elle-même, sur laquelle nous possédons des informations substantielles. Mais les textes de Qumrân nous renseignent aussi énormément sur l'état général de la loi juive au cours de la période asmonéenne, et non seulement sur la nature de la loi à l'intérieur de la secte. Grâce à ces documents, nous pouvons reconstruire un portrait plus complet de la loi pharisienne et sadducéenne, des attitudes à l'égard de l'autorité de la Torah durant cette période, et du point de vue de la secte à cet égard. Nous sommes ainsi en mesure de mieux comprendre le développement de la loi juive qui a joué un rôle si important dans le judaïsme de l'époque de la Mishnah et du Talmud et qui continue de le faire de nos jours.

La loi a toujours occupé une place centrale dans le judaïsme. Au cours de l'histoire, jusqu'au début de la période moderne, toutes les formes de judaïsme étaient enracinées dans le principe selon lequel tout Juif a l'obligation d'accomplir la volonté de Dieu telle que révélée dans la Torah. Pour s'acquitter de cette obligation, tous les groupes juifs adhéraient à un système de loi juive. Même s'ils pouvaient être en désaccord sur la manière d'interpréter et d'accomplir la législation de la Torah, tous étaient persuadés d'être liés par ces lois. De plus, comme ils divergeaient souvent sur des questions théologiques, leur adhésion commune à la loi juive était souvent ce qui donnait aux Juifs leurs traits caractéristiques propres aux yeux des non-Juifs. Tel était certainement le cas dans le monde gréco-romain, quand le Juif se distinguait surtout par son observance du sabbat, son abstention du porc, et la circoncision de ses enfants mâles.

Nous avons l'habitude d'utiliser le terme *halakhah*, qui signifie littéralement « la voie » ou, selon une interprétation alternative, « la part requise » pour désigner l'ensemble des règles élaborées par les rabbins dans la Mishnah et le Talmud. Malheureusement, la *halakhah* est souvent considérée comme si elle était monolithique, comme si les divers matériaux qui la composent ne provenaient pas de périodes différentes et n'exprimaient pas une pluralité de points de vue. Rien n'est plus éloigné de la réalité. Même quand on l'emploie au sens large, le terme ne désigne habituellement que la loi des Juifs de tradition pharisienne rabbinique. Nous verrons qu'à l'époque du Second Temple, les choses étaient autrement plus complexes.

Même si, techniquement, le terme *halakhah* renvoie exclusivement à la loi pharisienne rabbinique, ce qui exclut d'autres groupes tels que les sadducéens et la secte de la mer Morte, les spécialistes l'utilisent aussi pour désigner des courants non pharisiens ou non rabbiniques, parce qu'il exprime tellement bien le mélange de loi rituelle, civile et morale qui constitue le système légal juif dans toutes ses formes.

L'autorité de la loi

Au cœur de tout système de loi juive se trouve la source d'autorité qui lui donne sa motivation. Dans tous les systèmes de judaïsme prémodernes, c'est le texte écrit de la Torah qui constituait cette source. Le texte de la Torah ne répond cependant pas à toutes les questions qui se posent dans la vie d'un Juif ; il laisse une large part à l'interprétation. Il fallait développer des lois supplémentaires[2]. Voilà tout le problème. Tous les systèmes du judaïsme ancien ont résolu ce problème à leur manière ; les manuscrits nous donnent une bonne idée de la façon dont cela se faisait.

Une des questions fondamentales dont débattait le judaïsme du Second Temple consistait à savoir comment incorporer les traditions et enseignements extrabibliques dans le système légal juif et comment justifier cette inclusion sur le plan théologique. Même si, jusque vers la fin de l'Antiquité, les Juifs (sauf ceux de la diaspora hellénistique) n'ont pas élaboré de grandes théories théologiques, de telles questions étaient d'une importance capitale et sont souvent sous-jacentes aux controverses plus explicites entre les divers groupes.

Choses révélées et choses cachées

Une bonne partie du matériel que nous allons analyser concerne la secte ; c'est pourquoi nous examinons d'abord la conception qu'elle se faisait de la loi[3]. Nous nous tournerons ensuite vers le reste du matériel et vers les polémiques de la secte au sujet des autres approches de la loi, de façon à en apprendre plus sur les autres systèmes de loi juive de l'époque.

La plus grande partie du matériel légal de la secte était déduite grâce à l'interprétation biblique pratiquée régulièrement lors de sessions d'étude dans le groupe, principalement à Qumrân. Les décisions légales auxquelles on parvenait au cours de ces sessions étaient consignées dans des recueils de lois sectaires appelées *serakim* (« règles »). Des collections de ce genre constituent une des composantes importantes de la *Règle de la communauté* et du *Document de Damas*.

D'où venaient ces lois ? Comment les lois qui ne provenaient pas directement de la Torah se rattachaient-elles à Dieu et à sa révélation ? Comment la secte concevait-elle le processus d'interprétation qui est sous-jacent à de telles lois ?

Lorsqu'on les examine en détail, on constate que les lois de la secte étaient pour la plupart élaborées à partir de bribes d'expressions bibliques tissées ensemble. Les citations explicites sont rares, mais l'examen de ces paraphrases permet de saisir la base biblique qui fonde les prises de position de la secte.

La secte subdivisait la loi en deux catégories — le *nigleh*, « ce qui est révélé », et le *nistar*, « ce qui est caché »[4]. Les lois révélées étaient connues de tout Israël, puisqu'on les trouvait dans l'Écriture, mais les lois cachées n'étaient connues que de la secte et n'étaient révélées qu'à travers l'exégèse sectaire :

> Quiconque se joint au conseil de la communauté entrera dans l'alliance de Dieu en présence de tous les volontaires et s'engagera sur sa vie, par un serment d'obligation, à revenir à la loi de Moïse, selon tout ce qu'Il (Dieu) a commandé, de tout (son) cœur et de toute (son) âme, d'après tout ce qui en a été révélé (*nigleh*) aux fils de Sadoq, les prêtres qui gardent Son alliance et qui scrutent Sa volonté, et à la majorité des hommes de leur alliance qui sont volontaires pour Sa vérité et pour vivre selon Sa volonté. Qu'il s'engage par l'alliance sur sa vie à se séparer de tous les hommes de perversion qui marchent dans la voie de l'impiété, car ils n'ont pas examiné ni étudié Ses décrets, pour connaître les choses cachées (*nistarot*) dans lesquelles ils se sont égarés, se rendant coupables, et les choses révélées (*niglot*) qu'ils ont (transgressées) avec arrogance… (1Q *Règle de la communauté* V,7-12)

Ici, les lois révélées sont celles de la Torah. En principe, elles étaient connues et observées de tout Israël. Par ailleurs, même si les lois cachées n'étaient connues que de la secte, les autres groupes étaient néanmoins tenus responsables de ne pas les observer.

En général, les lois révélées laissaient peu de place à des débats à propos de leur observance. Les lois cachées, au contraire, nécessitaient que les membres de la secte mettent en œuvre une exégèse guidée par Dieu pour en découvrir l'interprétation correcte. Ce procédé supposait qu'on scrute la loi, une activité qui n'était pas pratiquée par les adversaires de la secte, lesquels n'avaient pas, par conséquent, une vision adéquate des choses. Les lois cachées avaient été révélées aux fils de Sadoq — les membres de la famille sadocide assumant la fonction de grand prêtre — qui ont fondé la secte et ont été ses premiers dirigeants.

Un passage du *Document de Damas* insiste sur le fait que ces lois cachées sont celles de la secte :

> Et, avec tous ceux qui avaient tenu ferme aux commandements de Dieu, ceux d'entre eux qui restaient, Dieu établit Son alliance avec Israël éternellement : (Il s'engagea) à leur révéler les lois cachées (*nistarot*) dans lesquelles tout Israël s'était égaré. Ses sabbats saints, Ses fêtes glorieuses, Ses justes témoignages, Ses voies véritables, et les désirs de Sa volonté, que l'homme doit observer pour vivre, il (les) découvrit devant eux. (*Document de Damas*[a] III,12-16)

Non seulement ces mystères halakhiques étaient révélés par Dieu à la secte à travers ses sessions d'études, mais ils devaient encore changer et se développer avec le temps. Cette idée est soulignée à plusieurs reprises dans la *Règle de la communauté*. Dans un passage, on indique que les personnes qui se joignent à la secte vont « marcher parfaitement devant Lui en tout ce qui a été révélé (*niglot*), selon leurs temps déterminés » (1Q *Règle de la communauté* I,9). Ailleurs, on attend du *maskil* — l'instructeur de la secte — « qu'il accomplisse la volonté de Dieu selon tout ce qui a été révélé, de période en période, et qu'il apprenne tout le savoir qui a été trouvé selon les périodes et le décret du temps » (1Q *Règle de la communauté* IX,13-14).

Les lois cachées étaient donc révélées progressivement et changeaient avec le temps. Les sectaires concevaient également ainsi la loi révélée, celle de la Bible elle-même : « Ceci (fait référence à) l'étude de la Loi q[u]'il a ordonné par Moïse d'accomplir, selon tout ce qui a été révélé (*nigleh*), de période en période, et selon ce que les prophètes ont révélé par son Esprit Saint. » (1Q *Règle de la communauté* VIII,15-16) Ce texte signifie que les livres prophétiques constituaient aussi une modification des paroles de la Torah au fil du temps. Les sectaires croyaient en effet qu'il était légitime d'utiliser des énoncés des prophètes pour en déduire des lois. Une telle pratique sera quasi complètement rejetée par la tradition rabbinique postérieure.

Les notions de lois révélées et cachées nous livrent un système de théologie légale sectaire. La loi révélée — c'est-à-dire la Torah et les paroles des prophètes — était connue de tout Israël qui, néanmoins, la violait. La loi cachée, par ailleurs, n'était connue que de la secte. Ces lois cachées correspondaient précisément aux points de divergence autour desquels la secte s'est soudée. La Torah écrite, révélée par Dieu à l'origine, avait été modifiée ensuite par les prophètes grâce à leurs visions divines. La loi cachée, le *nistar*, s'était aussi développée avec le temps et continuerait à le faire, sans toutefois provenir de la même période que la Torah révélée. Elle était plutôt la révélation constante et continue de l'interprétation de la Torah, dévoilée aux sectaires durant leurs sessions d'études. Ces deux types de lois se complétaient l'une l'autre et constituaient ensemble le système de loi juive tel que la secte le comprenait et le pratiquait.

Pharisiens et sadducéens

Les manuscrits nous renseignent non seulement sur la théologie légale de la secte de Qumrân, mais également sur les points de vue des pharisiens et des sadducéens au sujet de la loi ; ils complètent ainsi ce que nous savons déjà par les sources rabbiniques et par Josèphe.

Ce que nous apprenons à propos des pharisiens nous est transmis indirectement, à partir des polémiques sectaires contre leurs points de vue[5]. On peut reconstruire une bonne partie des attitudes pharisiennes par rapport à la loi en examinant soigneusement les données des manuscrits et en les comparant à celles des témoignages plus tardifs de Flavius Josèphe et de la tradition rabbinique. Il s'agit moins de retracer le contenu de la halakhah pharisienne que de comprendre le fondement théorique de leurs pratiques.

Dans l'exhortation par laquelle commence le *Document de Damas,* on trouve une liste de transgressions attribuées aux « bâtisseurs de muraille qui ont suivi le (littéralement "marché à la suite du") "chef". Le "chef" est le prêcheur dont Il (Dieu ou le prophète) a dit (Michée 2,6) : "Ils prêcheront sûrement." » (*Document de Damas*[a] IV,19-20) Qui sont les bâtisseurs de muraille ? Qui est le chef ou prêcheur ? Il y a ici deux allusions voilées à des textes bibliques qui clarifient le sens de ce passage. L'expression « chef » renvoie à Osée 5,10-11 : « Les chefs de Juda ont agi comme des déplaceurs de bornes. Je vais répandre comme de l'eau ma fureur contre eux. Éphraïm est mal en point, dépouillé de ses droits. » Un autre passage déclare : « Arrêtez de prêcher », prêchent-ils. « Ce n'est pas une façon de prêcher. » (Mi 2,6) Les chefs de Juda sont identifiés ici à Éphraïm, un terme sectaire désignant les pharisiens. Ce sont eux, les bâtisseurs de muraille qui suivent les enseignements du chef. Ce chef est quelqu'un qui prêche des faussetés et qui fraude ses auditeurs. Pour la secte, les pharisiens prêchaient des faussetés et égaraient leurs disciples.

Vient ensuite une série de lois, avec lesquelles les sectaires étaient en désaccord, qui étaient attribuées aux chefs des pharisiens et aux « bâtisseurs de muraille ». L'expression « bâtisseurs de muraille » renvoie apparemment à un concept qu'on trouve dans le traité *Avot* de la Mishnah, connu aussi sous l'appellation *L'éthique des pères* ; ce traité demande de « construire une clôture autour de la Torah » (*M. Avot* 1,1)[6].

« Construire une clôture » équivaut à créer des lois plus exigeantes que celles de la Bible, pour prévenir toute violation des lois bibliques. Par exemple, pour empêcher que l'on transgresse l'interdiction de travailler le jour du sabbat, les rabbins, et les pharisiens avant eux, interdisaient de manipuler les outils nécessaires pour faire un tel travail. Même si les sources talmudiques considèrent cette « clôture » (*siyyag* en hébreu mishnique) comme un élément positif de la halakhah rabbinique, les auteurs du *Document de Damas* s'opposaient à une telle approche, non seulement parce qu'ils n'étaient pas d'accord avec les lois particulières qui en résultaient, mais surtout parce qu'ils refusaient d'amplifier la loi d'une pareille manière.

Ces divergences de vues entre la secte et les pharisiens touchaient au cœur même de plusieurs *halakhot*, comme en fait foi la critique suivante dirigée contre les pharisiens : « Ils ont aussi profané leur esprit saint et, en termes blasphématoires, ils ont ouvert la bouche contre les décrets de l'alliance de Dieu en disant : "Ils ne sont pas corrects." Et ils ont proféré des abominations à leur endroit. » (*Document de Damas*[a] V,11-13) Les sectaires n'entretenaient pas seulement une violente polémique avec les pharisiens à propos de leurs pratiques ; ils les considéraient carrément comme une abomination.

Un peu plus loin, le *Document de Damas* mentionne à nouveau le manque de compréhension des pharisiens, qualifiés à nouveau de « bâtisseurs de muraille » : « Tout cela, les bâtisseurs de muraille et les crépisseurs de plâtre ne l'ont pas compris. Car celui qui leur prêche pèse le vent et prêche le mensonge ; c'est pourquoi Dieu s'est mis en colère contre toute Sa congrégation. » (*Document de Damas*[a] VIII,12-13 ; voir XIX,24-26) Par conséquent, « puisque Dieu a haï les bâtisseurs de muraille, Il s'est mis en colère » (*Document de Damas*[a] VIII,18 ; voir XIX,31). Quand les faux prédicateurs — des « sacs de vent » excitaient le peuple avec leurs messages mensongers, la colère de Dieu s'est déchaînée contre eux et le peuple d'Israël en a souffert.

Dans les manuscrits, la secte identifie constamment la halakhah des pharisiens par sa tendance à élaborer des lois qui ne proviennent pas directement de sources scripturaires, mais plutôt de leurs propres interprétations. On appelle les pharisiens *dorshe ḥalaqot*, littéralement « chercheurs de légèretés », qui signifie « interprètes de fausses lois », en référence à Isaïe 30,10 : « Dites-nous des faussetés[7]. »

Il s'agit d'un jeu de mots avec *dorshe halakhot*, « interprètes de la loi ». L'emploi de ce jeu de mots dans les textes de Qumrân suggère que le terme *halakhot* était déjà en usage dans les cercles pharisiens. À cette époque, l'enseignement des pharisiens était déjà caractérisé par des traditions et lois sans fondement direct dans l'Écriture ; c'est ce corpus que les pharisiens appelaient « les traditions des pères » ou des « anciens ». Les lois pharisiennes comportaient donc certainement des lois non bibliques.

Dans la première page du *Document de Damas*, on fait clairement allusion aux pharisiens quand on parle des disciples de l'Homme d'Arrogance, apparemment un des chefs des pharisiens : « [...] ils ont interprété de fausses lois (*dareshu be-ḥalaqot*), choisi des illusions, recherché des brèches (des occasions de violer la loi), choisi le luxe (litt. "la beauté du cou"), déclaré innocent le coupable et déclaré coupable l'innocent, violé l'alliance et annulé le décret, et se sont assemblés (pour s'en prendre) à la vie du juste. » (*Document de Damas*[a] I,18-20) On accuse ici les pharisiens d'observer de fausses lois, de contourner les exigences de la loi et de prononcer de faux verdicts dans des causes légales — des pratiques qui, selon la secte, équivalent à abroger la loi juive. De fait, l'existence de telles lois revenait à annuler la Torah, parce qu'elles substituent les lois des pharisiens à celles de la Torah.

Il est possible que les *Hymnes d'action de grâces* fassent référence également aux pharisiens quand ils parlent des adversaires de l'auteur : « Ils ont machiné le mal (littéralement « Bélial ») contre moi pour remplacer Ta Torah que Tu as gravée dans mon cœur par des allègements (c.-à-d. de fausses lois qu'ils enseignent) à ton peuple. » (1Q *Hymnes d'action de grâces* IV,10-11) Pour la secte, l'idée même d'ajouter des lois aux lois de la Torah données par Dieu était impensable. Les sectaires ne s'autorisaient à déduire des lois de la Torah que par le moyen d'une exégèse inspirée qui leur permettait de découvrir ce qu'ils appelaient les lois « cachées ».

Le *Pesher de Nahum* exprime une opinion semblable sur les pharisiens. Nous avons déjà indiqué que cet ouvrage, dans son ensemble, date des dernières années de la période asmonéenne. Une phrase de ce texte est extrêmement importante pour notre sujet. À propos de Nahum 3,4 : « À cause de l'abondance des prostitutions de la prostituée... qui a piégé les nations par ses prostitutions », le *Pesher de Nahum* explique : « [Son] interprétation [con]cerne ceux qui égarent Éphraïm : la fausseté de leur enseignement (*talmud*), leur langue mensongère et leur[s] lèvre[s] perfides en ont égaré beaucoup. » (4Q169 *pNahum* 3-4 II,8) Ailleurs dans ce document, Éphraïm est un nom de code symbolisant les pharisiens (Manassé représente les sadducéens[8]). Sans aucun doute, ce sont eux dont il s'agit dans ce passage.

Au début, le texte évoque « ceux qui égarent Éphraïm », c'est-à-dire les dirigeants et les maîtres pharisiens. Le texte les compare ensuite à la prostituée mentionnée en Nahum 3,4 ; leur faute est d'enseigner des faussetés. Leur enseignement est appelé en hébreu « talmud », le terme qui sera utilisé plus tard pour désigner le « Talmud », connu aussi sous le nom de Gemara, un recueil de commentaires et de discussions sur la Mishnah[9].

Au cours des premières années des études qumraniennes, certains spécialistes ont soutenu que la présence de ce terme hébraïque dans le texte démontrait que les manuscrits étaient d'origine karaïte et dataient de l'époque médiévale. Ils étaient dans l'erreur en identifiant le terme « talmud », employé ici, au texte rabbinique du même nom.

La question est plus complexe. Dans la littérature rabbinique ancienne, le terme « talmud » désigne plutôt la méthode d'étude des pharisiens qui permet de déduire des lois les unes des autres. C'est précisément cette méthode d'étude à laquelle les sectaires s'en prennent dans ce texte. Ce manuscrit démontre qu'une telle méthode d'argumentation légale existait déjà à l'époque asmonéenne, du moins dans sa deuxième moitié.

Mais puisque les pharisiens et la secte de Qumrân déduisaient tous deux des lois à partir de la Torah, pourquoi la méthode des premiers était-elle donc considérée comme illégitime par les seconds ? Après tout, l'interprétation de la Bible sous-tendait les traditions légales des deux groupes. En quoi différait-elle ?

Apparemment, il y a une différence importante entre ces deux approches interprétatives. Même si la méthode utilisée par les pharisiens à cette époque et connue sous le nom de « talmud » permettait certainement d'élaborer des lois à partir de l'exégèse biblique, les pharisiens ne considéraient pas qu'une telle exégèse était d'inspiration divine. Il est possible qu'ils aient reconnu sans problème qu'elle comportait une part de créativité interprétative humaine, ce qui, aux yeux des sectaires, constituait une autre fausseté. Mais ce qui est plus grave encore, c'est que les lois résultant de la méthode « talmudique » des pharisiens ne concordaient pas avec celles des sectaires.

Les sadducéens

Les manuscrits nous fournissent malheureusement des données beaucoup moins précises sur la théologie sadducéenne de la loi que sur celle des pharisiens[10]. Le matériel qu'ils contiennent ne permet d'esquisser que les grandes lignes de leur point de vue, de manière assez hypothétique. Nos sources sont tellement minces qu'il nous faut ici partir du témoignage de Flavius Josèphe :

> Pour le moment, je veux seulement expliquer que les pharisiens ont enseigné au peuple certaines règles qui leur avaient été transmises par les générations antérieures et qui ne sont pas comprises dans la Loi de Moïse ; c'est pourquoi elles sont rejetées par le groupe des sadducéens qui soutient que les seules lois qu'on est obligé de suivre sont les lois écrites (dans la Torah), et que celles qui ont été transmises par les pères n'ont pas à être observées. Sur ces questions, les deux groupes se disputent et ont de profondes divergences… (*Histoire ancienne des Juifs* 13, 297-298)

Comme les sectaires, les sadducéens rejetaient les lois non bibliques des pharisiens. Ce n'est pas parce qu'ils avaient leur propre interprétation de la Bible ; ce qu'ils rejetaient, ce sont des règles qui n'avaient pas de base scripturaire.

La seule manière de confirmer cette information à partir du matériel de Qumrân est de poser une série d'hypothèses. Nous avons vu que la *Lettre halakhique* (*Miqṣat Ma'śe ha-Torah*) reflète le point de vue des précurseurs sadducéens de la secte, qui ne pouvaient pas accepter l'usurpation de la fonction de grand-prêtre et, avec elle, l'influence dominante des pharisiens au Temple. À plusieurs reprises, des lois associées aux sadducéens dans les sources rabbiniques correspondent à celles adoptées par les auteurs de cette lettre, qui ont fondé la secte. Or plusieurs lois de la *Lettre halakhique* sont semblables à ce qu'on trouve dans les sources présectaires du *Rouleau du Temple*. On peut donc en conclure que les sources du *Rouleau du Temple* sont le reflet d'enseignements sadducéens et témoignent de leurs croyances et de leurs interprétations à propos du Temple[11].

Il ne s'agit certes que d'une hypothèse, mais si elle est juste, la manière dont l'auteur du *Rouleau du Temple* aborde les questions que nous avons discutées peut nous fournir des indications sur le point des sadducéens. Si le *Rouleau du Temple*, Josèphe et les sources rabbiniques concordent, nous pouvons au moins considérer cette théorie comme cohérente. Examinons donc cette piste pour tenter d'en déduire un ensemble probable de principes sadducéens sur les questions de la révélation divine et de la provenance des lois extra-bibliques. C'est à cette tâche délicate que nous nous attaquons dans les paragraphes suivants.

Lettre halakhique
Le texte de la *Lettre halakhique* a été reconstruit par Qimron à partir de six copies fragmentaires. Ces fragments du manuscrit C comportent des lois concernant l'impureté des maladies de peau, les rites de purification, la condamnation de l'immoralité sexuelle et les mariages mixtes. Sur de telles questions, les lois qu'on trouve dans ce document sont souvent en accord avec celles du *Rouleau du Temple*, et les deux s'en prennent au point de vue des pharisiens. *Courtoisie de l'Autorité des antiquités d'Israël.*

Dans le *Rouleau du Temple*, on trouve un point de vue très différent aussi bien de ceux qui s'expriment, soit dans les matériaux pharisiens, soit dans les documents sectaires de Qumrân. L'auteur (ou les auteurs des sources de ce document, dans la mesure où elles peuvent être identifiées) considère que toutes les lois proviennent d'une expérience unique de révélation au Sinaï. Pour établir sa position, l'auteur exprime ses opinions légales dans un langage tel qu'il semble être celui de la Torah. Même quand il n'a d'autre choix que de composer lui-même des sections entières, il le fait dans un style imitatif qui fait croire que la Torah canonique et sa propre Torah ne sont qu'une seule et unique révélation. En fait, même la médiation de Moïse disparaît, au profit d'une révélation directe à Israël. De plus, en réécrivant la Torah d'une manière particulière, l'auteur élimine l'impression qu'il y a eu une série de révélations. Après tout, la Torah elle-même parle de révélations au Sinaï, dans les plaines de Moab, et à la Tente de

Réunion. Mais pour cet auteur, tout vient de Dieu — même les interprétations personnelles de l'auteur — et ces lois ont été données tout ensemble au Sinaï.

Contrairement aux deux autres approches que nous avons rencontrées, ce texte ne reconnaît aucun corpus autre que la Torah — qu'il s'agisse d'interprétation, de tradition, ou autre. Ce qui nous apparaît clairement comme l'interprétation de l'auteur est présenté ici comme la Torah même de Dieu. Une telle approche est probablement très près de celle des sadducéens. Si tel est le cas, nous pouvons en conclure que le système légal des sadducéens n'acceptait que des lois considérées comme implicites dans la Torah, qui étaient conçues comme partie intégrante de la Torah du Sinaï et qui avaient été révélées directement par Dieu. Même si nous ne pouvons établir avec certitude que le point de vue exprimé dans le *Rouleau du Temple* correspond totalement à celui des sadducéens, ni même qu'il s'apparente étroitement à lui, il est clair que, grâce à ce document et à la *Lettre halakhique*, nous sommes beaucoup plus près des sadducéens que jamais auparavant.

Tous les groupes juifs de la période du Second Temple ont eu à assimiler des enseignements extra-bibliques dans leur style de vie. La secte de la mer Morte l'a fait en recourant aux concepts de *nigleh* (« révélé ») et de *nistar* (« caché »). Tous les Juifs avaient accès à ce qui avait été révélé, à savoir le sens ordinaire de l'Écriture et ses commandements explicites. Seule la secte possédait la connaissance secrète, découverte grâce à l'exégèse biblique inspirée à laquelle les membres de la secte se livraient régulièrement. La tradition n'avait aucune autorité, puisque tout Israël s'était égaré. Seul le maître de la secte avait trouvé la voie véritable. Les règles et interprétations sur lesquelles les règles étaient basées enseignaient à la secte comment suivre correctement la Torah au cours de l'ère présente, l'ère prémessianique.

Les pharisiens, pour leur part, observaient des traditions « transmises par les pères » et également des « lois non écrites ». Cela incluait diverses traditions légales d'une grande antiquité aussi bien que des interprétations des textes bibliques. De fait, les pharisiens étaient connus comme des experts dans l'explication de la Torah et paraissent avoir excellé dans l'application de la Torah à leur situation et à leur époque. Un peu plus tard, les successeurs des pharisiens, les premiers rabbins, les maîtres de la Mishnah, soutiendraient que ces traditions constituaient une seconde Torah révélée par Dieu à Moïse. Ainsi, disaient les rabbins, Dieu a donné deux Torahs à Israël, la Torah écrite et la Torah orale. Pour les rabbins, cette manière de voir conférait à la Torah orale une sainteté et une autorité égales à celles de la Torah écrite.

On affirme généralement que les sadducéens étaient des littéralistes stricts ; il s'agit là d'une méprise sur leur approche, qui est véhiculée dans les sources rabbiniques tardives et s'appuie également sur une méprise du même genre concernant le mouvement karaïte médiéval. Les sadducéens considéraient apparemment seulement la loi écrite comme normative, même s'ils reconnaissaient la nécessité de l'interpréter. Leur interprétation s'efforçait de coller d'aussi près le sens ordinaire de l'Écriture.

Sur cette toile de fond, nous pouvons maintenant comprendre l'approche de l'auteur/rédacteur du *Rouleau du Temple*. Cherchant à assimiler des traditions extra-bibliques, l'auteur soutient que sa nouvelle Torah, réécrite, exprime adéquatement la volonté de Dieu telle qu'elle s'exprime dans le document original. Cet auteur prétend également que l'on peut trouver dans le *Rouleau du Temple* le sens exact de la révélation du Sinaï, apparemment demeuré vague dans la Torah canonique. Ainsi, comme les sectaires de Qumrân, l'auteur n'a pas un double concept de Torah, comme celui des rabbins. Il n'accepte pas non plus la notion sectaire d'une révélation continue, inspirée, grâce à l'exégèse biblique. Il affirme plutôt que la révélation a eu lieu à un moment unique, au Sinaï, et qu'elle consiste en une seule Torah, dont le contenu véritable est exprimé dans le rouleau tel qu'il l'a composé et rédigé. Nous allons maintenant examiner de plus près ce rouleau et système unique de loi et d'interprétation biblique.

CHAPITRE 16

L'énigme du Rouleau du Temple

LE *ROULEAU DU TEMPLE* (11Q19) est le plus long des manuscrits de Qumrân (8,75 m); chacune de ses dix-neuf pièces de cuir comporte trois ou quatre colonnes de texte. L'écriture du rouleau, qui est l'œuvre de deux copistes, est claire et sans lacune, en dehors de quelques lignes endommagées ou manquantes dans le haut des colonnes. Même si ce rouleau a suscité de nombreuses recherches, sa place dans le corpus sectaire demeure énigmatique[1].

Son auteur ou rédacteur (le compilateur final qui a édité et remanié les sources à sa disposition, en y ajoutant du matériel de son cru) plaide pour une révision en profondeur de l'ordre asmonéen en vigueur : il veut son remplacement par un temple, un système sacrificiel et un gouvernement qui reflète sa propre compréhension de la Torah. La vision plutôt utopique de l'auteur est exprimée dans une section appelée la Loi du roi (LVI,12-LIX,21). Étant donné que cette section est incorporée dans ce qui semble être la rédaction finale du rouleau, ce dernier doit dater de la deuxième moitié du règne de Jean Hyrcan, qui est visé par les polémiques du rouleau. Cela suggère une date un peu après –120.

Le *Rouleau du Temple* et le corpus de Qumrân

Les techniques de scribe et l'écriture du *Rouleau du Temple* correspondent à ce qu'on trouve dans d'autres manuscrits de Qumrân. On a émis la suggestion que les membres de la secte devaient considérer ce manuscrit comme « une véritable Torah du Seigneur », puisque le nom divin y est écrit en lettres carrées, comme le reste du rouleau, une caractéristique qu'on ne rencontre que dans les livres canoniques trouvés à Qumrân. Toutefois, par certains traits linguistiques et par sa terminologie légale, ce manuscrit présente plus de points communs avec l'hébreu rabbinique que la plupart des manuscrits sectaires[2].

Il est aussi assez significatif que le *Rouleau du Temple* ne possède ni le langage polémique ni la terminologie typiques du groupe de Qumrân. Le *Rouleau du Temple* n'échafaude pas une polémique soutenue contre les autorités sacerdotales de Jérusalem, avec lesquelles la secte de Qumrân était en débat. De même, comme on l'a vu, le principe théologique sur lequel le *Rouleau du Temple* se fonde pour déduire sa législation est différent de ce qu'on trouve dans le reste de la littérature de Qumrân, tout comme des autres systèmes légaux du judaïsme de l'époque. Il est vraisemblable que sa conception de la loi soit apparentée à celle des sadducéens, car il semble que des sources sadducéennes constituent le substrat de certaines parties du rouleau[3]. Si tel est le cas, il se pourrait que cette façon d'aborder la loi corresponde au rejet de la tradition orale par les sadducéens. Les sadducéens, comme notre auteur, pourraient avoir cru que la Torah révélait la totalité de la loi à ceux qui la comprenaient correctement. Ils auraient donc nié les notions de révélation double ou continue, soutenant au contraire que leur vision des choses faisait déjà partie de la Torah écrite, révélée au Sinaï et donnée à Israël par Dieu.

La plupart des sujets abordés dans le *Rouleau du Temple* ne sont pas traités ailleurs dans les manuscrits. Même si la vie de la secte ne comportait ni sacrifice ni sanctuaire, ce manuscrit cherche tout de même à en préciser les détails. Ironie du sort, le *Rouleau du Temple* est muet sur l'idée qu'on pourrait accomplir les pratiques du Temple en observant la pureté rituelle dans la vie quotidienne, ce qui était une préoccupation majeure de la secte.

Les spécialistes ont noté, dès les premières analyses, certains rapprochements entre la loi de ce rouleau et celle qui est révélée dans le *Document de Damas*. Mais ils ont aussi repéré des divergences importantes entre les deux textes, par exemple dans les lois sur l'idolâtrie et celles sur les serments ou les vœux[4]. Sur la base de ces indices et de quelques autres, on conclut que le *Rouleau du Temple* ne peut être considéré purement et simplement comme un document de la secte de Qumrân.

Comment expliquer le rapport entre cet énigmatique rouleau et ceux qui ont été composés par la secte de la mer Morte ? Comment peut-on justifier le silence du *Rouleau du Temple* sur les questions dont les sectaires se préoccupaient le plus ? Il est probable que, malgré sa présence à Qumrân et ses nombreuses ressemblances avec la littérature sectaire, le *Rouleau du Temple* n'ait pas été composé par des membres de la secte[5]. Dès sa publication, j'ai suggéré que le *Rouleau du Temple* pourrait provenir d'un groupe apparenté, contemporain ou antérieur à la secte de Qumrân. D'autres spécialistes ont tenté de démontrer qu'il était beaucoup plus ancien, ce qui, à mon point de vue, provient d'une confusion entre les sources du document et sa forme finale. L'énigme n'est toujours pas résolue. À ce jour, nous ne savons toujours pas qui a écrit ce rouleau, ni pourquoi. Nous ignorons également comment il s'est retrouvé dans les grottes de Qumrân.

Contenu du *Rouleau du Temple*

Le document se présente comme une réécriture de la Torah, commençant par le renouvellement de l'alliance du Sinaï en Exode 34, puis abordant la question de la construction du Temple qu'on trouve en Exode 35. Après ces deux chapitres, le rouleau continue dans l'ordre de la Torah canonique. Dans ce document, l'auteur ou rédacteur s'est efforcé de composer une Torah complète qui exprime son point de vue sur la sainteté du Temple, du pays et du peuple juif, aussi bien que sur ce que seraient pour lui le gouvernement et la société idéaux[6]. En s'alignant sur la séquence de la Torah, il a regroupé, autour de la première occurrence d'un sujet, tout le matériel qui s'y rapporte. De cette manière, il a réédité et rédigé à nouveau la législation du Pentateuque, en insérant aux endroits appropriés les collections préexistantes de lois à sa disposition. Pour donner l'impression que la Torah était un corpus législatif complet, il a ajouté à la fin une sélection de lois deutéronomiques, dont certaines ne touchent qu'indirectement le thème de son rouleau. Cette collection n'est pas une simple paraphrase de l'Écriture. Elle inclut au contraire de nombreuses modifications halakhiques et exégétiques, de même que des interprétations midrashiques élaborées.

Après l'introduction, le *Rouleau du Temple* parle de la structure, du mobilier et de l'équipement du Temple, et des offrandes qui s'y rapportent. À travers cela, il aborde l'architecture du Temple et de ses parvis, les lois sur les sacrifices, les redevances et dîmes pour les prêtres, le calendrier rituel, les offrandes des fêtes, la pureté et l'impureté rituelle, la sainteté du Temple, les lois du roi et de l'armée, la prophétie, le culte des dieux étrangers, les témoins, les lois sur la guerre et diverses lois concernant le mariage et la sexualité.

Cette « nouvelle Torah », toutefois, ne prétend jamais être messianique[7]. L'auteur nous dit explicitement que le rouleau décrit le Temple dans lequel Israël exercera ses activités cultuelles avant la fin des temps :

> Telles [sont les offrandes que vous ferez au Seigneur lors de vos fêtes, en plus de vos offrandes votives et volontaires] pour vos holocaustes et vos libations [...] dans le Temple sur lequel Je [fais résider] Mon nom [...], holocaustes [quotidien] en ce jour, selon la prescription de cette règle, toujours par les fils d'Israël..., qu'ils M'apporteront pour obtenir Ma faveur. Et Je les agréerai, et Je serai leur [Dieu] pour toujours. [Et] Je demeurerai avec eux à tout jamais. Et Je sanctifierai Mon [Tem]ple de Ma présence quand Je ferai résider Ma présence sur lui, jusqu'au Jour de Bénédiction (ou de Création) ou Je créerai Mon Temple, pour l'établir pour Moi pour tous les temps, selon l'alliance que J'ai conclue avec Jacob à Béthel. (11Q19 *Rouleau du Temple* XXIX,2-10)

Il s'agit ici d'un Temple idéal, construit selon les principes d'interprétation scripturaire et les croyances de l'auteur (ou des auteurs). Selon ce texte, on s'attend à ce que ce Temple soit remplacé, à la fin des temps (le Jour de Bénédiction ou de Création), par un sanctuaire créé par Dieu, tel qu'il l'a promis à Jacob, lorsque, à Béthel, il eut en songe la vision d'une échelle reliant ciel et terre (Gn 28,10-22). D'ici là, le rouleau indique quelle est la manière adéquate de construire et de faire fonctionner le Temple.

Dans ce document, on met en œuvre une forme d'exégèse harmonisante, assez semblable à celle employée plus tard par les rabbins dans le Midrash ; ce type d'interprétation est utilisé pour aplanir les différences entre divers textes du Pentateuque de manière à créer un tout unifié et cohérent[8]. Occasionnellement, l'auteur ou rédacteur procède à des ajouts mineurs pour clarifier sa position sur un point de la loi. Il insère parfois des passages substantiels qui ne sont apparemment pas basés sur nos Écritures canoniques. Il présente ainsi un point de vue particulier sur la plupart des points importants de la loi juive. C'est cette approche exégétique et juridique qui fait du *Rouleau du Temple* un document indispensable pour notre compréhension de l'histoire de la loi juive et de l'interprétation midrashique. Ce document contient également quelques allusions à des événements contemporains, ce qui projette un éclairage utile sur les sectes à l'époque du Second Temple.

Même si les auteurs des différentes sources, tout comme l'auteur ou rédacteur de la composition finale, ont puisé dans la Torah canonique, il est assez évident que le texte biblique sous-jacent au *Rouleau du Temple* n'était pas identique au texte massorétique ; mais en évaluant les écarts, il faut

Rouleau du Temple
À cause de la détérioration du haut des colonnes du *Rouleau du Temple*, il a fallu reconstruire de grands bouts des six à huit premières lignes de chacune. Dans plusieurs sections, une partie du texte est resté collé aux colonnes adjacentes, et l'écriture a été déchiffrée en combinant les traces préservées sur le devant et sur le dos du rouleau. Le passage abîmé qu'on voit ici donne le détail des procédures sacrificielles pour l'ordination des prêtres, une cérémonie qui avait lieu à chaque année, d'après ce document. *Photo Bruce et Kenneth Zuckerman, Section des recherches ouest-sémitiques. Courtoisie du Sanctuaire du Livre du Musée d'Israël.*

distinguer avec soin les multiples variantes mineures qui proviennent du texte biblique sous-jacent et celles qui sont des changements délibérés effectués par l'auteur ou ses sources pour faire valoir leur point de vue halakhique ou exégétique.

Parce qu'il prétend que la loi a été transmise par Dieu lui-même, sans la médiation de Moïse, l'auteur modifie les commandements du Deutéronome, où Dieu parle par Moïse ; mais il conserve le langage de l'Exode, du Lévitique et des Nombres, où Dieu parle directement.

Il y a dans le *Rouleau du Temple* plusieurs éléments qui le distinguent de ce qu'on trouve dans le reste de la littérature biblique ou des écrits du Second Temple. Par exemple, l'architecture du Temple est originale par rapport aux récits bibliques — même si l'auteur prétend se baser sur eux — de même que par rapport aux descriptions du Second Temple qu'on trouve chez Josèphe ou dans la Mishnah. Parmi les points particulièrement intéressants, notons l'extension de la « Ville du Temple » qui comporte une troisième cour dont les dimensions sont telles qu'elles auraient englobé à peu près tout ce qu'était Jérusalem à l'époque.

En outre, la liste des fêtes incluait des fêtes qu'on ne trouve pas dans le cycle biblique ou rabbinique. Tel qu'on l'a mentionné au chapitre précédent, on célébrait une seconde fête du Nouvel An le premier jour de Nisan, au printemps ; elle était suivie de la célébration des huit jours de l'ordination sacerdotale. À côté de la fête du Omer pour la récolte de l'orge (le deuxième jour de la Pâque) et les prémices du blé (Shavouot), le rouleau ajoute deux autres fêtes des prémices, à cinquante jours d'intervalle chacune, pour l'huile et le vin. Une autre fête annuelle, celle de l'offrande du bois, est également célébrée au cours de l'été.

Des lois très élaborées discutent des rites sacrificiels et des sujets de pureté et d'impureté rituelle. On voit ici une tendance générale à décrire des façons additionnelles de protéger le sanctuaire de l'impureté. Ce bref survol ne donne qu'un faible aperçu de la richesse de l'interprétation biblique et des multiples détails de la loi juive sur lesquels le texte présente des divergences de vues avec les autres documents sectaires ou la littérature rabbinique.

Même sous sa forme actuelle, il n'est pas difficile de s'apercevoir que le *Rouleau du Temple* a été composé à partir de sources, c'est-à-dire d'unités ou de sections que l'auteur ou rédacteur a tissées ensemble. Il leur a ajouté sa propre paraphrase du Deutéronome, à la fin (11Q19 *Rouleau du Temple* LI,11-LVI, 21 ; LX,1-LXVI,17). Considérant les parallèles entre le *Rouleau du Temple* et la *Lettre halakhique*, et ceux qui existent entre ces deux documents et les descriptions des sadducéens dans la littérature rabbinique, il est plausible que ces sources proviennent du patrimoine sadducéen des fondateurs de la secte.

Si tel est le cas, on est en mesure de reconstruire à partir de ce document un certain nombre de lois sadducéennes qui nous étaient auparavant inaccessibles. De plus, si les polémiques du *Rouleau du Temple* sont réellement dirigées contre les conceptions des pharisiens, cela confirmerait la date ancienne de plusieurs lois pharisiennes rabbiniques que nous ne connaissons autrement que par le corpus rabbinique postérieur.

Le *Rouleau du Temple* montre aussi que la pratique d'interpréter l'Écriture pour en déduire la loi juive — ce que les rabbins appelleront le Midrash — était déjà d'un usage répandu dans le judaïsme de la période asmonéenne. Cette méthode d'interprétation a produit des enseignements juridiques très détaillés, ce qui montre bien que parmi certains groupes juifs de la période du Second Temple, l'adhésion rigoureuse à une tradition de le loi juive bien vivante et en pleine croissance était déjà normative.

Ce document nous donne aussi des informations sur le point de vue de ceux qui se sont vigoureusement opposés au comportement des Asmonéens dans le domaine religieux, politique et militaire. De tels opposants étaient les chefs de file du mouvement représenté par la secte de Qumrân. Les sources du *Rouleau du Temple* faisaient partie des documents qu'ils ont apportés à Qumrân.

Théologie du *Rouleau du Temple*

On trouve dans le *Rouleau du Temple* quelques notions théologiques que partageaient tous les Juifs de l'époque[9]. L'auteur considérait sans aucun doute ces croyances, qu'il a empruntées à la Torah, comme formant une théologie uniforme. Pour l'auteur et pour ses sources, Dieu est le créateur ; il est l'autorité législative ultime et l'objet du culte. Mais on n'y trouve pas les traits théologiques caractéristiques de la secte de Qumrân, tels que le dualisme, le déterminisme ou le messianisme. L'auteur explicite seulement un petit nombre de notions théologiques qui justifient sa polémique contre les points de vue dominants des pharisiens et contre l'ordre politique et religieux régnant dans la Palestine asmonéenne.

Le style littéraire du *Rouleau du Temple* implique une revendication d'autorité pour les lois qui y figurent. L'auteur présente comme données au Sinaï même les lois qu'il déduit à partir d'une interprétation midrashique de Torah canonique, comme en fait foi ce passage : « Ils ne se souilleront pas (en étant en contact) avec ces (sources d'impureté) dont Je te parle sur cette montagne. » (11Q19 *Rouleau du Temple* LI,6-7) Même si ce passage se rapporte directement aux seules règles de pureté, il est indiscutable que l'auteur ou rédacteur considérait toute sa « Torah » comme divine.

Une des façons de renforcer cette idée est d'éliminer la médiation de Moïse, ce que l'auteur fait constamment en réécrivant le texte scripturaire. Une référence indirecte lui a néanmoins échappé : « Tout ce qui est à droite du porche de Lévi, et tout ce qui est à sa gauche, tu l'attribueras à Aaron ton frère. » (11Q19 *Rouleau du Temple* XLIV,5-6) Malgré ce cas isolé, le tableau d'ensemble présente Dieu qui révèle directement à tout le peuple, au pied du Sinaï, une loi interprétée selon le point de vue de l'auteur.

Le *Rouleau du Temple* commence par l'alliance entre Dieu et Israël qu'on trouve en Exode 34,10-16. Le pays d'Israël sera donné à Israël dans le cadre d'une alliance qui requiert qu'on se sépare des nations et de leurs pratiques idolâtriques :

> « [Car ce que Je] fai[s pour vous est une chose terrible. Je vais chasser devant toi] l'A[morite, le Cananéen, le Hittite, le Girgash]ite, le Pe[rizzite, le Hivvite et le Jébuséen. Ga]rde-toi, de conclure une alli[ance avec les habitants du pays] dans lequel [tu vas] entrer de peur qu'ils ne deviennent un piè[ge au milieu de toi]. » (11Q19 *Rouleau du Temple* II,1-5)

Le document insiste sur le sait que la possession du pays par Israël est conditionnelle à ce qu'il s'abstienne d'idolâtrie. Il est possible que l'auteur identifie l'idolâtrie avec l'Hellénisme et que son intention soit de combattre les tendances hellénisantes qu'on observe déjà à l'époque de Jean Hyrcan (–134 à –104) et d'Alexandre Jannée (–104 à –76). C'est sous le règne d'un de ces rois que le *Rouleau du Temple* a été compilé[10]. On peut aussi penser que les sources anciennes sur lesquelles le rouleau se base pouvaient avoir comme cible les hellénisants extrémistes du début du IIe siècle avant notre ère. Dans le texte biblique originel, les idolâtres qui menaçaient Israël étaient évidemment les Cananéens.

Le texte continue, en s'inspirant de passages de l'Exode et du Deutéronome :

> [Mais] vous devrez démolir leurs [autel]s, [briser leurs] stèles, couper leurs [Asherim] et [brûler au feu] les images gravées de [leurs] dieu[x. Vous ne] convoiterez p[as] (leur) argent ou (leur) or, pour [ne pas être piégé par eux, car c'est une abomination pour Moi. Tu n'en] prendras [pas] et tu n'empor[teras pas (cette) abomination dans ta maison pour devenir] anathème comme elle. (Au contraire,) tu tiendras cela pour horri[ble et abominable, car] c'est une chose anathème. (11Q19 *Rouleau du Temple* II,6-11)

En réalité, ces paroles ne sont plus une citation explicite de la Bible. L'auteur a probablement choisi de renforcer l'exigence d'un monothéisme pur pour protester contre le syncrétisme inhérent au point de vue des groupes de Juifs plus hellénisés.

En haut de la colonne III (manquante), il devait y avoir une adaptation d'Exode 25,8 « Et vous me ferez un sanctuaire pour que je demeure au milieu d'eux», qui ordonne aux Juifs de construire le Temple. Ce thème, emprunté à Deutéronome 12,10-11, est l'un des plus importants de l'ouvrage. Ici le rouleau commande expressément que, quand les ennemis des Israélites les laisseront en repos dans la terre que Dieu leur a donnée, ils devront construire le Temple au lieu que Dieu aura choisi pour y placer Son nom, c'est-à-dire le lieu sacré de la présence de Dieu. Ce nouveau Temple, qui serait l'accomplissement du commandement de Dieu préservé dans le Deutéronome, devrait être encore plus parfait que celui de Salomon. Ce Temple est le seul qui sera adéquat pour que Dieu puisse y faire résider sa présence.

L'idée de ce Temple parfait, répétée à plusieurs reprises dans toutes les sections du rouleau, représente probablement l'idéologie de l'auteur ou rédacteur qui l'a imposée à ses sources; elle peut également provenir des sources qu'il a utilisées pour composer son œuvre.

Le but principal de ce texte est de prescrire le culte sacrificiel qui doit avoir lieu exclusivement au Temple. L'auteur du *Rouleau du Temple* souligne que c'est seulement à condition que les sacrifices soient offerts en conformité avec le calendrier rituel propre à ce texte, un calendrier solaire qui inclut des fêtes additionnelles, que Dieu fera en sorte que son nom, c'est-à-dire sa présence, habite au Temple[11]. Les sacrifices ont pour but d'apporter à Israël la faveur de Dieu : ils renforcent le lien entre Dieu et son peuple, en même temps qu'ils procurent l'expiation des fautes.

Les rites sacrificiels dont il est question ici valent pour l'ère présente et pour le Temple actuel. À la fin des temps, Dieu créera un nouveau Temple pour remplacer celui-ci. On mentionne un tel Temple également dans 4Q174 *Florilège* I,2-3, où il est différencié de celui de l'ère présente.

Pureté rituelle et présence du Seigneur

Dans un ensemble littéraire indépendant, le *Rouleau du Temple* présente une série de règles de pureté destinées à assurer la pureté du pourtour du Temple et du pays (colonnes XLVI -XLVII)[12]. Le passage suivant prescrit de construire une barrière, apparemment un grand espace vide d'environ 45 m, autour des bâtiments du Temple :

> Tu feras une barrière autour du sanctuaire, large de cent coudées, qui séparera le saint sanctuaire et la ville, pour qu'ils n'entrent pas subitement au milieu du sanctuaire et qu'ils ne le profanent pas. Ils considéreront Mon sanctuaire comme sacré et ils le vénéreront parce que Moi j'y demeure au milieu d'eux. (11Q19 *Rouleau du Temple* XLVI,9-12)

Cette barrière devait séparer le Temple et les cours adjacentes du reste du Mont du Temple. Sa fonction était de garantir la sainteté des trois cours entourant le Temple. Le texte explique précisément pourquoi cette précaution est requise : c'est pour que le Temple (incluant son pourtour) ne soit pas souillé par quelqu'un qui entrerait par inadvertance dans ses cours.

Le *Rouleau du Temple* précise sa notion de sainteté à cette occasion : il s'agit du respect que les fidèles doivent avoir pour le Temple parce que Dieu y fait résider Sa présence. Cette présence et la sainteté qu'elle génère irradient tout le territoire d'Israël à partir du Temple, ce qui confère au pays et à ses habitants un caractère sacré et un état de sainteté.

Le même thème revient dans la colonne suivante : « La ville que je sanctifierai pour [y] faire résider Mon nom et mon sanctuai[re] sera sainte et pure de toute chose et de toute impureté par lesquelles on peut devenir impur. Et tout ce qui y entrera devra être pur. » (11Q19 *Rouleau du Temple* XLVII,3-6) La ville dans laquelle la présence de Dieu réside doit être sainte et exempte de toute impureté. Cette prescription s'étend à tout ce qu'il y a en elle et à tout ce qu'on y apporte, y compris les aliments. Les peaux d'animaux qui n'ont pas été sacrifiés rituellement ne doivent pas être introduites dans l'enceinte du Temple, car il est impensable que Dieu puisse tolérer quelque impureté que ce soit. Même les sacs de transport faits de peaux d'animaux doivent être purs : « Ainsi, toute nourriture pure pour le Temple, vous l'apporterez dans des peaux (d'animaux immolés) au Temple, pour ne pas rendre impurs Mon Temple et Ma ville, où Je demeure, avec les peaux de vos abominations. » (11Q19 *Rouleau du Temple* XLII,17-18)

L'auteur, tout comme les compilateurs de la *Lettre halakhique*, poursuit une polémique constante tant contre les Asmonéens que contre les pharisiens. Mais cette polémique adopte un style particulier. Au lieu de condamner ses adversaires et de les fustiger, l'auteur ou rédacteur articule ses idées sous la forme d'une imitation de la Torah, de manière à présenter ces idées comme la parole de Dieu, révélée directement à Israël au Sinaï.

Contre les Asmonéens, dans la section que les spécialistes appellent la Loi du roi, il préconise un nouveau système de gouvernement et une séparation des fonctions de la royauté et du sacerdoce. Il s'en prend également aux pharisiens en discutant à propos de nombreuses questions légales et de l'interprétation de passages de l'Écriture, adoptant parfois des positions que nous savons être celles des sadducéens.

Sa polémique va même plus loin. Il réclame un nouveau Temple et de nouveaux modèles d'occupation du territoire. Sur des questions comme la

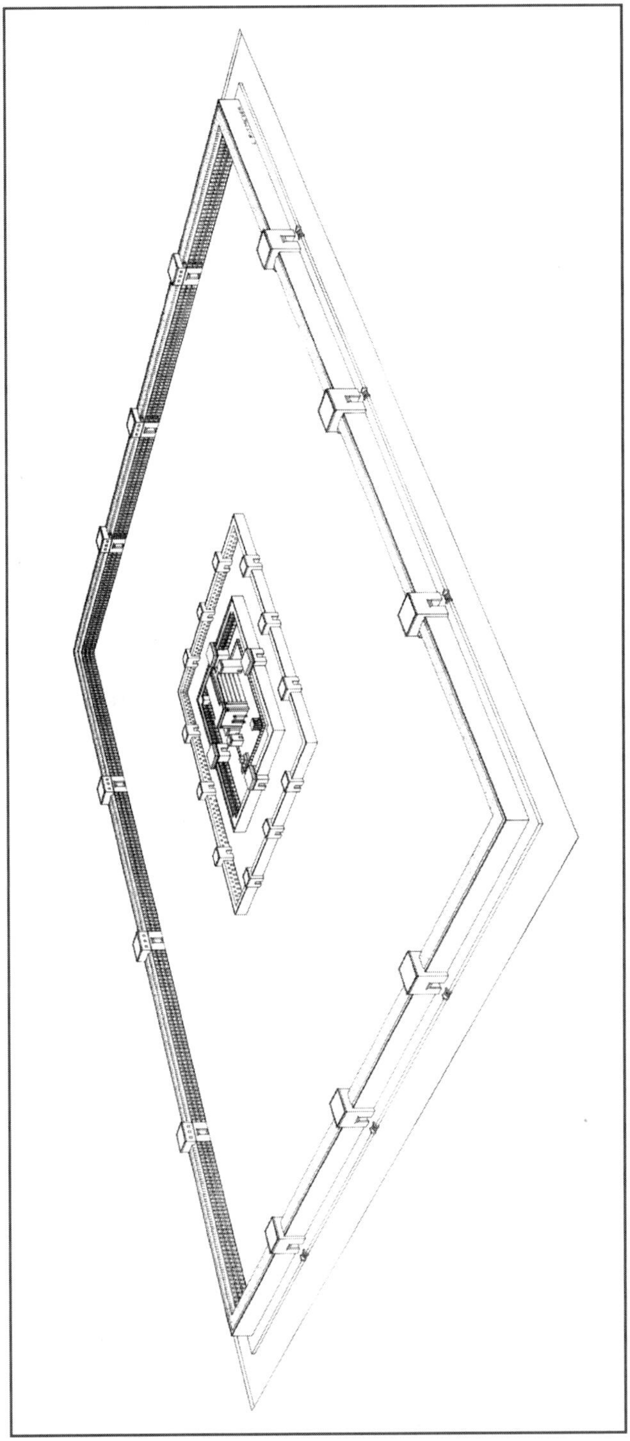

Le plan du Temple d'après le *Rouleau du Temple* diffère considérablement du Temple tel qu'il était à l'époque des Asmonéens ou de tout autre Temple juif connu. Le Temple dont les auteurs de ce document rêvent est une construction idéale, conçue pour reproduire dans son enceinte le camp d'Israël autour de la Tente de réunion du désert. Il aurait trois cours concentriques, en plus de portes réservées à chacune des tribus et à chacune des familles sacerdotales. © *Reconstruction Leen Ritmeyer, Conception archéologique Ritmeyer.*

construction du Temple et la manière de s'installer dans le pays d'Israël, l'auteur adopte un point de vue nettement utopiste. Il imagine des sphères concentriques de sainteté, dont le centre est le complexe du Temple, et qui s'étendent aux territoires des tribus, aux villes d'Israël, et jusqu'aux maisons où les gens demeurent. Il se préoccupe également de la sainteté de tout le territoire, considéré comme un espace sacré.

Le Temple, centre du territoire d'Israël

Selon le *Rouleau du Temple*, le pays est donné à Israël à la condition qu'on y maintienne des normes juridiques du plus haut niveau. Les pots-de-vin et la corruption sont interdits: «[...] pour que tu vives et que tu entres en possession (ou: que tu gardes) du pays que je te donne en possession pour toujours» (11Q19 *Rouleau du Temple* LI,15-16). Si ces principes sont violés, le pays connaîtra la destruction et le peuple sera exilé. C'est seulement après s'être repenti qu'Israël pourra rentrer dans son pays (LIX,2-11).

Pour l'auteur du *Rouleau du Temple*, le Temple et le complexe qui l'entoure sont au centre du territoire d'Israël[13]. Le *Rouleau du Temple* décrit un plan de Temple dont les proportions sont très différentes de celles du Premier ou du Second Temple. Ce nouveau plan du Temple imagine un bâtiment entouré de trois cours concentriques. Ce Temple, bien sûr, n'a jamais été édifié.

La Cour intérieure (11Q19 *Rouleau du Temple* XXXVI, 3-7) devait mesurer environ 280 coudées carrées à l'intérieur et 294 coudées à l'extérieur (une coudée mesure environ 50 cm). Les portes de la Cour intérieure seraient localisées sur ses quatre côtés. En extrapolant à partir de la répartition des pièces qui se trouvaient à l'intérieur du mur de la Cour extérieure, on peut supposer que ces portes représentaient les quatre clans de la tribu de Lévi: les prêtres aaronides à l'est, les Lévites de Qéhat au sud, Gershôn à l'ouest, et Merari au nord. Cet arrangement correspond exactement à celui du camp du désert tel que décrit dans Nombres 3,14-39. Ces cours et leurs portes représenteraient le campement israélite au désert. Le plan du Temple au complet visait à recréer l'expérience de la période du désert, quand la sainteté irradiait sur tout Israël à partir du sanctuaire qui était son épicentre.

La Cour intermédiaire (1Q19 *Rouleau du Temple* XXXVIII, 12-15) devait entourer la Cour intérieure, sur une largeur de 100 coudées, couvrant une surface de 480 coudées carrées; il y aurait trois portes de chaque côté.

Chacune des douze tribus aurait sa propre porte (1Q19 *Rouleau du Temple* XXXIX, 11-13).

La Cour extérieure (1Q19 *Rouleau du Temple* XL,5-11), consistait en un enclos concentrique entourant la Cour intermédiaire, avec des côtés mesurant quelque 1600 coudées ; elle aurait aussi douze portes, alignées sur celles de la Cour intermédiaire. Le mur extérieur comporterait des pièces ouvertes sur l'intérieur. Ces lieux auraient trois étages de haut et seraient répartis entre les diverses tribus et entre les groupes de lévites et de prêtres. Aaron se verrait attribuer deux groupes de pièces, en reconnaissance de son statut de « premier-né rituel », si l'on peut dire, ce qui lui valait une double part (1Q19 *Rouleau du Temple* XL,13-XLV,2).

Ce plan unique en son genre ne correspond à celui d'aucun sanctuaire biblique — que ce soit le Tabernacle, le Temple de Salomon ou celui qui est décrit à la fin du livre d'Ézéchiel. Sa disposition est en fait une synthèse du Tabernacle et du camp du désert. Il est conçu de façon à permettre aux tribus d'accéder au Temple et d'avoir des lieux de résidence symboliques dans ses cours. Chaque tribu entrerait dans l'enceinte du Temple en passant par la porte qui lui était assignée et se rendrait d'abord dans ses pièces réservées. Partant de là, tous les membres de la tribu ou du clan de Lévi pourraient circuler dans la Cour extérieure. Ceux à qui il n'était pas interdit de pénétrer dans la Cour intermédiaire pourraient alors s'y rendre, en utilisant encore une fois leurs portes respectives. Seuls les prêtres et les Lévites pourraient ensuite passer, par leurs portes, dans la Cour intérieure où se trouvait le Temple et son mobilier.

Tout ce plan repose sur une vision du Temple comme centre de la sainteté, qui est accessible par un passage graduel au travers de sphères concentriques sacrées. Le rouleau répète fréquemment que ce qui confère au Temple son niveau particulier de sainteté est le fait que la présence divine y demeure. D'après plusieurs passages dispersés dans le texte, Dieu entend demeurer dans le Temple, au milieu des enfants d'Israël, à jamais. Ce motif, récurrent dans toutes les sources possibles du rouleau, apparaît comme l'un de ses thèmes majeurs.

Au-delà de la Cité du Temple, on avait prévu quelques installations pour assurer la sainteté du lieu. Parmi celles-ci, il y aurait des latrines, construites comme « des maisons dotées d'un toit et de fosses au milieu ». Ces constructions devaient se trouver au nord-ouest de « la ville », c'est-à-dire du Temple, à une distance de 3000 coudées (XLVI,13-16). Plus loin (XLVI,16-XLVII,1), le rouleau exige qu'on aménage, en dehors de la ville du Temple, à l'est, des lieux pour trois groupes de personnes atteintes d'impureté : celles qui ont la maladie de peau appelée *ṣara'͑t* (qu'on traduit habituellement, à tort, par « lèpre »), les blennorrhagiques et les personnes ayant un écoulement séminal. Le rouleau veut localiser toute l'aire résidentielle de Jérusalem à l'extérieur de la ville du Temple. Ceux qui viendraient à Jérusalem dans un état d'impureté ne seraient pas autorisés à entrer au Temple avant d'avoir complété les sept jours de rites de purification. Ils devraient demeurer dans ces lieux extérieurs durant l'accomplissement de ces rites, après quoi ils pourraient entrer au Temple pour offrir leurs sacrifices en se trouvant dans un état de pureté.

Au-delà de la ville du Temple, qui symbolisait le campement du désert, se trouvait l'arrière-pays d'Israël. Le territoire de chaque tribu s'y trouverait localisé directement derrière sa porte. C'était en effet par ces portes que les territoires des tribus seraient rattachés à la sainteté du sanctuaire central et à la présence divine qui y demeurerait.

On ne peut savoir de manière très précise comment les lots des tribus seraient aménagés. Il se peut qu'on les ait imaginés comme rayonnant à partir de l'épicentre, de telle sorte que les tribus formeraient un cercle autour du Temple. Il est probable que le rouleau traitait le pays d'Israël comme s'il s'agissait d'un carré où les tribus seraient réparties selon des positions équivalentes, chacune occupant des zones carrées ou rectangulaires. Seul un modèle de ce genre pouvait permettre à toutes les tribus d'avoir un accès égal au Temple par leurs portes respectives, tout en concordant avec la prédilection manifeste du rouleau pour des structures carrées.

Étant donné que l'auteur s'attendait à ce que toutes les tribus d'Israël demeureraient dans le pays idéalisé qu'il concevait, il semble qu'il tenait pour acquis que les tribus disparues seraient de retour ; mais que cela n'est jamais dit explicitement. Tout le long du rouleau, dans divers contextes, notamment des contextes cultuels, les douze tribus jouent un rôle correspondant à celui qui se reflète dans l'architecture du Temple et dans la répartition du territoire. De ce point de vue, le Temple fonctionne comme un microcosme du pays d'Israël, chaque tribu se voyant assigner une place dans le sanctuaire.

La Loi du roi

La Loi du roi (LVI,12-LIX, 21) est une unité distincte que l'auteur a incorporée au *Rouleau du Temple*[14]. Elle commence par l'obligation de mettre une monarchie sur pied : « Quand tu entreras dans le pays que Je te donne, quand tu en prendras possession et y demeureras, tu diras "Je veux établir à ma tête un roi comme toutes les nations qui m'entourent", tu mettras comme roi à ta tête une personne que je choisirai. » (11Q19 *Rouleau du Temple* LVI, 12-14) Ce passage est à peu près identique à Deutéronome 17,14-15, sauf que, selon son habitude, l'auteur ou rédacteur a remplacé la troisième personne — « que le Seigneur ton Dieu te donne » — par la première personne du singulier, ce qui suggère l'autorité absolue du texte.

L'exigence de désigner un roi est probablement une critique contre les monarques asmonéens qui, tout en assumant les fonctions de grand-prêtre, se sont arrogé les pouvoirs temporels du roi. Ce passage requiert que les deux tâches soient distinctes et occupées par des personnes différentes.

Le *Rouleau du Temple* poursuit en exigeant que le roi soit juif et qu'on lui fasse une copie spéciale de la Torah pour son édification. À partir de Deutéronome 16-17, le texte ajoute une série de prescriptions qui limitent le pouvoir royal :

> Mais il ne multipliera pas sa cavalerie et il ne renverra pas le peuple en Égypte pour faire la guerre et accumuler pour son compte des chevaux, de l'argent et de l'or. Car je t'ai dit : « Tu ne reprendras jamais cette route. » Il ne prendra pas non plus plusieurs femmes, de peur qu'elles détournent son cœur de Moi, et il n'accumulera pas pour lui l'argent et l'or à l'excès. (11Q19 *Rouleau du Temple* LVI,15-19)

Flavius Josèphe nous donne un indice pour dater ce texte. Il rapporte en effet que, profitant du répit que lui laissaient les rivalités entre les dirigeants syriens, Hyrcan « jouissait paisiblement de tous les revenus de la Judée et amassait ainsi beaucoup d'argent ». Les importantes campagnes militaires de Hyrcan hors des frontières de la Judée ont sans doute contribué aussi à accroître sa richesse. Il est vraisemblable qu'en répétant ici la prescription de la Torah qui interdit au roi d'envoyer son peuple au combat pour s'enrichir lui-même, l'auteur réagisse à la situation qu'on connaissait à l'époque de Jean Hyrcan. Le roi doit lever une armée et se doter d'une garde royale :

> Parmi eux (ceux qu'il a enrôlés), il (le roi) se choisira mille hommes de chaque tribu qui seront avec lui, douze mille guerriers, qui ne le laisseront pas seul, pour qu'il ne soit pas capturé par les nations. Tous ceux qu'il choisira seront des hommes fiables, qui respectent Dieu, dédaignant les pots-de-vin, de vaillants hommes de guerre. Ils seront toujours avec lui, jour et nuit, et l'empêcheront de (commettre) toute action fautive et de tomber aux mains des nations. (11Q19 *Rouleau du Temple* LXII,5-11)

Le roi doit choisir douze mille hommes, mille de chaque tribu, pour assurer la garde du palais. Ces hommes ne doivent jamais le quitter, de peur qu'il ne soit capturé par des ennemis étrangers. Les membres de la garde doivent être des gens honnêtes, craignant-Dieu, d'une haute valeur militaire.

L'auteur de ce texte base son chiffre de douze mille hommes soit sur les douze mille guerriers envoyés combattre les Madianites (Nb 31,3-4), soit sur les douze mille cavaliers de Salomon (1 R 5,6 ; 10,26). Cette description de la garde royale est tout le contraire de sa contrepartie asmonéenne, qui se composait de mercenaires étrangers. L'auteur exige que les membres de la garde royale soient non seulement des Juifs fiables, mais aussi des personnes qui empêcheront le roi de pécher. Apparemment, l'auteur critique encore ici les dirigeants asmonéens qui étaient influencés par leurs mercenaires étrangers.

Le but de la garde royale est d'empêcher le roi d'être capturé. Cette précision n'a de sens que dans le contexte des dernières années, plus précisément les années –152 à –143, de Jonathan, le dirigeant asmonéen qui, alors qu'il voyageait avec une garde de trois mille hommes, fut fait prisonnier par Tryphon, un prétendant séleucide, et ensuite mis à mort (*Hist. Ancienne* XIII, par. 10-11).

Le *Rouleau du Temple* exige aussi que le roi constitue un conseil de douze princes, douze prêtres et douze lévites, pour le conseiller sur les questions judiciaires (11Q19 *Rouleau du Temple* LVII,11-15). Il lui est interdit d'agir sans leur avis. Des sources historiques nous apprennent qu'il y avait un conseil des anciens en Judée avant comme après l'époque des Maccabées. En exigeant l'inclusion des prêtres et des lévites, le *Rouleau du Temple* s'assure que les chefs religieux auront une influence dans le gouvernement. Un autre passage précise que le roi ne doit pas pervertir le système judiciaire, ni confisquer injustement les biens de ses sujets (LVII,17-19).

La Loi du roi se termine par une admonition. Un roi qui se détourne des lois de Dieu se verra retirer son royaume. Mais le roi qui observe la Torah et qui gouverne avec justice sera récompensé :

> Le roi que son cœur et ses yeux rendront infidèles à mes commandements ne trouvera jamais personne pour s'asseoir sur le trône de ses pères, car j'empêcherai pour toujours ses descendants de gouverner encore en Israël. Mais s'il se conduit selon mes préceptes, garde mes commandements et fait ce qui est droit et juste devant moi, il ne manquera jamais un de ses fils pour s'asseoir sur le trône du royaume d'Israël. Je serai avec lui et je le sauverai de la main de ses

> ennemis et de la main de ceux qui cherchent à s'en prendre à sa vie. (11Q19 *Rouleau du Temple* LIX,17-19)

Encore une fois, en menaçant le roi de mettre fin à sa descendance s'il ne gouverne pas selon la Torah, l'auteur semble viser directement la dynastie asmonéenne.

Dans ce rouleau, compilé durant la période asmonéenne, l'auteur ou rédacteur présente sa vision utopique de l'ère présente, prémessianique : un Temple idéal, localisé dans les terres sacrées d'Israël où les douze tribus sont installées chacune dans son lot. Des espoirs aussi idéalistes se retrouvent dans d'autres sections du rouleau, qui remontent sans doute à des sources sadducéennes préexistantes. En fait, ce plan global reflète le rêve de l'auteur d'une réforme complète des institutions politiques et cultuelles de la période asmonéenne.

On peut considérer le rouleau complet, dans son édition finale, comme une vaste polémique contre les politiques des Asmonéens, d'une part, et contre les règles des pharisiens, d'autre part. Une polémique semblable sous-tend la *Lettre halakhique*, ce qui confirme que les règles des pharisiens étaient en vigueur au Temple, assez tôt au cours de la période asmonéenne. Composé également au cours de cette période, le *Rouleau du Temple* demandait une reconstruction complète du Temple et une redistribution du pays qui l'entoure, une fidélité à des règles strictes de pureté et la nomination d'un grand-prêtre et d'un roi qui maintiendraient la sainteté du Temple et du territoire d'Israël. C'est seulement de cette manière, selon l'auteur, que l'avenir d'Israël sur sa terre pouvait être assuré.

Il y a peu dans le plan proposé dans ce rouleau qui corresponde à ce que l'on connaît des enseignements de la secte de Qumrân tels que nous les révèlent les textes sectaires. De plus, l'architecture des bâtiments de Qumrân ne reflète aucun effort de s'aligner sur un modèle idéal. Sous ce rapport, l'étude qui précède supporte notre conclusion générale que certaines des sources du *Rouleau du Temple* sont effectivement préqumraniennes et que l'auteur ou rédacteur, quelle que soit son appartenance personnelle, ne s'inspirait pas des idées de la communauté de Qumrân.

Il s'agirait plutôt de sources sadducéennes anciennes, comportant des lois dont certaines remontent à l'époque prémaccabéenne ; cette hypothèse est confirmée par la comparaison du contenu de ce rouleau avec la *Lettre halakhique*. Peu importe ce à quoi aboutiront les recherches ultérieures sur ce rouleau, il est certain que son rédacteur final était convaincu que l'observance de la loi juive et du rituel sacrificiel mettait le fidèle en présence de Dieu. Cette croyance, qui est commune à tous les commentateurs de la loi juive au cours des siècles, était partagée également par ceux qui ont compilé le matériel législatif de la secte de la mer Morte que nous examinons maintenant.

CHAPITRE 17

La loi de la secte

NOUS AVONS DÉJÀ VU que la secte de Qumrân divisait les lois en deux types : les lois révélées et les lois cachées. Parce que la loi révélée, la Torah, était accessible à tous les Juifs, les sectaires ne s'en préoccupaient pas outre mesure. C'est pourquoi, à leur suite, nous allons surtout nous concentrer sur la loi cachée.

Dès le moment de la fondation de la secte, les questions juridiques ont joué un rôle-clé dans la détermination de son caractère spécifique et de sa destinée politique. Cela ressort clairement de la *Lettre halakhique*. Cette lettre n'ayant pas atteint son but, la secte a décidé de suivre sa propre voie, ce qui l'a amenée à s'installer à Qumrân à un moment donné. Depuis lors, les conceptions juridiques de la secte ont commencé à diverger de celles du groupe des sadducéens ; elles sont devenues distinctes, tout en conservant un lien aux textes et à la méthode halakhique des sadducéens, comme le montrent la *Lettre halakhique* et le *Rouleau du Temple*. Dans les pages qui suivent, nous allons examiner quelques-unes des lois que les documents sectaires nous ont transmises.

Les lois de la secte

Une des principales sources de notre connaissance du code de lois sectaire est le *Document de Damas*[1]. Mais comment pouvons-nous être assurés que ce document, préservé dans des manuscrits médiévaux et dans des fragments découverts à Qumrân, représente effectivement les enseignements de la secte de Qumrân ? D'abord par le fait que les sectaires eux-mêmes ont fait précéder ce code de l'*Exhortation*, une sorte de manifeste sectaire qui raconte l'histoire des origines de la secte et ses principales critiques à l'endroit des autorités de Jérusalem. Ensuite parce que les lois — la section légale qui constitue la deuxième partie du *Document de Damas* — passent régulièrement, sans démarcation nette, de lois applicables à tous les Juifs à des règles qui portent exclusivement sur l'organisation et la gestion de la vie sectaire.

Les neuf copies du *Document de Damas* trouvées à Qumrân confirment la fiabilité globale des copies médiévales de ce texte. En même temps, les manuscrits de Qumrân ont doublé la partie préservée du texte à laquelle nous avons accès. Le nouveau matériel intègre de la même façon les problèmes halakhiques et ceux de la secte.

Des spécialistes ont observé que le *Document de Damas* reflète le mode de vie de communautés sectaires disséminées à travers le pays. La loi religieuse en vigueur dans ces communautés devait être la même qu'au centre de Qumrân dont elles dépendaient. On peut même aller encore un peu plus loin et affirmer que la loi de la secte se rattachait à un courant plus large de loi sadducéenne. Il est vraisemblable que beaucoup des lois qu'on y trouve étaient également observées par divers groupes juifs partageant l'approche sadducéenne de la loi.

Il paraît donc évident que les lois qu'on trouve dans le *Document de Damas* et dans d'autres documents juridiques de la secte ne proviennent pas toutes des sectaires de Qumrân. Les premiers membres de la secte ont sans doute apporté plusieurs de ces lois au groupe nouvellement constitué. Et un bon nombre d'entre elles devaient être également observées par d'autres groupes juifs qui s'alignaient sur l'approche des sadducéens, d'où originait la secte. Il est toutefois difficile de déterminer d'où proviennent ces lois en étudiant le *Document de Damas*, parce que le matériel légal est inséré dans le cadre littéraire d'un texte sectaire.

Ce texte couvre un grand nombre de sujets : les serments et l'admission dans la communauté, la question des témoins, des juges, des procédures juridiques, les règles concernant le sabbat, la pureté rituelle, et des questions concernant l'organisation de la communauté[2]. Mais cette collection législative ne prétendait pas être exhaustive. Les textes ne comportent que certaines de ces lois, celles que les sectaires voulaient souligner, peut-être celles qui, à leur avis, n'étaient pas observées correctement par le peuple juif dans son ensemble.

La *Règle de la communauté* comporte également un peu de matériel juridique de ce type, mais il y a, en proportion, beaucoup plus de règles concernant l'organisation de la secte[3]. Ces règles sectaires sont très semblables, par leur langue, leur forme et leur contenu, à celles qu'on trouve dans le *Document de Damas*, ce qui démontre hors de tout doute que nous avons affaire au même groupe et que les lois sectaires sont conçues pour s'appliquer dans le groupe décrit dans la *Règle*. Même si le *Document de Damas* s'applique à des communautés satellites, alors que la *Règle* concerne le centre principal, ces textes décrivent un ensemble unifié, régi par des lois sectaires communes.

La *Règle de la guerre*, un texte qui porte sur des questions eschatologiques, contient diverses règles concernant la conscription de l'armée, la pureté du camp, le culte sacrificiel, la prière et les rites d'action de grâces[4]. La *Règle de la congrégation* traite de nombreux aspects juridiques de l'ère messianique, y compris la pureté rituelle ; le mode de vie actuel de la secte s'y reflète dans un miroir eschatologique. Parce que les sectaires pensaient qu'ils vivaient à l'aube de la fin des temps, ils s'efforçaient d'en pratiquer les règles dans leur vie présente. Dans un prochain chapitre, nous examinerons quelques aspects de la halakhah messianique de la secte.

Parmi les autres documents juridiques, on compte les calendriers (qu'on appelle souvent *Mishmarot*) qui décrivent les calculs de la secte en ce domaine et qui dressent la liste des fêtes. On peut également recueillir quelques informations valables dans un certain nombre de prières et de textes rituels, les tefillin (phylactères) et autres indices de règles élaborées par les scribes. Plusieurs autres textes brefs, mais néanmoins importants, ont une approche de la halakhah identique à celle qu'on trouve dans les documents plus élaborés.

Pour illustrer les enseignements juridiques de la secte et sa méthode, je présente ici en détail quelques exemples de ces discussions légales assez complexes. Plus précisément, nous allons examiner des sujets qui sont traités dans deux des listes juridiques (*serakhim*) : le sabbat et des questions concernant la loi civile. En étudiant attentivement ces lois, nous découvrirons leur ressemblance étroite avec les codes thématiques plus tardifs des traités de la Mishnah. J'espère aussi faire saisir la complexité de ce système juridique particulier et sa manière de faire de l'interprétation légale. Mais étant donné que des livres entiers ont été écrits sur le sujet, je ne présente ici que quelques exemples de ce singulier système de loi juive qui s'accorde sur certains points avec celui des rabbins postérieurs, mais qui s'en démarque sur d'autres. Je réserve pour un chapitre à part ce qui concerne les rituels sectaires, y compris son calendrier, ses prières, les tefillin et les mezuzot.

Tandis que nous étudions la loi de la secte, il est important de garder à l'esprit que la vaste majorité des lois et pratiques juives étaient partagées par l'ensemble des Juifs observants de la période du Second Temple ; les débats, voire les conflits, ne portaient que sur un petit nombre de questions. C'est pourquoi il n'est pas étonnant qu'on trouve tellement de points d'entente, ici comme ailleurs.

Le code du sabbat

Le code du sabbat (*Document de Damas*[a] X,14-XI,18a), clairement démarqué par son titre comme unité littéraire indépendante, est l'une des sections légales les plus importantes du *Document de Damas*[5]. Il comporte une liste de lois — appelée une *serekh*. Nous allons analyser quelques-unes de ces règles pour voir comment elles découlent de la Torah et pour les comparer à celles élaborées par d'autres groupes juifs, principalement à celles de la tradition rabbinique de la halakhah.

La première prescription du code se lit comme suit : « Personne ne travaillera le vendredi, depuis le moment où la distance entre la sphère du soleil et la porte équivaut à son diamètre, car c'est (la signification de) ce qu'Il a dit (Dt 5,12) : "Observe le jour du sabbat pour le sanctifier." » (*Document de Damas*[a] X,14-14 = 4Q270 *Document de Damas*[e] 10 V,1-3) Pour le besoin des rites, la journée juive commence la veille, au coucher du soleil. Les rabbins en sont arrivés à cette conclusion à partir de diverses sources scripturaires[6]. Ce texte nous montre qu'une telle compréhension était la norme à l'époque du Second Temple. Mais la loi sectaire allait encore plus loin et, comme le feront des sources talmudiques postérieures, faisait commencer le sabbat même avant le coucher du soleil — c'est-à-dire le vendredi après-midi. L'opinion majoritaire qu'on trouve dans la littérature rabbinique considère cette mesure comme une simple contrainte additionnelle, dont le but est de démontrer l'attachement qu'on porte au sabbat en devançant son début et en repoussant sa fin. Mais ce texte, comme l'une des opinions rabbiniques postérieures, soutient qu'une telle extension du sabbat est *requise* par la Torah. Il est vraisemblable qu'à l'époque du Second Temple, tous les Juifs commençaient le sabbat assez tôt, quand le son d'un ensemble de trompettes se faisait entendre à Jérusalem pour signifier qu'il était temps d'interrompre son travail. Même ceux qui ne croyaient pas que cette précaution était requise par la Torah suivaient probablement cette pratique pour éviter de violer accidentellement ce jour sacré.

Ce texte a provoqué un étrange débat. Un spécialiste a suggéré que le sabbat commençait le samedi matin à Qumrân, une pratique qui concorderait avec le calendrier solaire utilisé par la secte. Mais cette théorie ne tient pas devant la prescription explicite que nous trouvons dans le code du sabbat de Qumrân. Pour résoudre cette difficulté, ceux qui soutiennent cette hypothèse ont prétendu qu'un copiste médiéval a ajouté cette prescription dans les manuscrits du *Document de Damas* provenant de la genizah. Mais depuis la découverte de la grotte 4 de Qumrân, et plus précisément depuis que les manuscrits sont devenus accessibles au public en 1991, il est devenu évident que cette soi-disant addition médiévale faisait partie du texte original (4Q270 *Document de Damas*[e] 6 V,1-3). Même si un spécialiste a continué de défendre l'idée que le sabbat commençait le matin, un lecteur le moindrement honnête du texte doit reconnaître que les sectaires partageaient avec le reste du peuple juif l'idée que le sabbat commençait le vendredi au coucher du soleil.

Deux lois traitent des limites du sabbat, c'est-à-dire de la distance qu'une personne peut parcourir autour des limites de la ville pendant le sabbat[7]. La première prescrit une limite générale : « Qu'on ne se promène pas en dehors de sa ville AU-DELÀ DE MILLE COUDÉES. » (*Document de Damas*[a] X,21) Le scribe médiéval a été tellement étonné de ce chiffre qu'il l'a écrit en lettres plus grosses. Plus loin, le texte comporte une loi qui prescrit une limite de deux mille coudées, semblable à celle qu'on trouve dans la Mishnah : « Que personne ne marche derrière un animal pour le faire paître en dehors de sa ville au-delà de deux mille coudées. Qu'on ne lève pas la main pour le frapper à coups de poing. S'il est rebelle, qu'on ne le laisse pas sortir de sa maison. » (*Document de Damas*[a] XI,5-7) D'après le premier texte, on ne pouvait marcher que mille coudées (450 m) au-delà des limites de la ville le jour du sabbat. Mais le second permet une exception : pour faire paître un animal, on pouvait parcourir mille coudées additionnelles, soit un total de deux mille coudées.

Ces prescriptions sont basées sur l'interdiction de voyager le jour du sabbat, telle qu'on la trouve dans le livre de l'Exode : « Que chacun demeure où il est : que personne ne sorte de chez soi le septième jour. » (16,29) Durant la période du Second Temple, ce verset était généralement interprété comme une interdiction d'effectuer de longs voyages. Selon Hippolyte, un

Père de l'Église du IIIe siècle, les esséniens ne quittaient pas leurs lits le jour du sabbat, une affirmation qui ne repose sur aucun fondement ancien. Nous savons cependant que les samaritains et les falashas refusaient de quitter leur maison le jour du sabbat, sauf pour aller à la synagogue. De toute évidence, notre secte ne souscrivait pas à une interprétation aussi limitative d'Exode 16,29. Comme les rabbins, la secte permettait à une personne de circuler dans les limites immédiates de sa ville. Ce qui était sujet à discussion était plutôt de savoir jusqu'à quelle distance et dans quelles circonstances on pouvait étendre cette limite.

Pour arriver à cette conclusion, la secte a procédé à une sorte d'interprétation midrashique. D'après leur formulation, on peut déduire que ces règles proviennent d'une exégèse de Nombres 35,5 qui établit les limites des villes que la Torah prévoit comme demeure pour les Lévites. Dans ce qu'on pourrait appeler une première ébauche de planification urbaine, le texte prescrit de réserver certains secteurs qui serviront de « pâturage urbain » pour les animaux.

Le texte biblique indique deux limites pour la terre de pâturage qui entoure les villes : mille et deux mille coudées. Les rabbins ont choisi la plus grande et ont déterminé que la distance qu'on pouvait parcourir le jour du sabbat était de deux mille coudées, quel que soit le but du déplacement. La règle sectaire a opté pour une interprétation plus rigoureuse, établissant qu'on ne pouvait parcourir que mille coudées, sauf pour faire paître un animal. Pour les sectaires, cette interprétation semblait concorder parfaitement avec la Torah, parce que les Nombres précisent que l'aire de pâturage s'étendra jusqu'à deux mille coudées. Même si les sectaires divergeaient d'opinion avec les rabbins postérieurs sur ce point parce qu'ils avaient des approches interprétatives différentes, nous voyons que les deux basaient leur décision juridique sur ce texte des Nombres, appliquant ainsi à la question du sabbat des limites qui n'ont apparemment rien à voir avec cela.

Quelques règles de ce document sont à peu près identiques à celles de la tradition rabbinique, ce qui porte à croire que tous les groupes juifs de la période du Second Temple s'accordaient sur l'essentiel de la loi juive. Par exemple, concernant l'interdiction de transporter des choses le jour du sabbat : « Que personne ne transporte (quoi que ce soit) de la maison à l'extérieur, ou de l'extérieur vers la maison. Et si l'on est dans la *sukkah*, qu'on n'en transporte (rien) au dehors ou qu'on n'y apporte rien. » (*Document de Damas*[a] XI,7-9) Comme dans la règle rabbinique, la règle sectaire interdit de transporter quoi que ce soit d'un lieu privé à un lieu public le jour du sabbat[8]. Cette règle provient de Jérémie 17,21-22 : « Soyez bien sur vos gardes et ne transportez pas de fardeau le jour du sabbat… Ne faites sortir aucun fardeau de vos maisons le jour du sabbat et ne faites aucun travail. » Il s'agit d'un exemple où les sectaires ont déduit une règle à partir d'un texte prophétique, ce que les rabbins évitaient.

Reformulant la règle en leurs propres termes, les sectaires ont ajouté le cas de la *sukkah*, qui est soit n'importe quel domicile temporaire, soit, plus probablement, la cabane associée à la fête de Sukkot. Cette fête posait un problème particulier pour ceux qui s'abstenaient de transporter des objets le jour du sabbat. Le même problème se pose encore actuellement : quand la *sukkah* est dans un champ, ou sur un terrain à côté de la maison, elle devient un lieu distinct ; par conséquent, on ne peut transporter de nourriture de la maison à la *sukkah*. Pour les Juifs d'époque rabbinique, la solution à ce problème est le *eruv*, une institution légale qui consiste à agrandir la « maison » en faisant une enceinte autour d'un plus grand espace et en préparant une miche de pain qui sert symboliquement de nourriture commune ; le transport d'un endroit à l'autre est alors permis. Les sectaires de Qumrân acceptaient-ils un tel procédé ? Les sources rabbiniques nous disent que les sadducéens le rejetaient. Malheureusement, nos sources ne nous fournissent pas cette information. Quoi qu'il en soit, les pharisiens, les sadducéens et les sectaires de Qumrân s'entendaient tous sur le fait que le transport d'un objet d'un lieu à l'autre était interdit le jour du sabbat.

Le matériel halakhique a généralement été laissé de côté par la majorité des chercheurs, qui se préoccupaient davantage de comparer les manuscrits de Qumrân au Nouveau Testament. Pourtant, certaines pratiques sectaires étaient assez différentes de celles des premiers chrétiens attestées par le Nouveau Testament. C'est le cas, par exemple, de celle-ci : « Que personne n'aide un animal à mettre bas le jour du sabbat. Et s'il tombe dans une citerne ou une fosse, qu'il ne l'en retire pas pendant le sabbat. » (*Document de Damas*[a] XI,13-14) Ce texte parle de deux cas semblables qui touchent la question de savoir si l'on peut mettre de côté ou du moins assouplir les lois concernant le sabbat pour secourir un animal[9]. Les deux cas portent sur les soins à prodiguer à des animaux domestiques le jour du sabbat.

L'interdiction concernant la mise bas d'un animal le jour du sabbat s'applique précisément au fait de retirer le fœtus de l'utérus. Cette action est interdite par la loi rabbinique. En fait, les rabbins interdisaient toute forme d'aide à l'animal le jour du sabbat. Sur ce point, les sectaires de Qumrân s'accordent avec la halakhah rabbinique. Même si les deux, sectaires et rabbins, mettaient de côté les restrictions du sabbat pour sauver une vie humaine, tolérant notamment qu'on intervienne pour faciliter l'accouchement d'un enfant, ils ne levaient pas ces restrictions lorsqu'il s'agissait d'un animal.

La deuxième partie de cette règle touche une question qui semble avoir fait partie du quotidien de la vie agraire à l'époque du Second Temple : il s'agit du cas des animaux qui sont tombés dans des puits. Les rabbins ont déterminé que si un animal tombe dans un puits le jour du sabbat, on doit lui donner de la nourriture pour le garder en vie. Les sages de l'époque du Talmud estimaient que cette décision permettait même de placer des oreillers ou d'autres objets dans le puits pour permettre à l'animal de grimper et de se sortir de là.

La règle rabbinique interdisait cependant de tirer l'animal hors du puits, même si sa vie était mise en danger s'il y demeurait. Si la montée du niveau d'eau dans le puits menaçait de noyer l'animal, ce qui était la situation envisagée par les rabbins postérieurs, cela ne serait pas différent du moment où un animal met bas, moment au cours duquel la vie de la mère et de son rejeton est en péril. La décision était la même : les règles du sabbat ne peuvent être suspendues ou assouplies pour sauver un animal.

Dans les deux cas, les sectaires s'accordent avec les traditions rabbiniques postérieures. Mais le Nouveau Testament montre que les premiers chrétiens n'étaient pas de cet avis, ce qui indique peut-être que d'autres Juifs de Palestine avaient un point de vue plus tolérant sur cette question. Selon Matthieu 12,11 et Luc 14,5, la tradition chrétienne primitive acceptait qu'on puisse retirer un animal d'un puits le jour du sabbat. Ici, les sectaires et les rabbins étaient du même avis, mais divergeaient d'opinion avec les premiers chrétiens.

Une question connexe est celle de savoir si l'on peut violer le sabbat pour sauver une vie humaine[10]. Les sectaires croyaient-ils qu'on pouvait permettre une telle violation ? Cette question a été largement débattue, mais elle peut enfin être résolue à l'aide des textes de la grotte 4 auxquels nous avons maintenant accès. Le texte du manuscrit médiéval du *Document de Damas*, partiellement confirmé par un manuscrit de Qumrân et légèrement corrigé, semble affirmer que non : « Si c'est un être humain qui tombe dans un endroit (plein) d'eau ou dans un réservoir, que personne ne (lui) apporte une échelle ou une corde, ou un instrument quelconque. » (*Document de Damas*[a] XI,16-17 = 4Q271 *Document de Damas*[f] 5 I,10-11 = 4Q270 *Document de Damas*[e] 6 V,19-20) Si on le regarde sans idée préconçue, ce texte, à première vue, interdit de suspendre les restrictions du sabbat pour sauver une vie.

Apparemment, on ne peut utiliser des outils ni de l'équipement prohibé le jour du sabbat, même s'il s'agit de sauver une vie, car ce serait se livrer à un travail défendu. La plupart des spécialistes, moi-même inclus, ont toujours refusé de souscrire à cette manière de comprendre la règle de Qumrân, car ce serait contraire à l'esprit du judaïsme. De plus, le contexte de cette loi suggère que, de fait, la secte acceptait que le sabbat soit violé lorsqu'il s'agissait de sauver une vie, parce qu'elle est présentée en contraste avec la décision qui précède immédiatement et qui interdit d'assouplir les règles du sabbat dans le cas d'un animal.

L'idée qu'on peut enfreindre les lois du sabbat est l'un des piliers de la loi rabbinique sur le sabbat. La Bible dit, à propos des lois de la Torah, que « c'est en les observant que l'homme vivra » (Lv 18,5), ce qui signifie que les commandements ont été donnés pour assurer la vie et ne doivent pas être source de mort. De plus, les rabbins, s'appuyant sur différents versets, ont soutenu qu'il était préférable de violer un sabbat pour s'assurer que de nombreux autres seraient observés.

Ce principe a été mis de l'avant par les Maccabées après qu'un groupe de Hassidim (piétistes) eurent donné leurs vies au début de la révolte plutôt que de se défendre le jour du sabbat. Refusant de manipuler des outils associés au travail pour obstruer l'entrée de leurs refuges, les Hassidim démontrèrent qu'ils considéraient cette interdiction comme inviolable (1 M 2,29-41). Après la révolte, cette règle semble avoir été admise par pratiquement tous les groupes juifs.

Pour démontrer que la secte refusait de violer le sabbat pour sauver une vie, quelques spécialistes ont soutenu que cette loi ne concernait pas l'utilisation d'équipement, mais référait plutôt aux différentes manières de sauver une personne. J'ai répliqué que ce que la loi demandait, c'est de ne pas utiliser ces articles interdits — échelle, corde, outils — pour sauver la vie de la personne, mais de recourir plutôt à d'autres moyens qui n'exigeraient pas qu'on enfreigne les règles du sabbat concernant ces instruments. Lorsque j'ai soumis cette opinion, on m'a critiqué en disant que je faisais de l'apologie et que j'harmonisais les règles de la secte avec les sources rabbiniques. Mais un fragment de la grotte 4 vient remettre les choses en place, et démontre que j'avais raison. Parmi les fragments de la grotte 4, se trouve un texte qu'on appelle *Serek Document de Damas*. Ce document, qui constitue un élément intéressant à verser au dossier de l'histoire de la littérature de la secte, associe quelques-unes des règles du *Document de Damas* à celles du code pénal de la *Règle de la communauté*. De plus, il contient d'autres prescriptions, inconnues par les autres textes. Sa nature composite démontre que la loi sectaire était un phénomène vivant, en constant développement, donnant lieu à de nouvelles compilations de listes de règles (*serakhim*). On y trouve un parallèle au code du sabbat que nous avons étudié : « Et si un être humain tombe à l'eau le [jour du] sabbat, on peut lui tendre son vêtement pour l'en tirer. » (4Q265 *Serek Document de Damas* 7 I,6-8) On voit ici comment il est prescrit d'effectuer le sauvetage ; les sectaires estimaient, en fait, qu'on pouvait transgresser le sabbat pour sauver une vie. Dans le texte, cette règle fait contraste avec celle qui figure dans les lignes précédentes et qui, comme dans le cas du *Document de Damas*, concerne un animal, qui ne peut être sauvé le jour du sabbat. Comme je l'avais soutenu dès le départ, le sauvetage devait être effectué sans le secours d'un instrument interdit, si possible. Mais si l'usage d'un tel objet était la seule façon de sauver la vie d'une personne, nous pouvons être assurés que la secte aurait autorisé son usage. Dans ce passage, les sectaires indiquaient seulement que cela devait être évité — dans la mesure du possible.

On peut noter, en passant, que nous avons encore ici un point de divergence entre l'approche des sectaires et celle des premiers chrétiens. Le Nouveau Testament (Mt 12,1-8 ; voir Mc 2,23-28) considère que même le fait de nourrir un affamé est une manière de « sauver une vie » permise le jour du sabbat. Son raisonnement est que ce commandement positif supplante la règle négative, celle qui interdit de violer le sabbat. Dans ce cas, les premiers chrétiens étaient plus larges, tandis que les pharisiens, avec lesquels ils étaient en débat, acceptaient ce principe seulement lorsqu'une vie était en danger. Et les sectaires étaient encore plus rigoureux en interdisant, autant que possible, de recourir à des objets dont l'usage était défendu.

Ici encore, nous pouvons constater que la loi de la secte ne peut être comprise que dans le contexte de ce que nous savons au sujet de la loi juive de cette époque. Certains principes de base, tel que celui d'enfreindre le sabbat pour sauver une vie, étaient partagés par tous les groupes, à partir la période asmonéenne.

Nous sommes maintenant en mesure de résumer la loi de Qumrân sur le sabbat, y compris quelques autres règles dont nous n'avons pas traité ici, de manière à obtenir une vue d'ensemble de la pratique sectaire concernant le sabbat. Comme le traité sur le sabbat de la Mishnah, le code sur le sabbat du *Document de Damas* s'intéresse principalement aux activités interdites le jour du sabbat, et non aux actions positives qui sont également requises. Les sectaires commençaient leur sabbat le vendredi soir, un peu avant le coucher du soleil, pour être assurés de ne pas le violer. Toute discussion concernant les affaires était interdite, y compris les questions financières et la planification du travail à effectuer après le sabbat. Pour cette raison, il était défendu de se promener au champ durant le sabbat pour prévoir le travail à faire. Il était probablement interdit également de s'associer à quelqu'un ce jour-là.

Pour la secte, il y avait deux limites de sabbat : l'une permettait à une personne de marcher jusqu'à mille coudées au-delà de la ville ; mais s'il s'agissait de faire paître un animal, on pouvait aller mille coudées plus loin.

Toute la nourriture devait être préparée avant le sabbat, ce qui incluait non seulement la cuisson (comme dans la loi rabbinique), mais également tous les aspects de la préparation. Les contenants devaient être ouverts à l'avance, et les légumes devaient être pelés. La nourriture et la boisson pouvaient être consommées seulement dans le « camp », la zone habitée. Toute autre nourriture ou boisson n'était pas considérée comme n'ayant pas été préparée avant le sabbat.

Pour éviter d'avoir à transporter des choses le jour du sabbat, un voyageur devait boire directement d'une source d'eau, puisqu'il lui était interdit de puiser de l'eau. Même à l'intérieur du camp, il était interdit de déplacer les objets d'un endroit à l'autre. Les enfants non plus ne devaient pas être transportés le jour du sabbat. Les femmes ne devaient pas porter de flacons de parfum ornemental. Il était interdit de faire travailler des non-Juifs à son profit, le jour du sabbat. On ne devait pas demander à son serviteur d'effectuer un travail, même s'il était permis. On s'attendait à ce que les membres de la secte portent des vêtements propres et désodorisés en ce jour. Il se peut qu'il ait été interdit de jeûner le septième jour.

Même si la limite de sabbat était étendue pour permettre de faire paître les animaux, il était cependant interdit aussi bien d'aider un animal à mettre bas que de le tirer d'un puits le jour du sabbat. En fait, le sabbat ne devait jamais être violé uniquement à des fins matérielles. La secte autorisait la transgression du sabbat pour sauver une vie, mais demandait qu'un tel sauvetage soit effectué, dans la mesure du possible, sans recourir à des instruments ou à des outils dont la manipulation était interdite le jour du sabbat. Il était interdit de transporter des pierres ou de la terre durant le jour saint parce que de tels objets ne convenaient pas à l'esprit du sabbat. La secte défendait de passer le sabbat ailleurs que dans un environnement juif et interdisait, apparemment, l'offrande de sacrifices, sauf ceux prescrits pour l'offrande du sabbat.

Même si la secte s'était séparée du Temple parce que les sectaires considéraient que les procédures suivies au Temple étaient inadéquates, ses membres ont continué de légiférer sur le culte, tenant pour acquis qu'ils y participeraient à nouveau lorsque leur approche aurait supplanté celle de leurs adversaires. Les rabbins continuèrent également, dans la Mishnah et le Talmud, à légiférer sur les sacrifices longtemps après la destruction du Temple.

La cour et le témoignage

Le *Document de Damas* comporte également un ensemble de règles concernant la loi civile ; cet ensemble aborde les mêmes sujets que le traité *Nezikin* (Les dommages) de la Mishnah, mais ne les discute pas autant en profondeur. Même si le système sectaire régissant la cour, les lois des témoins et du témoignage est tiré d'une interprétation de la Bible, il comporte, dans le cas de la loi civile, des divergences plus grandes avec le système rabbinique que dans le cas de la loi du sabbat. De plus, dans ce secteur juridique, nous verrons davantage de liens entre les questions halakhiques qui sont traitées et la manière dont la secte était organisée. Ces lois, même celles qui concernent la propriété privée, le mariage et la famille, sont nettement destinées aux membres de la communauté sectaire.

Le fondement de tout système de loi est le tribunal ; il n'est donc pas étonnant que la secte ait des règles très précises à propos des cours et des juges[11] : « Voici la règle pour les juges de la congrégation, conformément au temps, quatre de la tribu de Lévi et Aaron, et six d'Israël, connaisseurs du livre de Hagu et des enseignements de l'alliance, âgés de vingt-cinq à soixante ans. » (*Document de Damas*[a] X,4-8) Ce texte décrit une cour de dix personnes, ce qui est inconnu des autres sources juives à notre disposition. Cette cour se compose de quatre membres de la tribu de Lévi, soit un prêtre descendant de la tribu d'Aaron et les trois autres représentant chacun les autres clans lévitiques de Gershon, Qehat et Merari.

Les juges doivent avoir étudié le livre de Hagu (peut-être « Hagi »), c'est-à-dire soit la Torah, soit un recueil sectaire de lois. Plusieurs hypothèses ont été proposées pour associer ce livre à des ouvrages provenant de la bibliothèque de Qumrân. Il n'y a cependant aucun indice qui permette de l'identifier au *Rouleau du Temple*. Rien ne prouve non plus qu'il pourrait s'agir d'un des textes publiés récemment, tels que les *Ouvrages sapientiaux*, comme on l'a suggéré également.

En plus des lois de la Torah, les juges doivent bien connaître les lois sectaires. Leur âge varie de vingt-cinq ans à soixante ans. Dans la Torah, vingt-cinq ans est l'âge minimal requis pour exercer des fonctions lévitiques (Nb 8,24). Les sectaires ont probablement choisi de faire commencer le service judiciaire à cet âge parce qu'ils considéraient la secte elle-même comme un substitut du Temple. L'âge de la retraite ne peut provenir que de l'âge limite au-delà duquel on cesse d'estimer la valeur monétaire d'une personne pour l'acquittement d'un vœu (Lv 27,3). Cette norme s'appliquait parce que, comme le texte l'explique, cet âge marquait supposément le début de la sénilité.

Ces règles contrastent fortement avec les usages rabbiniques postérieurs. Même si quelques sources anciennes parlent de groupes de dix personnes qui remplissaient certaines fonctions juridiques, les rabbins ne mentionnent pas de cour de dix personnes. Le groupe le plus connu de dix personnes dans la tradition juive, bien sûr, est le minyan, le groupe de dix hommes juifs d'âge adulte qui constituent le quorum pour le culte public. La loi rabbinique ne précise pas non plus d'âge pour le service judiciaire. Bien que certaines sources rabbiniques exigent que des prêtres et des lévites fassent partie du Grand Sanhédrin, la cour suprême de soixante et onze membres, ce texte va beaucoup plus loin et attribue un rôle judiciaire beaucoup plus étendu aux prêtres et aux lévites. Une telle exigence se comprend facilement de la part d'un groupe fondé par des prêtres sadocides dissidents. Les témoins doivent aussi répondre à certains critères[12] :

> Pour les causes pouvant entraîner la condamnation à mort, que les juges n'acceptent la déposition d'aucun témoin qui n'a pas atteint l'âge d'être recruté parmi les enrôlés (et qui n'est pas) craignant-Dieu. Qu'on ne fasse pas confiance, comme témoin contre son prochain, à une personne qui viole les commandements délibérément, jusqu'à ce que (ses actions) aient été purifiées (suffisamment pour lui permettre) d'être réintégré. (*Document de Damas*[a] IX,23-X,3)

On apprend ici que les témoins doivent avoir vingt ans, l'âge de la majorité dans la secte, ce qui donnait lieu à la mobilisation des jeunes gens et à la prestation de leur serment de fidélité au mode de vie sectaire. Ils doivent être « craignant-Dieu » — c'est-à-dire membres de la secte. S'ils n'observent pas parfaitement les commandements, on ne peut leur faire confiance tant qu'ils n'ont pas complété un processus de repentance. Même si certains ont prétendu que les sectaires acceptaient que les femmes puissent témoigner, nous avons vu dans la section sur les femmes que leur témoignage n'était pas accepté ; ceux qui pensent le contraire se basent sur un texte corrompu qui est incompatible avec le rôle des femmes tel qu'il est décrit dans d'autres documents de Qumrân.

Nous possédons quelques indices qui laissent croire que l'âge de vingt ans était celui de la majorité dans l'ensemble du judaïsme de l'époque du Second Temple, bien qu'aucune autre source juive ne précise que c'est l'âge minimum pour témoigner dans un procès pouvant entraîner la peine capitale. L'âge de treize ans, habituellement appelé celui de Bar Mitzvah, une expression qui signifie « obligé d'observer les commandements », était considéré comme l'âge minimum de la maturité physique, d'où découle l'obligation rituelle, et donc la majorité religieuse. À vingt ans, la maturité était bien assurée et, par conséquent, le témoignage de l'individu pouvait être accepté. Cette manière de voir les choses, toutefois, était différente de ce qu'on trouve dans la tradition pharisienne rabbinique.

Selon ce texte, les seuls témoins valables sont les membres de la secte, ceux qui « craignent Dieu ». Nous voyons ici le lien entre les exigences légales et la vie sectaire. En effet, si la justice ne pouvait être atteinte qu'à travers le mode de vie de la secte, seuls ceux qui observent ce mode de vie peuvent se qualifier pour agir comme témoins. Les autres, qui ne sont évidemment pas fiables, sont à exclure. La loi sur les témoins, sous sa forme actuelle, n'était donc applicable que dans la communauté sectaire.

Une question très controversée parmi les spécialistes est celle qui porte sur le nombre de témoins requis dans les procès. La section du *Document de Damas* qui en traite (*Document de Damas*[a] IX,16-23) est tellement difficile que sa traduction et son analyse pourraient nous entraîner très loin de notre sujet. Disons seulement qu'à mon sens, il fallait deux témoins pour les causes à caractère financier et trois pour les crimes passibles de mort. De plus, les témoins pouvaient faire une nouvelle déposition devant l'examinateur aussi souvent qu'une même transgression se répétait, pourvu que le coupable ait été informé de la gravité de son offense avant de la commettre et que celle-ci ait été adéquatement notée par l'officier de la secte. C'est ce procédé, appelé « réprimande », que nous avons examiné dans le chapitre sur le midrash halakhique.

Ces règles sont propres au *Document de Damas* et sont différentes de la halakhah rabbinique. Même s'il y a quelques parallèles de l'époque du Second Temple à l'exigence d'avoir trois témoins, ce n'est que dans ce texte qu'elle constitue une exigence légale. De plus, la loi talmudique postérieure, après analyse, rejette la possibilité du témoignage cumulatif concernant la répétition de la même offense à différentes occasions.

Un trait particulièrement éclairant de la législation sectaire est la manière dont on s'y prenait pour tenter de recouvrer un bien perdu ou volé[13]. Dans ce cas, le *Document de Damas* prescrit ce qui suit : « Mais (pour) tout objet qui est disparu et dont on ne sait pas qui l'a volé de la propriété du camp dans lequel il a été volé, son propriétaire prononcera un serment d'abjuration. Quiconque entend (ce serment), s'il sait (quelque chose) et ne parle pas, est coupable. » (*Document de Damas*[a] IX,10-12) Cette règle stipule explicitement qu'elle s'applique au cas où un membre de la secte dérobe un bien à l'intérieur du « camp » ; dans le *Document de Damas*, ce terme désigne les colonies sectaires disséminées à travers le pays. La règle concerne donc le cas de vol parmi les sectaires. Ce texte confirme ce que d'autres parties du code civil laissent entendre, à savoir que les sectaires possédaient des biens en propre. À cause de cela, plusieurs spécialistes prétendent que la règle de ce document ne s'applique qu'aux « camps » dans lesquels les individus possédaient effectivement leurs propres biens. Par conséquent, selon eux, elle ne s'appliquerait pas au centre de Qumrân. Mais nous avons vu que même au centre de Qumrân le système de possession des biens prévoyait en même temps la propriété privée des biens et leur usage commun. Le point de vue selon lequel cette règle aurait une portée restreinte est donc indéfendable.

Lorsqu'un bien était porté disparu, la secte recourait à un serment d'adjuration pour parvenir à le récupérer. Cette procédure s'inspire d'un commandement qu'on trouve en Lévitique 5,1 : « Si quelqu'un pèche en ce qu'il a entendu une adjuration publique et peut témoigner…, mais ne le fait pas, alors, il se rend passible (du châtiment) de son offense. » Selon l'interprétation sectaire, ce passage exige qu'une personne qui entend une telle adjuration s'avance et révèle où se trouve le bien perdu ou volé.

Ainsi, toute personne qui détiendrait des informations sur le bien perdu ou volé et qui entendrait cette adjuration devait se sentir obligée de les communiquer. Il n'y a pas de règle semblable dans les sources rabbiniques ; mais on trouve une telle procédure dans la législation juive médiévale. Malheureusement, il est impossible de déterminer si le parallèle médiéval est une simple coïncidence ou s'il s'agit d'une ancienne pratique sectaire attestée dans les manuscrits de Qumrân et qui aurait survécu jusqu'au Moyen Âge. Les sources rabbiniques décrivent un type de serment qui est employé pour forcer un témoin récalcitrant à parler, mais cette procédure ne fonctionnait que pour forcer une personne à témoigner et non pas pour recouvrer un bien volé ou perdu.

La notion de « serment d'adjuration » provient de Nombres 5,11-31 qui l'impose à la femme soupçonnée d'adultère ; ce type de procédure permettait aux sectaires de compléter la procédure de Lévitique 5,1. La règle concernant la femme suspectée d'adultère nous fait voir qu'il suffit d'avoir un soupçon pour exiger un tel serment. Le serment sectaire était probablement formulé comme suit. Ceux qu'on adjurait affirmaient sous serment non seulement qu'ils ne savaient pas où se trouvait l'objet, mais aussi qu'ils acceptaient d'être frappés d'une terrible malédiction s'ils dissimulaient la vérité. Ceux qui entendaient le serment étaient sans doute forcés à répondre « Amen, Amen », indiquant par là qu'ils étaient également liés par le serment, puisque cela était aussi exigé dans le cas de l'adjuration de la femme soupçonnée d'adultère.

La dernière de ces prescriptions de droit civil que nous étudions concerne la restitution d'un objet dont le propriétaire ne peut être localisé ou identifié. Ici encore, on peut observer l'orientation sacerdotale de la règle et de la communauté qu'elle suppose :

> (Pour) toute dette à rembourser dont on ne connaît pas le créancier, celui qui rembourse devra s'en confesser au prêtre, auquel tout reviendra, sauf le bélier de l'offrande de réparation. De même, tout objet perdu qui a été trouvé et qui est sans propriétaire devra aller aux prêtres, car celui qui l'a trouvé ne connaît pas la règle qui s'y applique. Si l'on ne retrouve pas le propriétaire ils (les prêtres) le conserveront. (*Document de Damas*[a] IX,13-16)

Ce passage traite d'abord de la manière de restituer un bien dans le cas où son propriétaire légitime ne peut être retracé ou identifié. Cette règle est basée sur deux passages bibliques concernant la restitution d'un bien qu'on détient grâce à une réclamation illégale et malhonnête, probablement un faux serment (Nb 5,6-8 et Lv 5,21-26). En pareil cas, la secte prévoyait que la restitution était faite au prêtre, qui recevait l'argent et une amende, imposée par la Torah, équivalent à un cinquième de la valeur du bien. De plus, la personne qui effectuait la restitution devait offrir un bélier comme sacrifice de réparation.

Les rabbins interpréteront ce texte différemment, estimant qu'ils visaient les biens d'un prosélyte, un converti au judaïsme. Ils croyaient que les termes « Si cette personne n'a pas de parent auquel on puisse restituer » (Nb 5,8) signifiaient qu'il s'agissait d'un prosélyte, parce qu'il leur paraissait impossible que tout autre Juif n'ait pas d'héritier dans sa parenté. Par conséquent, pour les rabbins, ce passage biblique ne constituait pas une règle générale sur la façon de disposer d'un bien perdu.

Dans le cas où le propriétaire d'un bien était inconnu, la secte exigeait qu'il soit confié à la garde des prêtres ; cette pratique peut avoir été adoptée parce que la situation posait des problèmes délicats, notamment à propos de la manière de s'occuper du bien et de ce qu'il fallait faire si le bien exigeait des soins coûteux, par exemple ceux que requiert l'alimentation d'un animal perdu. On supposait que la personne ordinaire, même si elle était bien intentionnée et honnête, ne pouvait tout simplement pas trancher ces questions difficiles.

L'ensemble de cette procédure est assez déroutant, lorsqu'on l'examine à la lumière de Deutéronome 22,2, qui précise que celui qui a trouvé un bien doit le garder jusqu'à ce que le propriétaire ait été retracé. En pareille situation, la Mishnah prévoit que la personne ayant fait la découverte conserve le bien jusqu'à ce que son propriétaire ou son héritier ait été contacté ; cette approche semble plus cohérente avec la prescription biblique.

Comment les sectaires sont-ils parvenus à cette conclusion ? Ils ont probablement compris l'obligation de prendre le bien « dans ta maison » (*bayit*, Dt 22,2) comme référant au Temple, souvent désigné comme *bayit*, la maison de Dieu. Sur la base de cette interprétation, la secte exigeait qu'un bien perdu soit remis au prêtre. Dans leur propre communauté, où ils ne participaient plus aux rituels du Temple, cette règle avait encore plus de sens.

Ces exemples nous montrent que la secte a élaboré un code de lois civiles étendu et détaillé pour gérer les affaires de ses membres. Même s'il était différent des systèmes rabbiniques postérieurs à bien des égards, il présentait néanmoins de nombreuses ressemblances avec eux.

Avant de quitter ce sujet, il vaut la peine de résumer l'ensemble de ce système. L'instance de base, la cour, se composait de dix membres. Les juges devaient avoir une bonne connaissance de l'Écriture aussi bien que des enseignements juridiques de la secte. Des exigences précises concernant l'âge garantissaient la compétence des juges. Les témoins devaient être membres de la secte et, dans les causes pouvant entraîner la peine de mort, être âgés d'au moins vingt ans. Deux témoins suffisaient pour les causes à caractère financier, tandis qu'il en fallait trois lorsque l'accusé risquait la peine capitale. Des témoignages moins nombreux suffisaient pour qu'on puisse imposer des sanctions sectaires, même si le témoignage ne démontrait pas la culpabilité. On pouvait utiliser les témoignages cumulatifs d'une seule personne pour un même crime commis à répétition, à condition que l'offense ait été adéquatement notée. Tous les procès devaient être précédés de la réprimande formelle obligatoire en présence de témoins avant que l'accusé puisse être reconnu coupable. Dans le cas d'un bien perdu ou volé, les lois prévoyaient l'utilisation du serment d'adjuration qui facilitait le recouvrement des objets manquants. Un bien qui avait été acquis illégalement devait être restitué, mais si son propriétaire était introuvable, on pouvait le remettre aux prêtres. Si personne ne réclamait un bien perdu, il était confié à la garde des prêtres.

Cet ensemble législatif a été étudié pour montrer comment, s'agissant de la loi du sabbat, du droit civil et de quelques cas concernant la gestion des affaires des membres, la secte déduisait ses règles d'une manière différente des autres groupes de Juifs du Second Temple et des rabbins postérieurs. Dans bien des cas, cela est dû surtout à des interprétations divergentes des lois bibliques pertinentes. Le christianisme primitif, comme on l'a noté, a tendance à adopter un point de vue opposé à celui de la secte de Qumrân, et se présente comme un groupe beaucoup plus permissif que les pharisiens, tandis que la secte est généralement plus rigoureuse. Il nous est également apparu que, pour plusieurs aspects de sa législation, le point de vue de la secte est soit identique soit très semblable à celui de la tradition rabbinique. Même lorsqu'ils manifestent des divergences, leurs positions respectives témoignent d'une préoccupation commune et même de conclusions communes, à côté de leurs nombreuses différences.

Dans le prochain chapitre, nous nous pencherons sur le style de vie religieuse de la communauté des manuscrits de la mer Morte et des groupes apparentés. Nous observerons la vie des sectaires non plus à partir du point de vue abstrait de leurs codes législatifs, mais à partir des données de leur pratique concrète.

CHAPITRE 18

Prières et rites

Tous les juifs de la période du Second Temple se demandaient comment servir Dieu adéquatement. À l'époque, le Temple existait toujours à Jérusalem, et les Juifs s'y rassemblaient pour offrir des sacrifices et faire l'expérience de la présence divine. Pour le peuple d'Israël, le Temple et le sacrifice constituaient l'accomplissement des commandements de Dieu, garantissaient l'ordre cosmique, et étaient un canal par lequel la bénédiction divine pouvait couler sur Son peuple en retour la dévotion à son service.

En même temps, pour tous les groupes juifs de la période du Second Temple, la prière prenait de plus en plus d'importance, tout comme d'autres pratiques dont le centre était la maison[1]. Avec le recul historique, nous constatons aujourd'hui que le judaïsme s'éloignait progressivement du système sacrificiel. Ainsi, lorsque le Temple sera détruit, le peuple juif était prêt à servir Dieu d'une manière différente, adaptée à une nouvelle ère.

Cependant, pour les Juifs de la période hellénistique, cette transition majeure n'était pas encore commencée. Ils considéraient la prière et le rite ou bien comme de simples compléments accompagnant le sacrifice, des substituts pour ceux qui habitaient trop loin du Temple, ou, dans le cas de groupes sectaires comme celui de Qumrân, comme une alternative au rituel du Temple qu'ils considéraient comme impur[2]. Nous pouvons néanmoins observer, dans les manuscrits de Qumrân, l'émergence de la prière et d'autres institutions religieuses bien connues du judaïsme postérieur, et ainsi apprendre énormément sur l'histoire de leur développement.

C'est de ce point de vue que nous allons examiner les débuts de la liturgie juive telle que la reflètent les manuscrits de Qumrân[3]. Nous évaluerons les formes liturgiques qu'on trouve à Qumrân et les compareronrons à celles qu'on connaît dans la tradition rabbinique ancienne. Après avoir dressé une liste substantielle de parallèles, nous discuterons de leur signification et verrons quelles conclusions nous pouvons en tirer.

Temple et synagogue

La secte des manuscrits de la mer Morte s'était coupée volontairement du judaïsme hellénistique de Jérusalem et avait renoncé à participer au culte sacrificiel, car elle considérait que la manière dont il fonctionnait n'était pas acceptable. Les sectaires soutenaient que les transgressions de la loi corrompaient le Temple, dont les prêtres n'étaient pas légitimes. On peut présumer que les fondateurs de la secte croyaient que le culte de Jérusalem avait cessé d'être un véhicule adéquat pour relier Israël à son Dieu ; par conséquent, ils n'avaient plus aucune raison de continuer d'y participer. Qu'ils se soient retirés à Qumrân ou qu'ils vivent dans des « camps » disséminés à travers la Palestine, il ne leur restait qu'un judaïsme dépourvu de temple et de sacrifice, un judaïsme dans lequel la prière, la pureté, l'étude et la vie sectaire elle-même se substituaient au Temple. La secte se voyait comme un sanctuaire qui pouvait conduire ses membres au même contact intime avec Dieu dont ils avaient jadis eu l'expérience dans le culte. Quoi qu'en disent certains spécialistes, aucun sacrifice n'était offert à Qumrân.

C'est à une situation très semblable qu'ont dû faire face les rabbins peu après la destruction du Temple, lorsque les sages de la Mishnah se sont rassemblés à Yavneh, sur la côte méditerranéenne. Depuis longtemps, le judaïsme avait été basé sur le culte sacrificiel, qui garantissait la relation entre Israël et son Dieu grâce à l'exécution correcte des rites requis par les codes lévitiques. Maintenant, à la suite de la Grande Révolte de 66-73, le Temple était disparu. Les prêtres n'offraient plus les sacrifices ; les Lévites ne chantaient plus ; Israël ne montait plus en pèlerinage au Temple saint. Par conséquent, seule la prière et une vie de piété rabbinique pouvaient maintenir le lien entre Israël et son Père des cieux.

Il serait naïf de croire que cette catastrophe s'est abattue sur le judaïsme pharisien-rabbinique sans avertissement. De fait, nous savons maintenant que durant toute la période du Second Temple, le culte sacrificiel était en déclin, tandis que la prière et la liturgie étaient en croissance. La prière prenait graduellement de plus en plus de place, même dans le Temple. Les personnes vivant loin du Temple se tournaient davantage vers la prière, à cette époque. Le pharisaïsme, en déplaçant la pureté du Temple vers la maison et la table, avait contribué à dégager les sages postérieurs de l'inexorabilité du sacrifice. Les sectaires de Qumrân avaient aussi montré à leur façon comment on pouvait vivre une vie juive sans Temple. Comme nous le constaterons, ils avaient développé une liturgie et une idéologie qui compensaient son absence.

Durant toute son existence, la secte espérait non pas voir la restauration du Temple, qui existait toujours et fonctionnait, même si c'était de façon incorrecte, mais plutôt voir ses chefs sacerdotaux reprendre le direction du Temple et de ses rituels. Cela équivaudrait à une restauration du Temple, à l'établissement d'une nouvelle Jérusalem et au renouvellement des liens unissant le peuple d'Israël et son Dieu. Alors, à la fin des temps, les prêtres de la secte officieraient au Temple, en exécuteraient les pratiques de manière adéquate, et en assureraient la pureté parfaite. Il est probable qu'avec ses rêves d'un Temple élargi et de niveaux plus élevés de sainteté pour le Temple et pour ses sacrifices, le *Rouleau du Temple* ait exprimé des attentes qui correspondaient à celles de nombreux sectaires à propos du Temple pré-messianique. Mais jusqu'à l'établissement d'un pareil Temple, ou la venue du sanctuaire construit par Dieu à la fin des temps, ils devaient se contenter de prier et d'étudier les textes se rapportant au culte.

Le *Document de Damas* évoque l'existence de lieux de cultes : « Et quiconque entre dans la maison de prosternation, qu'il n'y entre pas dans un état d'impureté (requérant) une ablution. » (*Document de Damas*[a] XI,21-22) Même si le reste de ce passage est difficile à déchiffrer, le texte suggère que les sectaires, disséminés dans les villes et villages de Palestine, y avaient établi des lieux saints permanents pour y faire tenir des offices cultuels[4].

À Qumrân, cependant, on ne trouve aucune trace d'une synagogue ou d'un lieu fixe pour la prière. De fait, l'établissement de Qumrân est antérieur aux plus vieilles synagogues mises au jour en Palestine — à Massada, à l'Hérodium, à Gamla —, qui sont toutes des synagogues du Ier siècle de notre ère. Les mentions de synagogues plus anciennes dans la diaspora hellénistique font sans doute référence à des organisations communautaires juives plutôt qu'à des bâtiments utilisés à des fins rituelles. Il semble donc que les prières communautaires, qui faisaient certainement partie de la vie des sectaires de Qumrân, s'effectuaient dans des lieux utilisés également à d'autres fins, peut-être dans le réfectoire. Il n'était pas nécessaire d'avoir un lieu de culte spécial à Qumrân, car tout le complexe servait à cette fin. Un tel édifice cultuel aurait été nécessaire seulement pour ceux des sectaires qui vivaient en dehors du Pays d'Israël.

La liturgie de la secte de Qumrân

Un poème qui termine la *Règle de la communauté* énumère les principaux moments de prière dans la secte[5]. Ce poème nous apprend qu'il existait une série précise de textes liturgiques pour les divers temps de prière. Le début du poème mentionne la nécessité de prier matin et soir :

> [Je Le bénirai] aux moments qu'il a décrétés :
> au commencement de la domination de la lumière,
> à son point tournant, quand elle se retire vers la demeure qui lui a été assignée.
> Au commencement des veilles des ténèbres,
> quand il ouvre son trésor et qu'il les répand,
> à leur point tournant, avec leur retrait devant la lumière.
> Quand les luminaires resplendissent depuis le domaine de sainteté,
> quand ils se retirent à la demeure de gloire.
>
> (1Q *Règle de la communauté* X,1-3)

Ce texte fait référence à des prières du matin et du soir. Sur la base de ce passage, on a avancé une hypothèse selon laquelle la secte priait à trois reprises durant le jour et à trois reprises au cours de la soirée. Mais il est plus probable que la série d'expressions synonymiques du poème ne soit qu'une imitation de la forme de parallélisme qu'on trouve dans les anciens textes hébreux, qui répètent les mêmes idées pour leur donner plus de force. Si tel est le cas, ce texte, comme celui des *Prières quotidiennes* de la grotte 4 (4Q503), suppose deux temps de prière, le matin et l'après-midi, ce qui correspond aux moments des sacrifices quotidiens dans le rituel du Temple.

Le texte donne ensuite une liste de différentes occasions spéciales qui comportaient des moments des prières additionnels :

> Au début des saisons, aux jours de la nouvelle lune,
> tout comme à leur point tournant, lorsqu'ils se succèdent l'un à l'autre…
> au commencement des mois (tous) en leurs temps,
> et aux jours saints à leurs rangs, comme mémorial (tous) en leurs temps…
> Au commencement des années et au point tournant de leurs saisons…
>
> (1Q *Règle de la communauté* X,3-8)

Il est difficile de préciser exactement à quoi renvoient les allusions de ce texte et des lignes qui suivent. Mais nous savons par d'autres sources que les sectaires observaient un calendrier rituel complexe incluant non seulement les fêtes prescrites par la Torah — le Nouvel An, le Jour du pardon, Sukkot, la Pâque, Shavouot, et le premier jour de chaque mois — mais aussi quelques jours saints de plus, tels que les fêtes supplémentaires des récoltes que mentionnent certains textes, principalement dans le *Rouleau du Temple*. Ce poème indique clairement qu'on priait à ces occasions.

La proclamation de foi du Shema Israël est centrale dans la prière juive : « Écoute Israël, le Seigneur notre Dieu, le Seigneur est Un. » (Dt 6,4) Le terme « Shema » en est venu à désigner un amalgame de passages de la Bible (Dt 6,4-9 ; 11,13-21 ; Nb 15,37-41), récités matin et soir dans la tradition juive. Selon la Mishnah, cette prière avait déjà un rôle de premier plan à l'époque du Second Temple (*M. Tamid* 5,1). On peut trouver des allusions au Shema dans le poème de la fin de la *Règle de la communauté* : « Quand le jour et la nuit arrivent, j'entrerai dans l'alliance de Dieu, et quand le soir et le matin sortent, je dirai ses décrets. » (1Q *Règle de la communauté* x 10) Les expressions « entrer dans l'alliance avec Dieu » et « dire ses décrets » font directement référence aux thèmes majeurs du Shema : la confirmation de l'alliance des Juifs avec Dieu et l'exigence de parler de ses commandements.

D'autres expressions qu'on trouve dans ce poème évoquent aussi le langage de la prière Amidah (littéralement la prière « debout »), noyau du culte dans le judaïsme rabbinique. On l'appelle aussi Shemone Esreh (« Dix-huit »), car elle comporte dix-huit bénédictions. Des traditions talmudiques affirment que cette prière aurait été composée à l'époque d'Esdras et des hommes de la Grande Assemblée, un groupe de sages qui auraient existé du ve au IIIe siècle avant notre ère. Étant donné que nous n'avons aucune attestation directe que le texte de cette prière existait durant la période de Qumrân, il est très intéressant de trouver dans ces texte des parallèles à son langage, même si l'on ne peut conclure, sur la base de ces allusions, que cette prière, sous la forme que nous lui connaissons, était récitée par les sectaires.

Prières quotidiennes

Les spécialistes ont classé comme liturgies de nombreux fragments trouvés dans les grottes de Qumrân. Plusieurs des fragments déjà accessibles ne comportaient que des bribes de textes ; mais la situation a changé complètement avec le matériel publié récemment. Nous possédons maintenant des textes de prières pour les prières quotidiennes et les fêtes, ainsi que diverses prières de supplication. Ces textes nous montrent qu'un bon nombre de rituels et de liturgies, dont la gamme correspond à celle de la tradition talmudique, étaient associés aux sectaires de Qumrân.

Parmi les textes de prière qui datent de la période asmonéenne (–100 à –75), on trouve un texte de la grotte 4 (4Q503) qu'on a appelé *Prières quotidiennes*[6]. Il s'agit d'une série de prières à réciter aux divers jours du mois. Ce matériel est toutefois trop court pour avoir constitué une liturgie complète. Il s'agit plutôt d'une petite section d'un service cultuel, une partie mobile qui changeait quotidiennement durant tout le mois et peut-être toute l'année.

Des textes spécifiques sont prévus pour le soir et le matin, mais apparemment aucun pour une prière nocturne. Le matériel pour chaque jour constitue une unité littéraire distincte et les mois sont numérotés selon un calendrier lunaire. Chaque unité commence par la formule suivante : « Le x du mois, le soir, ils béniront, prenant la parole et disant : Béni soit le Dieu d'Israël qui… Que la paix soit sur toi, Israël. » Le texte poursuit avec la prière du matin : « Quand le soleil se lève pour illuminer la terre, ils béniront, prenant la parole et disant : Béni soit le Dieu d'Israël… » Ce texte est très fragmentaire et aucune unité n'est préservée dans sa totalité. Mais on en a une bonne idée dans le fragment suivant :

> […] la lumière du jour, pour que nous sachions […] dans les six portes de lumiè[re… et nous] les fils de ton alliance, nous louero[ns Ton nom] avec tous les bataillons [de lumière… tou]tes les langues (douées) de savoir, béni […] la lumière de paix [sur toi, Israël…] Le septième jour du [mois, le soir, ils béniront, prenant la parole et di]sant : Béni soit le Dieu d'Is[raël…] justice [… tou]tes [ce]s choses nous (les) connaissons […] Béni soit le [Di]eu [d'Israël…] (4Q503 *Prières quotidiennes* 7-9 IV,1-8)

Dans la liturgie juive d'époque rabbinique, le Shema est précédé de deux bénédictions et suivi d'une le matin et de deux le soir. Des deux bénédictions avant le Shema, la première évoque les luminaires célestes et la seconde la révélation de la Torah par Dieu à Israël, de même que les commandements. Il est vraisemblable que les bénédictions préservées ici, qui font référence à l'ordre cosmique et aux luminaires célestes, soit une amplification de cette première bénédiction qui précède le Shema.

Tel qu'on l'a déjà indiqué, la Mishnah dit que le Shema remonte à l'époque du Second Temple. Dans le même passage, la Mishnah note que, selon les rabbins, des bénédictions accompagnaient déjà le Shema à ce moment. Nous pouvons donc conclure qu'une version ancienne de la bénédiction sur les luminaires célestes — la première bénédiction avant le Shema — était en usage. Mais tandis que, dans la tradition rabbinique, cette bénédiction changeait seulement le matin et le soir, avec quelques additions postérieures pour les sabbats et les fêtes, la version utilisée à Qumrân variait à chaque jour du mois.

Le texte parle aussi des « portes » de la lumière. Cette notion se retrouve aussi dans la bénédiction rabbinique matinale du sabbat : « Le Dieu qui ouvre chaque jour les portes à l'est, et qui ouvre les fenêtres du firmament… et donne la lumière à l'univers entier et à ses habitants. » L'image utilisée ici décrit les portes du dôme céleste, par lesquelles les luminaires brillent durant leurs parties respectives du jour.

Un autre parallèle significatif avec la liturgie rabbinique est la bénédiction suivante : « [Béni soit le Dieu d'Israël Q]ui nous a choi[sis] parmi toutes [les] nations. » (4Q503 *Prières quotidiennes* 24-25 VII,3-4) Cette bénédiction est à peu près identique à la bénédiction qu'on récite aujourd'hui avant la lecture de la Torah à la synagogue : « Béni sois-Tu, ô Seigneur notre Dieu, Roi de l'Univers, Qui nous a choisis parmi tous les peuples… » Une bonne partie du vocabulaire de ces textes se retrouve également dans la liturgie rabbinique.

Notre texte parle de deux temps de prière quotidienne — le matin et le soir (fin de l'après-midi). Les traditions talmudiques postérieures considéraient la prière comme un substitut de sacrifices du Temple seulement après la destruction de ce dernier. Par conséquent, la prière quotidienne individuelle ne devait pas être très courante parmi les Juifs avant la destruction du Temple. Quelques-uns des premiers rabbins ont toutefois soutenu que ces services quotidiens avaient lieu déjà à l'époque du Second Temple, au moment des sacrifices journaliers. D'autres disent encore que ces prières avaient été instituées par les patriarches — Abraham, Isaac et Jacob — qui ont tous prié au moins une fois à l'un des moments en question. Dans la Bible, on nous dit également que Daniel priait trois fois par jour (Dn 6,11). Les sages postérieurs ont expliqué que même si les trois offices de prière remontaient aux patriarches, leur moment exact n'avait été fixé que plus tard pour coïncider avec le culte sacrificiel.

Le lien entre ces offices et le culte sacrificiel était apparemment très important. Comment expliquer autrement le fait que le statut de l'office du soir, auquel ne correspond aucun culte sacrificiel au Temple, ait été débattu durant toute la période de la Mishnah ? De fait, on en vint à la conclusion que, du point de vue de la halakhah, l'office du soir était optionnel. Étant donné qu'aucun sacrifice n'était offert au Temple, il est vraisemblable que la prière du soir avait un statut inférieur par rapport aux deux autres offices — d'où son caractère facultatif. Même l'argument que les membres et les graisses des animaux sacrifiés brûlaient durant toute la nuit et que cela équivalait à un sacrifice n'a pas suffi à élever la prière du soir au rang d'office quotidien obligatoire.

Étant donné que notre texte de Qumrân ne mentionne que deux temps de prière obligatoires, nous pouvons conclure que, durant cette période, certains Juifs, au moins, ne priaient que deux fois par jour. Ce texte supporte le point de vue de rabbins selon lesquels, à l'origine, la norme était de prier deux fois par jour. Ces prières de Qumrân nous fournissent la preuve que bien avant la destruction du Temple par les romains en l'an 70, certains Juifs de la période du Second Temple avaient trouvé dans le service du cœur une voie pour les conduire à Dieu.

Les textes de supplication de Qumrân

On a aussi trouvé dans les grottes de Qumrân certains textes qui présentent des rapprochements avec la liturgie rabbinique qu'on appelle *Taḥanum* (prières de «supplication» récitées après le Shemoneh Esreh les jours de semaine)[7]. La *Lamentation apocryphe* de la grotte 4 (4Q501) a été copiée vers –50 à –25. Ce texte demande à Dieu de se souvenir de la condition misérable d'Israël et de ne pas abandonner le pays aux étrangers. On demande à Dieu de venger les maux que les nations ont infligées à son peuple: «Ne livre pas notre héritage aux étrangers et notre patrimoine à des inconnus. Souviens-Toi que [nous sommes les…] de ton peuple et les abandonnés de ton héritage. Souviens-toi des fils de ton alliance qui sont détruits… Regarde et vois la disgrâce de [Ton peuple…]» (4Q501 *Lamentation apocryphe*[a] 1-6) Même si ce texte est très fragmentaire, on peut quand même y reconnaître un thème et un contenu similaires à ceux de la supplication rabbinique récitée les lundis et jeudis (*We-Hu' Raḥum*). Dans sa forme actuelle, cette prière remonte au Moyen Âge, mais elle a une plus longue histoire et elle semble intégrer des traditions plus anciennes. La supplication de Qumrân tout comme la prière rabbinique s'inspirent nettement de Joël 2,17: «Ne livre pas Ton héritage à l'opprobre, au persiflage des nations. Ne laisse pas les peuples dire: "Où est leur Dieu?"»

Les *Paroles des luminaires,* préservées en trois copies (4Q504-506), sont une composition du même genre. Le nom du texte se trouve dans le manuscrit, fait rare dans la bibliothèque de Qumrân. On a décrit ce texte comme une collection d'hymnes liturgiques à utiliser à des jours particuliers de la semaine; de fait le mercredi, «jour de l'alliance», et le sabbat, «jour de louange », sont mentionnés explicitement. Le passage qui précède le texte pour le sabbat identifie le vendredi — en supposant que c'est cette journée qui est évoquée — comme le « jour de la confession des fautes ». Parce que le texte est très fragmentaire, on peut faire l'hypothèse que les autres jours étaient mentionnés dans des sections qui n'ont pas été préservées.

Une des idées centrales de ce texte est que même si Dieu a puni son peuple à cause de ses transgressions, il lui a épargné la destruction totale :

> [...] et ils ont servi un dieu étranger dans leur pays. Aussi leur pays fut-il détruit par leurs ennemis. Car ta colère s'est [déver]sée, ta fureur avec le feu de ton indignation, pour le détruire et qu'il n'y ait plus ni voyageur ni passant. Pourtant, tu n'as pas répudié les descendants de Jacob, ni rejeté Israël au point de rompre ton alliance avec eux. Car toi seul est le Dieu vivant et il n'y en a pas d'autre comme toi. Et tu t'es souvenu de ton alliance, (toi) qui nous as fait sortir (d'Égypte) aux yeux des nations, et tu ne nous as pas abandonnés parmi les nations. (4Q501 *Paroles des luminaires*[a] 1-2 V,3-11)

Ce passage renvoie aux notions de péché, de destruction, de miséricorde et de retour qu'on trouve dans des sections de reproches en Deutéronome (29,23-30,6). Les mêmes notions apparaissent également dans la partie finale de la *Lettre halakhique*.

Un thème tout aussi important est celui de la demande de pardon :

> [... tu] nous [as déchargé de] toutes no[s] fautes, et tu nous as purifiés de nos péchés, par égard pour toi. Car à toi, Dieu, est la justice, car tu as fait tout cela. Et maintenant, en ce jour, où notre cœur s'est humilié, nous avons payé le prix de nos fautes et de celles de nos pères, car nous avons péché et parce que nous avons vécu dans la révolte. (4Q501 *Paroles des luminaires*[a] 1-2 VI,2-6)

Ce texte s'inspire de la formule de confession — « nous avons péché, nous avons transgressé... » — qui a des précédents dans la Bible (Esd 9,6-15) et dans divers documents de Qumrân ; elle prenait un grande place dans la liturgie du Jour du pardon au Temple et devint par la suite une composante de la liturgie de la synagogue.

On peut dont identifier assez nettement ce texte comme une série de supplications quotidiennes, à usage liturgique, variant d'une journée à l'autre. La supplication pour le sabbat évitait apparemment des sujets jugés inappropriés pour le jour du sabbat, en particulier la référence aux tragédies qui s'étaient abattues sur le peuple d'Israël. Ce texte devait faire partie d'un rituel plus élaboré ; on ne peut déterminer s'il a été écrit pour être utilisé au Temple ou dans le cadre d'un culte ayant lieu en dehors du Temple.

L'ensemble de ces données ne démontre pas que les textes rabbiniques de la liturgie de supplication (*Taḥanum*) proviendraient de cette période ; mais il indique que des Juifs, dont les écrits sont préservés à Qumrân, récitaient déjà des prières comportant des motifs similaires dans le cadre d'offices religieux durant le Ier siècle avant notre ère. Des extraits précis étaient utilisés aux divers jours de la semaine. Même à l'époque de la composition des *Paroles des luminaires*, on en avait fait une version spéciale pour le sabbat, reconnaissant ainsi le caractère spécial de cette journée, de même que le fait qu'il ne convenait pas d'évoquer certains motifs au cours de ce saint jour.

Prières pour les fêtes

Des prières pour les fêtes sont préservées dans trois manuscrits de la grotte 4 (4Q507-509 *Prières pour les fêtes*$^{a\text{-}c}$) et un manuscrit de la grotte 1 (1Q34-34bis *Prières liturgiques*)[8]. Les manuscrits de la grotte 4 datent du début du Ier siècle (4Q507-508 *Prières pour les fêtes*$^{a\text{-}b}$) et de la fin de la période asmonéenne, entre –70 à –60 (4Q509 *Prières pour les fêtes*^{c}). La partie préservée des textes mentionne explicitement le Jour du pardon et le Jour des premiers fruits (Shavouot). Une reconstruction vraisemblable du texte permet de l'agencer selon l'ensemble du calendrier rituel juif, en débutant avec le Nouvel An, le premier jour du mois de Tishri ; viennent ensuite le Jour du pardon, la fête des Tentes, l'offrande du Omer, c'est-à-dire la récolte de l'orge, peut-être la deuxième Pâque, et Shavouot. La fête de la Nouvelle Lune est aussi mentionnée. On n'a pas identifié de référence à la Pâque dans les restes fragmentaires de ce texte.

Il est impossible de reconstruire entièrement le calendrier rituel décrit dans ce texte et les prières utilisées à chaque fête parce que les manuscrits ne sont pas assez complets. On ne peut pas déterminer non plus si ce calendrier est semblable à celui en usage dans le judaïsme rabbinique ou plutôt au calendrier plus développé du *Rouleau du Temple*.

Une phrase attire particulièrement l'attention, car elle a un parallèle dans la liturgie rabbinique : « Et puisses-Tu rassembler nos bannis au moment de… et nos dispersés, puisses-Tu les regrouper bientôt (voir Isaïe 11,12). » (4Q509 *Prières pour les fêtes*^{c} 3 i,3-4) Ce passage est très similaire aux paroles qu'on récite à l'occasion du *Mousaf* (office supplémentaire) de la tradition rabbinique postérieure : « Rassemble ceux d'entre nous qui sont disséminés au milieu des nations, et réunis les nôtres qui sont dispersés aux quatre coins du monde. » Ce parallèle suggère que cette prière pour le retour des

Juifs de la diaspora dans le pays d'Israël pourrait remonter au Ier siècle avant notre ère.

Ces textes de supplication apportent un éclairage sur une question intéressante : quelle était l'attitude des Juifs de la période du Second Temple vis-à-vis de la destruction du Premier Temple ? Après tout, le Temple de Jérusalem avait été reconstruit et était en usage à leur époque. Les Juifs du Second Temple pleuraient-ils toujours le Premier Temple ? Priaient-ils pour la restauration d'un État juif indépendant ? Ces textes reflètent clairement leurs espoirs et leurs prières en faveur d'un retour des institutions glorieuses qui existaient sous la monarchie unifiée de David et de Salomon ; ils montrent également qu'on priait encore pour le rassemblement des exilés.

Il est impossible de déterminer la fonction précise des *Prières pour les fêtes*. Elles ne font pas référence au système sacrificiel ; mais rien ne laisse voir qu'elles auraient été conçues pour s'y substituer. Il n'y a pas d'indices qu'elles devaient être récitées au moment des sacrifices. Comme elles mentionnent explicitement le bonheur et la réjouissance, il est probable que ces prières aient été utilisées lors des fêtes, à Qumrân ou ailleurs.

Les textes que nous venons d'examiner comportent des prières à réciter chaque jour du mois le matin et le soir, des prières quotidiennes de supplication et des prières spécifiques pour chaque fête. L'ensemble constitue un cycle de prières qui suggère qu'un certain nombre de Juifs pratiquaient une liturgie passablement élaborée même avant la destruction du Second Temple. Même si nous ne pouvons être assurés que toutes étaient récitées par le même groupe, il paraît vraisemblable que la secte avait une pratique de prière régulière et ordonnée.

Rites de purification

Un autre manuscrit, celui des *Rites de purification* (4Q512) date du Ier siècle avant notre ère[9]. Il y est questions d'impuretés sexuelles, de la pureté requise de ceux qui servent au culte, de lois sur la lèpre des personnes ou des maisons et du contact avec les morts. En outre, le texte précise explicitement qu'on doit se purifier pour les sabbats et les fêtes, pour les équinoxes et les solstices, pour les fêtes des récoltes et celles des lunaisons.

Ces textes comportent diverses prescriptions sur des sujets halakhiques en rapport avec la pureté et l'impureté rituelles. Mais nous nous arrêtons ici surtout aux caractéristiques liturgiques de ce texte. Toute personne qui se livre à un rite de purification doit réciter une prière qui commence par « Béni sois-Tu, Dieu d'Israël, qui... » (4Q512 41 3 ; 42-44 3).

Les données de ce texte peuvent nous aider à dissiper une fausse conception des lois juives concernant la pureté et l'impureté rituelles, à savoir qu'elles sont dépourvues de dimensions éthiques et religieuses. On leur reproche d'être mécaniques, au mieux, et d'être associées à des tabous. Mais les *Rites de purification* de Qumrân montrent clairement que ce groupe de Juifs, dès le Ier siècle avant notre ère, au moins, insistait sur la portée spirituelle et religieuse de tels rituels et croyait qu'ils devaient être précédés et accompagnés d'une conversion intérieure, d'un engagement vis-à-vis des buts et des aspirations poursuivis par le judaïsme. En voici un exemple :

> Il bénira et prendra la parole en dis[ant] : Béni sois-Tu, [Dieu d'Israël qui m'a sauvé de tou]tes mes transgressions et qui m'a purifié du contact avec l'impureté menstruelle, et Qui m'a accordé l'expiation pour que je puisse aller [...] purification, et le sang de l'holocauste qui te plaît, et le mémorial d'agréable ode[ur...], Ton encens saint, [et l'agréa]ble od[eu]r qui Te plaît...

Le rituel n'a donc d'efficacité que s'il y a repentir. De fait, quand ces rituels étaient accompagnés de véritables sentiments de purification spirituelle, ils servaient de substitut aux sacrifices que les sectaires s'abstenaient d'offrir. Cette idée est précisée dans la *Règle de la communauté* (1QS II,26-III,12), qui exige une attitude de repentance appropriée chez toute personne qui désire se plonger dans les eaux de purification. La purification était un processus profond de transformation spirituelle et non un simple rite cultuel.

Autres textes liturgiques

Le *Rouleau des Psaumes* (11Q5) fournit peut-être des informations additionnelles sur la liturgie communautaire à Qumrân[10]. Ce rouleau, comme on l'a déjà expliqué, contient des psaumes canoniques et non canoniques, de même que de nombreux autres textes de prières poétiques. Plusieurs des psaumes canoniques de ce texte sont identiques à ceux qui seront incorporés dans la liturgie rabbinique postérieure. Même l'arrangement des psaumes dans le rouleau semble parallèle au cadre conceptuel du recueil de prières élaboré plus tard par les rabbins. Mieux encore, plusieurs extraits d'offices de prières dont discute le Talmud apparaissent également ici. Un psaume, le Psaume 145, comporte des répons liturgiques. Il est clair que ces mêmes psaumes, et particulièrement le Psaume 145 (précédé, dans la liturgie juive, par les versets débutant par le mot « Ashre »), étaient utilisés dans un contexte liturgique par la secte de Qumrân.

Un des poèmes non canoniques inclus dans ce rouleau est particulièrement intéressant ; il s'agit d'un Hymne au créateur, qui loue Dieu en ces termes :

Grand et saint est le Seigneur
saint des saints de génération en génération.
La majesté le précède,
et après lui le tumulte des grandes eaux.
Grâce et vérité entourent sa présence
vérité et droit et justice sont les bases de son trône.
Il sépare la lumière de l'obscurité,
Il affermit le matin par la connaissance de son cœur.
Alors tous ses anges virent, et ils chantèrent,
car il leur montra ce qu'ils ne connaissaient pas.
Il couronne les montagnes de produits,
de bonne nourriture pour tout vivant.
Béni soit celui qui a fait la terre par sa puissance,
Qui a affermi le monde par sa sagesse.
Par son intelligence il a déployé les cieux,
et il tire [le vent] de [ses] réser[ves].
Il a fait les [éclairs pour la pl]uie,
et il a fait monter les nua[ges des] extrémité[s] de la terre.

(11Q5 *Rouleau des Psaumes* XXVI, 9-15)

Ce poème s'apparente à l'hymne mystique *El Adon*, un texte qui a été intégré à la liturgie rabbinique. *El Adon*, récité durant les sabbats, comporte des motifs semblables. Parmi les nombreux parallèles, mentionnons les deux suivants : « savoir et intelligence l'entourent », « valeur et droiture sont devant son trône, bonté et miséricorde sont devant sa gloire ». Les deux textes divergent sur un point : l'hymne de Qumrân décrit Dieu comme créateur de l'Univers, alors que l'hymne rabbinique parle de Dieu seulement comme créateur des luminaires célestes.

On peut être tenté de considérer le *Rouleau des hymnes* (1QHa) comme une série d'hymnes destinés au culte public[11]. Mais nous n'en avons aucune preuve. Ces poèmes sont des plaintes individuelles, composées peut-être par un dirigeant de la secte — certains spécialistes estiment qu'il pourrait s'agir du Maître de Justice lui-même — et évoquant des questions théologiques et doctrinales importantes. Ces *Hymnes d'action de grâces* ne faisaient certainement pas partie d'un office de prière régulier. Ils semblent plutôt appartenir à un genre de poésie dévotionnelle et introspective.

Il en est de même des *Chants pour l'holocauste du sabbat* (4Q400-407 ; 11Q17 ; *MasShirShabb*), qu'on appelle également *Liturgie angélique*[12]. Ce texte décrit comment les troupes célestes louent Dieu dans les cieux selon des rituels fixes. Comme nous le verrons dans un prochain chapitre, il s'agit d'un texte mystique qui décrit la louange de Dieu par les anges au ciel, et non des chants de louange que les humains devraient réciter sur terre. Il ne saurait donc nous aider à comprendre les rites des sectaires ou d'autres groupes juifs anciens.

Controverses autour du calendrier

Une des questions qui revient constamment dans l'étude de la prière, du système sacrificiel et du Temple dans les textes de Qumrân est celle du calendrier en usage chez les Juifs de cette période et des controverses qui l'entourent. Aussi est-il pertinent de présenter brièvement cette controverse et ses conséquences.

Plusieurs textes du corpus sectaire de Qumrân critiquent les adversaires du groupe parce qu'ils ne célèbrent pas les fêtes aux bonnes dates. Parmi les directives données aux sectaires, on trouve la suivante : « [...] garder le jour du sabbat selon sa détermination exacte et les jours de fête et le jour de jeûne selon le calcul de ceux qui sont entrés dans la nouvelle alliance au pays de Damas » (*Document de Damas*[a] VI,15-19). Ce texte fait nettement référence à l'observance des fêtes et du Jour du pardon (Yom Kippour) selon le calendrier de la secte de la mer Morte.

On en sait un peu plus sur la controverse à propos du calendrier par la description du conflit entre le Maître de Justice et le Prêtre impie rapportée par le *Pesher d'Habaquq* (1*QpHab* XI,4-8) dont on a parlé plus haut. Ce texte décrit l'arrivée du Prêtre impie au centre sectaire, probablement à Qumrân, et la confrontation qui s'ensuivit. De manière significative, le texte note que cette confrontation est survenue le Jour du pardon, où tous les Juifs devaient éviter de se déplacer, puisque cela est interdit durant un jour de repos. Mais on nous dit que le Prêtre impie s'est rendu jusqu'au lieu de l'exil du maître durant le Yom Kippour. Ce texte n'a de sens que si l'on suppose que ces deux groupes utilisaient des calendriers différents, de telle sorte que les fêtes sacrées étaient célébrées à des moments différents.

LES FÊTES SELON LE CALENDRIER DE LA SECTE DES MANUSCRITS

PREMIER MOIS	DEUXIÈME MOIS	TROISIÈME MOIS	QUATRIÈME MOIS
1 Me *Début de la fête de la Consécration*	1 V	1 D	1 Me
2 J	2 S	2 L	2 J
3 V	3 D	3 Ma	3 V
4 S	4 L	4 Me	4 S
5 D	5 Ma	5 J	5 D
6 L	6 Me	6 V	6 L
7 Ma	7 J	7 S	7 Ma
8 Me	8 V	8 D	8 Me
9 J	9 S	9 L	9 J
10 V	10 D	10 Ma	10 V
11 S	11 L	11 Me	11 S
12 D	12 Ma	12 J	12 D
13 L	13 Me	13 V	13 L
14 Ma *Pâque*	14 J	14 S	14 Ma
15 Me	15 V	15 D *Fête des prémices du blé*	15 Me
16 J	16 S	16 L	16 J
17 V	17 D	17 Ma	17 V
18 S	18 L	18 Me	18 S
19 D	19 Ma	19 J	19 D
20 L	20 Me	20 V	20 L
21 Ma	21 J	21 S	21 Ma
22 Me	22 V	22 D	22 Me
23 J	23 S	23 L	23 J
24 V	24 D	24 Ma	24 V
25 S	25 L	25 Me	25 S
26 D *Jour de l'élévation de la gerbe*	26 Ma	26 J	26 D
27 L	27 Me	27 V	27 L
28 Ma	28 J	28 S	28 Ma
29 Me	29 V	29 D	29 Me
30 J	30 S	30 L	30 J
		31 Ma	

Yadin, *Temple Scroll*, 1, p. 118.

CINQUIÈME MOIS	SIXIÈME MOIS	SEPTIÈME MOIS
1 V	1 D	1 Me *Fête du Mémorial*
2 S	2 L	2 J
3 D *Fête du vin nouveau*	3 Ma	3 V
4 L	4 Me	4 S
5 Ma	5 J	5 D
6 Me	6 V	6 L
7 J	7 S	7 Ma
8 V	8 D	8 Me
9 S	9 L	9 J
10 D	10 Ma	10 V *Jour du Pardon*
11 L	11 Me	11 S
12 Ma	12 J	12 D
13 Me	13 V	13 L
14 J	14 S	14 Ma
15 V	15 D	15 Me *Fête des Tentes*
16 S	16 L	16 J
17 D	17 Ma	17 V
18 L	18 Me	18 S
19 Ma	19 J	19 D
20 Me	20 V	20 L
21 J	21 S	21 Ma
22 V	22 D *Fête de l'huile*	22 Me *Huitième jour de l'assemblée*
23 S	23 L *Début de la fête de l'offrande du bois*	23 J
24 D	24 Ma	24 V
25 L	25 Me	25 S
26 Ma	26 J	26 D
27 Me	27 V	27 L
28 J	28 S	28 Ma
29 V	29 D	29 Me
30 S	30 L	30 J
	31 Ma	

Nous possédons de nombreuses données sur le calendrier propre à la secte ; nous pouvons également démontrer qu'il était aussi utilisé par d'autres groupes de Juifs de la période du Second Temple. Ces données, surtout celles qui proviennent de la grotte 4, permettent de reconstruire entièrement le calendrier de la secte de Qumrân[13]. D'après les sources talmudiques, il était aussi utilisé par d'autres groupes au cours de la période du Second Temple, notamment les boéthusiens, un groupe de Juifs de cette époque étroitement apparenté aux sadducéens et aux auteurs des livres des *Jubilés* et d'*Hénoch*.

Il s'agit d'un calendrier de 364 jours, divisé en 12 mois de 30 jours chacun. La durée des mois était calibrée sur le cycle du soleil. Un 31ᵉ jour était ajouté aux équinoxes et aux solstices, à la fin de chaque période de trois mois. Ce calendrier permettait aux sectaires de résoudre un problème épineux, celui d'établir la date de la fête de Shavouot. Selon la Bible, les Israélites devaient apporter le sacrifice du Omer, la gerbe d'orge, le lendemain du « sabbat » après la Pâque (Lv 23,15). À partir de ce jour, ils devaient compter 49 jours et, le 50ᵉ, ils devaient célébrer la fête de Shavouot, la fête des prémices du blé.

Ceux qui suivaient la tradition pharisienne-rabbinique commençaient à compter à partir du jour suivant la première journée de la fête, parce qu'ils comprenaient le terme « sabbat » comme signifiant « fête », ce qui signifiait donc ici le premier jour de la Pâque. Par contre, la secte de Qumrân et les boéthusiens interprétaient le terme « sabbat » au sens littéral, et ils commençaient à compter le dimanche. D'après les données fournies par les documents trouvés à Qumrân, nous savons maintenant qu'il s'agissait du dimanche suivant la dernière journée de la fête. Dans ce système, le premier jour du compte de même que la fête de Shavouot tombaient toujours un dimanche. Le calendrier solaire sectaire venait confirmer l'interprétation légale de la Torah par les sectaires.

Mais ce calendrier a un inconvénient sérieux : il lui manque un jour et quart par année. Nous ne savons pas comment les sectaires ont résolu ce problème. Certains ont émis l'hypothèse qu'il y avait un système intercalaire — c'est-à-dire l'ajout de jours additionnels — qui aurait permis d'équilibrer ce calendrier par ailleurs assez imprécis. Mais il est plus vraisemblable que ce calendrier n'a jamais été en usage, sauf dans quelques groupes sectaires et pour une courte période.

Par contre, le calendrier de la tradition pharisienne-rabbinique, toujours en usage, est un calendrier intercalaire. Ce calendrier comporte 12 mois qui totalisent 354 jours, auxquels s'ajoutent un mois à tous les trois ou quatre

Le calendrier de la *Lettre halakhique*
En haut du manuscrit A de la *Lettre halakhique*, on trouve la conclusion d'un calendrier solaire de 364 jours semblable à ceux des livres des *Jubilés* et d'*Hénoch* ; il est également attesté par d'autres documents sectaires et par le *Rouleau du Temple*. Il est à peu près certain que ce calendrier ne faisait pas partie de la *Lettre halakhique* au départ, mais qu'il a été copié au début de cette lettre par un scribe qui considérait que le calendrier était étroitement associé aux questions halakhiques qui ont abouti à la fondation du groupe de Qumrân. *Courtoisie de l'Autorité des antiquités d'Israël.*

ans, ce qui permet de le synchroniser avec l'année solaire et d'aligner les fêtes dans leur saison respective.

Lequel des deux calendriers — le solaire ou le lunaire — est-il le calendrier biblique original ? Plusieurs indices suggèrent qu'il s'agit du calendrier lunaire (pharisien-rabbinique), même si nous n'avons pas de précision sur le processus d'intercalation à l'époque biblique. La terminologie hébraïque elle-même nous en donne un indice. Le terme hébreu pour mois, *ḥodesh*, fait référence à la nouvelle lune ; un autre terme pour mois, *yeraḥ*, dérive de *yareaḥ*, qui désigne la lune elle-même. Comment comprendre ces termes, sinon en supposant un calendrier lunaire ? De plus, il est peu probable qu'un calendrier solaire, sans système intercalaire connu, ait pu fonctionner de manière adéquate durant toute la durée de la période biblique.

En dépit de ces arguments, certains spécialistes soutiennent que le calendrier biblique était le calendrier solaire, tandis que le calendrier lunaire (pharisien-rabbinique) aurait été une innovation. Cette hypothèse suppose que des groupes sectaires auraient continué d'utiliser l'ancien calendrier même après que les pharisiens l'eurent changé. À mon avis, la *Lettre halakhique* (4Q394-399) récuse cette hypothèse. En effet, si tel avait été le cas, pourquoi les sectaires, qui avaient tant de griefs à l'endroit des pharisiens, ne leur reprochaient-ils pas également d'avoir modifié le calendrier ?

Il y a cependant un calendrier de 364 jours au début d'un manuscrit de la *Lettre halakhique*. À la fin de ce calendrier, juste avant de passer à la *Lettre halakhique* proprement dite, le texte dit : « Et (ainsi) l'année est complétée, trois cents soi[xante-quatre] jours. » (4Q394 *Lettre halakhique*[a] 3-7 I,2-3)

Apparemment, le scribe considérait qu'il s'agissait d'une question tellement importante en rapport avec la fondation de la secte qu'il a ajouté le texte d'un calendrier à la *Lettre halakhique* pour ajouter un élément qui, à son avis, lui manquait. Mais pourquoi le texte du calendrier était-il absent de la lettre elle-même ? Nous devons conclure que les fondateurs de la secte n'accusaient pas les pharisiens de changer le calendrier parce que les pharisiens, de fait, suivaient l'ancien calendrier provenant de l'ère biblique.

Pour une raison inconnue, des prêtres et divers autres groupes souhaitaient apparemment à cette époque une réforme du calendrier qui consisterait à substituer un calendrier solaire au calendrier lunaire en vigueur. Ce désir était partagé par plusieurs groupes qui sont représentés dans les manuscrits des grottes de Qumrân. Mais le calendrier solaire n'est pas le seul qu'on trouve à Qumrân. Les *Prières quotidiennes* (4Q503), prévues pour chaque jour du mois, supposent un calendrier lunaire. La secte utilisait-elle les deux calendriers ? À moins que les documents qui se basent sur un calendrier lunaire ne reflètent le point de vue de groupes autres que la secte ? Certains pensent que la secte utilisait de fait les deux calendriers et croient qu'elle avait développé un système pour les synchroniser.

Tefillin et mezuzot

Les tefillin (sing. tefillah) et les mezuzot (sing. mezuzah) jouent un rôle important dans la vie religieuse décrite par les sources talmudiques. Les tefillin (parfois appelées, à tort, « phylactères », d'après un terme grec signifiant « amulette ») sont de petites boîtes de cuir contenant des bouts de parchemin sur lesquels sont transcrits des extraits de la Bible. Ces boîtes sont attachées au front et à l'avant-bras par des courroies de cuir. La mezuzah est aussi un bout de parchemin placé dans un contenant fixé au montant droit des portes et des entrées. Avant les découvertes de Qumrân,

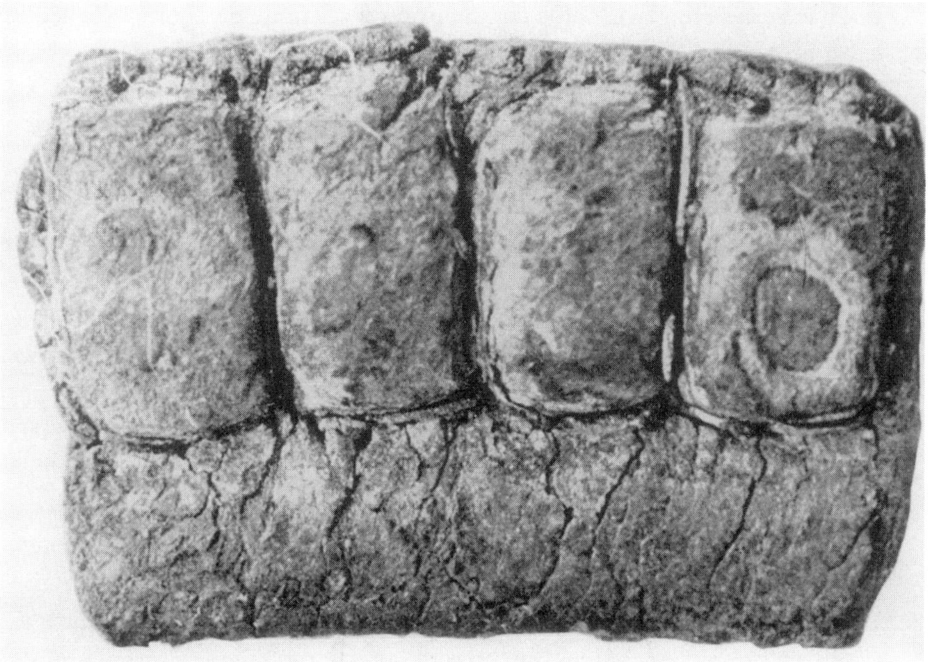

Tefillah, vue extérieure
Dans les grottes de Qumrân, on a trouvé des tefillin, ces petites boîtes noires qui contiennent des passages de l'Écriture et qu'on s'attache au front et au bras. La tefillah pour la tête qu'on voit ici est la seule dont la boîte a été trouvée intacte. Comme ce sera le cas plus tard pour les tefillin d'époque rabbinique, la tefillah de tête comportait quatre sections, chacune servant à loger un parchemin différent comportant un texte biblique. *Courtoisie du Sanctuaire du Livre du Musée d'Israël.*

on discutait beaucoup de l'ancienneté et de l'étendue de ces pratiques dans l'Israël ancien. La découverte de nombreuses tefillin et mezuzot à Qumrân démontre qu'elles remontent au moins à la période asmonéenne. Mais il reste encore bien des questions concernant les groupes qui pratiquaient ces commandements et la manière dont ils le faisaient.

Lorsqu'on parle des tefillin, il y a plusieurs problèmes qui méritent d'être examinés : comment les boîtes étaient-elles construites, quels textes étaient inclus et comment étaient-ils transcrits[14] ?

Au plan de la construction, les tefillin de Qumrân sont généralement semblables à celles qu'on connaît par la tradition rabbinique et la pratique juive traditionnelle. La tefillah pour la tête comprenant quatre compartiments est faite d'un cube et d'une courroie qui passe juste en dessous.

Chacun des compartiments contient un morceau de parchemin sur lequel est écrit un texte biblique (ou plusieurs, dans certaines tefillin de Qumrân). La tefillah pour le bras ne comporte qu'un seul morceau de parchemin, sur lequel tous les passages bibliques sont retranscrits. Cette tefillah, qu'on porte sur l'avant-bras, est différente de la tefillah de tête : il s'agit d'un cube posé sur une base rectangulaire munie d'une courroie qui la traverse dans sa partie supérieure. (Aujourd'hui, par contre, la tefillah pour la tête et celle pour le bras sont toutes deux composées d'un cube posé sur une base rectangulaire.) Dans les deux cas, les compartiments des tefillin sont fermés par une couture. Toutes les tefillin sont faites de cuir noirci, le côté du poil à l'extérieur.

Tout ce qu'on a décrit jusqu'ici paraît avoir été acceptable aussi bien pour les sectaires de Qumrân, qui faisaient certainement usage de tefillin, que pour les pharisiens, si l'on peut en juger par ce que les rabbins postérieurs exigeaient. Ce n'est cependant pas le cas en ce qui concerne le contenu des tefillin. Dans pratiquement toutes les tefillin de Qumrân, on trouve les quatre passages bibliques dont on comprenait qu'ils mentionnaient les tefillin ; ce sont les mêmes que prescrit la règle rabbinique postérieure, soit Exode 13,1-10 et 11-16 ; Deutéronome 6,4-9 et 11,13-21. Cette liste était donc probablement commune aux pharisiens et aux sectaires à l'époque du Second Temple. Plusieurs tefillin comportent également d'autres passages.

La tradition rabbinique rapporte des débats sur la séquence de ces passages. Les tefillin de Qumrân montrent une certaine fluidité à cet égard : l'ordre varie d'une tefillah à l'autre. La situation est identique dans les grottes de Bar Kokhba, même si, dans ce cas, il n'y a aucun autre passage supplémentaire. Il semble qu'à l'époque du Second Temple, l'ordre n'était pas encore fixé de manière aussi rigoureuse qu'aujourd'hui. On ne peut d'ailleurs pas établir avec certitude si les tefillin de Qumrân suivaient l'ordre des deux types principaux qu'on connaît par la suite comme ceux de Rashi et de Rabbenu Tam, nommés ainsi d'après les protagonistes qui poursuivirent ce débat à l'époque médiévale.

Les rabbins interdisaient d'ajouter d'autres textes à ces quatre. Certains chercheurs ont supposé que les tefillin de Qumrân qui comportent des textes additionnels seraient des tefillin sectaires, alors que les autres seraient de type pharisien. Cela est possible, mais nous n'avons aucun moyen de vérifier une telle suggestion.

La tradition rabbinique prescrit une manière spécifique de former les lettres des tefillin. Les lettres des tefillin de Qumrân ne correspondent pas à

SÉQUENCE DES PASSAGES BIBLIQUES DANS LES TEFILLIN

Tefillin de Qumrân

Dt 11,13-21	Ex 13,11-16	Dt 6,4-9	Ex 13,1-10
והיה] אם שמע[	והיה כי יביאך	שמע ישראל	קדש לי כל בכור
4	3	2	1
Rainure de la courroie			

Tefillin de Rashi

Dt 11,13-21	Dt 6,4-9	Ex 13,11-16	Ex 13,1-10
והיה אם שמע	שמע ישראל	והיה כי יביאך	קדש לי כל בכור
4	3	2	1
Rainure de la courroie			

Tefillin de Rabbenu Tam

Dt 6,4-9	Dt 11,13-21	Ex 13,11-16	Ex 13,1-10
שמע ישראל	והיה אם שמע	והיה כי יביאך	קדש לי כל בכור
4	3	2	1
Rainure de la courroie			

Adapté de Yadin, *Tefillin from Qumran*, p. 14.

Mezuzah
La collection qumranienne comportait plusieurs mezuzot, ces passages bibliques apposés sur le montant des portes. Comme dans le cas des tefillin, les spécialistes se sont demandé à partir de quand cet usage s'est répandu. Le matériel qumranien fournit les exemples les plus anciens, datant des époques hellénistique et romaine. Cet exemplaire passablement abîmé contient le texte de Dt 10,12–11,21. *Courtoisie de l'Autorité des antiquités d'Israël.*

ces règles, bien que les corrections et d'autres aspects de l'écriture suivent généralement les règles rabbiniques. On ne peut dire si c'est parce que les règles n'existaient pas encore, même parmi les Juifs de tradition pharisienne, ou si c'est parce que les sectaires suivaient une autre pratique.

Cette remarque sur la formation des lettres vaut également pour les manuscrits bibliques et pour les mezuzot de Qumrân. Puisque nous savons maintenant que les manuscrits bibliques reflètent différentes communautés existant en Israël durant cette période, nous pouvons conclure soit que ces règles de scribes n'étaient pas encore en vigueur, soit qu'elles n'étaient pas observées par beaucoup de monde. Si tel était le cas, les tefillin de Qumrân seraient représentatives de celles qu'on utilisait durant cette période, même parmi les pharisiens.

Ces tefillin soulèvent aussi une autre question intéressante. On en a retrouvé seulement vingt à vingt-cinq à Qumrân. Les sources rabbiniques précisent qu'autrefois les tefillin n'étaient pas portées par tous, même si la tradition pharisienne-rabbinique prétend que la Torah l'exige. Avec le temps, cependant, de plus en plus de Juifs commencèrent à les porter. Il se pourrait que les tefillin de Qumrân remontent à la période où le port de la tefillah n'était pas encore généralisé ; cela expliquerait qu'on n'en ait trouvé si peu à Qumrân. Mais il est aussi possible que la petite taille et la fragilité des tefillin soit la raison pour laquelle il n'en reste que quelques-unes.

On a trouvé aussi un petit nombre de mezuzot à Qumrân[15]. Elles nous apprennent que les passages requis par la halakhah rabbinique postérieure étaient également exigés ici, soit Deutéronome 6,4-9 et 11,13-21, les deux premiers paragraphes du Shema. Mais le texte des mezuzot de Qumrân comportent également quelques extraits additionnels, par exemple les Dix commandements (Ex 20,1-14 ; Dt 5,6-18).

Ici encore, il est impossible de dire, sur la base du petit nombre de mezuzot préservées, jusqu'à quel point leur usage était répandu chez les Juifs de l'époque. Tout ce que nous pouvons dire est que certains Juifs observaient ce commandement d'une manière semblable à ce qui sera exigé par la tradition postérieure. Les rabbins débattaient constamment la question des passages additionnels, que certaines mezuzot contenaient.

La liturgie et les rites du judaïsme rabbinique plongent leurs racines dans des traditions de la période du Second Temple, dont les rabbins de la Mishnah ont héritées. Les textes de Qumrân montrent que plus d'un siècle avant la destruction du Temple, des pratiques liturgiques communautaires étaient déjà établies, du moins chez les Juifs dont les manuscrits de la bibliothèque de Qumrân nous ont gardé les traces. La prière prenait une importance de plus en plus grande. Des rites de purification étaient observés. Les tefillin et mezuzot étaient en usage. Après la destruction du Temple, qui mit fin à l'ère des sacrifices, les sages de la Mishnah puiseront dans cet héritage pour normaliser et développer le système de prière, de rituel et d'observance de la Torah qui sera inséré dans le livre de prière juif et dans la pratique de la Torah telle que la comprendront les générations suivantes.

Il nous faut maintenant délaisser la vie quotidienne des Juifs de Qumrân pour passer à leur vision de la fin des temps. Nous verrons que la secte avait adopté un style de vie unique en grande partie pour se préparer à l'ère messianique dont l'émergence était imminente.

5

Mysticisme, messianisme et fin des temps

CHAPITRE 19

Le messianisme

L'IDÉE DE MESSIANISME a occupé une place centrale dans le développement du judaïsme postbiblique, sous toutes ses formes. D'une manière générale, le concept de messianisme peut être défini comme l'attente de la venue d'un sauveur, un descendant de David, qui va apporter des changements majeurs dans le monde, le conduisant à la paix et à la prospérité, après avoir éliminé le mal et le malheur. Un des traits essentiels du messianisme juif est la conviction que, le moment venu, la gloire passée du royaume de David sera rétablie au pays d'Israël. Dans une perspective incontestablement terrestre, le messianisme juif est formulé en termes concrets. Il est tourné vers l'attente de l'ère messianique, surgissant à un moment où le niveau spirituel de l'humanité s'élèvera ; cela sera à la fois l'effet et la cause du rassemblement d'Israël et de la reconnaissance universelle de Dieu. Il s'agit bien sûr d'une généralisation. En réalité, l'histoire du messianisme juif est complexe, et elle est compliquée davantage par l'existence simultanée, dans le même courant du judaïsme, de différentes conceptions du messianisme. On peut néanmoins distinguer certains courants ou tendances dans la pensée messianique.

Il existe deux idéaux messianiques principaux : l'un est restaurateur et l'autre utopiste[1]. L'idéal restaurateur espère revivre les heures glorieuses d'autrefois ; l'idéal utopiste espère faire advenir un futur encore meilleur, qui surpasse tout ce qui s'est produit dans le passé. Le courant restaurateur se veut réaliste et espère que le monde actuel s'améliorera pour atteindre sa perfection. Le courant utopiste, d'autre part, est plus apocalyptique et imagine l'avènement de l'ère messianique au terme de grands bouleversements :

le monde à venir ne peut s'ériger que sur les ruines du monde présent, dont le mal et la corruption doivent être anéantis.

Aucune de ces deux approches ne peut exister sans l'autre ; on les trouve l'une et l'autre dans les aspirations messianiques de divers groupes juifs. Chaque courant messianique peut être caractérisé par la manière créatrice dont il établit un équilibre entre les deux.

L'arrière-plan biblique

Avant d'aborder le messianisme de la période du Second Temple, il nous faut examiner brièvement comment ce concept était compris dans la Bible hébraïque. En effet, toutes les spéculations juives sur le messianisme peuvent être considérées essentiellement comme des interprétations de traditions bibliques[2].

L'idéal messianique provient de la conviction biblique que David et ses descendants ont été choisis par Dieu pour gouverner Israël jusqu'à la fin des temps (2 S 7 ; 23,1-3.5). Dieu a également accordé à la dynastie de David la domination sur les peuples étrangers (2 S 22,44-51 = Ps 18,44-51 ; Ps 2). En 2 S 22,50-51 (= Ps 18,50-51), il est dit que le roi David est l'« oint » (*mašiaḥ*), dont les descendants régneront à jamais.

Après le schisme qui a suivi la mort de Salomon, entraînant l'affaiblissement du royaume, le peuple a entretenu l'espoir que la gloire passée serait restaurée un jour. La monarchie davidique, à nouveau unifiée, dominerait aussi les territoires voisins qui faisaient partie autrefois des empires de David et de Salomon. Le prophète Isaïe caresse ce rêve et trace le portrait du règne de justice du roi davidique à venir (Is 11,1-9).

La notion de Jour du Seigneur est apparentée à celle de messianisme[3]. Telle qu'on la trouve dans la littérature prophétique, cette idée signifie qu'à un moment déjà déterminé, mais non encore révélé, Dieu punira l'impie pour faire triompher la justice et le droit. L'un des aspects les plus marqués de ce concept est celui du jugement, qui évoque les motifs des lamentations et des ténèbres.

Les prophètes proclament que ce jour est imminent. Ce concept est déjà clairement établi chez les prophètes du VIIIe siècle, en particulier chez Amos (5,18-20). Les prophètes avertissent le peuple qu'en ce jour, l'impie sera puni, la justice sera établie et le destin du monde sera transformé. Dieu agira de manière foudroyante pour détruire le mal et exalter la justice. Les prophètes étaient saisis d'épouvante devant la vision d'une destruction aussi massive.

L'idée d'un retour aux beaux jours de David et à la suprématie d'Israël dans le monde est typique de la tendance restauratrice : ce qui existait autrefois, mais qui n'est plus, existera à nouveau. Par ailleurs, la notion de Jour du Seigneur — le bouleversement catastrophique qui provoquera l'avènement d'une ère nouvelle — est typique de la tendance utopique, anticipant la destruction absolue de tout mal et de toute impiété, une chose qui n'est jamais arrivée dans l'histoire de l'humanité : ce qui n'a jamais existé va se produire. Ces deux points de vue ont façonné ensemble les spéculations eschatologiques de tous les groupes juifs.

Il est important de remarquer que ces deux idées étaient encore distinctes dans la Bible hébraïque. Leur combinaison, à l'époque du Second Temple, a mis en mouvement les puissantes énergies qui ont poussé les Juifs à se révolter contre Rome et qui ont conduit les chrétiens à croire en un personnage messianique.

Le messianisme durant la période du Second Temple

Ces deux courants messianiques se retrouvent durant la période du Second Temple[4]. Des perspectives restauratrices aussi bien qu'utopistes concernant le futur du peuple juif rivalisaient entre elles et s'entremêlaient dans les idéologies qui ont façonné le judaïsme de cette époque. Le courant restaurateur mettait surtout l'accent sur la reconstitution de la dynastie davidique ; les points de vue utopiques et apocalyptiques, s'inspirant de la notion biblique de Jour du Seigneur, insistaient principalement sur la destruction des impies.

Au début de la période du Second Temple, les prophètes Aggée et Zacharie espéraient que le royaume de David serait rétabli par Zorobabel, un descendant de David qui gouverna la Judée durant la période perse. Zacharie entrevoit deux figures « messianiques » — celle du grand-prêtre et celle du roi davidique (Za 6,9-16). Cette perspective essentiellement restauratrice sera combinée à des idées à caractère plus apocalyptique dans la pensée de la secte de la mer Morte.

Le livre de Ben Sira (env. –180), un ouvrage connu à Qumrân et à Massada, exprime l'espérance d'un avenir meilleur (*Ben Sira* 36,11-14) :

> Rassemble toutes les tribus de Jacob,
> Rends-leur leur héritage comme au commencement.
> Aie pitié, Seigneur, du peuple appelé par Ton nom,
> d'Israël dont Tu as fait un premier-né.

Aie compassion de la ville de Ton sanctuaire,
de Jérusalem, le lieu de Ton repos.
Remplis Sion de la célébration de tes exploits,
et Ton Temple de Ta gloire.

Le texte ne parle que d'un retour à la gloire passée. Il n'y pas de roi messianique. Ben Sira insiste beaucoup plus sur le fait que le sacerdoce va se perpétuer que sur le rétablissement de la dynastie davidique (*Ben Sira* 45,24-25). Il laisse également entrevoir le retour d'Élie comme précurseur du messie (*Ben Sira* 48,10-11).

Les *Psaumes de Salomon*, composés en grec à l'époque de Pompée (–63 à –48), développent la figure du roi messianique. L'auteur envisage la royauté de Dieu en même temps que la pérennité de la maison de David (*Psaumes de Salomon* 17,1.5). La domination romaine en Palestine a sans doute suscité chez l'auteur l'attente d'un roi davidique qui gouvernerait Israël, écraserait ses ennemis et éliminerait les gentils de Jérusalem (*Psaumes de Salomon* 17,23-27). La justice régnera alors et les tribus d'Israël reprendront possession de leur héritage (*Psaumes de Salomon* 17,28-31). Les gentils seront au service du roi davidique et monteront à Jérusalem pour contempler la gloire du Seigneur. Béni de Dieu, ce roi sera une bénédiction pour son peuple par sa sagesse. Le texte décrit le roi comme « l'oint du Seigneur ». Malgré l'intervention providentielle de Dieu en sa faveur, ce messie n'est qu'un dirigeant terrestre, un roi d'Israël en chair et en os.

Malgré tout l'intérêt qu'elles pourraient avoir pour nous, les croyances messianiques des pharisiens et des sadducéens sont difficiles à cerner. Flavius Josèphe rapporte que ces deux groupes avaient des vues opposées à propos de la nature éternelle de l'âme, admise par les premiers, mais rejetée par les seconds. Nous n'avons toutefois aucune raison de penser que les sadducéens rejetaient aussi la notion d'un messianisme restaurateur, qui s'enracine dans la tradition biblique. Nous ne pouvons pas non plus déterminer avec précision la nature du messianisme pharisien au cours de cette période. Comme sur plusieurs autres sujets, les points de vue des pharisiens et des sadducéens demeurent enveloppés de mystère.

Les points de vue de la période du Second Temple présentés jusqu'ici ont une perspective essentiellement restauratrice. La perspective utopique est attestée d'abord dans le Livre de Daniel et dans des sources postérieures qui, adoptant son approche, combinent l'idée du messianisme davidique avec celle de la victoire du juste, un motif qu'on trouve chez Daniel. Le livre de Daniel entrevoit un temps de délivrance à la suite de la période actuelle de détresse (Dn 12,1). À ce moment, Dieu exercera un jugement contre les royaumes de ce monde et les dépouillera de leur puissance temporelle. Les « saints du Très-Haut » se verront confier une domination éternelle. Les justes et les impies ressusciteront pour recevoir leur rétribution. La vision de Daniel n'inclut cependant pas de roi messianique.

Les *Oracles sybillins* (3,652-795), composés en grec et datés généralement d'environ −140, sont des textes dont le contenu est presque entièrement messianique. Toutefois, le roi messianique n'est mentionné qu'au début, brièvement : on le décrit comme celui qui, obéissant au commandement de Dieu, fera cesser la guerre. Quand il se lèvera, les rois étrangers attaqueront le Temple et la terre d'Israël. Mais Dieu les fera périr. Comme dans les descriptions du Jour du Seigneur, divers phénomènes naturels accompagneront ces événements. Finalement, les attaquants périront et les enfants de Dieu vivront dans la paix et la tranquillité, avec l'aide de Dieu.

Même si les couches les plus anciennes du premier *Livre d'Hénoch* ne contiennent pas beaucoup de matériel messianique, on y trouve une vision de la fin de l'histoire qui mérite d'être signalée (90,13-38). Dans une section du livre qui faisait partie de la collection qumranienne, l'auteur entrevoit une attaque finale par les gentils, qui seront défaits grâce à une intervention miraculeuse de Dieu. L'ancienne Jérusalem fera alors place à la nouvelle : « Et je vis le moment où le Seigneur du troupeau fit surgir une demeure neuve, plus grande et plus haute que la première, et l'érigea à la place de le première… Tous ses piliers étaient neufs et plus grands que ceux de la première, l'ancienne, qu'Il avait enlevée, et tous les moutons (le peuple d'Israël) s'y trouvaient. » (*1 Hénoch* 90,29) Le messie apparaîtra alors et les gentils adopteront les voies du Seigneur. Dans ce scénario, le messie n'apparaît qu'à la fin d'une transformation opérée par Dieu Lui-même.

Les *Paraboles d'Hénoch* (ch. 37-71) ressemblent à Daniel, à une exception près : dans ce texte, l'expression « fils d'homme » est appliquée au messie, qui est considéré comme préexistant et qui vient des cieux. Les chercheurs ont consacré beaucoup d'attention à cette section du livre d'Hénoch, se concentrant surtout sur l'usage parallèle de l'expression « fils d'homme » dans le Nouveau Testament pour parler de Jésus. Rappelons que cette section manque dans les manuscrits qumraniens d'Hénoch et qu'elle ne faisait sans doute pas partie de l'œuvre originale. Ces manuscrits ne nous donnent donc aucune preuve de l'ancienneté de la connotation messianique attachée à l'expression « fils d'homme ».

L'Assomption de Moïse, composée en hébreu ou en araméen au tournant de l'ère, ne mentionne pas de messie ; elle exprime cependant le vœu de voir disparaître les impies (ch. 10). On trouve une attente semblable dans les Jubilés. *L'Assomption de Moïse* parle d'une figure messianique, un ange de Dieu, mais ne fait aucune mention d'un agent humain du salut.

Ce second groupe de textes — *Daniel*, les *Oracles sybillins*, les *Paraboles d'Hénoch*, les *Jubilés* et *L'Assomption de Moïse* — reflète le courant utopiste, incluant l'attente d'une destruction imminente de l'impie. Ils sont étroitement associés à l'idée dualiste d'une lutte entre le bien et le mal. Chacun des deux paradigmes comporte des éléments de l'autre. Mais c'est la secte de Qumrân qui les intégrera en un système cohérent, ce qui créait une tension, certes, mais libérait du même coup une puissante énergie.

Le messianisme chez les sectaires de la mer Morte

Dès le début des recherches sur les manuscrits de la mer Morte, on s'est rendu compte que les documents de Qumrân insistent beaucoup sur l'eschatologie. Plusieurs de ces textes abordent presque exclusivement des questions rattachées à la fin des temps. Le *Rouleau de la guerre des Fils de Lumière contre les Fils des Ténèbres* (1QM) montre que la secte s'attendait à participer à la bataille qui devait inaugurer la fin des temps.

Sur la base de cette vision d'une bataille ayant des allures de cataclysme et débouchant sur des changements radicaux dans l'ordre du monde, on a qualifié le groupe de Qumrân d'« apocalyptique ». Les sectes apocalyptiques sont caractérisées par cette idée d'une grande bataille, s'apparentant sur plusieurs points au Jour du Seigneur de la Bible hébraïque. D'autres textes, tels que le *Florilège* (4Q174), contribuent également à préciser notre compréhension de l'attente messianique telle qu'elle était conçue dans l'idéologie de la secte de Qumrân[5].

Selon le point de vue le plus courant dans les textes sectaires de Qumrân, la communauté de la fin des temps devait être dirigée par deux messies, un messie sacerdotal et un messie laïque. La secte s'attendait également à la venue d'un prophète à caractère quasi messianique. L'idée d'un messie sacerdotal reflète bien le rôle central que les prêtres ont joué dans les origines, la direction et l'organisation de la secte de Qumrân.

Le messie d'Aaron s'occuperait des questions religieuses, le messie d'Israël des affaires temporelles et politiques. Ils présideraient tous les deux au banquet messianique. Ce paradigme messianique de deux chefs, fondé sur le modèle de Moïse/Aaron et de Josué/Zorobabel, sera par la suite appliqué à Bar Kokhba et au Grand Prêtre Éléazar au cours de la révolte de Bar Kokhba (132-135). Pour la secte, la venue des messies d'Israël et d'Aaron, ainsi que celle du prophète eschatologique, inaugurerait la restauration de l'ordre ancien.

Jusqu'ici, nous avons affaire à des tendances restauratrices, basées sur les visions prophétiques de la Bible. Mais la secte de Qumrân va plus loin : dans la veine apocalyptique, elle espérait que l'avènement de l'ère messianique serait amorcée par la grande guerre décrite dans le *Rouleau de la guerre*, qui déboucherait sur la victoire des forces du bien sur celles du mal et sur la glorification des élus. Après quarante ans, la période de l'impiété serait terminée ; alors les élus connaîtraient la gloire.

Le banquet messianique, dont il sera question en détail au prochain chapitre, est décrit dans la *Règle de la congrégation*. Sous la présidence des deux messies, il inaugurerait l'ère nouvelle qui comporterait un culte dans le Temple eschatologique. Le culte sacrificiel se déroulerait selon la législation de la secte.

L'un des traits essentiels de l'ère messianique est que les Juifs atteindraient un degré inégalé de pureté et de perfection dans l'observance de la loi juive. On trouve encore ici, dans le domaine de la loi juive, le courant utopique. Ce n'est que dans l'ère à venir qu'il sera possible d'observer adéquatement la Torah telle qu'elle est interprétée par la secte.

Un autre élément important pour les sectaires était l'imminence de la fin des temps. Ils s'attendaient à ce que l'ordre ancien disparaisse bientôt. La secte vivait au bord de la fin des temps, ayant pour ainsi dire un pied dans l'ère présente et l'autre dans celle à venir. Ils étaient convaincus que l'ère messianique arriverait de leur vivant. Ils avaient quitté les principales villes de la Judée pour aller au désert, et l'installation d'un centre à Qumrân marquait pour eux l'aube de l'ordre nouveau. Ils consacraient leurs vies à se préparer à ce nouvel âge en vivant comme s'il était déjà là ; c'est ce que suggère la *Règle de la congrégation*, qui précise la nature de la future communauté de parfaite sainteté.

Ces éléments de la doctrine messianique qumranienne datent de la période asmonéenne, sans qu'on puisse préciser davantage. La combinaison des deux tendances, restauratrice et utopique, qu'on rencontre pour la première fois à Qumrân, allait jouer un rôle important dans les spéculations messianiques juives postérieures.

Les figures messianiques dans les textes sectaires de Qumrân

Plusieurs documents de la secte de Qumrân réfèrent assez explicitement à des figures messianiques. Certains envisagent deux messies[6], d'autres un seul. Les premiers tiennent pour acquis que le messie sacerdotal — le messie d'Aaron — sera à la tête du Temple reconstruit et reconstitué, tandis qu'un messie laïque régnera comme roi sur le pays d'Israël. D'autres, faisant explicitement référence à un messie davidique — un descendant du roi David —, n'attendent qu'un messie, dont le rôle principal sera de diriger les affaires temporelles de la nation.

D'autres figures eschatologiques sont également mentionnées dans ces manuscrits[7]. Il y a en particulier un Maître de Justice qui est supposé se manifester à la fin des temps pour interpréter la loi. Pour sa part, le Prince de la Congrégation sera le chef militaire au cours de cette période. Il est possible également que le terme « prince » ne soit qu'une autre façon de désigner le roi qui doit régner durant l'ère messianique, puisque ce terme est utilisé dans le livre d'Ézéchiel. Quelques textes mentionnent un prophète eschatologique qui annoncera la venue du messie, comme le fait Élie dans la tradition rabbinique.

La découverte du *Document de Damas,* à la fin du siècle dernier, a provoqué un débat sur les attentes messianiques sectaires[8]. Dans ce rouleau, un passage qui parle des « oints de son saint esprit (de prophétie) » (*Document de Damas*[a] II,12) est en parallèle avec l'expression « ses prophètes véritables ». Il est évident que, dans ce texte, le terme *mašiaḥ* n'a pas encore acquis le sens technique de « messie » qu'il prendra plus tard, mais a encore son sens premier — une personne désignée pour une tâche de direction particulière — qui reflète l'usage répandu dans le Proche-Orient ancien de marquer d'une onction les prêtres et les rois.

Toutefois, ce texte pourrait évoquer également quelqu'un d'autre qu'une figure terrestre d'autorité. Il dit en effet que la « période de l'impiété » prendra fin quand « se lèvera celui qui enseignera la justice à la fin des temps ». (*Document de Damas*[a] VI,10-11) S'agit-il du maître de la secte lui-même, qui vivrait assez longtemps pour voir la fin des temps, ou d'un Maître de Justice eschatologique, qui devrait surgir plus tard ? La syntaxe du passage ne permet pas malheureusement pas de trancher la question.

Un autre passage décrit une ère eschatologique, encore à venir, et y réfère par l'expression « lors de la venue du (ou des) messie(s) d'Aaron et d'Israël» (*Document de Damas*[b] XIX,10-11). Le sens du texte est débattu: certains pensent qu'il s'agit d'un seul messie, représentant à la fois le sacerdoce et le peuple d'Israël. D'autres estiment cependant que le texte évoque deux messies — le messie d'Aaron, à caractère sacerdotal, et le messie laïque temporel.

Le même problème se pose un peu plus loin, alors qu'on rencontre l'expression «jusqu'à l'avènement du (des) messie(s) d'Aaron et d'Israël» (*Document de Damas*[b] XIX,33-XX,1). Encore une fois, deux interprétations sont possibles. Le texte pourrait parler d'un seul messie — «d'Aaron *et* d'Israël» — ou de deux — un d'Aaron et un d'Israël.

La découverte de la *Règle de la communauté*, l'un des premiers manuscrits trouvés à Qumrân, a permis de dissiper l'ambiguïté. Dans son passage le plus explicite concernant le messianisme, le texte précise qu'à la fin des temps, il sera encore interdit aux membres de la secte de mettre leurs biens en commun avec les non-membres, «de peur d'être jugés d'après les premiers préceptes selon lesquels les membres de la communauté ont commencé à être jugés, jusqu'à la venue du prophète et des messies d'Aaron et d'Israël (*wmšyḥy 'rwn wyśr'l*)» (1Q *Règle de la communauté* IX,11-12). Contrairement au *Document de Damas*, ce texte réfère indiscutablement à deux messies, dont la venue est annoncée par un prophète eschatologique.

Se basant sur l'absence de ce passage dans un manuscrit de la *Règle de la communauté* de la grotte 4, les éditeurs ont émis l'hypothèse qu'il aurait été ajouté au texte plus tard dans l'histoire de la secte. Toutefois, les données manuscrites ne sont pas assez nettes pour soutenir une telle affirmation. D'après ce qu'on peut en savoir, il semble bien que le bi-messianisme ait fait partie intégrante de la *Règle de la communauté* dès sa composition.

De plus, les prêtres ont eu un rôle primordial dans les phases les plus anciennes de l'histoire de la secte, mais ce rôle s'est ensuite estompé au profit de celui des laïcs; on s'attendrait donc à trouver l'idée d'un rôle prédominant des prêtres à la fin des temps dans les documents les plus anciens de la secte plutôt que dans les plus récents. Il est aussi significatif que le concept d'un bi-messianisme se retrouve également dans diverses sources de l'époque du Second Temple, principalement dans les Testaments des Douze Patriarches. Ce concept pourrait donc s'être introduit dans le système de pensée de la secte à tout moment.

Ces textes n'identifient jamais le messie d'Israël comme un messie davidique. Et, en plus des deux messies, ils mentionnent un prophète eschatologique qui se joindra à eux pour trancher les controverses concernant la loi juive, jouant ainsi un rôle semblable à celui que la tradition rabbinique postérieure attribue à Élie.

Apparemment, le copiste du *Rouleau de la règle* voyait des liens suffisamment étroits entre la *Règle de la communauté* et la *Règle des bénédictions* pour les transcrire sur le même manuscrit (avec la *Règle de la congrégation*, dont il sera question plus loin). Les opinions divergent concernant les personnes à qui s'adressent les bénédictions dans les divers fragments poétiques de la *Règle des bénédictions*. L'une de ces bénédictions concerne explicitement le Prince de la Congrégation, un chef eschatologique (1Q28b *Règle des bénédictions* V,20). En voici un court extrait : « Qu'il [te] donne [un esprit de con]seil et de vaillance perpétuelle, un esprit de connaissance et de respect de Dieu. Que la justice soit la ceinture de [tes reins, et la fidéli]té la ceinture de tes hanches. » (1Q28b *Règle des bénédictions* V,25-26) Ce passage évoque clairement le fameux oracle d'Isaïe à propos du messie davidique (Is 11,2-5), ce qui suggère que le Prince de la Congrégation est identifié à une telle figure. Si tel est le cas, l'expression « prince » est nettement inspirée de la tradition d'Ézéchiel.

On voit donc que, dans la mesure où elle peut être reconstruite, la *Règle des bénédictions* suppose qu'un messie davidique se manifestera à la fin des temps. Le texte ne mentionne pas explicitement un messie sacerdotal, mais il est possible que le texte complet ait fait référence à une telle figure dans une portion non préservée.

On aurait pu s'attendre à ce que le *Rouleau de la guerre*, qui décrit une bataille messianique entre les forces du bien et celles du mal, fasse une référence précise au messie. Les noms d'Israël et d'Aaron apparaissent bien sur la bannière de toute la congrégation, avec ceux des douze tribus (1Q *Règle de la guerre* III,12) ; mais le seul emploi du terme *mašiaḥ*, dans l'expression « tes oints, les voyants de choses ordonnées » (1Q *Règle de la guerre* XI,7-8), désigne les prophètes. De fait, le texte ne parle jamais d'un messie explicitement, peut-être parce qu'il décrit des événements qui précèdent l'ère messianique plutôt que ceux qui s'y dérouleront. Par ailleurs, si le Prince de la Congrégation, mentionné dans le texte, évoque un messie laïque, alors le grand-prêtre qui est avec lui pourrait être le messie sacerdotal. Dans ce cas, on retrouverait ici également le double messianisme.

Le *pesher d'Isaïe*[a] réfère au Prince de la Congrégation qui prendra part à la bataille eschatologique (4Q161 2-6 II,15) ; le même texte interprète également Isaïe 11,2-5 comme une annonce de la venue du messie davidique qui se lèvera à la fin des temps pour gouverner les nations (4Q161 8-10 III,11-25).

Enfin, le *Florilège* voit dans l'oracle de Nathan (2 S 7,11-14) l'annonce de l'ère messianique : « C'est le rejeton de David qui se lèvera à la fin des temps avec l'Interprète de la Loi qui [gouvernera] en Si[on à la f[in] des Temps. » (4Q174 *Florilège* 1 I,11-12) On a encore ici une nette référence au messie davidique qui sauvera Israël. L'Interprète de la Loi, qui l'accompagne, pourrait être le messie sacerdotal, de l'avis de quelques spécialistes.

Voilà donc encore des mentions sans équivoque d'un messie davidique. Mais le texte ne parle pas explicitement du messie sacerdotal, à moins que l'on identifie le messie d'Aaron avec l'Interprète de la Loi. Mais le prêtre eschatologique a clairement ailleurs une fonction cultuelle plutôt qu'un rôle éducatif ou exégétique.

Ce qui se dégage de cette analyse est que, contrairement à l'opinion courante, la littérature sectaire de Qumrân témoigne de deux conceptions différentes du messianisme. Certains textes parlent d'un seul messie, davidique, alors que d'autres comportent deux figures messianiques complémentaires — le chef sacerdotal aaronide et le messie laïque d'Israël. Il est inutile de chercher à harmoniser ces textes : il faudrait les forcer pour qu'ils entrent tous dans la catégorie du bi-messianisme et, par conséquent, identifier à tort le messie d'Israël au messie de David. Mieux vaut croire que, comme dans n'importe quel groupe religieux, les sectaires n'étaient pas tous du même avis, en particulier à propos de l'idéologie messianique.

Bilan des données littéraires sur le messianisme

Il ressort de ce survol des manuscrits qu'une variété de motifs et de croyances se retrouvent dans divers textes, distribués apparemment d'une manière aléatoire. On peut comprendre cela de deux façons : ou bien plusieurs points de vue différents ont coexisté dans le groupe, ou bien ces idées ont subi une évolution dans le temps. Ainsi, certaines idées messianiques peuvent être plus anciennes, d'autres plus récentes. Il est plus probable que les deux dynamiques aient joué dans la communauté de Qumrân. Il est pratiquement impossible de distinguer entre des courants coexistants et d'autres qui se seraient développés au fil des ans, sauf dans quelques cas exceptionnels. Il est aussi significatif que le messianisme soit complètement absent de certains textes.

La présence des deux tendances principales, restauratrice et utopique, est indéniable à Qumrân ; elle est plus difficile à expliquer. Les traditions du judaïsme pré-asmonéen, les nouvelles idées qui se sont développées tant dans la secte elle-même que dans la communauté juive en général, de même que les forces historiques qui se sont exercées momentanément au cours de cette période, tout cela a contribué à façonner un ensemble de concepts qui sont interreliés tout en étant différents. Ces concepts, qui sont étalés dans le temps aussi bien que dans les textes, expriment quelques éléments communs, mais témoignent également de la diversité et du pluralisme existant au sein même de la secte de la mer Morte.

Quelques spécialistes ont cru pouvoir reconstruire à partir des textes de Qumrân une histoire du messianisme parallèle à celle de l'occupation du site par la communauté. Mais il s'avère impossible de stratifier historiquement les croyances messianiques de la secte, comme on s'en est bien rendu compte en examinant les textes. Il paraît évident qu'à chaque époque, une diversité d'idées ont coexisté à l'intérieur du groupe. Il est de loin plus utile d'analyser les textes à partir des deux courants dominants dans le messianisme juif — le courant restaurateur et le courant utopiste.

À Qumrân, les textes qui évoquent le messianisme davidique ont habituellement un point de vue restaurateur : ils mettent l'accent sur les prophéties qui annoncent la paix et la prospérité, sans anticiper un cataclysme qui détruirait tout le mal. Les textes à tendances plus catastrophiques, utopistes ou apocalyptiques excluent en général le messie davidique. Ils cherchent plutôt à reporter l'autorité sur un chef religieux qui a le rôle principal et sur un prince temporel qui lui est soumis. Ils ne donnent aucune indication d'une allégeance davidique. Ils projettent sur la fin des temps le statut prioritaire du sacerdoce dans la communauté. Parfois, les utopistes ont cherché à attribuer la fonction de direction à une seule figure messianique. Il arrive parfois que les courants restaurateur et utopiste se retrouvent dans le même texte, ce qui démontre qu'ils ont amorcé un long processus de fusion dont on trouve l'achèvement dans le judaïsme rabbinique.

Il ne sera sans doute jamais possible de reconstruire la séquence historique précise des idées et des textes messianiques découverts à Qumrân. Le mieux que nous puissions faire est de les comprendre selon les deux axes du cadre proposé ci-haut : d'une part, un axe historique, et d'autre part la dichotomie restauratrice/utopique. Seule une perspective dynamique de ce type peut rendre compte de la richesse et de la diversité des idées et approches eschatologiques que reflètent les textes de la mer Morte. Chose certaine, il est impossible de considérer ce matériel comme un corpus monolithique.

Le fait que plusieurs textes de Qumrân soient de nature eschatologique nous donne un aperçu du genre de monde que les sectaires entrevoyaient pour l'avenir : comment ils se préparaient pour la fin des temps, quels événements allaient se produire pour la provoquer, quels combats la secte allait livrer contre ses ennemis, et à quoi ressemblerait le monde ultime, parfait. Ces concepts étaient intimement liés aux lois et aux pratiques des sectaires, conçues pour cultiver la pureté et la perfection. Dans le prochain chapitre, nous étudierons comment la secte espérait atteindre ses buts dans la communauté messianique qui devait surgir immédiatement après la grande bataille eschatologique.

CHAPITRE 20

La communauté de la fin des temps

SELON LA VISION MESSIANIQUE de la secte de la mer Morte, la fin des temps, imminente, devait inaugurer une ère de perfection et porter à leur plénitude les rites et règles que les membres mettaient déjà en pratique. La communauté eschatologique qui en résulterait refléterait la perfection de l'actuelle communauté de Qumrân. Hommes, femmes et enfants, qui auraient atteint les plus hauts niveaux de pureté rituelle, participeraient aux saints rassemblements de la communauté nouvelle. Des assemblées de ces personnes méritantes prendraient des décisions concernant la vie de la secte, rendraient des jugements et déclareraient la guerre. Comme à l'époque du séjour des Israélites au désert, les Lévites assumeraient des fonctions de direction spécifiques dans la vie future de la secte. Les prêtres sadocides y joueraient un rôle dominant.

Fonctions et pureté de l'assemblée à la fin des temps

La *Règle de la congrégation* (1Q28a) précise quelles seront les fonctions de l'assemblée à la fin des temps, en insistant sur l'état de pureté rituelle de tous ceux qui y prennent part[1] : « Et si toute la congrégation est convoquée pour rendre jugement, ou pour un conseil de la communauté, ou pour une déclaration de guerre, ils se sanctifieront durant trois jours, de telle sorte que chacun des participants soit pr[êt pour le con]seil. » (1Q28a *Règle de la congrégation* I,25-27) Le futur conseil devait remplir la même fonction que l'assemblée législative et judiciaire de la secte qui était la plus haute instance dans la vie quotidienne du groupe de Qumrân.

La deuxième fonction de l'assemblée serait de superviser l'observance de la loi, en accord avec l'interprétation sectaire, et de codifier la loi, tel que décidé par la secte. L'assemblée devrait prendre des décisions concernant l'organisation et les structures de la secte, ainsi que le statut de ses membres. Même si tous les Israélites allaient se joindre à la communauté à la fin des temps, le statut de chacun à l'intérieur de la secte devrait quand même être déterminé et c'est l'assemblée qui s'acquitterait de cette tâche.

La dernière fonction de l'assemblée serait de déclarer la guerre. Ce détail est important parce qu'il précise à quelle étape de l'ère messianique l'assemblée devait apparaître. Selon la *Rouleau de la guerre*, une série de batailles et un cycle de victoires allaient conduire à la fin des temps[2]. Puis, après la destruction des ennemis d'Israël et la conversion des Israélites (qui deviendraient membres de la secte) ou leur anéantissement, viendrait un règne de paix éternelle.

Ce texte, puisqu'il explique comment l'assemblée décidera si elle doit entreprendre la guerre ou non, doit donc décrire la période inaugurale de la fin des temps. Après avoir reçu quelque indication que la fin des temps commence, cette assemblée déclencherait la série des événements annoncés dans la *Règle de la guerre* et dirigerait la secte pour qu'elle joue son rôle dans ces ultimes combats.

Ces trois fonctions de l'assemblée — diriger les affaires courantes de la secte, rendre jugement, déclarer la guerre — sont semblables à celles que la Mishnah attribue au Sanhédrin, la cour de soixante et onze membres. Comme l'assemblée sectaire de la fin des temps, le Sanhédrin rabbinique devait agir comme arbitre suprême dans les questions légales. Seul le Grand Sanhédrin pouvait déclarer la guerre, car c'était la seule instance habilitée à déterminer si une guerre était légitime et conforme aux prescriptions de la Torah.

Un état spécial de pureté, obtenu par une période de trois jours de purification rituelle, était requis pour participer à une session de l'assemblée eschatologique de la secte de Qumrân. Ce rite s'inspire sans doute des trois jours de préparatifs des fils d'Israël avant la révélation du Sinaï (Ex 19,10-11.14-15). Selon le récit biblique, au cours de la période préparatoire, les Israélites s'étaient abstenus de rapports sexuels, avaient lavé leurs vêtements et accompli certains rites de purification, vraisemblablement des ablutions.

Le fait de se joindre au rassemblement messianique exigeait le même degré de sainteté et de purification, puisque la secte considérait les actes de l'assemblée messianique comme une continuation de la révélation du Sinaï.

En effet, la notion d'interprétation biblique inspirée qui sous-tend la loi de Qumrân suppose que, lors des sessions de l'assemblée, les actes des membres de la secte sont divinement inspirées.

La guerre messianique

Lorsque la guerre messianique commencerait, la secte serait mobilisée pour combattre les impies et ceux qui ne connaissaient pas l'interprétation correcte de la Torah, telle qu'exposée par ses membres :

> Voi[ci le livre pour réglementer] la guerre. La première attaque des Fils de Lumière sera lancée contre le lot des Fils des Ténèbres, l'armée de Bélial, la troupe d'Édom, de Moab et des fils d'Ammon, et l'armée [des habitants de] Philistie, et les troupes des Kittim d'Assyrie, avec lesquels se ligueront ceux qui transgressent l'alliance… [Ce sera] un temps de délivrance pour le peuple de Dieu, et le temps prévu pour la domination de tous les hommes de Son lot, et d'extermination définitive pour tout le lot de Bélial. Il y aura une [grande] panique [parmi] les fils de Japhet, l'Assyrie tombera et personne ne lui viendra en aide. Et la domination des Kittim cessera, l'impiété sera défaite, sans reste, et aucun de [tous les Fils des] Ténèbres n'en réchappera. (1Q *Rouleau de la guerre* I,1-7)

Cette description imagée du début de la guerre messianique énumère les ennemis traditionnels d'Israël et les déclare voués à la destruction. Les noms des nations, qui désignaient à l'origine des ennemis bibliques, symbolisent ici les peuples qui entourent Israël de toutes parts. Bélial est l'archange du mal, le chef céleste du lot (c'est-à-dire du groupe prédéterminé) des impies. Les Fils des Ténèbres sont tous ceux qui représentent le mal et s'opposent à la secte. Le texte poursuit en décrivant en détail les sonneries des trompettes, les bannières, les qualifications des officiers, les formations de combat, les armes et la cavalerie, les diverses phases du combat et l'exécution finale des ennemis.

Au terme de la guerre, la secte parviendrait à vaincre ses ennemis et à remporter la victoire. Ceux qui se seraient tournés vers Dieu et auraient adopté le mode de vie de la secte seraient au nombre des bénis, des justes d'Israël, survivant aux combats. Unis aux sectaires plus anciens, ils constitueraient la communauté eschatologique.

Cette nouvelle communauté se rassemblerait alors pour le banquet messianique, vraisemblablement au lendemain de la grande guerre des Fils de Lumière contre les Fils des Ténèbres. Sous la gouverne du prêtre-messie

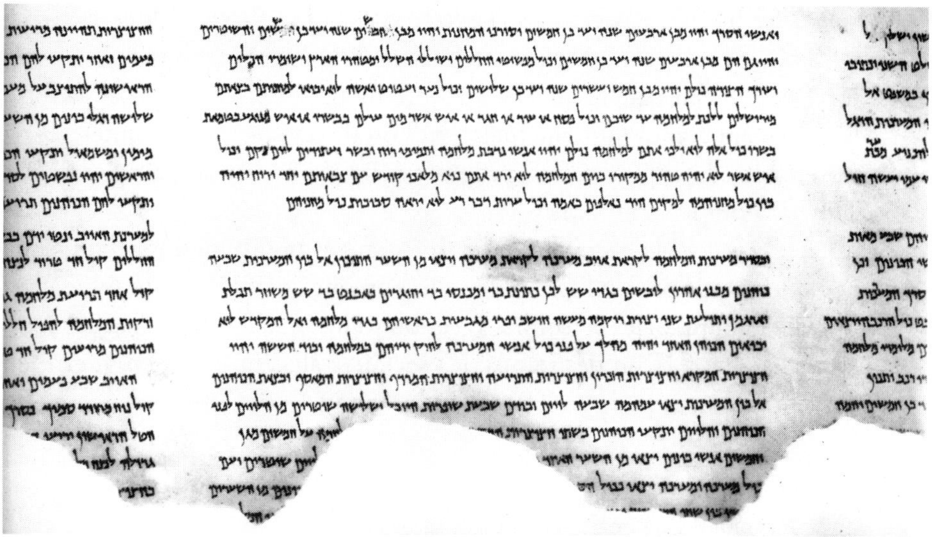

Rouleau de la guerre
Le *Rouleau de la guerre des Fils de Lumière contre les Fils de Ténèbres* est l'un des sept premiers manuscrits trouvés à Qumrân. Il esquisse le plan schématique d'une guerre messianique au cours de laquelle les membres de la secte et ceux qui se joindront à eux à la fin des temps détruiront tous leurs ennemis et s'empareront de Jérusalem. Le rouleau décrit les tactiques militaires et les rites religieux qui devraient accompagner cette guerre messianique. *Courtoisie du Sanctuaire du Livre du Musée d'Israël.*

sadocide et du roi régnant à nouveau sur Israël, ils restaureraient la vie d'Israël dans son pays, selon les perspectives sectaires. Tout le peuple d'Israël mènerait alors une vie pure et parfaite.

Dès le départ, la secte devait mener la guerre de la fin des temps dans un état de pureté absolue, conformément à l'interprétation sectaire des exigences de la Torah (Dt 23,10-15). Le *Rouleau de la guerre* précise que :

> Nul jeune garçon, nulle femme ne viendra dans leurs camps quand ils quittent Jérusalem pour aller au combat, jusqu'à leur retour. Et nul boiteux, aveugle ou estropié, nul homme dont le corps est atteint d'une tare permanente, nul homme atteint d'une impureté dans sa chair, aucun d'entre eux ne marcheront au combat avec eux. Tous seront volontaires pour le combat, parfaits d'esprit et de chair, et prêts pour le jour de la vengeance. (1Q *Rouleau de la guerre* VII,3-5)

La liste de ceux qui sont exclus de cette bataille finale correspond à une liste de la *Règle de la congrégation* où sont énumérés ceux qui sont bannis du conseil de la communauté. On y trouve l'infirme, l'estropié, l'aveugle, le sourd, les hommes tarés et « le vieillard vacillant » (1Q28a *Règle de la congrégation* II,3-11). Ces interdits sont tirés de Lévitique 13 et 21, où l'on dresse la liste des infirmités qui disqualifient les prêtres du service du Temple. La secte se considère comme un sanctuaire où l'on mène une vie de sainteté et de pureté, et elle applique à sa propre assemblée eschatologique les règles prévues pour le sacerdoce.

Le *Rouleau de la guerre* précise explicitement pourquoi il est requis que ceux qui participent à l'assemblée messianique soient dans un tel état de pureté et pourquoi les personnes âgées ou souffrant d'infirmités particulières sont exclues : à la fin des temps, les sectaires allaient partir en guerre en présence des saints anges. Un passage poétique décrit cette troupe terrible :

> Car le Seigneur est saint, et le Roi de Gloire est au milieu de nous.
> Un peuple de saints, des hér[os et] et une armée d'anges est enrôlée avec nous,
> le Puissant de la guerre est dans notre congrégation,
> et l'armée de Ses esprits marche avec nous.
>
> (1Q *Rouleau de la guerre* XII,7-8)

Les membres de la secte étaient fermement convaincus que le monde des anges était divisé en deux, tout comme le monde inférieur était partagé entre les domaines respectifs des deux esprits, ceux du bien et du mal. De même que le Maître de Justice et le Prêtre impie représentaient les forces du bien et du mal dans le monde d'ici, ainsi le Prince de Lumière (l'ange Michel) et son ennemi Bélial incarnaient ces puissances dans les cieux. À la fin des temps, ces forces s'affronteraient, ainsi qu'elle le faisaient dans l'ère prémessianique actuelle.

La grande bataille eschatologique serait donc livrée en même temps dans les cieux et sur terre. Durant cette bataille commune simultanée, les hommes auraient les anges comme compagnons d'armes. Après une longue série d'engagements, décrits dans le *Rouleau de la guerre*, les forces du bien triompheraient. Les sectaires croyaient qu'à la fin des temps, les anges seraient présents dans le camp militaire décrit dans le *Rouleau de la guerre*. De même, le conseil eschatologique serait composé de Fils de Lumière célestes et terrestres.

Après la bataille finale, la communauté eschatologique serait mise sur pied, avec les prêtres sadocides et les deux messies à sa tête. Dans un état de pureté parfaite, ils présideraient au banquet messianique pour ceux qui en seraient dignes, c'est-à-dire ceux qui auraient été prédestinés pour appartenir à la secte.

Le repas de la fin des temps

La secte de la mer Morte caressait le rêve d'un banquet eschatologique au cours duquel le messie sacerdotal et le messie d'Israël consommeraient du pain et du vin au milieu de toute la congrégation d'Israël[3]. Ce banquet messianique est décrit dans la *Règle de la congrégation* :

> [La ses]sion des hommes de renom, [invités à] la fête pour le conseil de la communauté, lorsque, [à la fin] (des temps), le messie [s'unira] à eux. [Le prêtre] entrera [à] la tête de toute la congrégation d'Israël, et [tous ses frères les fils d']Aaron, les prêtres, [qui sont invités] à la fête, les hommes de renom, et ils prendront place de[vant lui, chacun] selon sa dignité. Ensuite, [le messie] d'Israël [entrera] et les chefs des [milliers d'Israël] prendront place devant lui, [cha]cun selon sa dignité, selon [son poste] dans leurs camps et leurs déplacements. Et tous les chefs des [clans de la congréga]tion, [leurs] sag[es et leurs hommes avisés] prendront place devant eux, chacun selon sa dignité. [Quand ils se] réunisse[nt à la tab]le commune, pour [partager le pain et le vi]n, et que la table commune est dressée [pour manger et] pour boi[re] le vin, personne [ne] tendra la main vers la première (part) de pain et [de vin] avant le prêtre. Ca[r il] béni[ra] la première (part) de pain et de vi[n et il tendra] sa main vers le pain en premier. Ensui[te], le messie d'Israël [tend]ra ses mains vers le pain. [Puis] toute la congrégation de la communauté [béni]ra, cha[cun selon] sa dignité. [Ils] agiront selon ce décret chaque fois que (le repas) est pré[paré], quand au moins dix homme[s se réu]nissent. (1Q28a *Règle de la congrégation* II,11-12)

Le banquet devait être présidé par les deux figures messianiques attendues par les sectaires : le prêtre, qui assurerait la restauration du culte sacrificiel dans la Nouvelle Jérusalem, et le messie d'Israël, qui agirait à titre de chef temporel et militaire. Parce que les gens de Qumrân attachaient une très grande importance au sacerdoce et à la restauration future du rituel du Temple purifié, ils accordaient la préséance de statut au messie sacerdotal.

Avant de poursuivre l'étude d'ensemble de ce passage, il faut s'arrêter à un détail. L'expression « le messie [s'unira] à eux » a fait couler beaucoup d'encre. Le verbe est placé entre crochets parce qu'il est à peu près illisible. Des chercheurs l'on traduit « sera né », en lisant les traces des lettres d'une manière différente. Cette lecture a suscité de nombreuses spéculations concernant d'éventuels rapprochements avec les récits de la naissance de Jésus qu'on trouve dans le Nouveau Testament. Mais cette interprétation est problématique, pour deux raisons. D'abord, de nouvelles photographies, prises à Amman, où ce manuscrit était exposé durant la guerre de 1967 et où il est demeuré depuis, confirment que la lecture que j'ai proposée est correcte. De plus, le contexte n'évoque pas la naissance du messie, mais l'assemblée de la fin des temps, qui ne pouvait logiquement avoir lieu que lorsque les deux personnages messianiques auraient atteint l'âge adulte.

Le pain et le vin mentionnés ici ne constituent pas tout le repas. On attire l'attention sur eux parce qu'ils font l'objet de bénédictions au cours du banquet eschatologique. La bénédiction sur le pain s'étendrait à tous les autres aliments apportés à la table durant le repas, sauf le vin qui requiert sa propre bénédiction. Tandis que les repas communautaires de la secte décrits dans la *Règle de la communauté* (VI,2-5) ne nécessitaient que du pain ou du vin, le banquet messianique comporterait les deux. Le prêtre prononcerait la bénédiction en premier et recevrait également la première part. Les autres convives présents réciteraient la bénédiction après le messie sacerdotal, chacun selon son rang. Il faudrait au moins dix hommes pour la tenue du repas, ce qui nous fait évidemment penser au minyan — le minimum de dix adultes masculins requis pour la tenue d'un culte public dans la tradition juive.

La perfection absolue de l'ère messianique réaliserait pleinement l'ambition de la secte, qui vise à atteindre un état de pureté rituelle totale. On peut croire que cette pureté totale était le catalyseur qui transformait le repas communautaire ordinaire en un avant-goût du grand banquet messianique de la fin des temps.

Les repas communautaires de la secte

Le banquet messianique devait être un événement unique inaugurant une nouvelle ère. Mais la communauté l'anticipait régulièrement dans ses repas communautaires, comme l'indique l'expression « chaque fois que (le repas) est pré[paré], quand au moins dix homme[s se réu]nissent ». La pratique sectaire consistant à mettre en scène le banquet messianique à venir dans sa vie quotidienne montre que ses fréquents repas communautaires avaient une tonalité messianique[4].

La *Règle de la communauté* fait référence au repas pris en commun au cours de l'ère présente. Partout où résident des membres du groupe : « Ils mangeront ensemble, ils béniront ensemble, il tiendront conseil ensemble. » (1Q *Règle de la communauté* VI,2-3) Ce texte indique que des repas communautaires étaient intégrés à la vie de la secte ; mais il ne donne pas d'indication sur le déroulement de ces repas. Il ne précise pas la fréquence de tels repas, et ne dit pas non plus si tous les repas étaient pris en commun, ou seulement un certain nombre d'entre eux.

De plus, il semble bien que les trois actions décrites ici — manger, bénir, tenir conseil — soient des activités indépendantes. Chacune devait donner lieu à un rassemblement différent. Les bénédictions semblent avoir fait partie du déroulement d'un cycle fixe de prières quotidiennes telles que celles préservées dans des textes de la grotte 4, que nous avons examinées plus haut. Les bénédictions mentionnées dans le passage cité ne renvoient pas à celles qu'on récitait sur la nourriture, mais plutôt au culte liturgique célébré dans le groupe. Enfin, le groupe tenait conseil lors d'assemblées législatives et judiciaires.

Peut-on préciser davantage comment se déroulait un repas communautaire ?

Le caractère non sacral du repas communautaire

La *Règle de la communauté* stipule que lorsqu'il y a dix membres du groupe, il doit toujours y avoir un prêtre (VI,3-4). Comme pour le banquet messianique, les membres devaient s'asseoir en face du prêtre selon leur rang et leur ordre de préséance au conseil. Vient ensuite la seule mention explicite du repas : « Chaque fois qu'il préparent la table pour manger ou le vin pour boire, le prêtre tendra sa main le premier pour bénir la première (part) du pain et du vin. » (1Q *Règle de la communauté* VI,4-5) De nombreux spécialistes, qui voient une analogie entre cette description et l'eucharistie chrétienne, ont tendance à accentuer le caractère sacral des repas communautaires de la secte. Certains pensent même que ce repas sacré avait un rôle central dans la communauté et qu'il s'enracinait dans les traditions sacerdotales du Temple. De manière analogique, le repas communautaire aurait effectivement remplacé les sacrifices rituels du Temple, dont les prêtres sadocides de la secte s'étaient retirés.

Un examen serré du texte oblige à nuancer ce point de vue. D'abord, rien n'indique que tous les repas doivent être pris en commun. Deuxièmement, il est clair que le prêtre se voit accorder les honneurs à cause de son statut et non parce qu'il accomplirait un substitut de sacrifice. Enfin, le pain et le vin sont mentionnés simplement parce qu'ils constituaient la nourriture quotidienne. Comme on peut le démontrer en s'appuyant sur de nombreuses sources littéraires, le pain était l'aliment de base dans la région à l'époque. Le vin était un jus de raisin assez faible, dilué et souvent non fermenté, assez semblable à notre jus de raisin moderne. Ce passage de la *Règle de la communauté* ne décrit pas les repas au cours desquels le pain et le vin étaient tous deux de rigueur, mais plutôt les occasions où l'on servait soit du pain soit du vin. Le but de ces repas n'est pas indiqué.

Rien ne prouve que les gens de Qumrân considéraient leurs repas comme des substituts de sacrifice. La pureté qu'on exigeait de la nourriture et de la boisson et les rites associés aux grâces avant et après le repas étaient certainement répandus à l'époque, mais de telles pratiques n'indiquent nullement que tout repas avait un caractère sacré. Toutes les caractéristiques de ces repas — pureté, bénédictions, pain et vin, rôle du prêtre — peuvent s'expliquer dans le contexte des pratiques rituelles et cérémonielles juives.

Le premier et le plus important des indices auquel on recourt pour soutenir le caractère sacré de ce repas est le rôle particulier du prêtre, qui prononce la bénédiction et qui mange avant tout le monde. Nous savons cependant qu'à l'époque du Second Temple, ce sont des prêtres qui étaient appelés à lire la première portion de la Torah (qui inclut la récitation de la bénédiction initiale), à prononcer en premier les grâces après les repas, et que c'est à eux qu'on servait, en premier, la meilleure part de la nourriture. De telles façons d'agir correspondaient sans doute à d'anciennes coutumes qui ne démontraient rien de plus que la profonde révérence du peuple à l'égard du prêtre, du Temple et du service sacrificiel. De telles marques de respect pour le prêtre ne transformaient pas pour autant le repas en sacrifice. On accorde tout simplement au prêtre le privilège d'exécuter en premier des rites que chacun des Juifs présents était également autorisé à accomplir. De fait, si le repas avait eu un caractère sacré, seul le prêtre aurait pu poser des gestes rituels, en vertu de son statut spécial.

Le deuxième motif considéré habituellement comme sacral est la pureté rituelle. Il n'y a évidemment aucun doute que les membres de la secte prenaient leurs repas communautaires dans un état de pureté rituelle. Mais, comme nous l'avons vu lors de l'étude des rites d'initiation, la secte portait une attention toute particulière à la pureté rituelle de la nourriture. À mesure que l'état de pureté des nouvelles recrues s'accroissait, on les autorisait à un contact plus poussé avec la nourriture et la boisson pures, ce qui les amenait progressivement à devenir membres de la secte à part entière.

Ces règles de pureté, toutefois, ne signifient pas que les repas étaient sacrés. Premièrement, les membres de la secte devaient observer les règles de pureté en tout temps, qu'ils prennent leurs repas en commun ou non. Ces règles étaient évidemment une des composantes de leur héritage sacerdotal, et, comme les pharisiens, la secte de Qumrân les avait étendues à un cercle de membres plus large. Deuxièmement, il était obligatoire que la nourriture soit pure, sans que cela ne confère à l'acte de manger un caractère sacral. D'un point de vue fonctionnel, on pourrait soutenir que ces règles étaient similaires à celles concernant la nourriture kasher, même si, selon la loi juive, il s'agit de deux catégories distinctes.

Les bénédictions récitées par le prêtre ne conféraient pas non plus un caractère sacral à la nourriture. Dès la plus haute époque rabbinique, les bénédictions au début et à la fin des repas faisaient probablement partie de la vie de la *ḥavurah*, le groupe de commensaux décrit par les sources talmudiques. En fait, ces bénédictions étaient prononcées sur tout ce qu'on mangeait ; elles ne comportent aucune connotation sacrale.

Les bénédictions mentionnées par Flavius Josèphe dans ses descriptions des esséniens sont à comprendre dans le même sens. On y lit que le prêtre récite les grâces avant et après le repas (*Guerre des Juifs* II,131). Interprétant correctement cette pratique à la lumière des coutumes du judaïsme palestinien de son temps, Josèphe note qu'« au début et à la fin, ils rendent hommage à Dieu, le généreux pourvoyeur de vie ».

Ainsi donc, les règles de pureté et les bénédictions avaient leur caractère et leur importance propre. De fait, à cette époque, elles étaient totalement coupées de tout lien avec le Temple. Elles faisaient partie de la vie courante de bien des Juifs palestiniens pieux, qu'il s'agisse d'esséniens, de pharisiens, de sadducéens, ou des sectaires de Qumrân.

Les données archéologiques sur le repas communautaire

S'agissant du groupe de la mer Morte, nous avons la chance de posséder non seulement des documents écrits, les manuscrits, mais aussi du matériel archéologique, qui apporte un éclairage additionnel sur la vie à Qumrân. Parmi des vestiges archéologiques, on compte l'emplacement de repas communautaires et aussi des restes alimentaires[5]. Comme on peut s'y attendre, il n'y a aucune trace d'offrande de sacrifices. Rien dans les données archéologiques ne permet de soutenir, comme on l'a fait récemment, qu'on ait offert des sacrifices à Qumrân.

Durant toute la période Ib qui s'étend approximativement du règne de Jean Hyrcan (–135 à –104) au tremblement de terre de –31, la plus grande pièce de Qumrân était une salle de 22 m de long sur 4,5 m de large, munie d'un système permettant de laver et de drainer le plancher. La pièce adjacente contenait plus d'un millier de morceaux de vaisselle, et il y avait plusieurs feux dans la cuisine voisine. Ces données archéologiques démontrent qu'on prenait des repas communautaires à Qumrân.

Un autre élément à considérer, dans la discussion de la nature des repas de Qumrân, est la découverte de dépôts d'ossements d'animaux, provenant surtout de la période Ib. Ces ossements étaient placés dans de grands tessons de cruches ou de poteries, ou dans des jarres intactes fermées par un couvercle. Ces dépôts sont généralement au niveau du sol. L'analyse démontre qu'aucun dépôt ne contient un squelette entier. Les os ont plutôt été désarticulés et la chair en a été prélevée avant l'enfouissement. Il s'agit la plupart du temps des os d'un seul animal, mais quelquefois de deux, trois, ou quatre, parmi lesquels des moutons ou chèvres adultes, des agneaux ou chevreaux, des veaux, vaches et bœufs. Sans aucun doute, ces ossements proviennent d'animaux qui ont servi de nourriture. La viande avait généralement été bouillie, plus rarement rôtie.

On a formulé toutes sortes d'hypothèses pour rendre compte de ces dépôts. Mais aucune n'est satisfaisante, faute d'indications écrites ou de parallèles archéologiques concernant l'ensevelissement d'ossements au cours d'un rituel sacrificiel ou religieux juif. Il est possible, toutefois, de rattacher cette pratique à un passage de la lettre halakhique : « Que personne ne laisse de chiens entrer dans le camp sa[i]nt, parce qu'ils pourraient manger quelques-uns [des osse]ments du temp[le] sur lesquels (se trouverait encore) de la chair. » (4Q394-399 *Lettre halakhique* B58-59) Le texte poursuit en identifiant le « camp saint » à Jérusalem.

Apparemment, les auteurs de la lettre n'aimaient pas que les chiens soient autorisés à circuler dans Jérusalem, parce qu'ils pouvaient aller fouiller dans les ossements des animaux sacrifiés. Ailleurs dans le texte, on précise que le contact avec des ossements cause l'impureté rituelle. Il est possible que les sectaires de Qumrân enterraient les ossements ainsi pour empêcher les chiens ou autres animaux de les disperser sur tout le site, ce qui aurait pu éventuellement rendre impurs les membres du groupe. Cette interprétation doit cependant demeurer hypothétique jusqu'à ce que de nouvelles découvertes nous fournissent une explication plus sûre de cette pratique inhabituelle.

Les repas communautaires, pris régulièrement et intégrés à la vie courante de la secte, étaient des anticipations du banquet messianique final qui aurait lieu à la fin des temps. Nous voyons ainsi, encore une fois, que la vie actuelle de la secte était un reflet de ses rêves pour l'âge à venir.

Le futur comme miroir du présent

Les termes dans lesquels la *Règle de la congrégation* décrit la communauté eschatologique s'alignent de toute évidence sur les règles en vigueur à ce moment-là dans la secte. Sur plusieurs points, ses pratiques coïncident avec celles qu'on trouve dans le *Rouleau de la guerre*, qui décrit la grande bataille finale précédant le rassemblement de la congrégation messianique. En associant ses règlements et ses procédures du temps présent à la bataille eschatologique et à la fin des temps, la secte cherchait à vivre déjà ses rêves de jours meilleurs et à anticiper la sainteté parfaite qui devait se manifester bientôt.

De plus, la secte se voyait comme l'incarnation du sacerdoce sadocide, appelé à diriger cette communauté future. Ses membres se désignaient comme les Fils de Sadoq et ne cessaient d'accentuer le rôle de direction et de décision de ce groupe de prêtres. Même si un tel rôle était devenu plutôt symbolique durant les dernières années d'existence de la secte, comme certains spécialistes l'ont soutenu, ce trait identitaire faisait encore partie de son autoperception. Les sectaires s'attendaient toujours à ce que les prêtres continuent de jouer un rôle important à la fin des temps.

Leur recherche de pureté absolue les amenait sans doute à exclure dès à présent les catégories de personnes qui ne prendraient pas part à la guerre et au rassemblement eschatologique : les personnes atteintes d'impureté, de malformation physique, ou trop âgées. Puisque la secte vivait en se préparant à la fin des temps et la croyait imminente, il est probable que des règles similaires étaient en vigueur dans la communauté de Qumrân elle-même.

Imprégnés profondément d'une conscience messianique, les membres de la secte participaient aux repas communautaires comme à un rituel eschatologique majeur, une anticipation quotidienne du banquet messianique qui serait présidé par le prêtre et par le messie d'Israël. Ces repas étaient un avant-goût du monde à venir.

Pour envisager l'ère messianique, la secte empruntait la terminologie de la période de l'Exode et du séjour au désert, conçue comme le prototype de la rédemption à venir : c'est le moment où Israël avait vécu la relation la plus étroite avec Dieu, ce qui impliquait une intervention divine dans l'histoire, de même que la révélation de la loi divine. C'était aussi le temps où Israël s'était montré fidèle aux enseignements exacts de la Torah. Les sectaires s'attendaient à ce que l'ère messianique soit un renouvellement de cette glorieuse époque : il n'est donc pas étonnant de retrouver chez eux une telle terminologie biblique et, plus particulièrement, des allusions au campement et à l'organisation militaire de la période du désert, comme on en rencontre partout dans la *Règle de la congrégation*.

L'auteur de ce texte espérait pour la fin des temps une restauration des institutions qui avaient fait autrefois la gloire d'Israël : le monarque, le grand-prêtre légitime, l'organisation tribale. En même temps, il s'attendait à un degré de sainteté et de pureté impossible à atteindre dans les conditions présentes. Pour lui, l'idéal ne serait atteint que lorsque tout Israël observerait parfaitement la législation de la Torah. Les courants restaurateur et utopiste du messianisme juif s'équilibrent dans sa vision du futur. Le cataclysme à venir marquerait à la fois un retour au passé et l'inauguration d'un état nouveau, inatteignable auparavant, caractérisé par l'observance de la loi, la pureté rituelle et la perfection. C'est la combinaison de ces deux courants qui a généré la ferveur messianique et le genre d'attente propres à la secte de Qumrân.

Pour les sectaires, la rédemption d'Égypte et la période du séjour au désert couronnée par la révélation du Sinaï servaient de paradigme pour le futur. Ils allaient bientôt faire eux-mêmes l'expérience des grandes batailles et des tribulations de la fin des temps. Dans l'attente de ce jour, ils s'efforceraient de vivre dans une sainteté parfaite. Et, en conséquence, ils mériteraient vraisemblablement d'être témoins de la révélation de la gloire de Dieu à la fin des temps, une promesse dont ils étaient certains de voir la réalisation de leur vivant.

CHAPITRE 21

Le « messie transpercé » et autres textes controversés

Jusqu'ici, l'idéologie messianique de la secte a été présentée à partir de textes qui, pour la plupart, sont connus depuis longtemps. L'accès aux textes de la grotte 4, monopolisés pendant plusieurs années par l'équipe d'édition, a rendu disponibles certains documents qui comportent également des références messianiques, du moins selon l'opinion de quelques spécialistes[1]. Dans certains cas, ces textes avaient fait l'objet de publications préliminaires, mais l'intérêt considérable suscité par leur affranchissement a de nouveau attiré l'attention sur eux. À cause du vif débat public autour de ces textes, et parce que leur apport peut modifier de façon significative notre compréhension de l'histoire du judaïsme et du christianisme, il est nécessaire de les examiner en détail. Leur étude confirme que la secte de Qumrân, en plus de son attente d'un cataclysme apocalyptique à caractère messianique, partageait avec d'autres Juifs de l'époque l'espoir d'une rédemption messianique à la fin des temps.

Un texte sur le Fils de Dieu (4Q246)

Le livre de Daniel a souvent fait l'objet d'additions ou d'adaptations postérieures. La Septante de Daniel, par exemple, témoigne de plusieurs ajouts qu'on trouve dans les éditions grecques de la Bible et qui ne faisaient pas partie du texte hébreu original. À Qumrân, les spécialistes ont identifié plusieurs textes comme des textes pseudo-daniéliques, parce qu'ils s'apparentent à ce livre biblique par leur style et leur contenu. Dans les manuscrits de Qumrân, ces matériaux sont préservés indépendamment du livre canonique de Daniel ; ils ne le recoupent pas et ne peuvent être confondus avec lui. Toutefois, ils sont incompréhensibles sans référence au livre biblique de Daniel.

Parmi eux, le plus intéressant est un texte à propos du Fils de Dieu, ainsi désigné parce qu'il comporte une expression araméenne qu'on traduit par « Fils de Dieu ». Comme on le constatera, son sens est loin d'être clair. On lui a d'abord donné l'appellation *Pseudo-Daniel*[d], mais on en parle maintenant habituellement comme de l'*Apocalypse araméenne* (4Q246)[2]. Le manuscrit a été copié au Ier siècle avant notre ère, mais la composition du texte doit remonter à la période préqumranienne de la littérature juive du Second Temple.

Dans ce texte, il est probable que tout le passage concernant le Fils de Dieu soit inspiré d'un texte énigmatique de Daniel : « Comme je contemplais la vision de la nuit, quelqu'un, semblable à un fils d'homme, vint sur les nuées du ciel... Domination, gloire et royauté lui furent données ; tous les peuples et toutes les nations doivent le servir. Sa domination est une domination éternelle qui ne passera pas, et sa royauté ne sera pas détruite. » (Dn 7,13-14) Dans ce passage, Daniel a la vision d'un rédempteur apocalyptique auquel est conféré une domination éternelle.

Dans l'*Apocalypse araméenne*, après une lacune dans le manuscrit, un roi est mentionné. Puis quelqu'un, que certains spécialistes identifient au prophète Daniel, nommé dans la partie lacunaire du texte, tombe devant le trône du roi, probablement celui de Babylone. Le roi a apparemment fait un rêve et le prophète l'interprète de manière apocalyptique : « Tu es irrité depuis toujours et tes années (se sont déroulées) [dans la crainte. Je vais interpréter (?)] ta vision et tout ce qui doit survenir jusqu'à la fin. » (4Q246 *Apocalypse araméenne* I,2-3) Ce passage correspond à la forme classique des visions apocalyptiques du livre de Daniel. Suivant le modèle biblique, le prophète devient ici l'intermédiaire d'une révélation pour un roi. Puis le texte décrit la guerre à venir : « [À cause des gr]ands rois (il y aura) une grande détresse sur la terre, [ce sera la guerre entre les peuples] et un grand carnage dans les villes. [Les rois se lèveront pour combattre,] le roi d'Assyrie et le roi d'Égypte. [Puis le dernier roi se lèvera et il] sera grand sur la terre. [Les nations] feront [la paix avec lui] et toutes [le] serviront. » (4Q246 *Apocalypse araméenne* I,4-9) Le texte annonce ici une grande guerre entre les rois des empires du nord et du sud, un scénario qui ressemble beaucoup à celui de la bataille eschatologique anticipée. Mais lorsqu'il décrit le « dernier roi », le texte mentionne le Fils de Dieu : « Il sera appelé le [fils du] G[rand Maître], et il sera appelé de Son Nom. Il sera dit (être) le Fils de Dieu, et ils l'appelleront le fils du Très-Haut. » (4Q246 *Apocalypse araméenne* I,9-II,1)

Ce passage est manifestement la clé de tout le document. Il semble décrire un personnage, surgissant au moment de la bataille messianique finale, qui sera appelé Fils de Dieu. Comme on peut l'imaginer, ce texte a donné lieu à toutes sortes d'interprétations. Il est évidemment impossible de déterminer le sens exact de cette expression en l'isolant de son contexte d'ensemble. Mais pour l'instant, énumérons quelques possibilités. D'abord, l'expression « Fils de Dieu » peut désigner une figure messianique ; dans ce cas, ce serait un indice que certains Juifs de l'époque attendaient un messie qui serait appelé Fils de Dieu. Si tel était le cas, le christianisme postérieur, qui utilisera cette désignation, pourrait l'avoir empruntée au messianisme d'un groupe juif spécifique dont l'attente est attestée dans ce document.

Il y a en effet un parallèle étroit entre ce passage et deux versets du Nouveau Testament (Lc 1,32-33), dans lesquels l'ange Gabriel, annonçant la naissance de Jésus, déclare : « Il sera grand et il sera appelé le fils du Très-Haut… et il régnera sur la maison de Jacob à jamais ; et son règne n'aura pas de fin. » (Lc 1,32-33) Ce parallèle fournit un argument pour soutenir que l'expression « Fils de Dieu » pouvait être une façon de désigner le messie à une époque antérieure au christianisme. Mais on irait beaucoup trop loin en concluant, de cet indice, que l'analogie suggère un lien étroit entre les sectaires de Qumrân, qui conservaient ce texte dans leur collection, et la foi chrétienne, qui ne s'est développée que plus tard.

On pourrait par ailleurs défendre l'idée que ce passage décrit un roi arrogant, dominant sur toute la terre, qui se lèvera et se prétendra Fils de Dieu, avant d'être défait. Dans ce cas, on s'attendrait à trouver plus loin dans le texte une description de la guerre messianique, mais non une désignation du messie comme Fils de Dieu. On a suggéré d'identifier le roi en question à Antiochos IV Épiphane (–175 à –164), celui qui tient le rôle du méchant dans la révolte maccabéenne, ou encore à son fils Alexandre Balas (–152 à –145).

Une dernière hypothèse, moins vraisemblable, serait de reconnaître dans ce texte une sorte d'Antéchrist, une figure semblable à celle de Bélial, qui domine sur les impies, les Fils des Ténèbres. S'il en était ainsi, le texte décrirait d'abord la domination de ce personnage, puis évoquerait l'autorité du chef du lot du bien, les Fils de Lumière, un personnage tel que Michel, Melkisedek, ou autre.

Examinons de plus près le passage qui suit. Il décrit des règnes, probablement ceux des rois d'Assyrie et d'Égypte : « Comme les comètes qu'on aperçoit, tel sera leur règne. Ils régneront sur la terre durant des années, et ils écraseront tout. Une nation en écrasera une autre, et une ville (en écrasera) une autre, jusqu'à ce que se lève le peuple de Dieu et que chacun dépose l'épée. » (4Q246 *Apocalypse araméenne* II,1-4)

C'est ici que commence la confusion. Ce texte semble affirmer que le peuple de Dieu va se lever et apporter une période de paix dans le monde. Si l'on identifie le peuple collectivement comme le rédempteur, une idée qu'on trouve effectivement dans certains textes de la période du Second Temple, alors le « Fils de Dieu » doit être un roi arrogant et non un personnage messianique. Mais on pourrait aussi comprendre, si le texte ne suit pas une séquence logique, que le Fils de Dieu est une figure messianique et qu'au moment de sa venue, le peuple de Dieu se lèvera pour apporter la paix sur terre.

Vient alors, dans le reste de la partie préservée du texte, une description de la fin des temps et du rôle du sauveur :

> Sa royauté sera une royauté éternelle et toute son administration sera droite. Il jugera le monde de façon droite et établira une paix complète. L'épée disparaîtra de la terre, et toutes les villes se prosterneront devant lui. Le grand Dieu sera sa force, et il combattra pour lui. Les nations, Il les mettra entre ses mains, et Il les lui soumettra. Sa domination sera une domination éternelle et toutes les frontières... (4Q246 *Apocalypse araméenne* II,5-9)

Le texte s'interrompt ici ; on ignore le reste de son contenu. Ce dernier passage décrit clairement la fin des temps. Mais par qui sera-t-elle inaugurée ? Qui du Fils de Dieu, compris comme un personnage messianique, ou de peuple de Dieu — Israël —, décrit ici au singulier, jouera collectivement ce rôle ? Étant donné que l'on peut difficilement imaginer que le Fils de Dieu soit en même temps un roi arrogant et le monarque exerçant son autorité sur le monde sauvé, on doit conclure que l'expression « Fils de Dieu » désigne un personnage messianique.

Considéré dans son ensemble, ce passage s'insère tout à fait dans le contexte de la littérature pseudo-daniélique et dans le contexte apocalyptique du judaïsme du Second Temple. Sa description de l'ère messianique correspond à l'attente commune de la plupart des Juifs, à l'époque comme aujourd'hui : celle de voir régner définitivement le messie sur une ère éternelle de droiture et de justice. Cette attente reflète la tendance restauratrice du messianisme juif, bien que les combats qu'elle suppose ont leur source dans l'idée utopiste que ce monde ne surviendra qu'après un cataclysme. L'image du Fils de Dieu, qui est effectivement nouvelle dans les textes juifs de l'époque, a sa source dans la Bible, où le peuple juif est considéré comme le premier-né de Dieu. Étant donné que le Nouveau Testament emploie cette même image, on peut supposer qu'elle était assez répandue parmi les Juifs de cette période. Lu de cette manière, ce texte ne contredit pas la prémisse selon laquelle ces manuscrits sont des textes juifs qui, pour la plupart, reflètent les croyances juives courantes à l'époque hellénistique.

Le soi-disant messie transpercé

Parmi les textes controversés, l'un des plus étranges est celui qui, selon certains chercheurs, évoquerait l'exécution d'un messie. Les médias ont répété inlassablement que ce texte mentionne un messie transpercé, qui meurt par crucifixion. Sous-jacente à ces dépêches, il y a évidemment l'idée que la découverte d'une pareille description messianique à Qumrân démontre le lien intime entre le corpus de Qumrân et le christianisme. Mais un examen du document en question démontre qu'il n'en est rien.

Le fragment en cause fait partie de la *Règle de la guerre* (4Q285)[3], qu'on rattache à un ensemble de documents dont le *Rouleau de la guerre* préservé à Qumrân en au moins deux versions (1QM ; 4Q491-496). Ce groupe de textes décrit la guerre de la fin des temps, le grand cataclysme qui inaugurera l'ère messianique. La secte comprenait l'invasion de la Judée par l'armée romaine comme le signe inaugural de la fin des temps. De fait, les sectaires, comme d'autres Juifs de la période asmonéenne, étaient tragiquement conscients que les Romains tenteraient bientôt de conquérir leur territoire. Les sectaires espéraient que cette guerre serait la dernière et qu'elle déboucherait sur une paix éternelle.

Il reste une dizaine de fragments de la *Règle de la guerre*. Une étude d'ensemble de ces fragments fait voler en éclat la prétention qu'il s'agirait d'un texte concernant un messie transpercé.

Le premier fragment consiste en un poème de bénédiction inspiré de la bénédiction sacerdotale (Nb 6,24-26). Ce poème se trouve également dans un manuscrit de la grotte 11, celui des *Bénédictions* (11Q14). Dans ce texte, on demande à Dieu de faire descendre sa bénédiction des cieux et de dispenser ainsi une généreuse récolte de produits de la terre. Il se termine comme suit : « [...] Dieu est av[ec vous et ses saints anges sont au milieu de votre congrégation et] son saint [nom] est invoqué su[r vous]. » (4Q285 *Règle de la guerre* 1 9-10 = 11Q14 *Bénédictions* 1 II,14-15) La mention de la présence des anges rappelle le *Rouleau de la guerre*, qui entrevoit la présence des anges dans le camp militaire de la fin des temps, et la *Règle de la congrégation*, qui prédit leur présence dans la communauté de la fin des temps. Un autre fragment (4Q285 10) mentionne les quatre archanges, un motif qu'on trouve également dans le *Rouleau de la guerre*. Il paraît évident que ces bénédictions concernent un Israël aux portes de l'ère messianique et une communauté militaire eschatologique. De ce point de vue, nous sommes nettement dans l'univers de la pensée sectaire.

D'autres fragments de la *Règle de la guerre* mentionnent des corps, des tombeaux et le retour des troupes à leur base. Il y est aussi question de la destruction du mal et de trompettes utilisées pour donner les ordres militaires. Les ennemis sont explicitement identifiés aux Kittim, un nom de code qui désigne toujours les Romains dans ces manuscrits.

Un passage fragmentaire décrit l'ampleur de la guerre qui aura lieu quand poindra la fin des temps: « [...] [le Pr]ince de la Congrégation, jusqu'à la [grande] mer (= la Méditerranée)... [et] ils [fuiront] Israël en ce temps-là... se tiendra devant eux et ils s'aligneront pour les combattre... et ils reviendront vers la terre ferme en ce te[mps]-là. » (4Q285 *Règle de la guerre* 6+4,2-5) On retrouve ici le Prince de la Congrégation, identifié au messie par plusieurs commentateurs, qui prendra la tête des sectaires à la fin des temps. Dans ce texte, comme dans le *Rouleau de la guerre*, le Prince de la Congrégation joue le rôle d'un chef militaire. Il a pour rival un chef de l'armée adverse lequel, selon ce texte, devait être capturé : « [...] et ils l'amèneront devant le Prince [de la Congrégation] » (4Q285 *Règle de la guerre* 6+4,10).

La connaissance du contexte nous permet de mieux situer le fragment de la *Règle de la guerre* qui a fait sensation — ce fragment divulgué aux médias et qui parle supposément de l'exécution du messie. Ce texte est abîmé lui aussi, mais il peut être reconstruit en partie grâce aux versets bibliques sous-jacents :

> [... comme il est écrit dans le livre d']Isaïe le prophète : « [Les taillis de la forêt] seront coupés [par le fer, et les majestueux cèdres du Liban] tomber[ont]. Mais un rameau sortira de la souche de Jessé, [un surgeon surgira de ses racines (Is 10,34-11,1)...] rameau de David, et ils seront jugés, le... et le Prince de la Congrégation le tuera, l'arm[ée] de... [avec des tambourin]s et des danses. Et le [grand] prêtre ordonna... [les c]orp[s] des Kittim... (4Q285 *Règle de la guerre* 5,1-6)

Le début de ce texte est une interprétation d'un texte d'Isaïe dont on trouve un parallèle dans le *Pesher d'Isaïe*[a] (4Q161)[4]. Le passage parle du rameau de Jessé, le rejeton de David, une expression utilisée dans la Bible (Jr 23,5 ; 33,15) pour désigner le messie. Selon un point de vue assez répandu à l'époque du Second Temple, c'est seulement ce personnage qui serait le messie.

Le suite du passage a donné lieu à de vifs débats. Compte tenu du contexte et des règles de la grammaire hébraïque, il n'y a pourtant qu'une seule interprétation possible. J'ai traduit « et le Prince de la Congrégation le tuera », pour signifier que le prince tuera quelqu'un, probablement le chef ennemi dont il est question dans le fragment qui précède immédiatement celui-ci. D'autres, faisant fi des exigences de la grammaire et de la syntaxe hébraïque, ont traduit la même proposition « et il tuera le Prince de la Congrégation », inversant à tort le sujet et l'objet du verbe. Puis, lisant incorrectement le texte qui suit, ces auteurs ont également prétendu que le prince doit être identifié au rejeton de David. En se fondant sur ces lectures erronées, ils ont tiré une conclusion facile, mais insoutenable : ils ont interprété le terme que j'ai traduit par « danses » (*meḥollot* comme en Exode 15,20) comme s'il signifiait « transpercé » (*meḥollal*) une expression qui renvoie au Serviteur souffrant d'Isaïe 53,5 tel que la tradition chrétienne le comprend. Les commentateurs juifs ont compris ce passage d'Isaïe en référence à Israël, le serviteur de Dieu, « tombé en disgrâce (*meḥollal*) à cause de nos péchés ». Les chrétiens ont plutôt lu « transpercé en expiation pour nos fautes ».

Cela n'a cependant rien à voir avec la *Règle de la guerre*, car il n'y est pas question de mettre le Prince de la Congrégation à mort ou de le faire souffrir, et encore moins de le « transpercer ». La référence aux tambourins et aux danses est sans doute à mettre en rapport avec la célébration de la victoire que prévoit la *Règle de la guerre* et qui est décrite plus en détail dans le *Rouleau de la guerre*. De plus, ceux qui ont divulgué ce texte en y lisant le drame d'un messie transpercé n'ont pas réalisé que la dernière ligne comporte une référence explicite aux « corps des Kittim », c'est-à-dire des Romains, ce qui indique clairement que ce n'est pas le peuple juif ou son chef qui périra, mais bien leurs ennemis.

La comparaison de la *Règle de la guerre* avec une section parallèle dans le *Pesher d'Isaïe*[a] confirme sans équivoque l'interprétation que je propose. Ce passage parallèle commente le même texte d'Isaïe (10,33-11,5). Après avoir cité Isaïe 10,34 « les taillis de la forêt seront coupés par le fer, et les majestueux cèdres du Liban tomberont », le pesher poursuit : « [Ce sont les]

Kittim qu[i tom]beront aux mains d'Israël… ce sont les puissants des Kit[tim]… » (4Q161 *Pesher d'Isaïe*[a] 7-10 III,7-9) Puis le texte donne son interprétation de la « souche de Jessé » (Is 11,1) : « [L'interprétation de ce texte concerne le rameau] de David qui se lèvera à la Fi[n des Temps pour sauver Israël et détruire ses en]nemis… Et il régnera sur les na[tion]s… [tou]tes les nations, son épée les jugera. » (4Q161 *Pesher d'Isaïe*[a] 7-10 III,22-26)

Ce passage ne laisse aucun doute possible concernant le parallèle dans la *Règle de la guerre* : la défaite est bien celle des Romains aux mains de la secte et de son chef, le Prince de la Congrégation. Dans leurs attentes eschatologiques antérieures à la conquête romaine de –63, les sectaires envisageaient sans doute une telle victoire suite à la grande bataille qui se préparait. Loin de décrire un messie transpercé, la *Règle de la guerre* énonce l'espoir d'une défaite des Romains par les sectaires, incluant la mise à mort de leur chef et de leurs soldats, dont les corps sont mentionnés explicitement dans ce texte.

L'*Apocalypse messianique*

L'une des plus belles descriptions messianiques est celle de l'*Apocalypse messianique* (4Q521) de Qumrân[5]. Ce manuscrit a été daté de –100 à –80. Son fragment le plus grand est aussi celui qui comporte les références messianiques les plus claires. Il a un ton poétique et ne porte aucune trace de sectarisme ; il reflète probablement des attentes messianiques communes à une grande partie du peuple d'Israël. On y retrouve le mélange des paradigmes restaurateur et utopique. De plus, ce texte évoque la résurrection des morts, ce qui est rare dans le corpus qumranien. À cause de son caractère poétique, il est traduit au complet et ses lignes sont disposées telles qu'elles apparaissent dans le manuscrit :

> [Car les ci]eux et la terre obéiront à Son messie,
> [et tout ce] qu'ils contiennent ne se détournera pas du commandement des saints.
> Raffermissez-vous, vous qui cherchez le Seigneur dans Son service !
> N'est-ce pas en cela que vous trouverez le Seigneur, tous ceux qui espèrent dans leur cœur ?
> Car le Seigneur visitera les pieux, Il appellera les justes par le(ur) nom ;
> Son Esprit reposera sur les humbles et Il renouvellera les fidèles par Sa force.
> Car Il honorera les pieux sur un trône de royauté éternelle,
> libérant les prisonniers, rendant la vue aux aveugles, redressant les cour[bés].

Aussi, pour [to]ujours, je m'attacherai [à ceux qui] espèrent, et Il [récompensera] des pieux,
et le fru[it d'une] bonne [œuvr]e pour une personne, Il ne le différera pas ;
des actions glorieuses comme il n'y en a jamais eu, le Seigneur en réalisera comme Il l'a pro[mis].
Car Il guérira les malades, fera revivre les morts, proclamera de bonnes nouvelles aux humiliés ;
et les [pauvres], Il les comble[ra] ; les abandonnés, Il les guidera ; et les affamés, il les enrichira ;
et les sa[ges...] ; et tous, comme des sai[nts],...

(4Q521 *Apocalypse messianique* 2 II,1-15)

Certains spécialistes ont voulu situer ce texte dans le contexte du christianisme primitif. Ils semblent avoir oublié que le messianisme — cette croyance en la restauration des institutions qui avaient fait la gloire d'Israël dans le passé et en l'avènement d'une ère nouvelle à caractère utopique — était largement répandu, sinon normatif, parmi les Juifs des périodes asmonéenne et romaine. Même si leurs représentations du messianisme variaient, la plupart des Juifs de l'époque partageaient les mêmes principes de base. Ce texte, en fait, nous livre un aperçu de la pensée messianique juive ancienne.

Plusieurs thèmes de ce texte se retrouvent dans la liturgie juive traditionnelle dont les origines remontent à cette époque. L'une de ces prières, qui date des débuts de la période rabbinique, parle de Dieu ainsi : « Il réveille les endormis, fait parler les muets, libère les captifs, soutient ceux qui sont tombés, et redresse ceux qui sont courbés. » Ailleurs, on dit encore que Dieu « libère les captifs, sauve les pauvres, vient en aide aux indigents ». Dans l'un des premiers paragraphes de la prière Amidah, on lit : « Tu ramènes les morts à la vie dans Ta grande miséricorde, Tu soutiens ceux qui sont tombés, Tu guéris les malades et Tu libères les captifs. » Il est certain qu'en rapportant ces actions à Dieu, à la fin des temps, ce texte n'exprime rien d'autre que les croyances communes des Juifs de l'époque, des croyances qui sont demeurées centrales dans le judaïsme jusqu'à nos jours.

Selon cette *Apocalypse messianique*, le messie est investi de l'autorité suprême sur les cieux et la terre et il exhorte ceux qui cherchent Dieu à observer la Torah de manière encore plus vigilante. Ces derniers sont encouragés à mettre toute leur énergie au service de Dieu, car ce n'est qu'en observant correctement les commandements qu'ils peuvent s'approcher du divin. En retour, Dieu établit une relation spéciale avec ses fidèles : c'est Dieu qui aide les opprimés, les captifs, les aveugles, les courbés. À la

Apocalypse messianique
Ce document contient une description du messie qui insiste sur les grandes œuvres que Dieu fera à la fin des temps. L'une de ces œuvres est la résurrection des morts. On a parfois prétendu que la résurrection des morts serait effectuée par le messie, mais cette interprétation erronée ne peut être soutenue. Le texte cadre parfaitement avec la tradition juive, comme l'indiquent des parallèles postérieurs dans la liturgie juive.
Courtoisie de l'Autorité des antiquités d'Israël.

fin des temps, Dieu fera des miracles : il guérira les malades, fera revivre les morts, et nourrira les affamés. Les sages vivront comme des anges. Chacune de ces idées se retrouve dans le judaïsme traditionnel.

Voulant accentuer les rapprochements avec le christianisme, on a lu ce texte, à tort, comme si c'était le messie, et non Dieu, qui allait ressusciter les morts. Mais cette interprétation est difficilement défendable. Les textes du *Pseudo-Ézéchiel*[a] de Qumrân (4Q385 2,5-8), inspirés de la vision des ossements desséchés d'Ézéchiel (37,1-14 — particulièrement 12-14), soulignent fortement que c'est Dieu lui-même et non son mandataire messianique qui fait ce miracle.

La conception de la résurrection la plus répandue dans le christianisme soutient que c'est le messie lui-même qui mourra et sera ressuscité. Dans l'*Apocalypse messianique*, toutefois, la résurrection des morts est celle du peuple et non celle du messie. Même si l'on devait interpréter ce texte comme la résurrection des morts *par* le messie, une telle notion n'aurait rien à voir avec la résurrection de Jésus dans la foi chrétienne.

Ce texte n'a donc pas de lien avec le christianisme, si ce n'est qu'il témoigne de l'existence d'idées messianiques dans le judaïsme avant l'émergence du christianisme. Il est assez naturel que les Juifs qui sont à l'origine du mouvement de Jésus y aient apporté les enseignements du judaïsme qu'ils avaient appris. Ce magnifique poème résume ces croyances, exhortant les humains à observer la Torah de Dieu pour hâter l'avènement de la rédemption éternelle.

Les textes examinés ici en détail ont suscité énormément de controverses dans les médias, surtout du fait de leurs soi-disant ressemblance avec les croyances messianiques chrétiennes. Il y a certes quelques parallèles, mais qui ne font que montrer en quoi le christianisme primitif est redevable au judaïsme de certains idéaux messianiques, particulièrement lorsqu'il s'agit de notions apocalyptiques comme celles qu'on trouve dans des textes préservés à Qumrân. Quelques-uns de ces documents ont été composés par les sectaires, d'autres par leurs prédécesseurs, parfois même avant la révolte des Maccabées.

Dans ces textes, comme dans ceux qui ont été étudiés au cours des chapitres précédents, des Juifs ont exprimé avec ferveur leur espoir d'une rédemption messianique, habituellement associée à la notion d'un ou deux rédempteurs. Ces Juifs espéraient, en ce temps-là comme aujourd'hui, que l'ère messianique mettrait fin à tous les maux accablant leur peuple et qu'elle apporterait une paix durable dans le monde. Pour certains, cela impliquait la destruction complète des impies, comme prélude à l'ère messianique à venir ; pour d'autres, et notamment pour la tradition rabbinique restauratrice qui allait survivre beaucoup plus longtemps que les courants apocalyptiques sectaires, cela signifiait plutôt un repentir des impies et leur retour aux commandements de Dieu, ce qui déboucherait sur la fin des temps.

Les perspectives messianiques des sectaires de Qumrân et d'autres Juifs de l'époque se concentraient sur l'aménagement d'un monde où la parfaite observance de la Torah de Dieu serait possible. Mais déjà dans le monde présent, les Juifs cherchaient à entrer en contact plus étroit avec Dieu. Dans le prochain chapitre, nous abordons l'aspect mystique de la littérature de Qumrân, de même que la tradition magique qui a toujours eu un certain rôle dans la communauté juive.

CHAPITRE 22

Mysticisme et magie

Au cours de leur longue histoire, les Juifs ont continuellement cherché à pénétrer dans la sphère du divin. Lorsque de telles tentatives comportent un élément expérientiel, par exemple une vision, on peut parler à juste titre d'expérience mystique. Les textes analysés dans cette section ne sont pas mystiques au sens strict, car ils sont plutôt descriptifs qu'expérientiels. Ils ne véhiculent pas d'expérience mystique proprement dite, pas plus qu'ils ne font assister à une transformation mystique de la part des adeptes. Pourtant, certains textes de Qumrân reflètent les motifs et les thèmes, aussi bien que le langage et le style typiques des textes mystiques du judaïsme postérieur. Ils éclairent une étape importante du développement de la mystique juive[1].

On associe souvent mysticisme et magie, mais il s'agit de deux phénomènes bien distincts. La magie est un effort pour susciter l'aide de Dieu afin de venir à bout des forces du mal[2] ; le mysticisme, de son côté, a pour but d'amener les êtres humains à approcher Dieu. Malgré les différences significatives entre ces formes de comportement religieux, de nombreux textes mystiques juifs montrent qu'il y a une grande interaction entre les deux phénomènes. Il en est ainsi également dans la littérature de Qumrân ; c'est pourquoi nous les examinerons ensemble.

Avant les découvertes de Qumrân, plusieurs théories circulaient pour expliquer les origines du mysticisme juif. La plupart des spécialistes tenaient pour acquis que certaines traditions étrangères s'étaient plus ou moins fusionnées aux traditions juives pour produire ce phénomène « aberrant ». On a formulé de nombreuses hypothèses à ce sujet. Quelques-uns y voyaient l'influence du gnosticisme, un mouvement qui met l'accent sur la relation de l'individu avec une source transcendante de l'être grâce à un savoir secret et qui a souvent recours à un dieu créateur distinct de cette source de l'être. D'autres y ont reconnu une influence du zoroastrisme, qui pensait que les aspects bon et mauvais de l'Univers étaient les produits de dieux rivaux. D'autres enfin croyaient que l'Hellénisme avait amené avec lui une variété de modèles religieux, allant du panthéon des dieux grecs aux divers cultes à mystère.

Ces théories sont erronées en ce qu'elles supposent que le mysticisme juif s'est développé en dehors du désir juif traditionnel d'une plus grande proximité avec Dieu. Elles n'ont pas réussi à voir que l'on peut rencontrer ces phénomènes dans les anciennes traditions bibliques et dans les sources du Second Temple — à commencer par les manuscrits de la mer Morte — et qu'il y en a des traces dans certaines traditions rabbiniques jusque dans la littérature mystique juive ancienne que l'on appelle la mystique des *Hekhalot* ou de la *Merkavah*. Cette littérature, qui remonte à l'époque rabbinique et aux débuts du Moyen Âge, a pour thèmes privilégiés la contemplation des palais (*hekhalot*) de Dieu et de son trône (*merkavah*) céleste.

Lorsqu'on reconnaît que c'est bien de cela dont il s'agit et si l'on y regarde de plus près, il apparaît clairement que le mysticisme juif est le fruit d'une élaboration interne au judaïsme lui-même. Bien que d'autres traditions puissent avoir interagi avec la tradition mystique juive qui se développait, l'avoir occasionnellement influencée ou, au contraire, avoir même été influencées par elle, il n'est nullement nécessaire de chercher une origine étrangère à ce phénomène. De fait, l'incapacité de comprendre correctement ce matériel ancien peut être largement attribuée aux préjugés de ces chercheurs modernes qui considèrent le mysticisme comme une tare dans le judaïsme et qui tentent d'en trouver l'origine dans des sources externes.

L'arrière-plan biblique

Les écrits de Qumrân ont très souvent puisé leurs idées dans les textes bibliques ; on devrait donc s'attendre à trouver dans ces sources anciennes les motifs originaux qui apparaissent dans des spéculations ou descriptions mystiques ultérieures. Quatre textes bibliques servent principalement de matériau de base au développement de la mystique juive postérieure : ce sont les livres de l'Exode, d'Isaïe, d'Ézéchiel et de Daniel, qui décrivent des rencontres à caractère mystique.

La première de ces sources est un court passage qu'on lit en Exode 24,10-11. De l'avis de plusieurs commentateurs, il s'agit de la vision divine qu'ont eu Moïse, Aaron, Nadab et Abihu immédiatement après la révélation du Sinaï. La Torah en parle comme suit : « Ils virent le Dieu d'Israël. Sous ses pieds, il y avait comme un pavement de saphir, aussi pur que le ciel même. » Même s'ils se sont approchés de Dieu, ils ne sont pas punis, mais, continue le texte, « il contemplèrent Dieu, puis ils mangèrent et ils burent », sans doute une référence au sacrifice qu'ils viennent d'offrir (v. 5). On a déjà ici les ingrédients des visions mystiques postérieures : l'utilisation de termes tels que « ressemblance », pour éviter l'anthropomorphisme, la vision de ce qu'il y avait sous Dieu et son trône, et la grande lumière qui est en dessous de Lui, symbolisant sa présence.

La deuxième description majeure est la vision d'Isaïe (6,1-4), habituellement considérée comme l'initiation d'Isaïe à la prophétie. Le prophète voit le trône divin et le Seigneur qui y siège. Les anges proclament les louanges de Dieu par des chants antiphoniques. On trouve au v. 3 la proclamation angélique de la sainteté divine, ce que la tradition rabbinique appellera la *kedoushah* (sanctification) : « Saint, saint, saint est le Seigneur des armées ! Sa gloire emplit toute la terre. » Nous avons donc ici la vision du trône céleste, avec la suite des anges qui chantent les louanges de Dieu — un autre thème important dans un texte de Qumrân appelé les *Chants pour l'holocauste du sabbat*.

Le troisième ensemble le plus important pour l'histoire postérieure du mysticisme juif est sans doute la vision du trône divin rapportée en Ézéchiel 1, puis en 3,12-13, et finalement au chapitre 10. Dans le premier chapitre, Ézéchiel voit un trône en forme de char, supporté par quatre animaux. Toute la scène baigne dans le feu et les lumières éblouissantes. Le trône se déplace dans toutes les directions, comme s'il était sur des roues. Le prophète entend le bruit des ailes des anges. Au-dessus de la tête des anges, il y a un firmament d'un blanc pur et, plus haut, ce qui ressemble à un trône de saphir. Sur le trône, Ézéchiel aperçoit une forme ayant apparence humaine, entourée de feu, et il entend les paroles suivantes : « Bénie soit la gloire du Seigneur au lieu de son séjour. » (3,12)

Le dernier passage significatif se trouve dans le livre de Daniel 7,9-14. Daniel voit l'Ancien des jours, la tête et le vêtement blancs, assis sur son trône de feu. Comme chez Ézéchiel, le trône possède des roues et des fleuves de feu jaillissent devant lui. Les livres du jugement sont alors ouverts. Devant Dieu se tient comme un fils d'homme. Il est possible que certains aspects de cette vision soient des emprunts à Ézéchiel, mais cela ne peut être démontré hors de tout doute.

L'exégèse de ces textes et leur manière de décrire l'expérience mystique ont alimenté le mysticisme juif ancien. De tels récits bibliques de visions mystiques ont leur écho dans la littérature de la période du Second Temple, notamment dans des textes préservés à Qumrân.

Descriptions du char divin (*merkavah*)

L'élément certainement le plus important de la mystique juive d'époque rabbinique et médiévale est la description du trône divin. C'est un thème central déjà dans les quatre passages bibliques présentés ci-haut. L'interprétation de ces textes bibliques, particulièrement de celui d'Ézéchiel 1, refait surface dans de nombreux textes mis au jour à Qumrân, tout comme dans d'autres textes de la période du Second Temple.

La thématique du trône divin se trouve déjà dans des fragments préqumraniens du livre d'Hénoch trouvés à Qumrân et datant vraisemblablement du IIIe siècle avant notre ère[3]. En *1 Hénoch* 14, dont le texte intégral est préservé en éthiopien, Hénoch décrit le monde supérieur. Il voit un mur de cristal et des langues de feu, puis un palais de cristal entouré de feu. À l'intérieur se trouve une autre demeure, encore plus splendide, dans laquelle il y a un trône élevé, décrit comme en Ézéchiel 1. Des fleuves de feu surgissent du trône. La description de la Grande Gloire rappelle Daniel 7,9-14. Puis le texte dépeint, en termes semblables à ceux employés dans ce passage de Daniel, la grandeur de la présence divine et les anges qui entourent le trône. Finalement, comme en Ézéchiel (1,28), Hénoch lui-même se prosterne devant le trône.

Un passage fragmentaire évoquant cette vision mystique du trône et intégrant des éléments qui proviennent d'Ézéchiel et de Daniel, fait partie des morceaux araméens de *1 Hénoch* 14,18-20, retrouvés à Qumrân. La description du trône peut être reconstruite comme suit : « …[comme du cristal. Et ses roues avaient l'éclat du disque solaire. Ses ailes étaient des ché]rub[ins. Au pied du trône coulaient] des fleuves d[e feu flamboyant dont je ne pouvais soutenir la vue. Le Grand par excellence siégeait sur Son trône et Son vêtement était plus brillant que le soleil et plus blanc que] la grand[e nei]ge. » (4Q204 *1 Hénoch*^{c} 1 vii 1-2 = *1 Hénoch* 14,18-20) Même s'il préserve les traces d'à peine quelques mots, ce petit fragment, tout comme d'autres parties du texte de *1 Hénoch* découverts à Qumrân, démontre que l'ensemble de cette section était connue des membres de la secte de Qumrân. Nous savons, de fait, qu'elle est antérieure à cette secte. Le passage en question harmonise la vision d'Ézéchiel 10 avec celle de Daniel 7,9-10, une pratique tout à fait courante dans la mystique juive postérieure.

Dans la version éthiopienne de *1 Hénoch* 18, Hénoch est conduit à travers les cieux. Il parvient aux réserves des vents et au lieu des sept montagnes, au centre desquelles se trouve la montagne du Seigneur. Il la décrit ainsi : « Celle du milieu, montant jusqu'au ciel comme un trône divin, était d'albâtre, et le sommet du trône était de saphir. » (*1 Hénoch* 18,8) Un petit fragment de ce texte a aussi été retrouvé à Qumrân, ce qui prouve que les sectaires le connaissaient. Il se lit comme suit : « Le trône ét[ait de saphir] » (4Q204 *1 Hénoch*^{c} 1 VIII,27) Encore une fois, nous avons ici une allusion au saphir mentionné en Exode 24,10 et en Ézéchiel 1,26 et 10,1.

Jusqu'à présent, nous avons examiné seulement le matériel du livre d'Hénoch dont on trouve des parallèles parmi les fragments araméens de Qumrân. C'est seulement à l'aide de tels parallèles qu'on peut établir hors de tout doute que les textes dont nous parlons sont préqumraniens et qu'ils étaient connus des sectaires (ou du moins de certains d'entre eux). Mais, tel qu'on l'a expliqué plus haut, on peut démontrer que quatre des cinq sections de *1 Hénoch* sont attestées dans les fragments de Qumrân sous une forme qui ressemble en gros à celle du texte préservé intégralement en éthiopien. À l'exception des Paraboles (chapitres 37-71), le livre au complet peut être considéré comme représentatif de la période prémaccabéenne. Si tel est le cas, nous pouvons conclure sans hésitation que beaucoup d'autre matériel associé aux traditions mystiques juives postérieures existait avant la secte de Qumrân et pouvait se trouver dans la collection de textes des sectaires.

Le thème du trône divin est attesté également de manière indirecte par Ben Sira[4]. Dans son éloge des anciens héros d'Israël, il dit à propos du prophète Ézéchiel : « C'est Ézéchiel qui vit une vision de gloire que Dieu lui montra sur le char des chérubins. » (*Ben Sira* 49,8) C'est le premier emploi, dans un texte connu aussi de la communauté de Qumrân, du terme *merkavah*, littéralement « chariot », pour parler du trône divin vu par Ézéchiel. C'est précisément cette vision qui a servi ensuite de paradigme à de nombreux textes mystiques juifs.

Dans la même veine que ces visions du trône, on trouve une brève référence à une vision de la gloire divine dans un poème liturgique de Qumrân :

> Et tu renouvelleras Ton alliance avec eux dans une vision de gl[oi]re,
> et par les paroles de Ton [esprit] saint avec Tes créatures,
> et par l'écriture de Ta droite,
> pour leur faire connaître les enseignements glorieux
> et les œuvres éternelles.
> (1Q34 *Prières liturgiques* 3 II,6-7 = 4Q509 *Prières pour les fêtes* 97-98 8-10)

Autrement dit, tout comme Dieu a révélé à Israël des visions de la gloire — c'est-à-dire de la présence divine — au moment de lui donner Son alliance, la Torah écrite de sa propre main, de même ces visions se reproduiront au moment où il renouvellera cette alliance.

La liturgie angélique

Les textes d'Hénoch et de Ben Sira présentés ci-haut démontrent que la pensée juive éprouvait déjà une fascination mystique à l'égard du trône divin avant même que la secte de Qumrân ne soit établie. L'un des textes les plus importants sur le sujet, toutefois, est sans doute celui des *Chants pour l'holocauste du Sabbat*, qu'on appelle aussi la *Liturgie angélique*[5]. Ce texte est préservé dans neuf manuscrits de Qumrân et un de Massada (4Q400-407 ; 11Q17 ; MasShirShabb). Même si aucun des manuscrits n'est complet, la combinaison des divers fragments permet de reconstruire une grande partie du texte et de récupérer plusieurs hymnes d'une grande beauté. Le manuscrit le plus ancien est daté des années –75 à –50.

Lorsqu'un manuscrit de ce texte a été découvert à Massada, on a d'abord pensé que des sectaires de Qumrân, qui avaient pris part à la Grande Révolte, s'étaient enfuis à Massada après la destruction de Qumrân en prenant ce texte avec eux. Toutefois, l'étude des autres textes de Massada établit clairement que le corpus de Massada contenait plusieurs textes ayant des parallèles dans la collection de Qumrân. Apparemment, il s'agit d'œuvres qui étaient assez connues et qui circulaient assez largement en Palestine au cours de cette période ; cela semble du moins le cas pour les textes apocryphes. Même si nous ne pouvons pas savoir avec certitude qui lisait ce texte à Massada, nous pouvons supposer que, si pareil texte circulait en dehors de la communauté de Qumrân au cours du Ier siècle avant notre ère, certaines des idées qu'il contient pourraient bien avoir été effectivement préservées dans des traditions postérieures.

Les *Chants pour l'holocauste du sabbat* sont un ensemble d'hymnes destinés aux divers sabbats de l'année, bien que certains chercheurs pensent que ce texte comportait des poèmes seulement pour les treize premiers sabbats, soit ceux du premier quart de l'année. Chaque poème commence à peu près comme ceci : « Pour l'instructeur. Le chant pour l'holocauste du sabbat du septième sabbat, le 16 du 2e mois. Louez le Dieu Très-Haut... » (4Q403 *Chants pour l'holocauste du sabbat*[d] 1 I,30)

Le poème poursuit en exhortant les anges, qui sont désignés par différents vocables, à exalter et à louer Dieu. Chaque chant décrit la louange des anges, le Temple céleste, et le sacerdoce angélique.

Les cinq premiers chants portent sur le sacerdoce angélique. Les chants 6 et 8 sont des descriptions élaborées des louanges des sept chefs prêtres et de leurs adjoints. Le septième chant comporte sept appels à la louange, adressés aux sept conseils d'anges, suivis d'une description des louanges du Temple céleste lui-même. Les chants 9-13 décrivent le Temple céleste et proclament les louanges de Dieu. Le chant 12 décrit le trône divin, la *merkevah*, sur laquelle nous reviendrons à l'instant. Le dernier chant décrit les vêtements du grand prêtre céleste.

L'extrait suivant, tiré du sixième chant, est assez représentatif de ce genre de poésie : « Pour l'instructeur. Le chant pour l'holocauste du sabbat du septième sabbat, le 16 du 2e mois. Louez le Dieu Très-Haut... » (4Q403 *Chants pour l'holocauste du sabbat*[d] 1 I,30)

Le quatrième des chefs princes
invoquera la bénédiction, au nom de la majesté du Roi,
sur tous ceux qui se conduisent avec droiture,
avec sept paroles de majesté.
Et il bénira ceux qui proclament (Sa) majesté
avec sept paroles merveilleuses,
et il bénira tous les anges qui exaltent Sa connaissance véritable
avec sept paroles de justice pour ceux qui chérissent Sa gloire.

Le cinquième des chefs princes
invoquera la bénédiction, au nom de Ses merveilles,
sur tous ceux qui connaissent ses secrets les plus purs,
avec sept paroles de son exaltation véritable.
Et il bénira tout ceux qui se hâtent pour accomplir Sa volonté
avec sept paroles merveilleuses,
et il bénira tous ceux qui Le reconnaissent
avec sept paroles de majesté pour ceux qui reconnaissent (Ses) merveilles.

Le sixième des chefs princes
invoquera la bénédiction au nom des actions puissantes (de Dieu) par ses anges,
sur tous ceux qui se démarquent par (leur) savoir,
avec sept paroles de ses merveilleux pouvoirs.
Et il bénira tous ceux dont la conduite est parfaite
avec sept paroles merveilleuses, comme une offrande quotidienne avec
les êtres éternels,
et il bénira tous ceux qui espèrent en Lui
avec sept paroles merveilleuses pour la restauration des miséricordes de sa grâce.

Le septième des chefs princes
invoquera la bénédiction sur tous les Saints qui proclament Sa connaissance
avec sept paroles de Son saint pouvoir.
Et il bénira tous ceux qui exaltent ses préceptes
avec sept paroles merveilleuses comme des boucliers invincibles,
et il bénira tous ceux qui rassemblés pour la justice,
qui louent Son règne glorieux [...] éternité,
avec sept paroles merveilleuses pour un bonheur éternel.
Et tous les merveilleux chefs princes
béniront ensemble le Dieu de tous les anges
au nom de [...] et tous [...]

(4Q403 *Chants pour l'holocauste du sabbat*[d] 1 I,16-26)

On peut voir dans ce poème, comme dans plusieurs autres provenant du même ouvrage, que le poète contemple le ciel avec beaucoup de révérence et un grand sens de sa majesté. Mais rien n'indique qu'il soit invité à se joindre au drame angélique dont il est témoin.

L'extrait suivant, tiré du douzième chant, décrit une vision du char, c'est-à-dire du trône divin. Comme d'autres compositions telles que celle d'Hénoch, cette description est basée sur une interprétation de la vision d'Ézéchiel et d'autres sources bibliques pertinentes. Du fait qu'il contient une description du trône divin, la *Merkavah*, cet extrait est peut-être le plus significatif dans ce texte :

Les chérubins tombent devant lui et prononcent une bénédiction. Quand ils se relèvent, la voix douce des anges (se fait entendre) dans les hauteurs. Le chant s'amplifie quand ils déploient leurs ailes, la douce voix des anges, qui bénissent l'image du trône-chariot au-dessus du firmament des chérubins. Ils chantent alors la louange du firmament de lumière qui est sous Son trône glorieux. Et quand les roues se déplacent, les anges se déplacent. Et sortant du milieu de ses glorieuses roues, avec l'apparence du feu, (voici) les esprits des saints (anges). Tout autour, il y a comme des sentiers de feu, semblables à de l'électrum, et des créatures éblouissantes (vêtues) d'ornements glorieux, de merveilleuses cou-

> leurs pures. Les esprits du Dieu vivant se meuvent constamment avec la gloire merveilleuse du char-trône, et la douce voix de bénédiction se fait entendre avec le bruit de leur mouvement. Et ils louent le Saint lorsqu'ils reviennent. Quand ceux-ci se lèvent, ceux-là se lèvent (aussi) merveilleusement. Quand ceux-ci s'arrêtent, ceux-là se tiennent immobiles. La voix paisible des chants de joie et la douce bénédiction de Dieu (se font entendre) dans tous les camps des anges... Et la voix des louanges... et du milieu de toutes leurs cohortes... Toutes leurs troupes, chantant l'une après l'autre, chacune à sa place. (4Q403 *Chants pour l'holocauste du sabbat*[d] 1 I,16-26)

Le visionnaire de ce texte n'est pas amené en visite guidée autour du char-trône par quelque maître angélique ; il est plutôt un observateur immobile. Il est possible que les traits particuliers de cette description traduisent l'orientation plutôt intellectuelle qu'expérientielle de leur auteur dans l'interprétation de ce matériel biblique. En ce sens, il ne s'agit pas vraiment d'un texte mystique, bien qu'il en comporte de nombreux éléments qui annoncent déjà le plein déploiement des spéculations postérieures autour de la *Merkavah*.

Le style particulier de ces textes est typique de la littérature *Hekhalot* postérieure, ce qui confirme qu'il y a, derrière ces textes mystiques plus récents, une longue tradition qui remonte à du matériel comme celui qu'on trouve dans les passages cités plus haut. Lorsqu'on analyse la structure des phrases de cet ensemble, qui est caractéristique aussi des textes *Hekhalot*, on trouve un usage fréquent des participes, alors que les verbes sont très rares, et des chaînes de noms qui défient souvent tout effort d'en décomposer le contenu en phrases ou en propositions spécifiques. Une syntaxe aussi peu structurée provoque chez le lecteur une impression étrange, le sentiment d'être intoxiqué spirituellement ; cela est dû en grande partie au fait que la louange se poursuit sans interruption. Ce style syntaxique s'est développé sans aucun doute pour traduire la forte impression suscitée par le trône et pour exprimer l'effusion des louanges et les descriptions grandioses qu'inspirent sa présence.

Les spécialistes se demandent comment on utilisait ces textes. Quelques-uns pensent qu'il s'agit d'une liturgie qui devait être récitée sur une base hebdomadaire, peut-être comme substitut aux offrandes du sabbat que la secte ne faisait plus depuis qu'elle avait cessé de participer au culte du Temple de Jérusalem. D'autres les considèrent plutôt comme de simples descriptions hymniques n'ayant aucune fonction particulière dans un rituel sectaire quelconque.

Il est impossible de dire si le matériel préservé dans ce texte était employé dans un contexte liturgique, et si oui, de quelle manière. Ce que nous pouvons apprendre de ces poèmes, par contre, c'est que le Temple céleste s'apparente au Temple terrestre. Comme la Bible et la littérature juive postérieures, ces textes de Qumrân tiennent en effet pour acquis que le service du Temple terrestre se modèle sur le service idéal qui a cours dans le Temple céleste là-haut.

Les textes spéculatifs qui nous offrent les plus anciennes descriptions du char-trône dépeignent la louange de Dieu par les anges seulement. C'est seulement à l'époque rabbinique que cette littérature associe les liturgies célestes et terrestres, avec l'idée que les fidèles de la terre devraient imiter une telle louange angélique. Il est donc fortement probable que ces textes ne soient que de simples descriptions — sous la forme de la louange récitée par les anges lors de tel ou tel sabbat — plutôt qu'une liturgie faisant partie des pratiques prescrites dans la secte. Il est assez probable que les *Chants pour l'holocauste du sabbat* constituent une description spéculative de ce qui se déroule au ciel.

Plusieurs expressions de ce texte décrivent les anges. Il est difficile de préciser s'il s'agit de différentes catégories d'anges ou de noms différents pour désigner les mêmes anges. À Qumrân, comme dans la littérature *Hekhalot* postérieure, l'angélologie a élaboré des divisions complexes des anges selon leur classe (ou leur nature) et leur fonction. De plus, le texte mentionne sept archanges. Nous ne pouvons déterminer si chacun était préposé à un ciel particulier, comme dans les textes *Hekhalot* plus récents ; cette idée se retrouve cependant déjà à l'époque du Second Temple dans le texte grec du Testament de Lévi et dans une recension arménienne de ce texte.

Le *Rouleau des Psaumes* de la grotte 11 (11Q5) nous fournit un indice sur l'auteur présumé de ces chants[6]. Dans la section intitulée « Compositions davidiques » par l'éditeur (présentée au chapitre précédent), l'auteur du rouleau précise que David a composé, en plus de 3600 psaumes et quatre chants dont la fonction est incertaine, « des chants à chanter devant l'autel, sur l'holocauste quotidien, pour tous les jours de l'année, au nombre de 364 ; et pour le sacrifice des sabbats, 52 chants… » (11Q5 *Rouleau des Psaumes* XXVII,5-7) La secte attribuait donc vraisemblablement cette liturgie angélique à David.

Les *Chants pour l'holocauste du sabbat* fourmillent d'expressions et de motifs qu'on trouve dans les traditions mystiques juives postérieures. Par exemple : les sept archanges, l'idée que les troupes célestes chantent sans cesse la louange de Dieu, le sanctuaire et le culte céleste, la « douce voix », l'association du feu aux anges, la multitude des couleurs, le « Dieu vivant », les nombreux chars-trônes et l'organisation militaire des troupes célestes. De plus, le langage, la terminologie et le style de notre texte ressemblent beaucoup à ce qu'on rencontre dans la littérature *Hekhalot* postérieure.

Il y a cependant des différences importantes par rapport aux textes mystiques plus récents. Lorsqu'ils rapportent ce qui se passe au ciel, les textes sectaires ne décrivent pas une ascension du visionnaire ; ils ne présentent pas non plus un tour guidé des cieux, ce qui est le scénario conventionnel des textes postérieurs. L'auteur décrit plutôt simplement ce qui peut être perçu de son propre lieu d'observation. Parce que les sectaires tiraient cette connaissance d'abord de leur interprétation des visions du trône divin qu'on trouve chez Ézéchiel et dans les textes bibliques apparentés, ils ne prescrivent aucun rituel particulier pour se préparer à un « voyage » mystique. Ces chants n'auraient donc pas été conçus, comme le matériel plus récent, pour susciter l'extase ou l'expérience mystique ; ce sont simplement les chants des troupes célestes. De plus, dans notre texte, les anges se voient attribuer diverses épithètes qui sont très différentes des noms, nombreux et souvent incompréhensibles, dont ils sont affublés dans la littérature mystique postérieure.

Le texte que nous venons d'étudier, composé au plus tard durant la deuxième moitié du Ier siècle avant notre ère, est certainement le texte hébreu postbiblique le plus ancien, parmi ceux que nous connaissons, à comporter des spéculations mystiques à propos du trône divin (la *Merkavah*) et de toute la suite angélique qui y est associée. Ce texte montre clairement que la tradition sur la *Merkavah* commence par de telles interprétations d'Ézéchiel, à la lumière des textes apparentés. Cette forme de midrash ancien a été complétée par des chants angéliques. Ce n'est que plus tard, peut-être à cause d'influences étrangères, qu'on développera des techniques de magie et d'incubation et que les noms des anges deviendront l'objet de spéculations qui auront pour effet de transformer le mysticisme de la *Merkavah* en une tradition ésotérique. Ces développements n'apparaissent pas dans nos sources avant l'époque rabbinique. Ils ont probablement été fusionnés avec les descriptions de la louange céleste après la composition des *Chants pour l'holocauste du sabbat*, alors que la secte de Qumrân elle-même était peut-être déjà disparue.

Les troupes célestes

Les anges sont souvent décrits comme des guerriers dans le *Rouleau de la guerre*[7]. Les sectaires s'attendaient à ce que les anges combattent à leurs côtés au cours de la guerre de la fin des temps. Dès lors, la secte devait observer les règles de pureté rituelle en vigueur dans le camp militaire (Dt 23,10-15), « car les saints anges (sont) avec leurs armées, ensemble » (1Q *Rouleau de la guerre* VII,6). Les anges principaux qui devaient combattre avec la secte sont Michel, Gabriel, Sariel et Raphaël (1Q *Rouleau de la guerre* IX,15-16).

Michel, Gabriel et Raphaël apparaissent dans toutes les listes d'anges, y compris celles de la littérature *Hekhalot*. Uriel apparaît dans la littérature midrashique et les livres apocryphes, bien que dans *1 Hénoch*, le nom habituel soit Penuël. Cette désignation alternative apparaît seulement dans la section dite des « Paraboles », absente des fragments araméens découverts à Qumrân. Quoi qu'il en soit, quand le *Rouleau de la guerre* a été composé, il semble que la liste des quatre archanges n'était pas encore tout à fait fixée. Michel représente le Prince des Lumières dans le *Rouleau de la guerre*, ce qui ne laissait pas de place pour Uriel, signifiant littéralement « lumière de Dieu »; cela expliquerait son absence de l'angélologie du *Rouleau de la guerre*. C'est probablement la raison pour laquelle Sariël — le « Prince de Dieu » — est devenu le quatrième archange.

Les anges jouent un rôle important dans les chants du *Rouleau de la guerre*. L'analyse littéraire montre que l'auteur a emprunté ces poèmes à une source préexistante, plutôt que de les composer lui-même. Un de ces textes décrit le rôle des anges :

> Car Tu as de nombreux anges dans les cieux,
> et des troupes d'anges dans Ta sainte demeure pour lo[uer] Ton [nom]
> Et les élus de la sainte nation, Tu les as placés pour Toi dans une co[mmunauté,
> et le nom]bre des noms de toutes leurs troupes est avec Toi dans Ton saint séjour,
> et l'én[umération des an]ges est dans Ta sainte résidence.
> Et la faveur bénie [pour Tes milliers] et Ton alliance de paix, Tu l'as gravée pour eux avec le stylet de vie,
> pour régner s[ur eux] dans tous les temps éternels,
> et pour mobiliser les armées de Tes él[us],
> dans leurs milliers, leurs myriades, avec Tes saints,
> [et l'armée de] Tes anges pour avoir la prédominance dans la bataille

[pour soumettre] ceux qui se sont soulevés dans le pays contre Tes jugements.
Et Tes bénédictions sont avec les élus des cieux.

(1Q *Rouleau de la guerre* XII,1-5)

Dans ce poème, les anges sont organisés comme une armée, de la même façon que les hommes de la secte sont mobilisés et répartis sur les listes d'après des structures militaires. Les anges sont les élus de Dieu, comme le sont les membres de la secte. Les anges ont été prédestinés de toute éternité pour leurs tâches spécifiques, tout comme les membres de la secte.

Le motif de l'organisation militaire des anges se retrouve aussi dans la littérature *Hekhalot*. Mais la représentation que nous avons ici diffère de celle des textes *Hekhalot* postérieurs, principalement sur un point : les sectaires supposaient qu'en face d'eux et de leurs compagnons d'armes angéliques se trouveraient les anges de destruction menés par Bélial. Un tel camp ennemi apparaît toutefois également dans les textes magiques associés à la littérature *Hekhalot*.

On retrouve en effet le motif de l'armée céleste dans les textes des bols magiques araméens des Juifs de Babylone, des textes incantatoires écrits entre le VIe et le VIIIe siècle, et dans le texte magique judéo-palestinien du *Sepher ha-razim* (= *Livre des mystères*), un texte contemporain ou un peu plus récent. On rencontre ce genre de magie surtout dans les milieux populaires, qui ont préservé des traditions comme celles-ci, où des puissances démoniaques se dressent contre les anges. Dans la littérature rabbinique, ces forces du mal sont des démons. D'autres textes juifs postérieurs donnent des indications sur la manière de se débarrasser de tels démons.

L'idée que les anges combattent aux côtés des soldats de la secte apparaît fréquemment dans le *Rouleau de la guerre*. Un peu plus loin dans la même colonne (*Rouleau de la guerre* xii 7-8), de puissants guerriers, les troupes des anges, et les troupes des esprits de Dieu se tiennent tous ensemble aux côtés de la secte. Cette description s'accorde avec l'idée sectaire que les saints anges seront présents à la fin des temps, quand le conseil de la communauté sectaire se rassemblera (1Q *Règle de la communauté* XIII,10-12).

Le commandant des anges de Dieu est Michel, le Prince de Lumière, qui affronte Bélial et des anges de destruction :

Et le Prince de Lumière, Tu l'as désigné il y a longtemps pour nous aider, et dans [son] lo[t se trouvent tous les fils de juist]ce, et tous les esprits de vérité sont sous sa domination. Et Tu as fait Bélial pour corrompre, ange d'hostilité, et dans les ténè[bres est] sa [domination] et son conseil est de faire le mal et de

> se rendre coupable. Et tous les esprits de son lot, ses anges de destruction, se conduisent selon les décrets de ténèbres, et vers elles (les ténèbres) est leur seul [dé]sir. (1Q *Rouleau de la guerre* XIII,10-12)

Plus loin, Michel est clairement désigné comme le Prince de Lumière :

> Il a exalté l'autorité de Michel dans la lumière éternelle pour faire resplendir dans la joie la m[aison d'I]sraël, (avec) la paix et la bénédiction pour le lot de Dieu, pour accroître au milieu des anges l'autorité de Michel et la domination d'Israël sur toute chair. (1Q *Rouleau de la guerre* XVII,6-8)

Dans le livre biblique de Daniel, Michel est l'ange d'Israël (Dn 10,21 ; 12,1). Tel est également le cas dans le *Rouleau de la guerre*. Mais dans la littérature *Hekhalot* Michel a été remplacé par Métatron comme archange et assistant de Dieu. Métatron n'apparaît jamais dans les manuscrits. Pour les sectaires, c'est Michel, le Prince de Lumière, qui est le chef des saints anges.

Physiognomie et chiromancie

Avant les découvertes de Qumrân, on savait déjà qu'il existait dans le judaïsme une tradition ésotérique de physiognomie et de chiromancie[8]. La psysiognomie suppose qu'on peut découvrir la nature d'une personne et son avenir en « lisant » les caractéristiques physiques de son visage. La chiromancie procède de même pour les lignes de la main. Dans ces textes ésotériques médiévaux, le terme hébreu *toledot* — littéralement « générations » — a le sens du latin *natura*, c'est-à-dire le caractère propre d'une personne, sa nature. Le terme a le même sens dans la *Règle de la communauté*. L'usage sectaire de ce terme a sans doute influencé les cercles ésotériques juifs postérieurs.

D'autres textes du début du Moyen Âge discutent de la manière de déterminer la destinée d'une personne en se basant sur la forme de ses pieds et de ses organes sexuels. Deux fragments de Qumrân, un *Horoscope* (4Q186) et un texte sur *L'élu de Dieu* (4Q534) parlent des mêmes techniques et mentionnent les mêmes signes que ceux qu'on trouve dans les textes médiévaux. Le premier fragment, l'*Horoscope*, est écrit de gauche à droite et composé en partie en alphabet cryptique[9]. Quelques exemples suffisent à en illustrer le contenu : « [...] et si ses jambes sont longues et minces et ses orteils longs et minces, alors il est dans la seconde colonne. Son esprit possède six (parts) dans la maison de lumière et trois dans la fosse de ténèbres. Et le signe de naissance sous lequel il est né : le pied du taureau. Il sera pauvre. Et tel est

Horoscope
Parmi les documents de Qumrân, il y a un groupe assez particulier d'horoscopes conçus pour déterminer, sur la base de ses caractéristiques physiques, dans quelles proportions un même individu appartient à la fois aux Fils de Lumière et aux Fils des Ténèbres. Ce matériel horoscopique est extrêmement significatif, car il indique qu'on imagine une rivalité entre les esprits du bien et du mal dans la personnalité même de chaque individu ; cette manière de voir est semblable aux penchants bon et mauvais de la tradition rabbinique. *Courtoisie de l'Autorité des antiquités d'Israël.*

son animal, le taureau. » (4Q186 *Horoscope* 1 II,5-9) Les personnes sont classées en « colonnes », en quelque sorte, selon la forme de leurs jambes, de leurs orteils, et peut-être d'autres parties de leur corps. Les personnalités sont apparemment complexes : ainsi, la personne décrite ici est partagée entre les lots du bien et du mal, dans un ratio de deux pour un. Le texte indique à quel signe du zodiaque la personne appartient et décrit sa nature. Un autre document trouvé à Qumrân, 4Q318 *Zodiaque*, contient une liste complète des signes astrologiques.

Une autre section de l'*Horoscope* comporte la description suivante : « … le son de sa voix est faible, et ses dents sont fines et bien alignées, et il n'est ni grand ni petit» (4Q186 *Horoscope* 2 I,2-4). Ici encore, les traits physiques d'une personne sont considérés comme des indices de sa véritable nature intérieure. Dans le cas de la personne qu'on vient de décrire, ces traits et d'autres lui font reconnaître huit parts dans la maison de lumière et une dans la maison de ténèbres.

Ces idées sont associées étroitement à la notion de prédestination. Les traits physiques d'une personne pouvaient donc révéler si une personne était prédestinée au camp de la lumière ou à celui des ténèbres. Cette notion s'apparente à l'idée des deux esprits telle qu'on la retrouve dans la *Règle de la communauté*, sans être identique à elle : la différence majeure est que la *Règle* trace un tableau plus radical où tout est blanc ou noir, tandis que l'auteur des *Horoscopes* dépeint des gens aux traits plus complexes, comportant des éléments de lumière et de ténèbres.

La deuxième composition est celle sur *L'élu de Dieu* (4Q534)[10]. Même si l'on a d'abord cru que ce document araméen décrivait la naissance du messie, les spécialistes sont actuellement d'avis qu'il raconte plutôt la naissance merveilleuse de Noé. Il est possible que ce texte ait fait partie d'un ancien *Livre de Noé*, dont parlent d'autres textes de Qumrân en hébreu ou en araméen. Si tel est le cas, ce manuscrit serait un autre témoin de la littérature dont les sectaires ont hérité de leurs prédécesseurs. Dans le passage qui suit, l'élu de Dieu est reconnu par ses caractéristiques physiques : «[...] de sa main, deux... une marque... une marque comme de l'orge et des lentilles... et de minuscules marques sur sa cuisse» (4Q534 *L'élu de Dieu* I,1-3). Ces traits indiquent que cet enfant est spécial, quelqu'un qui «deviendra sage et sera doté de discrétion» (ligne 6).

Ces textes, qui reflètent des notions sectaires clés concernant la nature et la destinée humaines, prouvent que la physiognomie et la chiromancie tenaient un rôle important dans la pensée et les pratiques de la secte. De la secte de la mer Morte et de groupes semblables, ces notions se sont ensuite transmises dans divers cercles et ont influencé la tradition juive ésotérique.

Mysticisme et magie

Mysticisme et magie sont deux phénomènes religieux différents, bien qu'ils apparaissent souvent ensemble dans les écrits ésotériques, l'un reflétant souvent l'autre. Ainsi, pour parvenir à une vision du char divin, les mystiques de la *Merkavah* s'adonnaient à de nombreuses pratiques à caractère magique. Ce phénomène se retrouve aussi à Qumrân, dans un texte appelé les *Chants du sage*, préservé dans deux manuscrits de la grotte 4 datés de la fin du Ier siècle avant notre ère (4Q510-511)[11].

Les *Chants du sage* comportent un intéressant mélange de poésie et de magie. On y trouve des hymnes et des louanges à Dieu, dont le style et la forme s'apparentent étroitement aux *Chants pour l'holocauste du sabbat* et aux hymnes des textes *Hekhalot*. Mais ils contiennent aussi du matériel magique semblable à celui qu'on trouve dans les anciennes incantations juives. Il y a également des parallèles entre les *Chants du sage* et les *Hymnes d'action de grâces*.

Le texte des *Chants du sage* nous apprend qu'il a été composé par le *maskil* (un « instructeur » sectaire), pour exorciser les démons. Apparemment, les sectaires croyaient que la louange de Dieu constituait une protection magique contre les forces démoniaques. Un de ces poèmes, préservé dans deux manuscrits fragmentaires, commence par la louange de Dieu :

> Béné[dictions pour le R]oi de gloire,
> paroles de reconnaissance avec des psaumes de [...] au Dieu de connaissance,
> Éclat des pui[ssanc]es, Dieu des dieux, Maître de tous les anges
> et dont la dom[ination s'exerce] sur tout puissant et fort.
> Et par la force de Sa puissance, tous sont terrifiés et dispersés ;
> ils fuient devant la splendeur de la deme[ure] de sa glorieuse majesté.
> (4Q510 *Chants du sage*[a] 1,1-4)

Ce poème fait d'abord une mise en situation : Dieu, étant la puissance véritable qui domine tous les anges, doit aussi maîtriser les forces du mal. La louange de ce Dieu tout-puissant peut par conséquent servir à bannir les démons. Le poème magique commence par établir que la gloire de Dieu, c'est-à-dire sa divine présence, peut terrifier et faire fuir devant elle toutes les forces du mal. Vient ensuite la formule magique elle-même : « Et moi, le *maskil*, je proclame l'éclat de Sa splendeur pour effrayer et ter[rifier] tous les esprits des anges de destruction, et les esprits des bâtards, démons (mâles), liliths (femelles), hurleurs et [crieurs...]. » (4Q510 *Chants du sage*[a] 1,4-5) Ici, le *maskil* bannit toutes les forces du mal : les esprits des bâtards (*mamzerim*, techniquement : ceux qui sont nés des unions illicites) et autres puissances démoniaques, mâles et femelles. Ces esprits sont les mêmes que dans les textes magiques postérieurs. De même, la formule de bannissement, l'exorcisme, est très similaire.

Plus loin, le texte associe les forces du mal avec les notions sectaires de périodes successives dans l'histoire. Parce que les sectaires croyaient vivre encore dans la période du mal, l'auteur décrit ces puissances comme toujours agissantes :

> Et vous avez été placés dans la période de la dominati[on] du mal, et aux temps prévus pour l'humiliation des fils de lumiè[re], dans la culpabilité des périodes des affligés par la perversité ; et ce non pas pour une destruction éternelle, mais plutôt pour l'époque de l'humiliation du péché. (4Q510 *Chants du sage*[a] 1,6)

Ces chants contre les démons sont certainement des compositions sectaires, qui reflètent aussi bien dans leur louange que dans leurs exorcismes l'idéologie de la secte. Les *Chants du sage* expriment le besoin de contrôler les forces du mal dans l'ère présente, jusqu'à ce qu'elles soient finalement détruites dans la guerre qui amorcera la fin des temps.

La secte de Qumrân possédait de toute évidence une démonologie très élaborée dont plusieurs traits se retrouvent dans la littérature magique juive postérieure : des anges de destruction, des démons, des liliths, des démons femelles, et autres forces du mal. Pour se protéger contre ces puissances démoniaques, les sectaires utilisaient des hymnes de louange à Dieu, de même que des incantations. Ces poèmes n'avaient pas seulement des fonctions magiques : elles servaient aussi à exprimer plusieurs idées mystiques qu'on retrouve dans la poésie sectaire, mais également dans la poésie de la littérature mystique juive postérieure.

Dans les pages précédentes, nous avons donc découvert des liens étroits entre une partie des manuscrits de la mer Morte — certains composés par la secte, d'autres faisant partie de son patrimoine — et la littérature juive ancienne des *Hekhalot*. Si nous avions trouvé ces rapprochements seulement dans la littérature composée par la secte, nous aurions pu conclure que ces idées avaient leur origine dans le groupe de Qumrân et avaient ensuite influencé le développement d'autres courants ésotériques dans le judaïsme rabbinique et médiéval. Mais nous avons vu que la collection de Qumrân démontre que ces idées mystiques et magiques étaient assez courantes dans la communauté juive de l'époque du Second Temple. Loin d'être une importation tardive dans le judaïsme, ces idées sont le prolongement de courants déjà présents dans la Bible et qui se sont développés tout au cours de cette période pour attendre leur forme finale écrite seulement au début du Moyen Âge.

Malgré ces développements internes au sein du judaïsme, les manuscrits de la mer Morte et les idées qu'ils expriment n'ont toutefois pas été composés ou recueillis dans un vacuum. Nous avons jusqu'à maintenant examiné les façons dont les sectaires ont interagi avec une variété d'autres groupes juifs contemporains ; nous avons également étudié diverses approches sectaires concernant quelques thèmes majeurs de la pensée juive. Nous allons maintenant regarder ce que ces manuscrits nous disent sur un sujet d'une grande importance à toutes les époques de l'histoire juive, celui de l'interaction entre les Juifs et leurs voisins non Juifs.

6

Sectarisme, nationalisme et consensus

CHAPITRE 23

Israël et les nations

À TRAVERS LES ÂGES, la plupart des Juifs se sont définis, dans une large mesure, par rapport à des majorités non juives et en opposition à elles. Plus souvent qu'autrement, ces majorités étaient hostiles aux Juifs, les forçant ainsi à dresser des barrières pour se définir et pour maintenir leur identité collective. Même si les sectaires vivaient de violents affrontements avec les autres Juifs qui ne partageaient pas leur point de vue, ils n'ont jamais été jusqu'à abolir la distinction entre Juifs et non-Juifs, ni jusqu'à accuser leurs adversaires juifs de ne pas avoir le statut de Juif[1]. Ils se définissaient d'abord par opposition à ces autres Juifs — particulièrement les pharisiens et ceux qui deviendront plus tard les sadducéens, sans oublier les autorités asmonéennes et les Juifs hellénisés ; mais ils se définissaient également, en partie, en réaction aux nations qui les entouraient et aux païens qui peuplaient la terre d'Israël durant la période gréco-romaine.

Soulignons d'entrée de jeu que les manuscrits ne contiennent aucune référence au christianisme. Le christianisme est un mouvement qui a commencé comme une secte juive avant de devenir un groupe religieux séparé. Les textes sectaires ont été composés avant les actions de Jean le Baptiste et de Jésus ; c'est pourquoi ils ne font aucune allusion à ces personnages du Nouveau Testament — en dépit de fallacieuses prétentions contraires. Telle est bien la situation, même si le site de Qumrân a été occupé jusqu'en 68 et même si certains manuscrits peuvent avoir été copiés au cours du premier siècle de notre ère.

Mais les manuscrits sont pleins de références à des non-Juifs. On en trouve dans des textes qui discutent du statut halakhique des non-Juifs en ce qui concerne la loi du sabbat, les règles de pureté, le commerce. Ailleurs, on se demande comment mettre en vigueur les lois bibliques qui bannissent les pratiques idolâtriques. Un autre thème majeur est celui du rôle que les Gentils joueront au cours de la bataille eschatologique à venir, durant laquelle les sectaires les vaincront. Les nations se voient attribuer ici une place centrale dans le plan divin qui se réalise. Plusieurs de ces textes, fondés sur des précédents bibliques, décrivent comment Dieu va manifester sa puissance en présence des nations. D'autres passages parlent du peuple élu. Nous allons aussi examiner comment le statut des prosélytes est décrit dans les textes de Qumrân. En abordant ces divers aspects, nous serons en mesure de mieux comprendre non seulement l'histoire générale des relations entre Juifs et non-Juifs au cours de cette période, mais aussi l'image que la secte de Qumrân s'était faite d'elle-même.

Les non-Juifs dans la loi sectaire du *Document de Damas*

Le corpus de Qumrân ne contient aucune définition de ce qui constitue l'identité juive, encore moins sur ce qui définit le non-Juif. Mais il comporte plusieurs règles à propos des non-Juifs. Les prescriptions du *Document de Damas* sur ce sujet commencent comme ceci[2] : « Qu'on n'étende pas la main pour verser le sang d'un non-Juif pour des richesses ou pour un profit. » (*Document de Damas*[a] XII,6-7) Ce texte ne fait référence à aucune sanction pénale pour de telles actions. La loi juive devait certainement autoriser le meurtre dans un cas de légitime défense. Cette règle semble donc plutôt viser les gouvernants asmonéens, les mettant en garde d'entreprendre des campagnes militaires seulement pour agrandir leur territoire ou pour accumuler du butin de guerre. Le *Pesher d'Habaquq* exprime un point de vue semblable : « Et quand à ce qu'il a dit : "Parce que tu as pillé de nombreuses nations, tout ce qui reste de peuples te pillera." (Ha 2,8) Son interprétation concerne les derniers prêtres de Jérusalem qui ont accumulé richesses et biens en dépouillant les nations… » (1Q *Pesher d'Habaquq* IX,2-5)

Le *Document de Damas* poursuit en interdisant de s'approprier ce qui appartient aux non-Juifs : « De même, qu'on ne prenne aucun de leurs biens pour éviter qu'ils ne blasphèment, si ce n'est avec l'accord de la communauté d'Israël. » (*Document de Damas*[a] XII,7-8) Cette règle interdit de voler un non-Juif, particulièrement en s'emparant des biens au moyen d'une action militaire. La justification qui en est donnée est des plus intéressantes : de peur qu'ils ne blasphèment Dieu. La même idée se retrouve dans la règle talmudique (*T. Bava Qamma* 10,5) qui interdit de voler les non-Juifs parce que cela les pousserait à profaner le nom de Dieu. En ternissant la réputation d'Israël, de telles actions font douter de son Dieu. Cette prohibition précise aussi qu'on ne peut se mettre en guerre qu'avec l'autorisation du conseil, une façon d'être certain qu'il s'agit d'une guerre juste et non d'un prétexte pour s'enrichir aux dépens de l'ennemi.

La liste se poursuit par deux prescriptions concernant les animaux et les produits de la terre : « Que personne ne vende une bête ou un oiseau purs aux non-Juifs, de peur qu'ils ne les sacrifient. Et que personne ne leur vende (des produits) de son aire ou de son pressoir, à aucun prix. » (*Document de Damas*[a] XII,8-10) La première règle, qui interdit la vente d'animaux et d'oiseaux purs (kasher) à des non-Juifs par crainte qu'ils ne les sacrifient, existe aussi dans la législation rabbinique. Elle a pour but de s'assurer que les Juifs n'encourageront pas les cultes païens, même indirectement.

On interdit également la vente de produits qui sont traités sur l'aire à battre ou dans le pressoir à vin. On ne doit pas les vendre directement, avant d'en avoir acquitté la dîme. En d'autres termes, la vente de tels produits à des non-Juifs ne les exempte pas de la dîme — l'obligation de réserver un dixième de ces produits pour donner aux lévites ou aux pauvres, ou pour les consommer à Jérusalem, selon l'année en cours.

La dernière règle de cette série interdit de vendre son serviteur ou sa servante à des non-Juifs. « (Les non-Juifs,) que nul ne leur vende son serviteur ou sa servante parce que ces derniers sont entrés avec lui dans l'alliance d'Abraham. » (*Document de Damas*[a] XII,10-11) Cette règle concerne les serviteurs non juifs qui ont commencé un cheminement de conversion au judaïsme ; dans la terminologie rabbinique, il s'agit du *'ebed kena'ani*, littéralement l'« esclave cananéen »[3]. Une règle semblable existe dans la loi mishnique, pour laquelle de tels esclaves recouvraient automatiquement leur liberté s'ils étaient vendus à des non-Juifs (*M. Gittin* 4,6). Cette loi voulait garantir aux esclaves se préparant à la conversion qu'ils pourraient observer les commandements auxquels ils se soumettaient. Un autre texte, les *Ordonnances*[a] (4Q159 2-4 2) interdit à un Juif de devenir le serviteur d'un non-Juif[4].

La plupart de ces règles du *Document de Damas* concernant les rapports entre Juifs et non-Juifs sont un condensé de celles que la tradition rabbinique postérieure a conservées dans le traité de la Mishnah *Avodah Zarah* (Culte étranger). Les règles de ce rouleau reflètent celles que suivaient plusieurs groupes de Juifs, y compris les pharisiens. Comme d'autres Juifs non hellénisés de l'époque du Second Temple, les sectaires s'abstenaient de tuer ou de voler les Gentils, tout comme ils veillaient aussi à éviter de supporter ou d'encourager de quelque façon le culte idolâtrique.

Comme on l'a dit plus haut, le *Document de Damas* aborde aussi la question des non-Juifs dans la série de prescriptions sur le sabbat[5]. Une règle, qui a également un parallèle dans la Mishnah, interdit de recourir à un non-Juif pour faire des travaux défendus le jour du sabbat, car cela équivaudrait à faire du non-Juif un collaborateur du Juif et impliquerait indirectement une violation de la loi du sabbat par ce dernier (*Document de Damas*[a] XI,2). La même interdiction s'applique au serviteur ou à la servante (*Document de Damas*[a] XI,12). Cette seconde règle concerne certainement les esclaves cananéens qui ont entrepris une démarche de conversion, parce que les serviteurs juifs sont déjà soumis à la loi juive qui les oblige à observer le sabbat.

On trouve encore une prohibition assez étrange, inconnue de la tradition rabbinique, mais qui a peut-être un parallèle plus tardif chez les karaïtes ; elle interdit de passer le sabbat « en un lieu proche des païens » (*Document de Damas*[a] XII,14-15). Cette règle a probablement été conçue pour garantir la pureté rituelle durant le sabbat, une question particulièrement importante dans les cercles sectaires. Mais elle pourrait aussi viser à empêcher que des membres de la secte ne contournent l'interdit de transporter des objets ou de voyager le jour du sabbat en s'associant à des non-Juifs pour se créer une résidence artificielle. Une telle interprétation serait totalement dans la ligne des prescriptions rabbiniques postérieures.

On voit ici que même si les non-Juifs ne sont pas obligés d'observer le sabbat juif, les Juifs ne sont pas autorisés à recourir à des non-Juifs pour faire un travail défendu, qu'il s'agisse de personnes libres ou d'esclaves cananéens. Le point de vue reflété ici présente suffisamment de similarité avec celui de la tradition rabbinique pharisienne pour qu'on le considère comme une position commune à de nombreux Juifs observants de cette époque.

Une règle fragmentaire, préservée dans trois manuscrits du *Document de Damas*, interdit apparemment d'apporter (soit au Temple, soit pour les repas communautaires sectaires) de la viande abattue par des non-Juifs : « Que personne n'apporte [de la viande] avec le sang de leur sacrifice [des nations…] ni de quoi que ce soit en or, argent, cuivre, [ni de] l'étain et du pl[omb dont] les nations on fait une idole, que personne ne l'apporte… » (4Q271 *Document de Damas*[f] 2 II,8-10 = 4Q269 8 II,1-2 = 4Q270 3 20-21) Le texte interdit également l'usage de tout métal — or, argent, cuivre, étain ou plomb — qui pourrait avoir servi au culte idolâtrique. Les récipients devaient en effet être exempts de tout contact avec le culte idolâtrique.

D'après les *Dires de Moïse* (1Q22 III,6), en accord en cela avec Deutéronome 15,3, il est permis de prêter à intérêt à un non-Juif, mais pas à un Juif[6]. Le *Document de Damas* (4Q267 *Document de Damas*[b] 4,10-11) châtie celui qui prête à intérêt à un frère juif.

Il y a un autre passage plutôt énigmatique, mais très important par rapport à certaines prescriptions du *Rouleau du Temple*, qui dit ceci : « Tout homme qui condamne (ou détruit) un autre homme selon les lois des nations, il sera mis à mort. » (*Document de Damas*[a] IX,1) Les spécialistes discutent le sens de ce passage, qui se trouve dans deux des manuscrits de Qumrân comme dans la copie médiévale. Il est évidemment basé sur Lévitique 27,29 et Genèse 9,6. Le texte du Lévitique, traduit littéralement, dit que quelqu'un qui a été « voué par l'interdit ne peut être racheté : il sera mis à mort ». D'après ce verset, nous pouvons comprendre notre passage ainsi : une personne qui en condamne une autre — c'est-à-dire provoque sa mort en la dénonçant — doit être mise à mort. Le texte de Genèse prescrit que « quiconque verse le sang de l'homme, son sang sera versé par l'homme » ; autrement dit, celui qui fait perdre la vie à un autre doit perdre la sienne. Il est probable que dans ce passage nous ayons affaire à une règle qui condamne à mort celui qui se tourne vers une cour non juive pour accuser son coreligionnaire juif de crime puisque, ce faisant, il aura agi comme informateur contre ce dernier.

L'extrait suivant provient d'une liste d'offenses préservée seulement dans un manuscrit du *Document de Damas* de Qumrân : « [...] la personne qui révèle le secret de son peuple aux nations, ou celui qui maudit o[u parle] de façon injurieuse contre les oints de Son saint esprit, ou qui égare [son peuple]... » (4Q270 *Document de Damas*[e] 9 II,12-15) D'après les textes rabbiniques postérieurs, livrer de l'information sur les Juifs aux autorités non juives était un tel problème, à l'époque, qu'on estimait nécessaire de recourir à des mesures draconiennes pour l'empêcher. Dans son contexte, ce passage établissait probablement la liste des punitions ou des mesures à prendre contre ceux qui commettaient une pareille offense.

Interdits sur l'idolâtrie

On trouve déjà dans le *Document de Damas* des mesures pour éviter d'encourager les cultes païens. Mais c'est surtout le *Rouleau du Temple* qui traite la question, en récapitulant la législation biblique sur le sujet[7]. Dans l'introduction du rouleau, l'auteur s'inspire d'Exode 34,10-17 pour réaffirmer l'obligation de détruire les objets servant aux cultes idolâtriques, dont on doit par ailleurs s'abstenir (11Q19 *Rouleau du Temple* II,6-12). La section qui porte sur cette question commence par une prohibition des pratiques idolâtriques :

> Vous n'agirez pas dans votre pays comme le font partout les (autres peuples). Ils sacrifient, ils plantent des poteaux sacrés (*Asherot*), ils érigent des stèles, ils installent des pierres sculptées pour se prosterner devant elles et bâtissent pour elles [...]. Tu ne planteras [aucun poteau sacré auprès de mon autel, celui que tu feras pour] toi. Tu n'érigeras pas de stèle [que je hais]. Tu ne feras aucune sculpture dans tout ton pays pour te prosterner devant elle. (11Q19 *Rouleau du Temple* LI,19-LII,3)

Ce texte, basé sur Deutéronome 16,21-22 (voir aussi Lévitique 26,1), interdit de pratiquer un culte sacrificiel décentralisé dans tout le pays, de planter des *Asherot* et d'ériger des piliers cultuels et des pierres sculptées. On remarque que la version sectaire de cette règle n'ajoute rien à la prohibition biblique, si ce n'est une manière particulière de la formuler.

Le texte paraphrase ensuite la loi concernant le prophète qui incite à l'idolâtrie (Dt 13,2-6 ; 11Q19 *Rouleau du Temple* LIV,8-18). Ici encore, même s'il reflète quelques variantes mineures attribuables à la tradition textuelle dont il dépend et même s'il comporte quelques modifications permettant de lever les ambiguïtés, ce passage réitère simplement la règle biblique qui prescrit la mort pour celui qu'on appelle « prophète » et qui encourage les siens à servir d'autres dieux. Il en est de même lorsque le rouleau reprend la loi concernant celui qui entraîne les autres à l'idolâtrie (Dt 13,7-12 ; 11Q19 *Rouleau du Temple* LIV,19-LV,1). Comme dans le Deutéronome, une telle personne doit être mise à mort. Encore ici, le rouleau n'apporte aucune innovation légale significative.

Le passage qui reprend la loi concernant la ville idolâtre (Dt 13,13-19) comporte des variantes plus importantes :

> Si tu entends dire dans l'u[ne de tes villes de celles que] Je te donne à ha[biter,] que des gens de rien sont sortis du milieu de toi et ont entraîné tous les habitants de leur ville en disant : « Allons servir des dieux que vous ne connaissez pas », tu questionneras, tu te renseigneras, tu feras une enquête approfondie et une fois établi le fait que cette abomination a été commise en Israël, tu ne manqueras pas de frapper tous les habitants de cette ville du tranchant de l'épée. Tu la voueras à l'interdit avec tout ce qui s'y trouve. Tu en frapperas tout le bétail du tranchant de l'épée. Tu en rassembleras tout le butin au milieu de la place et tu brûleras la ville et tout le butin en holocauste au Seigneur ton

> Dieu. Elle deviendra une ruine pour toujours et ne sera plus jamais reconstruite. Il ne restera dans ta main rien de ce qui aura été voué à l'interdit. Ainsi, Je reviendrai de Mon ardente colère, Je te ferai grâce, Je te gracierai et Je te multiplierai comme Je l'ai déclaré à tes pères, pourvu que tu écoutes Ma voix en gardant tous Mes commandements, ceux que Je te donne aujourd'hui en faisant ce qui est droit et bon en Ma présence, à Moi, le Seigneur ton Dieu. (11Q19 *Rouleau du Temple* LV,2-14)

La règle biblique exige que la ville qui s'est égarée et a servi des idoles soit complètement détruite, que ses habitants soient tués et son butin brûlé.

Le *Rouleau du Temple* modifie cette prescription. Pour que toute la ville soit détruite, tous ses habitants doivent avoir servi les idoles — alors que la législation rabbinique requiert seulement que la majorité des habitants aient commis cette faute (*M. Sanhedrin* 4,1). Dans la tradition rabbinique, les enfants sont exemptés du châtiment (*T. Sanhedrin* 14,3), tandis que le rouleau condamne tout le monde indistinctement. Enfin, selon l'interprétation rabbinique, on doit épargner des animaux, qui seront offerts lors de certains sacrifices (*T. Sanhedrin* 14,5 ; *Sifre Devarim* 94), tandis que selon le *Rouleau du Temple*, ils doivent être tous détruits.

La dernière loi sur le sujet, dans le *Rouleau du Temple*, est celle concernant l'individu idolâtre (Dt 12,2-7 ; 11Q19 *Rouleau du Temple* LV,15-LVI,4). Ici encore, bien qu'il clarifie quelques ambiguïtés du texte original, le *Rouleau du Temple* reprend essentiellement la règle deutéronomique qui prescrit que les idolâtres soient mis à mort, si, sur la base de témoignages conformes aux règles, la cour les trouve coupables d'un tel crime.

En formulant toutes ces règles — sauf celle qui concerne la ville idolâtre —, le texte sectaire adhère aux prescriptions bibliques, en y ajoutant ou en les modifiant très peu. Dans le seul cas où des changements majeurs ont été apportés, ils pourraient l'avoir été pour réagir aux tentatives des Asmonéens qui, voulant éliminer l'idolâtrie dans le pays, ont parfois détruit des villes entières sans avoir mené une enquête rigoureuse ou un procès. L'auteur du *Rouleau du Temple* aurait soutenu que les Juifs hellénistiques, même s'ils se sont égarés, ne devraient pas être éliminés, sauf si toute la ville a pris part au culte idolâtrique.

Ce qui se dégage de cette analyse est que l'auteur ou rédacteur du *Rouleau du Temple* n'a pratiquement rien à ajouter à la législation biblique sur l'idolâtrie. De plus, il ne dit rien à propos des non-Juifs qui servent les idoles, sinon que leurs objets et lieux de culte doivent être détruits. Sa préoccupation essentielle, s'inscrivant dans la tradition deutéronomique, est essentiellement d'éliminer le culte idolâtrique parmi les Juifs : cet objectif est le même pour l'auteur du Deutéronome et pour l'auteur ou rédacteur du rouleau.

Autres lois contenues dans le *Rouleau du Temple*

Au début de la portion préservée du *Rouleau du Temple* (11Q19 II,1-15), dans le même contexte que l'exigence de détruire les objets servant aux cultes païens, on reprend l'interdiction biblique de contracter une alliance avec les nations de Canaan, qui doivent être éliminées (Ex 34,10-12). Dans la Bible comme dans le manuscrit, on explique que le but de cette mesure est d'empêcher les mariages mixtes avec ces nations. Ce passage correspond si étroitement à sa source biblique qu'il est impossible de dire si la secte a amplifié la règle de l'Exode pour proscrire les mariages mixtes avec toutes les nations, comme c'était déjà le cas à l'époque biblique (1 R 11,1-2 ; Esd 9,1-2 ; Ne 10,31). D'autres passages dans le manuscrit suggèrent cependant que tout mariage entre Juifs et Gentils était prohibé (11Q 19 *Rouleau du Temple* LVII,15-17).

Il était évidemment hors de question que les non-Juifs pénètrent dans le Temple, puisque même l'accès à la cour intermédiaire était refusé aux prosélytes jusqu'à la quatrième génération (11Q19 *Rouleau du Temple* XXXIX,5-7)[8]. De même, à la fin des temps, les non-Juifs et les prosélytes seraient exclus du sanctuaire décrit dans le *Florilège* (4Q174 1-2 I,4).

Une autre règle, à propos de l'ensevelissement, est propre au *Rouleau du Temple*, même si son style littéraire et sa phraséologie évoquent le langage biblique[9]. Parce que le contact avec un mort est source d'impureté, les Juifs doivent ensevelir leurs morts dans des cimetières spécialement désignés à cette fin, un pour chaque groupe de quatre villes, de façon à maintenir la pureté du pays d'Israël. Les nations, au contraire, ensevelissent leurs morts n'importe où (11Q19 *Rouleau du Temple* XLVIII,11-14). Elles offrent également des sacrifices et érigent des lieux de culte partout, une pratique qui est aussi condamnée par le rouleau (11Q19 *Rouleau du Temple* XV,19-21). Ce qui est sous-entendu ici (ou peut-être non préservé), c'est qu'en Israël, le culte sacrificiel est célébré uniquement au sanctuaire central, le Temple de Jérusalem.

Le rouleau dresse aussi la liste des abominations des nations : elles passent leurs enfants au feu pour les offrir à Molek, consultent des devins, des augures, des sorciers et des nécromanciens. Israël se fait dire qu'à cause de ces abominations, les nations cananéennes ont été chassées du pays (11Q19

Rouleau du Temple LX,16-LXI,2). Ce texte ne fait que reprendre Deutéronome 18,9-14 mot à mot, sauf de légères variantes textuelles.

Les nations sont mentionnées à plusieurs reprises dans la Loi du roi, une source indépendante que l'auteur ou rédacteur du rouleau a incorporé dans son texte[10]. Même si Israël aura un roi « comme toutes les (autres) nations », ce roi doit être juif (11Q19 *Rouleau du Temple* LVI,13-15), comme le stipule le Deutéronome (17,14-15). Il doit épouser seulement une femme juive (11Q19 *Rouleau du Temple* LVII,15-16). Il doit être protégé par une garde de douze mille Juifs, sélectionnés avec soin, pour éviter de tomber aux mains « des nations », ou « d'une nation étrangère » (11Q19 *Rouleau du Temple* LVII,5-11). Dans ce passage, la répétition est sans doute intentionnelle; l'insistance montre que la crainte de tomber aux mains des étrangers était une préoccupation importante. (Dans le *Document de Damas* XIV,15, une allusion faite en passant évoque pareillement le rachat d'otages « capturés par une nation étrangère ». En outre, la secte estimait qu'un prêtre capturé par des non-Juifs n'était plus apte à remplir son rôle sacerdotal.) Un des devoirs fondamentaux du roi est de protéger le pays d'Israël contre les attaquants étrangers en quête de butin (11Q19 *Rouleau du Temple* LVIII,3-10).

Après la conclusion de la Loi du roi, on trouve une autre récapitulation des lois deutéronomiques sur la guerre, obligeant Israël à tuer tous les Cananéens, de peur qu'Israël n'apprennent leurs voies abominables (11Q19 *Rouleau du Temple* LXII,11-16). Il s'agit encore une fois d'une reprise du Deutéronome (20,15-18).

Les deux derniers exemples tirés du *Rouleau du Temple* concernent ceux qui sont punis de pendaison[11] : « Quand il y aura quelqu'un qui calomnie et livre son peuple à une nation étrangère, et qui fait du mal à son peuple, vous le pendrez au bois et il mourra... Quand un homme accusé d'un crime capital s'enfuira au milieu des nations et maudira son peuple et les fils d'Israël, vous le pendrez au bois et il mourra. » (11Q19 *Rouleau du Temple* LXIV,6-11)

La première règle prescrit que celui qui livre des informations préjudiciables à son peuple ou qui le livre à « une nation étrangère » soit exécuté, apparemment par crucifixion (11Q19 *Rouleau du Temple* LXIV,6-9). Il s'agit d'une interprétation de Lévitique 19,16 : « Ne va pas ici et là calomnier les tiens. » Comme le Targoum, les rabbins et le *Document de Damas*, le *Rouleau du Temple* considère le fait de divulguer de telles informations aux non-Juifs comme un crime particulièrement odieux; la tradition juive dans son ensemble a toujours été de cet avis.

La deuxième règle porte sur des personnes passibles de mort qui s'enfuient « au milieu des nations », et qui y maudissent leur peuple, les Israélites. Si elles sont prises, elles doivent être exécutées, apparemment par crucifixion elles aussi (11Q19 *Rouleau du Temple* LXIV, 9-13). L'interdiction de maudire le peuple juif et le châtiment qu'elle entraîne, qu'on appelle « pendaison », mais qui était plus probablement la crucifixion, se fonde sur Deutéronome 21,22-23 : « Si un homme, coupable d'un crime capital, a été mis à mort et que tu l'aies pendu à un arbre, il ne passera pas la nuit sur l'arbre ; tu l'enterreras le jour même, car un pendu est une malédiction de Dieu… » On déduit de ces versets que celui qui fait affront à Dieu en maudissant le peuple juif doit être pendu, c'est-à-dire crucifié.

Ce passage a donné lieu à de très vives discussions, car il semble légitimer la crucifixion comme moyen de châtiment, d'après la manière originale dont le rouleau interprète la Torah. Mais certains spécialistes ont soutenu que « pendre à un arbre » ne signifie pas crucifier, mais suspendre le cadavre, ce qui est le sens premier du texte biblique. Quoi qu'il en soit du sens précis du terme, le *Rouleau du Temple* n'autorise cette forme de punition que dans les rares cas d'informateurs dont les actions risquent d'exposer le peuple juif à un danger sérieux.

En général, dans le *Rouleau du Temple*, la plupart des mentions des non-Juifs sont reprises presque textuellement de la Bible. Ces passages les plus significatifs sont ceux qui ont été composés par l'auteur : rejet des pratiques funéraires des non-Juifs, exigence que le roi épouse exclusivement une Juive, crainte d'une attaque par des non-Juifs, ou d'un enlèvement du roi, et le problème des informateurs et calomniateurs auprès des étrangers. Ils révèlent les préoccupations particulières de l'auteur ou rédacteur ou de ses sources, qui écrivent durant la période du Second Temple. De fait, les problèmes concernant la pureté, particulièrement dans le pays, les mariages mixtes, la trahison et le réseau complexe d'activités militaires menées par les Asmonéens et par les païens étaient des préoccupations majeures à cette époque.

Les non-Juifs dans la *Lettre halakhique*

Dans la *Lettre halakhique*, deux règles (sur vingt-deux) concernent des non-Juifs. Les fondateurs de la secte, écrivant à leurs ex-collègues prêtres de Jérusalem peu après –152, les critiquent parce qu'ils acceptent des offrandes de grain provenant des non-Juifs : « [Et au sujet du b]lé des [non-Juifs, qu'ils apportent] et mettent en cont[a]ct av[ec leur…] et [le] rendent im[pur, mais personne ne doit manger] du blé des [non-J]uifs [et personne ne doit] (l')apporter au Temple. » (4Q394 *Lettre halakhique* 3-4 I,6-8)

De tels produits, de l'avis des sectaires, ne doivent pas entrer dans le Temple, sans quoi ils rendent impures les offrandes qui ont été recueillies auprès des Juifs. De fait, il est interdit même de manger de tels produits. Les sectaires s'objectaient aussi à ce qu'on accepte des offrandes sacrificielles des non-Juifs, ce qui était pratique courante au Temple : « Et à propos du sacrifice des non-Juifs, [nous soutenons qu'ils] sacrifient [...] » (4Q394 *Lettre halakhique* 3-4 I,11-12) La suite du texte manque. Elle devait sans doute condamner cette pratique. Aucune règle du genre n'existe dans la tradition rabbinique pharisienne.

Ces deux questions d'ordre cultuel étaient certainement importantes aux yeux des fondateurs de la secte. La vision exclusiviste qui s'exprime ici s'accorde aux idées eschatologiques de la secte : on s'attendait à ce que les nations finissent par disparaître de la face de la terre. Le point de vue de la tradition rabbinique pharisienne est différent : on prévoit plutôt que les nations monteront à Jérusalem pour reconnaître la souveraineté de Dieu et participer au culte.

Les non-Juifs dans les enseignements sectaires

La longue admonition au début du *Document de Damas* porte presque totalement sur des questions internes aux Juifs : il y est surtout question de l'image de la secte et de sa polémique avec les pharisiens. La seule mention de non-Juifs se trouve dans une exégèse du type *pesher* de Deutéronome 32,33 (« Leur vin est le venin d'un aspic, le poison redoutable de vipères ») qui mentionne « les rois des peuples », leurs voies impies et le « roi de Grèce » (c'est-à-dire de Rome) qui va se venger, probablement des autres rois (*Document de Damas*[a] VIII,9-12 = XIX,21-25). Ce passage est un reflet de ce qui se passait durant la période asmonéenne, au moment où Rome engloutissait lentement les divers rois locaux du Bassin méditerranéen et du Proche-Orient. Le *Pesher d'Habaquq* fait allusion à des circonstances semblables.

Un passage étrange du *Document de Damas*, préservé seulement dans les manuscrits de Qumrân, évoque un rituel pour exclure les membres dont le comportement est inacceptable. On y lit que Dieu a créé les divers peuples de la terre : « Béni sois-Tu... qui as disposé les nations selon leurs clans, selon leurs langues, selon leurs tribus. Et Tu les as fait errer dans la confusion, sans chemin ; mais tu as choisi nos pères... » (4Q266 *Document de Damas*[a]

11 9-11) Selon ce texte, Dieu aurait délibérément égaré les nations. Elles auraient été prédestinées en ce sens, une idée qui est cohérente avec le point de vue de la secte sur la prédestination et avec son dualisme éthique radical. On reviendra plus loin sur le motif du peuple choisi, qui se retrouve dans d'autres textes.

Selon le *Pesher d'Osée*[a] (4Q166 II,12-13), les Juifs seront punis pour leurs transgressions, en présence des nations. Le même texte dresse la liste de ces transgressions, parmi lesquelles la célébration des fêtes « selon les temps fixés par les nations » (II,15-15), c'est-à-dire en suivant le mauvais calendrier. On fait probablement allusion ici à l'adoption du calendrier solaire par la secte, qui rejetait le calendrier lunaire aligné sur les années solaires, suivi par la plus grande partie de la communauté juive.

La destruction des nations

Pour la secte de la mer Morte, la fin des temps était imminente. Leurs tendances apocalyptiques et messianiques les ont amenés à élaborer un corpus littéraire décrivant la bataille eschatologique qui déclencherait la fin des temps. Le *Rouleau de la guerre* donne un aperçu schématique de ces combats. Les sectaires sont les Fils de Lumière, qui seront les vainqueurs à la fin des temps. Le lieu de leur exil avant cette bataille est « le désert des peuples ». Les nations, d'un autre côté, sont associées aux Fils des Ténèbres, auxquels se rattachent également les Juifs dont la conduite révèle qu'ils ne sont pas prédestinés à être parmi les Fils de Lumière, mais qu'ils appartiennent plutôt au lot de Bélial. Il ne restera rien de ces nations impies à la fin des temps.

Dans la présentation schématique de l'auteur, les nations portent des noms qui sont tirés de la table des peuples de Genèse 10. Les plus importantes sont l'Assyrie (la Syrie séleucide) et les Kittim (Rome) ; la destruction des deux est une des préoccupations essentielles de l'auteur. Les combats se dérouleront dans « tous les pays des nations ». Comme l'indique une des bannières, la secte s'attend à « l'extermination par Dieu de toutes les nations de vanité » (1Q *Rouleau de la guerre* IV,12). La bataille finale constituera la rétribution exacte de ces nations pour leur impiété : elles seront anéanties.

Le texte évoque le thème du peuple choisi, qu'on trouve dans la Bible (Dt 7,6 ; 14,2), lorsqu'il déclare : « Qui est comme Ton peuple Israël que Tu as choisi pour Toi parmi tous les peuples des pays, le peuple des saints de l'alliance... » (1Q *Rouleau de la guerre* X,9-10 ; 4Q495 *Rouleau de la guerre*[e] 1) La suite du texte explique qu'Israël a exprimé son élection en se montrant prêt à recevoir la révélation et à scruter la profondeur des commandements de Dieu (X,10-11). Ce passage, comme d'autres sections poétiques et liturgiques du rouleau, est probablement antérieur à la rédaction finale de ce dernier. Lorsque l'auteur a arrangé le rouleau pour en faire un tout unifié, il y a intégré divers poèmes qui existaient déjà. Plus loin, les sectaires sont appelés « les élus du peuple saint » (XII,1).

Un texte poétique, répété deux fois dans le rouleau, semble contredire le principe général que toutes les nations seront anéanties à la fin des temps. Le poète s'adresse d'abord à Dieu, auquel il demande d'écraser les nations, ses adversaires ; puis il se tourne vers la ville de Jérusalem et l'invite en ces termes :

> Ouvre tes portes pour toujours,
> pour faire entrer vers toi les richesses des nations,
> et leurs rois te serviront...
> domine sur le royau[me des Kittim].
>
> (1Q *Rouleau de la guerre* XII,12-14)

Ce poème sera analysé dans le prochain chapitre, lorsque nous examinerons la place de Jérusalem dans les manuscrits. Qu'il suffise pour l'instant de noter que ce passage, inspiré presque complètement d'Isaïe 60,10-14, laisse entrevoir que les nations, incluant les Romains, survivront durant l'ère messianique et seront subordonnés à Israël. L'idée que les nations continueront d'exister et seront sous la domination du messie davidique est exprimée également dans le *Pesher d'Isaïe*[a] (4Q161 8-10 22).

L'idée pourrait aussi être sous-jacente à l'expression « soumettre les nations » qu'on trouve dans le texte messianique de la *Règle de la congrégation* (1Q28a I,21), même si cette expression peut aussi suggérer leur destruction. Elle affleure aussi dans un texte apparenté, celui de la bénédiction du Prince de la congrégation, à qui l'on dit : « de[vant toi se prosterneront tous les peuples, et toutes les nat]ions te serviront » (1Q28b *Règle des bénédictions* V,28-29). Malgré ces quelques exceptions, le thème dominant du *Rouleau de la guerre* est que les nations sont prédestinées à être détruites dans la grande guerre qui amorcera la fin des temps. À ce moment, les sectaires, supportés par les troupes angéliques, vaincront et extermineront toutes les nations. Même les Juifs qui n'auront pas joint le groupe seront détruits. Ainsi, à la fin des temps, l'Univers ne sera plus peuplé que par les membres de la secte.

Israël et les nations dans les textes liturgiques

La *Lamentation* de la grotte 4 demande à Dieu « de ne pas livrer notre héritage aux étrangers, ni ce que nous possédons à des étrangers ! » (4Q501 *Lamentation* 1) Ce texte envisage pour un avenir prochain la conquête et la destruction du pays d'Israël par les Romains. L'auteur était convaincu que Rome ne s'intéressait à ce qui se passait au Proche-Orient, au 1er siècle avant notre ère, que dans le but de conquérir la Judée.

Le motif du peuple choisi revient dans un fragment de prière, probablement utilisée au cours de la fête de Pâque, dans laquelle on loue Dieu « [Q]ui nous a choi[sis] parmi [les] nations » (4Q503 *Prières quotidiennes* 21-25 8-9). La même idée est reprise dans les *Psaumes non canoniques*[b] (4Q381 76-77 15).

Les *Paroles des Luminaires*[a] demandent à Dieu de se souvenir « de Tes merveilles, que tu as faites aux yeux des nations » (4Q504 *Paroles des Luminaires*[a] 1-2 II,12), faisant référence aux miracles de l'époque biblique qui avaient démontré aux nations la puissance de Dieu. Le texte rappelle également la sortie d'Égypte : « Tu T'es souvenu de Ton alliance car Tu nous as fait sortir (d'Égypte) aux yeux de toutes les nations » (4Q504 *Paroles des Luminaires*[a] 1-2 V,10). Pourtant les nations ne sont « rien devant Toi » (4Q504 *Paroles des Luminaires*[a] 1-2 III,3). En effet, Dieu a créé le peuple juif, il en a fait ses enfants et les a appelés « Mon fils, Mon premier-né » devant les nations (4Q504 *Paroles des Luminaires*[a] 1-2 III,4-6).

Le thème de l'élection est aussi important dans ce document : « Tu as aimé Israël parmi tous les peuples… Toutes les nations ont vu Ta gloire, (par le fait) que Tu as manifesté Ta sainteté au milieu de Ton peuple d'Israël… » (4Q504 *Paroles des Luminaires*[a] 1-2 IV,4-9) Parce que Dieu a aimé Israël et l'a choisi pour être son peuple, et parce qu'Israël l'a sanctifié, les nations ont reconnu la souveraineté de Dieu.

On retrouve également ce motif dans les *Prières pour les fêtes*. Dans l'une de ces prières, on dit : « Mais Tu T'es choisi un peuple à l'époque de Ta bienveillance, car Tu T'es souvenu de Ton alliance. Tu l'[as destiné] (à devenir) saint pour Toi en se séparant de tous les peuples, et Tu as renouvelé pour lui Ton alliance avec des visions de [Ta] gloire et les paroles de Ton [esprit] saint… » (1Q34+34bis *Prière liturgique* 3 II,5-7 = 4Q509+505 97-98 6-9) Tout en reconnaissant qu'Israël est le peuple choisi, le texte précise pourquoi il l'a été : recevoir une vision de la gloire de Dieu, Sa divine présence, et la révélation de sa Torah, la loi divine. Israël, en retour, a répondu en acceptant les obligations de l'alliance.

Les prosélytes dans les manuscrits de la mer Morte

Malgré sa vision plutôt négative de la prédestination et sa conviction que les nations — les non-Juifs — seraient détruites à la fin des temps, la secte reconnaissait le prosélytisme — la conversion religieuse au judaïsme —, une institution qui semble avoir existé à cette époque[12]. Les prosélytes apparaissent dans une liste qui énumère les diverses catégories dont est composée la secte : « Ils seront recensés tous selon leurs noms, les prê[tr]es en premier, les lévites en second, les enfants d'Israël en troisième et les prosélytes en quatrième. Ils seront inscrits selon leurs noms, l'un après l'autre... (C'est) ainsi (qu')ils siégeront et ainsi (qu')ils seront consultés pour tout. » (*Document de Damas*[a] XIV,4-6) Pendant que la secte occupait le site de Qumrân, ses officiers tenaient à jour des documents écrits qui étaient utilisées pour les cérémonies d'enrôlement. Quelques-unes des listes de noms qu'on a trouvées parmi les textes documentaires de Qumrân peuvent être les vestiges de telles listes. Le *Document de Damas*[a] (VI,21) mentionne aussi ailleurs que le prosélyte peut être dans le besoin.

Les sectaires reconnaissaient au prosélyte un statut différent de celui des vrais Israélites. Sur ce point, ils adoptent une position qui sera reprise plus tard par une minorité des premiers rabbins (*T. Kiddushin* 5,1). Le *Rouleau du Temple* prévoit que les prosélytes n'entreront au Temple qu'à la quatrième génération (11Q19 *Rouleau du Temple* XXXIX,5-7). L'auteur du *Florilège* veut plutôt que les convertis soient exclus complètement de son sanctuaire messianique (4Q174 1 i + 22 + 2 3-4).

Nous avons déjà noté que les esclaves ayant le statut que les rabbins appelleront « l'esclave cananéen » — c'est-à-dire ceux qui ont déjà entrepris une démarche de conversion — ne peuvent être vendus à des non-Juifs. La secte reconnaissait donc les convertis et la conversion ; elle comptait probablement des convertis dans ses rangs.

Le matériel examiné dans cette section n'est pas homogène. D'une part, on y trouve ce qu'on peut considérer comme la position classique à l'égard des non-Juifs dans le système légal juif. Même s'ils ne sont pas soumis aux préceptes spécifiquement juifs tels que les lois sur le sabbat et autres commandements destinés aux Juifs, ils doivent néanmoins s'abstenir de servir des idoles ou de blasphémer Dieu. Nos textes s'écartent donc de leur objectif premier pour consigner des lois qui ont trait aux idolâtres et à l'idolâtrie. Bien sûr, quelques-unes de ces lois touchent indirectement la question de savoir comment le comportement religieux des païens touche les Juifs. Par ailleurs, les non-Juifs, y compris les idolâtres, doivent être protégés de la déprédation et du pillage par des armées juives dont le but ne serait que d'enrichir les autorités juives et leurs sujets.

D'autre part, certains documents sectaires expriment une attente eschatologique qui comporte la destruction future des non-Juifs, en même temps que celle des Juifs qui rejettent (ou qui sont prédestinés à rejeter) les doctrines et pratiques de la secte. Pour les sectaires de Qumrân, la rédemption messianique ne devait pas être l'expérience universelle prédite par le prophète Isaïe : elle leur serait réservée en exclusivité.

Finalement, le judaïsme retiendra plusieurs éléments de ces règles couramment admises durant la période du Second Temple, de même que quelques enseignements propres aux pharisiens. L'ensemble de ces lois constituera la base de la halakhah rabbinique. Même si, à Qumrân, la loi partage plusieurs des présupposés et des prescriptions de cette tradition rabbinique pharisienne, les sectaires étaient moins enclins que les rabbins à accepter la vision des prophètes qui avaient prédit que toutes les nations viendraient servir Dieu, sous la direction d'Israël. Pour les pharisiens et pour les rabbins qui leur succéderont, cet hommage universel sur la montagne sainte d'Israël représentait la réalisation véritable des idéaux et des aspirations de l'avenir messianique.

Cette montagne sainte était évidemment située à Jérusalem. Nous tournons maintenant notre attention vers la nature et la signification de cette ville sainte qui, pour la secte de Qumrân comme pour tous les Juifs, est le centre du monde juif.

CHAPITRE 24

Jérusalem, la ville sainte

MÊME s'ils s'en étaient volontairement exilés, le Temple et la ville sainte tenaient une place spéciale dans l'esprit et dans le cœur des sectaires de Qumrân[1]. Les manuscrits de la mer Morte, particulièrement ceux de la *Jérusalem nouvelle* (1Q32 ; 2Q24 ; 4Q554 ; 5Q15 ; 11Q18) et du *Rouleau du Temple* (11Q19), nous donnent une occasion unique de voir ce que représentait Jérusalem à l'époque du Second Temple, tant pour la secte de Qumrân que pour d'autres auteurs anciens dont les écrits ont été préservés dans sa bibliothèque. Au cours de cette période, comme nous le constaterons, des Juifs de tous horizons affirmaient la sainteté et la centralité du Temple et de son sanctuaire et les considéraient comme l'épicentre du monde juif.

Nous examinerons deux types de textes qui évoquent ce sujet. Il y a d'abord des textes qui la mentionnent directement sous le nom de Jérusalem ou de Sion. D'autres textes majeurs ne mentionnent pas explicitement la ville, soit pour des motifs littéraires, soit à cause de leur détérioration naturelle ; ils y font toutefois clairement référence. Jérusalem y est évoquée sous trois facettes principales : celle de la Jérusalem historique que connaissent les auteurs des textes, celle de la Jérusalem qui incarne les idéaux de la loi juive et celle de la Jérusalem du futur.

La Jérusalem de l'histoire

Même si la Jérusalem la plus souvent mentionnée dans les manuscrits est la ville de l'époque asmonéenne, quelques textes parlent de la Jérusalem de la période du Premier Temple. En effet, la destruction du Premier Temple était encore pleurée longtemps après l'érection du Second Temple, qui le remplaçait. Ce thème est développé dans une *Lamentation* de la grotte 4 (4Q179) qui adapte le livre biblique des Lamentations avec des ajouts explicatifs. Ce texte parle de la destruction de Jérusalem par les Babyloniens (–586), de la fin des sacrifices et des souffrances des « fils de Sion », les habitants de la ville. Un tel texte n'a aucun trait sectaire particulier ; il exprime sans doute le sentiment général de la nation pleurant la perte des institutions qui avaient fait sa gloire dans le passé. Des textes pseudoprophétiques mentionnent également la déportation des Juifs à Babylone (4Q385b *Apocryphe de Jérémie*^{c} 16 i 3-4) et le culte rendu aux dieux étrangers par des « prêtres de Jérusalem » (4Q387a *pseudoMoïse*^{b} 3 III,5-7)[2] ; dans le dernier cas, toutefois, il peut s'agir d'une extrapolation reflétant la critique du sacerdoce contemporain par l'auteur.

La destruction de Jérusalem est aussi évoquée dans un texte de *Consolation* de la grotte 4 (4Q176), un assemblage d'extraits bibliques provenant essentiellement d'Isaïe, consolant le peuple d'Israël et lui prédisant la reconstruction future de Sion. Ce texte ne comportant aucun trait sectaire, on peut supposer qu'il traduit des sentiments assez répandus chez les Juifs pratiquants de Palestine à l'époque du Second Temple. La *Lettre halakhique* évoque aussi les « exilés de Jérusalem » au temps de Sédécias (4Q398 11-13 2).

Malgré l'attachement à la ville sainte que ces textes reflètent, il est clair qu'au cours de son existence, les sectaires de Qumrân s'étaient coupés de Jérusalem, puisqu'ils considéraient qu'elle était sous l'emprise d'un sacerdoce illégitime. Le *Pesher d'Habaquq* l'exprime en ces termes : « Ceci s'interprète au sujet des derniers prêtres de Jérusalem qui amasseront richesse et possession par le pillage des peuples. Mais à la fin des temps, leur richesse et leur pillage seront livrés aux mains de l'armée des Kittim. » (1Q *Pesher Habaquq* IX,4-7) Les Kittim sont évidemment ici les Romains, dont l'attaque imminente de la Palestine, anticipée dans le *pesher*, signifiera l'amorce de la fin des temps. Au cours de cette attaque, les prêtres recevront le châtiment qu'ils méritent, perdant toutes les richesses qu'ils ont accumulées en s'en prenant à des non-Juifs. Le *Pesher des Psaumes* de la grotte 1 fait aussi allusion à la destruction de la ville aux mains des Kittim (1Q16 9,1-2).

Selon les fragments d'un *Pesher de Michée*, ce sont les mêmes prêtres qui ont égaré le peuple (1Q14 11,1). La suite du texte, malheureusement perdue, devait décrire la punition réservée à ces prêtres. Ce sont probablement les mêmes prêtres que le *Pesher d'Isaïe*^{b} décrit comme les « hommes d'insolence » : « Ces (gens-)là sont les hommes d'insolence qui (sont) à Jérusalem ;

ce sont eux qui ont méprisé la Torah du Seigneur et dédaigné la parole du Saint d'Israël. » (4Q162 *Pesher d'Isaïe*[b] ii 6-8 ; voir Isaïe 5,24) Ils devaient être associés au Prêtre impie, l'ennemi par excellence du Maître de Justice.

Jérusalem était aussi le lieu d'habitation d'un autre groupe hostile à la manière dont la secte vivait le judaïsme : les « chercheurs d'allègements », c'est-à-dire les pharisiens. Ce sobriquet pourrait se traduire, de façon plus précise, par « ceux qui déduisent de fausses lois par leur interprétation ».

Pratiquement toute la section préservée du *Pesher de Nahum* fait référence à Jérusalem (4Q169 3-4 I). Selon l'auteur, la ville est devenue un lieu de résidence pour les Gentils. L'auteur rapporte également l'alliance entre les pharisiens et les Séleucides qui, sous Démétrios III Eukéros (–96 à –88), ont tenté de déloger l'asmonéen Alexandre Jannée (–103 à –76), le Lion furieux, et son conseil. Le texte fait aussi une référence explicite à la garnison de Jannée à Jérusalem, de même qu'aux richesses accumulées par les « prêtres de Jérusalem », sans doute les sadducéens, décrits comme riches ailleurs dans le texte.

Les *Testimonia* (4Q175 21-30) et les *Psaumes de Josué*[b] (4Q379 22 II,7-14), un pseudépigraphe attribué à Josué, contiennent une description semblable. Dans ce passage, basé sur Josué 6,26, Josué prédit la reconstruction de Jéricho et ses conséquences désastreuses. Dans la ville rebâtie, se trouve un Asmonéen dont l'identité est vivement débattue ; lui et deux autres « instruments de violence » feront du tort à Jérusalem : « Ils [feront couler le sa]ng comme de l'eau sur les remparts de la fille de Sion et sur le pourtour de Jérusalem. » (4Q175 *Testimonia* 29-30) Ce texte témoigne de l'attitude négative des sectaires à l'égard des Asmonéens et de leurs exploits militaires.

Le *Pesher d'Habaquq* décrit ainsi la ville de Jérusalem : « Quant à ce qui est dit : "À cause du sang de la cité et (à cause de) la violence (envers) le pays" (Ha 2,17), ceci s'interprète (ainsi) : "la cité", c'est Jérusalem dans laquelle le Prêtre impie a pratiqué des œuvres abominables et a souillé le sanctuaire… » (1Q *Pesher d'Habaquq* XII,6-9) Il s'agit d'une référence explicite à la Jérusalem asmonéenne et à son Temple pollué.

Même si les sectaires continuaient à pleurer la destruction du Premier Temple, comme le faisaient les autres Juifs de l'époque, ils considéraient comme anathème la ville contemporaine, avec les prêtres qui la dirigeaient et avec son Temple. Malgré cela, un passage, exceptionnel pour l'époque, mentionne Jérusalem dans un contexte positif. Le *Pesher de Michée* (1Q14 x 4-7) interprète Jérusalem, mentionnée en Michée 1,5, comme désignant le Maître de Justice et la secte qui sera sauvée de la destruction finale. De fait, tout en condamnant à peu près tout ce qui se passait à Jérusalem en leur temps, les sectaires continuaient de placer la ville au centre de leurs idéaux halakhiques et eschatologiques.

La Jérusalem de la loi religieuse

Pour tous les groupes juifs de la période du Second Temple, Jérusalem avait une sainteté particulière, du fait que la ville était le centre religieux de la nation. Les sectaires de Qumrân, pour leur part, condamnaient les rituels qui se déroulaient au Temple, à leur époque, et ils s'en abstenaient ; pourtant, ils adoptaient une forme de judaïsme dans laquelle on ne renonçait nullement à de tels rituels. Ils s'objectaient simplement à certaines pratiques spécifiques qui avaient cours au Temple de Jérusalem et ils s'attendaient à ce que ces irrégularités soient corrigées dans l'immédiat aussi bien que dans le futur eschatologique.

Pour la tradition juive, Jérusalem est la ville que Dieu a choisie comme lieu définitif où faire reposer l'arche de son alliance, comme le souligne un passage mutilé des *Paroles des luminaires* : « Son Ta[ber]nacle [...] repose à Jérusa[lem, la ville que] Tu [as ch]oisie, de toute la terre, pour que T[on] nom y soit à jamais. » (4Q504 *Paroles des luminaires*[a] 1-2 IV,2-4) Selon ce texte, le fait de localiser l'arche et le tabernacle à Jérusalem à l'époque de David garantissait que la ville jouerait dans l'avenir le rôle de centre spirituel du peuple juif. Le même texte poursuit en énonçant les conséquences politiques et économiques du choix de Jérusalem comme capitale religieuse :

> Alors toutes les nations ont vu Ta gloire, car Tu était sanctifié au milieu de Ton peuple Israël, ainsi que ton Ton grand nom, et ils ont apporté leur tribut d'argent, d'or et de pierres précieuses, ainsi que les trésors de leurs pays, pour honorer Ton peuple, Sion Ta ville sainte et Ton temple glorieux. Et il n'y avait ni adversaire ni malheur, mais plutôt paix et bénédiction. (4Q504 *Paroles des luminaires*[a] 1-2 IV,8-13)

L'auteur idéalise la période de David, quand Jérusalem était à la fois la capitale religieuse, politique et économique de la nation.

Le thème du choix de Jérusalem revient encore dans un hymne du rouleau des *Psaumes non canoniques*[a] :

> [Jéru]salem [la ville que Le Sei]gneur [a choisie] depuis toujours
> [comme un lieu de résidence pour] les saints.
> [Car le no]m du Seigneur a été invoqué sur elle,

et Sa gloire] est apparue sur Jérusalem [et] Sion.
Qui peut énoncer la renommée du Seigneur
et annoncer toute [Sa] louange ?
(4Q380 *Psaumes non canoniques*[a] 1 I,1-8)

Un autre fragment, contenant la prière pour le roi Jonathan, comporte une petite section qu'on peut restaurer d'après un texte parallèle du *Rouleau des Psaumes* (11Q5 Ps 154,20) : « Sa demeure est en Sion. Il a ch[oisi Jérusalem à jamais]. » (4Q448 *Prière pour le roi Jonathan* A 10)

Le poème qui termine le livre de Ben Sira dans la version hébraïque évoque la même idée : « Rendez grâce a Celui Qui a choisi Jérusalem, car éternel est Son amour. » (*Ben Sira* Héb B 51,12m)

La *Lettre halakhique* contient les énoncés les plus explicites sur l'application des lois religieuses concernant Jérusalem. Les auteurs critiquent leurs adversaires parce qu'ils abattent de manière non sacrificielle des animaux — il s'agit de viande à consommer — en dehors du Temple, à proximité de Jérusalem. Selon eux, tout abattage devrait avoir lieu « au nord du camp ». Cette règle provient sans doute de Lévitique 11,1 qui prescrit d'offrir les sacrifices « sur le côté nord de l'autel, devant le Seigneur ». Il semble que les auteurs de ce document fondateur de la secte exigeaient que même les sacrifices de communion — ces sacrifices dont une partie est mangée par les participants — soient accomplis sur la côté nord de l'autel, tel que la Torah le prévoit. Ce point de vue est tout à fait le contraire de celui de la Mishnah (*M. Zevahim* 5,7), qui permet d'effectuer ces sacrifices n'importe où dans la cour intérieure du sanctuaire.

Les auteurs affirment ensuite : « Nous soutenons que le Temple est [le Tabernacle de la Tente de Réunion et Jé]rusalem est le camp, et l'extérieur du camp, [c'est l'extérieur de Jérusalem ;] c'est le camp de leurs villes. » (4Q394 *Lettre halakhique*[a] 3-7 II,16-18) Le sanctuaire est considéré ici comme l'équivalent du camp israélite durant le séjour au désert[3] : le Temple, au centre, correspond au tabernacle ; la ville de Jérusalem équivaut à tout le camp du désert. Puisqu'il était alors permis d'abattre les animaux seulement dans le camp, et non à l'extérieur, l'abattage ne devrait maintenant s'effectuer que dans la ville de Jérusalem. Les personnes vivant à l'extérieur, probablement à proximité de la ville, devraient être obligées d'offrir leurs animaux en sacrifices de communion au Temple de Jérusalem.

Plus loin, la *Lettre* revient encore une fois sur le sujet. Après avoir interdit la présence des chiens à Jérusalem de peur qu'il ne grugent les restes de viande sur les os d'animaux sacrifiés, le texte affirme : « Car Jérusalem est le camp de sainteté, et c'est le lieu qu'Il (Dieu) a choisi parmi toutes les tribus d'Israël, car Jérusalem est le chef des camps d'Israël. » (4Q394 *Lettre halakhique*[a] 8 IV,9-12) Jérusalem est la seule à posséder ce statut supérieur, parce que Dieu l'a choisie. De plus, pour les fins de la loi, la ville est l'équivalent du camp du désert. Toutes les offrandes et toutes les restrictions qui valaient pour l'ensemble du camp à l'époque s'appliquent maintenant à l'ensemble de la ville de Jérusalem.

Le *Rouleau du Temple* propose une vision de ce que devrait être une réforme de la vie religieuse et politique dans la Judée asmonéenne, incluant, entre autres choses, un Temple aux proportions gigantesques. Le rouleau imagine une société idéale pour l'ère présente, prémessianique, plutôt que pour l'ère eschatologique. Mais il se présente comme une Torah et l'auteur expose son point de vue comme s'il s'agissait de la parole de Dieu. À cause de cet artifice littéraire, le *Rouleau du Temple*, comme le Deutéronome, ne mentionne jamais la ville de Jérusalem, mais il parle du « lieu que Dieu choisira pour y faire habiter Son nom ». Nous pouvons cependant être assurés que ce rouleau fait directement référence à Jérusalem comme site du Temple futur que son auteur ou rédacteur espère voir construire durant sa vie.

Si tel est le cas, ce texte devrait nous fournir une description de cette « Jérusalem ». Nous avons vu, au cours d'un précédent chapitre, que l'auteur de ce rouleau considérait le Temple comme l'édifice principal non seulement de la ville, mais de la nation tout entière. Contrairement au Temple de son temps, qui possédait deux cours concentriques, le nouveau Temple en aurait trois. Comme Ézéchiel, l'auteur prévoit cette troisième cour pour rendre plus rigoureuses les règles de pureté concernant le Temple et pour en limiter l'accès à ceux qui n'auraient pas atteint les degrés de pureté requis.

Notre analyse détaillée de l'architecture d'ensemble du Temple, et notamment de ses portes et de ses diverses salles, a montré que ceux qui l'ont planifié le concevaient comme une réplique du camp du désert. Par conséquent, le Temple et la cour intérieure équivalaient au tabernacle. La cour intermédiaire représentait la zone où se tenaient les lévites, immédiatement autour du tabernacle. La cour extérieure correspondait au camp tout entier, lieu de résidence des tribus d'Israël.

Le rouleau parle de ce Temple comme de « la ville du sanctuaire ». Depuis la publication du *Rouleau du Temple*, les spécialistes se sont demandé si cette expression désignait toute la ville de Jérusalem ou seulement le secteur du Temple — ce que les rabbins appelaient le Mont du Temple. Au départ, on estimait que l'expression visait toute la zone résidentielle de Jérusalem, d'où l'on concluait que les restrictions concernant la pureté rituelle devait s'appliquer à travers toute la ville. D'autres chercheurs ont plutôt suggéré que l'expression réfère seulement au secteur du Temple ; dans ce cas, la zone résidentielle de Jérusalem entourerait le Temple, mais ne serait pas considérée comme en faisant partie.

Le futur Temple serait situé sur une plate-forme agrandie à peu près aux dimensions de toute la ville contemporaine de l'auteur. À mon avis, l'auteur de cette section du rouleau, qui est aussi le concepteur du futur Temple, s'attendait à ce que les installations du Temple couvrent toute la ville de son temps, symbolisant le camp d'Israël au désert. Après tout, c'est durant cette période initiale de l'histoire d'Israël que le peuple s'était montré d'une loyauté sans compromis envers Dieu et sa loi.

Les trois cours prévues par le rouleau coïncident globalement avec l'idée que les rabbins postérieurs se sont faits du « camp » dans la loi biblique. Les rabbins estimaient que les diverses lois à propos du camp faisaient référence à trois camps concentriques : le camp de la présence divine, c'est-à-dire le tabernacle ; le camp des lévites, le lieu qu'ils occupaient autour du tabernacle ; et le camp d'Israël, correspondant au reste du camp du désert. Même si quelques règles spécifiques sont différentes dans le *Rouleau du Temple*, cet ouvrage utilise pour son Temple imaginaire un système identique à celui des sources rabbiniques.

Les auteurs de ces textes concevaient donc Jérusalem comme le centre religieux de l'Univers, l'endroit que Dieu avait choisi comme « son » lieu. Le culte devait s'y accomplir selon l'interprétation que les sectaires donnaient de la Torah — sinon dans l'immédiat, du moins dans un futur prochain, lorsque la fin des temps allait s'amorcer. Pour se préparer à ce moment, les sectaires continuaient d'étudier les lois sacrificielles et de rêver à un nouveau Temple, plus pur et plus saint que celui qu'ils avaient abandonné.

La Jérusalem de la fin des temps

Le *Rouleau de la guerre* décrit en détail le grand combat eschatologique qui se déroulera immédiatement avant la fin des temps ; il précise les tactiques et les rites à observer au cours de la guerre. La guerre commencera « quand les exilés des Fils de Lumière reviendront du désert des nations pour camper dans le désert de Jérusalem » (1Q *Rouleau de la guerre* I,3). Le désert de Judée, à proximité de Jérusalem, serait donc le lieu du déploiement des sectaires de Qumrân pour la première phase de la guerre. Le rouleau fait encore référence à cette base des opérations, ou peut-être à Jérusalem même après sa conquête, en décrivant les trompettes servant à signaler « la route du retour de la bataille contre l'ennemi, pour revenir vers la congrégation à Jérusalem » (1Q *Rouleau de la guerre* III,10-11). On devait inscrire sur ces trompettes les mots « Exultations de Dieu quand on revient en paix[4] ».

Un motif semblable apparaît dans une chaîne de versets bibliques concernant l'ère messianique. Dans un passage évoquant apparemment la victoire des Fils de Lumière à la bataille eschatologique, le texte affirme : « [...] et ils entreront dans Sion avec joie et dans Jérusalem [en se réjouissant...] ». (4Q177 *Catena*[a] iv [=12-13 I + 15] 15) L'auteur paraphrase Isaïe 35,10 et 51,10. Selon les sectaires, les Fils de Lumière, après avoir détruit Bélial et les membres de son lot, seront tous rassemblés, sans doute dans la ville sainte (4Q177 *Catena*[a] iv [=12-13 I + 15] 15-16).

Plus loin dans le *Rouleau de la guerre*, lorsqu'on précise les règles de pureté à observer dans le camp, on précise que « nul jeune garçon et nulle femme n'entreront dans leurs camps quand ils sortiront de Jérusalem pour aller au combat » (1Q *Rouleau de la guerre* VII,3-4). Il est donc évident que Jérusalem est le point de départ des combattants.

Enfin, le *Rouleau de la guerre* contient un magnifique passage poétique sur la gloire future de Jérusalem ; il s'agit en fait d'un collage d'expressions bibliques. Nous avons déjà vu une section de ce poème, présenté ici au complet :

> Sion, réjouis-toi beaucoup ;
> montre-toi en liesse, Jérusalem ;
> exultez, toutes les villes de Juda.
> Ouvre tes portes pour toujours
> pour faire entrer vers toi la richesse des nations,
> et leurs rois te serviront.
> Tous tes oppresseurs se prosterneront devant toi,
> [ils lécheront] la poussière [de tes pieds].
>
> (1Q *Rouleau de la guerre* XII,12-14)

À la fin des temps, Jérusalem se réjouira du triomphe de ses enfants sur leurs ennemis. Ceux qui auront fait du tort à Jérusalem devront alors lui payer tribut.

On trouve une belle prière semblable appelée Apostrophe à Sion dans le *Rouleau des Psaumes*[5]. *C'est* une prière alphabétique, remplie de réminiscences bibliques comme le poème du *Rouleau de la guerre* cité plus haut :

Je me souviendrai de toi pour te bénir, Sion
Je t'ai aimé de toute ma force ;
puisse ta mémoire être bénie à jamais !
Grand est ton espoir, Sion
que la paix et ton attente de salut se réalisent.
Une génération après l'autre habitera en toi,
et des générations de pieux seront ta splendeur.
Ceux qui aspirent au jour de ta rédemption,
qu'ils puissent se réjouir de ta grande gloire.
Ils sont allaités de l'abondance de ta gloire,
et ils courront sur tes places splendides.
Tu te souviendras de la bienveillance de tes prophètes,
et tu te glorifieras des œuvres de tes pieux.
Purifie-toi de la violence,
que la perversion et la malhonnêteté soient extirpées de toi.
Tes enfants se réjouiront au milieu de toi,
et tes amis se joindront à toi.
Combien ont espéré ton salut,
et tes purs se sont lamentés pour toi.
Ton espoir, Sion, ne périra pas,
et ton attente ne sera pas oubliée.
Quelqu'un a-t-il jamais péri dans (sa) justice,
quelqu'un a-t-il jamais réchappé de sa perversion ?
Une personne est examinée sur ses voies,
chacun est rétribué selon ses œuvres.
Tout autour, tes ennemis sont exterminés, Sion,
et tous ceux qui te haïssent, tu les as dispersés.
Ta louange est une douceur, Sion
elle est prisée dans le monde entier.
Souvent je me souviendrai de toi pour te bénir,
de tout mon cœur je te bénirai.
Puisses-tu atteindre la justice éternelle,
et recevoir les bénédictions des vénérables.
Puisses-tu mériter l'accomplissement des visions prophétisées à ton sujet,
des songes des prophètes te concernant.
Sois exaltée, élargis-toi, Sion
loue le Très-Haut, ton Rédempteur ;
que mon âme se réjouisse de (la révélation de) ta gloire !

(11Q5 *Rouleau des Psaumes*[a] XXII,1-15)

Cet émouvant poème se passe de commentaires. Il exprime de façon éloquente les rêves que le peuple juif caresse à l'égard de Jérusalem, de l'époque de David à nos jours. L'inclusion de ce poème dans le *Rouleau des Psaumes*, vraisemblablement utilisé à des fins liturgiques, prouve que la secte de Qumrân partageait la loyauté fondamentale des Juifs envers la ville sainte.

Ce qui est encore plus important, c'est que Jérusalem doit aussi être le centre spirituel de la secte à la fin des temps. Le *Florilège* décrit la reconstruction du Temple par Dieu lui-même et précise les règles de pureté encore plus rigoureuses qui régiront l'admission dans ce nouveau Temple. Alors, le rejeton de David, qui est certainement un personnage messianique (d'après Amos 9,11) « se lèvera avec l'Interprète de la loi qui [gouvernera] en Si[on] à la fin des temps » (4Q174 *Florilège* 1 I,11-12). Dans l'ère à venir, Sion, c'est-à-dire Jérusalem, sera le siège du roi messianique et le centre de l'interprétation normative de la Torah.

Plusieurs manuscrits araméens, importants mais généralement très fragmentaires, et un fragment en hébreu décrivent la *Jérusalem nouvelle*, probablement celle de la fin des temps[6]. Le nom de la ville n'apparaît jamais dans ces textes, mais on le déduit des rapprochements avec la description de la ville à la fin de l'*Apocalypse* (21,1-22,5). Il s'agit d'un texte eschatologique qui ne comporte aucun trait sectaire, sans pour autant contredire en quoi que ce soit le point de vue des gens de Qumrân. Il appartient donc vraisemblablement au patrimoine littéraire que la secte connaissait dès ses premières années, bien que sa composition ne soit pas antérieure à la période hellénistique.

Le texte est présenté comme un tour de la ville, guidé par un personnage céleste. La *Nouvelle Jérusalem* décrit une ville, rebâtie selon un plan idéal, aux proportions gigantesques. Toutes les mesures en sont détaillées minutieusement. Selon un fragment substantiel de la grotte 5, la visite commence par les murs extérieurs qui sont percés de portes aux noms des tribus d'Israël, comme la cour extérieure du Temple dont parle le *Rouleau du Temple*. Les portes de la ville sont également présentées en détail. La ville sera construite selon un plan symétrique, comme les villes grecques de l'Antiquité tardive. La ville est quadrillée par des rues principales, coupées par des rues secondaires, qui la divisent en grands pâtés de maisons dont les style évoque les blocs d'appartements romains de basse époque, lesquels incluaient de plus petites maisons dans leur périmètre. Conduit par le guide dans l'un de ces blocs, le visionnaire commence un reportage détaillé sur le secteur de la porte :

> [Et il me montra les mesures des portes et des blocs, et leur largeur] était de deux cannes, soit qu[ator]ze coudées... [Et il mesura] la lar[geur de chaque se]uil, deux cannes, soit quatorze coudées. [Et son linteau avait une coudée... Et il mesura, à chaque] seuil, la por[te qui s']y [trouvait.] Il mesura l'intérieur

du se[ui]l. Sa longueur était [de treize] coudées [et sa largeur de dix coudées]. (5Q15 *Jérusalem Nouvelle*[d] 1 I,15-17]

Des escaliers tournants conduisaient à l'étage supérieur de chaque maison. Même si la ville a des proportions énormes, les maisons ont une taille normale.

Après cette description, il y a celle du Temple qui se trouve dans cette ville idéale. Dans un fragment de la grotte 11, le visionnaire rapporte sa vision des sacrifices qu'on pratique : « [Et j'ai regardé jusqu'à ce qu'il soit di]visé entre les quatre-vingt-quatre prêtres[... Deux pa]ins sur lesquels il y avait de l'encens [... Je continuais de regarder jusqu'à ce qu'un des deux pains] soit donné au [grand] prêtre... [et l'autre fut donné à son second qui se te]nait tout près... » (11Q18 *Jérusalem nouvelle*[e] 20 3-7) Ce visionnaire observe une variété de sacrifices rituels et animaux. Il est donc évident que les textes de la *Jérusalem nouvelle* s'attendent à ce que le Temple fasse partie de cette future Jérusalem.

Le *Rouleau du Temple* et la *Jérusalem nouvelle* ont le même thème, mais le traitent différemment. Ils partagent cependant la même aspiration à voir Jérusalem réaliser les visions des prophètes et constituer une métropole géante à la fin des temps. Dieu lui-même reconstruira un nouveau Temple au milieu d'une ville bien planifiée, un lieu de perfection sacrificielle et de pureté rituelle.

Pour la secte de la mer Morte, la ville de Jérusalem symbolisait trois choses : la société et le sanctuaire corrompus dont ils ont décidé de se retirer ; le lieu de résidence de la présence divine, exigeant l'application de règles strictes concernant le Temple et son service ; enfin, la destination finale de la secte à la fin des temps, le lieu où un Temple parfait, érigé par Dieu, se dresserait au cœur d'une cité parfaite s'étendant dans toutes les directions.

CHAPITRE 25

Le déclin du sectarisme et l'émergence du judaïsme rabbinique

Le monde juif dans lequel les sectaires de la mer Morte vivaient était marqué par le sectarisme et par des schismes. Des groupes ayant des idéologies différentes et des façons particulières d'aborder les pratiques et les croyances juives se faisaient concurrence pour recruter des adeptes. Tant que ces rivalités suscitaient des débats en profondeur à propos de l'interprétation correcte de la Torah et de la forme que devaient prendre la vie et la loi juives, elles jouaient un rôle positif dans le développement des traditions juives. Malheureusement, une bonne partie de ces conflits a eu les résultats inverses, conduisant ultimement à une révolte infructueuse contre Rome. C'est seulement après la guerre que le peuple juif a fait consensus autour du judaïsme rabbinique de tradition pharisienne. L'émergence de ce consensus peut être établie grâce à deux collections de manuscrits qui complètent celle de Qumrân, soit celles de Massada et celle de Bar Kokhba. Ces matériaux, de même que les sources historiques sur cette période, nous permettent de tracer l'évolution du peuple juif depuis les affrontements sectaires jusqu'à la nouvelle réalité du consensus rabbinique.

Qumrân durant la période romaine

Pendant plusieurs années, la secte de la mer Morte avait anticipé la conquête romaine de la Palestine. Les sectaires de la mer Morte croyaient que l'arrivée des Kittim — ainsi qu'ils appelaient les Romains — allait déclencher la grande bataille eschatologique. Mais cette guerre finale n'a pas eu lieu, les Romains ayant facilement eu raison, en –63, de l'État asmonéen divisé. Avant que la résistance juive ne débouche sur le soulèvement de 66 à 73, la secte de la mer Morte s'était stabilisée et avait fini de recueillir les manuscrits de la collection de Qumrân, sauf peut-être quelques-uns.

Un peu plus d'un siècle sépare la conquête romaine de la révolte juive ; nous disposons de quelques informations sur l'histoire de l'établissement de Qumrân au cours de cette période. Sur la base de quelques indices archéologiques, on a pensé que le site a été abandonné à peu près au moment du tremblement de terre qui a secoué la Judée en –31, pour être réoccupé assez rapidement, après avoir été reconstruit et agrandi. Même après la composition des principaux textes littéraires sectaires, le groupe a continué de recueillir et de recopier des textes. Plusieurs des manuscrits trouvés à Qumrân ont été copiés au cours de la période « hérodienne », selon l'expression un peu maladroite utilisée par les chercheurs pour indiquer les débuts de l'époque romaine[1]. Les sectaires portaient certainement un jugement réprobateur sur la situation morale et religieuse de la nation durant l'occupation romaine — que ce soit sous le règne d'Hérode ou sous les procurateurs[2] ; c'est pourquoi ils continuaient certainement de valoriser et de consulter les compositions plus anciennes contenues dans leur collection. Apparemment, il n'y eut guère de nouvelles compositions à Qumrân au cours de la période romaine.

Voyant que la conquête romaine n'avait pas débouché sur l'apocalypse finale, les sectaires ont sans doute révisé leur scénario messianique, reportant la fin des temps à la guerre révolutionnaire à venir[3]. Le sentiment de révolte n'a cessé de faire monter la pression durant toute la durée de la domination romaine, alimenté sans cesse par le manque de sensibilité des Romains à l'égard des lois et des pratiques juives.

Quand la révolte contre Rome a finalement éclaté, les esséniens se sont joints aux forces rebelles. Josèphe rapporte que les esséniens ont pris part aux actions militaires, contredisant ainsi l'idée que les membres de ce groupe étaient des pacifistes. Il est probable que les membres de la secte de Qumrân, esséniens ou non, se soient aussi joints à la révolte, étant données leurs conceptions eschatologiques[4].

Qumrân est tombé rapidement durant les opérations militaires romaines le long de la côte de la mer Morte. Ce secteur faisait partie d'une région frontalière vitale et les Romains y avaient dépêché des troupes peu après le début de la révolte de 66. Vers 68, la guerre avait atteint Qumrân, dont les défenseurs sont tombés au cours d'une grande déflagration[5]. Il est impossible de savoir si les occupants du site furent tués ou capturés ; mais il est certain

LA PÉRIODE ROMAINE	
−63 à −40	Hyrcan grand-prêtre et ethnarque
−40	Invasion parthe
−39	Retour d'Hérode en Palestine
−37	Siège et capture de Jérusalem
−37 à −4	Hérode gouverne la Judée
−34	Hérode plaide sa cause devant Antoine
−31	Tremblement de terre en Palestine
−22 à −9	Construction de Césarée
−20/19	Début de la construction du Temple d'Hérode
−4 à 6	Archélaüs ethnarque
6	Archélaüs est déposé
26 à 36	Ponce Pilate
29	Jean-Baptiste exécuté par Hérode Antipas
30	Jésus crucifié par les Romains
66 à 73	La grande révolte
68	Destruction de Qumrân
70	Destruction du Temple
73	Chute de Massada
c. 80	Le sanhédrin se réorganise à Yavné
115-117	Révolte dans la diaspora
132-135	Révolte de Bar Kokhba
135-138	Persécutions d'Hadrien
c. 200	Édition de la Mishnah

que le site fut abandonné. À partir de ce moment, la secte cesse d'exister comme un groupe bien défini, même s'il en reste des traces dans l'histoire et dans la mémoire juive subséquentes. Avec la chute de Qumrân et avec la destruction de la nation juive, tous les groupes sectaires et apocalyptiques disparurent.

Durant tout le temps que la secte occupait le site de Qumrân, la grotte 4 était remplie de manuscrits et servait sans doute de bibliothèque pour les usages sectaires courants. Tandis que les troupes romaines se rapprochaient, les sectaires ont utilisé d'autres grottes pour y cacher des manuscrits, soit parce qu'ils s'attendaient à un massacre de la part des Romains, soit parce que ces derniers les avaient déjà mis en fuite. C'est ainsi que les grottes de Qumrân sont devenues des dépôts pour ces anciens manuscrits juifs qui, deux mille ans plus tard, nous parlent des prêtres, des prophètes et des saints hommes d'autrefois.

Bien que certains chercheurs aient prétendu le contraire, rien n'indique que les conquérants romains, qui ont brièvement occupé le site de Qumrân après sa destruction, soient entrés dans la grotte 4 et y aient déchiré les manuscrits. Au contraire, la grotte 4 est restée soustraite aux regards des Romains et est demeurée virtuellement intacte ; les seuls ravages qu'elle a connus sont ceux que la nature lui a infligés durant une période de près de deux mille ans.

Le *Rouleau de cuivre*

Les prêtres et les sectaires de Qumrân n'ont jamais coupé entièrement les ponts avec les prêtres de Jérusalem, même s'ils s'opposaient vivement à eux et critiquaient leurs conceptions et leurs pratiques. C'est probablement grâce à ces contacts qu'on peut expliquer la présence à Qumrân d'un étrange document, le *Rouleau de cuivre*[6]. Ce rouleau, gravé sur des feuilles de cuivre, contient une liste de trésors enfouis dans le désert de Judée, à divers endroits. Le texte en mentionne soixante-quatre, précisant à chaque fois le montant du trésor et sa cachette.

Ce rouleau a été composé dans un dialecte hébreu plus proche de celui de la Mishnah que le reste des textes composés ou préservés à Qumrân ; des chercheurs en ont conclu que le *Rouleau de cuivre* originait de cercles différents, probablement de Jérusalem. Apparemment, au moment où la menace se rapprochait de la ville sainte, ou éventuellement peu après la destruction du Temple, des personnes ont établi une liste de trésors qu'ils avaient cachés ou s'apprêtaient à cacher au désert. Personne n'a réussi jusqu'à maintenant à localiser un seul de ces trésors, en dépit de multiples tentatives.

Quelques spécialistes ont prétendu que le *Rouleau de cuivre* était une composition fictive, fruit des élucubrations de quelque sectaire impuissant qui n'avait jamais vu ces immenses trésors du Temple. Le fondement de cette affirmation repose sur le fait que les quantités d'argent et d'or énumérées dans ce rouleau paraissent invraisemblables. Des études récentes ont cependant établi que même si ces quantités sont énormes, elles ne sont pourtant pas démesurées. De plus, certaines expressions employées dans le texte permettent d'établir des liens étroits avec le système des dîmes et des offrandes en usage au Temple de Jérusalem.

D'autres ont suggéré que les sommes consignées dans ce document avait été recueillies après la destruction du Temple, comme dîmes et autres offrandes, pour être ensuite enfouies dans le désert. Mais cette interprétation

Rouleau de cuivre
Le texte du *Rouleau de cuivre* a été gravé par un scribe qui ne le comprenait pas. Extrêmement difficile à lire, il semble donner la liste de trésors, provenant vraisemblablement du Temple de Jérusalem, qui auraient été cachés dans le désert de Judée. Même s'il a été trouvé dans la grotte 3, il est difficile à situer dans le corpus de Qumrân. Pour parvenir à le déchiffrer, on a dû le scier en bandes verticales comme celle que l'on aperçoit ici. *Photo Bruce et Kenneth Zuckerman, Section des recherches ouest-sémitiques, en collaboration avec le Séminaire théologique de Princeton. Courtoisie du Département des antiquités de Jordanie.*

est indéfendable pour deux raisons. Premièrement, des fonds aussi substantiels n'auraient jamais survécu au pillage de Jérusalem par les Romains. Deuxièmement, aucune source ne rapporte qu'on aurait procédé à l'enterrement de telles offrandes, après la destruction du Temple.

D'autres ont soutenu que le *Rouleau de cuivre* était le document principal de la collection de Qumrân ; une telle hypothèse nécessiterait une réinterprétation radicale de l'ensemble des manuscrits. Selon ce point de vue, le rouleau serait une liste de divers endroits en Judée où l'on aurait dissimulé des documents provenant du Temple de Jérusalem, y compris ceux qui se trouvaient dans les grottes de Qumrân. Le *Rouleau de cuivre* mentionne effectivement qu'un second exemplaire de cette liste a été caché ailleurs ;

mais cette affirmation ne peut être comprise comme une référence aux nombreux documents écrits déposés un peu partout dans le désert de Judée. D'autres passages, qui ont été interprétés de la même façon, ont été soit mal lus, soit mal interprétés. Il est tout à fait improbable que les documents de Qumrân aient été la bibliothèque secrète du Temple de Jérusalem, puisque ces documents ne cessent de s'objecter à la manière dont le Temple fonctionne et dont ses prêtres se conduisent.

Si les items énumérés dans cette liste sont effectivement des trésors du Temple, un pareil document ne peut pas avoir été créé par les sectaires, qui s'étaient séparés du Temple et du sacerdoce de Jérusalem. Il doit avoir été apporté à Qumrân, probablement par des prêtres qui s'y étaient enfuis avant la destruction de Qumrân en 68 et celle du Temple en 70.

Massada et ses rouleaux

Les textes découverts à Massada nous fournissent également quelques informations sur la situation du judaïsme à la veille de la révolte et durant les premières années subséquentes. Cette forteresse, située un peu au sud d'Ein Guedi, sur un éperon rocheux surplombant la mer Morte, a été le dernier point de la résistance juive contre Rome ; elle est tombée en 73. Josèphe décrit en détail comment les *sicarii* (porteurs de dagues) y ont enlevé la vie à leurs familles et à leurs compagnons lors d'un suicide collectif qui présage les récits de martyre des Juifs du Moyen Âge[7]. L'historicité du récit de Josèphe continue d'être débattue, mais cela importe peu pour notre propos. Nous allons plutôt tourner notre attention vers les manuscrits de Massada, vers sa synagogue et ses *mikveh*, pour examiner ce qu'ils nous disent du judaïsme de ses défenseurs.

La forteresse de Massada avait été aménagée par un des prêtres asmonéens, soit Jonathan, frère de Judas Maccabée (–152 à –143), soit Alexandre Jannée (–103 à –76). Par mesure de protection, Hérode nicha sa famille dans cette forteresse quand il dut se rendre à Rome en –40 pour convaincre le Sénat de le faire roi des Juifs. Il s'y aménagea un somptueux palais d'hiver entre –37 et –31. Après sa mort, le site fut occupé un certain temps par une garnison romaine, puis envahi par les rebelles en 66 avant de tomber aux Romains. Avec la chute de Massada, la révolte juive s'éteignait définitivement.

Pour pouvoir observer la loi juive telle qu'ils l'interprétaient, les rebelles qui occupaient Massada ont adapté le site à leurs besoins. Deux bains rituels

— des *mikva'ot* — qu'on y a identifiés datent de cette période[8]. Selon toute évidence, ces bains ont été construits en suivant des normes identiques à celles prescrites plus tard par la halakhah. L'une des pièces du site a été décrite comme une maison d'étude — *beth midrash* —, mais cette identification est discutable puisqu'il n'existe aucune autre installation du genre attribuable à cette époque.

Ce qui est encore plus important est le fait qu'on a trouvé une synagogue à Massada[9] ; c'est l'une des plus anciennes de Palestine avec celles de l'Hérodium et de Gamla, des sites qui étaient également des forteresses rebelles au moment de la Première Révolte. La synagogue était orientée vers le nord-ouest, en direction de Jérusalem, avec des rangées de banquettes le long des murs intérieurs. On y a trouvé un ostracon faisant référence aux dîmes données aux prêtres, de même que des fragments de deux manuscrits cachés dans des trous sous le plancher. On a également trouvé d'autres manuscrits en deux autres endroits dans le mur à casemate, dont l'un à proximité immédiate de la synagogue.

Au total, dans les ruines de Massada, on a trouvé des fragments de quinze manuscrits bibliques et apocryphes, incluant des fragments de deux rouleaux du Lévitique, un du Deutéronome, un d'Ézéchiel et deux des Psaumes[10]. Ces textes sont pratiquement identiques au texte massorétique, ce qui montre qu'au moment de la révolte, cette forme du texte était en voie de devenir la seule reconnue.

Mais la communauté occupant Massada, dont les textes bibliques s'étaient normalisés à peu près à cette période, utilisait aussi des compositions apocryphes. On a trouvé à Massada de larges portions du livre de Ben Sira, ce qui démontre hors de tout doute que les fragments médiévaux préservés dans la genizah du Caire dépendaient du texte original, composé en hébreu. Il est à noter que cet apocryphe est le seul que citent les rabbins d'époque talmudique. On a également trouvé un petit fragment du livre des *Jubilés*, et divers autres textes, dont un texte probablement apparenté à la *Genèse apocryphe.*

Ces textes confirment que ces apocryphes étaient le patrimoine commun d'une grande partie du peuple juif. Même si les rabbins ont tenté par la suite d'éliminer ces œuvres non bibliques, ces derniers connaissaient une popularité considérable durant l'époque du Second Temple ; c'est pourquoi ils constituent environ un tiers de la collection de Qumrân et c'est aussi ce qui explique que certains ont été retrouvés à Massada. Un autre indice de la large diffusion de ces apocryphes est le fait que la plupart des textes de ce

Fragment des *Chants pour l'holocauste du sabbat* de Massada
Des fragments de plusieurs manuscrits non bibliques ont été trouvés à Massada. Parmi ceux-ci, il y avait un manuscrit des *Chants pour l'holocauste du sabbat* (illustré ici), un rouleau de Ben Sira, un texte qui mentionne Josué et des fragments qui s'apparentent au livre des *Jubilés*. Ces fragments sons semblables au matériel apocryphe découvert à Qumrân, ce qui indique que ces textes n'étaient pas exclusifs à la secte de Qumrân, mais qu'ils étaient le patrimoine commun du peuple d'Israël durant la période du Second Temple. *Courtoisie du Sanctuaire du Livre du Musée d'Israël.*

type préservés dans les grottes de Qumrân ont probablement été copiés ailleurs. Même si les défenseurs de Massada avaient en leur possession des Bibles proto-massorétiques, ils continuaient pourtant de lire des apocryphes et probablement aussi des écrits apocalyptiques. On peut en effet supposer que la tradition apocalyptique, avec son urgence messianique, a stimulé la révolte.

Il est extrêmement intéressant de noter la présence, à Massada, d'un exemplaire de la liturgie angélique quasi mystique appelée *Chants pour l'holocauste du sabbat*, dont neuf copies ont subsisté à Qumrân. Quand on a identifié ce texte parmi les rouleaux de Massada, on n'avait pas encore terminé l'analyse des autres fragments de manuscrits. C'est pourquoi les spécialistes ont supposé que ce document, de même que d'autres écrits sectaires, aurait été apporté à Massada par des membres de la secte de Qumrân en fuite après la destruction de leur établissements en 68. De fait, à cette étape de la recherche sur les manuscrits, la théorie dominante était que tous les textes découverts dans les grottes de Qumrân avaient été composés par les sectaires et copiés dans le scriptorium de l'endroit.

Ces suppositions ont finalement été rejetées, à la lumière des manuscrits de Massada publiés depuis. On pense maintenant que les vestiges littéraires que ces sites ont en commun témoignent simplement du fait que ces textes étaient assez répandus en Judée à l'époque. Il se peut donc que la liturgie angélique et le courant mystique qu'elle reflète n'étaient pas le bien exclusif des sectaires de Qumrân vers la fin de l'époque du Second Temple, mais étaient connus d'une bonne partie de la communauté juive de Palestine. Cela expliquerait également pourquoi des idées semblables apparaissent dans la littérature rabbinique et dans la mystique de la *Merkavah* élaborée entre le IIIe et le VIIIe siècle. Sur la base de ces données, on peut estimer que l'héritage commun de Qumrân et de Massada devait être assez typique de la littérature lue par les élites intellectuelles et religieuses de cette période.

Ce que démontre le matériel trouvé à Massada, par conséquent, c'est qu'au moment de la révolte, le texte biblique était stabilisé pour l'essentiel, sous une forme proche du texte massorétique, même parmi des groupes qui lisaient encore des apocryphes. On constate aussi que ce matériel apocryphe continuait à faire partie du patrimoine de la communauté juive du Second Temple, dans son ensemble, et n'en a été écarté que plus tard par les rabbins. La synagogue et les bains rituels — construits essentiellement selon les normes attestées plus tard dans la tradition rabbinique pharisienne — montrent que les normes observées par ce groupe étaient en train de s'imposer dans la communauté juive même avant la révolte. Il n'est donc pas étonnant que la manière dont la tradition pharisienne rabbinique concevait le judaïsme soit devenue dominante peu après l'ultime défaite des défenseurs de Massada et l'écrasement définitif de la révolte par les légions romaines.

L'émergence du christianisme

Assez ironiquement, un des facteurs qui a favorisé l'émergence d'un consensus parmi la communauté juive est l'émergence du christianisme. Je me suis délibérément limité jusqu'à maintenant à traiter ici les questions concernant l'histoire du judaïsme ; mais j'ai néanmoins signalé à l'occasion les rapports entre les manuscrits de Qumrân et le christianisme[11]. Nous avons vu que plusieurs notions qu'on trouve dans le Nouveau Testament et qu'on pensait attribuables à des influences orientales ou hellénistiques étaient en réalité des développements d'idées sectaires et apocalyptiques qu'on rencontre dans ces manuscrits. Certaines de ces notions découlent en fait de la secte de la mer Morte elle-même ; d'autres proviennent plutôt de la littérature que la secte avait reçue de ses prédécesseurs et qu'elle lisait apparemment avec grand intérêt.

À mon avis, il faut rejeter vigoureusement les affirmations simplistes à l'effet que Jésus ou Jean-Baptiste auraient fait partie de cette secte ; je reconnais cependant qu'ils partageaient certaines idées qu'on retrouve à Qumrân et qu'ils appartenaient au même univers religieux que le groupe de la mer Morte. Après la mort de Jésus, le mouvement centré sur lui, qui avait connu des débuts modestes, s'est développé en un ensemble de traditions, embellies par les Évangiles ; ce faisant, il a repris quelques éléments que le consensus rabbinique a laissé tomber. C'est ainsi que certaines notions, présentes dans les textes de l'époque du Second Temple mais sans écho dans le judaïsme talmudique, ont exercé une influence sur l'Église naissante. Les Juifs voyaient dans l'adoption de ces idées par les chrétiens une raison supplémentaire pour y renoncer. Le rejet des éléments considérés comme « chrétiens » a contribué à la cristallisation de l'identité juive : en effet, le judaïsme a réagi à cette religion rivale en éliminant du consensus juif, en cours d'élaboration, des notions qui circulaient dans sa culture de l'époque du Second Temple.

L'émergence du christianisme a modifié radicalement la manière dont les Juifs se percevaient eux-mêmes et concevaient leur foi. Pendant la période du Second Temple, les différentes factions juives ne cessaient de se disputer entre elles, chacune se présentant comme le véritable Israël ; elles eurent désormais à se débattre avec les chrétiens, un groupe rival qui avait la même prétention. À l'époque de la seconde révolte, celle menée par Bar Kokhba (132-135), le nouveau consensus juif s'était affermi face au christianisme. La rupture entre les deux était consommée, pour l'essentiel.

La polémique interne que le judaïsme avait connue durant la période du Second Temple avait été dominée durant sa dernière phase par les controverses entre les premiers judéo-chrétiens et les autres groupes juifs — les pharisiens et les sadducéens ; elle était désormais remplacée par l'affrontement avec l'« autre ». À partir de ce moment, le peuple juif fraîchement unifié fit bloc contre une Église qui se voyait maintenant comme un groupe religieux distinct.

Les documents de Bar Kokhba

L'émergence du nouveau consensus devient encore plus évidente lorsque nous examinons les documents découverts dans les grottes de Bar Kokhba, situées le long de la mer Morte, entre Qumrân et Massada, principalement au Wadi Muraba'at et au Nahal Hever[12]. Quelques-uns de ces documents, dont on dit qu'ils proviendraient du Wadi Seyyal (Nahal Seelim), sont en fait des manuscrits que des bédouins ont pris au Nahal Hever et passés en fraude en Jordanie. Ces textes ont été laissés par ceux qui se sont révoltés contre Rome à la suite du prétendant messianique Siméon bar Kosiba, appelé Bar Kokhba, au cours de la seconde révolte, de 132 à 135[13]. Durant la révolte, les rebelles se cachaient dans des grottes qui surplombaient les wadis près de la mer Morte. Récemment, on a mis au jour dans une grotte de la région de Jéricho d'autres documents de même nature ; cela donne à penser qu'il existait de telles cachettes tout le long de la mer Morte.

Après l'échec de la Première Révolte et la chute de Massada en 73, Rome a accordé aux dirigeants rabbiniques de tradition pharisienne le pouvoir de gérer les affaires internes des Juifs de Palestine. Inutile de préciser que cette autorité politique a permis au mouvement rabbinique émergent de faire de sa propre tradition — qui était en continuité avec le judaïsme pharisien de l'époque du Second Temple — la norme pour pratiquement tous les Juifs du territoire d'Israël.

Toutefois, en dépit de cette alliance, certains Juifs, tant parmi les dirigeants rabbiniques pharisiens qu'en dehors de cette élite, continuèrent de penser qu'il fallait se débarrasser du joug romain, aussi bien pour des raisons religieuses que pour des motifs nationalistes. De telles idées étaient certainement associées à la croyance que l'élimination de la domination romaine déboucherait sur l'ère messianique. En ce sens, la deuxième révolte juive prolongeait l'eschatologie particulière du *Rouleau de la Guerre*. Vers l'an 125, les rebelles se préparaient fébrilement à la guerre, aiguillonnés sans doute par l'échec de la révolte de 115-117 dans la diaspora.

On ignorait le nom réel de Bar Kokhba avant la découverte des lettres des grottes de la mer Morte qui le mentionnent. Ces lettres contiennent la première attestation de son nom complet « Siméon bar Kosiba ». Nous réalisons maintenant que les rabbins d'époque talmudique faisaient référence à ce nom en associant le chef rebelle à la racine hébraïque *kzv* (être faux), pour parler de son faux messianisme. Certains rabbins le connaissaient sous le nom de Bar Kokhba (fils d'une étoile), une allusion à la prophétie sur l'étoile qu'on trouve en Nombres 24,17 : « Une étoile se lève de Jacob, un sceptre apparaît en Israël » ; cet oracle était interprété comme l'annonce d'un sauveur messianique à venir. Dans le *Document de Damas*[a] (VII,18-21), on le comprenait comme une référence à l'Interprète de la Loi, un personnage quasi messianique.

En dépit de ces espoirs messianiques, la révolte, après avoir connu du succès, s'avéra un échec. Avant qu'elle ne soit matée par les Romains, les insurgés avaient désigné un grand prêtre, peut-être parce que le culte sacrificiel avait repris, et ils frappaient leur propre monnaie. De nombreux documents, provenant tant du gouvernement de Bar Kokhba que d'individus, ont été préservés dans les grottes. Les restes humains qu'on a trouvés au même endroit révèlent que les rebelles qui s'y étaient cachés ont péri sous l'épée des Romains. Ces textes démontrent la montée constante du consensus rabbinique, même dans un contexte d'interaction avec des voisins non juifs qui a laissé des traces.

Ces documents mentionnent le premier rabbin que nous connaissions par une source non rabbinique ; cela suggère que la classe rabbinique s'étendait au-delà des maîtres nommés dans la Mishnah et dans les autres écrits rabbiniques. Nous apprenons aussi que Bar Kokhba encourageait ses troupes à observer la fête de Sukkot et que pour ce faire, il demandait qu'on lui fasse parvenir le *lulav* et l'*etrog* (branche de palmier et citron), aussi bien que le myrte et les branches de saule utilisées pour le fête ; il exigeait également que la dîme ait été prélevée correctement sur ces produits.

Ces découvertes nous en disent encore plus. Il y a de nombreux contrats

Psaumes bibliques de Massada
Parmi les textes bibliques de Massada, on a trouvé des fragments de deux ou trois manuscrits partiels du livre des Psaumes. On voit ici le manuscrit B des *Psaumes de Massada*, un manuscrit qui est à peu près identique au texte massorétique et qui montre à quel point ce texte était uniforme au début du Ier s. Ici, les psaumes sont écrits en colonnes, ce qui indique que l'on comprenait la structure poétique de ces textes. *Courtoisie du Sanctuaire du Livre du Musée d'Israël.*

dans cette collection. Ils nous apprennent que les Juifs de la région de la mer Morte, surtout ceux qui vivaient dans l'oasis d'Ein Gedi, suivaient, d'un point de vue général comme sur plusieurs points de détail, le système légal qui est présenté dans la Mishnah et dans les sources rabbiniques anciennes. Dans cette catégorie légale, on trouve des documents de commerce, de mariage, de divorce, et divers autres types de contrats. Par ailleurs, il existe également des contrats basés sur la loi grecque et d'autres qui sont des synthèses de la loi juive et de la loi grecque. Certains documents font état d'une interaction économique et sociale entre des Juifs et des païens parlant grec ou arabe. On y trouve également quelques indices d'hellénisation parmi les Juifs, entre autres sur le plan du langage. Toutefois, malgré de telles influences extérieures, il est clair qu'à l'époque de la révolte, le système normatif légal juif, codifié plus tard dans la Mishnah, était déjà en usage, même s'il était encore dans une forme primitive et n'était pas encore aussi standardisé.

Ces matériaux démontrent également que le texte biblique était de plus en plus unifié. Un rouleau comme celui des *Douze prophètes* du Wadi Muraba'at est à peu près identique au texte massorétique[14]. De fait, le texte massorétique était si bien établi à l'époque qu'aucune autre forme de texte n'est attestée. La concurrence était déjà éliminée. La forme primitive du texte massorétique dominait déjà sur les autres formes textuelles dans la collection de Qumrân ; c'était également à peu près la seule forme de texte utilisée à Massada ; à l'époque de Bar Kokhba, elle était devenue véritablement la Bible juive autorisée.

Le processus d'uniformisation va même plus loin. Le *Rouleau grec des douze prophètes* du Nahal Hever (qui fait partie de la soi-disant collection Seyyal) montre que le texte de la Septante avait été révisé pour se conformer au texte massorétique[15] ; il devait être utilisé par des Juifs qui voulaient des Bibles grecques équivalentes au texte hébreu massorétique. Le triomphe de la Bible massorétique sur les textes concurrents était si complet que tous les Juifs, même ceux de langue grecque, insistaient pour avoir un type de texte qui était accepté, voire exigé par les rabbins.

À la suite de la révolte de Bar Kokhba, les rabbins ont décidé que la communauté chrétienne émergente ne devait plus être considérée comme faisant partie du peuple juif. Cette décision a été prise en grande partie sur des bases non théologiques, notamment à partir du fait que l'Église, même au pays d'Israël, était de plus en plus composée de Gentils. De plus, les chrétiens avaient refusé de supporter la révolte juive. Le schisme antérieur qui avait presque totalement séparé les deux communautés, devenait finalement irréversible.

La révolte de Bar Kokhba constitue un point tournant dans l'élaboration de l'identité juive. Non seulement les chrétiens, mais aussi les samaritains — ce qui restait des anciens Israélites du nord — étaient maintenant considérés comme des non-Juifs. Les normes régissant l'identité juive étaient fermement en place. Dans l'ensemble, les documents de Bar Kokhba témoignent du triomphe continu du consensus rabbinique : même si celui-ci n'a pas éliminé entièrement toutes les autres formes de pensée juive, il devint sans conteste la forme dominante de judaïsme vers la fin du IIe siècle.

Le corpus de Qumrân, avec sa littérature sectaire variée, nous offre une mine de renseignements qui éclairent la diversité des manières de concevoir le judaïsme au cours de la période du Second Temple. Au moment de la

Première Révolte, le groupe de Qumrân avait complété l'élaboration de ses propres compositions. Durant la révolte elle-même, les esséniens et des groupes sectaires comme celui de la mer Morte sont disparus en tant qu'entités indépendantes, tout comme les sadducéens qui perdirent la base naturelle de leur pouvoir lorsque le Temple fut détruit.

L'élimination de la compétition interne dans le judaïsme, la standardisation continue du texte biblique et de la loi juive, l'alliance politique avec les Romains, tous ces facteurs ont permis au mouvement pharisien rabbinique de renforcer sa position dominante dans le judaïsme. Entre-temps, le christianisme avait assimilé certaines idées apocalyptiques de l'époque du Second Temple ; en conséquence, le judaïsme qui cherchait à se définir par réaction à la nouvelle religion en émergence élimina totalement ces idées de sa tradition. Avec la révolte de Bar Kokhba, les derniers vestiges du sectarisme ont disparu du judaïsme. Le nouveau consensus est à peu près complet. Du creuset du sectarisme, de la révolte et de la restauration, avait émergé le judaïsme mûr de la Mishnah et du Talmud, fondement du judaïsme que nous connaissons aujourd'hui[16].

NOTES

Introduction

1. Au sujet de la *Lettre halakhique*, voir les notes sur le chapitre 2.
2. PFANN, « Sites in the Judean Desert », p. 109-119.
3. WACHOLDER, « Ancient Judaeo-Aramaic Literature », p. 257-281. Voir aussi REED, « Preliminary List of Aramaic Documents from Qumran Cave 4 ».
4. C'est le titre de l'ouvrage de CROSS, *The Ancient Library of Qumran and Modern Biblical Studies.*
5. STEGEMAN, « Methods for Reconstruction of Scrolls », p. 193-194.
6. L'idée que ces manuscrits proviennent de la bibliothèque du temple de Jérusalem a été mise de l'avant par GOLB dans « Who Wrote the Dead Sea Scrolls ? », « The Dead Sea Scrolls » et « Khirbet Qumran ». On en trouvera une critique chez GARCÍA MARTÍNEZ et VAN DER WOUDE, « Groningen Hypothesis », p. 521-541. SHANKS, dans « Qumran Settlement », conteste également ce point de vue. EISENMAN élabore sa thèse sur les liens entre les manuscrits et la communauté chrétienne primitive dans *Maccabees, Zadokites, Christians and James the Just*. THIERING va encore plus loin dans le même sens dans *Jesus and the Riddle* et dans ses travaux antérieurs, *Redating the Teacher of Righteousness* et *Gospels and Qumran*. La thèse d'Eisenman est réfutée par GARCÍA MARTÍNEZ, « Notas al margen », tandis que celle de Thiering l'est par SHANKS dans « Did Jesus Really Die on the Cross ? ». On doit également rejeter, en se basant sur la chronologie et sur le contenu des manuscrits, leur identification avec les Zélotes, proposée par DRIVER, *Judean Scrolls*, et ROTH, *Dead Sea Scrolls*. On trouvera une vue d'ensemble de ces diverses théories chez COOK, *Solving the Mysteries*, p. 82-126 ; COOK explique également le contexte dans lequel les manuscrits ont été christianisés (p. 127-151). Pour un aperçu sur les discussions récentes à propos des manuscrits, voir SHANKS, *Understanding the Dead Sea Scrolls*, STEGEMANN, *Die Essener* et VANDERKAM, *Dead Sea Scrolls Today*.
7. La présentation classique de la paléographie des manuscrits est celle de CROSS, « Development of the Jewish Scripts ». On trouvera les résultats des récents tests au carbone 14 dans BONANI *et al.*, « Radiocarbon Dating of the Dead Sea Scrolls », et SHANKS, « Carbon-14 Tests Substantiate Scroll Dates ».
8. Pour un résumé, voir VERMES, « Impact of the Dead Sea Scrolls », et SCHIFFMAN, « Sadducean Origins » et « Dead Sea Scrolls and the History of Judaism ».
9. SCHIFFMAN, « Confessionalism ». Voir aussi BROSHI, « Religion, Ideology, and Politics ».

10. Feldman (« Traveling Scrolls Debate ») note qu'il n'y a pas de consensus. On remarquera sa conclusion : « Le seul consensus dans l'étude des manuscrits de la mer Morte est qu'il n'existe aucun consensus. » (p. 72) Davies (*Behind the Essenes*) énumère les difficultés soulevées par ce soi-disant consensus et remet en cause ses fondements méthodologiques.
11. J'ai discuté de manière générale les questions de méthode concernant l'étude de cette période dans Schiffman, *From Text to Tradition*, p. 1-16. J'ai également justifié ma façon d'aborder les textes législatifs dans Schiffman, *Halakhah at Qumran*, p. 1-3 et dans *Sectarian Law*, p. 1-3 et 17-19.

CHAPITRE 1

Des bergers aux chercheurs : les secrets des grottes

1. On trouvera des informations sur la découverte de manuscrits dans la région de Jéricho dans l'Antiquité et au Moyen Âge chez Lieberman, « Light on the Cave Scrolls », p. 402-403.
2. Schechter, *Documents of Jewish Sectaries*. Les travaux de Ginzberg sur la question sont très importants ; ils sont d'abord parus sous forme d'articles dans *MGWJ* 55 (1911) –58 (1914), puis publiés en recueil sous le titre *Eine unbekannte jüdische Sekte* ; cet ouvrage a été repris en anglais, avec quelques chapitres additionnels sous le titre *An Unknown Jewish Sect*. Voir aussi Schiffman, « [Recension de] L. Ginzberg, *An Unknown Jewish Sect* ». Un fragment apparenté aux textes de la genizah, mais pour lequel on n'a pas fourni d'explication adéquate, a été publié par Lévi, « Document ». Les rapports entre les deux manuscrits médiévaux du *Document de Damas* sont étudiés par White, « Comparison ». Voir aussi les notes du chapitre 5.
3. L'esquisse présentée ici s'inspire en partie de Pfann, « History of the Judean Desert Discoveries ». On trouvera aussi un récit palpitant à propos des démarches de Sukenik et de Yadin pour mettre la main sur les sept manuscrits de la grotte 1 dans Yadin, *Message of the Scrolls*, p. 19-52. Allegro (*Dead Sea Scrolls*, p. 15-40) et Trever (*Dead Sea Scrolls*) ont aussi raconté leur version de l'histoire ; mais elle a été contestée verbalement par d'autres chercheurs impliqués dans ces découvertes. Voir aussi Brownlee, « Edh-Dheeb's Story », qui soutient que les manuscrits ont été découverts en 1945. Trever (« When Was Qumran Cave 1 Discovered ? ») fournit des arguments convaincants en faveur de la date de 1947. Une synthèse récente sur la question est présentée par Cook (*Solving the Mysteries*, p. 11-81).
4. Deux membres de l'équipe ont relaté leurs souvenirs à propos des photographies faites par l'équipe du Rockefeller : Cross, « On the History of the Photography », et Strugnell, « On the History of the Photographing of the Discoveries ». Les informations sur les photographies faites à l'American School of Oriental Research sont données par bribes dans Trever, *Dead Sea Scrolls*, p. 38-80. Celles faites en Israël sont décrites par Broshi, « Negative Archive ». Voir aussi Pfann, « Chronological List ».
5. Sur l'équipe internationale d'éditeurs et sur la « Scrollery », voir Cross, *Ancient Library of Qumran*, p. 28 ; Allegro, *Dead Sea Scrolls*, p. 41-43. On trouve aussi des informations intéressantes sur Allegro dans l'ouvrage par ailleurs exagéré et tendancieux de Baigent et Legh, *The Dead Sea Scrolls Deception*, p. 45-63. Pour la chronologie des découvertes et sur le travail au musée Rockefeller, je m'inspire de Pfann, « History of the Judean Desert Discoveries », surtout p. 99-104.

6. Les manuscrits qui ont été apportés à l'American School of Oriental Research et achetés par le métropolite syrien ont été les premiers à être publiés ; ils sont parus dans un ensemble de deux volumes édités par BURROWS, *The Dead Sea Scrolls of St. Mark's Monastery*. Les deux volumes ne contiennent que des photographies en noir et blanc. Les photographies en couleur faites par Trever sont parues dans CROSS, FRIEDMAN et SANDERS, *Scrolls from Qumran Cave 1*, un ouvrage qui comporte également une explication de Trever sur la manière dont ces photographies ont été prises.
7. YADIN rapporte cette histoire en détail dans *Message of the Scrolls*, p. 39-52. Le contexte général en est expliqué par SILBERMAN, *Prophet from Amongst You*, p. 212-218. Voir également le fascinant récit d'ORLINSKY, « Dead Sea Scrolls and Mr. Green ».
8. SANDERS, *Psalms Scroll (DJD 4)*. Cet ouvrage a été suivi d'un livre destiné au grand public : *Dead Sea Psalms Scroll*.
9. BROWN, FITZMYER, OXTOBY et TEIXIDOR, *Preliminary Concordance* (5 volumes, publiés en une trentaine d'exemplaires pour usage privé en 1988 et distribués principalement aux membres de l'équipe internationale).
10. En 1968, avec la publication de *DJD* 5, ALLEGRO devint le premier éditeur des fragments de la grotte 4 à compléter sa tâche. Mais son livre a été démoli par la recension dévastatrice de STRUGNELL, « Notes en marge ».
11. Voir YADIN, *Masada* ; il s'agit d'un exposé synthétique sur les fouilles, les rapports complets n'ont été publiés que plus tard. Voir YADIN, NAVEH et MESHORER, *Masasa I* ; COTTON et GEIGER, *Masada II* ; NETZER, *Masada III* ; BARAQ *et al.*, *Masada IV* ; FOERSTER, *Masada V* ; TALMON, NEWSOM et YADIN, *Masada VI*. On trouvera une appréciation du rôle de Massada dans l'archéologie israélienne dans SILBERMAN, *Prophet from Amongst You*, p. 270-293. Au sujet des textes découverts à Massada, voir YADIN, *Ben Sira Scroll* ; TALMON, « Qiṭʿe Ketavim » ; Fragments of a Psalm Scroll from Masada » ; « Qetaʿ mi-Megillah Ḥiṣṣonit » ; voir aussi les notes du chapitre 25.
12. ALLEGRO, *The Treasure of the Copper Scroll*. Voir aussi le récit très partisan de BAIGENT et LEIGH, *The Dead Sea Scrolls Deception*, p. 51-56. L'édition officielle est celle de MILIK, *DJD 3*, p. 201-302. On trouvera un exposé exhaustif des discussions scientifiques sur ce rouleau dans LEFKOVITS, *Copper Scroll – 3Q15*. Voir aussi GORANSON, « Sectarianism, Geography, and the Copper Scroll » ; MANDEL, « On the "Duplicate Copy" of the Copper Scroll » ; PIXNER, « Unravelling the Copper Scroll Case » ; WOLTERS, « The *Copper Scroll* and the Vocabulary of Mishnaic Hebrew », *The Copper Scroll* et « Literary Analysis ».
13. Sur l'acquisition du *Rouleau du Temple*, voir le récit de YADIN dans *Temple Scroll. The Hidden Law of the Dead Sea Sect*, p. 9-15, 24-32, et 38-44 ; résumé dans *The Temple Scroll*, 1, p. 1-4 ; SCHANKS, « Intrigue and the Scroll » ; SILBERMAN, *Prophet from Amongst You*, p. 304-306. Dans une conférence donnée au Annenberg Research Center (devenu le Center for Judaic Studies de l'Université de Pennsylvanie) le 17 mars 1993, F. M. Cross a rapporté que Kando avait proposé de lui vendre ce rouleau à Beyrouth peu après la guerre de 1967.
14. Sur la prise du musée Rockefeller, voir YADIN, *Temple Scroll. The Hidden Law of the Dead Sea Sect*, p. 44-46 ; SILBERMAN, *Prophet from Amongst You*, p. 303-304.
15. Parmi les premières publications qui proposent une lecture christianisante des manuscrits, mentionnons principalement BURROWS, *Dead Sea Scrolls* et *More Light* ; DUPONT-SOMMER, *The Dead Sea Scrolls*, *The Jewish Sect of Qumran* et *Les écrits esséniens*. Cette manière de présenter les manuscrits a été contestée par LASOR, *Dead Sea Scrolls*

and the New Testament, p. 22-27. On trouvera un exemple d'une approche beaucoup plus nuancée chez FITZMYER, *Essays*, qui porte en grande partie sur le matériel qumranien.

16. Parmi les premiers efforts pour identifier la secte, mentionnons SUKENIK, *Megillot Genuzot*, surtout p. 16 ; CROSS, *Ancient Library*, p. 37-79.
17. Sur l'apport des premiers chercheurs juifs à l'étude des manuscrits de la mer Morte, voir LIEBERMAN, « Light on the Cave Scroll », et « Discipline of the So-Called Dead Sea Manual of Discipline » ; LEHMANN, « Talmudic Material » ; LICHT, *Megillat ha-Hodayot* et *Megillat ha-Serakhim* ; RABIN, *Zadokite Documents* et *Qumran Studies*. Il faut évidemment mentionner la contribution de Y. YADIN, qui a publié non seulement un grand nombre d'articles et d'ouvrages destinés à un large public, mais aussi plusieurs ouvrages majeurs tels que *Scroll of the War*; *Genesis Apocryphon* (publié avec Avigad) ; *Megillat ha-Miqdash*, réédité en anglais, avec mise à jour, sous le titre *Temple Scroll*. Sur cette dernière publication, voir SCHIFFMAN, « [Recension de] Yadin, *The Temple Scroll* ». On trouvera un résumé complet de la vie et de l'œuvre de Yadin dans SILBERMAN, *Prophet from Amongst You*.

CHAPITRE 2

Un scandale pour des manuscrits

1. BAUMGARTEN, *Studies in Qumran Law*.
2. SCHIFFMAN, *Halakhah at Qumran* ; *Sectarian Law* ; *The Eschatological Community* ; *Halakhah, Halikhah u-Meshiḥiyut*.
3. Sur les délais de publication depuis 1967, voir la préface de Benoit dans *DJD* 6. Parmi les ouvrages parus après 1967, signalons MILIK, *Book of Enoch* et *DJD* 6 ; BAILLET, *DJD* 7 ; FREEDMAN et MATHEWS, *Paleo-Hebrew Leviticus Scroll* (voir à ce propos PUECH, « Notes en marges de 11QpaléoLévitique »). On pouvait estimer le pourcentage de manuscrits non publiés quand la controverse a commencé ; voir par exemple STEGEMANN, « Methods for the Reconstruction of Scrolls », p. 209, n. 13. GARCÍA MARTÍNEZ (« Lista de MSS ») a publié une liste de tous les manuscrits, publiés ou non. De plus, REED a préparé un catalogue complet des manuscrits et des photographies, paru sous le titre *Dead Sea Scrolls Inventory Project* ; on en trouve une forme abrégée dans *Dead Sea Scrolls on Microfiche*, édité par Tov. Cette liste a servi de base aux travaux de Reed. Lorsqu'il est devenu chef éditeur, Tov a publié deux listes des manuscrits, intitulées toutes deux « The Unpublished Qumran Texts from Cave 4 and 11 », dans *BA* et *JJS*. Voir aussi ULRICH, « Biblical Scrolls from Cave 4 », et TOV, « Expanded Team of Editors ». On est allé jusqu'à imaginer un vaste complot ourdi par le Vatican pour expliquer ces délais de publication ; voir à ce propos les accusations sans fondement de BAIGENT et LEIGH, *The Dead Sea Scrolls Deception*, p. 99-126 et la réponse fort pertinente de SHANKS, « Is the Vatican Suppressing the Dead Sea Scrolls ? ».
4. Le calendrier proposé par Strugnell a été publié par Shanks ; voir son « Publisher's Foreword » dans EISENMAN et ROBINSON, *Facsimile Edition*, 1, p. XXVI (fig. 3). En parcourant les pages de *BAR*, on peut voir monter l'insatisfaction d'un nombre croissant de personnes qui s'intéressent aux manuscrits. Voir aussi KAPERA (« Present State ») qui décrit les lacunes de la recherche qumranienne jusqu'en 1989.
5. La première description de cet important document se trouve dans deux articles publiés sous le même titre par STRUGNELL et QIMRON, « An Unpublished Halakhic

Letter ». Mais on soupçonnait son importance depuis que Milik en avait publié quelques lignes dans *DJD 3*, p. 225.

6. Les actes de ce colloque, organisé par le Hagop Kerkovian Center for Near Eastern Studies, ont été publiés par Schiffman, *Archeology and History*. Yadin faisait partie du comité organisateur ; après son décès, le colloque a été dédié à sa mémoire.
7. Les remarques antisémites de Strugnell, qui lui ont coûté son poste, ont paru dans le quotidien *Haaretz* du 9 novembre 1990 ; on trouve une transcription de l'entrevue, dans sa version originale anglaise, dans Katzman, « Chief Dead Sea Scroll Editor Denounces Judaism ». De nombreux volumes de la collection *DJD* sont parus depuis que Tov assume la responsabilité de l'équipe d'édition.
8. Wacholder et Abbeg, *A Preliminary Edition of the Unpublished Dead Sea Scrolls*. Leurs travaux se basaient sur la concordance préparée sur fiches par Brown, Fitzmyer, Oxtoby et Teixidor et dont des copies avaient été distribuées, au nom de Strugnell, par Stegeman sous le titre *A Preliminary Concordance*.
9. Eisenman et Robinson, *Facsimile Edition* ; cette édition contient des photographies de presque tous les manuscrits inédits.
10. Le texte de la *Lettre halakhique* (4QMMT) avait déjà été diffusé par Z. J. Kapera dans « An Anonymously Received Pre-Publication of the 4QMMT ».
11. Voir à ce sujet Lim, MacQueen et Carmichael, *On Scrolls, Artefacts, and Intellectual Property*.
12. L'édition officielle des photographies, publiée par Tov (*Dead Sea Scrolls on Microfiche*) est la meilleure. Elle comprend toutes les photographies (environ 6000) de tous les sites du désert de Judée, sous forme d'images positives de grande qualité. Elle est fournie avec un *Companion Volume*, édité par Tov en collaboration avec Pfann, et une *Inventory List of Photographs*, dressée par Reed et éditée par Lundberg. Pour une édition commode des textes non bibliques (texte original et traduction anglaise), on peut se reporter maintenant à García Martínez et Tigchelaar, *The Dead Sea Scrolls Study Edition*.
13. Pour une réflexion sur l'affranchissement des manuscrits, voir Vermes, « Present State ».
14. La plus grande partie de cette section est basée sur l'étude de Dimant, « Qumran Manuscripts : Contents and Significance ». Le premier à avoir distingué entre les textes apportés à Qumrân et ceux qui y ont été composés est Sparks, dans « Books of the Qumran Community ». Pour un aperçu plus ancien des textes non bibliques de Qumrân, on se reportera à Dimant, « Qumran Sectarian Literature ». Plusieurs de ces textes sont présentés dans Schürer, *History of the Jewish People*, vol 3.1, p. 1-479. Les textes de la communauté sont décrits aux p. 380-479, tandis que les autres textes non bibliques sont dans les pages précédentes de l'ouvrage. En français, on se reportera à Dupont-Sommer et Philonenko (dir.), *La Bible : écrits intertestamentaires*.
15. Sur l'hébreu de Qumrân, voir Qimron, *Hebrew of the Dead Sea Scrolls* et « Observations on the History of Early Hebrew ». Sur l'usage des langues en Palestine durant l'époque du Second Temple,voir Schürer, *History of the Jewish People*, vol. 2, p. 20-28, et Fitzmyer, *Wandering Aramean*, p. 29-56.

CHAPITRE 3

L'archéologie de Qumrân

1. Sur l'archéologie de Qumrân, les trois ouvrages les plus importants actuellement disponibles sont : DE VAUX, *Archeology and the Dead Sea Scrolls* ; LAPERROUSAZ, *Qoumrân : l'établissement essénien* (cet ouvrage conteste les interprétations proposées par de Vaux sur plusieurs points mineurs, mais permet d'en valider les grandes lignes) ; DAVIES, *Qumran*. Les trois contiennent de précieuses informations complémentaires sur la plupart des questions abordées dans ce chapitre et on les consultera avec profit. DE VAUX a synthétisé les résultats de ses fouilles dans « Qumran, Khirbet and 'Ein Feshkha », p. 1235-1241, texte qui a été complété par BROSHI, *ibidem*, p. 1241. On trouve également des aperçus plus rapides dans CROSS, *Ancient Library of Qumran*, p. 38-52 ; MILIK, *Ten Years of Discovery*, p. 45-56. Voir aussi les dossiers « Manuscrits de la mer Morte (Les) », *Les Dossiers d'Archéologie* 189 ; « Qumrân », *Le Monde de la Bible* 86 ; « Qumrân, cinquante ans après », *Le Monde de la Bible* 107. De nombreuses photographies prises lors des fouilles sont reproduites dans TOV, *Dead Sea Scrolls on Microfiche*, mais la liste n'en est pas détaillée. Voir également BROOKE, G. J., et H. K. BOND, *The Allegro Qumran Photograph Collection*.
2. Voir DONCEEL, « Reprise des travaux ».
3. HUMBERT et CHAMBON, *Fouilles de Khirbet Qumrân et de Aïn Feshkha*.
4. Voir DONCEEL-VOUTE, « The Archaeology of Qumran » et Humbert, « L'espace sacré à Qumrân ». À propos des conclusions de Magen et Drori, voir RABINOVICH, « Operation Scroll ». L'article de BAR-ADON, « Biṣṣure ha-Ḥashmona'im », qui discute la possibilité que Qumrân soit une forteresse asmonéenne, reste d'un grand intérêt dans le contexte des débats récents. Voir encore BROSHI, « Archeology of Qumran — A Reconsideration » et « Qumran : Archeology ».
5. Voir NORTH, « Qumran Reservoirs » ; MAGEN et PATRICH, « Amat ha-Mayyim ». Sur les *mikva'ot* à l'époque du Second Temple, y compris ceux de Qumrân, voir SANDERS, *Jewish Law from Jesus to the Mishnah*, p. 214-217. On trouve également des observations intéressantes dans WOOD, « To Dip or to Sprinkle ? ».
6. Pour une description de la poterie de Qumrân et une comparaison avec celle des sites contemporains, on consultera avec profit l'ouvrage important, bien que déjà un peu vieilli, de LAPP, *Palestinian Ceramic Chronology*. Voir aussi MAGNESS, « The Community at Qumran ». Un point de vue très différent est présenté par DONCEEL-VOUTE, « Archeology of Qumran ».
7. Malheureusement, plusieurs pièces de monnaie de Qumrân ont été égarées avant même d'être publiées. Les données numismatiques sont discutées par DE VAUX, *Archeology*, p. 5-48 ; LAPERROUSAZ, *Qoumrân*, p. 149-154, ce dernier dressant la liste complète des monnaies connues.
8. À propos de la controverse sur l'identification des « tables » et des « bancs », voir METZGER, « Furniture in the Scriptorium ». Sur les encriers découverts à Qumrân, voir GORANSON, « Qumran. The Evidence of the Inkwells ».
9. DE VAUX, *Archeology*, p. 45-48 ; HAAS ET NATHAN, « Anthropological Survey » ; STECKOLL, « Preliminary Excavation Report ». Voir aussi ESHEL et GREENHUT, « Ḥiam el-Sagha ».
10. Les résultats des fouilles de la grotte 1 sont présentés par LANKESTER HARDING *et al.* dans *DJD* 1, p. 3-40. Les découvertes des autres grottes (sauf la grotte 4) sont présentées par DE VAUX dans *DJD* 3, p. 1-36. On trouve aussi un exposé d'ensemble dans

Pfann, « Sites in the Judean Desert », p. 110-115. Patrich expose l'essentiel des résultats d'une nouvelle exploration des grottes dans « Khirbet Qumran ».

11. De Vaux décrit le site d'Ein Feshka dans *Archeology and the Dead Sea Scrolls*, p. 60-83 ; voir aussi Lapperousaz, *Qoumrân*, p. 65-90. Sur la tannerie, voir Poole et Reed, « "Tannery" of Ain Feshka ». On trouvera un compte rendu des fouilles d'Ein-el-Ghuweir dans Bar-Adon, « Another Settlement of the Judean Desert Sect ».
12. Voir Farmer, « Economic Basis » et « Postscript ». On trouvera une bonne description de l'économie de la région dans Hirschfeld, *Judean Desert Monasteries in the Byzantine Period*, p. 102-111, même si elle porte sur une période un peu plus récente.

CHAPITRE 4
Judaïsme, hellénisme et sectarisme

1. Sur la situation des Juifs durant la période perse, voir Schiffman, *From Text to Tradition*, p. 33-59 ; Stern, « Persian Empire », et « Archeology of Persian Palestine ».
2. On trouvera un excellent aperçu historique et culturel chez Koester, *Introduction to the New Testament*, vol. 1. L'impact de la domination des Ptolémées et des Séleucides sur la Palestine et sur le peuple juif est analysé par Tcherikover, *Hellenistic Civilization and the Jews*, p. 1-89. Voir aussi Schiffman, *From Text to Tradition*, p. 62-70.
3. Voir Schiffman, *From Text to Tradition*, p. 60-62. Les résultats de la synthèse qu'est l'hellénisme sont présentés par Peters, *Harvest of Hellenism*. L'ouvrage classique sur la ville grecque est celui de Jones, *Greek City from Alexander to Justinian*. Pour un aperçu historique, voir Kasher, *Jews and Hellenistic Cities in Eretz-Israel*.
4. Sur les courants hellénistiques dans le judaïsme palestinien, voir Schiffman, *From Text to Tradition*, p. 70-72. L'ouvrage d'Hengel, *Judaism and Hellenism*, est aussi fondamental que provoquant : voir l'importante recension par Millar, « Background to the Maccabean Revolution ». On consultera aussi avec profit Tcherikover, *Hellenistic Civilization and the Jews*, p. 90-116 ; Bickerman, *Jews in the Greek Age* ; Cohen, *From the Maccabees to the Mishnah*, p. 34-46.
5. Sur les causes et l'histoire de la révolte maccabéenne, voir Schiffman, *From Text to Tradition*, p. 72-79. Parmi les études de fond sur cette période, signalons l'édition révisée de Schürer, *History of the Jewish People* préparée par Vermes *et al.*, vol. 1, p. 137-173 ; Tcherikover, *Hellenistic Civilization and the Jews*, p. 117-234. Voir aussi Bickerman, *God of the Maccabees.*
6. Sur la dynastie asmonéenne, voir Schiffman, *From Text to Tradition*, p. 99-103 ; Schürer, *History of the Jewish People*, vol. 1, p. 174-242 ; Tcherikover, *Hellenistic Civilization and the Jews*, p. 235-265.
7. Pour un aperçu général sur la question, voir Schiffman, « Jewish Sectarianism in Second Temple Times », et *From Text to Tradition*, p. 103-119. Voir également Baumgarten, *The Flourishing of Jewish Sects in the Maccabean Era* ; Cohen, *From the Maccabees to the Mishnah*, p. 124-173 ; Rofé, « Onset of Sects » ; Smith, « Palestinian Judaism in the First Century ». Des questions majeures à propos du sectarisme au cours de cette période sont soulevées par Baumgarten, « Qumran ve-ha-Kitatiut ba-Yahadut bi-Tequfat Bayit Sheni ».
8. L'histoire des sadducéens est encore à écrire ; pour le moment, on peut se reporter à Schürer, *History of the Jewish People*, vol. 2, p. 404-414.

9. Voir SCHÜRER, *History of the Jewish People*, vol. 2, p. 388-403. L'ouvrage de FINKELSTEIN, *Pharisees*, fournit beaucoup d'informations et d'idées utiles, même si sa méthodologie est dépassée. Les matériaux d'époque rabbinique sont rassemblés par NEUSNER, *Rabbinic Traditions about the Pharisees* ; Neusner présente une version plus synthétique de ce travail dans *From Politics to Piety*. BAUMGARTEN, « Name of the Pharisees », donne un bon aperçu de différentes approches de la question ; mais je ne puis souscrire à ses conclusions. L'étude de SALDARINI, *Pharisees, Scribes and Sadducees in Palestinian Society*, aborde le sujet à partir d'un point de vue sociologique.
10. Voir SCHÜRER, *History of the Jewish People*, vol. 2, p. 555-574 ; SCHIFFMAN, « Essenes ». Dans son étude *Josephus' Description of the Essenes*, BEALL tente d'évaluer les rapprochements entre les esséniens et les documents découverts à Qumrân. Voir encore BUCHANAN, « Role of Purity », et VERMES, « Essenes and Therapeutae ». STEGEMANN, « Qumran Essenes — Local Members of the Main Jewish Union », exagère démesurément le rôle des esséniens durant la période du Second Temple. Sur le nom lui-même, voir KAMPEN, « Reconsideration of the Name "Essene" » ; GORANSON, « Essenes' : Etymology » ; VERMES, *Post-Biblical Studies*, p. 8-36.

CHAPITRE 5

Origines et débuts de la communauté

1. L'existence et le contenu de la *Lettre halakhique* ont d'abord été dévoilés par QIMRON et STRUGNELL dans deux articles différents portant le même titre, « An Unpublished Halakhic Lettter ». On trouvera des informations additionnelles dans SCHIFFMAN, « New *Halakhic Letter* ». Le texte complet d'une version préliminaire préparée par QIMRON et STRUGNELL a été publié — sans leur consentement — dans la préface de l'éditeur, rédigée par SHANKS, à l'ouvrage d'EISENMAN et ROBINSON, *Facsimile Edition*, figure 8. SHANKS se basait sur KAPERA, *Anonymously Received Pre-Publication*. La figure 8 n'apparaît que dans la première édition d'EISENMAN et ROBINSON. Qimron ayant intenté une poursuite contre Shanks à ce sujet, la figure 8 a été retirée des éditions subséquentes, conformément à la décision d'une cour israélienne.
2. Les textes peuvent être consultés dans GARCÍA MARTÍNEZ et TIGCHELAAR, *The Dead Sea Scrolls Study Edition* ; on trouvera une traduction française des principaux textes publiés jusqu'en 1987 chez DUPONT-SOMMER et PHILONENKO, *La Bible : écrits intertestamentaires*. La traduction des textes de Qumrân est celle de l'auteur, adaptée en français ; à l'intérieur des citations, les *crochets* indiquent les restaurations faites par les spécialistes dans les textes fragmentaires. Les *parenthèses* signalent un ajout explicatif dans la traduction. La traduction des textes bibliques est habituellement celle de *La Bible de Jérusalem* (Cerf, 1998).
3. On trouvera une présentation des différents systèmes de la loi juive observés durant la période du Second Temple, ainsi qu'une étude plus approfondie de la *Lettre halakhique*, dans SCHIFFMAN, « Temple Scroll and the Systems of Jewish Law » et « Qumran and Rabbinic Law » ; BAUMGARTEN, « Recent Qumran Discoveries and Halakha ». Voir également l'étude majeure de SUSSMANN, « Ḥeqer Toldot ha-Halakhah ». BAUMGARTEN, « Pharisaic — Sadducean Controversies », p. 163-164, est le premier à avoir noté les tendances sadducéennes de la *Lettre halakhique*, alors qu'on n'en connaissait qu'un bref passage. Pour une étude approfondie de la loi dans ce document, voir QIMRON et STRUGNELL, *DJD* 10, p. 123-177 ; cet ouvrage comporte également, aux

p. 129-200, une traduction anglaise de l'article de Sussmann, accompagnée des principales notes.

4. La *Lettre halakhique* confirme l'origine sacerdotale de la secte, ce qu'avait déjà vu, parmi d'autres, CROSS, « Early History of the Qumran Community ». Voir aussi SCHWARTZ, « On Two Aspects of a Priestly View of Descent at Qumran » et « Law and Truth ». La pertinence historique de la *Lettre halakhique* pour comprendre la fondation de la secte est étudiée dans SCHIFFMAN, « New Halakhic Letter ». QIMRON et STRUGNELL, *DJD* 10, p. 109-121, soutiennent que la lettre aurait été composée pendant que le Maître de Justice dirigeait le groupe ; j'estime au contraire qu'elle lui est antérieure.
5. En plus de la *Lettre halakhique*, un autre texte de Qumrân, le *Rouleau du Temple*, présente des affinités avec la halakhah sadducéenne, comme je l'ai démontré dans « Temple Scroll and the System of Jewish Law ». LEHMANN, « Temple Scroll as a Source for Sectarian Halakhah », est l'un des premiers à avoir attiré l'attention sur les éléments sadducéens dans le *Rouleau du Temple* (cet article et plusieurs autres études de LEHMANN sur les manuscrits de Qumrân ont été rassemblés dans *Massot-u-Massa'ot*). Dès les premières recherches sur ce texte, des suggestions dans le même sens ont été faites par NORTH, « Qumran Sadducees » ; BURGMAN, « 11QT : The Sadducean Torah », dont l'argumentation se limite cependant à une analyse du favoritisme que le *Rouleau du Temple* entretient à l'endroit des lévites. WACHOLDER, *Dawn*, p. 99-169, insiste aussi beaucoup sur le rapprochement entre le *Rouleau du Temple* et les sadducéens ; mais sa thèse soulève de sérieux problèmes comme l'a bien vu BASSER, « Rabbinic Citations ».
6. Le *Document de Damas* fournit des informations importantes pour reconstituer les débuts de la secte. Ce texte a d'abord été publié par SCHECHTER dans *Documents of Jewish Sectaries* et a été réédité récemment par QIMRON, « Text of CDC », dans BROSHI, *Damascus Document Reconsidered*. Pour une description des manuscrits de ce document qu'on a trouvé dans la grotte 4, voir BAUMGARTEN, « Laws of the Damascus Document ». Les textes ont été publiés par BAUMGARTEN et MILIK, *DJD* 18. Sur la fiabilité des manuscrits médiévaux, voir BAUMGARTEN, « Laws of the Damascus Document », p. 62. Voir aussi ROWLEY, *Zadokite Fragments and the Dead Sea Scrolls*, sur les rapports entre les mansucrits découverts dans la genizah et le corpus qumranien. Le meilleur commentaire demeure celui de RABIN, *Zadokite Document*. Voir aussi l'étude fondamentale de GINZBERG, *Unknown Jewish Sect*. Pour une étude de l'admonition, voir DAVIES, *Damascus Covenant*, qui ignore complètement la section légale du texte. DAVIES souscrit à l'idée d'une origine babylonienne des esséniens, défendue par MURPHY-O'CONOR dans « Critique of the Princes », « Literary Analysis » et « Damascus Document Revisited ». Voir encore DAVIES, « Ideology of the Temple ». Pour une étude de la prétention des membres de la secte à être les héritiers directs de l'Israël biblique, voir TALMON, *World of Qumran from Within*, p. 11-52.
7. Voir RABINOWITZ, « Reconsideration ».
8. Voir BROOKE, « Amos-Number Midrash ».
9. Sur Damas dans le *Document de Damas*, voir WIEDER, *Judean Scrolls and Karaism*, 1-52 ; NORTH, « Damascus of Qumran Geography » ; IWRY, « Was There a Migration ? » ; MILIKOWSKY, « Again : DAMASCUS » ; DAVIES, « Birthplace of the Essenes ». Voir également KNIBB, « Exile in the Damascus Document ».
10. L'identification de Qumrân à la Sekaka biblique a été proposée par BAR-ADON, « Another Settlement of the Judean Desert » et par ALLEGRO, *The Treasure of the Copper*

Scroll, p. 68-74. CROSS et MILIK, « Explorations in the Judean Buqê'ah », proposent de l'identifier à la « Ville du Sel ». Voir à ce propos l'analyse de DAVIES, *Qumran*, p. 36-40.

11. Sur la signification de la thématique du désert et de l'exode dans la pensée des sectaires de Qumrân, voir TALMON, « Desert Motif », et SCHWARTZ, *Studies*, p. 29-43. Sur l'influence de la Bible en général, voir FREEDMAN, « Old Testament at Qumran ».

CHAPITRE 6
Les traits caractéristiques de la communauté

1. Sur les rites d'initiation, voir RABIN, *Qumran Studies*, p. 1-21, et LIEBERMAN, « Discipline ». Sur la nature de la secte, voir WERNBERG-MØLLER, « Nature of the YAḤAD ».
2. Le texte de la *Règle de la communauté* a été publié d'abord par BURROWS, *Dead Sea Scrolls*, vol. 2, fasc. 2.Voir aussi les commentaires de BROWNLEE, « Dead Sea Manual of Discipline » ; LEANEY, *Rule of Qumran* ; LICHT, *Megillat Ha-Serakhim*, p. 1-237 ; GUILBERT dans CARMIGNAC, *Textes*, 1, p. 1-80 ; WERNBERG-MØLLER, *Manual of Discipline*. Parmi les études les plus importantes, signalons GUILBERT, « Le Plan », et POUILLY, *La Règle de la communauté*. Les manuscrits de la grotte 4 sont maintenant disponibles dans ALEXANDER et VERMES, *DJD* 26. Pour une étude des rapports entre ces manuscrits, voir Metso, *Textual Development*.
3. Sur le fait que la nourriture liquide devient impure plus facilement que la nourriture solide, voir LICHT, *Megillat Ha-Serakhim*, p. 294-303 ; SCHIFFMAN, *Sectarian Law*, p. 163-164. Pour les arguments justifiant qu'on comprenne *ṭoharah* comme la nourriture pure plutôt que la purification rituelle, voir *Sectarian Law*, p. 162-163.
4. Voir FORKMAN, *Limits of the Religious Community*, p. 52-57.
5. Voir plus haut, le chap. 4.
6. Voir LIEBERMAN, « Discipline » ; NEUSNER, *Fellowship in Judaism*, p. 11-59 ; OPPENHEIMER, *'Am ha-'Aretz*, p. 118-156.
7. WEINFELD, *Organisational Pattern*, pour qui la présence de tels traits dans la vie des sectaires de Qumrân est attribuable à une influence hellénistique. À mon avis, la démonstration de cette thèse n'est pas faite ; voir PUECH, « [recension de] M. Weinfeld, *Organizational Pattern* ».
8. Voir RABIN, *Qumran Studies*, p. 22-36. Sur la vente d'esclaves, voir SCHIFFMAN, « Legislation Concerning Relations with Non-Jews », p. 388-389. Sur les rapprochements présumés avec la pratique de l'Église primitive attestée dans les *Actes*, voir BLACK, *Scrolls and Christian Origins*, p. 32-39 ; HENGEL, *Property and Riches in the Early Church*.
9. Voir SCHIFFMAN, *Sectarian Law*, p. 155-173 ; BAUMGARTEN, « Cave 4 Versions of the Qumran Penal Code » ; WEINFELD, *Organizational Pattern*, p. 23-43.

CHAPITRE 7
La direction de la secte

1. Voir SCHIFFMAN, *Halakhah at Qumran*, p. 70-75 ; LIVER, « Sons of Zadok » ; BAUMGARTEN, « Heavenly Tribunal », p. 233-236. BAUMGARTEN, *ibid.*, p. 236-239, discute les rapports entre les sadocides de Qumrân et les saddudéens. Sur le rôle continu des sadocides, même à la fin des temps, voir SCHIFFMAN, *Eschatological Community*, particulièrement p. 11-13, 28-29 et 32-35. Sur la *Règle des bénédictions*, voir *ibid.*, p. 72-76. On consultera également BAUMGARTEN, « Disqualifications of Priests » et BROOKE, « Levi and Levites ».

2. Toutes les tentatives pour identifier le Maître de Justice à un personnage connu de l'histoire d'Israël ont échoué. Les manuscrits ne nous aident pas beaucoup dans cette tâche. Comme on le verra au chap. 14, on en sait davantage sur le rôle du maître dans la formation de la secte de Qumrân et ses luttes avec ses adversaires. Sur le maître, voir JEREMIAS, *Der Lehrer der Gerechtigkeit*; LAMBERT, *Le Maître de Justice*; BRUCE, *Second Thoughts*, p. 92-97; BUCHANAN, « Office of Teacher of Righteousness »; GLUSKINA, « Teacher of Righteousness in Joseph Amussin's Studies »; SCHIFFMAN, « Teacher of Righteousness in the Soviet Qumran Studies »; STARCKY, « Les Maîtres de Justice et la chronologie de Qumrân ». On consultera aussi BREGMAN, « Another Reference », et SIEGEL, « Two Further Medieval References ». Une thèse maximaliste concernant le maître a été récemment soutenue par SCHWEITZER, « Teacher of Righteousness ».
3. Sur le *Mevaqqer*, voir PRIEST, « *Mebaqqer, Paqid* and the Messiah », et MARCUS, « *Mebaqqer* and *Rabbim* ».
4. Certains chercheurs sont portés à identifier le *paqid* avec le *mevaqqer*; ce point de vue est exposé par CROSS, *Ancient Library*, p. 175-176. Cependant MILIK, dans *Ten Years of Discovery*, p. 99-100, a clairement montré la différence entre les deux fonctions.
5. Sur le *maskil*, voir KOSMALA, « *Maskil* ».
6. Sur les sages laïques d'époque pharisienne-rabbinique, voir SCHÜRER, *History of the Jewish People*, vol. 2, p. 322-380; pour la période subséquente, voir LEVINE, *Rabbinic Class of Roman Palestine*.

CHAPITRE 8

Les femmes dans les textes de Qumrân

1. Voir à ce propos le point de vue nuancé de CROSS, *Ancient Library*, p. 96-98. On trouvera un renvoi aux recherches subséquentes sur le sujet chez BAUMGARTEN, « Qumran-Essene Restraint on Marriage », p. 20-21, n° 1. Voir aussi QIMRON, « Celibacy »; ELDER, « Female Ascetics ».
2. Voir SCHÜRER, *History of the Jewish People*, vol. 2, p. 570, et les références bibliographiques de la n. 55.
3. Sur la polémique concernant la polygamie, voir VERMES, *Post-Biblical Jewish Studies*, 50-56; BAUMGARTEN, « Qumran-Essene Restraints on Marriage », p. 14-15; YADIN, « L'attitude essénienne ». Concernant la fornication avec sa propre épouse, voir BAUMGARTEN, « Cave 4 Versions of the Qumran Penal Code », p. 270-271.
4. Voir SCHIFFMAN, « Laws of Vows and Oaths ».
5. Voir SCHIFFMAN, *Sectarian Law*, p. 55-60 et 63-65; *Eschatological Community*, p. 16-20.
6. Voir BAUMGARTEN, *Studies*, p. 183-186, dont j'adopte la correction; SCHIFFMAN, *Sectarian Law*, 52-53.
7. BAUMGARTEN, « 4Q502, Marriage or Golden-Age Ritual », a suggéré d'y voir plutôt un rituel pour des personnes agées.
8. Voir SCHIFFMAN, « Laws Pertaining to Women ».
9. Voir LICHT, « Ra'atah shel ha-'Ishah ha-Zarah »; BROSHI, « Beware the Wiles ». Broshi considère, à tort, que ce poème est misogyne et reflète l'attitude dédaigneuse de la secte à l'égard des femmes; il ne semble pas réaliser que ce poème vise seulement une catégorie particulière de femmes. Plusieurs commentateurs estiment qu'il s'agit d'un texte allégorique, tenant pour acquis qu'une communauté formée de célibataires

n'a aucun besoin d'une pareille mise en garde ; cette interprétation est erronnée, à mon sens. Voir ALLEGRO, « Wiles of the Wicked Women » et *DJD* 5, p. 82-85 ; STRUGNELL, « Notes », p. 263-268 ; CARMIGNAC, « Poème allégorique » ; GAZOV-GINSBURG, « Double Meaning » ; BURGMANN, « Wicked Women » qui considère que le poème vise Simon l'Asmonéen ; voir également l'analyse détaillée de ce poème par MOORE, « Personification ». BAUMGARTEN, « On the Nature of the Seductress », croit que l'entité décrite est un démon féminin.

10. SANDERS, *The Dead Sea Psalms Scroll*, p. 114-115. Voir son commentaire détaillé, p. 112-115. On consultera également TRENCHARD, *Ben Sira's View of Women*, qui mentionne ce poème uniquement dans une liste de passages où la sagesse est personnifiée sous les traits d'une femme (p. 207, n. 215) ; LEHMANN, « 11Q Ps[a] and *Ben Sira* ».
11. Sur la beauté de Sara, voir FITZMYER, *The Genesis Apocryphon*, p. 119-124 ; VANDERKAM, « Poetry of 1Q Ap Gen XX, 2-8a ». Un autre texte présentant un intérêt pour notre propos est le « Cantique de Myriam », préservé dans le *Pentateuque paraphrasé* (4Q364-365) ; voir WHITE, « 4Q364-365 », p. 320-324 ; BROOKE, « Power of the Powerless ».

CHAPITRE 9

Les croyances d'une communauté de foi

1. Ce chapitre s'inspire en grande partie de l'excellent ouvrage de RINGGREN, *Faith of Qumran*, p. 47-151, auquel j'ai emprunté la structure de l'exposé. Voir SANDERS, *Paul and Palestinian Judaism*, p. 239-328, qui met surtout l'accent sur la thématique de l'alliance, comme le fait également TALMON, « New Covenanters of Qumran » ; « The Dead Sea Scrolls » ; *Community of the Renewed Covenant*.
2. La première édition est celle de SUKENIK, *Dead Sea Scrolls of the Hebrew University*, p. 35-58. Les principaux commentaires sont ceux de CARMIGNAC, *Les Textes*, vol. 1, p. 129-280 ; DELCOR, *Les Hymnes de Qumrân (Hodayot)* ; NOLM-NIELSON, *Hodayot Psalms from Qumran* ; MANSOOR, *Thanksgiving Hymns* ; LICHT, *Megillat ha-Hodayot*. Les fragments de la grotte 4 (4Q427-433a et 4Q440) ont été reconstitués, sur la base des lectures de STRUGNELL notées dans la *Preliminary Concordance*, par WACHOLDER et ABEGG, *Preliminary Edition*, vol. 2, p. 254-284. Voir aussi SCHULLER, « A Hymn from a Cave 4 *Hodayot* Manuscript » ; la publication de ces textes dans *DJD* 29, p. 69-254 a été assumée par SCHULLER. STEGEMANN, « Methods for the Reconstruction », p. 204, et PUECH, « Quelques aspects », proposent une nouvelle séquence du texte de la grotte 1, sur la base du matériel trouvé dans la grotte 4. Cette séquence est adoptée par GARCÍA MARTÍNEZ et TIGCHELAAR, *The Dead Sea Scrolls Study Edition* ; elle est suivie ici. La poésie des *Hymnes* est étudiée par KITTEL, *The Hymns of Qumran*. Voir également CARMIGNAC, « Les éléments historiques ».
3. Voir SCHIFFMAN, *Sectarian Law*, p. 135-136 ; SIEGEL, « Employment of Paleo-Hebrew Characters » ; BIRNBAUM, *Qumran (Dead Sea Scrolls) Paleography*, p. 11-15 et 25-26 ; STEGEMANN, « Religionsgeschichtliche Erwägungen ».
4. Voir RINGGREN, *Faith of Qumran*, p. 81-93 ; YADIN, *Scroll of the War*, p. 229-242.
5. Voir RINGGREN, *Faith of Qumran*, p. 68-80 ; LICHT, « Analysis of the Treatise of the Two Spirits » ; WERNBERG-MØLLER, « Reconsideration of the Two Spirits » ; DUHAIME, « Le dualisme » ; « Dualistic Reworking » ; les articles « Determinism », « Dualism », « Light and Darkness » ; NICKELSBURG, *Resurrection*. Sur la question des bons et mauvais penchants dans la tradition rabbinique, voir l'exposé toujours valable de SCHECHTER,

Aspects, p. 242-292; URBACH, *Sages*, vol. 1, p. 471-483. Sur le terme « lot », voir LICHT, « Ha-Munaḥ Goral ».
6. Voir RINGGREN, *Faith of Qumran*, p. 94-104.
7. Voir RINGGREN, *Faith of Qumran*, p. 104-112.
8. Voir GRUENWALD, « Knowledge and Vision » ; de CAEVEL, « La connaissance religieuse ».
9. Voir l'étude exhaustive de PUECH, *La croyance des Esséniens en la vie future*, parue après l'achèvement du présent ouvrage.

CHAPITRE 10

Le canon et le texte de la Bible

1. Sur la définition et l'étendue du canon, voir SARNA, « Canon » ; LEIMAN, *Canonization of the Hebrew Scripture* ; BECKWITH, *Old Testament Canon*. Voir également SARNA, « Order of the Books ». SANDERS, « Cave 11 Surprises », soutient que le canon de Qumrân était un canon ouvert. De même, ULRICH, « Canonical Process ».
2. On trouvera une liste des manuscrits publiés jusqu'en 1990 dans FITZMYER, *Dead Sea Scrolls*. Pour les manuscrits de la grotte 4, voir le compte rendu d'ULRICH, « Biblical Scrolls from Qumran Cave 4 ». Les principaux manuscrits sont présentés sommairement par CANLIN, *Dead Sea Scrolls and Modern Translations*. Voir également ABEGG, FLINT et ULRICH, *The Qumran Bible* ; LAPEROUSSAZ *et al.*, « Qumrân et découvertes au désert de Juda ». Même si aucun exemplaire d'Esther n'a été identifié à Qumrân, le livre devait y être connu ; voir à ce sujet MILIK, « Les modèles araméens du livre d'Esther ».
3. La traduction de ce passage est basée sur l'édition de QIMRON et STRUGNELL, *DJD 10*, p. 58-59 ; voir aussi p. 111-112. On consultera également SARNA, *Songs of the Heart*, p. 11.
4. On a trouvé des manuscrits du livre de Daniel dans les grottes 1 (1Q71-72), 4 (4Q112-116) et 6 (6Q7) ; aucun ne contient les additions qu'on trouve dans les versions grecques de la Bible, pas plus d'ailleurs que les fragments pseudo-daniéliques. Les manuscrits de la grotte 1 ont été publiés par BARTHÉLEMY, *DJD* 1, p. 150-152 ; voir aussi TREVER, « 1Q Dan[a] » et « Completion of the Publication » ; ceux de la grotte 4 par ULRICH, « Daniel Manuscripts from Qumran » (article en deux parties) ; ceux de la grotte 6 par BAILLET, *DJD* 3, p. 114-116.
5. Plusieurs textes ont été considérés comme des imitations ou des amplifications du Livre de Daniel (4Q 242-246 ; voir BROOKE, *DJD* 22, p. 83-184). Signalons surtout l'*Apocalypse araméenne*, le soi-disant texte sur le *Fils de Dieu* (4Q246), dont il sera question plus loin. Au sujet d'un autre texte important, la *Prière de Nabonide* (4Q242), voir MILIK, « Prière de Nabonide » ; GRELOT, « La prière de Nabonide », VAN DER WOUDE, « Bemerkungen zum Gebet des Nabonid ».
6. C'est notamment l'opinion de SANDERS, *Torah and Canon*. Au contraire, TALMON, *World of Qumran*, p. 244-272, et GOSHEN-GOTTSTEIN, « Psalms Scroll », soutiennent que ce rouleau est une collection de matériaux bibliques et non bibliques compilés à des fins liturgiques. Selon ce point de vue, que je partage, le rouleau ne dit rien sur l'état du canon biblique. Voir encore SARNA, « [Recension de] the *Psalms Scroll*. Ce texte a d'abord été publié par SANDERS dans *DJD* 4, puis dans un ouvrage populaire, *The Dead Sea Psalms Scroll*. Cette dernière publication comporte un « Postscriptum » à propos du fragment E, acquis par YADIN et publié par lui dans « Another Fragment ». Sur le Psaume apocryphe 151, voir SMITH, « Psalm 151 » ; BAUMGARTEN, « Perek Shirah ».

TALMON, « Mizmorim Ḥiṣṣoniyim », et GREENFIELD, « Two Notes », discutent aussi de ce matériel psalmique apocryphe. Voir également BROWNLEE, « Significance of "David's Compositions" ». Il faut sans doute aussi ranger parmi ces psaumes apocryphes les *Psaumes non canoniques* publiés par SCHULLER *Non-Canonical Psalms from Qumran*. Voir aussi SCHULLER, « 4Q380 and 381 ».

7. Pour une introduction claire et complète aux divers témoins textuels de la Bible, voir Tov, *Textual Criticism of the Hebrew Bible*, p. 21-197. On trouve le récit des circonstances entourant la production de la version grecque de la Torah dans la *Lettre d'Aristée*, dont on peut lire une traduction anglaise chez CHARLESWORTH, *Old Testament Pseudepigrapha*, vol. 2, p. 7-34 ; ce récit est aussi rapporté dans B. Megillah 9a-b. Sur la tendance harmonisante du Pentateuque Samaritain, voir Tov, « Nature and Background of Harmonizations ».
8. La théorie supposant que les divers types de textes bibliques ont leur origine dans des régions différentes a d'abord été formulée par ALBRIGHT, « New Light on Early Recensions of the Hebrew Bible », puis développée par CROSS, « Contribution of the Qumran Discoveries » ; « Evolution of a Theory of Local Texts » ; *Ancient Library*, p. 163-194. Pour une évaluation de cette théorie, on peut se reporter à Tov, *Textual Criticism*, p. 185-187. Tov montre qu'il faut reprendre complètement la question ; le présent exposé s'aligne sur sa recherche et sur ses conclusions.
9. L'idée que les manuscrits de la mer Morte copiés à Qumrân (par opposition à ceux qui y ont été importés) seraient identifiables grâce à leurs particularités orthographiques et morphologiques a été avancée par Tov, « Hebrew Biblical Manuscripts from the Judean Desert ». Concernant la possibilité qu'on ait affaire à des textes « vulgaires », voir KUTSCHER, *Language and Linguistic Background*, p. 77-89 ; Tov, *Textual Criticism*, p. 193. Le classement des textes de Qumrân en regard des textes de type massorétique, samaritain ou Septante est basé sur Tov, « Groups of Biblical Texts ». Un point de vue différent est proposé par ULRICH, « Pluriformity in the Biblical Text ». Plusieurs articles importants sur ce sujet ont été réimprimés dans CROSS et TALMON, *Qumran and the History of the Biblical Text*. Voir encore SKEHAN, « Scrolls and the Old Testament Text ».
10. On trouvera une présentation globale des manuscrits découverts à Massada dans YADIN, *Masada*, p. 168-189, qui fait aussi état des manuscrits non bibliques. Ils ont été publiés par NEBE, « Die Masada-Psalmen-Handschrift », et par TALMON, « Fragments of a Psalm Scroll ». Voir aussi les notes sur le chapitre 1.
11. Les textes de Murraba'at ont été publiés par MILIK dans *DJD 3*, p. 75-86 et 181-205. Pour un exemple de manuscrit grec de cette période qui a été corrigé d'après le texte hébreu massorétique, voir Tov, *Greek Minor Prophets Scroll*, surtout p. 99-158.
12. 1Q *Isaïe*[a] a été publié par BURROWS, *Dead Sea Scrolls of St. Mark's Monastery*, vol. 1. D'excellentes photographies en couleur ont été publiées dans CROSS, FREEDMAN et SANDERS, *Scrolls from Qumran Cave 1*. Le texte a été étudié en détail par KUTSCHER, *Language and Linguistic Background*. Voir encore TALMON, « DSIa as a Witness to Ancient Exegesis ». On trouvera une liste détaillée des portions du Livre d'Isaïe préservées dans 1Q *Isaïe*[b] dans SUKENIK, *Dead Sea Scrolls of the Hebrew University*, p. 43. Le passage d'Isaïe 38 cité ici est étudié par Tov, *Textual Criticism*, p. 340-342.
13. La date de 4Q *Samuel*[b] a été établie par CROSS, « Oldest Manuscript from Qumran », p. 152-159 et 165. Dans un autre article, « New Qumran Biblical Fragment », il soutient que 4Q *Samuel*[a] est proche du type de texte hébreu qui est sous-jacent à la Septante.

Tov, « Groups of Biblical Texts », le classe cependant parmi les textes non alignés. Voir également Tov, « Textual Affiliations » ; Polak, « Statistics and Textual Filiation ». Rofé, « Nomistic Correction », démontre que 4Q *Samuel*[a] comporte des modifications effectuées dans le but d'harmoniser ce texte avec les lois de la Torah. Sur ces questions, il est indispensable de consulter Ulrich, *Qumran Text of Samuel and Josephus*, surtout p. 39-164. Voir aussi Barthélémy, Gooding, Lust et Tov, *Story of David and Goliath* ; Tov, *Textual Criticism*, p. 334-337 et « Composition of 1 Samuel 16-18 » ; Rofé, « Battle of David and Goliath » ; Trebolle, « Story of David and Goliath » ; Anderson et Freedman, « Another Look at 4QSam[b] ».

14. Voir Cross, « Ammonite Oppression » ; Rofé, « Acts of Nahash ». Je m'inspire de la présentation faite par Tov, *Textual Criticism*, p. 342-344. Comparer, dans ce contexte, les additions secondaires dans 2Q7 *Nombres*[b] ; voir à ce propos Jastram, « Text of 4QNum[b] ».
15. Les divers manuscrits du Livre de Jérémie sont décrits par Tov, « Jeremiah Scrolls », et « Three Fragments ». Le lien étroit entre 4Q *Jérémie*[b] et la Septante est analysé par Tov, « Some Aspects of the Textual and Literary History of the Book of Jeremiah », p. 145-147. Voir aussi son étude sur « L'incidence de la critique textuelle sur la critique littéraire dans le livre de Jérémie ». Le caractère proto-massorétique de 4Q *Jérémie*[a] et 4Q *Jérémie*[c] est signalé par Tov, « Jeremiah Scrolls », p. 198-199. Voir encore Tov, « Literary History ». L'ensemble des travaux de Tov est synthétisé dans *Textual Criticism*, p. 319-327.
16. Pour une présentation générale des manuscrits bibliques écrits en caractères hébreux anciens, voir Ulrich, « Paleo-Hebrew Biblical Manuscripts » ; Mathews, « Background of the Paleo-Hebrew Texts ». On consultera également Freedman, *Paleo-Hebrew Leviticus Scroll* (et, au sujet de ce livre, Puech, « Notes en marge de 11QpaléoLévitique »). Sur la datataion de 4Q *Paléo-Exode*, voir McLean, *Use and Development of Palaeo-Hebrew*, p. 78 ; Skehan, Ulrich et Sanderson, *DJD* 9, p. 61-62. Le texte de ce manuscrit a été étudié en détail par Sanderson, *Exodus Scroll from Qumran* et « Contribution of 4QpaleoExod[m] ».
17. Sur 11Q *Psaumes*[a], voir plus haut, note 6.
18. 4Q *Psaumes*[f] a été publié par Starcky, « Psaumes apocryphes de la grotte 4 ».
19. Texte publié par Skehan, « Psalm Manuscript from Qumran ».
20. Plusieurs manuscrits des psaumes sont décrits par Skehan, « Qumran Manuscripts and Textual Criticism » et « Qumran and Old Testament Criticism ». Sur le sujet, une étude essentielle est celle de Flint, *The Dead Sea Psalms Scrolls of the Book of Psalms* ; on consultera également les travaux de van der Ploeg, « Fragments », et « Le Psaume XCI » ; Milik, « Fragment d'une source du Psautier » ; Ouellette, « Variantes qumraniennes ».

CHAPITRE 11

La littérature apocryphe

1. On trouvera une description générale de cette littérature dans Schürer, *History or the Jewish People*, vol. 3.1 et 3.2, et dans Stone (dir.), *Jewish Writings of the Second Temple Period*. Les principales traductions anglaises sont celles de Charles, *Apocrypha and Pseudepigrapha of the Old Testament* ; Sparks, *Apocryphal Old Testament* ; Charlesworth, *Old Testament Pseudepigrapha*. Voir aussi Stone, « Apocrypha and Pseudepigrapha and

the Dead Sea Scrolls », et son *Selected Studies in Pseudepigrapha and Apocrypha*. En français, on peut se reporter à Dupont-Sommer et Philonenko (dir.), *La Bible : écrits intertestamentaires*. Pour le matériel apocryphe de Massada, voir Talmon, « Qite' Ketavim ». Sur la littérature araméenne de Qumrân, qui est antérieure à la secte, voir Wacholder, « Ancient Judaeo-Aramaic Literature ». L'identification d'une bonne partie des ouvrages apocryphes de Qumrân a été guidée par James, *Lost Apocrypha*.

2. Le terme « apocalypticisme » est utilisé pour désigner un courant de la pensée juive qui a produit un ensemble de littérature caractérisé par la révélation de mystères célestes ou de secrets concernant la fin des temps, souvent dans le cadre d'une visite guidée du ciel.
3. On trouvera une brève description du contenu de cet ouvrage dans l'introduction de la traduction d'Isaac, « 1 (Ethiopic Apocalypse of) Enoch ». Pour une description des fragments araméens découverts à Qumrân, voir Black, « Fragments of the Aramaic Enoch ». Sur l'histoire du livre d'Hénoch, voir Milik, *Books of Enoch*, p. 1-88, dont l'opinion est parfois rejetée dans le présent exposé. Signalons aussi les très importants travaux de VanderKam, *Enoch*, et García Martínez, *Qumran and Apocalyptic*, p. 45-96. Knibb, *The Ethiopic Enoch*, 2 vol., fournit un texte et un commentaire fiables, tout comme Black, *Books of Enoch*. Les fragments grecs se trouvent chez Black, *Apocalypsis Henochi Graeci*. Le commentaire de Charles, *Book of Enoch*, est encore utile. Voir aussi Milik, « Écrits préesséniens » et « Problèmes de la littérature hénochique » ; Greenfield et Stone, « Enochic Pentateuch and the Date of the Similitudes » ; Levine, « From the Aramaic Enoch Fragments » ; Sokoloff, « Notes on the Aramaic Fragments of Enoch » ; et Nickelsburg, « Epistle of Enoch ».
4. Sur le Livre de Noé, voir García Martínez, *Qumran and Apocalyptic*, p. 24-44.
5. Sur le Livre des Géants, voir Milik, *Books of Enoch*, p. 298-339, et García Martínez, *Qumran and Apocalyptic*, p. 97-115.
6. On trouvera un sommaire détaillé de cette composition chez Wintermute, « Jubilees », p. 35-36. Pour une édition critique du texte éthiopien, on peut se reporter à VanderKam, *Book of Jubilees*, 2 vol. VanderKam présente un aperçu général des textes de la grotte 4 dans « *Jubilees* Fragments ». Voir aussi Kister, « Newley Identified Fragments ». Pour le matériel portant sur la loi juive, voir Albeck, *Das Buch Jubiläen und die Halacha*.
7. L'étude la plus complète est celle de Fitzmyer, *Genesis Apocryphon*. L'étude de Kutscher, « Language of the *Genesis Apocryphon* » est extrêmement importante. Voir aussi Lehamn, « *1Q Genesis Apocryphon* » ; Bernstein, « Harmonisations in the *Genesis Apocryphon* ».
8. Voir Milik, *Dix ans*, p. 29. Ces textes démontrent que la recension longue attestée par le Codex Sinaïticus et la Vetus Latina correspond à l'original. Voir Schürer, *History of the Jewish People*, 3.1, p. 229. Pour une liste des passages préservés, voir Milik, « La Patrie de Tobie », p. 521, n. 3, et Schürer, 3.1, p. 222-232.
9. Le texte araméen du Testament de Lévi découvert dans la genizah du Caire a été publié par Charles et Cowley, « Early Source of the Testaments », et par Charles, *Greek Versions of the Testaments*, p. 53*-57* et 245-256. On trouve le matériel provenant de Qumrân chez Milik, « Testament de Lévi », et *DJD* 1, p. 87-91, de même que chez Puech, « Fragment d'un apocryphe de Lévi ». Voir Brooke, « 4QTestament of Levi^{d} », et Stone et Greenfield, « Prayer of Levi ».
10. Sur le Testament de Naphtali, voir Schürer, *History of the Jewish People*, 3.2, p. 776-777.

11. Sur le Testament de Qahat, voir PUECH, « Le Testament de Qahat ». Voir aussi COOK, « Remarks on the Testament of Kohath ». Ce texte a d'abord été publié par SHANKS et par EISENMAN (dans des contributions distinctes), « Long Secret Plates from the Unpublished Corpus ». En fait, une édition partielle de ce texte existait déjà et l'édition complète de PUECH était en voie d'impression. Un second texte avait également été publié plusieurs années auparavant dans *DJD* 7 ; et l'un d'entre eux, l'*Apocalypse messianique*, était effectivement une nouveauté.
12. Sur ce texte, voir MILIK, « 4Q Visions de 'Amram et une citation d'Origène ».

CHAPITRE 12

Sagesse et mystères de la création

1. On trouvera les principaux textes mésopotamiens chez LAMBERT, *Babylonian Wisdom Literature*. Pour l'Égypte ancienne, voir PRITCHARD, *Ancient Near Eastern Texts*, p. 412-425. Pour l'Israël ancien, voir CRENSHAW (dir.), *Studies in Ancient Israelite Wisdom*.
2. On trouvera tous les textes hébreux, anciens et médiévaux, dans Historical Dictionary of the Hebrew Language, *Sefer Ben Sira*. Le meilleur commentaire est celui de SEGAL, *Sefer Ben Sira ha-Shalem*. L'introduction traite en profondeur les questions de la langue de l'ouvrage, du nom de son auteur, et de l'attitude des rabbins à son égard. Voir aussi les remarques de KISTER, « Le-Ferusho ». YADIN a publié les fragments de Massada dans *Ben Sira Scroll* ; ceux de Qumrân se trouvent chez SANDERS, *Dead Sea Psalms Scroll*, et dans *DJD* 4. Pour le débat concernant la langue d'origine et pour une présentation générale de ce livre, voir SCHÜRER, *History of the Jewish People*, 3.1, p. 198-212. Voir aussi LEHMANN, « *Ben Sira* and the Qumran Literature », et « Yom Kippur at Qumran », p. 19-20. À propos des adaptations médiévales, voir YASSIF, *Sippure Ben Sira*. Concernant l'attitude de l'auteur à l'endroit des femmes, voir TRENCHARD, *Ben Sira's View of Women*, qui étudie en particulier Sir 42,9-14 (p. 146-162). L'identification de la sagesse et de la Torah est étudiée par RYLAARSDAM, *Revelation in Jewish Wisdom Literature*.
3. Sur ce matériel, voir WACHOLDER et ABEGG, *Preliminary Edition*, 2, p. xii-xiv, et ELGVIN, « Admonition Texts ». La brève section de l'ouvrage de SCHÜRER, *History of the Jewish People*, 3.1, p. 213-214, ne traite d'aucun de ces texte, ce qui montre bien qu'on n'en savait rien au moment de sa publication. Un autre *Ouvrage sapiential* a été publié par ALLEGRO, sans titre, dans *DJD* 5, p. 85-87. Voir TOBIN, « 4Q185 and Jewish Wisdom Literature » ; HARRINGTON, *Wisdom Texts from Qumran*. La plupart des textes de la grotte 4 sont maintenant disponibles dans *DJD* 20 et *DJD* 34 ; nous utilisons ici leur titre provisoire, parfois différent du titre définitif qui leur a été assigné.
4. Sur le *Livre des Mystères* de la grotte 1, voir DE VAUX, « La Grotte des manuscrits hébreux », p. 605-609 ; MILIK, *DJD* 1, p. 102-107 ; RABINOWITZ, « Authorship, Audience and Date ». Sur les manuscrits de la grotte 4, voir SCHIFFMAN, « 4Q299-301. Mysteries$^{a\text{-}b,\ c?}$ » ; « 4Q*Mysteries*^{a}, a Preliminary Edition » ; « 4Q*Mysteries*^{b}, a Preliminary Edition ».
5. BROWN, *Semitic Background*, et Rigaud, « Révélation des mystères », discutent de l'intérêt du terme à Qumrân pour éclairer l'usage dans le Nouveau Testament. Voir également RINGGREN, *Faith of Qumran*, dont la présentation est maintenant désuète, compte tenu des nouveaux textes.

CHAPITRE 13

L'interprétation de la Bible

1. Sur l'exégèse et l'étude de la Bible dans les manuscrits de Qumrân, voir BETZ, *Offenbarung und Schriftsforschung*; LOWY, « Some Aspects of Normative and Sectarian Interpretation » ; Gabrion, « L'interprétation » ; VERMES, « Qumran Interpretation of Scripture » ; DIMANT, « Use and Interpretation » ; FRAADE, « Interpreting Authority ». Pour une étude approfondie des techniques d'interprétation à l'intérieur même de la Bible, on peut se reporter à FISHBANE, *Biblical Interpretation*.
2. Sur la Septante, voir TOV, *Textual Criticism*, p. 134-142 ; « Septuagint » ; « Contribution of the Qumran Scrolls » ; et *Text Critical Use of the Septuagint*. Pour une excellente introduction, voir JELLICOE, *Septuagint in Modern Study*. Les textes de la Septante provenant de la grotte 7 ont été publiés par BAILLET, *DJD* 3, p. 142-143. Ceux de la grotte 4 se trouvent chez SKEHAN, ULRICH et SANDERSON, *DJD* 9, p. 161-197. Sur ces textes, voir SKEHAN, « Qumran Manuscripts and Textual Criticism », « Biblical Scrolls from Qumran » (p. 90-95) et « 4QLXXNUM » ; ULRICH, « Greek Manuscripts of the Pentateuch » et « Septuagint Manuscripts from Qumran ».
3. Voir TOV, *Textual Critisism*, p. 148-151 ; ALEXANDER, « Jewish Aramaic Translations ».
4. Voir MILIK, *DJD* 6, p. 86-89, et, dans le même ouvrage, l'important appendice de KASHER, p. 92-93 ; FITZMYER, « Targum of Leviticus ».
5. La première édition est celle de VAN DER PLOEG et VAN DER WOUDE, avec la collaboration de JONGELING, *Le Targoum de Job* ; il est indispensable de la compléter par l'édition et le commentaire de SOKOLOFF, *Targum of Job*. Les exemples donnés ici proviennent de cette étude, p. 6-8. Un petit fragment d'un *Targoum de Job* a été publié par MILIK dans *DJD* 6, p. 90. Voir aussi JONGELING, « Contributions » et « Job Targum » ; WEISS, « Further Notes ».
6. Les traditions rabbiniques sur le *Targoum de Job* sont préservées dans *T. Shabbat* 13.2 ; *P. Shabbat* 16,1 (16c) ; *B. Shabbat* 115a ; Sofrim 5.15. Voir SOKOLOFF, *Targum de Job*, p. 4-5.
7. Ce texte a suscité un énorme intérêt. Il a d'abord été commenté par ALLEGRO, « Further Messianic References ». Sur ce fragment, voir SCHWARTZ, « Messianic Departure » ; STEGEMANN, « Weitere Stücke », p. 211-217. Les travaux plus récents se basent sur l'ensemble du document. Parmi ceux-ci : GLEMSER, « Antike und Moderne Auslegungen » ; BERNSTEIN, « 4Q252 : From Re-Written Bible to Biblical Commentary » ; LIM, « Chronology » et « Notes on 4Q252 » ; JACOBSON, « 4Q252 : Addenda » et « 4Q252 fr. 1 : Further Comments » ; KISTER, « Notes on Some New Texts », p. 287-289. On peut trouver le texte chez WACHOLDER et ABEGG, *Preliminary Edition*, vol. 2, p. 212-215. L'édition définitive est celle de G. BROOKE dans *DJD* 22, p. 185-207.
8. Parmi les nombreux textes supplémentaires de ce type, mentionnons : 4Q370 *Apocryphe sur le Déluge*, sur lequel voir NEWSOM, « 4Q370 : An Admonition Based on the Flood » et *DJD* 19, p. 85-97 ; 4Q 374 *Apocryphe de Moïse*[a], sur lequel voir NEWSOM, « 4Q374 : A Discourse » et *DJD* 19, p. 99-110 ; 4Q373 *Apocryphe de David* (?), sur lequel voir SCHULLER, « Preliminary Study of 4Q 373 » ; 4Q372 *Apocryphe de Joseph*[b], sur lequel voir SCHULLER, « Text about Joseph » ; 4Q464 *Exposé sur les Patriarches*, sur lequel voir STONE et ESHEL, « Exposition » et *DJD* 19, p. 215-230. Voir aussi 4Q470 *Fragment sur Sédécias*, édité par Larson, SCHIFFMAN et STRUGNELL dans « 4Q370 : Preliminary publication of a Fragment Mentioning Zedekiah » et dans *DJD* 19, p. 235-244 ; voir aussi sur ce texte l'article analytique de LARSON, « 4Q470 and the Angelic Rehabilitation of

King Zedekiah ».

9. Sur la *Genèse apocryphe*, voir les notes du chapitre 11. Au sujet de ce texte considéré comme une réécriture de la Bible, voir Evans, « *Genesis Apocryphon* ».
10. Sur l'interprétation harmonisante, voir Yadin, *Temple Scroll*, vol. I, p. 74-77 ; Schiffman, Deuteronomic Paraphrase », p. 553-554 ; Tov, « *Deut* 12 and *11QTemple* ». Sur la fête du Nouvel An du printemps, voir Yadin, *Temple Scroll*, vol. I, p. 89-91.
11. Sur le midrash halakhique, voir Schiffman, « Deuteronomic Paraphrase », p. 558-561 ; *Halakhah at Qumran*, p. 54-60. J'examine en détail l'exigence de la réprimande dans la secte dans Schiffman, *Sectarian Law*, p. 89-98.
12. Le document de la grotte 4 sur la réprimande a d'abord été analysé par Eisenman et Wise, *Dead Sea Scrolls Uncovered*, p. 269-273, qui l'ont cependant lu incorrectement. Voir maintenant l'excellente édition de Eshel, « 4Q477 : The Rebukes of the Overseer ». Cette lecture du texte montre que le document consigne une série de reproches contre divers individus qui ont violé les codes sectaires. Sur l'interdiction, durant le sabbat, de planifier le travail à venir, voir l'étude détaillée dans Schiffman, *Halakhah at Qumran*, p. 90-91.

CHAPITRE 14

Les Prophètes livrés à leurs interprètes

1. On trouvera une bonne introduction sur les *pesharim* chez Dimant, « Qumran Sectarian Literature », p. 503-508, et « *Pesharim*, Qumran ». Voir aussi Horgan, *Pesharim*, p. 229-259 ; Nitzan, *Megillat Pesher Habakkuk*, p. 29-80 ; Brownlee, « Biblical Interpretation », *Midrash Pesher* (p. 23-36) et « Background of Biblical Interpretation ». Brownlee confond cependant les genres du midrash et du *pesher*, ce qui est inacceptable. C'est aussi le point de vue de Brooke dans « Qumran Pesher ». Voir son « Pesharim and the Origins of the Dead Sea Scrolls ». Sur les formules introduisant une citation, voir Bernstein, « Introductory Formulas for Citation ». Voir également Fröhlich, « Le genre littéraire » ; Rabinowitz, « *Pêsher/Pittârôn* » ; Collins, « Prophecy and Fulfillment » ; Fishbane, « Use, Authority and Interpretation », p. 360-361.
2. Le *Pesher d'Habaquq* est l'un des sept premiers manuscrits découverts à Qumrân ; il fait partie du lot acheté par Yadin au Mar Athanase Samuel. Il a d'abord été publié par Burrows (avec des photographies faites par Trever) dans *Dead Sea Scrolls of St. Mark's Monastery* I, planches LV-LXI. Il a été aussi publié, avec des photos en couleur faites également par Trever, dans Cross, Freedman et Sanders, *Scrolls from Qumrân Cave I*, p. 150-163. Les principaux commentaires sont ceux de Carmignac, *Textes*, vol. 2, p. 93-117 ; Dupont-Sommer, « Le "Commentaire d'Habacuc" » ; Brownlee, *Midrash Pesher* ; Horgan, *Pesharim*, p. 10-55 ; Nitzan, *Midrash Pesher Ḥabakkuk*. L'ouvrage de Nitzan est le plus complet sur le sujet. Le texte a été étudié en profondeur par Elliger, *Studien*. Voir aussi Lim, « Eschatological Orientation ».
3. Le *Pesher de Nahum* a été publié par Allegro, *DJD* 5, p. 37-42. Cette édition est à utiliser avec les corrections de Strugnell, « Notes », p. 204-210. Voir aussi Allegro, « Further Light ». La meilleure édition commentée disponible est celle de Horgan, *Pesharim*, p. 158-191 (et « Texts », p.46-50). Plusieurs études plus anciennes demeurent valables, notamment Licht, « Dappim Nosafim » ; Flusser, « Kat Midbar Yehudah veha-Perushim » ; Carmignac, *Textes*, vol. 2, p. 85-92 ; Dupont-Sommer, « Le commentaire de Nahum » ; Amoussine, « Éphraïm et Menassé » ; Dupont-Sommer, « Lumières

nouvelles », MAIER, « Weitere Stücke » ; SCHIFFMAN, « Pharisees and Sadducees in *Pesher Naḥum* ».

4. Le *Pesher des Psaumes* a été publié par ALLEGRO, *DJD* 5, p. 42-43. Cette édition est à utiliser avec les corrections de STRUGNELL, « Notes », p. 211-219. La meilleure édition commentée est celle de HORGAN, *Pesharim*, p. 192-228 (et « Texts », p. 51-61). Voir aussi CARMIGNAC, *Textes*, vol. 2, p. 119-228. Les études les plus importantes sont celles de PARDEE, « Restudy » ; STEGEMANN, « Der Pešer Psalm 37 » et « Weitere Stücke », p. 207-210 ; YADIN, *Message of the Scrolls*, p. 99-102. Voir aussi les remarques d'AMOUSSINE, « Observatiunculae », p. 533-535.
5. Le *Pesher d'Isaïe* a été publié par ALLEGRO, *DJD* 5, p. 11-30. Cette édition doit être utilisée avec les corrections de STRUGNELL, « Notes », p. 183-199. Voir aussi ALLEGRO, « More Isaiah Commentaries ». La meilleure édition est celle de HORGAN, *Pesharim*, p. 70-138 (et « Texts », p. 15-37). Voir aussi CARMIGNAC, *Textes*, vol. 2, p. 65-76. Les études les plus importantes sont celles d'ASMOUSSINE, « À propos de l'interprétation » ; BROWNLEE, « Ascent from Acco » (voir ALLEGRO, « Addendum ») ; ROSENTHAL, « Biblical Exegesis » ; YADIN, « Ḥadashot », p. 49-52, et « Some Notes ». La question des rapports entre le *Pesher d'Isaïe*[d] et les douze apôtres est discutée par BAUMGARTEN, *Studies*, p. 145-171 ; FLUSSER, *Yahadut*, p. 283-304, et *Judaism and the Origins of Chrisitanity*, p. 173-185.
6. Sur les *pesharim* d'Osée et de Michée, voir les éditions, commentaires et bibliographies dans HORGAN, *Pesharim*, 138-158 (« Texts », p. 38-45) et p. 55-63 (« Texts », p. 10-12) ; ALLEGRO, « Recently Discovered Fragments » ; AMOUSSINE, « Observatiunculae », p. 545-552.
7. Le *Florilège* a été étudié en détail par BROOKE, *Exegesis at Qumran*. Par la suite, STEUDEL, *Der Midrash zur Eschatologie* et « 4QMidrEshat », a refait une analyse approfondie de ce texte tout en soutenant qu'il constitue, avec celui qu'on appelle la *Catena* (4Q177), un même midrash eschatologique. Voir aussi STEUDEL, « Eschatological Interpretation ». Le *Florilège* a d'abord été publié par ALLEGRO, *DJD* 5, p. 53-57 (voir aussi du même auteur « Fragments of a Qumran Scroll »). Cette édition est à utiliser avec les corrections de STRUGNELL, « Notes », p. 220-225, et YADIN, « Midrash on 2 Sam. vii and Ps. i-ii ». Voir aussi DIMANT, « Qumran Sectarian Literature », p. 518-521 ; SCHWARTZ, « Three Temples » ; BLIDSTEIN, « 4Q Florilegium » ; BAUMGARTEN, « Exclusion » ; WISE, « 4QFlorilegium and the Temple of Man ».
8. Le document sur Melkisédeq a d'abord été publié par VAN DER WOUDE, « Melchisedek », puis par de JONGE et VAN DER WOUDE, « 11QMelchizedek ». L'étude la plus importante est celle de KOBELSKI, *Melchizedek and Melchireša'*. Les principales autres études sont celles de BROOKE, *Exegesis at Qumran*, p. 319-323 ; CARMIGNAC, « Le Document » ; DELCOR, « Melchizedek » ; FITZMYER, *Essays*, p. 245-267 ; MILIK, « *Milkî-ṣedeq et Milkî-reša'* » ; PUECH, « Notes sur le manuscrit de XIQMelkîsédek » ; SANDERS, « Old Testament in 11QMelkizedek » ; YADIN, « Note on Melchizedek ». Une des questions centrales dans la discussion est celle de la relation entre ce matériel et le Melkisédeq sacerdotal du Nouveau Testament, dans l'Épître aux Hébreux (5,5-10 et 7,1-7).
9. Sur la contribution des *pesharim* à notre connaissance de l'histoire, voir NITZAN, *Midrash Pesher Ḥabakkuk*, p. 11-28 et 123-145 ; CROSS, *Ancient Library*, p. 107-160, et « Early History » ; STEGEMANN, *Entstehung* ; DUPONT-SOMMER, « Lumières nouvelles » ; AMUSIN, « Reflection on Historical Events » ; CHARLESWORTH, « Origins and Subsequent History » ; CALLAWAY, *History of the Qumran Community*, p. 135-171 ; GARCÍA MARTÍNEZ et VAN DER WOUDE, « Groningen' Hypothesis » ; LIM, « Wicked Priests of the Groningen

Hypothesis ». Il va sans dire que je suis en désaccord avec plusieurs détails de ces reconstructions où sont proposées comme certaines des identifications qui, selon moi, ne sont pas supportées par les données disponibles.

10. Le texte des *Testimonia* a été publié par ALLEGRO, *DJD* 5, p. 57-60, à lire avec les corrections de STRUGNELL, « Notes », p. 225-229. Les principales études de ce document sont celles d'AMUSIN, « 4QTestimonia », p. 15-19 ; BROOKE, *Exegesis at Qumran*, p. 309-319 ; CALLAWAY, *History of the Qumran Community*, p. 173-183 ; FITZMYER, *Essays*, p. 59-89 ; LÜBBE, « Reinterpretation of 4 Q Testimonia ». Le texte de l'*Apocryphe de Josué*[b] a été publié et étudié par NEWSOM, « Psalm of Joshua ». Voir aussi les études importantes d'ESHEL, « Historical Background », et de LIM, « Psalm of Joshua ».
11. Pour un aperçu sur la dynastie asmonéenne, voir SCHIFFMAN, *From Text to Tradition*, p. 99-103. Sur Simon, voir SCHÜRER, *History of the Jewish People*, vol. I, p. 189-199 ; SCHÜRER présente le règne de Jean Hyrcan dans le même ouvrage, vol. I, p. 200-215, et donne également les informations essentielles sur Aristobule I et Antigone, vol. I, p. 216-218.
12. Le règne d'Alexandre Jannée est présenté par SCHÜRER, *History of the Jewish People*, vol. I, p. 219-228. L'invasion de Demetrios III Eukéros est analysée aux p. 223-224. Ce récit démontre que Jannée ne peut pas avoir été le Prêtre impie. Voir l'étude détaillée de ce passage (probablement par VERMES) dans la section *Pesher Nahum* de SCHÜRER, *History of the Jewish People*, vol. I, p. 224-225, n. 22. ESHEL et KISTER, dans « Polemical Qumran Fragment », estiment que le *Fragment polémique* (4Q471a) date aussi de cette période.
13. On doit à Yardeni d'avoir déchiffré correctement le nom de Jonathan dans ce texte, publié et analysé ensuite par ESHEL et YARDENI, « A Qumran composition » et « Rare DSS Text ». Voir aussi VERMES, « So-Called King Jonathan Fragment », qui propose d'identifier ce Jonathan avec Jonathan l'Asmonéen, et ALEXANDER, « Note on the Syntax ». On ne peut se fier à l'édition qu'en donnent EISENMAN et WISE, *Dead Sea Scrolls Uncovered*, p. 273-281, qui dépendent d'une dépêche du *Jerusalem Post* rapportant le déchiffrement du texte par YARDENI (p. 281, n. 50). Je ne puis accepter la suggestion d'EISENMAN et WISE qui utilisent ce texte pour identifier la secte de Qumrân comme un groupe pro-maccabéen.

CHAPITRE 15

Théologie de la loi juive

1. À propos des textes halakhiques de la grotte 4, voir l'aperçu sur le matériel publié récemment dans SCHIFFMAN, « New Halakhic Texts ». Il existe également un texte légal d'un grand intérêt, les *Ordonnances*, que je mentionne seulement au passage dans le présent ouvrage. Sur 4Q159 *Ordonnances*[a], voir ALLEGRO, « Unpublished Fragment of Essene Halakhah », et DJD 5, p. 6-9. Cette édition ne peut cependant être utilisée sans les corrections de STRUGNELL, « Notes », p. 175-79. Pour 4Q513 *Ordonnances*[b] et 4Q514 *Ordonnances*[c], voir BAILLET, DJD 7, p. 287-298. SCHIFFMAN, « 4Qordinances[a,b] », présente de nouvelles éditions, traductions et notes des *Ordonnances* A et B. Signalons aussi deux articles importants : YADIN, « Note on 4Q 159 », et WEINERT, « 4Q159 : Legislation for an Essene Community ». D'autres questions en rapport avec la loi sont discutées par BAUMGARTEN, « Halakhic Polemics ».
2. Sur les lois extrabibliques, voir SCHIFFMAN, *Sectarian Law*, p. 14-17. On trouvera également des informations de base sur le sujet chez FISHBANE, « Use, Authority and

Interpretation ».
3. Pour une liste de lois sectaires, voir SCHIFFMAN, *Halakhah at Qumran*, p. 60-68.
4. Voir SCHIFFMAN, *Halakhah at Qumran*, p. 22-32. On peut se reporter aussi à WIEDER, *Judean Scrolls and Karaism*, p. 53-85 ; WACHOLDER, « "Sealed" Torah » ; VANDERKAM, « Zadok ».
5. Concernant les pharisiens, voir SCHIFFMAN, « New Light on the Pharisees ».
6. La polémique contre les « bâtisseurs de murs » rend impossible l'interprétation proposée par FINKELSTEIN, « Maxim », p. 461-463, de *M. Avot* 1 : 1.
7. Au sujet des « interprètes de fausses lois », voir SCHIFFMAN, « Pharisees and Sadducees in *Pesher Nahum* », p. 276-277.
8. À propos de l'identification d'Ephraïm et de Manassé aux pharisiens et aux sadducéens, voir FLUSSER, « Perushim, Ṣeduqim ve-ʿIssiyim ».
9. Sur l'expression « talmud », voir WACHOLDER, « Qumran Attack ».
10. Voir SCHIFFMAN, « Pharisees and Sadducees in *Pesher Nahum* », p. 284-288. À propos de l'attitude des sadducéens envers la loi juive, on consultera SCHÜRER, *History of the Jewish People*, 2, p. 408.
11. Voir à ce sujet les notes du chap. 16 ; SCHIFFMAN, « *Miqṣat Maʿase ha-Torah* and the *Temple Scroll* ». Voir également SCHIFFMAN, « Theology of the *Temple Scroll* ». De nombreux parallèles au *Rouleau du Temple* sont mentionnés par QIMRON et STRUGNELL, DJD 10, p. 148-175 dans leur commentaire des lois individuelles de la *Lettre halakhique*.

CHAPITRE 16

L'énigme du Rouleau du Temple

1. YADIN a fait part de ses premières impressions à propos du *Rouleau du Temple* dans « Temple Scroll », *BA*, et dans « Temple Scroll », *New Directions*. Il a aussi rédigé un ouvrage populaire sur le sujet, *Temple Scroll, The Hidden Law of the Dead Sea Sect*. Le texte a été publié en entier dans une édition en hébreu par YADIN, *Megillat Ha-Miqdash*, et en anglais, toujours par YADIN, *Temple Scroll*, les deux ouvrages comprenant chacun trois volumes. Voir ma recension dans *BA* 48 ; j'y résume le débat qui se dessinait alors. Voir aussi « Temple Scroll ». Pour un aperçu plus récent, voir SCHIFFMAN, « Temple Scroll and the Nature of Its Law ». Concernant l'acquisition de ce rouleau, voir SHANKS, « Intrigue and the Scroll ». De nombreuses corrections à l'édition de YADIN ont été apportées par QIMRON dans une série d'articles : QIMRON, « Le-Nusḥah shel Megillat ha-Miqdash », « New Readings in the Temple Scroll », « Shalosh Heʿarot le-Nusḥah shel Megillat ha-Miqdash », « Heʿarot le-Nusaḥ Megillat ha-Miqdash », « Further New Readings », « Column 14 of the Temple Scroll », et « Need for a Comprehensive Critical Edition ». Il existe aussi des traces d'une ou plusieurs autres copies de ce rouleau. Voir à ce sujet WACHOLDER, « Fragmentary Remains of 11 QTorah » et GARCÍA MARTÍNEZ, « 11 QTemple ». Nous disposons maintenant d'une nouvelle édition de ce rouleau, QIMRON et GARCÍA MARTÍNEZ, *The Temple Scroll. A Critical Edition*.
2. Voir TOV, « Orthography and Language » ; SCHIFFMAN, « Temple Scroll in Literary and Philological Perspective » ; également QIMRON, « Le-Millonah shel Megillat Ha-Miqdash ».
3. À propos des sources du rouleau, voir WILSON et WILLS, « Literary Sources » ; WISE, *Critical Study of the Temple Scroll*, p. 195-198 ; GARCÍA MARTÍNEZ, « Sources et redaction » ; SCHIFFMAN, « Deuteronomic Paraphrase » ; aussi CALLAWAY, « Source Criticism ». Voir

la lettre de J. Strugnell, publiée dans WACHOLDER, *Dawn of Qumran*, p. 205-206 ; WHITE, « 4Q364 and 365 » ; et TOV, « Textual Status of 4Q364-367 ». À mon avis, ces sources sont sadducéennes. D'autres chercheurs ont également repéré certaines affinités saddudéennes dans la loi du *Rouleau du Temple* : LEHMANN, « Temple Scroll as a Source of Sectarian Halakhah » ; BAUMGARTEN, « Pharisaic-Sadducean Controversies about Purity » ; SUSSMANN, « Ḥeqer Toldot Ha-Halakhah ».

4. Voir SCHIFFMAN, « Laws Pertaining to idolatry » et « Laws of Vows and Oaths ».
5. Les rapports entre ce texte et et la secte de Qumrân ont été débattus dans une série d'études : LEVINE, « Temple Scroll » ; MILGROM, « "Sabbath" and "Temple City" » ; YADIN, « Is the *Temple Scroll* a Sectarian Document ? » ; SCHIFFMAN, *Sectarian Law*, p. 13-17 ; aussi STEGEMANN, « Origins of the Temple Scroll » et « Institutions of Israel ».
6. On trouvera une vue d'ensemble chez MILGROM, « *Temple Scroll* » et une liste complète chez YADIN, *Temple Scroll*, 1, p. 39-70.
7. Le fait que le rouleau ne véhicule pas d'idée messianique est clair d'après 11Q13 *Rouleau du Temple* xxix 2-10. Voir SCHIFFMAN, « Theology » ; contre WACHOLDER, *Dawn of Qumran*, p. 21-30 ; et WISE, « Eschatological Vision ». Sur ce passage, voir WISE, « Covenant of the Temple Scroll » ; CALLAWAY, « Exegetische Erwägungen » ; et WENTLING, « Unraveling the Relationship ».
8. YADIN, *Temple Scroll*, 1, p. 71-88 ; SCHIFFMAN, « Deuteronomic Paraphrase » ; et SCHIFFMAN, « Septuagint and the Temple Scroll ». MILGROM a publié deux articles très importants sur l'approche exégétique du *Rouleau du Temple I* : « Studies in the Temple Scroll » et « Further Studies ». Le texte biblique sous-jacent au rouleau a été étudié par TOV, « Megillat ha-Miqdash », et BROOKE, « Textual Tradition ».
9. On trouvera une présentation plus complète de cette section et de la suivante dans SCHIFFMAN « Theology ». Sur le fait que Moïse ait été éliminé du texte, voir YADIN, *Temple Scroll*, 1, p. 71-73 ; LEVINE, « *Temple Scroll* », p. 17-18.
10. YADIN, *Temple Scroll*, 1, p. 386-390 ; SCHIFFMAN, « King, His Guard and the Royal Council », p. 257-258. Voir HENGEL, CHARLESWORTH et MENDELS, « Polemical Character », p. 28-38, qui datent le rouleau entre –103 et –88. La datation plus ancienne de WACHOLDER, *Dawn of Qumran*, p. 202-212, est inacceptable si l'on tient compte du fait que la Loi du roi que comporte ce rouleau constitue une réaction à des événements qui se sont produits durant les premières années de la dynastie asmonéenne.
11. Voir YADIN, *Temple Scroll*, 1, p. 89-136 et SCHIFFMAN, « Sacrificial Calendar ».
12. Voir YADIN, *Temple Scroll*, 1, p. 277-307 et p. 321-343 ; SCHIFFMAN, « Impurity of the Dead » ; SCHIFFMAN, « Exclusion from the City » ; MILGROM, « Scriptural Foundations » ; et HARRINGTON, *Impurity Systems*, p. 47-110.
13. À propos de l'architecture du temple, voir YADIN, *Temple Scroll*, 1, p. 77-276 ; SCHIFFMAN, « Architecture and Law », « Furnishings of the Temple », « Sacred Space » ; de même que BROSHI, « Gigantic Dimensions ». On trouvera également de nombreuses informations dans MAIER, *Temple Scroll*, et « Temple Scroll and Tendencies in the Cultic Architecture ». BEAN, *Theoretical Construct*, p. 265-359, est une étude intéressante, mais qui ne tient malheureusement pas compte des recherches textuelles récentes. Sur le pays, voir SCHIFFMAN, « Sacred Space », et STEGEMANN, « "Das Land" in der Tempelrolle ».
14. Voir YADIN, *Temple Scroll*, 1, p. 344-362 ; SCHIFFMAN, « King, His Guard and the Royal Council » and « Laws of War » ; WEINFELD, « Megillat Miqdash », et « Royal Guard » ; HENGEL, CHARLESWORTH et MENDELS, « Polemical Character ».

CHAPITRE 17

La loi de la secte

1. À propos du *Document de Damas*, voir les notes des chapitres 1 et 5.
2. On trouvera un apercu des principaux sujets abordés dans le *Document de Damas* chez Milik, *Ten Years*, p. 151-152 ; Fitzmyer, « Prolegomenon » ; dans Schechter, *Documents*, p. 17-19 ; Baumgarten, « Laws of the *Damascus Document* », p. 52-55. Voir également Stegemann, « Gesetzkorpus ». Pour une présentation du contenu des fragments de Qumrân qui sont maintenant accessibles, voir Schiffman, « New Halakhic Texts », p. 24-29.
3. Sur la *Règle de la communauté*, voir les notes du chap. 6.
4. Sur le *Rouleau de la Guerre*, voir les notes du chap. 20.
5. Pour une étude plus complète, voir Schiffman, *Halakhah at Qumran*, p. 84-133. Cette étude a été mise à jour dans Schiffman, *Halakhah, Halikhah u-Meshiḥiyut*, p. 90-135. L'analyse de Ginzberg, *Unknown Jewish Sect*, p. 58-70 et p. 107-115, dont l'édition originale est parue avant la découverte des manuscrits de la mer Morte, demeure extrêmement importante. Par ailleurs, je ne peux pas souscrire au point de vue de Zahavy, « Sabbath Code ».
6. À propos du moment où commence le sabbat, voir Schiffman, *Halakhah at Qumran*, p. 84-87, et Gilat, *Peraqim*, p. 258-261. L'hypothèse que le sabbat débutait le samedi au lever du jour est soutenue par Talmon, « Calendar Reckoning », p. 192-194, et « Le-'Inyan ha-Luaḥ ». L'opinion selon laquelle le sabbat, d'après ce texte, commençait le vendredi au coucher du soleil — le point de vue que j'accepte — est endossée par Wieder, *Judean Scrolls and Karaism*, p. 54-55 ; Leibel, « Shabbatah shel Kat Midbar Yehudah » ; Baumgarten, *Studies*, p. 124-30.
7. Voir Schiffman, *Halakhah at Qumran*, p. 91-98 et p. 111-113 ; Gilat, *Peraqim*, p. 249-255 ; Rosenthal, « 'Al Hishtalshelut Halakhah ».
8. Voir Schiffman, *Halakhah at Qumran*, p. 113-115.
9. Voir Schiffman, *Halakhah at Qumran*, p. 121-123.
10. Voir Schiffman, *Halakhah at Qumran*, p. 125-128, et les compléments dans *Halakhah, Halikhah u-Meshiḥiyut*, p. 129-131. Herr, « Li-Va'ayot Hilkhot Milḥamah beShabbat », examine la question de la guerre de défense durant le sabbat au cours de la période du Second Temple. Pour une présentation du contexte historique et des données du Nouveau Testament sur cette question, voir Sanders, *Jewish Law*, p. 19-23.
11. Voir Schiffman, *Sectarian Law*, p. 23-40.
12. Voir Schiffman, « Qumran Law of Testimony » et *Sectarian Law*, p. 55-65 et p. 73-81 ; Levine, « *Damascus Document* » ; Neusner, « By the Testimony of Two Witnesses » et « *Damascus Document* IX, 17-22 » ; Jackson, « Damascus Document » et *Essays*, p. 171-175 ; Rabinovitch, « *Damascus Document* IX, 17-22 ». Voir également Wacholder, « Rules of Testimony », selon qui le *Document de Damas* dépendrait de la loi sur le témoignage qu'on trouve dans le *Rouleau du Temple*, un point de vue inacceptable, à mon avis.
13. Voir Schiffman, *Sectarian Law*, p. 111-124.

CHAPITRE 18

Prières et rites

1. Sur la prière à l'époque du Second Temple, voir ELBOGEN, *Jewish Liturgy*, p. 187-199, et HEINEMANN, *Ha-Tefillah*, p. 78-98, pour les données rabbiniques. On peut consulter également LEVINE, « Second Temple Synagogue ».
2. Concernant l'attitude de la secte de Qumrân à l'égard des sacrifices, voir BAUMGARTEN, *Studies*, p. 39-74 ; CARMIGNAC, « L'utilité » ; BOWMAN, « Did the Qumran Sect Burn the Red Heifer ? » Sur la perception de la secte comme un sanctuaire, voir GÄRTNER, *The Temple and the Community*. Le judaïsme rabbinique a connu une experience semblable après la destruction du Temple : voir à ce sujet SCHIFFMAN, *From Text to Tradition*, p. 164-166.
3. La plus grande partie du matériel de ce chapitre se retrouve, sous une forme plus technique, dans SCHIFFMAN, « Dead Sea Scrolls and the Early History of Jewish Liturgy ». Voir également TALMON, « Emergence of Institutionalized Prayer » ; WEINFELD, « Prayer and Liturgical Practice » et « 'Aqavot shel Qedushat Yoṣer » ; Chazon, « Prayers from Qumran ». NITZAN a consacré une monographie complète sur la question, *Qumran Prayer and Religious Poetry*. WEINFELD, « Grace after Meals », suggère de reconnaître une action de grâce pour des personnes ayant connu l'affliction dans les textes appelés *Barkhi Nafshi* (4Q434-438) ; voir SEELY, « The *Barki Nafshi* Texts » ; WEINFELD et SEELY, *DJD* 29, p. 255-334 ; mais cette conclusion me paraît inacceptable. À propos de ce passage, voir aussi REED, « What Is a Fragment ? ».
4. Sur la « maison de prosternation » voir l'exposé de STEUDEL, « House of Prostration ».
5. Sur les moments de prière, j'adopte le point de vue de DUPONT-SOMMER, « Contribution ». Je ne suis pas convaincu du grand nombre de prières quotidiennes identifiées par TALMON, « Manual of Benedictions », p. 481-484. TALMON a rédigé cet essai avant la publication des *Prières quotidiennes*, présentées plus loin. Il a toutefois noté les parallèles avec le *Shema* et la prière *Amidah*, p. 488-493.
6. Sur les *Prières quotidiennes*, voir BAILLET, DJD 7, p. 105-136 ; BAUMGARTEN, « 4Q503 *(Daily Prayers)* » ; WEINFELD, « Morning Prayers ». À propos des pratiques rabbiniques concernant le *Shema* et ses bénédictions, voir ELBOGEN, *Jewish Liturgy*, p. 16-24 ; ce dernier présente également les bénédictions sur la Torah, *ibid.*, p. 140-141. Pour la formule de bénédictions dans les textes des manuscrits de la mer Morte, voir SCHULLER, « Some Observations on Blessings of God ».
7. Concernant les prières rabbiniques *Taḥanun*, voir Elbogen, *Jewish Liturgy*, p. 66-72. La *Lamentation* a été publiée par BAILLET dans DJD 7, p. 79-80 ; Les *Paroles des luminaires* sont présentées aux p. 137-175. Voir aussi BAILLET, « Un recueil liturgique ». Les *Paroles des luminaires* ont été comparées aux prières *Taḥanun* par LEHMANN, « Re-Interpretation ». Les problèmes d'édition de ces textes ont été soulignés par BAILLET, « Remarques ». Ce texte a été réédité par Chazon dans sa thèse présentée à l'Université Hébraïque ; elle a pu réorganiser la séquence du texte avec l'aide de STEGEMANN. Voir CHAZON, « Is *Divrei ha-me'orot* a Sectarian Prayer ? » et « 4QdibHam ».
8. Voir MILIK, DJD 1, p. 136 et p. 152-155 ; BAILLET, DJD 7, p. 175-215.
9. Voir BAILLET, DJD 7, p. 262-286 et BAUMGARTEN, « Purification Rituals ».
10. Sur le *Rouleau des Psaumes*, voir les notes du chapitre 10.
11. Sur le *Rouleau des hymnes*, voir les notes du chapitre 9.
12. Sur les *Chants pour l'holocauste du sabbat*, voir les notes du chapitre 22.

13. La structure de base du calendrier sectaire a été établie, à partir de données partielles, par TALMON, « Calendar Reckoning ». Voir aussi JAUBERT, « Les Calendriers de jubilés et de la secte de Qumran » et « Les Calendriers de jubilés et les jours liturgiques de la semaine » ; MORGENSTERN, « Calendar of the Book of jubilees » ; VANDERKAM, « Origins », « Twenty-eight Day Month » et *Calendars in the Dead Sea Scrolls : Measuring Time* ; DAVIES, « Calendrical Change » ; BECKWITH, « Modern Attempt », « Essene Calendar », et « Significance of the Calendar ». Ce calendrier est apparemment celui que suppose le *Rouleau du Temple*. Voir YADIN, *Temple Scroll*, 1, p. 116-119, et BAUMGARTEN, « Calendars ». On trouve un point de vue différent chez LEVINE, « Temple Scroll », p. 7-11, et « Further Look ». L'édition officielle des calendriers de la grotte 4 (4Q320-327) sera publiée par TALMON et BEN DOV dans *DJD* 21 ; d'ici là, on peut se reporter à TALMON, « Calendars and Mishmarot », et à TALMON et BEN DOV, « 4Q326 : A Festival Calendar from Qumran ». On trouve les éditions antérieures de MILIK, basées sur la *Preliminary Concordance*, dans WACHOLDER et ABEGG, *Preliminary Edition*, 1, p. 60-101 (voir l'appendice, p. 104-118). EISENMAN et WISE, *Dead Sea Scrolls Uncovered*, p. 106-133, ont publié à peu près le même matériel en utilisant apparemment les lectures de la *Preliminary Concordance* et les travaux de TALMON, sans en faire mention. Voir TALMON et KNOHL, « Qeṭta'im shel Megillat Luaḥ mi-Qumran ».
14. Les tefillin ont été publiées par KUHN, *Phylacterien* ; BARTHÉLEMY, DJD 1, p. 72-76 ; BAILLET, DJD 3, p. 149-157 ; MILIK, DJD 6, p. 48-79 ; YADIN, *Tefillin from Qumran*. Les questions légales à propos des tefillin sont étudiées par YADIN. MILIK, DJD 6, p. 34-47, examine les problèmes textuels et historiques. Voir aussi HABERMANN, « 'Al ha-Tefillin bi-Yeme Qedem », et BAILLET, « Nouveaux phylactères ».
15. Les mezuzot ont été publiées par BAILLET, DJD 7, p. 158-161, et MILIK, DID 6, p. 80-85. Voir aussi l'introduction, p. 35-47.

CHAPITRE 19

Le messianisme

1. La distinction entre messianisme restaurateur et messianisme utopique a été proposée par SCHOLEM, *Messianic Idea*, p. 1-36. On doit à TALMON, *King, Cult and Calendar*, p. 203-205, sa première application aux données des textes de Qumrân. On trouve un point de vue différent chez GREEN, « Introduction : Messianisms in Judaism ». Les remarques faites dans cette section sont étendues à la période rabbinique dans mon essai « Concept of the Messiah », p. 235-246.
2. L'étude la plus complète sur le messianisme biblique demeure celle de MOWINCKEL, *He That Cometh*, p. 2-186.
3. Sur le Jour du Seigneur, voir VON RAD, « Origin of the Concept of the Day of Yahweh ».
4. Sur le messianisme à l'époque du Second Temple, voir SCHÜRER, *History of the Jewish People*, 2, p. 488-561. Cette étude comporte beaucoup d'informations, mais elle ne distingue pas suffisamment les différents types de messianisme et elle force les données dans un cadre systématique artificiel. Voir également COLLINS, « Messianism in the Maccabean Period », et CHARLESWORTH, « Concept of the Messiah in the Pseudepigrapha ».
5. Voir entre autres SCHÜRER, *History of the Jewish People*, 2, p. 550-554 ; TALMON, *World of Qumran*, p. 273-300 ; GARCÍA MARTÍNEZ, « Messianische Erwartungen ». La question plus globale de l'apocalypticisme à Qumrân est traitée par NEWSOM, « Apocalyptic » ;

Stegemann, « Die Bedeutung der Qumranfunde » ; Collins, *Apocalyptic Imagination*, p. 115-141, et « Was the Dead Sea Sect an Apocalyptic Movement ? » On trouve un point de vue différent chez Davies, « Qumran and Apocalyptic ». Voir également Licht, « Torat ha-'Ittim », sur la manière dont les sectaires comprenaient le temps et la chronologie. L'un des premiers essais de reconstruction de l'évolution historique du messianisme dans les textes de Qumrân est celui de « Les Quatres étapes ».

6. Il existe de nombreuses études sur l'attente de deux messies à Qumrân. Voir par exemple LaSor, « Messiah of Aaron and Israel » ; Liver, « Doctrine of the Two Messiahs » ; Kuhn, « Two Messiahs of Aaron and Israel » ; Silberman, « Two Messiahs » ; Laurin, « Problem of the Two Messiahs » ; voir aussi Brooke, « Messiah of Aaron ».
7. Voir Schiffman, « Messianic Figures and Ideas », pour un panorama complet de tous les textes disponibles avant l'affranchissement des manuscrits. Sur les textes parus depuis, voir le chapitre 21.
8. Sur l'usage du terme hébreu *mashiah* dans le *Document de Damas*, voir Yadin, « Three Notes », p. 158-159. Voir aussi Ginzberg, *Unknown Jewish Sect*, p. 209-256, sur les attentes messianiques exprimées dans ce texte.

CHAPITRE 20

La communauté de la fin des temps

1. La première édition de la *Règle de la congrégation* est celle de Barthélemy, DJD 1, p. 108-118. On en trouve une analyse et un commentaire chez Carmignac, *Textes*, 2, p. 11-27 ; Licht, *Megillat ha-Serakhim*, p. 241-270 ; j'en ai fait une analyse exhaustive dans Schiffman, *Eschatological Community*. Voir aussi Richardson, « Some Notes on 1Qsa » ; North, « Qumran "Serek A" » ; Smith, « God's Begetting the Messiah » ; Yadin, « Crucial Passage ». Sur l'assemblée de la fin des temps, voir Schiffman, *Eschatological Community*, p. 37-52, et « Purity and Perfection ». Comparer Bokser, *Approaching Sacred Space*, p. 279-287.
2. La première édition du *Rouleau de la guerre* est celle de Sukenik, *Dead Sea Scrolls of the Hebrew University*, p. 16-34. On consultera aussi l'importante étude de Segal, « Qumran *War Scroll* ». Ce rouleau a été par la suite réédité avec une introduction et un commentaire détaillés par Yadin, *Scroll of the War*. Yadin justifie cet ouvrage (dans l'édition originale en hébreu) dans « Ha-Milḥamah ». Parmi les autres commentaires, voir ceux de Carmignac, *La Règle de la guerre* ; Duhaime, « War Scroll » ; Ibba, *Il « Rotolo della guerra »* ; van der Ploeg, *Le Rouleau de la guerre*. Davies, *1QM*, démontre le caractère composite de cet ouvrage. Voir aussi Duhaime, « *War Scroll* », qui compare ce texte aux anciens manuels militaires. Des fragments de plusieurs manuscrits ont été découverts dans la grotte 4 (4Q491-496) et démontrent que cet écrit a connu au moins deux recensions différentes ; ils ont été édités par Baillet dans *DJD* 7, p. 12-68. Au sujet de ces textes, voir Baillet, « Les manuscrits ». Le plan de la guerre messianique est exposé en détail et discuté par Yadin, *Scroll of the War*, p. 18-37. Plusieurs autres textes sont étroitement apparentés au *Rouleau de la guerre* et pourraient même avoir appartenu à d'autres recensions. Voir Duhaime, « Étude comparative » ; Eshel et Eshel, « 4Q471 Fragment 1 » ; voir également l'étude de la *Règle de la guerre* (4Q285), plus loin, au chapitre 21. Parmi les études sur des problèmes particuliers, voir surtout Carmignac, « Les Kittim », et Smith, « Ascent to the Heavens ».

3. Voir SCHIFFMAN, *Eschatological Community*, p. 53-56. Les publications antérieures sur ce sujet portent surtout sur la comparaison entre ce repas et la dernière Cène. Certaines de ces études demeurent des contributions majeures, par exemple PRIEST, « Messiah and the Meal », KUHN, « Lord's Supper ». Sur le banquet messianique, voir GINZBERG, *Legends*, 1, p. 27-28 et 5, p. 43-46, n. 127 ; MOORE, *Judaism*, 2, p. 363-364. On trouvera également une liste de références sous l'entrée « Messianic banquet » dans l'index de l'ouvrage de CHARLES, *Apocrypha and Pseudepigrapha*, 2, p. 859.
4. Voir SCHIFFMAN, « Communal Meals », révisé et développé dans *Eschatological Community*, p. 56-64. Voir aussi VAN DER PLOEG, « Meals of the Essenes » ; RINGGREN, *Faith of Qumran*, p. 217-220 ; CROSS, *Ancient Library*, p. 85-91, qui établit un lien entre les repas communautaires et le banquet de la fin des temps. Comparer DELCOR, « Repas cultuels ».
5. Voir SCHIFFMAN, *Eschatological Community*, p. 64-67 ; DE VAUX, *Archaeology*, p. 11-14, et surtout p. 14-16, n. 2 et 3. Comparer LAPERROUSAZ, *Qoumrân*, p. 215-218, et « À propos des dépôts » ; DUHAIME, « Remarques ».

CHAPITRE 21

Le « messie transpercé » et autres textes controversés

1. Sur l'ensemble des textes présentés ici, voir DUHAIME, « Les messies dans les textes de Qumrân » et « Recent Studies on Messianism » ; EVANS, « Messiahs ».
2. Le texte de l'*Apocalypse araméenne* a d'abord été publié par FITZMYER, « Contribution of Qumran Aramaic », sur la base d'une conférence donnée par Milik. Cet article est réédité dans FITZMYER, *Wandering Aramean*, p. 90-93, accompagné d'une analyse absente de la publication initiale, p. 102-107. Pour une raison inconnue, BAIGENT et LEIGH, *Dead Sea Scrolls Deception*, p. 66, parlent de 1990 comme date de la diffusion non autorisée de ce texte ; ils ignorent apparemment que ce texte était disponible depuis 1974, dans l'article de Fitzmyer. Il est maintenant disponible intégralement, accompagné d'une analyse détaillée par PUECH, « Fragment d'une apocalypse », et *DJD* 22, p. 165-184. On trouvera une synthèse des diverses interprétations chez GARCÍA MARTÍNEZ, *Qumran and Apocalyptic*, p. 162-179, qui estime pour sa part (p. 178-179) que le Fils de Dieu doit être identifié à Michel, Melkisedeq ou le Prince de Lumière, qui déclenchera la guerre de la fin des temps. Voir également FLUSSER, *Judaism and the Origins of Christianity*, p. 207-213, et la brève étude de VERMES, « Qumran Forum Miscellanea I », p. 301-303.
3. Le débat autour de la *Règle de la guerre* a d'abord été lancé dans les jounaux et dans plusieurs articles de la *BAR* ; voir à ce sujet : VERMES, « "Pierced Messiah" Text — An Interpretation Evaporates » ; TABOR, « A Pierced or Piercing Messiah ? » ; WISE et TABOR, « Messiah at Qumran » ; EISENMAN et VERMES (présentant séparément leur point de vue respectif), « More on the Pierced Messiah from Eisenman and Vermes ». VERMES, « Oxford Forum for Qumran Research : Seminar on the Rule of War from Cave 4 (4Q285) », a démontré de façon incontestable qu'il n'y a aucune mention d'un messie transpercé dans ce texte. ABEGG, « Messianic Hope », arrive également à cette conclusion. Le texte complet, basé sur les lectures de Milik, publié par WACHOLDER et ABEGG, *Preliminary Edition*, 2, p. 223-227, ne peut être qu'un document étroitement apparenté au *Rouleau de la Guerre*, d'où l'appellation *Règle de la guerre*. On trouve un parallèle à ce texte dans un manuscrit de la grotte 11 publié par VAN DER WOUDE, « Ein

neuer Segensspruch». Quelques fragments en avaient été publiés par MILIK, «*Milkî-sedeq et Milkî-reša'*», p. 143. EISENMAN et WISE, *Dead Sea Scrolls Uncovered*, p. 24-27, nuancent leurs déclarations passablement exagérées que les journaux avaient rapportées.

4. Sur le *Pesher d'Isaïe*[a], Voir les notes du chapitre 14. Sur le passage en question, voir le commentaire de HORGAN, *Pesharim*, p. 83-84 et p. 85-86.
5. L'*Apocalypse messianique* a d'abord été publiée par EISENMAN, «Messianic Vision», et à nouveau par EISENMAN et WISE, p. 19-23; ils adoptent un point de vue erroné selon lequel le messie ressuscitera les morts. Une étude exhaustive et rigoureuse a été ensuite publiée par PUECH, «Une Apocalypse messianique». Voir également VERMES, «Qumran Forum Miscellanea I», p. 303-304; COLLINS, «Works of the Messiah»; DUHAIME, «Le messie et les saints». On trouvera des informations générales sur la question de la résurrection chez NICKELSBURG, *Resurrection*, rédigé avant que ne soient révélées les références explicites à la résurrection dans les manuscrits de la mer Morte.

CHAPITRE 22

Mysticisme et magie

1. À propos du mysticisme juif ancien, voir SCHOLEM, *Major Trends*, p. 40-79, et *Jewish Gnosticism*; GRUENWALD, *Apocalyptic and Merkavah Mysticism*; SCHÄFER, *Hidden and Manifest God*. Dans *Major Trends*, p. 3-10, SCHOLEM tente une définition du mysticisme juif, ce qui est une tâche très difficile. La question est l'objet d'un débat inépuisable. Certains hésitent à appeler «mystiques» des textes qui se rapportent à des expériences immatérielles telles que celles présentées ici; c'est le cas de WOLFSON, «Mysticism and the Poetic-Liturgical Compositions». SCHOLEM, *Jewish Gnosticism*, p. 3-4 et p. 128, a déjà attiré l'attention sur la pertinence des manuscrits de mer Morte pour l'étude du mysticisme juif ancien. On trouvera une présentation plus détaillée du contenu du présent chapitre dans SCHIFFMAN, «Sifrut ha-Hekhalot».
2. Sur la magie dans le judaïsme, voir SCHIFFMAN et SWARTZ, *Hebrew and Aramaic Magical Texts*, p. 1-62. Les textes magiques anciens sont publiés dans cet ouvrage, p. 64-164, et dans NAVEH et SHAKED, *Amulets and Magic Bowls and Magic Spells and Formulae*. Ces documents reflètent les traditions magiques juives de la fin de la période talmudique et du début de la période médiévale, mais ils ont beaucoup de points en commun avec des traditions plus anciennes comme celles qu'on trouve chez MARGALIOT, *Sefer Ha-Razim*.
3. Sur *1 Hénoch*, voir les notes du chaptitre 11.
4. Sur *Ben Sira*, voir les notes du chapitre 12.
5. Les premiers extraits de ce textes ont été publiés par STRUGNELL, «Angelic Liturgy». Sur la base de ces fragments, j'ai démontré dans «Merkavah Speculation» les liens étroits de ce texte avec les motifs et le langage des textes Hekhalot. BAUMGARTEN, «Qumran Sabbath Shirot», arrive à la même conclusion. L'ensemble du corpus des manuscrits de ce texte, y compris le manuscrit de Massada, a été publié par NEWSOM, *Songs of the Sabbath Sacrifice* (voir QIMRON, «Review Article of *Songs of the Sabbath Sacrifice*»). Voir GARCÍA MARTÍNEZ, *DJD* 23, p. 259-304; NEWSOM, *DJD* 11, p. 173-401; NEWSOM et YADIN dans TALMON, NEWSOM et YADIN, *Masada VI*, p. 120-132. Le fragment de Massada avait d'abord été édité par NEWSOM et YADIN, «Masada Fragment»; pour eux, la présence de ce texte à Massada serait un indice que des membres de la

secte s'y seraient réfugiés après la destruction de Qumrân. J'ai rejeté ce point de vue plus haut. ROTH, « Qumran and Masadah », pour qui la secte de Qumrân est un groupe de Zélotes, a aussi défendu l'idée d'un lien entre Qumrân et Massada. Voir également les études sur ce texte par NEWSOM, « He Has Established for Himself Priests » et « Merkabah Exegesis » ; ALLISON, « Silence of Angels » ; CARMIGNAC, « Roi, royauté et royaume » ; MAIER, « Shîrê 'Olat hash-Shabbat" ; SEGERT, « Observations on the Poetic Structures ».

6. Voir les notes du chapitre 10.
7. Sur le *Rouleau de la guerre*, voir les notes du chapitre 20. Sur les anges, voir YADIN, *Scroll of the War*, p. 229-242, et RINGGREN, *Faith of Qumran*, p. 81-93 (qui présente également les esprits mauvais). SCHIFFMAN, *Eschatological Community*, p. 49-51, étudie la question de la présence des anges dans l'assemblée eschatologique et de leur participation à la guerre finale.
8. Voir SCHOLEM, « Hakkarat Panim », et GRUENWALD, « Qeṭa'im Ḥadashim ». Sur les *toldot*, voir SCHOLEM, « Hakkarat Panim », p. 477-479.
9. L'*Horoscope*, d'abord publié par ALLEGRO, *DJD* 6, p. 88-91, doit être lu avec les corrections de STRUGNELL, « Notes », p. 274-276. Voir aussi CARMIGNAC, « Les Horoscopes » ; DELCOR, « Recherches sur un horoscope » ; LICHT, « Shoqayim ».
10. Le texte sur *L'élu de Dieu* a d'abord été publié par STARCKY, « Un Texte messianique ». Il est étudié par FITZMYER, *Essays*, p. 127-160, qui propose d'associer ce texte à la naissance de Noé, plutôt que d'y voir un texte messianique. Voir à ce propos VANDERKAM, « Birth of Noah ». Le commentaire minutieux de FITZMYER, p. 140-157, est extrêmement important. GARCÍA MARTÍNEZ, *Qumran and Apocalyptic*, p. 1-44, se livre à une étude approfondie du texte et conclut qu'il faisait partie d'un ancien livre de Noé aujourd'hui disparu.
11. Voir BAILLET, *DJD* 7, p. 215-262 ; NITZAN, « Hymns from Qumran », p. 53-63 ; BAUMGARTEN, « 'Al Shire ha-Pega'im » ; TA-SHMA, « He'arot ». D'autres textes de Qumrân ont aussi été identifiés comme ces exorcismes. Voir DUPONT-SOMMER, « Exorcismes et guérisons », et PUECH, « Les deux derniers Psaumes davidiques ».

CHAPITRE 23

Israël et les nations

1. Il est à peu près certain qu'il existait déjà un consensus, à l'époque, sur les définitions du statut de Juif ; c'est pourquoi on ne trouve aucun débat sur cette question. Voir à ce sujet SCHIFFMAN, *Who Was a Jew ?*, p. 1-39.
2. Voir SCHIFFMAN, « Legislation ».
3. Voir SCHIFFMAN, *Who Was a Jew ?*, p. 36-37.
4. À propos de l'interdiction pour un Juif de devenir le serviteur d'un non-Juif, voir mon édition, traduction et commentaire, « 4QOrdinance^{a,b} ».
5. Voir SCHIFFMAN, *Halakhah at Qumran*, p. 104-106, 120-121 et 123-124.
6. Les *Dires de Moïse* ont été publiés par MILIK, *DJD* 1, p. 91-97. Voir STRUGNELL, « Moses Pseudepigrapha », p. 245-254. DIMANT, « New Light », p. 413-431, a identifié et publié un autre pseudépigraphe attribué à Moïse, *Pseudo-Moses* ; mais son opinion ne me paraît pas démontrée.
7. Voir SCHIFFMAN, « Laws Pertaining to Idolatry », pour une analyse détaillée de ces lois.
8. Voir SCHIFFMAN, « Exclusion from the Sanctuary », p. 305.

9. Voir YADIN, *Temple Scroll*, 1, p. 322-324, et SCHIFFMAN, « Impurity of the Dead », p. 137-138.
10. Voir les notes du chapitre 16.
11. Voir YADIN, *Temple Scroll*, 1, p. 373-379, et « *Pesher Nahum* » ; BAUMGARTEN, *Studies*, p. 172-182, et « Hanging and Treason » ; BERNSTEIN, « Midrash Halakhah » et « Study in Early Jewish Exegesis » ; SCHIFFMAN, *Sectarian Law*, p. 76-77 (bibliographie additionnelle p. 85, n. 56) ; SCHWARTZ, *Studies*, p. 81-88.
12. Au sujet des opinions rabbiniques sur la conversion, voir SCHIFFMAN, *Who Was a Jew ?*, p. 19-39. Sur le passage en question, voir SCHIFFMAN, *Halakhah at Qumran*, p. 66.

CHAPITRE 24

Jérusalem, la ville sainte

1. On trouvera un aperçu sur l'histoire de la ville au cours de la période qui nous intéresse dans JEREMIAS, *Jérusalem*, et PETERS, *Jerusalem*, p. 42-130.
2. Le matériel des textes de l'*Apocryphe de Jérémie*[c] *et le pseudoMoïse*[b] a d'abord été appelé *Pseudo-Ézéchiel*, puis *Second Ézéchiel* ; il a ensuite été subdivisé en plusieurs textes. Voir à ce propos DIMANT, « New Light », p. 408-413. Voir également STRUGNELL et DIMANT, « 4Q Second Ezekiel » ; DIMANT et STRUGNELL, « Merkabah Vision » ; KISTER, « Barnabas 12 : 1 » ; KISTER et QIMRON, « Observations ». Le contexte exégétique général est présenté par DIMANT, « Apocalyptic Interpretation of Ezekiel » ; BROOKE, « Ezekiel in Some Qumran and New Testament Texts » ; GARCÍA MARTÍNEZ, « L'Interprétation ». WACHOLDER, « Ezekiel and Ezekielianism », est, à mon sens, largement exagéré.
3. Voir SCHIFFMAN, « Exclusion from the City », qui utilise ce parallèle pour expliquer plusieurs lois du *Rouleau du Temple*, et « Architecture and Law ». Voir BROSHI, « Gigantic Dimensions ». La construction du Tabernacle sur le rocher de Sion est le sujet traité dans un document appelé *La Pierre de Sion* ; sur ce texte, voir PUECH, « La Pierre de Sion ». À propos de l'architecture du Temple, voir les notes du chapitre 16.
4. Sur le rôle des trompettes dans les manœuvres de la guerre de la fin des temps, voir YADIN, *Scroll of the War*, p. 87-113.
5. Parmi les études portant sur ce poème, voir AUFFRET, « Structure », et DELCOR, « L'Hymne à Sion ».
6. 1Q32 (MILIK, *DJD* 1, p. 134-135) ; 2Q24 (BAILLET, *DJD* 3, p. 84-89) ; 4Q232 (?) ; 4Q365a ; 4Q554-554a-555 ; 5Q15 (MILIK, *DJD* 3, p. 184-193) ; 11Q18 (GARCÍA MARTÍNEZ, TIGCHELAAR, VAN DER WOUDE, *DJD* 23, p. 305-355). Les textes sur la *Nouvelle Jérusalem* ont d'abord été publiés un peu partout et n'ont pas reçu immédiatement toute l'attention qu'ils méritaient. On trouvera un résumé des questions que soulève cette composition chez GARCÍA MARTÍNEZ, *Qumran and Apocalyptic*, p. 180-213, et « Last Surviving Columns ». Voir également CHYUTIN, *The New Jerusalem Scroll from Qumran* ; JONGELING, « Publication provisoire » ; PUECH, *La Croyance des Esséniens*, p. 591-596, et « À propos de la Jérusalem nouvelle » ; STARCKY, « Jérusalem ». Les éléments d'architecture qu'on trouve dans ces textes sont étudiés par LICHT, « Ideal Town Plan » ; BROSHI, « 'Adrikhalut » ; CHYUTIN, « New Jerusalem ». Les rapports entre les textes sur la *Nouvelle Jérusalem* et le *Rouleau du Temple* sont analysés par WISE, *Critical Study*, p. 66-86 ; mais ses conclusions me paraissent largement exagérées.

CHAPITRE 25

Le déclin du sectarisme et l'émergence du judaïsme rabbinique

1. Sur la période hérodienne, voir SCHÜRER, *History of the Jewish People,* vol. 1, p. 287-329. SCHALIT, *Hordos ha-Melekh,* présente une étude exhaustive sur Hérode et son règne ; voir aussi RICHARDSON, *Herod : King of the Jews and Friend of the Romans.* Bien qu'elle date un peu, la collection d'études éditées par AVI-YONAH, *Herodian Period,* demeure utile. EISENMAN, *James the Just,* considère que la plupart des invectives que comportent les manuscrits s'adressent aux Hérodiens, c'est-à-dire aux personnes étroitement associées au roi et à sa famille. Eisenman assigne évidemment à ces compositions une date plus tardive que je ne le fais. Il rassemble ce qu'il estime être des parallèles hérodiens aux p. 87-94. À mon avis, les parallèles qu'il découvre résultent du fait que les Hérodiens ont continué d'adopter le même genre de comportement hellénisant que les derniers souverains asmonéens.
2. Sur la période des procurateurs, voir SCHÜRER, *History of the Jewish People,* vol. 1, p. 357-398 et p. 455-470.
3. Sur la Première Révolte (66-73), voir SCHÜRER, *History of the Jewish People,* vol. 1, p. 484-513 ; RHOADS, *Israel in Revolution* ; GOODMAN, « First Jewish Revolt » et *Ruling Class* ; SMALLWOOD, *Jews under Roman Rule,* p. 293-330. Une importante collection d'études qui aident à comprendre le contexte de cette révolte a été publiée par KASHER, *HaMered ha-Gadol.* À propos des suites de la révolte et de ses effets sur l'histoire du judaïsme, voir SCHIFFMAN, *From Text to Tradition,* p. 161-170.
4. Jean l'Essénien était l'un des généraux de la rébellion, d'après la *Guerre des Juifs* (II, 567). À mon avis, un autre indice de la participation des esséniens à la révolte est la mention dans la *Guerre des Juifs* (II, 152-353) que plusieurs ont été soumis à la torture. On trouvera un point de vue différent chez RHOADS, *Israel in Revolution,* p. 156, qui discute le lien entre la secte de Qumrân et la révolte, aux p. 156-158.
5. Sur la destruction de Qumrân, voir DE VAUX, *Archaeology,* p. 38-43. L'occupation romaine subséquente du site, appelée période III, est décrite aux p. 41-44.
6. Sur le *Rouleau de cuivre,* voir les notes du chapitre 1. Sur les trésors mentionnés dans ce document, voir LEFKOVITS, *Copper Scroll* 3Q15, 1, p. 34-44 et 2, p. 1055-1099, et HARPER, « Too Much to Believe ? » La suggestion que ces fonds auraient été ramassés après la destruction de Jérusalem a été faite par LEHMANN, « Identification of the Copper Scroll » et « Where the Temple Tax Was Buried ». Voir aussi MCCARTER, « Mystery ».
7. Voir les notes du chapitre 1. La conquête romaine de Massada est racontée par FLAVIUS JOSÈPHE dans la *Guerre des Juifs* VII, 275-406. Voir NETZER, « Last Days and Hours at Masada », et MAGNESS, « Arms and the Man ».
8. Au sujet des bains rituels de Massada, voir YADIN, *Masada,* p. 164-167 ; NETZER, *Masada,* 3, p. 14-17 et p. 507-510, en donne une description technique.
9. Au sujet de la synagogue, voir YADIN, *Masada,* p. 180-185, et NETZER, *Masada,* 3, p. 402-413 (voir également la photographie de tout ce secteur de Massada p. 389).
10. On trouvera dans les notes des chapitres 1 et 10 la liste des manuscrits de Massada qui ont été publiés. D'autres documents écrits ont été découverts également à Massada. Les ostraca et les incriptions sur les jarres ont été éditées par YADIN et NAVEH dans YADIN, NAVEH et MESHORER, *Masada,* 1, p. 12-81. COTTON et GEIGER, *Masada,* 2, p. 27-221, ont publié les documents en latin et en grec laissé par les Romains qui ont occupé le site après sa chute en 73.

11. Sur l'intérêt des manuscrits de la mer Morte pour l'étude des origines chrétiennes, voir notamment CROSS, *Ancient Library*, p. 195-243 ; LASOR, *Dead Sea Scrolls and the New Testament*, p. 142-264 ; FITZMYER, « Qumran Scrolls and the New Testament » ; VANDERKAM, « Dead Sea Scrolls and Christianity » ; CHARLESWORTH, *Jesus within Judaism*, p. 54-75 ; YADIN, « Dead Sea Scrolls and the Epistle to the Hebrews » ; FILSON, « Dead Sea Scrolls and the New Testament » ; KUHN, « Impact of the Qumran Scrolls » ; GARCÍA MARTÍNEZ, « Les limites de la communauté » ; LICHTENBERGER, « Dead Sea Scrolls and John the Baptist » ; STEGEMANN, « Some Aspects of Eschatology » ; SCHWARTZ, « Qumran ben Kohaniut la-Nacrut ». Quelques recueils d'études sont importants à signaler également : BLACK, *Scrolls and Christianity* ; STENDAHL, *Scrolls and the New Testament* ; MURPHY-O'CONNOR et CHARLESWORTH, *Paul and the Dead Sea Scrolls* ; CHARLESWORTH, *John and the Dead Sea Scrolls*. FLUSSER a regroupé plusieurs de ses essais sur ce sujet dans *Judaism and the Origins of Christianity*, p. 3-225. Voir aussi son « Sons of Light ». De nombreuses études de FITZMYER sont rassemblées dans *Essays* et dans *Wandering Aramaean*. Un résumé est fourni par COOK, *Solving the Mysteries*, p. 152-177. À propos des parallèles avec les Béatitudes, voir PUECH, « 4Q525 et les péricopes de béatitudes » et « Un Hymne essénien » ; VIVIANO, « Beatitudes Found among Dead Sea Scrolls ». Ces travaux, même ceux qui accentuent démesurément les ressemblances, sont à distinguer des tentatives d'identifier les manuscrits comme des textes chrétiens. O'CALLAGHAN, « Papiros neotestimentarios », a tenté de démontrer qu'il y aurait des textes grecs du Nouveau Testament dans le corpus qumranien, mais sa thèse a été démolie. Voir à ce sujet la synthèse de COOK, *Solving the Mysteries*, p. 145-148, et la tentative érudite de THIEDE, *Earliest Gospel Manuscript ?* pour appuyer la thèse de O'Callaghan.
12. Sur ces documents, voir BENOIT et MILIK, *DJD* 2, p. 67-280 (y compris le matériel biblique) ; COTTON et YARDENI, *DJD* 27, p. 1-282 ; YADIN, « New Discoveries », « More on the Letters », et *Bar-Kokhba*, p. 113-139, p. 172-183 et p. 222-253 ; AHARONI, *Judean Desert Caves 1960*, p. 21-24 ; YADIN, *ibid.*, p. 40-52 ; LIFSHITZ, *ibid.*, p. 53-62 ; LIFSHITZ, *Judean Desert Caves 1961*, p. 201-207 et p. 235-257 ; POLOTSKY, *ibid.*, p. 258-62 ; LEWIS, YADIN, et GREENFIELD, *Documents* (édition des papyri grecs de la Grotte des lettres, de même que des signatures et inscriptions en araméen et en nabatéen) ; LEHMANN, « Studies ». On trouvera des recueils de matériel araméen chez FITZMYER et HARRINGTON, *Manual*, p. 136-168, et BEYER, *Die aramäischen Texte*, p. 304-323. Beyer, toutefois, n'a pas tenu compte des corrections que d'autres chercheurs ont apportées aux éditions faites par Milik ; on ne peut par conséquent se fier à ses textes.
13. Sur la révolte de Bar Kokhba, voir SCHÜRER, *History of the Jewish People*, vol. 1, p. 534-557 ; SMALLWOOD, *Jews under Roman Rule*, 428-466 ; ABRAMSKY, *Bar Kokhba*. Il existe également un important recueil d'études sur cette révolte, celui d'OPPENHEIMER, *Mered Bar-Kokhba*.
14. Publié par MILIK, *DJD* 2, p. 181-205.
15. Publié par TOV, *DJD* 8. Le sous-titre, « The Seiyâl Collection I », prête à confusion, car le manuscrit provient du Nahal Hever. Tov, p. 99-158, étudie la technique de traduction et de révision du texte pour l'aligner sur la forme massorétique du texte hébreu. Cette pratique est située dans un contexte plus large dans mon compte rendu de cet ouvrage, SCHIFFMAN, « [Recension de] E. Tov, *Greek Minor Prophets Scroll* ». Voir également PUECH, « Notes en marge de 8KhXIIgr ».
16. Pour un aperçu du développement et du contenu du judaïsme rabbinique, voir SCHIFFMAN, *From Text to Tradition*, p. 177-265.

LISTE DES ABRÉVIATIONS

ANRW *Aufstieg und Niedergang der Romischen Welt.*

B. Talmud babylonien.

BA *Biblical Archaeologist.*

BAR *Biblical Archaeology Review.*

BASOR *Bulletin of the Armerican Schools of Oriental Research.*

CBQ *Catholic Biblical Quarterly.*

DJD 1 Barthélemy, D. et J. T. Milik. *Qumran Cave 1.* Discoveries in the Judaean Desert 1.

DJD 2 Benoit, P., J. T. Milik et R. de Vaux. *Les Grottes de Murabba'ât.* Discoveries in the Judaean Desert 2.

DJD 3 Baillet, M., J. T. Milik et R. de Vaux. *Les « Petites Grottes » de Qumrân.* Discoveries in the Judaean Desert 3.

DJD 4 Sanders, J. A. *The Psalms Scroll of Qumran Cave 11 (11QPsa).* Discoveries in the Judaean Desert 4.

DJD 5 Allegro, J. M., en coll. avec A. A. Anderson. *Qumrân Cave 4, I.* Discoveries in the Judaean Desert 5.

DJD 6 Vaux, R. de et J. T. Milik. *Qumrân Cave 4, II.* Discoveries in the Judaean Desert 6.

DJD 7 Baillet, M. *Qumrân Cave 4, III.* Discoveries in the Judaean Desert 7.

DJD 8 Tov, E. *The Greek Minor Prophets Scroll from Naḥal Ḥever.* Discoveries in the Judaean Desert 8.

D JD 9 Skehan, P. W., E. Ulrich et J. Sanderson. *Qumran Cave 4, IV : Palaeo-Hebrew and Greek Manuscripts.* Discoveries in the Judaean Desert 9.

DJD 10 Qimron, E. et J. Strugnell. *Qumran Cave 4, V : Miqṣat Ma'ase ha-Torah.* Discoveries in the Judaean Desert 10.

DJD 11 Eshel, E., H. Eshel, C. Newsom, B. Nitzan, E. Schuller et A. Yardeni, en consultation avec J. VanderKam et M. Brady. *Qumran Cave 4, VI : Poetical and Liturgical Texts. Part 1.* Discoveries in the Judaean Desert 11.

DJD 12 Ulrich, E. et F. M. Cross. *Qumran Cave 4, VII. Genesis to Numbers.* Discoveries in the Judaean Desert 12.

DJD 13 Attridge, H., T. Elgvin, J. T. Milik, S. Olyan, J. Strugnell, E. Tov, J. VanderKam et S.White, en consultation avec J. VanderKam. *Qumran Cave 4, VIII : Parabiblical Texts, Part 1.* Discoveries in the Judaean Desert 13.

DJD 14 Ulrich, E., F. M. Cross, S. White Crawford, J. A. Duncan, P. W. Skehan, E. Tov et J. Trebolle Barrera. *Qumran Cave 4, IX : Deuteronomy Joshua, Judges, Kings.* Discoveries in the Judaean Desert 14.

DJD 15 Ulrich, E., F. M. Cross, R. E. Fuller, J. E. Sanderson, P. W. Skehan et E. Tov, avec la collaboration de C. M. Murphy, C. Niccum. *Qumran Cave 4, X : The Prophets.* Discoveries in the Judaean Desert 15.

DJD 16 Cross, F. M., P. Flint, P. W. Skehan, E. Tov, J. Trebolle Barrera et E. Ulrich. *Qumran Cave 4, XI : Psalms to Chronicles.* Discoveries in the Judaean Desert 16.

DJD 18 Baumgarten, J. M., sur la base des transcriptions de J. T. Milik. *Qumran Cave 4, XIII : The Damascus Document.* Discoveries in the Judaean Desert 18.

DJD 19 Broshi, M., E. Eshel, J. A. Fitzmyer, E. Larson, C. Newsom, L. H. Schiffman et M. Smith, M. Stone, J. Strugnell et A. Yardeni, en consultation avec J. VanderKam. *Qumran Cave 4, XIV : Parabiblical Texts, Part. 2.*Discoveries in the Judaean Desert 19.

DJD 20 Elgvin, T., M. Kister, T. H. Lim, S. Pfann, E. Qimron, L. H. Schiffman, A. Steudel, en consultation avec J. A. Fitzmyer, en partie sur la base de transcriptions de J. T. Milik et J. Strugnell. *Qumran Cave 4, XV : Sapiential Texts, Part 1.* Discoveries in the Judaean Desert 20.

DJD 22 Brooke, G. J., J. J. Collins, T. Elgvin, P. Flint, J. Greenfield, E. Larson, C. Newsom, É. Puech, L. H. Schiffman, M. Stone et J. Trebolle Barrera, en consultation avec J. VanderKam. *Qumran Cave 4, XVII : Parabiblical Texts, Part 3.* Discoveries in the Judaean Desert 22.

DJD 23 García Martínez, F., E. J. C. Tigchelaar et A. S. van der Woude, incorporant des éditions antérieures de J. P. M. van der Ploeg, avec une contribution de E. Herbert. *Qumran Cave 11, II.* Discoveries in the Judaean Desert 23.

DJD 25 Puech, É. *Qumrân Grotte 4, XVIII : Textes hébreux.* Discoveries in the Judaean Desert 25.

DJD 26 Alexander, P. S. et G. Vermes. *Qumran Cave 4, XIX : 4QSerekh Ha-Yaḥad and Two Related Texts.* Discoveries in the Judaean Desert 26.

DJD 27 Cotton, H. M. et A. Yardeni. *Aramaic, Hebrew and Greek Documentary Texts from Naḥal Ḥever and Other Sites. With an Appendix Containing Alleged Qumran Texts (The Seiyâl Collection II).* Discoveries in the Judaean Desert 27.

DJD 29 Chazon, E., *et al.*, en consultation avec J. VanderKam et M. Brady. *Qumran Cave 4, XX.* Discoveries in the Judaean Desert 29.

DJD 30 Dimant, D., se basant en partie sur des textes antérieurs de J. Strugnell. *Qumran Cave 4, XXVI. Parabiblical Texts, Part. 4. Pseudo-Prophetic Texts.* Discoveries in the Judaean Desert 30.

DJD 31 Puech, É. *Qumran Grotte 4, XXII. Textes araméens, première partie.* Discoveries in the Judaean Desert 31.

DJD 34 Strugnell, J., D. J. Harrington et T. Elgvin, en consultation avec J. A. Fitzmyer. *Qumran Cave 4, XXIV. 4QInstruction.* Discoveries in the Judaean Desert 34.

DJD 35 Baumgarten, J. M. *et al. Qumran Cave 4, XXV. Halakhic Texts.* Discoveries in the Judaean Desert 35.

DJD 36 Pfann, S. J., *et al. Qumran Cave 4, XXVI. Cryptic Texts and Miscellanea, part 1.* Discoveries in the Judaean Desert 36.

DJD 38	CHARLESWORTH, J. *et al. Miscellaneous Texts from the Judaean Desert.* Discoveries in the Judaean Desert 38.
DSD	*Dead Sea Discoveries.*
ETL	*Ephemerides Theologicae Lovanienses.*
FO	*Folia Olientalia.*
HAR	*Hebrew Annual Review.*
HTR	*Harvard Theological Review.*
HUCA	*Hebrew Union College Annual.*
IET	*Israel Exploration Journal.*
JANES	*Journal of Ancient Near Eastern Studies.*
JBL	*Journal of Biblical Literature.*
JBTh	*Jahrbuch für Biblische Theologie.*
TETS	*Journal of the Evangelical Theological Society.*
JJS	*Journal of Jewish Studies.*
JNES	*Journal of Near Eastern Studies.*
JQR	*Jewish Quarterly Review.*
JSJ	*Journal for the Study of Judaism.*
JSS	*Journal of Semitic Studies.*
JTS	*Journal of Theological Studies.*
M.	Mishnah.
MGWT	*Monatsschrift für Geschichte und Wissenschaft des Judentums.*
NRT	*La Nouvelle Revue Théologique.*
NTS	*New Testament Studies.*
P.	Talmud palestinien (Yerushalmi).
PAATR	*Proceedings of the American Academy for Jewish Research.*
PEQ	*Palestine Exploration Quarterly.*
RB	*Revue Biblique.*
REJ	*Revue des Études Juives.*
RQ	*Revue de Qumrân.*
Shnaton	*Shnaton la-Miqra' u-le-Ḥeqer ha-Mizraḥ ha-Qadum.*
STDJ	*Studies on the Texts of the Desert of Judah.*
Suppl. to VT	*Supplements to Vetus Testamentum.*
T.	Tosefta.
TZ	*Theologische Zeitschrift.*
VT	*Vetus Testamentum.*
ZAW	*Zeitschrift für die Alttestamentliche Wissenschaft.*

BIBLIOGRAPHIE

ABEGG, M. G., « Messianic Hope and 4Q285 : A Reassessment », *JBL* 113 (1994), p. 81-91.

ABEGG, M. Jr, P. FLINT et E. ULRICH, *The Qumran Bible : The Oldest Known Bible Translated for the First Time into English*, New York, HarperSanFrancisco, 1999.

ABRAMSKY, S., *Bar-Kokhba : Nesi Yisra'el*, Tel Aviv, Massadah, 1961.

AHARONI, Y., « Expedition B. », dans *Judean Desert Caves : Survey and Excavations, 1960*, p. 11-24, Jérusalem, Israel Exploration Society, 1961.

ALBECK, C., *Das Buch der Jubiläen und die Halacha*, Berlin, 1934.

ALBRIGHT, W. F., « New Light on Early Recensions of the Hebrew Bible », *BASOR* 140 (1955), p. 27-33.

ALEXANDER, P. S., « Jewish Aramaic Translations of Hebrew Scriptures », dans M. J. MULDER et H. SYSLING (dir.), *Mikra : Text, Translation, Reading, and Interpretation of the Hebrew Bible in Ancient Judaism and Early Christianity*, Corpus Rerum Iudaicarum ad Novum Testamentum II. 1. Assen/Mastricht et Minneapolis, Van Gorcum, Fortress Press, 1990, p. 217-253.

—, « A Note on the Syntax of 4Q448 », *JJS* 44 (1993), p. 301-302.

ALEXANDER, P. et G. VERMES, *Qumran Cave 4, XIX : Serekh Ha-Yaḥad and Two Related Texts*, Discoveries in the Judaean Desert 26, Oxford, Clarendon Press, 1997.

ALLEGRO, J. M., « Addendum to Professor Millar Burrows' Note on the Ascent from Acch'o in 4QpIsa[a] », *VT* 7 (1957), p. 183.

—, *The Dead Sea Scrolls*, Harmondsworth, Penguin, 1958.

—, « Fragments of a Qumran Scroll of Eschatological Midrash », *JBL* 77 (1958), p. 350-354.

—, « Further Light on the History of the Qumran Sect », *JBL* 75 (1956), p. 89-95.

—, « Further Messianic References in Qumran Literature », *JBL* 75 (1956), p. 174-177.

—, « More Isaiah Commentaries from Qumran's Fourth Cave », *JBL* 77 (1958), p. 215-221.

—, « A Recently Discovered Fragment of a Commentary on Hosea from Qumran's Fourth Cave », *JBL* 78 (1959), p. 142-147.

—, « Some Unpublished Fragments of Pseudepigraphical Literature from Qumran's Fourth Cave », *Annual of the Leeds Oriental Society* 4 (1962-63), p. 1-5.

—, *The Treasure of the Copper Scroll*, Garden City, NY, Doubleday, 1960.

—, « An Unpublished Fragment of Essene Halakhah (4Q Ordinances) », *JSS* 6-7 (1961-62), p. 71-74.

—, « The Wiles of the Wicked Woman », *PEQ* 96 (1964), p. 53-55.

ALLEGRO, J. M., en coll. avec A. A. ANDERSON, *Qumrân Cave 4, I (4Q158-4Q186)*, Discoveries in the Judaean Desert of Jordan 5, Oxford, Clarendon, 1968.

ALLISON, D. C., « The Silence of Angels : Reflections on the *Songs of the Sabbath Sacrifice* », *RQ* 13 (1988), p. 189-198.

AMOUSSINE, J. D., « Éphraïm et Manassé dans le Péshèr de Nahum (4Q p Nahum) », *RQ* 4 (1964), p. 389-396.

—, « Observatiunculæ Qumranæ », *RQ* 28 (1971), p. 533-552.

—, « À propos de l'interprétation de 4 Q 161 (fragments 5-6 et 8) », *RQ* 8 (1974), p. 381-392.

AMUSIN, J. D., « 4Q Testimonia, 15-17 », dans A. CAQUOT et M. PHILONENKO (dir.), *Hommages à André Dupont-Sommer,* Paris, Adrien-Maisonneuve, 1971, p. 357-361.

—, « The Reflection of Historical Events of the First Century B.C. in Qumran Commentaries », *HUCA* 48 (1978), p. 123-152.

ANDERSON, F. I., et D. N. FREEDMAN, « Another Look at 4QSam^{b} », *RQ* 14 (1989), p. 7-30.

ATTRIDGE, H., T. ELGVIN, J. T. MILIK, S. OLYAN, J. STRUGNELL, E. TOV, J. VANDERKAM et S. WHITE, en consultation avec J. VanderKam, *Qumran Cave 4, VIII : Parabiblical Texts, Part 1,* Discoveries in the Judaean Desert 13, Oxford, Clarendon Press, 1994.

AUFFRET, P., « Structure littéraire de l'Hymne à Sion de 11 Q Ps^{a} XXII, 1-15 », *RQ* 10 (1980), p. 203-212.

AVI-YONAH, M., (dir.), *The Herodian Period,* vol. I.7. The World History of the Jewish People, New Brunswick, NJ, Rutgers University Press, 1975.

AVIGAD, N., « The Palaeography of the Dead Sea Scrolls and Related Documents », dans C. RABIN et Y. YADIN (dir.), *Aspects of the Dead Sea Scrolls,* Scripta Hierosolymitana, Jérusalem, Magnes Press, 1958, p. 56-87.

AVIGAD, N., et Y. YADIN, *A Genesis Apocryphon : A Scroll from the Wilderness of Judaea,* Jérusalem, Magnes Press et Heikhal Ha-Sefer, 1956.

BAIGENT, M. et R. LEIGH, *The Dead Sea Scrolls Deception,* New York, Summit, 1991.

BAILLET, M., « Un recueil liturgique de Qumrân, grotte 4 : "Les Paroles des Luminaires" », *RB* 68 (1961), p. 195-250.

—, « Les Manuscrits de la Règle de la guerre de la grotte 4 de Qumrân », *RB* 79 (1972), p. 217-226.

—, « Nouveaux phylactères de Qumrân (X Q Phyl 1-4) : à propos d'une édition récente », *RQ* 7 (1970), p. 403-416.

—, *Qumrân Grotte 4, III (4Q482-4Q520),* Discoveries in the Judaean Desert of Jordan 7, Oxford, Clarendon Press, 1982.

—, « Remarques sur l'édition des *Paroles des luminaires* », *RQ* 5 (1964), p. 23-42.

BAILLET, M., J. T. MILIK et R. DE VAUX, *Les « Petites Grottes » de Qumrân,* Discoveries in the Judaean Desert of Jordan 3, Oxford, Clarendon Press, 1962.

BAR-ADON, P., « Another Settlement of the Judean Desert Sect at 'En El-Ghuweir on the Shores of the Dead Sea », *BASOR* 227 (1977), p. 1-25.

—, « Bissure ha-Hashmona'im u-Ma'amadah shel Qumran bi-Ṣefon Yam ha-Melaḥ », *Eretz-Israel* 15 (1981), p. 349-352, pl. 64-67.

BARAQ, D. *et al.*, *Masada VI : The Yigael Yadin Excavations 1963-1965, Final Reports,* Jérusalem, Israel Exploration Society, Hebrew University of Jerusalem, 1994.

BARTHÉLEMY, D., D. GOODING, J. LUST et E. TOV, *The Story of David and Goliath : Textual and Literary Criticism,* Orbis biblicus et orientalis 73, Fribourg/Göttingen, Éditions Universitaires/Vandenhoeck & Ruprecht, 1986.

BARTHÉLEMY, D. et J. T. MILIK, *Qumran Cave I,* Discoveries in the Judaean Desert 1, Oxford, Clarendon Press, 1964.

BASSER, H. W., « The Rabbinic Citations in Wacholder's *The Dawn of Qumran* », *RQ* 11 (1984), p. 549-560.

Baumgarten, A. I., *The Flourishing of Jewish Sects in the Maccabean Era : An Interpretation.* Leyde, Brill, 1997.
—, « The Name of the Pharisees », *JBL* 102 (1983), p. 411-428.
—, « Qumran ve-ha-Kitatiut ba-Yahadut bi-Tequfat Bayit Sheni », dans M. Broshi, S. Talmon, S. Japhet et D. Schwartz (dir.), *Megillot Midbar Yehudah : 'Arba'im Shenot Mehqar,* Jérusalem, Bialik Institute, Israel Exploration Society, 1992, p. 139-151.
Baumgarten, J. M., « 4Q502, Marriage or Golden Age Ritual ? », *JJS* 35 (1983), p. 125-135.
—, « 4 Q 503 (Daily Prayers) and the Lunar Calendar », *RQ* 12 (1986), p. 399-408.
—, « 'Al Shire ha-Pega'im mi-Qumran », *Tarbiz* 55 (1986), p. 442-445.
—, « The Calendars of the Book of Jubilees and the Temple Scroll », *VT* 37 (1987), p. 71-77.
—, « The Cave 4 Versions of the Qumran Penal Code », *JJS* 43 (1992), p. 268-276.
—, « The Disqualifications of Priests in 4Q Fragments of the "Damascus Document", a Specimen of the Recovery of Pre-Rabbinic Halakha », dans J. Trebolle Barrera et L. Vegas Montaner (dir.), *The Madrid Qumran Conference : Proceedings of the International Congress on the Dead Sea Scrolls, Madrid, 18-21 March, 1991,* vol. 2, Studies on the Texts of the Desert of Judah 11, 2, Leyde / Madrid, E. J. Brill / Editorial Complutense, 1992, p. 503-513.
—, « The Exclusion of "Netinim" and Proselytes in 4 Q *Flor* », *RQ* 8 (1972), p. 87-96.
—, « Exclusions from the Temple : Proselytes and Agrippa I », *JJS* 33 (1982), p. 215-225.
—, « Halakhic Polemics in New Fragments from Qumran Cave 4 », dans J. Amitai (dir.), *Biblical Archaeology Today : Proceedings of the International Congress on Biblical Archaeology, Jerusalem, April 1984,* Jérusalem, Israel Exploration Society, Israel Academy of Sciences and Humanities, en coopération avec les American Schools of Oriental Research, 1985, p. 390-399.
—, « Hanging and Treason in Qumran and Roman Law », *Eretz-Israel* 16 (1985), p. 7-16.
—, « The Heavenly Tribunal and the Personification of Sedeq in Jewish Apocalyptic », *ANRW* II.19.1 (1979), p. 219-239.
—, « The Laws of the *Damascus Document* in Current Research », dans M. Broshi (dir.), *The Damascus Document Reconsidered,* Jérusalem, Israel Exploration Society et Shrine of the Book, Israel Museum, 1992, p. 51-62.
—, « On the Nature of the Seductress in 4Q 184 », *RQ* 15 (1991), p. 133-144.
—, « Perek Shirah, an Early Response to Psalm 151 », *RQ* 9 (1978), p. 575-578.
—, « The Pharisaic-Sadducean Controversies about Purity and the Qumran Texts », *JJS* 31 (1980), p. 157-170.
—, « The Purification Rituals in *DJD* 7 », dans D. Dimant et U. Rappaport (dir.), *The Dead Sea Scrolls,* Leyde / Jérusalem, E. J. Brill, Magnes Press / Yad Izhak Ben-Zvi, 1992, p. 199-209.
—, « The Qumran-Essene Restraints on Marriage », dans L. H. Schiffman (dir.), *Archaeology and History in the Dead Sea Scrolls : The New York University Conference in Memory of Yigael Yadin,* Journal for the Study of the Old Testament Supplement Series 8 ; JSOT / ASOR Monographs 2, Sheffield, JSOT Press, 1990, p. 13-24.
—, « The Qumran Sabbath Shirot and Rabbinic Merkabah Traditions », *RQ* 13 (1988), p. 199-214.
—, « Recent Qumran Discoveries and Halakha in the Hellenistic-Roman Period », dans S. Talmon (dir.), *Jewish Civilization in the Hellenistic-Roman Period,* Philadelphie, Trinity Press International, 1991, p. 147-158.
—, *Studies in Qumran,* Law Studies in Judaism in Late Antiquity 24, Leyde, E. J. Brill, 1977.

BAUMGARTEN, J. M., sur la base des transcriptions de J. T. Milik, *Qumran Cave 4, XIII: The Damascus Document (4Q266-273)*, Discoveries in the Judaean Desert 18, Oxford, Clarendon Press, 1996.

BEALL, T. S., *Josephus' Description of the Essenes Illustrated by the Dead Sea Scrolls*, Society for New Testament Studies Monograph Series, Cambridge, Cambridge University Press, 1988.

BEAN, P. B., *A Theoretical Construct for the Temple of the Temple Scroll*, (thèse), University of Oregon, 1987.

BECKWITH, R. T., « The Essene Calendar and the Moon : A Reconsideration », *RQ* 15 (1992), p. 457-466.

—, « The Modern Attempt to Reconcile the Qumran Calendar with the True Solar Year », *RQ* 7 (1970), p. 379-396.

—, *The Old Testament Canon of the New Testament Church*, Grand Rapids, Eerdmans, 1985.

—, « The Significance of the Calendar for Interpreting Essene Chronology and Eschatology », *RQ* 10 (1980), p. 167-202.

BENOIT, P., J. T. MILIK et R. DE VAUX, *Les Grottes de Murabba'ât*, Discoveries in the Judaean Desert 2, Oxford, Clarendon Press, 1960.

BERNSTEIN, M. J., « 4Q452 : From Re-written Bible to Biblical Commentary », *JJS* 45 (1994), p. 1-27.

—, « Introductory Formulas for Citation and Re-citation of Biblical Verses in the Qumran Pesharim : Observations on a Pesher Technique », *DSD* 1 (1994), p. 30-70.

—, « Midrash Halakhah at Qumran ? », *Gesher* 7 (1979), p. 145-166.

—, « Re-arrangment, Anticipation Harmonization as Exegetical Features in the *Genesis Apocryphon* », *Dead Sea Discoveries* 3 (1996), p. 37-57.

—, « A Study in Early Jewish Exegesis », *JQR* 74 (1983), p. 21-45.

BETZ, O., *Offbarung und Schriftforschung in der Qumransekte*, Wissenschaftliche Untersuchungen zum Neuen Testament 6, Tübingen, J. C. B. Mohr (Paul Siebeck), 1960.

BEYER, K., *Die aramäischen Texte vom Toten Meer*, Göttingen, Vandenhoeck & Ruprecht, 1983.

BICKERMAN, E. J., *The God of the Maccabees : Studies on the Meaning and the Origins of the Maccabean Revolt*, Studies in Judaism in Late Antiquity 32, Leyde, E. J. Brill, 1979.

—, *The Jews in the Greek Age*, Cambridge, MA, Harvard University Press, 1988.

BIMBAUM, S. A., *The Qumrân (Dead Sea) Scrolls and Palaeography*, *BASOR* Supplementary Studies 13-14, New Haven, CT, American Schools of Oriental Research, 1952.

BLACK, M., *Apocalypsis Henochi Graeci in Pseudepigrapha Veteris Testamenti*, Pseudepigrapha Veteris Testamenti graece 3, Leyde, E. J. Brill, 1970.

—, *The Books of Enoch or 1 Enoch : A New English Edition with Commentary and Textual Notes*, Studia in Veteris Testamenti pseudepigrapha 7 Leyde, E. J. Brill, 1985.

—, « The Fragments of the Aramaic Enoch from Qumran », dans W. C. VAN UNNIK (dir.), *La Littérature juive entre Tenach et Mischna*, Leyde, E. J. Brill, 1974, p. 15-28.

—, *The Scrolls and Christian Origins : Studies in the Jewish Background of the New Testament*, Brown Judaic Studies 48, Chico, CA, Scholars Press, 1983.

BLIDSTEIN, G., « 4 Q *Florilegium* and Rabbinic Sources on Bastard and Proselyte », *RQ* 8 (1974), p. 431-436.

BOKSER, B., « Approaching Sacred Space », *HTR* 78 (1985), p. 279-299.

BONANI, G. *et al.*, « Radiocarbon Dating of the Dead Sea Scrolls », *Atiqot* 20 (1991), p. 27-32.

BOWMAN, J., « Did the Qumran Sect Burn the Red Heifer ? », *RQ* 1 (1958), p. 73-84.

Bregman, M., « Another Reference to "A Teacher of Righteousness" in Midrashic Literature », *RQ* 10 (1979), p. 95-96.

Brooke, G. J., « 4QTestament of Levi^{d}(?) and the Messianic Servant High Priest », dans M. C. de Boer (dir.), *From Jesus to John : Essays on Jesus and New Testament Christology in Honour of Marinus de Jonge*, Journal for the Study of the New Testament Supplement Series 84. Sheffield, JSOT Press, 1993, p. 83-100.

—, « The Amos-Numbers Midrash (CD 7 13^{13b}–8^{1a}) and Messianic Expectations », *ZAW* 92 (1980), p. 397-404.

—, « The Biblical Texts in the Qumran Commentaries : Scribal Errors or Exegetical Variants ? », dans C. A. Evans et W. F. Stinespring (dir.), *Early Jewish and Christian Exegesis : Studies in Memory of William Hugh Brownlee*, SBL Homage Series 10, Atlanta, Scholars Press, 1987, p. 85-100.

—, *Exegesis at Qumran : 4Q Florilegium in Its Jewish Context*, Journal for the Study of the Old Testament Supplement Series 29, Sheffield, JSOT Press, 1985.

—, « Ezekiel in Some Qumran and New Testament Texts », dans J. Trebolle Barrera et L. Vegas Montaner (dir.), *The Madrid Qumran Congress : Proceedings of the International Congress on the Dead Sea Scrolls, Madrid, 18-21 March, 1991*, vol. 1, Leyde / Madrid, E. J. Brill / Editorial Complutense, 1992, p. 317-338.

—, « Levi and the Levites in the Dead Sea Scrolls and the New Testament », dans Z. J. Kapera (dir.), *Mogilany 1989*, Cracovie, Enigma Press, 1993, p. 105-129.

—, « The Messiah of Aaron in the Damascus Document », *RQ* 15 (1991), p. 215-231.

—, « The Pesharim and the Origin of the Dead Sea Scrolls », dans J. J. Collins, N. Golb, D. Pardee et M. Wise (dir.), *Methods of Investigation of the Dead Sea Scrolls and the Khirbet Qumran Site : Present Realities and the Future Prospects*, Annals of the New York Academy of Sciences, New York, New York Academy of Sciences, 1994, p. 339-353.

—, « Power to the Powerless – a Long-Lost Song of Miriam », *BAR* 20 (mai-juin 1994), p. 62-65.

—, « Qumran Pesher : Towards the Redefinition of a Genre », *RQ* 10 (1981), p. 483-504.

—, « The Temple Scroll : A Law unto Itself ? », dans B. Lindars (dir.), *Law and Religion : Essays on the Place of the Law in Israel and Early Christianity*, Cambridge, James Clark, 1988, p. 34-43.

—, « The Textual Tradition of the *Temple Scroll* and Recently Published Manuscripts of the Pentateuch », dans D. Dimant et U. Rappaport (dir.), *The Dead Sea Scrolls : Forty Years of Research*, Leyde / Jérusalem, E. J. Brill, Magnes Press / Yad Izhak Ben-Zvi, 1992, p. 261-282.

Brooke, G. J. et H. K. Bond, *The Allegro Qumran Photograph Collection. Supplement to The Dead Sea Scrolls on Microfiche*, Leyde, Brill, 1996. 30 microfiches.

Brooke, G. J., J. J. Collins, T. Elgvin, P. Flint, J. Greenfield, E. Larson, C. Newsom, É. Puech, L. H. Schiffman, M. Stone et J. Trebolle Barrera, en consultation avec J. VanderKam, *Qumran Cave 4, XVII : Parabiblical Texts, Part 3*, Discoveries in the Judaean Desert 22, Oxford, Clarendon Press, 1996.

Broshi, M., (dir.), « 'Adrikhalut u-Vinyan 'Arim ba-Megillot ha-Genuzot », *Eretz-Israel* 23 (1992), p. 286-292.

—, « The Archeology of Qumran-A Reconsideration », dans D. Dimant et U. Rappaport (dir.), *The Dead Sea Scrolls : Forty Years of Research*, Leyde / Jérusalem, E. J. Brill, Magnes Press / Yad Izhak Ben-Zvi, 1992, p. 103-115.

—, « Beware the Wiles of the Wanton Woman », *BAR* 9 (juillet-août 1983), p. 54-56.

—, « The Credibility of Josephus », *JJS* 33 (1982), p. 379-384.

—, *The Damascus Document Reconsidered*, Jérusalem, Israel Exploration Society et Shrine of the Book, Israel Museum, 1992.

—, « The Gigantic Dimensions of the Visionary Temple in the Temple Scroll », *BAR* 13 (nov.-déc. 1987), p. 36-37.

—, « The Negatives Archive of the Shrine of the Book », dans E. Tov (dir.), avec la collaboration de S. J. Pfann, *The Dead Sea Scrolls on Microfiche : A Comprehensive Facsimile Edition of the Texts from the Judean Desert. Companion Volume*, Leyde, E. J. Brill/IDC, 1993, p. 135-136.

—, « Religion, Ideology, and Politics and Their Impact on Palestinian Archaeology », *Israel Museum Journal* 17 (1987), p. 17-32.

—, « Qumran : Archeology », dans L. H. Schiffman et J. C. VanderKam (dir.), *Encyclopedia of the Dead Sea Scroll*, New York, Oxford University Press, 2000, p. 733-739.

Broshi, M., E. Eshel, J. A. Fitzmyer, E. Larson, C. Newsom, L. H. Schiffman, M. Smith, M. Stone, J. Strugnell et A. Yardeni, en consultation avec J. VanderKam, *Qumran Cave 4, XIV : Parabiblical Texts, Part. 2*, Discoveries in the Judaean Desert 19, Oxford, Clarendon Press, 1995.

Brown, R. E., *The Semitic Background of the Term « Myster » in the New Testament*, Biblical Series 21, Philadelphie, Fortress Press, 1968.

Brown, R. E., J. A. Fitzmyer, W. G. Oxtoby et J. Teixidor, *A Preliminary Concordance to the Hebrew and Aramaic Fragments from Qumrân Caves II-X, Including Especially the Unpublished Material from Cave IV*, concordance préparée et arrangée par H.-P. Richter, 5 vol., Göttingen, [édition privée], 1988.

Brownlee, W. H., « The Background of Biblical Interpretation at Qumrân », dans M. Delcor (dir.), *Qumrân : sa piété, sa théologie et son milieu*, Bibliotheca ephemeridum theologicarum lovaniensium 46, Paris/Leuven, Gembloux/Duculot/Leuven University Press, 1978, p. 183-193.

—, « Biblical Interpretation among the Sectaries of the Dead Sea Scrolls », *BA* 14 (1951), p. 54-76.

—, « The Dead Sea Manual of Discipline », *BASOR Supplementary Studies* 10-12 (1951), p. 4-60.

—, « Edh-Dheeb's Story of His Scroll Discovery », *RQ* 3 (1962), p. 483-494.

—, *The Midrash Pesher of Habakkuk*, SBL Monograph Series 24, Missoula, MO, Scholars Press, 1979.

—, « The Scroll of Ezekiel from the Eleventh Qumran Cave », *RQ* 4 (1963), p. 11-28.

—, « The Significance of "David's Compositions" », *RQ* 5 (1966), p. 569-574.

Bruce, F. F., *Second Thoughts on the Dead Sea Scrolls*, Grand Rapids, MI, Eerdmans, 1977.

Buchanan, G. W., « The Office of Teacher of Righteousness », *RQ* 9 (1977), p. 237-240.

—, « The Role of Purity in the Structure of the Essene Sect », *RQ* 4 (1963), p. 397-406.

Burgmann, H., « 11QT : The Sadducean Torah », dans G. J. Brooke (dir.), *Temple Scroll Studies*, Sheffield, Sheffield Academic Press, 1989, p. 257-263.

—, « "The Wicked Woman" : Der Makkabäer Simon », *RQ* 8 (1974), p. 323-360.

Burrows, M., « The Ascent from Acco in 4Q p Isa^{a} », *VT* 7 (1957), p. 104-105.

—, *The Dead Sea Scrolls*, New York, Viking, 1956.

—, (dir.), *The Dead Sea Scrolls of St. Mark's Monastery*, 2 vol., New Haven, CT, American Schools of Oriental Research, 1950-1951.

—, *More Light on the Dead Sea Scrolls*, Londres, Secker et Warburg, 1958.

Caevel, J. de, « La Connaissance religieuse dans les hymnes d'action de grâces de Qumrân », *ETL* 38 (1962), p. 435-460.

Callaway, P. R., « Exegetische Erwägungen zur Tempelrolle XXIX, 7-10 », *RQ* 12 (1985), p. 95-104.

—, *The History of the Qumran Community : An Investigation*, Journal for the Study of the Pseudepigrapha Supplementary Series 3, Sheffield, JSOT Press, 1988.

—, « Source Criticism of the *Temple Scroll* : The Purity Laws », *RQ* 12 (1986), p. 213-222.

Caquot, A., « Le Livre des Jubilés, Melkisedeq et les dîmes », *JJS* 33 (1982), p. 257-264.

Carmignac, J., « Le Document de Qumrân sur Melkisedeq », *RQ* 7 (1970), p. 343-378.

—, « Les Éléments historiques des Hymnes de Qumrân », *RQ* 2 (1960), p. 205-222.

—, « Les Horoscopes de Qumrân », *RQ* 5 (1965), p. 199-217.

—, « Les Kittim dans la "Guerre des fils de lumière contre les fils de ténèbres" », *NRT*(1955), p. 737-748.

—, « Poème allégorique sur la secte rivale », *RQ* 5 (1965), p. 361-374.

—, *La Règle de la guerre des fils de lumière contre les fils de ténèbres*, Paris, Letouzey et Ané, 1958.

—, « Roi, royauté et royaume dans la liturgie angélique », *RQ* 12 (1986), p. 177-187.

—, « L'utilité ou l'inutilité des sacrifices sanglants dans la "Règle de la Communauté" de Qumrân », *RB* 63 (1956), p. 524-532.

Carmignac, J., É. Cothenet et H. Lignée, *Les Textes de Qumrân traduits et annotés*, vol. 2, Autour de la Bible, Paris, Letouzey et Ané, 1963.

Carmignac, J. et P. Guilbert, *Les Textes de Qumrân traduits et annotés*, vol. 1, Autour de la Bible, Paris, Letouzey et Ané, 1961.

Charles, R. H., *The Apocrypha and Pseudepigrapha of the Old Testament in English*, 2 vol., Oxford, Clarendon Press, 1913.

—, *The Book of Enoch, or 1 Enoch*, Jérusalem, Makor, 1973.

—, *The Book of Jubilees, or the Little Genesis*, Jérusalem, Makor, 1972.

—, *The Greek Versions of the Testaments of the Twelve Patriarchs*, Oxford, 1908.

Charles, R. H. et A. Cowley, « An Early Source for the Testaments of the Patriarchs », *JQR* o. S. 19 (1907), p. 566-583.

Charlesworth, J. H., « The Concept of the Messiah in the Pseudepigrapha », *ANRW* II. 19.1 (1979), p. 187-219.

—, *Jesus within Judaism : New Light from Exciting Archaeological Discoveries*, New York, Doubleday, 1988.

— (dir.), *John and the Dead Sea Scrolls*, New York, Crossroad, 1990.

— (dir.), *The Old Testament Pseudepigrapha*, 2 vol., Garden City, NY, Doubleday, 1983-1985.

—, « The Origin and Subsequent History of the Authors of the Dead Sea Scrolls : Four Transitional Phases among the Qumran Essenes », *RQ* 10 (1980), p. 213-234.

—, « The Pseudepigrapha as Biblical Exegesis », dans C. A. Evans et W. F. Stinespring (dir.), *Early Jewish and Christian Exegesis*, Atlanta, Scholars Press, 1987, p. 139-152.

Charlesworth, J. *et al.*, *Miscellaneous Texts from the Judaean Desert*, Discoveries in the Judaean Desert 38, Oxford, Clarendon Press, 2000.

Chazon, E. G., « 4QDibHam : Liturgy or Literature ? », *RQ* 15 (1992), p. 447-456.

—, « Is *Divrei Ha-me'orot* a Sectarian Prayer ? », dans D. Dimant et U. Rappaport (dir.), *The Dead Sea Scrolls : Forty Years of Research*, Leyde / Jérusalem, E. J. Brill, Magnes Press / Yad Izhak Ben-Zvi, 1992, p. 3-18.

—, « Prayers from Qumran and Their Historical Implications », *DSD* 1 (1994), p. 256-284.

CHAZON, E. *et al.*, en consultation avec J. VanderKam et M. Brady (dir.), *Qumran Cave 4. XX : Poetical and Liturgical Texts, Part 2*, Discoveries in the Judaean Desert 29, Oxford, Clarendon Press, 1999.

CHYUTIN, M., « The New Jerusalem : Ideal City », *DSD* 1 (1994), p. 71-97.

—, *The New Jerusalem Scroll from Qumran : A Comprehensive Reconstruction*, JSPS 25, Sheffield, Sheffield Academic Press, 1997.

COHEN, S. J. D., *From the Maccabees to the Mishnah*, Philadelphie, Westminster, 1987.

—, « Masada, Literary Tradition, Archaeological Remains, and the Credibility of Josephus », *JJS* 33 (1982), p. 385-405.

COLLINS, J. J., *The Apocalyptic Imagination*, New York, Crossroad, 1984.

—, « Messianism in the Maccabean Period », dans J. NEUSNER, W. S. GREEN et E. S. FRERICHS (dir.), *Judaisms and Their Messiahs at the Turn of the Christian Era*, Cambridge, Cambridge University Press, 1987, p. 97-109.

—, « Prophecy and Fulfillment in the Qumran Scrolls », *JETS* 30 (1987), p. 267-278.

—, « Was the Dead Sea Sect an Apocalyptic Movement ? », dans L. H. SCHIFFMAN (dir.), *Archaeology and History in the Dead Sea Scrolls : The New York University Conference in Memory of Yigael Yadin*, Journal for the Study of the Pseudepigrapha Supplement Series 8 ; ISOT/ASOR Monographs 2, Sheffield, JSOT Press, 1990, p. 25-51.

—, « The Works of the Messiah », *DSD* 1 (1994), p. 98-112.

COOK, E. M., « Remarks on the Testament of Kohath from Qumran Cave 4 », *JJS* 44 (1993), p. 205-219.

—, *Solving the Mysteries of the Dead Sea Scrolls : New Light on the Bible*, Grand Rapids, MI, Zondervan, 1994.

COTTON, H. M. et J. GEIGER, *Masada II : The Yigael Yadin Excavations 1963-1965, Final Reports*, Jérusalem, Israel Exploration Society, The Hebrew University of Jerusalem, 1989.

COTTON, H. M. et A. YARDENI, *Aramaic, Hebrew, and Greek Documentary Texts from Nahal Hever and Other Sites, with an Appendix Containing Alleged Qumran Texts*, Discoveries in the Judaean Desert 27, Oxford, Clarendon Press, 1997.

COUSIN, H. (dir.), *Le monde où vivait Jésus*, Paris, Cerf, 1998.

CRENSHAW, J. (dir.), *Studies in Ancient Israelite Wisdom*, New York, Ktav, 1976.

CROSS, F. M., « The Ammonite Oppression of the Tribes of Gad and Reuben, Missing Verses from 1 Samuel 11 Found in 4QSamuel[a] », dans H. TADMOR et M. WEINFELD (dir.), *History, Historiography and Interpretation : Studies in Biblical and Cuneiform Literatures*, Jérusalem, Magnes Press, 1983, p. 148-158.

—, *The Ancient Library of Qumran and Modern Biblical Studies*, Garden City, NY, Doubleday, 1958 (réimpr. : Grand Rapids, MI, Baker Book House, 1980).

—, « The Contribution of the Qumran Discoveries to the Study of the Biblical Text », *IEJ* 16 (1966), p. 81-95.

—, « The Development of the Jewish Scripts », dans G. E. WRIGHT (dir.), *The Bible and the Ancient Near East*, Garden City, NY, Doubleday, 1961, p. 170-264.

—, « The Early History of the Qumran Community », dans D. N. FREEDMAN et J. C. GREENFIELD (dir.), *New Directions in Biblical Archaeology*, Garden City, NY, Doubleday, 1971, p. 70-89.

—, « The Evolution of a Theory of Local Texts », dans F. M. CROSS et S. TALMON (dir.), *Qumran and the History of the Biblical Text*, Cambridge, MA, Harvard University Press, 1975, p. 306-320.

—, « A New Qumran Biblical Fragment Related to the Original Hebrew Underlying the Septuagint », *BASOR* 132 (1953), p. 16-18.

—, « The Oldest Manuscripts from Qumran », *JBL* 74 (1955), p. 147-172.

—, « On the History of the Photography », dans E. Tov (dir.), avec la collaboration de S. J. Pfann, *The Dead Sea Scrolls on Microfiche : A Comprehensive Facsimile Edition of the Texts from the Judean Desert. Companion Volume,* Leyde, E. J. Brill et IDC, 1993, p. 121-122.

—, « Papyri of the Fourth Century B.C. from Dâliyeh », dans D. N. Freedman et J. C. Greenfield (dir.), *New Directions in Biblical Archaeology,* Garden City NY, Doubleday, 1971, p. 45-69.

Cross, F. M., P. Flint, P. W. Skehan, E. Tov, J. Trebolle Barrera et E. Ulrich, *Qumran Cave 4, XI : Psalms to Chronicles,* Discoveries in the Judaean Desert 16, Oxford, Clarendon Press, 2000.

Cross, F. M., D. N. Freedman et J. A. Sanders (dir.), *Scrolls from Qumrân Cave I : The Great Isaiah Scroll, the Order of the Community, the Pesher to Habakkuk, from Photographs by J. C. Trever,* Jérusalem, Albright Institute of Archaeological Research et Shrine of the Book, 1972.

Cross, F. M. et J. T. Milik, « Explorations in the Judaean Buqêàh », *BASOR* 152 (1956), p. 5-17.

Cross, F. M. et S. Talmon, *Qumran and the History of the Biblical Text,* Cambridge, MA, Harvard University Press, 1975.

Davies, P. R., *1QM, the War Scroll from Qumran : Its Structure and History,* Biblica et Orientalia 32, Rome, Biblical Institute Press, 1977.

—, *Behind the Essenes : History and Ideology in the Dead Sea Scrolls,* Atlanta, Scholars Press, 1987.

—, « The Birthplace of the Essenes : Where Is "Damascus" ? », *RQ* 14 (1990), p. 503-519.

—, « Calendrical Change and Qumran Origins : An Assessment of VanderKam's Theory », *CBQ* 45 (1983), p. 80-89.

—, *The Damascus Covenant : An Interpretation of the « Damascus Document »,* Journal for the Study of the Old Testament Supplement Series 25, Sheffield, JSOT Press, 1983.

—, « The Ideology of the Temple in the *Damascus Document* », *JJS* 33 (1982), p. 287-301.

—, « Qumran and Apocalyptic or *Obscurum Per Obscurius* », *JNES* 49 (1990), p. 127-134.

—, *Qumran,* Cities of the Biblical World, Grand Rapids, Eerdmans, 1982.

Delcor, M., *Les Hymnes de Qumrân (Hodayot),* Autour de la Bible, Paris, Letouzey et Ané, 1962.

—, « L'Hymne à Sion du *Rouleau des psaumes* de la grotte 11 de Qumrân (*11Q Psa*) », *RQ* 6 (1967), p. 71-88.

—, « Melchizedek from Genesis to the Qumran Texts and the Epistle to the Hebrews », *JSJ* 2 (1971), p. 115-135.

—, « Recherches sur un horoscope en langue hébraïque provenant de Qumrân », *RQ* 5 (1966), p. 521-542.

—, « Repas cultuels esséniens et thérapeutes : Thiases et Haburoth », *RQ* 6 (1968), p. 401-426.

Dimant, D., « The Apocalyptic Interpretation of Ezekiel at Qumran », dans I. Gruenwald, S. Shaked et G. G. Stroumsa (dir.), *Messiah and Christos : Studies in the Jewish Origins of Christianity Presented to David Flusser,* Tübingen, J. C. B. Mohr (Paul Siebeck), 1992, p. 31-51.

—, « New Light from Qumran on the Jewish Pseudepigrapha – *4Q390* », dans J. Trebolle Barrera et L. Vegas Montaner (dir.), *The Madrid Qumran Conference : Proceedings of the International Congress on the Dead Sea Scrolls, Madrid, 18-21 March, 1991,* vol. 2, Studies on the Texts of the Desert of Judah 11, 2, Leyde/Madrid, E. J. Brill/Editorial Complutense, 1992, p. 405-448.

—, « Pesharim, Qumran », dans *Anchor Bible Dictionary*, vol. 5, New York, Doubleday, 1992, p. 244-251.

—, « The Qumran Manuscripts : Contents and Significance », dans D. Dimant et L. H. Schiffman (dir.), *« Time to Prepare the Way in the Wilderness » : Papers on the Qumran Scrolls by Fellows of the Institute for Advanced Studies of the Hebrew University, Jerusalem, 1989-90*, Studies on the Texts of the Desert of Judah, Leyde, E. J. Brill, 1994, p. 23-58.

—, « Qumran Sectarian Literature », dans M. E. Stone (dir.), *Jewish Writings of the Second Temple Period*, Compendia Rerum Iudaicarum ad Novum Testamentum II, ii, Assen et Philadelphie, Van Gorcum, Fortress Press, 1984, p. 483-550.

—, « Use and Interpretation of Mikra in the Apocrypha and Pseudepigrapha », dans M. J. Mulder (dir.), avec H. Sysling, *Mikra : Text, Translation, Reading, and Interpretation of the Hebrew Bible in Ancient Judaism and Early Christianity*, Corpus Rerum Iudaicarum ad Novum Testamentum II. 1, Assen / Mastricht et Minneapolis, Van Gorcum / Fortress Press, 1990, p. 379-419.

Dimant, D. et J. Strugnell, « The Merkabah Vision in Second Ezekiel (4Q385 4) », *RQ* 14 (1990), p. 331-348.

Dimant, D., se basant en partie sur des textes antérieurs de J. Strugnell, *Qumran Cave 4, XXVI. Parabiblical Texts, Part. 4. Pseudo-Prophetic Texts*, Discoveries in the Judaean Desert 30, Oxford, Clarendon Press, 2001.

Donceel, R., « Reprise des travaux de publication des fouilles au Khirbet Qumrân », *RB* 99 (1992), p. 557-573.

Donceel-Voute, P., « The Archaeology of Qumran », dans J. J. Collins, N. Golb, D. Pardee et M. Wise (dir.), *Methods of Investigation of the Dead Sea Scrolls and the Khirbet Qumran Site : Present Realities and Future Prospects*, Annals of the New York Academy of Sciences, New York, The New York Academy of Sciences, 1994, p. 1-38.

Driver, G. R., *The Judean Scrolls*, Oxford, Basil Blackwell, 1965.

Duhaime, J., Art. « Determism », « Dualism » et « Light and Darkness », dans L. H. Schiffman et J. C. VanderKam (dir.), *Encyclopedia of the Dead Sea Scrolls*, New York, Oxford University Press, 2000, p. 194-198, p. 215-220 et p. 495-496.

—, « Le dualisme de Qumrân et la littérature de sagesse vétérotestamentaire », *Église et Théologie* 19 (1988), p. 401-422.

—, « Dualistic Reworking in the Scrolls from Qumran », *CBQ* 49 (1987), p. 32-56.

—, « Étude comparative de 4Qm[a] fgg. 1-3 et 1QM », *RQ* 14 (1990), p. 459-472.

—, « Les études qumrâniennes de 1976 à 1992 », dans R. David *et al.* (dir.), *De bien des manières. La recherche biblique aux abords du XXIe siècle*, Lectio Divina, 63, Montréal / Paris, Fides / Cerf, 1995, p. 181-226.

—, « Le Messie et les saints dans un fragment apocalyptique de Qumrân (4Q521) », dans R. Kuntzmann (dir.), *Ce Dieu qui vient. Mélanges offerts à Bernard Renaud*, Lectio Divina, 159, Paris, Cerf, 1995, p. 265-274.

—, « Les messies dans les textes de Qumrân », dans R. David (dir.), *Faut-il attendre le Messie ?*, Sciences Bibliques, 5, Montréal, Médiaspaul, 1998, p. 57-76.

—, « Recent Studies on Messianism in the Dead Sea Scrolls », dans L. H. Schiffman, E. Tov et J. C. VanderKam (dir.), *The Dead Sea Scrolls : Fifty Years after Their Discovery 1947-1997. Proceedings of the Jerusalem Congress, July 20-25, 1997*, Jérusalem, Israel Exploration Society, Shrine of the Book, Israel Museum, 2000, p. 789-799.

—, « Remarques sur les dépôts d'ossements d'animaux à Qumrân », *RQ* 9 (1977-1978), p. 245-251.

—, « War Scroll », dans J. H. Charlesworth (dir.), *The Dead Sea Scrolls, 2. Text, translation, notes*, Louiseville, Westminster - John Knox Press, 1995, p. 80-203.

—, « The *War Scroll* from Qumran and the Greco-Roman Tactical Treatises », *RQ* 13 (1988), p. 133-152.

Dupont-Sommer, A., « Le Commentaire de Nahum découvert près de la mer Morte (4Q P NNah) : traduction et notes », *Semitica* 13 (1963), p. 55-88.

—, « Le "Commentaire d'Habacuc" découvert près de la mer Morte », *Revue de l'Histoire des Religions* 137 (1950), p. 129-171.

—, « Contribution à l'exégèse du Manuel de Discipline X, 1-8 », *VT* 3 (1952), p. 229-243.

—, *The Dead Sea Scrolls*, trad. E. M. Rowley, Oxford, Basil Blackwell, 1952.

—, *Les Écrits esséniens découverts près de la mer Morte*, Paris, Payot, 1959 (4e éd. 1980).

—, « Exorcismes et guérisons dans les écrits de Qoumrân », suppl. à *VT* 7 (1960), p. 246-261.

—, *The Jewish Sect of Qumran and the Essenes : New Studies on the Dead Sea Scrolls*, Londres, Vallentine, Mitchell, 1955.

—, « Lumières nouvelles sur l'arrière-plan historique des écrits de Qoumrân », *Eretz-Israel* 8 (1967), p. 25-36.

Dupont-Sommer, A. et M. Philonenko (dir.), *La Bible : écrits intertestamentaires*, Bibliothèque de la Pléiade, Paris, Gallimard, 1987.

Eisenman, R. H., *James the Just in the Habakkuk Pesher*, Leyde, E. J. Brill, 1986.

—, *Maccabees, Zadokites, Christians and Qumran*, Leyde, E. J. Brill, 1983.

—, « A Messianic Vision », *BAR* 17 (nov.-déc. 1991), p. 65.

—, « The Testament of Kohath ; a War Prayer ; a Messianic Vision », *BAR* 17 (nov.-déc. 1991), p. 64-65.

Eisenman, R. H. et J. M. Robinson, *A Facsimile Edition of the Dead Sea Scrolls, Prepared with an Introduction and Index*, Publisher's Foreword par H. Shanks, 2 vol., Washington, DC, Biblical Archaeology Society, 1991.

Eisenman, R. H. et G. Vermes, « More on the Pierced Messiah Text from Eisenman and Vermes », *BAR* 19 (jan.-févr. 1993), p. 66-67.

Eisenman, R. H. et M. O. Wise, *The Dead Sea Scrolls Uncovered*, Rockport, MA, Element, 1992.

Elbogen, I., *Jewish Liturgy : A Comprehensive History*, trad. R. P. Scheindlin, Philadelphie et New York, Jewish Publication Society, Jewish Theological Seminary of America, 1993.

Elder, L. B., « Female Ascetics among the Essenes », (inédit).

Elgvin, T., « Admonition Texts from Qumran Cave 4 », dans J. J. Collins, N. Golb, D. Pardee et M. Wise (dir.), *Methods of Investigation of the Dead Sea Scrolls and the Khirbet Qumran Site : Present Realities and Future Prospects*, Annals of the New York Academy of Sciences, New York, New York Academy of Sciences, 1994, p. 179-196.

Elgvin, T., M. Kister, T. H. Lim, S. Pfann, E. Qimron, L. H. Schiffman et A. Steudel, en consultation avec J. A. Fitzmyer, en partie sur la base de transcriptions de J. T. Milik et J. Strugnell, *Qumran Cave 4, XV : Sapiential Texts, Part 1*, Discoveries in the Judaean Desert 20, Oxford, Clarendon, 1997.

Elliger, K., *Studien zum Habakkuk-Kommentar vom Toten Meer*, Beitrage zur historischen Theologie 15, Tübingen, J. C. B. Mohr, 1953.

Eshel, E., « 4Q477 : The Rebukes by the Overseer », *JJS* 45 (1994), p. 111-122.

Eshel, E. et H. Eshel, « 4Q471 Fragment I and *Ma'amadot* in the War Scroll », dans J. Trebolle Barrera et L. Vegas Montaner (dir.), *The Madrid Qumran Conference :*

Proceedings of the International Congress on the Dead Sea Scrolls, Madrid, 18-21 March, 1991, vol. 2, Studies on the Texts of the Desert of Judah 11, 2, Leyde/Madrid, E. J. Brill/Editorial Complutense, 1992, p. 611-620.

ESHEL, E., H. ESHEL et A. YARDENI, « A Qumran Composition Containing Part of Ps. 154 and a Prayer for the Welfare of King Jonathan », *IEJ* 42 (1992), p. 199-229.

—, « Rare DSS Text Mentions King Jonathan », *BAR* 20 (janv.-févr. 1994), p. 75-78.

ESHEL, E., H. ESHEL, C. NEWSOM, B. NITZAN, E.SCHULLER et A. YARDENI, en consultation avec J. VanderKam et M. Brady, *Qumran Cave 4, VI : Poetical and Liturgical Texts. Part 1*, Discoveries in the Judaean Desert 11, Oxford, Clarendon Press, 1998.

ESHEL, E. et M. KISTER, « A Polemical Qumran Fragment », *JJS* 43 (1992), p. 277-281.

ESHEL, H., « The Historical Background of the Pesher Interpreting Joshua's Curse on the Rebuilder of Jericho », *RQ* 15 (1992), p. 409-420.

ESHEL, H. et Z. GREENHUT, « Ḥiam El-Sagha, a Cemetery of the Qumran Type, Judaean Desert », *RB* 100 (1993), p. 252-259.

EVANS, C. A., « The *Genesis Apocryphon* and the Rewritten Bible », *RQ* 13 (1988), p. 153-166.

—, « Messiahs », dans L. H. SCHIFFMAN et J. C. VANDERKAM (dir.), *Encyclopedia of the Dead Sea Scroll*, New York, Oxford University Press, 2000, p. 537-542.

FARMER, W. R., « The Economic Basis of the Qumran Community », *TZ* 11 (1955), p. 295-308.

—, « A Postscript to "The Economic Basis of the Qumran Community" », *TZ* 12 (1956), p. 56-58.

FELDMAN, S., « Traveling Scrolls Debate Touches down in Washington », *BAR* 19 (juillet-août 1993), p. 69-70, 72-73.

FILSON, F. V., « The Dead Sea Scrolls and the New Testament », dans D. N. FREEDMAN et J. C. GREENFIELD (dir.), *New Directions in Biblical Archaeology*, Garden City, NY, Doubleday, 1971, p. 142-155.

FINKELSTEIN, L., « The Maxim of the *Anshe Keneset Ha-Gedolah* », *JBL* 59 (1940), p. 455-469.

—, *The Pharisees*, 2 vol., Philadelphie, Jewish Publication Society, 1962.

FISHBANE, M., *Biblical Interpretation in Ancient Israel*, Oxford, Clarendon Press, 1985.

—, « Use, Authority and Interpretation of Mikra at Qumran », dans M. J. MULDER (dir.), avec H. Sysling, *Mikra : Text, Translation, Reading, and Interpretation of the Hebrew Bible in Ancient Judaism and Early Christianity*, Corpus Rerum Iudaicarum ad Novum Testamentum II. 1, Assen/Mastricht et Minneapolis, Van Gorcum/Fortress Press, 1990, p. 339-377.

FITZMYER, J. A., « The Contribution of Qumran Aramaic to the Study of the New Testament », NTS 20 (1973-74), p. 382-407.

—, *The Dead Sea Scrolls : Major Publications and Tools for Study*, SBL Resources for Biblical Study 20, Atlanta, Scholars Press, 1990.

—, *Essays on the Semitic Background of the New Testament*, Londres, Geoffrey Chapman, 1971.

—, *The Genesis Apocryphon of Qumran Cave 1*, Biblica et Orientalia 18A, Rome, Biblical Institute Press, 1971.

—, « The Qumran Scrolls and the New Testament after Forty Years », *RQ* 13 (1988), p. 609-620.

—, « The Targum of Leviticus from Qumran Cave 4 », *Maarav* 1 (1978), p. 5-23.

—, *A Wandering Aramaean : Collected Aramaic Essays*, SBL Monograph Series 25, Missoula, MO, Scholars Press, 1979.

FITZMYER, J. A. et D. J. HARRINGTON, *A Manual of Palestinian Aramaic Texts (Second Century B.C.–Second Century A.D.)*, Biblica et Orientalia 34, Rome, Biblical Institute Press, 1978.

FLINT, P. W., *The Dead Sea Psalms Scrolls and the Book of Psalms*, Studies on the Texts of the Desert of Judah 17, Leyde et New York, Brill, 1997.

FLUSSER, D., *Judaism and the Origins of Christianity*, Jérusalem, Magnes Press, 1988.

—, « Kat Midbar Yehudah ve-ha-Perushim », *Molad* 19 (1961), p. 456-458.

—, « Perushim, Ṣeduqim ve-'Issiyim be-Fesher Naḥum », dans *G. Alon Memorial Volume*, Tel Aviv, 1960, p. 133-168.

—, « The Sons of Light in Jesus' Teaching and in the New Testament », dans J. AMITAI (dir.), *Biblical Archaeology Today : Proceedings of the International Congress on Biblical Archaeology, Jerusalem, April 1984*, Jérusalem, Israel Exploration Society, Israel Academy of Sciences and Humanities, en coopération avec les American Schools of Oriental Research, 1985, p. 427-428.

—, *Yahadut u-Meqorot ha-Naṣrut*, H. SAFRAI (dir.), Tel Aviv, Sifriat Po'alim, 1979.

FOERSTER, G., *Masada V : The Yigael Yadin Excavations 1963-1965, Final Reports*, Jérusalem, Israel Exploration Society, Hebrew University of Jerusalem, 1995.

FORKMAN, G., *The Limits of the Religious Community*, Coniectanea Biblica New Testament Series 5, Lund, CWK Gleerup, 1972.

FRAADE, S. T., « Interpreting Authority in the Studying Community at Qumran », *JJS* 44 (1983), p. 46-69.

FREEDMAN, D. N., « The Old Testament at Qumran », dans D. N. FREEDMAN et J. C. GREENFIELD (dir.), *New Directions in Biblical Archaeology*, Garden City, NY, Doubleday, 1971, p. 131-141.

FREEDMAN, D. N. et K. A. MATHEWS, *The Paleo-Hebrew Leviticus Scroll (11 QpaleoLev)*, Winona Lake, IN, American Schools of Oriental Research, 1985.

FRÖHLICH, I., « Le Genre littéraire des Pesharim de Qumrân », *RQ* 12 (1986), p. 383-398.

GABRION, H., « L'interprétation de l'écriture dans la littérature de Qumran », *ANRW* II.19.1 (1979), p. 779-848.

GARCÍA MARTÍNEZ, F., « *11QTemple* : A Preliminary Publication », dans J. TREBOLLE BARRERA et L. VEGAS MONTANER (dir.), *The Madrid Qumran Conference : Proceedings of the International Congress on the Dead Sea Scrolls, Madrid, 18-21 March, 1991*, vol. 2, Studies on the Texts of the Desert of Judah 11, 2, Leyde / Madrid, E. J. Brill / Editorial Complutense, 1992, p. 363-391.

—, « L'Interprétation de la Torah d'Ézéchiel dans les MSS de Qumrân », *RQ* 13 (1988), p. 441-452.

—, « The Last Surviving Columns of 11 QNJ », dans F. GARCÍA MARTÍNEZ, A. HILHORST et C. J. LABUSCHAGNE (dir.), *The Scriptures and the Scrolls : Studies in Honour of A. S. Van der Woude on the Occasion of His 65th Birthday*, Leyde, E. J. Brill, 1992, p. 178-192.

—, « Les Limites de la communauté : pureté et impureté à Qumrân et dans le Nouveau Testament », dans T. BAARDA (dir.), *Text and Testimony : Essays on New Testament and Apocryphal Literature in Honour of A. F. J. Klijn*, Kampen, H. J. Kok, 1988, p. 111-122.

—, « Lista de MSS procedentes de Qumrán », *Henoch* 11 (1989), p. 149-232.

—, « Los Mesías de Qumrán : problemas de un traductor », *Sefarad* 53 (1993), p. 345-360.

—, « Messianische Erwartungen in den Qumranschriften », *JBTh* 8 (1993), p. 171-208.

—, « Notas al margen de "The Dead Sea Scrolls Uncovered" », *RQ* 16 (1993), p. 123-150.

—, « Nuevos textos mesiánicos de Qumrán y el Mesías del Nuevo Testamento », *Communio* 26 (1993), p. 3-31.

—, *Qumran and Apocalyptic : Studies on the Aramaic Texts from Qumran*, Studies on the Texts of the Desert of Judah 9, Leyde, E. J. Brill, 1992.

—, « Sources et composition du *Rouleau du temple* », *Henoch* 13 (1991), p. 219-232.

—, *Textos de Qumrân,* Colección estructuras y procesos, serie religión, Madrid, Editorial Trotta, 1993.
—, « Texts from Qumran Cave 11 », dans D. Dimant et U. Rappaport (dir.), *The Dead Sea Scrolls : Forty Years of Research,* Leyde / Jérusalem, E. J. Brill, Magnes Press / Yad Izhak Ben-Zvi, 1992, p. 18-26.
García Martínez, F. et D. W. Parry, *A Bibliography of the Finds in the Desert of Judah 1970-95,* STDJ 19, Leyde, Brill, 1996.
García Martínez, F. et E. J. C. Tigchelaar, « The Books of Enoch (1 Enoch) and the Aramaic Fragments from Qumran », *RQ* 14 (1989), p. 131-146.
García Martínez, F. et E. J. C. Tigchelaar, *The Dead Sea Scrolls Study Edition, I-II,* Leyde, E. J. Brill, 1997-98 (réimpr. 2000).
García Martínez, F., E. J. C. Tigchelaar, et A. S. van der Woude, incorporant des éditions antérieures de J. P. M. van der Ploeg, avec une contribution de E. Herbert, *Qumran Cave 11, II : 11Q2-18, 11Q20-31,* Discoveries in the Judaean Desert 23, Oxford, Clarendon Press, 1998.
García Martínez, F. et A. S. van der Woude, « A "Groningen" Hypothesis of Qumran Origins and Early History », *RQ* 14 (1990), p. 521-541.
Gärtner, B., *The Temple and the Community in Qumran and the New Testament,* Cambridge, Cambridge University Press, 1965.
Gazov-Ginzberg, A. M., « Double Meaning in a Qumran Work ("The Wiles of the Wicked Woman") », *RQ* 6 (1967), p. 279-287.
Geiger, A., *Urschrift und Übersetzungen der Bibel und ihre Abhängigkeit von der innern Entwicklung der Judenthums,* Breslau, Julius Hainauer, 1857.
Gilat, Y. D., *Peraqim be-Hishtalshelut ha-Halakhah,* Ramat Gan, Bar-Ilan University Press, 1992.
Ginzberg, L., *Eine unbekannte jüdische Sekte,* New York, L. Ginzberg, 1922.
—, *The Legends of the Jews,* 6 vol., Philadelphie, Jewish Publication Society, 1968.
—, *An Unknown Jewish Sect,* New York, Jewish Theological Seminary of America, 1976.
Glessmer, U., « Antike und moderne Auslegungen des Sintflutberichtes Gen 6-8 und der Qumran-Pesher 4Q252 », *Mitteilungen und Beiträge* 6 (1993), p. 2-81.
Gluskina, L. « The Teacher of Righteousness in Joseph Amussin's Studies », dans Z. J. Kapera (dir.), *Mogilany 1989 : Papers on the Dead Sea Scrolls,* vol. 2, Cracovie, Enigma Press, 1991, p. 7-21.
Golb, N., « The Dead Sea Scrolls : A New Perspective », *The American Scholar,* printemps 1989, p. 177-207.
—, « Khirbet Qumran and the Manuscripts of the Judaean Wildemess : Observations on the Logic of Their Investigations », *JNES* 49 (1990), p. 103-114.
—, « Who Wrote the Dead Sea Scrolls ? », *The Sciences,* mai-juin 1987, p. 40-49.
Goodman, M., « The First Jewish Revolt : Social Conflict and the Problems of Debt », *JJS* 33 (1982), p. 419-427.
—, *The Ruling Class of Judaea : The Origins of the Jewish Revolt against Rome,* Cambridge, Cambridge University Press, 1993.
Goranson, S., « "Essenes" : Etymology from ʿsh », *RQ* 11 (1984), p. 483-498.
—, « Qumran – The Evidence of the Inkwells », *BAR* 19 (nov.-déc. 1993), p. 67.
—, « Sectarianism, Geography, and the *Copper Scroll* », *JJS* 42 (1992), p. 281-287.
Goshen-Gottstein, M. H., « The *Psalms Scroll* (11 QPs[a]) : A Problem of Canon and Text », *Textus* 5 (1966), p. 22-33.

GREEN, W. S., « Introduction : Messiah in Judaism : Rethinking the Question », dans J. NEUSNER, W. S. GREEN et E. S. FRERICHS (dir.), *Judaisms and Their Messiahs at the Turn of the Christian Era,* Cambridge, Cambridge University Press, 1987, p. 1-13.

GREENFIELD, J. C., « Ahiqar in the Book of Tobit », dans M. CARREZ, J. DORÉ et P. GRELOT (dir.), *De la Tôrah au Messie : études d'exégèse et d'herméneutique bibliques offertes à Henri Cazelles,* Paris, Desclée, 1981, p. 329-336.

—, « *Ben Sira* 42.9 and Its Talmudic Paraphrase », dans P. R. DAVIES et R. T. WHITE (dir.), *A Tribute to Geza Vermes : Essays on Jewish and Christian Literature and History,* Journal for the Study of the Old Testament Supplement Series 100, Sheffield, JSOT Press, 1990, p. 167-173.

—, « Two Notes on the Apocryphal Psalms », dans M. FISHBANE et E. TOV (dir.), *« Sha'arei Talmon » : Studies in the Bible, Qumran, and the Ancient Near East Presented to Shemaryahu Talmon,* Winona Lake, IN, Eisenbrauns, 1992, p. 309-314.

—, « The Words of Levi Son of Jacob in *Damascus Document* IV, 15-19 », *RQ* 13 (1988), p. 319-322.

GREENFIELD, J. C. et E. QIMRON, « Studies in Qumran Aramaic. The *Genesis Apocryphon* Col. XII », *Abr-Nahrain*, Suppl. 3 (1992), p. 70-77.

GREENFIELD, J. C. et M. E. STONE, « The Enochic Pentateuch and the Date of the Similitudes », *HTR* 70 (1977), p. 50-65.

—, « Two Notes on the Aramaic Levi Document », dans H. W. ATTRIDGE, J. J. COLLINS et T. H. TOBIN (dir.), *Of Scribes and Scrolls : Studies on the Hebrew Bible, Intertestamental Judaism, and Christian Origins, Presented to John Strugnell,* College Theology Society Resources in Religion 5, Lanham, MD, University Press of America, 1990, p. 153-161.

GREENLEAF PEDLEY, K., « The Library at Qumran », *RQ* 2 (1959), p. 53-68.

GRELOT, P., « Notes sur le testament araméen de Lévi », *RB* 63 (1956), p. 391-406.

—, « La Prière de Nabonide (4 Q Or Nab) », *RQ* 9 (1978), p. 483-496.

GRUENWALD, I., *Apocalyptic and Merkavah Mysticism,* Leyde, E. J. Brill, 1980.

—, « Knowledge and Vision : Towards a Clarification of Two "Gnostic" Concepts in the Light of Their Alleged Origins », *Israel Oriental Studies* 3 (1973), p. 63-107.

—, « Qeṭa'im Ḥadashim mi-Sifrut Hakkarat Panim ve-Sidre Sirṭuṭin », *Tarbiz* 40 (1970-1971).

GUILBERT, P., « Le Plan de la *Règle de la communauté* », *RQ* 1 (1959), p. 323-344.

HAAS, N. et H. NATHAN, « Anthropological Survey on the Human Skeletal Remains from Qumran », *RQ* 6 (1968), p. 345-352.

HABERMANN, A. M., « 'Al ha-Tefillin bi-Yeme Qedem », *Eretz-Israel* 3 (1954), p. 174-177.

HARAN, M., « 11QPs[a] and the Canonical Book of Psalms », dans M. BRETTLER et M. FISHBANE (dir.), *Minḥah Le-Naḥum : Biblical and Other Studies Presented to Nahum M. Sarna in Honour of His 70th Birthday*, Sheffield, JSOT Press, 1993, p. 193-201.

—, « The Two Text-Forms of Psalms 151 », *JJS* 39 (1988), p. 171-182.

HARPER, J. E., « 26 Tons of Gold and 65 Tons of Silver », *BAR* 19 (nov.-déc. 1993), p. 44-45.

HARRINGTON, D. J., *Wisdom Texts from Qumran*, Londres, Routledge, 1996.

HARRINGTON, H. K., *The Impurity Systems of Qumran and the Rabbis : Biblical Foundations*, SBL Dissertation Series 143, Atlanta, Scholars Press, 1993.

HEINEMANN, J., *Ha-Tefillah bi-Tequfat ha-Tanna'im ve-ha-Amora'im*, Jérusalem, Magnes Press, 1966.

HEISEY, T. M., « Paradigm Agreement and Literature Obsolescence : A Comparative Study in the Literature of the Dead Sea Scrolls », *Journal of Documentation* 44 (1988), p. 285-301.

HENGEL, M., *Judaism and Hellenism: Studies in Their Encounter in Palestine in the Early Hellenistic Period,* 2 vol., Philadelphie, Fortress Press, 1974.
—, *Property and Riches in the Early Church*, Philadelphie, Fortress Press, 1974.
HENGEL, M., J. H. CHARLESWORTH et D. MENDELS, « The Polemical Character of "On Kingship" in the Temple Scroll : An Attempt at Dating 11 QTemple », *JJS* 37 (1986), p. 28-36.
HERR, M. D., « Li-Veʿayat Hilkhot Milḥamah be-Shabbat bi-Yeme Bayit Sheni u-vi-Tequfat ha-Mishnah », *Tarbiz* 30 (1961), p. 242-256 et p. 341-356.
HIRSCHFELD, Y., *The Judean Desert Monasteries in the Byzantine Period,* New Haven, CT, Yale University, 1992.
HISTORICAL DICTIONARY OF THE HEBREW LANGUAGE, *Sefer Ben Sira : ha-Makor, Qondordanṣiyah ve-Nituaḥ Oṣ ar ha-Millim,* Jérusalem, Academy of the Hebrew Language, Shrine of the Book, 1973.
HOLM-NIELSEN, S., *Hodayot Psalms from Qumran,* Acta Theologica Danica 2, Denmark, Universitetsforlaget I Aarhus, 1960.
HORGAN, M. P., *Pesharim : Qumran Interpretations of Biblical Books*, CBQ Monograph Series 8, Washington, DC, Catholic Biblical Association of America, 1979.
HUMBERT, J.-B., « L'espace sacré à Qumrân : Propositions pour l'archéologie », *RB* 101-102 (1994), p. 161-211. Avec une annexe par S. J. Pfann, p. 212-214.
HUMBERT, J.-B. et A. CHAMBON, *Fouilles de Khirbet Qumrân et de Aïn Feshkha,* Fribourg/Göttingen, Éditions universitaires/Vandenboeck & Ruprecht, 1994.
IBBA, G., *Il « Rotolo della guerra ». Edizione critica,* Torino, Silvio Zamorani ed., 1998.
ILAN, Z. et D. AMIT, « 'Amat ha-Mayyim shel Qumran », dans D. AMIT, Y. HIRSCHFELD et J. PATRICH (dir.), *'Amot ha-Mayyim haQedumot be-'Ereṣ Yisrael,* Jérusalem, Yad Izhak Ben-Zvi, 1989, p. 283-288.
ISAAC, E., « 1 (Ethiopic Apocalypse of) Enoch (Second Century B.C.–First Century A.D.) : A New Translation and Introduction », dans J. H. CHARLESWORTH (dir.), *The Old Testament Pseudepigrapha,* vol. 1, Garden City, NY, Doubleday, 1983, p. 5-89.
IWRY, S., « Was There a Migration to Damascus ? The Problem of *šby yśr'l* », *Eretz-Israel* 9 (1969), p. 80-88.
JACKSON, B. S., « *Damascus Document* IX, 16-23 and Parallels », *RQ* 9 (1978), p. 445-450.
—, *Essays in Jewish and Comparative Legal History,* Studies in Judaism in Late Antiquity 10, Leyde, E. J. Brill, 1975.
JACOBSON, H., « 4Q252 : Addenda », *JJS* 44 (1993), p. 118-120.
—, « 4Q252 fr. 1 : Further Comments », *JJS* 44 (1993), p. 291-293.
JAMES, M. R., *The Lost Apocrypha of the Old Testament,* Londres, Society for Promoting Christian Knowledge, 1936.
JASTRAM, N., « The Text of 4QNum^{b} », dans J. TREBOLLE BARRERA et L. VEGAS MONTANER (dir.), *The Madrid Qumran Congress : Proceedings of the International Congress on the Dead Sea Scrolls, Madrid, 18-21 March, 1991,* vol. 1, Studies on the Texts of the Desert of Judah 11, 1, Leyde/Madrid, E. J. Brill/Editorial Complutense, 1992, p. 77-98.
JAUBERT, A., « Le Calendrier des jubilés et de la secte de Qumrân : ses origines bibliques », *VT* 3 (1953), p. 250-264.
—, « Le Calendrier des jubilés et les jours liturgiques de la semaine », *VT* 7 (1957), p. 35-61.
JELLICOE, S., *The Septuagint and Modern Study,*Winona Lake, IN, Eisenbrauns, 1989.
JEREMIAS, G., *Der Lehrer der Gerechtigkeit*, Göttingen, Vandenhoeck & Ruprecht, 1963.
JEREMIAS, J., *Jerusalem in the Time of Jesus,* Philadelphie, Fortress Press, 1969 (trad. fr. : *Jérusalem au temps de Jésus*, Paris, Cerf, 1980).

Jones, A. H. M., *The Greek City from Alexander to Justinian*, Oxford, Clarendon Press, 1940.

Jonge, M. de et A. S. van der Woude, « 11 QMelchizedek and the New Testament », *NTS* 12 (1966), p. 301-326.

Jongeling, B., « Contributions of the Qumran Job Targum to the Aramaic Vocabulary », *JSS* 17 (1972), p. 191-196.

—, « The Job Targum from Qumran Cave 11 (11QtgJob) », *FO* 15 (1974), p. 181-196.

—, « Publication provisoire d'un fragment provenant de la grotte 11 de Qumrân (11Q JérNouv^{ar}) », *JSJ* 1 (1970), p. 57-64.

Kampen, J., « A Reconsideration of the Name "Essene" in Greco-Jewish Literature in Light of Recent Perceptions of the Qumran Sect », *HUCA* 57 (1986), p. 61-81.

Kapera, Z. J., « An Anonymously Received Pre-publication of the 4QMMT », *The Qumran Chronicle*, Appendix A, n° 2 (1990).

—, « The Present State of Qumranology », dans *Mogilany 1989 : Papers on the Dead Sea Scrolls*, Z. J. Kapera (dir.), vol. 1, p. 181-228, Cracovie, Enigma Press, 1993.

Kasher, A., *Jews and Hellenistic Cities in Eretz-Israel : Relations of the Jews in Eretz-Israel with the Hellenistic Cities during the Second Temple Period (332 B.C.E.–70 C.E.)*, Texte und Studien zum Antiken Judentum 21, Tübingen, J. C. B. Mohr (Paul Siebeck), 1990.

— (dir.), *Ha-Mered ha-Gadol : ha-Sibbot ve-ha-Nesibbot li-Feriṣato*, Sugyot be-Toldot 'Am Yisra'el 13, Jérusalem, Merkaz Shazar, 1983.

Katzman, A., « Chief Dead Sea Scroll Editor Denounces Judaism, Israel ; Claims He's Seen Four More Scrolls Found by Bedouin », *BAR* 17 (janv.-fév. 1991), p. 64-65, p. 70, p. 72.

Kister, M., « Barnabas 12 : 1 ; 4 : 3 and 4Q Second Ezekiel », *RB* 97 (1990), p. 63-67.

—, « Le-Ferusho shel Sefer *Ben-Sira* », *Tarbiz* 59 (1990), p. 303-378.

—, « Newly Identified Fragments of the Book of Jubilees : *Jub. 23 : 21-23, 30-31* », *RQ* 12 (1987), p. 529-536.

—, « Notes on Some New Texts from Qumran », *JJS* 44 (1993), p. 280-290.

Kister, M. et E. Qimron, « Observations on 4QSecond Ezekiel (*4Q385 2-3*) », *RQ* 15 (1992), p. 595-602.

Kittel, B. P., *The Hymns of Qumran*, SBL Dissertation Series 50, Chico, CA, Scholars Press, 1981.

Knibb, M. A., *The Ethiopic Book of Enoch : A New Edition in the Light of the Aramaic Dead Sea Fragments*, 2 vols. Oxford, Clarendon Press, 1978.

—, « Exile in the *Damascus Document* », *JSOT* 99 (1983), p. 99-117.

Kobelski, P., *Melchizedek and Melchireša'*, CBQ Monograph Series 10, Washington, DC, Catholic Biblical Association of America, 1981.

Koester, H., *Introduction to the New Testament*, 2 vol., Philadelphie, Fortress Press, 1982.

Kosmala, L., « Maskil », *Journal of the Ancient Near Eastern Society of Columbia University* 5 (1973), p. 235-241.

Kuhn, H. W., « The Impact of the Qumran Scrolls on the Understanding of Paul », dans D. Dimant et U. Rappaport (dir.), *The Dead Sea Scrolls : Forty Years of Research*, Leyde / Jérusalem, E. J. Brill / Magnes Press / Yad Izhak Ben-Zvi, 1992, p. 327-339.

Kuhn, K. G., « The Lord's Supper and the Communal Meal at Qumran », dans K. Stendahl (dir.), avec une introduction par J. H. Charlesworth, *The Scrolls and the New Testament*, New York, Crossroad, 1992 (1re éd. 1958), p. 65-93.

—, *Phylakterien aus Höhle 4 von Qumran*, Abhandlungen der Heidelberger Akademie der Wissenschaften, Philosophisch-historische Klasse, Heidelberg, Carl Winter Universitätsverlag, 1957, p. 1-31.

—, « The Two Messiahs of Aaron and Israel », dans K. Stendahl (dir.), avec une introduction par J. H. Charlesworth, *The Scrolls and the New Testament*, New York, Crossroad, 1992 (1re éd. 1958), p. 54-64.

Kutscher, E. Y., *The Language and Linguistic Background of the Isaiah Scroll (1 QIsa^a)*, Studies on the Texts from the Desert of Judah 6, Leyde, E. J. Brill, 1974.

—, « The Language of the *Genesis Apocryphon* : A Preliminary Study », dans C. Rabin et Y. Yadin (dir.), *Aspects of the Dead Sea Scrolls*, Scripta Hierosolymitana, Jérusalem, Magnes Press, 1958, p. 1-35.

Lambert, G., *Le Maître de Justice et la communauté de l'alliance*, Analecta Lovaniensia Biblica et Orientalia II.28, Louvain, Publications Universitaires, 1952.

Lambert, W. G., *Babylonian Wisdom Literature*, Oxford, Clarendon Press, 1960.

Laperrousaz, E. M., « À propos des dépôts d'ossements d'animaux trouvés à Qoumrân », *RQ* 9 (1978), p. 569-574.

—, *Qoumrân, l'établissement essénien des bords de la mer Morte : histoire et archéologie du site*, Paris, A. & J. Picard, 1976.

Laperrousaz, E. M. (dir.), *Qumrân et les manuscrits de la mer Morte. Un cinquantenaire*, Paris, Cerf, 1997.

Laperoussaz, E. M. *et al.*, « Qumrân et découvertes au désert de Juda », dans *Dictionnaire de la Bible*, supplément 9 (1979), col. 737-1014.

Lapp, P. W., *Palestinian Ceramic Chronology 200 B.C.-A.D. 70*, New Haven, CT, American Schools of Oriental Research, 1961.

Larson, E., « 4Q470 and the Angelic Rehabilitation of King Zedekiah », *DSD* 1 (1994), p. 210-228.

Larson, E., L. H. Schiffman et J. Strugnell, « 4Q470 : Preliminary publication of a Fragment Mentioning Zedekiah », *RQ* (1994), p. 335-349.

LaSor, W. S., *The Dead Sea Scrolls and the New Testament*, Grand Rapids, Eerdmans, 1972.

—, The Messiah of Aaron and Israel », *VT* 6 (1956), p. 425-429.

Laurin, R. B., « The Problem of Two Messiahs in the Qumran Scrolls », *RQ* 4 (1963), p. 39-52.

Leaney, A. R. C., *The Rule of Qumran and Its Meaning*, Philadelphie, Westminster Press, 1966.

Lefkovits, J., *The Copper Scroll – 3Q15, a New Reading, Translation, and Commentary (Parts 1 & 2)* (Thèse), New York University, 1993.

Lehmann, M. R., « 1 Q *Genesis Apocryphon* in the Light of Targumim and Midrashim », *RQ* 1 (1958), p. 249-264.

—, « 11 Q Ps^a and *Ben Sira* », *RQ* 11 (1 983), p. 239-252.

—, « *Ben Sira* and the Qumran Literature », *RQ* 3 (1961), p. 103-116.

—, « Identification of the *Copper Scroll* Based on Its Technical Terms », *RQ* 5 (1964), p. 97-105.

—, *Massot u-Massa'ot*, Jérusalem, Mosad Harav Kook, 1982.

—, « Midrashic Parallels to Selected Qumran Texts », *RQ* 3 (1962), p. 545-552.

—, « New Light on Astrology in Qumran and the Talmud », *RQ* 8 (1975), p. 599-602.

—, « A Re-interpretation of *4 Q Dibrê Ham –Me'oroth* », *RQ* 5 (1964), p. 106-110.

—, « Studies in the Murabba'ât and Naḥal Ḥever Documents », *RQ* 4 (1963), p. 53-82.

—, « Talmudic Material Relating to the Dead Sea Scrolls », *RQ* 1 (1959), p. 391-404.

—, « The *Temple Scroll* as a Source of Sectarian Halakhah », *RQ* 9 (1978), p. 579-588.

—, « Where the Temple Tax Was Buried : The Key to Understanding the Copper Scroll », *BAR* 19 (nov.-déc. 1993), p. 38.

—, « "Yom Kippur" in Qumran », *RQ* 3 (1961), p. 117-124.

Leibel, D., « Shabbatah shel Kat Midbar Yehudah », *Tarbiz* 29 (1960), p. 296.

Leiman, S. Z., *The Canonization of the Hebrew Scripture : The Talmudic and Midrashic Evidence*, Transactions 47, Hamden, CT, Connecticut Academy of Arts and Sciences et Archon Books, 1976.

Lévi, I., « Document relatif à la "Communauté des fils de Sadoq" », *REJ* 65 (1913), p. 24-31.

Levine, B. A., « *Damascus Document* IX, 17-22. A New Translation and Comments », *RQ* 8 (1973), p. 195-196.

—, « From the Aramaic Enoch Fragments : The Semantics of Cosmography », *JJS* 33 (1982), p. 311-326.

—, « A Further Look at the *Mo'adim* of the *Temple Scroll* », dans L. H. Schiffman (dir.), *Archaeology and History in the Dead Sea Scrolls : The New York University Conference in Memorv of Yigael Yadin,* Journal for the Study of the Pseudepigrapha Supplement Series 8 ; ISOT / ASOR Monographs 2, Sheffield, JSOT Press, 1990, p. 53-66.

—, « The *Temple Scroll* : Aspects of Its Historical Provenance and Literary Character », *BASOR* 232 (1978), p. 5-23.

Levine, L. I., *The Rabbinic Class of Roman Palestine in Late Antiquity*, Jérusalem / New York, Yad Izhak Ben-Zvi / Jewish Theological Seminary of America, 1989.

—, « The Second Temple Synagogue : The Formative Years », dans L. I. Levine (dir.), *The Synagogue in Late Antiquity,* Philadelphie, American Schools of Oriental Research, 1987, p. 7-31.

Lewis, N., Y. Yadin et J. C. Greenfield (dir.), *The Documents from the Bar Kokhba Period in the Cave of Letters*, Jérusalem, Israel Exploration Society, 1989.

Licht, J., « An Analysis of the Treatise of the Two Spirits in DSD », dans C. Rabin et Y. Yadin (dir.), *Aspects of the Dead Sea Scrolls,* Scripta Hierosolymitana, Jérusalem, Magnes Press, 1958, p. 88-100.

—, « Dappim Nosafim le-Fesher Naḥum », *Molad* 19 (1961), p. 454-456.

—, « The Doctrine of the *Thanksgiving Scroll* », *IEJ* 6 (1956), p. 1-13, 89-101.

—, « Ha-Munaḥ Goral be-Khetaveha shel Kat Midbar Yehudah », *Beth Miqra* 1 (1955-1956), p. 90-99.

—, « An Ideal Town Plan from Qumran-The Description of the New Jerusalem », *IEJ* 29 (1979), p. 45-59.

—, *Megillat ha-Hodayot mi-Megillot Midbar Yehudah,* Jérusalem, Bialik Institute, 1957.

—, *Megillat ha-Serakhim mi-Megillot Midbar Yehudah*, Jérusalem, Bialik Institute, 1965.

—, « Ra'atah shel ha-'Ishah ha-Zarah : Shir she-Nimṣa bi-Seride Khetavehah shel Kat Midbar Yehudah (4Q184) », dans B. Uffenheimer (dir.), *Ha-Miqra' ve-Toldot Yisrael : Mehkarim le-Zikhro shel Y. Liver,* Tel Aviv, Tel-Aviv University, 1972, p. 289-296.

—, « Shoqayim Siman le-Beḥirah », *Tarbiz* 35 (1965-1966), p. 18-26.

—, « Torat ha-'Itim shel Kat Midbar Yehudah ve-shel Meḥashve Qiṣin 'Aḥerim », *Eretz-Israel* 8 (1967), p. 65-70.

Lichtenberger, H., « The Dead Sea Scrolls and John the Baptist : Reflections on Josephus' Account of John the Baptist », dans D. Dimant et U. Rappaport (dir.), *The Dead Sea Scrolls : Forty Years of Research,* Leyde / Jérusalem, E. J. Brill / Magnes Press / Yad Izhak Ben-Zvi, 1992, p. 340-346.

Lieberman, S., « The Discipline in the So-Called Dead Sea Manual of Discipline », *JBL* 71 (1951), p. 199-206.

—, « Light on the Cave Scrolls from Rabbinic Sources », *PAAJR* 20 (1951), p. 395-404.

LIFSHITZ, B., « The Greek Documents from Nahal Seelim and Nahal Mishmar », dans *Judean Desert Caves : Survey and Excavations 1960*, Jérusalem, Israel Exploration Society, 1961, p. 53-62.

—, « The Greek Documents from the Cave of Horror », dans *Judean Desert Caves : Survey and Excavations, 1961*, Jérusalem, Israel Exploration Society, 1962, p. 201-206.

LIM, T. H., « The Chronology of the Flood Story in a Qumran Text (4Q252) », *JJS* 43 (1992), p. 288-298.

—, « Eschatological Orientation and the Alteration of Scripture in the *Habakkuk Pesher* », *JNES* 49 (1990), p. 185-194.

—, « Notes on 4Q252 fr. 1, cols. i-ii », *JJS* 44 (1993), p. 121-126.

—, « The "Psalms of Joshua" (4Q379 fr. 22 col. 2) : A Reconsideration of Its Text », *JJS* 44 (1993), p. 309-312.

—, « The Wicked Priests of the Groningen Hypothesis », *JBL* 112 (1993), p. 415-425.

LIM, T. H., H. L. MACQUEEN et C. CARMICHAEL, *On Scrolls, Artefacts, and Intellectual Property*, Journal for the Study of the Pseudepigrapha Supplement Series 38, Sheffield, Sheffield Academic Press, 2001.

LIVER, J., « The Doctrine of the Two Messiahs in Sectarian Literature in the Time of the Second Commonwealth », *HTR* 52 (1959), p. 149-185.

—, « The "Sons of Zadok the Priests" in the Dead Sea Sect », *RQ* 6 (1967), p. 3-32.

LOWY, S., « Some Aspects of Normative and Sectarian Interpretation of the Scriptures (the Contribution of the Judean Scrolls Toward Systematization) », *The Annual of Leeds University Oriental Society* 6 (1969), p. 98-163.

LÜBBE, J., « A Reinterpretation of 4 Q Testimonia », *RQ* 12 (1986), p. 177-186.

MAGNESS, J., « The Community at Qumran in Light of Its Pottery », dans J. J. COLLINS, N. GOLB, D. PARDEE et M. WISE (dir.), *Methods of Investigation of the Dead Sea Scrolls and the Khirbet Qumran Site : Present Realities and Future Prospects*, Annals of the New York Academy of Sciences, New York, The New York Academy of Sciences, 1994, p. 39-50.

—, « Masada-Arms and the Man », *BAR* 18 (juillet-août 1992), p. 58-67.

MAIER, J., « Shîrê 'Ôlat Hash-Shabbat : Some Observations on Their Calendric Implications and on Their Style », dans J. TREBOLLE BARRERA et L. VEGAS MONTANER (dir.), *The Madrid Qumran Conference : Proceedings of the International Congress on the Dead Sea Scrolls. Madrid. 18-21 March 1991*, vol. 2, Studies on the Texts of the Desert of Judah 11, 2, Leyde/Madrid, E. J. Brill/Editorial Complutense, 1992, p. 543-560.

—, « The *Temple Scroll* and Tendencies in the Cultic Architecture of the Second Commonwealth », dans L. H. SCHIFFMAN (dir.), *Archaeology and History in the Dead Sea Scrolls : The New York University Conference in Memory of Yigael Yadin*, Journal for the Study of the Pseudepigrapha Supplement Series 8 ; JSOT/ASOR Monographs 2, Sheffield, JSOT Press, 1990, p. 67-82.

—, *The Temple Scroll*, Journal for the Study of the Old Testament Supplement Series 34, Sheffield, JSOT Press, 1985.

—, « Weitere Stücke zum Nahumkommentar aus der Höhle 4 von Qumran », *Judaica* 18 (1962), p. 215-250.

MANDEL, P., « On the "Duplicate Copy" of the *Copper Scroll* (3Q15) », *RQ* 16 (1993), p. 69-76.

MANSOOR, M., *The Thanksgiving Hymns*, Studies on the Texts of the Desert of Judah 3, Grand Rapids, Eerdmans, 1961.

« Manuscrits de la mer Morte (Les) », *Les Dossiers d'Archéologie* 189 (janvier 1994).

MARCUS, R., « *Mebaqqer and Rabbim* in the *Manual of Discipline* VI, 11-13 », *JBL* 75 (1956), p. 398-402.
MARGALIOTH, M., *Sefer ha-Razim*, Jérusalem, American Academy for Jewish Research, 1966.
MATHEWS, K. A., « The Background of the Paleo-Hebrew Texts at Qumran », dans C. MEYERS et M. O'CONNOR, *The Word of the Lord Shall Go Forth*, Winona Lake, IN, Eisenbrauns, 1983, p. 549-568.
MCCARTER, K. P., « The Mystery of the *Copper Scroll* », dans H. SHANKS (dir.), *Understanding the Dead Sea Scrolls*, New York, Random House, 1992, p. 227-241 (trad. fr. : *L'aventure des manuscrits de la mer Morte*, Paris, Seuil, 1996).
MCLEAN, M. D., *The Use and Development of Palaeo-Hebrew in the Hellenistic and Roman Periods*, (thèse), Harvard University, 1982.
METSO, S., « The Primary Results of the Reconstruction of 4QS[e] », *JJS* 44 (1993), p. 303-308.
—, *The Textual Development of the Qumran Community Rule*, Studies on the Texts of the Desert of Judah, 21, Leyde, E. J. Brill, 1997.
METZGER, B. M., « The Furniture in the Scriptorium at Qumran », *RQ* 1 (1959), p. 509-516.
MILGROM, J., « Further Studies in the *Temple Scroll* », *JQR* 71 (1980-81), p. 1-17 et p. 89-106.
—, « "Sabbath" and "Temple City" in the *Temple Scroll* », *BASOR* 232 (1978), p. 25-27.
—, « The Scriptural Foundations and Deviations in the Laws of Purity of the *Temple Scroll* », dans L. H. SCHIFFMAN (dir.), *Archaeology and History in the Dead Sea Scrolls : The New York University Conference in Memory of Yigael Yadin*, Journal for the Study of the Pseudepigrapha Supplement Series 8 ; JSOT / ASOR Monographs 2, Sheffield, JSOT Press, 1990, p. 83-99.
—, « Studies in the *Temple Scroll* », *JBL* 97 (1978), p. 501-523.
—, « The *Temple Scroll* », *BA* 41 (1978), p. 105-120.
MILIK, J. T., « 4Q Visions de 'Amram et une citation d'Origène », *RB* 79 (1972), p. 77-97.
—, *The Books of Enoch : Aramaic Fragments of Qumrân Cave 4*, Oxford, Clarendon Press, 1976.
—, « Daniel et Susanne à Qumrân », dans M. CARREZ, J. DORÉ et P. GRELOT (dir.), *De la Tôrah au Messie*, Paris, Desclée, 1981, p. 337-359.
—, « Écrits préesséniens de Qumrân : d'Hénoch à Amram », dans M. DELCOR (dir.), *Qumrân : sa piété, sa théologie et son milieu*, Bibliotheca ephemeridum theologicarum lovaniensium 46, Paris / Leuven, Gembloux / Duculot / Leuven University Press, 1978, p. 91-106.
—, « Fragment d'une source du Psautier (4Q Ps 89) », *RB* 73 (1966), p. 94-106.
—, « *Milkî-ṣedeq et Milkî-reša'* dans les anciens écrits juifs et chrétiens », *JJS* 23 (1972), p. 95-144.
—, « Les Modèles araméens du livre d'Esther dans la grotte 4 de Qumrân », *RQ* 15 (1992), p. 321-399, pl. I-VII.
—, « La Patrie de Tobie », *RB* 73 (1966), p. 522-530.
—, « "Prière de Nabonide" et autres écrits d'un cycle de Daniel : fragments araméens de Qumrân 4 », *RB* 63 (1956), p. 407-415.
—, « Problèmes de la littérature hénochique à la lumière des fragments araméens de Qumrân », *HTR* 64 (1971), p. 333-378.
—, *Qumran Cave 4, II : I. Archélogie II. Targums (4Ql28-4Ql57)*, Discoveries in the Judaean Desert of Jordan 6, Oxford, Clarendon Press, 1987.
—, « [Recension de] P. Wernberg-Møller, *The Manual of Discipline, 1957* », *RB* 67 (1960), p. 410-416.

—, *Ten Years of Discovery in the Wilderness of Judaea*, Studies in Biblical Theology 26, Londres, SCM Press, 1959 (trad. fr. : *Dix ans de découvertes dans le désert de Juda,* Paris, Cerf, 1957).

—, « Le Testament de Lévi en araméen », *RB* 62 (1955), p. 398-406.

Milikowsky, C., « Again : DAMASCUS in *Damascus Document* and in Rabbinic Literature », *RQ* 11 (1982), p. 97-106.

Millar, F., « The Background to the Maccabean Revolution : Reflections on Martin Hengel's "Judaism and Hellenism" », *JJS* 29 (1978), p. 1-26.

Moore, G. F., *Judaism in the First Centuries of the Christian Era : The Age of the Tannaim,* 3 vol., Cambridge, MA, Harvard University Press, 1927-1930.

Moore, R. D., « Personification of the Seduction of Evil : "The Wiles of the Wicked Woman" », *RQ* 10 (1981), p. 505-520.

Morgenstern, J., « The Calendar of the Book of Jubilees : Its Origin and Its Character », *VT* 5 (1955), p. 34-76.

Mowinckel, S., *He That Cometh,* trad. G. W. Anderson, Oxford, Basil Blackwell, 1956.

Murphy-O'Connor, J., « A Critique of the Princes of Judah (CD VIII, 3-19) », *RB* 79 (1972), p. 200-216.

—, « *The Damascus Document* Revisited », *RB* 92 (1985), p. 223-246.

—, « A Literary Analysis of *Damascus Document* XIX, 33-XX, 34 », *RB* 79 (1972), p. 544-564.

Murphy-O'Connor, J. et J. H. Charlesworth (dir.), *Paul and the Dead Sea Scrolls,* New York, Crossroad, 1990.

Naveh, J. et S. Shaked, *Amulets and Magie Bowls : Aramaic Incantations of Late Antiquity,* Jérusalem, Magnes Press, 1985.

—, *Magic Spells and Formulae : Aramaic Incantations of Late Antiquity,* Jérusalem, Magnes Press, 1993.

Nebe, G. W., « Die Masada-Psalmen-Handschrift M1039-160 nach einem jüngst veröffentlichten Photo mit Text von *Psalm* 81 : 2–85 : 6 », *RQ* 14 (1989), p. 89-98.

Netzer, E., « The Last Days and Hours at Masada », *BAR* 17 (nov.-déc. 1991), p. 20-32.

—, *Masada III : The Yigael Yadin Excavations 1963-1965, Final Reports*, Jérusalem, Israel Exploration Society, The Hebrew University of Jerusalem, 1991.

Neusner, J., « "By the Testimony of Two Witnesses" in the *Damascus Document* IX, 17-22 and in Pharisaic-Rabbinic Laws », *RQ* 8 (1973), p. 197-218.

—, « *Damascus Document* IX, 16-23 and Parallels », *RQ* 9 (1978), p. 441-444.

—, *Fellowship in Judaism,* Londres, Vallentine, Mitchell, 1963.

—, *From Politics to Piety : The Emergence of Pharisaic Judaism,* Englewood Cliffs, NJ, Prentice Hall, 1973.

—, « ḤBR and N'MN », *RQ* 5 (1964), p. 119-122.

—, *The Rabbinic Traditions about the Pharisees before 70*, 3 vol., Leyde, E. J. Brill, 1971.

Newsom, C. A., « 4Q370 : An Admonition Based on the Flood », *RQ* 13 (1988), p. 23-43.

—, « 4Q374 : A Discourse on the Exodus/Conquest Tradition », dans D. Dimant et U. Rappaport (dir.), *The Dead Sea Scrolls : Forty Years of Research,* Leyde/Jérusalem, E. J. Brill/Magnes Press/Yad Izhak Ben-Zvi, 1992, p. 40-52.

—, « Apocalyptic and the Discourse of the Qumran Community », *JNES* 49 (1990), p. 135-144.

—, « "He Has Established for Himself Priests" : Human and Angelic Priesthood in the Qumran Sabbath Shirot », dans L. H. Schiffman (dir.), *Archaeology and History in the Dead Sea Scrolls : The New York University Conference in Memory of Yigael Yadin,* Journal for the Study of the Pseudepigrapha Supplement Series 8 ; JSOT / ASOR Monographs 2, Sheffield, JSOT Press, 1990, p. 101-120.

—, « Merkabah Exegesis in the Qumran Shabbat Shirot », *JJS* 38 (1987), p. 11-30.

—, « The "Psalms of Joshua" from Qumran Cave 4 », *JJS* 39 (1988), p. 56-73.

—, *Songs of the Sabbath Sacrifice : A Critical Edition*, Harvard Semitic Studies 27, Atlanta, Scholars Press, 1985.

NEWSOM, C. A. et Y. YADIN, « The Masada Fragment of the Qumran *Songs of the Sabbath Sacrifice* », *IEJ* 34 (1984), p. 77-88 et planches.

NICKELSBURG, G. W. E., « The Epistle of Enoch and the Qumran Literature », *JJS* 33 (1982), p. 333-348.

—, *Resurrection, Immortality, and Eternal Life in Intertestamental Judaism*, Harvard Theological Studies 26, Cambridge, MA, Harvard University, 1972.

NITZAN, B., « Hymns from Qumran—4Q510-4Q511 », dans D. DIMANT et U. RAPPAPORT (dir.), *The Dead Sea Scrolls : Forty Years of Research*, Leyde / Jérusalem, E. J. Brill / Magnes Press / Yad Izhak Ben-Zvi, 1992, p. 53-63.

—, *Megillat Pesher Habakkuk*, Jérusalem, Bialik Institute, 1986.

—, *Qumran Prayer and Religious Poetry*, Studies on the Texts of the Desert of Judah 12, Leyde, E. J. Brill, 1994.

NORTH, R., « The Damascus of Qumran Geography », *PEQ* 87 (1955), p. 34-38.

—, « The Qumran Reservoirs », dans L. MCKENZIE (dir.), *The Bible in Current Catholic Thought*, New York, Herder and Herder, 1962, p. 100-132.

—, « The Qumran "Sadducees" », *CBQ* 17 (1955), p. 44-68.

—, « Qumran "Serek A" and Related Fragments », *Orientalia N. S.* 25 (1956), p. 90-99.

OPPENHEIMER, A., (dir.). *Mered Bar-Kokhba*, Sugyot be-Toldot 'Am Yisra'el 10, Jérusalem, Merkaz Shazar, 1980.

—, *The 'Am ha-Aretz : A Study in the Social History of the Jewish People in the Hellenistic-Roman Period*, Arbeiten zur Literatur und Geschichte des hellenistischen Judentums 8, Leyde, E. 1. Brill, 1977.

ORLINSKY, H., « The Mysterious Mr. Green », *RJ* 20 (Spring 1992), p. 47-48.

OUELLETTE, J., « Variantes qumrâniennes du *Livre des psaumes* », *RQ* 7 (1969), p. 105-124.

PARDEE, D., « A Restudy of the Commentary on Psalm 37 from the Qumran Cave 4 », *RQ* 8 (1973), p. 163-194.

PATRICH, J., « 'Amat ha-Mayim me-'Eṭam le-Vet ha-Miqdash ve-Halakhah Ṣeduqit 'Ahat », *Cathedra* 17 (1981), p. 11-23.

—, « Khirbet Qumran in Light of New Archaeological Explorations in the Qumran Caves », dans J. J. COLLINS, N. GOLB, D. PARDEE et M. WISE (dir.), *Methods of Investigation of the Dead Sea Scrolls and the Khirbet Qumran Site : Present Realities and Future Prospects*, Annals of the New York Academy of Sciences, New York, New York Academy of Sciences, 1994, p. 73-95.

PAUL, A., *Les manuscrits de la mer Morte. La voix des Esséniens retrouvés*, Paris, Bayard / Centurion, 1997.

PETERS, F. E., *The Harvest of Hellenism*, New York, Clarion, 1970.

—, *Jerusalem : The Holy City in the Eyes of Chroniclers, Visitors, Pilgrims, and Prophets from the Days of Abraham to the Beginnings of Modern Times*, Princeton, NJ, Princeton University Press, 1985.

PFANN, S. J., « Chronological List of the Negatives of the PAM, IAA, and Shrine of the Book », dans E. TOV (dir.), avec la collaboration de S. J. Pfann, *The Dead Sea Scrolls on*

Microfiche: A Comprehensive Facsimile Edition of the Texts from the Judean Desert. Companion Volume, Leyde, E. J. Brill/IDC, 1993, p. 73-95.

—, « The History of the Judean Desert Discoveries », dans E. Tov (dir.), avec la collaboration de S. J. Pfann, *The Dead Sea Scrolls on Microfiche: A Comprehensive Facsimile Edition of the Texts from the Judean Desert. Companion Volume,* Leyde, E. J. Brill/IDC, 1993, p. 97-108.

—, « Sites in the Judean Desert Where Texts Have Been Found », dans E. Tov (dir.), avec la collaboration de S. J. Pfann, *The Dead Sea Scrolls on Microfiche: A Comprehensive Facsimile Edition of the Texts from the Judean Desert. Companion Volume,* Leyde, E. J. Brill/IDC, 1993, p. 109-119.

Pfann, S. J. *et al.*, *Qumran Cave 4, XXVI. Cryptic Texts and Miscellanea, part 1,* Discoveries in the Judaean Desert 36, Oxford, Clarendon Press, 2000.

Pinnick, A., *The Orion Center Bibliography of the Dead Sea Scrolls (1995-2000),* Studies on the Texts of the Desert of Juda 41, Leyde, E. J. Brill, 2001.

Pixner, B., « Unravelling the *Copper Scroll* Case: A Study on the Topography of 3Ql5 », *RQ* 11 (1983), p. 323-366.

Ploeg, J. van der, « Fragments d'un manuscrit de psaumes de Qumrân », *RB* 74 (1967), p. 408-413.

—, « The Meals of the Essenes », *JSS* 2 (1957), p. 163-175.

—, « Le Psaume XCI dans une recension de Qumrân », *RB* 22 (1965), p. 210-217.

—, *Le Rouleau de la guerre,* Studies on the Texts of the Desert of Judah 2, Leyde, E. J. Brill, 1959.

Ploeg, J. van der et A. S. van der Woude, *Le Targum de Job de la grotte XI de Qumrân,* en collaboration avec B. Jongeling, Koninklijke Nederlandse Akademie van Wetenschappen, Leyde, E. J. Brill, 1971.

Polak, F., « Statistics and Textual Filiation: The Case of 4QSam[a] /LXX (with a Note on the Text of the Pentateuch) », dans G. Brooke et B. Lindars (dir.), *Septuagint, Scrolls, and Cognate Writings,* Septuagint and Cognate Studies 33, Atlanta, Scholars Press, 1992, p. 215-276.

Polotsky, H. J., « The Greek Papyri from the Cave of the Letters », dans *Judean Desert Caves: Survey and Excavations, 1961,* Jérusalem, Israel Exploration Society, 1962, p. 258-262.

Poole, J. B. et R. Reed, « The "Tannery" of Ain Feshka », *PEQ* 93 (1961), p. 114-123.

Pouilly, J., *La Règle de la communauté de Qumrân: son évolution littéraire,* Cahiers de la Revue Biblique 17, Paris, J. Gabalda, 1976.

Pouilly, J., *Qumrân,* (suppl. au *Cahier Évangile* 61), Paris, Cerf, 1987.

Priest, J. F., « *Mebaqqer, Paqid* and the Messiah », *JBL* 81 (1962), p. 55-61.

—, « The Messiah and the Meal in 1QS[a] », *JBL* 82 (1963), p. 95-100.

Pritchard, J. B., (dir.). *Ancient Near Eastern Texts Relating to the Old Testament,* Princeton, NJ, Princeton University Press, 1969.

Puech, É., « 4Q525 et les péricopes des béatitudes en *Ben Sira* et Matthieu », *RB* 97 (1991), p. 80-106.

—, « 11QPsAp[a]: un rituel d'excorcisme: essai de reconstruction », *RQ* 14 (1990), p. 377-408.

—, « Une Apocalypse messianique (4Q521) », *RQ* 15 (1992), p. 475-522.

—, *La Croyance des Esséniens en la vie future: Immortalité, résurrection, vie éternelle?,* Études bibliques 21, 2 vol., Paris, J. Gabalda, 1993.

—, « Les deux derniers Psaumes davidiques du rituel d'exorcisme, 11 QPsAP[a] IV4V14 », dans D. Dimant et U. Rappaport (dir.), *The Dead Sea Scrolls: Forty Years of Research,* Leyde/Jérusalem, E. J. Brill/Magnes Press/Yad Izhak Ben-Zvi, 1992, p. 64-89.

—, « Fragment d'une apocalypse en araméen (4Q246 = pseudo-Dan[d]) et le "Royaume de Dieu" », *RB* 99 (1992), p. 98-131.
—, « Fragments d'un apocryphe de Lévi et le personnage eschatologique : 4QtestLévi [c-d](?) et 4QAJ[a] », dans J. Trebolle Barrera et L. Vegas Montaner (dir.), *The Madrid Qumran Conference : Proceedings of the International Congress on the Dead Sea Scrolls, Madrid, 18-21 March 1991*, vol. 2, Studies on the Texts of the Desert of Judah 11, 2, Leyde / Madrid, E. J. Brill / Editorial Complutense, 1992, p. 449-501.
—, « Un Hymne essénien en partie retrouvé et les Béatitudes. 1QH V 12-VI 18 (= col. XIII-XIV 7) et 4QBéat », *RQ* 13 (1988), p. 59-88.
—, « Notes en marge de 8KhXIlgr », *RQ* 15 (1992), p. 583-594.
—, « Notes en marge de 11 QPaléoLévitique : le Fragment L, des fragments inédits et une jarre de la grotte 11 », *RB* 96 (1989), p. 161-183.
—, « Notes sur le manuscrit de 11QMelkîsédeq », *RQ* 12 (1987), p. 483-515.
—, « À propos de la Jérusalem Nouvelle d'après les manuscrits de la mer Morte », *Sémitica* 43 (1995), p. 87-102.
—, « La Pierre de Sion et l'autel des holocaustes d'après un manuscrit hébreu de la grotte 4 (4Q522) », *RB* 99 (1992), p. 676-696.
—, « Quelques aspects de la restauration du *Rouleau des hymnes* », *JJS* 39 (1988), p. 38-55.
—, *Qumrân Grotte 4, XVIII : Textes hébreux*, Discoveries in the Judaean Desert 25, Oxford, Clarendon Press, 1997.
—, *Qumran Grotte 4, XXII. Textes araméens, première partie*, Discoveries in the Judaean Desert 31, Oxford, Clarendon Press, 2001.
—, « [Recension de] Moshe Weinfeld, *The Organizational Pattern and the Penal Code of the Qumran Sect*, 1986 », *RQ* 14 (1989), p. 147-148.
—, « Le Testament de Qahat en araméen de la grotte 4 (4QTQah) », *RQ* 15 (1991), p. 23-54.
Qimron, E., « Celibacy in the Dead Sea Scrolls and the Two Kinds of Sectarians », dans J. Trebolle Barrera et L. Vegas Montaner (dir.), *The Madrid Qumran Congress : Proceedings of the International Congress on the Dead Sea Scrolls, Madrid, 18-21 March 1991*, vol. 1, Studies on the Texts of the Desert of Judah 11, 1, Leyde / Madrid, E. J. Brill / Editorial Complutense, 1992, p. 287-294.
—, « Column 14 of the Temple Scroll », *IEJ* 38 (1988), p. 44-46.
—, « He'arot le-Nusaḥ Megillat ha-Miqdash », *Tarbiz* 53 (1983/4), p. 139-141.
—, *The Hebrew of the Dead Sea Scrolls*, Harvard Semitic Studies 29, Atlanta, Scholars Press, 1986.
—, « Ketav Yad D shel Serekh ha-Yahad mi-Ma'arah 4 be-Qumran : Pirsum Muqdam shel Vurim 7-8 », *Tarbiz* 60 (1991), p. 435-437.
—, « Le-Millonah shel Megillat ha-Miqdash », *Shnaton* 4 (1980), p. 239-261.
—, « Le-Nusḥah shel Megillat ha-Miqdash », *Leshonenu*, n° 42 (1978), p. 136-145.
—, « The Need for a Comprehensive Critical Edition of the Dead Sea Scrolls », dans L. H. Schiffman (dir.), *Archaeology and History in the Dead Sea Scrolls : The New York University Conference in Memory of Yigael Yadin*, Journal for the Study of the Pseudepigrapha Supplement Series 8 ; JSOT / ASOR Monographs 2, Sheffield, JSOT Press, 1990, p. 212-131.
—, « New Readings in the *Temple Scroll* », *IEJ* 28 (1978), p. 161-172.
—, « Observations on the History of Early Hebrew (1000 B.C.E.–200 C.E.) in the Light of the Dead Sea Scrolls », dans D. Dimant et U. Rappaport (dir.), *The Dead Sea Scrolls : Forty Years of Research*, Leyde / Jérusalem, E. J. Brill / Magnes Press / Yad Izhak Ben-Zvi, 1992, p. 349-362.

—, « A Review Article of *Songs of the Sabbath Sacrifice : A Critical Edition,* by Carol Newsom », *HTR* 79 (1986), p. 349-371.
—, « Shalosh He'arot le-Nusḥah shel Megillat ha-Miqdash », *Tarbiz* 51 (1981/2), p. 135-137.
—, « The Text of CDC », dans M. Broshi (dir.), *The Damascus Document Reconsidered,* Jérusalem, Israel Exploration Society, Shrine of the Book, Israel Museum, 1992, p. 9-49.
Qimron, E. et F. García Martínez, *The Temple Scroll. A Critical Edition with Extensive Reconstructions. Bibliography,* Jérusalem, Israel Exploration Society, 1996.
Qimron, E. et J. Strugnell, « An Unpublished Halakhic Letter from Qumran », dans J. Amitai (dir.), *Biblical Archaeology Today : Proceedings of the International Congress on Biblical Archaeology, Jerusalem, April 1984,* Jérusalem, Israel Exploration Society, Israel Academy of Sciences and Humanities, en coopération avec les American Schools of Oriental Research, 1985, p. 400-407.
—, « An Unpublished Halakhic Letter from Qumran », *Israel Museum Journal* 4 (1985), p. 9-12.
—, avec des contributions de Y. Sussman et A. Yardeni, *Qumran Cave 4, V. Miqṣat Ma'ase ha-Torah,* Discoveries in the Judaean Desert 10, Oxford, Clarendon Press, 1994.
« Qumrân », *Le Monde de la Bible* 86 (janvier-mars 1994).
« Qumrân, cinquante ans après », *Le Monde de la Bible* 107 (nov.-déc. 1997).
Rabin, C., *Qumran Studies,* Scripta Judaica 2, Oxford, Oxford University Press, 1957.
—, *The Zadokite Documents,* Oxford, Clarendon Press, 1954.
Rabinovich, A., « Operation Scroll : Recent Revelations about Qumran Promise to Shake Up Dead Sea Scroll Scholarship », *Jerusalem Post Magazine* (6 mai 1994), p. 6-10.
Rabinovitch, N. L., « *Damascus Document* IX, 17-22 and Rabbinic Parallels », *RQ* 9 (1977), p. 113-116.
Rabinowitz, I., « The Authorship, Audience, and Date of the de Vaux Fragment of an Unknown Work », *JBL* 71 (1952), p. 19-32.
—, « *Pêsher/Pittârôn* : Its Biblical Meaning and Its Significance in the Qumran Literature », *RQ* 8 (1973), p. 219-232.
—, « A Reconsideration of "Damascus" and "390 Years" in the "Damascus" ("Zadokite") Fragments », *JBL* 73 (1954), p. 11-35.
Rad, G. von, « The Origin of the Concept of the Day of Yahweh », *JSS* 4 (1959), p. 97-108.
Reed, S. A., *Dead Sea Scrolls Inventory Project : Lists of Documents, Photographs and Museum Plates,* 14 fascicules, Claremont, CA, Ancient Biblical Manuscript Center, 1991-1993.
—, « Preliminary List of Aramaic Documents from Qumran Cave 4 », *The Comprehensive Aramaic Lexicon (CAL) Newsletter,* n° 9 (février 1992), p. 1-4.
—, « What Is a Fragment ? », *JJS* 45 (1994), p. 123-125.
—, (comp.), M. J. Lundberg (dir.), *The Dead Sea Scrolls on Microfiche : A Comprehensive Facsimile Edition of the Texts from the Judean Desert, Inventory List of Photographs,* Leyde, E. J. Brill, IDC, 1993.
Rhoads, D., *Israel in Revolution : 6-74 C.E,* Philadelphie, Fortress Press, 1976.
Richardson, H. N., « Some Notes on 1QSa », *JBL* 76 (1857), p. 108-122.
Richardson, P., *Herod : King of the Jews and Friend of the Romans,* Columbia, S.C., University of South Carolina Press, 1996.
Rigaux, B., « Révélation des mystères et perfection à Qumrân et dans le Nouveau Testament », *NTS* 4 (1957-58), p. 237-262.
Ringgren, H., *The Faith of Qumran : Theology of the Dead Sea Scrolls,* trad. E. P. Sanders, Philadelphie, Fortress Press, 1963.

Rofé, A., « Acts of Nahash According to 4QSam[a] », *IEJ* 32 (1982), p. 129-133.

—, « The Battle of David and Goliath — Folklore, Theology, Eschatology », dans J. Neusner (dir.), *Judaic Perspectives on Ancient Israel*, Philadelphie, Fortress Press, 1987, p. 117-151.

—, « The Nomistic Correction in Biblical Manuscripts and Its Occurrence in 4QSam[a] », *RQ* 14 (1989), p. 247-254.

—, « The Onset Sects in Postexilic Judaism : Neglected Evidence from the Septuagint, Trito-Isaiah, *Ben Sira*, and Malachi », dans J. Neusner, E. S. Frerichs, P. Borgen et R. Horsley (dir.), *The Social World of Formative Christianity and Judaism : Essays in Tribute to Howard Clark Kee*, Philadelphie, Fortress Press, 1988, p. 39-49.

Rosenthal, J. M., « 'Al Hishtalshelut Halakhah be-Sefer Berit Dameseq », dans J. L. Maimon (dir.), *Sefer ha-Yovel Mugash li-Khvod ha-Rav Shim'on Federbush*, Jerusalem, Mosad Harav Kook, 1960, p. 293-303.

—, « Biblical Exegesis of 4QpIs », *JQR* 60 (1969-1970), p. 27-36.

Roth, C., *The Dead Sea Scrolls : A New Historical Approach*, New York, W. W. Norton, 1965.

—, « Qumran and Masadah : A Final Clarification Regarding the Dead Sea Sect », *RQ* 5 (1964), p. 81-88.

Rowley, H. H., *The Zadokite Fragments and the Dead Sea Scrolls*, Oxford, Basil Blackwell, 1952.

Rylaarsdam, J. C., *Revelation in Jewish Wisdom Literature*, Chicago, University of Chicago Press, 1974.

Saldarini, A., *Pharisees, Scribes and Sadducees in Palestinian Society*, Wilmington, DE, Michael Glazier, 1988.

Sanders, E. P., *Jewish Law from Jesus to the Mishnah*, Philadelphie, Trinity Press International, 1990.

—, *Paul and Palestinian Judaism : A Comparison of Patterns of Religion*, Philadelphie, Fortress Press, 1977.

Sanders, J. A., « Cave 11 Surprises and the Question of Canon », dans D. N. Freedman et J. C. Greenfield (dir.), *New Directions in Biblical Archaeology*, Garden City, NY, Doubleday, 1971, p. 113-130.

—, *The Dead Sea Psalms Scroll*, Ithaca, NY, Cornell University, 1967.

—, « The Old Testament in 11QMelchizedek », *JANES* 5 (1973), p. 373-382.

—, *The Psalms Scroll of Qumrân Cave 11 (11 QPs[a])*, Discoveries in the Judaean Desert 4, Oxford, Clarendon Press, 1965.

—, *Torah and Canon*, Philadelphie, Fortress Press, 1972.

Sanderson, J. E., « The Contribution of 4QpaleoExod[m] to Textual Criticism », *RQ* 13 (1988), p. 547-560.

—, *An Exodus Scroll from Qumran : 4Qpaleo-Exod[m] and the Samaritan Tradition*, Harvard Semitic Studies 30, Atlanta, Scholars Press, 1986.

Sarna, N. M., « Canon », dans *Encyclopaedia Judaica*, vol. 4, Jérusalem, Keter, 1971, col. 816-836.

—, « The Order of the Books », dans C. Berlin (dir.), *Studies in Jewish Bibliography History and Literature, in Honor of I. Edward Kiev*, New York, Ktav, 1971, p. 407-413.

—, « [Recension de] The *Psalm Scroll* in Cave 11 », *Conservative Judaism* 20 (1966), p. 63-66.

—, *Songs of the Heart*, New York, Schocken Books, 1993.

Scanlin, H., *The Dead Sea Scrolls and Modern Translations of the Old Testament*, Wheaton, IL, Tyndale House, 1993.

Schäfer, P., *The Hidden and Manifest God : Some Major Themes in Early Jewish Mysticism*, SUNY Series in Judaica, Albany, NY, State University of New York Press, 1992.
Schalit, A., *Hordos ha-Melekh : ha-'Ish u-Fo'alo*, Jérusalem, Mosad Bialik, 1964.
Schechter, S., *Aspects of Rabbinic Theology*, New York, Macmillan, 1909.
—, *Documents of Jewish Sectaries : Fragments of a Zadokite Work*, Prolégomène par J. A. Fitzmyer, 2 vol., New York, Ktav, 1970.
Schiffman, L. H. « 4Q299-301. Mysteries[a-b, c?] », dans *DJD* 20, p. 31-123 et pl. III-IX.
—, « 4QMysteries[a] : A Preliminary Edition and Translation », dans Z. Zevit, S. Gitin et M. Sokoloff (dir.), *Solving Riddles and Untying Knots : Biblical, Epigraphic, and Semitic Studies in Honor of Jonas C. Greenfield*, Winola Lake Ind., Eisenbrauns, 1995, p. 207-260.
—, « 4QMysteries[b] : A Preliminary Edition », *RQ* 16 (1993), p. 203-223.
—, « 4QOrdinan[a,b] », dans J. H. Charlesworth (dir.), *The Rule of the Community and Related Documents*, vol. 1, The Princeton Theological Seminary Dead Sea Scrolls Project, Tübingen, J. C. B. Mohr (Paul Siebeck), 1994, p. 145-175.
—, (dir.). *Archaeology and History in the Dead Sea Scrolls : The New York University Conference in Memory of Yigael Yadi*, Journal for the Study of the Pseudepigrapha Supplement Series 8 ; JSOT / ASOR Monographs 2, Sheffield, JSOT Press, 1990.
—, « Architecture and Law : The Temple and Its Courtyards in the *Temple Scroll* », dans J. Neusner, E. S. Frerichs et N. M. Sarna (dir.), *From Ancient Israel to Modern Judaism : Intellect in Quest of Understanding, Essays in Honor of Marvin Fox*, vol. 1, Brown Judaic Studies 159, Atlanta, Scholars Press, 1989, p. 267-284.
—, « Communal Meals at Qumran », *RQ* 10 (1979), p. 45-56.
—, « The Concept of the Messiah in Second Temple and Rabbinic Literature », *Review and Expositor* 84 (1987), p. 235-246.
—, « Confessionalism and the Study of the Dead Sea Scrolls », *Jewish Studies* 31 (1991), p. 3-14.
—, « The Dead Sea Scrolls and the Early History of Jewish Liturgy », dans L. I. Levine (dir.), *The Synagogue in Late Antiquity*, Philadelphie, American Schools of Oriental Research, 1987, p. 33-48.
—, « The Dead Sea Scrolls and the History of Judaism », dans *Proceedings of the Library of Congress Symposium on the Dead Sea Scrolls*, Washington, DC, Library of Congress (sous presse).
—, « The Deuteronomic Paraphrase of the *Temple Scroll* », *RQ* 15 (1992), p. 543-568.
—, *The Eschatological Community of the Dead Sea Scrolls : A Study of the Rule of the Congregation*, SBL Monograph Series 38, Atlanta, Scholars Press, 1989.
—, « Essenes », dans M. Eliade (dir.), *The Encyclopedia of Religion*, vol. 5, New York, Macmillan, 1987, p. 163-166.
—, « Exclusion from the Sanctuary and the City of the Sanctuary in the *Temple Scroll* », *HAR* 9 (1985), p. 301-320.
—, *From Text to Tradition : A History of Second Temple and Rabbinic Judaism*, Hoboken, NJ, Ktav, 1991.
—, « The Furnishings of the Temple According to the *Temple Scroll* », dans J. Trebolle Barrera et L. Vegas Montaner (dir.), *The Madrid Qumran Conference : Proceedings of the International Congress on the Dead Sea Scrolls, Madrid, 18-21 March, 1991*, vol. 2, Studies on the Texts of the Desert of Judah 11, 2, Leyde / Madrid, E. J. Brill / Editorial Complutense, 1992, p. 621-634.
—, *The Halakhah at Qumran*, Leyde, E. J. Brill, 1975.

—, *Halakhah, Halikhah u-Meshiḥiyut be-Khat Midbar Yehudah,* Jérusalem, Merkaz Shazar, 1993.

—, « The Impurity of the Dead in the *Temple Scroll* », dans L. H. Schiffman (dir.), *Archaeology and History in the Dead Sea Scrolls : The New York University Conference in Memory of Yigael Yadin,* Journal for the Study of the Pseudepigrapha Supplement Series 8 ; JSOT / ASOR Monographs 2, Sheffield, JSOT Press, 1990, p. 135-156.

—, « Jewish Sectarianism in Second Temple Times », dans R. Jospe et S. Wagner (dir.), *Great Schisms in Jewish History,* New York, Center for Judaic Studies, Ktav, 1981, p. 1-46.

—, « The King, His Guard and the Royal Council in the *Temple Scroll* », *PAAJR* 54 (1987), p. 237-259.

—, « Laws Concerning Idolatry in the Temple Scroll », dans L. M. Hopfe (dir.), *Uncovering Ancient Stones : Essays in Memory of H. Neil Richardson,* Winona Lake, IN, Eisenbrauns, 1994, p. 159-175.

—, « Laws Pertaining to Women in the *Temple Scroll* », dans D. Dimant et U. Rappaport (dir.), *The Dead Sea Scrolls : Forty Years of Research,* Leyde / Jérusalem, E. J. Brill / Magnes Press / Yad Izhak Ben-Zvi, 1992, p. 210-228.

—, « Legislation Concerning Relations with Non-Jews in the *Zadokite Fragments* and in Tannaitic Literature », *RQ* 11 (1983), p. 379-389.

—, « *Merkavah* Speculation at Qumran : the 4Q *Serekh Shirot 'Olat ha-Shabbat* », dans J. Reinharz, D. Swetschinski (dir.), en collaboration avec K. P. Bland, *Mystics, Philosophers and Politicians : Essays in Jewish Intellectual History in Honor of Alexander Altmann,* Duke Monographs in Medieval and Renaissance Studies no. 5, Durham, NC, Duke University Press, 1982, p. 15-47.

—, « *Miqṣat Ma'aśeh ha-Torah* and the *Temple Scroll* », *RQ* 14 (1990), p. 435-457.

—, « The New *Halakhic Letter* (4QMMT) and the Origins of the Dead Sea Sect », *BA* 53 (1990), p. 64-73.

—, « New Halakhic Texts from Qumran », *Hebrew Studies* 34 (1993), p. 21-33.

—, « Pharisees and Sadducees in *Pesher Nahum* », dans M. Brettler et M. Fishbane (dir.), *Minḥah Le-Naḥum : Biblical and Other Studies Presented to Nahum M. Sarna in Honour of His 70th Birthday,* Sheffield, JSOT Press, 1993, p. 272-290.

—, « Purity and Perfection : Exclusion from the Council of the Community », dans J. Amitai (dir.), *Biblical Archaeology Today : Proceedings of the International Congress on Biblical Archaeology, Jerusalem, April 1984,* Jérusalem, Israel Exploration Society, The Israel Academy of Sciences and Humanities, en coopération avec les American Schools of Oriental Research, 1985, p. 373-389.

—, « Qumran and Rabbinic Halakhah », dans S. Talmon (dir.), *Jewish Civilization in the Hellenistic-Roman Period,* Philadelphie, Trinity Press International, 1991, p. 138-146.

—, « The Qumran Law of Testimony », *RQ* 8 (1975), p. 603-612.

—, « [Recension de] L. Ginzerg, *An Unknown Jewish Sect* », *JAOS* 99 (1979), p. 113-114.

—, « [Recension de] E. Tov, *The Greek Minor Prophets Scroll from Nahal Hever* », *JBL* 111 (1992), p. 532-535.

—, « [Recension de] Y. Yadin, *The Temple Scroll* », *BA* 48 (1985), p. 122-126.

—, « Sacred Space : The Land of Israel in the *Temple Scroll* », dans A. Biran et J. Aviram (dir.), *Biblical Archaeology Today 1990,* Jérusalem, Israel Exploration Society, 1993, p. 398-410.

—, « The Sacrificial System of the *Temple Scroll* and the *Book of Jubilees* », dans K. H. Richards (dir.), *Society of Biblical Literature 1985 Seminar Papers,* Atlanta, Society of Biblical Literature, 1985, p. 217-233.

—, « The Sadducean Origins of the Dead Sea Scroll Sect », dans H. Shanks (dir.), *Understanding the Dead Sea Scrolls*, New York, Random House, 1992, p. 35-49 (trad. fr. : *L'aventure des manuscrits de la mer Morte*, Paris, Seuil, 1996).

—, *Sectarian Law in the Dead Sea Scrolls : Courts, Testimony, and the Penal Code*, Chico, CA, Scholars Press, 1983.

—, « The Septuagint and the *Temple Scroll* : Shared "Halakhic" Variants », dans G. Brooke et B. Lindars (dir.), *Septuagint, Scrolls, and Cognate Writings*, Septuagint and Cognate Studies 33, Atlanta, Scholars Press, 1992, p. 277-297.

—, « Sifrut ha-Hekhalot ve-Khitve Qumran », *Meḥqere Yerushalayim Be-Maḥshevet Yisra'el* 6 (1987), p. 121-138.

—, « The *Temple Scroll* and the Nature of Its Law : The Status of the Question », dans E. Ulrich et J. C. VanderKam (dir.), *The Community of the Renewed Covenant : The Notre Dame Symposium on the Dead Sea Scrolls*, Notre Dame, IN, University of Notre Dame Press, 1994, p. 37-55.

—, « The *Temple Scroll* and the Systems of Jewish Law of the Second Temple Period », dans G. J. Brooke (dir.), *Temple Scroll Studies*, Sheffield, Sheffield Academic Press, 1989, p. 246-250.

—, « The *Temple Scroll* in Literary and Philological Perspective », dans W. S. Green (dir.), *Approaches to Ancient Judaism*, vol. 2, Brown Judaic Studies 9, Chico, CA, Scholars Press, 1980, p. 143-155.

—, « The Theology of the *Temple Scroll* », *JQR* 85(1994), p. 109-123.

—, *Who Was a Jew ? Rabbinic and Halakhic Perspectives on the Jewish Christian Schism*, Hoboken, NJ, Ktav, 1985.

Schiffman, L. H. et M. D. Swartz, *Hebrew and Aramaic Incantation Texts from the Cairo Genizah : Selected Texts from Taylor-Schechter Box K1*, Semitic Texts and Studies 1, Sheffield, JSOT Press, 1992.

Schiffman, L. H. et J. C. VanderKam (dir.), *Encyclopedia of the Dead Sea Scrolls*, New York, Oxford University Press, 2000.

Schiffmann, I., « The Teacher of Righteousness in the Soviet Qumran Studies », dans Z. J. Kapera (dir.), *Mogilany 1989 : Papers on the Dead Sea Scrolls*, vol. 2, Cracovie, Enigma Press, 1991, p. 47-52.

Scholem, G. G., « Hakkarat Panim ve-Sidre Sirṭuṭin », dans U. Cassuto (dir.), *Sefer Assaf*, Jérusalem, 1952-1953, p. 459-495.

—, *Jewish Gnosticism, Merkabah Mysticism, and Talmudic Tradition*, New York, Jewish Theological Seminary of America, 1965.

—, *Major Trends in Jewish Mysticism*, New York, Schocken Books, 1977.

—, *The Messianic Idea in Judaism : And Other Essays on Jewish Spirituality*, New York, Schocken Books, 1971.

Schuller, E. M., « 4Q380 and 4Q381 : Non-Canonical Psalms from Qumran », dans D. Dimant et U. Rappaport (dir.), *The Dead Sea Scrolls : Forty Years of Research*, Leyde/Jérusalem, E. J. Brill/Magnes Press/Yad Izhak Ben-Zvi, 1992, p. 90-100.

—, « A Hymn from a Cave Four Hodayot Manuscript 4Q427 *7 i + ii* », *JBL* 112 (1993), p. 605-628.

—, *Non-Canonical Psalms from Qumran : A Pseudepigraphic Collection*, Harvard Semitic Studies 28, Atlanta, Scholars Press, 1986.

—, « A Preliminary Study of 4Q373 and Some Related (?) Fragments », dans J. Trebolle Barrera et L. Vegas Montaner (dir.), *The Madrid Qumran Conference : Proceedings of the International Congress on the Dead Sea Scrolls, Madrid, 18-21 March 1991*, vol. 2, Studies on the Texts of the Desert of Judah 11, 2, Leyde / Madrid, E. J. Brill / Editorial Complutense, 1992, p. 515-530.

—, « Some Observations on Blessings of God in Texts from Qumran », dans H. W. Attridge, J. J. Collins et T. H. Tobin (dir.), *Of Scribes and Scrolls : Studies on the Hebrew Bible, Intertestamental Judaism, and Christian Origins Presented to John Strugnell*, College Theology Society Resources in Religion 5, Lanham, MD / Londres, University Press of America, 1990, p. 133-143.

—, « A Text about Joseph », *RQ* 14 (1990), p. 349-376.

Schürer, E., *The History of the Jewish People in the Age of Jesus Christ (175 B.C.–A.D. 135)*, nouvelle édition anglaise publiée par G. Vermes, F. Millar et M. Goodman (dir.), en collaboration avec P. Vermes et M. Black, 3 vol., Édimbourg, T. & T. Clark, 1973-1987.

Schwartz, D. R., « The Messianic Departure from Judah (4Q Patriarchal Blessings) », *TZ* 37 (1981), p. 257-266.

—, « On Two Aspects of a Priestly View of Descent at Qumran », dans L. H. Schiffman (dir.), *Archaeology and History in the Dead Sea Scrolls : The New York University Conference in Memory of Yigael Yadin*, Journal for the Study of the Pseudepigrapha Supplement Series 8 ; JSOT / ASOR Monographs 2, Sheffield, JSOT Press for ASOR, 1990, p. 157-179.

—, « Qumran ben Kohaniut la-Naṣrut », dans M. Broshi, S. Talmon, S. Japhet et D. Schwartz (dir.), *Megillot Midbar Yehudah : 'Arba'im Shenot Meḥqar*, Jérusalem, Bialik Institute, Israel Exploration Society, 1992, p. 176-181.

—, *Studies in the Jewish Background of Christianity*, Wissenschaftliche Untersuchungen zum Neuen Testament 60, Tübingen, J. C. B. Mohr (Paul Siebeck), 1992.

—, « The Three Temples of 4 Q *Florilegium* », *RQ* 10 (1979), p. 83-92.

Schweitzer, F. M., « The Teacher of Righteousness », dans Z. J. Kapera (dir.), *Mogilany 1989 : Papers on the Dead Sea Scrolls*, vol. 2, Cracovie, Enigma Press, 1991, p. 53-97.

Seely, D. R., « The *Barki Nafshi* Texts (4Q434-439) », dans D. W. Parry et S. D. Ricks (dir.), *Current Research and Technological Developments. Conference on the Texts from the Judean Desert, Jerusalem, 30 April 1995*, STDJ 20, Leyde, Brill, 1996, p. 194-214.

Segal, M. H., « The Qumran *War Scroll* and the Date of Its Composition », dans C. Rabin et Y. Yadin (dir.), *Aspects Of the Dead Sea Scrolls*, Scripta Hierosolymitana, Jérusalem, Magnes Press, 1958, p. 138-143.

—, *Sefer Ben Sira ha-Shalem*, Jérusalem, Mosad Bialik, 1972.

Segert, S., « Observations on the Poetic Structures in the Songs of the Sabbath Sacrifice », *RQ* 13 (1988), p. 215-224.

Shanks, H. (dir.), *Understanding the Dead Sea Scrolls*, New York, Random House, 1992 (trad. fr. : *L'aventure des manuscrits de la mer Morte*, Paris, Seuil, 1996).

—, « Carbon-14 Tests Substantiate Scroll Dates », *BAR* 17 (nov.-déc. 1991), p. 72.

—, « Did Jesus Really Die on the Cross ? [Review of] *Jesus & the Riddle of the Dead Sea Scrolls* by B. Thiering », *BAR* 18 (sept.-oct. 1992), p. 69-70.

—, « Intrigue and the Scroll », dans H. Shanks (dir.), *Understanding the Dead Sea Scrolls*, New York, Random House, 1992, p. 116-125 (trad. fr. : *L'aventure des manuscrits de la mer Morte*, Paris, Seuil, 1996).

—, « Is the Vatican Suppressing the Dead Sea Scrolls ? », *BAR* 17 (nov.-déc. 1991), p. 66-71.

—, « Long Secret Plates from the Unpublished Corpus », *BAR* 17 (nov.-déc. 1991), p. 64.

—, « The Qumran Settlement : Monastery, Villa or Fortress ? », *BAR* 19 (mai-juin 1993), p. 62-65.

SIEGEL, J. P., « The Employment of Palaeo-Hebrew Characters for the Divine Name at Qumran in Light of Tannaitic Sources », *HUCA* 42 (1971), p. 159-172.
—, « Two Further Medieval References to the Teacher of Righteousness », *RQ* 9 (1978), p. 437-440.
SILBERMAN, L., « The Two Messiahs of the Manual of Discipline », *VT* 5 (1955), p. 77-82.
SILBERMAN, N. A., *A Prophet from Amongst You : The Life of Yigael Yadin, Soldier, Scholar, and Mythmaker of Modern Israel,* Reading, MA, Addison-Wesley, 1993.
SKEHAN, P. W., « 4QLXXNUM : A Pre-Christian Reworking of the Septuagint », *HTR* 70 (1977), p. 39-50.
—, « The Biblical Scrolls from Qumran and the Text of the Old Testament », *BA* 28 (1965), p. 87-100.
—, « A Psalm Manuscript from Qumran (4QPSb) », *CBQ* 26 (1964), p. 313-322.
—, « Qumran and Old Testament Criticism », dans M. DELCOR (dir.), *Qumrân : sa piété, sa théologie et son milieu,* Bibliotheca ephemeridum theologicarum lovaniensium 46, Paris/ Leuven, Gembloux/Duculot/Leuven University Press, 1978, p. 163-182.
—, « The Qumran Manuscripts and Textual Criticism », *Suppl. to VT* 4 (1957), p. 148-160.
—, « The Scrolls and the Old Testament Text », dans D. N. FREEDMAN et J. C. GREENFIELD (dir.), *New Directions in Biblical Archaeology,* Garden City, NY, Doubleday, 1971, p. 99-112.
SKEHAN, P. W., E. ULRICH et J. SANDERSON, *Qumran Cave 4, IV : Palaeo-Hebrew and Greek Biblical Manuscripts,* Discoveries in the Judaean Desert 9, Oxford, Clarendon Press, 1992.
SMALLWOOD, E. M., *The Jews under Roman Rule : From Pompey to Diocletian,* Studies in Judaism in Late Antiquity 20, Leyde, E. J. Brill, 1991.
SMITH, M., « Ascent to the Heavens and Deification in 4QM[a] », dans L. H. SCHIFFMAN (dir.), *Archaeology and History in the Dead Sea Scrolls : The New York University Conference in Memory of Yigael Yadin,* Journal for the Study of the Pseudepigrapha Supplement Series 8 ; JSOT/ASOR Monographs 2, Sheffield, JSOT Press, 1990, p. 181-188.
—, « "God's Begetting the Messiah" in 1QSa », *NTS* 5 (1958/9), p. 218-224.
—, « Palestinian Judaism in the First Century », dans M. DAVIS (dir.), *Israel : Its Role in Civilization,* New York, Harper & Row, 1956, p. 67-81.
—, « Psalm 151, David, Jesus, and Orpheus », *ZAW* 93 (1981), p. 247-253.
SMITH, M. S., « 4Q462 (Narrative) Fragment 1 : A Preliminary Edition », *RQ* 15 (1991), p. 55-77.
SOKOLOFF, M., « Notes on the Aramaic Fragments of Enoch from Qumran Cave 4 », *Maarav* 1-2 (1978-1979), p. 197-225.
—, *The Targum to Job from Qumran Cave XI,* Bar-Ilan Studies in Near Eastern Languages and Culture, Ramat-Gan, Bar-Ilan University, 1974.
SPARKS, H. F. D. (dir.), *The Apocryphal Old Testament,* Oxford, Clarendon Press, 1984.
—, « The Books of the Qumran Community », *JTS* 6 (1955), p. 226-229.
STARCKY, J., « Jérusalem et les manuscrits de la mer Morte », *Le Monde de la Bible* 1 (1977), p. 39-40.
—, « Les Maîtres de Justice et la chronologie de Qumrân », dans M. DELCOR (dir.), *Qumrân : sa piété, sa théologie et son milieu,* Bibliotheca ephemeridum theologicarum lovaniensium 46, Paris/Leuven, Gembloux/Duculot/Leuven University Press, 1978, p. 249-256.
—, « Psaumes apocryphes de la grotte 4 de Qumrân (4QPs[f] vii-x) », *RB* 73 (1966), p. 353-371.
—, « Les Quatre étapes du messianisme à Qumrân », *RB* 70 (1963), p. 481-505.
—, « Un Texte messianique araméen de la grotte 4 de Qumrân », dans *École des langues orientales anciennes de l'Institut Catholique de Paris : mémorial du cinquantenaire 1914-1964,* Travaux de l'Institut Catholique de Paris 10, Paris, Bloud & Gay, 1964, p. 51-66.

STECKOLL, S., H. « Preliminary Excavation Report in the Qumran Cemetery », *RQ* 6 (1968), p. 323-344.

STEGEMANN, H., « Die Bedeutung der Qumranfunde für die Erforschung der Apokalyptik », dans D. HELLHOLM (dir.), *Apocalypticism in the Mediterranean World and the Near East : Proceedings of the International Colloquium on Apocalypticism,* Tübingen, J. C. B. Mohr, 1983, p. 495-530.

—, *Die Entstehung der Qumrangemeinde,* Bonn, Rheinische Friedrich-WilhelmsUniversität, 1971.

—, *Die Essener, Qumran, johannes der Täufer und Jesus,* Freiburg, Herder, 1993.

—, « Das Gesetzekorpus der "Damaskusschrift" (CD IX -XVI) », *RQ* 14 (1990), p. 409-434.

—, « The Institutions of Israel in the *Temple Scroll* », dans D. DIMANT et U. RAPPAPORT (dir.), *The Dead Sea Scrolls : Forty Years of Research,* Leyde / Jérusalem, E. J. Brill / Magnes Press / Yad Izhak Ben-Zvi, 1992, p. 156-185.

—, « "Das Land" in der *Tempelrolle* und in anderen Texten aus den Qumranfunden », dans G. STRECKER (dir.), *Das Land Israel in biblischer Zeit,* Göttingen, Vandenhoeck & Ruprecht, 1983, p. 154-171.

—, « Methods for the Reconstruction of Scrolls from Scattered Fragments », dans L. H. SCHIFFMAN (dir.), *Archaeology and History in the Dead Sea Scrolls : The New York University Conference in Memory of Yigael Yadin,* Journal for the Study of the Pseudepigrapha Supplement Series 8 ; JSOT / ASOR Monographs 2, Sheffield, JSOT Press, 1990, p. 189-220.

—, « The Origins of the *Temple Scroll* », *Suppl. to VT* 40 (1988), p. 235-256.

—, « Der Pešer Psalm 37 aus Höhle 4 von Qumran », *RQ* 4 (1963), p. 235-270.

—, « The Qumran Essenes-Local Members of the Main Jewish Union in Late Second Temple Times », dans J. TREBOLLE BARRERA et L. VEGAS MONTANER (dir.), *The Madrid Qumran Congress : Proceedings of the International Congress on the Dead Sea Scrolls, Madrid, 18-21 March 1991,* vol. 1, Studies on the Texts of the Desert of Judah 11, 1, Leyde / Madrid, E. J. Brill / Editorial Complutense, 1992, p. 83-166.

—, « Religionsgeschichtliche Erwägungen zu den Gottesbezeichnungen in den Qumrantexten », dans M. DELCOR (dir.), *Qumrân : sa piété, sa théologie et son milieu,* Bibliotheca ephemeridum theologicarum lovaniensium 46, Paris / Leuven, Gembloux / Duculot / Leuven University Press, 1978, p. 195-217.

—, « Some Aspects of Eschatology in Texts from the Qumran Community and in the Teachings of Jesus », dans J. AMITAI (dir.), *Biblical Archaeology Today : Proceedings of the International Congress on Biblical Archaeology, Jerusalem, April 1984,* Jérusalem, Israel Exploration Society et Israel Academy of Sciences and Humanities, en coopération avec les American Schools of Oriental Research, 1985, p. 408-426.

—, « Weitere Stücke von 4 Q p Psalm 37, von 4 Q Patriarchal Blessings, und Hinweis auf eine unedierte Handschrift aus Höhle 4 Q mit Exzerpten aus dem Deuteronomium », *RQ* 6 (1967), p. 193-128.

STENDAHL, K. (dir.), *The Scrolls and The New Testament,* New York, Crossroad, 1992.

STERN, E., « The Archaeology of Persian Palestine », dans W. D. DAVIES et L. FINKELSTEIN (dir.), *The Cambridge History of Judaism,* Cambridge, Cambridge University Press, 1984, p. 88-114.

—, « The Persian Empire and the Political and Social History of Palestine in the Persian Period », dans W. D. DAVIES et L. FINKELSTEIN (dir.), *The Cambridge History of Judaism,* Cambridge, Cambridge University Press, 1984, p. 70-87.

STEUDEL, A., « 4QMidrEschat : "A Midrash on Eschatology" (4Q 174 + 4Q 177) », dans J. TREBOLLE BARRERA et L. VEGAS MONTANER (dir.), *The Madrid Qumran Congress : Proceedings of the International Congress on the Dead Sea Scrolls, Madrid, 18-21 March 1991*, Studies on the Texts of the Desert of Judah 11, 2, Leyde / Madrid, E. J. Brill / Editorial Complutense, 1992, p. 531-541.

—, « Eschatological Interpretation of Scripture in 4Q 1 77 (4QCatena[a]) », *RQ* 14 (1990), p. 473-482.

—, « The House of Prostration CD xi 21-xii 1 — Duplicates of the Temple », *RQ* 16 (1993), p. 49-68.

—, *Der Midrasch zur Eschatologie aus der Qumrangemeinde (4QmidrEschat[a,b])*, Studies on the Texts of the Desert of Judah 13, Leyde, E. J. Brill, 1994.

STONE, M. E., « The Apocrypha and Pseudepigrapha and the Dead Sea Scrolls », dans A. BIRAN et J. AVIRAM (dir.), *Biblical Archaeology Today 1990*, Jérusalem, Israel Exploration Society, 1993, p. 383-390.

— (dir.), *Jewish Writings of the Second Temple Period : Apocrypha, Pseudepigrapha, Qumran Sectarian Writings, Philo, Josephus*, Compendia Rerum Iudaicarum ad Novum Testamentum II, ii, Philadelphie et Assen, Fortress Press, Van Gorcum, 1984.

—, *Selected Studies in Pseudepigrapha and Apocrypha*, Leyde, E. J. Brill, 1991.

STONE, M. E. et E. ESHEL, « An Exposition on the Patriarchs (4Q464) and Two Other Documents (4Q464[a] and 4Q464[b]) », *Le Muséon* 105, n°s 3-4 (1992), p. 243-264.

STONE, M. E. et J. C. GREENFIELD, « The Prayer of Levi », JBL 112 (1993), p. 247-266.

STRUGNELL, J., « The Angelic Liturgy at Qumrân — 4Q Serek šîrôt ʿÔlat Haššabbat », *Suppl. to VT* 7 (1959), p. 318-345.

—, « Moses-Pseudepigrapha at Qumran : 4Q375, 4Q376, and Similar Works », dans L. H. SCHIFFMAN (dir.), *Archaeology and History in the Dead Sea Scrolls : The New York University Conference in Memory of Yigael Yadin*, Journal for the Study of the Pseudepigrapha Supplement Series 8 ; JSOT / ASOR Monographs 2, Sheffield, JSOT Press, 1990, p. 221-256.

—, « Notes en marge du volume V des "Discoveries in the Judean Desert of Jordan" », *RQ* 7 (1970), p. 163-276.

—, « On the History of the Photographing of the Discoveries in the Judean Desert for the International Group of Editors », dans E. Tov (dir.), en coll. avec S. J. Pfann, *The Dead Sea Scrolls of Microfiche : A Comprehensive Facsimile Edition of the Texts from the Judean Desert. Companion Volume*, Leyde, E. J. Brill / IDC, 1993, p. 123-124.

STRUGNELL, J. et D. DIMANT, « 4Q Second Ezekiel (4Q385) », *RQ* 13 (1988), p. 45-58.

STRUGNELL, J., D. J. HARRINGTON et T. ELGVIN, en consultation avec J. A. Fitzmyer, *Qumran Cave 4, XXIV. 4Qinstruction*, Discoveries in the Judaean Desert 34, Oxford, Clarendon Press, 1999.

SUKENIK, E. L., *The Dead Sea Scrolls of the Hebrew University*, Jérusalem, Magnes Press, 1955.

—, *Megillot Genuzot mi-Tokh Genizah Qedumah she-Nimṣe'ah be-Midbar Yehudah : Seqirah Rishonah*, Jérusalem, Bialik Institute, 1948.

SUSSMANN, J., « Ḥeqer Toldot ha-Halakhah u-Megillot Midbar-Yehudah : Hirhurim Talmudiyim Rishonim le-'Or Megillat "Miqṣat Maʿase ha-Torah" », *Tarbiz* 59 (1989-1990), p. 11-77.

TA-SHMA, Y. M., « Ḥe-'arot le-Shire Shevaḥ mi-Qumran », *Tarbiz* 55 (1986), p. 440-442.

TABOR, J. D., « A Pierced or Piercing Messiah ? The Verdict Is Still Out », *BAR* 18 (nov.-déc. 1992), p. 58-59.

TALMON, S., « The Calendar Reckoning of the Sect from the Judean Desert », dans C. RABIN et Y. YADIN (dir.), *Aspects of the Dead Sea Scrolls,* Scripta Hierosolymitana, Jérusalem, Magnes Press, 1958, p. 162-199.

—, « Calendars and Mishmarot », dans L. H. SCHIFFMAN et J. C. VANDERKAM (dir.), *Encyclopedia of the Dead Sea Scroll,* New York, Oxford University Press, 2000, p. 108-117.

—, *The « Dead Sea Scrolls » or the « Community of the Renewed Covenant »,* Albert T. Bilgray Lecture, Tucson, University of Arizona, 1993.

—, « The "Desert Motif" in the Bible and in Qumran Literature », dans A. ALTMANN (dir.), *Biblical Motifs, Origins, and Transformations,* Cambridge, MA, Harvard University, 1966, p. 31-63.

—, « DSIa as a Witness to Ancient Exegesis of the Book of Isaiah », dans F. M. CROSS et S. TALMON (dir.), *Qumran and the History of the Biblical Text,* Cambridge, MA/Londres, Harvard University Press, 1975, p. 116-126.

—, « The Emergence of Institutionalized Prayer in Israel in the Light of the Qumrân Literature », dans M. DELCOR (dir.), *Qumrân : sa piété, sa théologie et son milieu,* Bibliotheca ephemeridum theologicarum lovaniensium 46, Paris/Gembloux/Leuven, Duculot/Leuven University Press, 1978, p. 266-284.

—, « Fragments of a *Psalms Scroll* from Masada, MPs[b] (Masada 1103-1742) », dans M. BRETTLER et M. FISHBANE (dir.), *Minḥah Le-Naḥum : Biblical and Other Studies Presented to Nahum M. Sarna in Honour of His 70th Birthday,* Journal for the Study of the Old Testament Supplement Series 154, Sheffield, JSOT Press, 1993, p. 318-327.

—, *King, Cult and Calendar in Ancient Israel,* Jérusalem, Magnes Press, 1986.

—, « Le-'Inyan ha-Luaḥ shel Kat Midbar Yehudah », *Tarbiz* 29 (1960), p. 394-395.

—, « The "Manual of Benedictions" of the Sect of the Judean Desert », *RQ* 2 (1959-60), p. 475-500.

—, « Mizmorim Ḥiṣṣoniyim bi-Leshon ha-'Ivrit mi-Qumran », *Tarbiz* 35(1965-1966), p. 214-234.

—, « The New Covenanters of Qumran », *Scientific American* 225 (1971), p. 73-81.

—, « Qeṣ'a mi-Megillah Ḥicconit le-Sefer Yehoshua' mi-Meḥadah », dans M. GOSHEN-GOTTSTEIN, S. MORAG et S. KOGUT (dir.), *Shai le-Chaim Rabin : Asuppat Meḥqere Lashon li-Khevodo bi-Melot Lo Shiv'im ve-ḥamesh,* Jérusalem, Academon, 1990, p. 147-157.

—, « Qiṭ'e Ketavim Ketuvim 'Ivrit Mi-Meṣadah », *Eretz-Israel* 2O (1989), p. 278-286.

—, *The World of Qumran from Within : Collected Studies,* Jérusalem, Magnes Press, 1989.

TALMON, S. et J. BEN DOV, « 4Q326 : A Festival Calendar from Qumran », *Tarbiz* 48 (1999), p. 167-176 [hébreu] et p. V [résumé anglais].

TALMON, S. et I. KNOHL, « Qeta'im shel Megillat Luaḥ mi-Qumran : Mishmarot Ba (4Q321) », *Tarbiz* 60 (1991), p. 505-521.

TALMON, S., C. NEWSOM et Y. YADIN, *Masada VI : The Yigael Yadin Excavations 1963-1965, Final Reports,* Jérusalem, Israel Exploration Society, Hebrew University of Jerusalem, 1999.

TCHERIKOVER, V., *Hellenistic Civilization and the Jews,* Philadelphie, Jewish Publication Society, 1959.

THIEDE, C. P., *The Earliest Gospel Manuscript ? The Qumran Papyrus 7Q5 and Its Significance for New Testament Studies,* [Exeter], Patemoster Press, 1992 (trad. fr. : *Qumrân et les Évangiles : les manuscrits de la grotte 7 et la naissance du Nouveau Testament,* Paris, F.-X. de Guibert, 1994).

THIERING, B. E., *The Gospels and Qumran : A New Hypothesis,* Australian and New Zealand Studies in Theology and Religion, Sydney, Theological Explorations, 1981.

—, *Jesus and the Riddle of the Dead Sea Scrolls,* San Francisco, HarperCollins, 1992.
—, *Redating the Teacher of Righteousness,* Australian and New Zealand Studies in Theology and Religion 1, Sydney, Theological Explorations, 1979.
—, « Suffering and Asceticism at Qumran as Illustrated in the Hodayot », *RQ* 8 (1974), p. 393-406.
TOBIN, T. H., « 4Ql85 and Jewish Wisdom Literature », dans H. W. ATTRIDGE, J. J. COLLINS et T. H. TOBIN (dir.), *Of Scribes and Scrolls : Studies on the Hebrew Bible, Intertestamental Judaism, and Christian Origins Presented to John Strugnell,* College Theology Society Resources in Religion 5, Lanham, NM/Londres, University Press of America, 1990, p. 145-152.
TOV, E., « 4QJer[c] (4Q72) », dans G. NORTON et S. PISANO (dir.), *Tradition of the Text,* Göttingen, Vandenhoeck & Ruprecht, 1991, p. 248-276.
—, « The Composition of 1 Samuel 16-18 in the Light of the Septuagint Version », dans J. H. TIGAY (dir.), *Empirical Models for Biblical Criticism,* Philadelphie, University of Pennsylvania, 1985, p. 97-130.
—, « The Contribution of the Qumran Scrolls to the Understanding of the LXX », dans G. BROOKE et B. LINDARS (dir.), *Septuagint, Scrolls, and Cognate Writings,* Septuagint and Cognate Studies 33, Atlanta, Scholars Press, 1992, p. 11-47.
—, (dir.), *The Dead Sea Scrolls on Microfiche,* Leyde, E. J. Brill, 1993 (microfiches).
—, « Deut 12 and *11QTemple* LII-LII : A Contrastive Analysis », *RQ* 15 (1991), p. 169-174.
—, « Expanded Team of Editors Hard at Work on Variety of Texts », *BAR* 18 (juillet-août 1992), p. 69 et p. 72-75.
—, *The Greek Minor Prophets Scroll from Nahal Ḥever (8HevXIIgr),* Discoveries in the Judaean Desert 8, Oxford, Clarendon Press, 1990.
—, « Groups of Biblical Texts Found at Qumran », dans D. DIMANT et L. H. SCHIFFMAN (dir.), *« Time to Prepare the Way in the Wilderness » : Papers on the Qumran Scrolls by Fellows of the Institute for Advanced Studies of the Hebrew University, Jerusalem, 1989-90,* Studies on the Texts from the Desert of Judah, Leyde, E. J. Brill, 1994, p. 85-102.
—, « Hebrew Biblical Manuscripts from the Judaean Desert : Their Contribution to Textual Criticism », *JJS* 39 (1988), p. 5-37.
—, « L'incidence de la critique textuelle sur la critique littéraire dans le livre de Jérémie », *RB* 79 (1972), p. 189-199.
—, « The Jeremiah Scrolls from Cave 4 », *RQ* 14 (1989), p. 189-206.
—, « The Literary History of the Book of Jeremiah in the Light of Its Textual History », dans J. TIGAY (dir.), *Empirical Models for Biblical Criticism,* Philadelphie, University of Pennsylvania, 1985, p. 211-227.
—, « "Megillat ha-Miqdash" u-Viqqoret Nusaḥ ha-Miqra' », *Eretz-Israel 16* (1981-1982), p. 100-111.
—, « The Nature and Background of Harmonizations in Biblical Manuscripts », *JSOT* 31 (1985), p. 3-29.
—, « The Orthography and Language of the Hebrew Scrolls Found at Qumran and the Origin of These Scrolls », *Textus* 13 (1986), p. 32-57.
—, « The Septuagint », dans M. J. MULDER (dir.), avec H. Sysling, *Mikra : Text, Translation, Reading, and Interpretation of the Hebrew Bible in Ancient Judaism and Early Christianity,* Corpus Rerum Iudaicarum ad Novum Testamentum II. 1, Assen/Mastricht/Minneapolis, Van Gorcum/Fortress Press, 1990, p. 161-188.

—, « Some Aspects of the Textual and Literary History of the Book of Jeremiah », dans P.-M. Bogaert (dir.), *Le Livre de Jérémie*, Bibliotheca ephemeridum theologicarum lovaniensium 54, Leuven, Leuven University Press, 1981, p. 145-167.

—, « The Textual Affiliations of 4QSam[a] », *JSOT* 14 (1979), p. 37-53.

—, « *Textual Criticism of the Hebrew Bible*, Minneapolis, Fortress Press, 1992.

—, « The Textual Status of 4Q364-367 (4QPP) », dans J. Trebolle Berrara et L. Vegas Montaner (dir.), *The Madrid Qumran Congress. Proceedings of the International Congress on the Dead Sea Scrolls, Madrid, 18-21 March 1991*, vol. 1, Studies on the Texts of the Desert of Judah 11, 1, Leyde / Madrid, E. J. Brill / Editorial Complutense, 1992, p. 43-82.

—, « Three Fragments of Jeremiah from Qumran Cave 4 », *RQ* 15 (1992), p. 531-542.

—, « The Unpublished Qumran Texts from Caves 4 and 11 », *BA* 55 (1992), p. 94-104.

—, « The Unpublished Qumran Texts from Caves 4 and 11 », *JJS* 43 (1992), p. 101-136.

Trebolle, J., « The Story of David and Goliath (1 Sam 17-18) : Textual Variants and Literary Composition », *Bulletin of the International Organization for Septuagint and Cognate Studies* 23 (1990), p. 16-30.

Trenchard, W. C., *Ben Sira's View of Women : A Literary Analysis*, Brown Judaic Studies 38, Chico, CA, Scholars Press, 1982.

Trever, J. C., « l Q Dan[a], the Latest of the Qumran Manuscripts », *RQ* 7 (1970), p. 277-286.

—, « The Completion of the Publication of Some Fragments from Qumran Cave 1 », *RQ* 5 (1965), p. 323-344.

—, *The Dead Sea Scrolls : A Personal Account*, Grand Rapids, Eerdmans, 1977.

—, (photographe), *Scrolls from Qumrân Cave 1 : The Great Isaiah Scroll, the Order of the Community, the Pesher to Habakkuk*, avec une introduction par F. M. Cross, Jérusalem, Albright Institute of Archaeological Research et Shrine of the Book, 1972.

—, « When Was Qumran Cave 1 Discovered ? », *RQ* 3 (1961), p. 135-142.

Ulrich, E., « The Biblical Scrolls from Qumran Cave 4 : A Progress Report of Their Publication », *RQ* 14 (1989), p. 207-228.

—, « The Canonical Process, Textual Criticism, and Latter Stages in the Composition of the Bible », dans M. Fishbane et E. Tov (dir.), *« Sha'arei Talmon » : Studies in the Bible, Qumran, and the Ancient Near East Presented to Shemaryahu Talmon*, Winona Lake, IN, Eisenbrauns, 1992, p. 267-291.

—, « Daniel Manuscripts from Qumran. Part 1 : A Preliminary Edition of 4QDan[a] », *BASOR* 268 (1987), p. 17-37.

—, « Daniel Manuscripts from Qumran. Part 2 : Preliminary Editions of 4QDan[b] and 4QDan[c] », *BASOR* 274 (1989), p. 3-26.

—, « The Greek Manuscripts of the Pentateuch from Qumrân, Including Newly-Identified Fragments of Deuteronomy (4QLXXDeut) », dans A. Pietersma et C. Cox (dir.), *De Septuaginta : Studies in Honour of John William Wevers on His Sixty-fifth Birthday*, Mississauga, Benben, 1984, p. 71-82.

—, « The Palaeo-Hebrew Biblical Manuscripts from Qumran Cave 4 », dans D. Dimant et L. H. Schiffman (dir.), *« Time to Prepare the Way in the Wilderness » : Papers on the Qumran Scrolls by Fellows of the Institute for Advanced Studies of the Hebrew University, Jerusalem, 1989-90*, Leyde, E. J. Brill, 1994, p. 103-130.

—, « Pluriformity in the Biblical Text, Text Groups, and Questions of Canon », dans J. Trebolle Barrera et L. Vegas Montaner (dir.), *The Madrid Qumran Congress : Proceedings of the International Congress on the Dead Sea Scrolls : Madrid, 18-21 March 1991*,

vol. 1, Studies on the Texts of the Desert of Judah 11, 1, Leyde/Madrid : E. J. Brill/Editorial Complutense, 1992, p. 23-42.
—, « The Septuagint Manuscripts from Qumran : A Reappraisal of Their Value », dans G. Brooke et B. Lindars (dir.), *Septuagint, Scrolls, and Cognate Writings,* Septuagint and Cognate Studies 33, Atlanta, Scholars Press, 1992, p. 49-80.
Ulrich, E. et F. M. Cross, *Qumran Cave 4, VII. Genesis to Numbers,* Discoveries in the Judaean Desert 12, Oxford, Clarendon Press, 1994.
Ulrich, E., F. M. Cross, R. E. Fuller, J. E. Sanderson, P. W. Skehan et E. Tov, avec la collaboration de C. M. Murphy, C. Niccum, *Qumran Cave 4, X : The Prophets,* Discoveries in the Judaean Desert 15, Oxford, Clarendon Press, 1997.
Ulrich, E., F. M. Cross, S. White Crawford, J. A. Duncan, P. W. Skehan, E. Tov et J. Trebolle Barrera, *Qumran Cave 4, IX : Deuteronomy Joshua, Judges, Kings,* Discoveries in the Judaean Desert 14, Oxford, Clarendon Press, 1995.
Urbach, E. E., *The Sages : Their Concepts and Beliefs,* 2 vol., Jérusalem, Magnes Press, 1987.
VanderKam, J. C., « The Birth of Noah », dans Z. J. Kapera (dir.), *Intertestamental Essays in Honour of Józef Tadeusz Milik,* Cracovie, Enigma Press, 1992, p. 213-231.
—, *The Book of Jubilees,* 2 vol., Corpus scriptorum christianorum orientalium 510-511 ; Scriptores Aethiopici 87-88, Louvain, Peeters, 1989.
—, *Calendars in the Dead Sea Scrolls : Measuring Time,* Literature of the Dead Sea Scrolls, Londres, Routledge, 1998.
—, « The Dead Sea Scrolls and Christianity », dans H. Shanks (dir.), *Understanding the Dead Sea Scrolls,* New York, Random House, 1992, p. 181-202 (trad. fr. : *L'aventure des manuscrits de la mer Morte,* Paris, Seuil, 1996).
—, *The Dead Sea Scrolls Today,* Grand Rapids, Eerdmanns, 1994.
—, *Enoch and the Growth of an Apocalyptic Tradition,* CBQ Monograph Series 16, Washington DC, Catholic Biblical Association of America, 1984.
—, « The Jubilees Fragments from Qumran Cave 4 », dans J. Trebolle Barrera et L. Vegas Montaner, *The Madrid Qumran Congress : Proceedings of the International Congress on the Dead Sea Scrolls, Madrid, 18-21 March 1991,* vol. 2, Studies on the Texts of the Desert of Judah 11, 2, Leyde/Madrid, E. J. Brill/Editorial Complutense, 1992, p. 635-648.
—, « The Origin, Character, and Early History of the 364-Day Calendar : A Reassessment of Jaubert's Hypotheses », *CBQ* 41 (1979), p. 390-411.
—, « The Poetry of 1 Q Ap Gen XX, 2-8a », RQ 10 (1979), p. 57-66.
—, « A Twenty-eight Day Month Tradition in the Book of Jubilees ? » *VT* 32 (1982), p. 504-506.
—, « Zadok and the SPR HTWRH HHTWM in Dam. Doc. V, 2-5 », *RQ* 11 (1984), p. 561-570.
VanderKam, J. C. et J. T. Milik, « The First Jubilees Manuscript from Qumran Cave 4 : A Preliminary Publication », *JBL* 110 (1991), p. 243-270.
Vaux, R. de, *Archaeology and the Dead Sea Scrolls,* The Schweich Lectures 1959, Londres, Oxford University Press for the British Academy, 1973. (Éd. française : *L'Archéologie et les manuscrits de la mer Morte,* Londres, Oxford University Press for the British Academy, 1961.)
—, « La Grotte des manuscrits hébreux », *RB* 56 (1949), p. 586-609.
—, « Qumran, Khirbet and 'Ein Feshka », avec un complément par M. Broshi, dans E. Stern (dir.), *The New Encyclopedia of Archaeological Excavations in the Holy Land,* vol. 4, Jérusalem, Israel Exploration Society, Carta, 1993, p. 1235-1241.

Vaux, R. de et J. T. Milik, *Qumrân Grotte 4, II,* Discoveries in the Judaean Desert 6, Oxford, Clarendon Press, 1977.
Vermes, G., *The Dead Sea Scrolls in English,* Londres, Penguin Books, 1987.
—, « Essenes and Therapeutai », *RQ* 3 (1962), p. 495-504.
—, « The Etymology of "Essenes" », *RQ* 2 (1960), p. 427-444.
—, « The Impact of the Dead Sea Scrolls on Jewish Studies during the Last Twenty-five Years », dans W. S. Green (dir.), *Approach to Ancient Judaism : Theory and Practice,* Brown Judaic Studies 1, Missoula, MT, Scholars Press, 1978, p. 201-214.
—, « The "Pierced Messiah" Text — An Interpretation Evaporates », *BAR* 18 (juillet-août 1992), p. 80-82.
—, *Post-Biblical Jewish Studies,* Studies in Judaism in Late Antiquity 8, Leyde, E. J. Brill, 1975.
—, « Preliminary Remarks on the Unpublished Fragments of the Community Rule from Qumran Cave 4 », *JJS* 42 (1991), p. 250-255.
—, « The Present State of Dead Sea Scrolls Research », *JJS* 45 (1994), p. 101-110.
—, « Qumran Corner : Preliminary Remarks on the Unpublished Fragments of the Community Rule from Qumran Cave 4 », *JJS* 42 (1991), p. 250-255.
—, « Qumran Forum Miscellanea I », *JJS* 43 (1992), p. 299-305.
—, « The Qumran Interpretation of Scripture in Its Historical Setting », *The Annual of Leeds University Oriental Society* 6 (1969), p. 85-97.
—, *Scripture and Tradition in Judaism,* Studia Post-Biblica 4, Leyde, E. J. Brill, 1973.
—, « The So-called King Jonathan Fragment (4Q488) », *JJS* 44 (1993), p. 294-300.
Viviano, B. T., « Beatitudes Found among Dead Sea Scrolls », *BAR* 18 (nov.-déc. 1992), p. 53-55 et p. 66.
Wacholder, B. Z., « The Ancient Judaeo-Aramaic Literature (500-165 B.C.E.) : A Classification of Pre-Qumranic Texts », dans, L. H. Schiffman (dir.), *Archaeology and History in the Dead Sea Scrolls : The New York University Conference in Memory of Yigael Yadin,* Journal for the Study of the Pseudepigrapha Supplement Series 8 ; JSOT/ASOR Monographs 2, Sheffield, JSOT Press, 1990, p. 257-281.
—, *The Dawn of Qumran : The Sectarian Torah and the Teacher of Righteousness,* Cincinnati, Hebrew Union College Press, 1983.
—, « Ezekiel and Ezekielianism as Progenitors of Essenianism », dans D. Dimant et U. Rappaport (dir.), *The Dead Sea Scrolls : Forty Years of Research,* Leyde/Jérusalem, E. J. Brill, Magnes Press/Yad Izhak Ben-Zvi, 1992, p. 186-196.
—, « The Fragmentary Remains of 11Q Torah (Temple Scroll) : 11Q Tora[b] and 11Q Torah[c] 4QparaTorah Integrated with 11Q Torah[a] », *HUCA* 62 (1991), p. 1-116.
—, « A Qumran Attack on the Oral Exegesis ? The Phrase *'šr btlmwd šqrm* in 4Q Pesher Nahum », *RQ* 5 (1966), p. 575-579.
—, « Rules of Testimony in Qumranic Jurisprudence : CD 9 and 11Q Torah 64 », *JJS* 40 (1989), p. 163-174.
—, « The "Sealed" Torah vs. the "Revealed" Torah : An Exegesis of Damascus Covenant V, 1-6, and Jeremiah 32, 10-14 », *RQ* 12 (1986), p. 351-369.
Wacholder, B. Z. et M. G. Abegg, *A Preliminary Edition of the Unpublished Dead Sea Scrolls : The Hebrew and Aramaic Texts from Cave Four,* 2 fascicules, Washington, DC, Biblical Archaeology Society, 1991-1992.
Weinert, F. D., « 4Q159 : Legislation for an Essene Community outside of Qumran », *JSJ* 5 (1974), p. 179-207.

WEINFELD, M., « 'Aqavot shel Qedushat Yoṣer u-Fesuqqe de-Zimra'bi-Megillot Midbar Yehudah u-ve-Sefer Ben Sira », *Tarbiz* 45 (1975-1976).
—, « Grace after Meals in Qumran », *JBL* 111 (1992), p. 427-440.
—, « "Megillat Miqdash" 'o "Torah la-Melekh" », *Shnaton* 7 (1978-1979), p. 214-237.
—, « The Morning Prayers (Birkhoth Hashachar) in Qumran and in the Conventional Jewish Liturgy », *RQ* 13 (1988), p. 481-494.
—, *The Organizational Pattern and the Penal Code of the Qumran Sect,* Novum Testament et Orbis Antiquus 2, Fribourg/Éditions Universitaires, Göttingen/Vandenhoeck & Ruprecht, 1986.
—, « Prayer and Liturgical Practice in the Qumran Sect », dans D. DIMANT et U. RAPPAPORT (dir.), *The Dead Sea Scrolls : Forty Years of Research*, Leyde/Jérusalem, E. J. Brill, Magnes Press/Yad Izhak Ben-Zvi, 1992, p. 241-258.
—, « The Royal Guard According to the Temple Scroll », *RB* 87 (1980), p. 394-396.
WEISS, R., « Further Notes on the Qumran Targum to Job », *JSS* 19 (1974), p. 13-18.
WENTLING, J. L., « Unraveling the Relationship between 11QT, the Eschatological Temple, and the Qumran Community », *RQ* 14 (1989), p. 61-74.
WERNBERG-MØLLER, P., *The Manual of Discipline,* Studies on the Texts of the Desert of Judah 1, Leyde, E. J. Brill, 1957.
—, « The Nature of the YAḤAD According to the *Manual of Discipline* and Related Documents », *The Annual of Leeds University Oriental Society* 6 (1969), p. 56-81.
—, « A Reconsideration of the Two Spirits in the *Rule of the Community* », *RQ* 3 (1961), p. 413-442.
WHITE, S. A., « 4Q364 & 365 : A Preliminary Report », dans J. TREBOLLE BARRERA et L. VEGAS MONTANER (dir.), *The Madrid Qumran Congress : Proceedings of the International Congress on the Dead Sea Scrolls, Madrid, 18-21 March 1991*, vol. 1, Studies on the Texts of the Desert of Judah 11, 1, Leyde/Madrid, E. J. Brill/Editorial Complutense, 1992, p. 217-228.
—, « A Comparison of the "A" and "B" Manuscripts of the *Damascus Document* », *RQ* 12 (1987), p. 537-554.
WIEDER, N., *The Judean Scrolls and Karaism,* Londres, East and West Library, 1962.
WIGODER, G. (dir.), *Dictionnaire encyclopédique du judaïsme*, Paris, Cerf, 1993.
WILSON, A. M. et L. WILLS, « Literary Sources of the Temple Scroll », *HTR* 75 (1982), p. 275-288.
WINTERMUTE, O. S., « Jubilees (Second Century B.C.) : A New Translation and Introduction », dans J. H. CHARLESWORTH (dir.), *The Old Testament Pseudepigrapha*, vol. 2, Garden City, NY, Doubleday, 1985, p. 35-142.
WISE, M. O., « *4QFlorilegium* and the Temple of Man », *RQ* 15 (1991), p. 103-132.
—, « The Covenant of *Temple Scroll* XXIX, 3-10 », *RQ* 14 (1989), p. 49-60.
—, *A Critical Study of the Temple Scroll from Qumran Cave 11*, Studies in Ancient Oriental Civilization 49, Chicago, Oriental Institute of the University of Chicago, 1990.
—, « The Eschatological Vision of the *Temple Scroll* », *JNES* 49 (1990), p. 155-172.
WISE, M. O., M. ABEGG Jr et E. COOK, *Les manuscrits de la mer Morte*, Paris, Plon, 2001.
WISE, M. O. et J. D. TABOR, « The Messiah at Qumran », *BAR* 18 (nov.-déc. 1992), p. 60-61 et p. 65.
WOLFSON, E. R., « Mysticism and the Poetic-Liturgical Compositions from Qumran », dans *Center for Judaic Studies Colloquium on the Dead Sea Scrolls,* Philadelphie, Center for Judaic Studies, 1994.

Wolters, A., « The *Copper Scroll* and the Vocabulary of Mishnaic Hebrew », *RQ* 14 (1990), p. 483-495.

—, *The Copper Scroll : Overview, Text and Translation*, Sheffield, Sheffield Academic Press, 1996.

—, « Literary Analysis and the *Copper Scroll* », dans Z. J. Kapera (dir.), *Intertestamental Essays in Honour of Józef Tadeusz Milik*, Cracovie, Enigma Press, 1992, p. 239-252.

Wood, B. G., « To Dip or to Sprinkle ? The Qumran Cisterns in Perspective », *BASOR* 256 (1984), p. 45-60.

Woude, A. S. van der, « Bemerkungen zum Gebet des Nabonid », dans M. Delcor (dir.), *Qumrân : sa piété, sa théologie et son milieu*, p. 121-129, Bibliotheca ephemeridum theologicarum lovaniensium 46. Paris/Gembloux et Leuven, Duculot, Leuven University Press, 1978.

—, « Fragmente de Buches Jubiläen aus Qumran Höhle XI (11 QJub) », dans J. Jeremias *et al.* (dir.), *Tradition und Glaube : Das frühe Christentum in seiner Umwelt*, Göttingen, Vandenhoeck & Ruprecht, 1971, p. 140-146.

—, « Melchisedek als himmlische Erlösergestalt in den neugefundenen eschatologischen Midraschim aus Qumran Höhle XI », *Oudtestarhentlische Studien* 14 (1965), p. 354-373.

—, « Ein neuer Segensspruch aus Qumran (11 Q Ber) », dans S. Wagner (dir.), *Bibel und Qumran*, Berlin, Evangelische Haupt-Bibelgesellschaft, 1968, p. 253-258.

Yadin, Y. « Another Fragment (E) of the *Psalms Scroll* from Qumran Cave 11 (11 QPs[a]) », *Textus* 5 (1966), p. 1-10.

—, « L'Attitude essénienne envers la polygamie et le divorce », *RB* 79 (1972), p. 98-100.

—, *Bar-Kokhba : The Rediscovery of the Legendary Hero of the Second Jewish Revolt against Rome*, New York, Random House, 1971.

—, *The Ben Sira Scroll from Masada*, Jérusalem, Israel Exploration Society et Shrine of the Book, 1965.

—, « A Crucial Passage in the Dead Sea Scrolls », *JBL* 78 (1959), p. 238-241.

—, « The Dead Sea Scrolls and the Epistle to the Hebrews », dans C. Rabin et Y. Yadin (dir.), *Aspects of the Dead Sea Scrolls*, Scripta Hierosolymitana, Jérusalem, Magnes Press, 1958, p. 36-55.

—, « Expedition D », dans *Judean Desert Caves : Survey and Excavations 1960*, Jérusalem, Israel Exploration Society, 1961, p. 36-52.

—, « Expedition D — The Cave of the Letters », dans *Judean Desert Caves : Survey and Excavations 1961*, Jérusalem, Israel Exploration Society, 1962, p. 227-257.

—, « Ha-Milḥamah ʿal "Milḥemet Bene ʾOr bi-Vene Ḥoshekh" », *Molad* 14 (1956), p. 192-199.

—, « Ḥadashot me-ʿOlaman shel ha-Megillot », dans J. Liver (dir.), *ʿIyunim Bi-Megillot Midbar Yehudah*, Jérusalem, Kiryat Sepher, 1957, p. 40-54.

—, « Is the *Temple Scroll* a Sectarian Document ? », dans G. M. Tucker et D. A. Knight (dir.), *Humanizing America's Iconic Book : Society of Biblical Literature Centennial Addresses : 1980*, Chico, CA, Scholars Press, 1982, p. 153-169.

—, *Masada : Herod's Fortress and the Zealots'Last Stand*, New York, Random House, 1966.

—, *Megillat ha-Miqdash*, 3 vol., Jérusalem, Israel Exploration Society, 1977.

—, *The Message of the Scrolls*, New York, Simon & Schuster, 1957.

—, « A Midrash on 2 Sam. vii and Ps. i-ii (4Q *Florilegium*) », *IEJ* 9 (1959), p. 95-98.

—, « More on the Letters of Bar Kochba », *BA* 24 (1961), p. 86-95.

—, « New Discoveries in the Judean Desert », *BA* 24 (1961), p. 34-50.
—, « A Note on 4Q 159 (Ordinances) », *IEJ* 18 (1968), p. 250-252.
—, « A Note on Melchizedek and Qumran », *IEJ* 15 (1965), p. 152-154.
—, « *Pesher Nahum* (4Q PNahum) Reconsidered », *IEJ* 21 (1971), p. 1-12.
—, *The Scroll of the War of the Sons of Light against the Sons of Darkness*, trad. B. Rabin et C. Rabin, Oxford, Oxford University Press, 1962.
—, « Some Notes on the Newly Published *Pesharim* of Isaiah », *IEJ* 6 (1959), p. 39-42.
—, *Tefillin from Qumran*, Jérusalem, Israel Exploration Society, Shrine of the Book, 1969.
—, « The *Temple Scroll* », dans D. N. Freedman et J. C. Greenfield (dir.), *New Directions in Biblical Archaeology*, Garden City, NY, Doubleday, 1971, p. 156-166.
—, « The *Temple Scroll* », *BA* 30 (1967), p. 135-139.
—, *The Temple Scroll*, 3 vol., Jérusalem, Israel Exploration Society, 1983.
—, *The Temple Scroll, the Hidden Law of the Dead Sea Sect*, New York, Random House, 1985.
—, « Three Notes on the Dead Sea Scrolls », *IEJ* 6 (1956), p. 158-162.
Yadin, Y., J. Naveh et Y. Meshorer, *Masada I : The Yigael Yadin Excavations 1963-1965, Final Reports*, Jérusalem, Israel Exploration Society, Hebrew University of Jerusalem, 1989.
Yassif, E., *Sippure Ben Sira bi-Yeme ha-Benayim*, Jérusalem, Magnes Press, 1984.
Zahavy, T., « The Sabbath Code of *Damascus Document* X, 14-XI, 18 : Form Analytical and Redaction Critical Observations », *RQ* 10 (1981), p. 589-591.

INDEX

LISTE DES GRAPHIQUES, TABLEAUX ET CARTES

TABLE DES MATIÈRES

PARTIE 4

Vivre à la manière juive

PARTIE 5

Mysticisme, messianisme et fin des temps

PARTIE 6

Sectarisme, nationalisme et consensus